合肥年鉴

2021

合肥年鉴

中共合肥市委主办

中共合肥市委党史和地方志研究室编著

全国百佳图书出版单位
APGTIME 时代出版传媒股份有限公司
黄山书社

图书在版编目（CIP）数据

合肥年鉴.2021 / 中共合肥市委党史和地方志研究室编著.-- 合肥：黄山书社，2021.10

ISBN 978-7-5461-9800-2

Ⅰ.①合… Ⅱ.①中… Ⅲ.①合肥－2021－年鉴Ⅳ.①Z525.41

中国版本图书馆 CIP 数据核字（2021）第 211788 号

出 品 人　贾兴权
责任编辑　徐娟娟
装帧设计　合肥艺杭文化传媒有限公司
出版发行　时代出版传媒股份有限公司（http://www.press-mart.com）
　　　　　黄山书社（http://www.hspress.cn）
地址邮编　合肥市政务文化新区翡翠路 1118 号出版传媒广场 7 层　230071
制　　版　合肥艺杭文化传媒有限公司
印　　刷　合肥添彩包装有限公司
版　　次　2021 年 12 月第 1 版
印　　次　2021 年 12 月第 1 次印刷
开　　本　889mm × 1194mm　1/16
字　　数　800 千
印　　张　29.5
插　　页　48
书　　号　ISBN 978-7-5461-9800-2
定　　价　160.00 元

服务热线　0551-63533706
销售热线　0551-63533761
官方直营书店（http://hsssbook.tianmao.com）

《合肥年鉴（2021）》编辑委员会

主　任：单　虎（市委常委、秘书长，庐阳区委书记）
副主任：吴功福（市委副秘书长、市委办公室主任）
　　　　翟新明（市委党史和地方志研究室主任）
委　员：市人大常委会办公室主要负责人
　　　　市政府办公室主要负责人
　　　　市政协办公室主要负责人
　　　　市纪委、市监委机关分管负责人
　　　　市委组织部分管负责人
　　　　市委宣传部分管负责人
　　　　市委统战部分管负责人
　　　　市委政法委分管负责人
　　　　市委政策研究室主要负责人
　　　　市发展和改革委员会主要负责人
　　　　市教育局主要负责人
　　　　市科学技术局主要负责人
　　　　市经济和信息化局主要负责人
　　　　市民政局主要负责人
　　　　市司法局主要负责人
　　　　市人力资源和社会保障局主要负责人
　　　　市生态环境局主要负责人
　　　　市城乡建设局主要负责人
　　　　市农业农村局主要负责人
　　　　市文化和旅游局主要负责人
　　　　市卫生健康委员会主要负责人

董铺水库（王世保/摄）

《合肥年鉴（2021）》责任审稿

主　　　审： 单　虎（市委常委、秘书长，庐阳区委书记）

副　主　审： 吴功福（市委副秘书长、市委办公室主任）

翟新明（市委党史和地方志研究室主任）

分　类　审　稿： 各供稿单位主要负责人

特别责任审稿： 市委保密委员会办公室负责人

《合肥年鉴（2021）》编辑部

主　编： 翟新明

副主编： 王德桡　李　敏　张　晔

邓　伟

编　辑：（按姓名笔画排序）

王尚先　田　文　赵永军

贾南田　徐仙春　陶俊生

崔建军　储茂仁　鲍　甄

绿轴公园　　（郭如琦/摄）

编辑说明

一、《合肥年鉴》是系统记述合肥市政治、经济、文化、社会、自然和生态等方面情况的年度资料性文献。2000年创刊，逐年编纂，本卷是第22卷。

二、本卷坚持以马列主义、毛泽东思想、邓小平理论、“三个代表”重要思想、科学发展观、习近平新时代中国特色社会主义思想为指导，贯彻落实党的十九大和十九届二中、三中、四中、五中全会精神，全面系统记述2020年合肥市经济社会发展情况和特点，为读者提供认识、了解合肥各方面情况的权威性、综合性、史册性、实用性、基础性材料。

三、本卷主体内容以合肥市现行行政区划为记述范围，记述时限为2020年1月1日至12月31日。

四、本卷按分类法编辑，主体内容分为类目、分目、条目三个层次，全书设类目39个、分目252个，收入条目1218条、随文图照309幅、表格37张。坚持“质量第一、常编常新”的原则，全书框架和内容在上年基础上进行了部分调整。主要有：取消原“特载”类目，增设“专记”类目；取消原“中国共产党合肥市委员会”类目中的“重要活动”分目；在原“合肥市人民代表大会”类目中增设“重大事项决定”分目，划出“立法工作”分目，将其更名为“人大立法”分目，并将其归入“法治”类目；在原“合肥市人民政府”中删除“重大活动”分目；将原“军事”类目中“退役军人事物”分目，归入“社会民生”类目；将原“改革与创新”和“开放与合作”两个类目合并为“改革开放”类目；删除原“科技”类目中“国家实验室”分目，增设“重大科研成果”“G60科创走廊建设”等分目；删除原“教育”类目中“各级各类教育”分目，增设“学前教育”“义务教育”“普通高中教育”“中等职业教育”“普通高等教育”等分目；在原“信息产业与信息化”类目中删除“数据资源”“软件业”等分目，增设“综述”“数字经济发展”“智慧城市建设”等分目；在原“农业农村”类目中删除“农产品加工业”分目，增设“农业产业化”分目；删除原“脱贫攻坚”类目中“资金项目管理”“脱贫攻坚督查”等分目；删除原“财税与金融”类目；新增“财税”“金融”两个类目；删除原“应急管理”类目中“事故和结果调查”分目，将原“减灾救灾”分目更名为“防灾减灾救灾”分目，增设“消防救援”“疫情防控”两个分目；删除原“卫生健康”类目中“人口均衡发展”分目，增设“抗击新冠肺炎疫情”分目；在原“社会民生”类目中增设“消费者权益保护”“养老事业”“关心下一代工作”等分目；在原“开发区”类目中增设“阜阳合肥现代产业园区”分目。

五、本卷年鉴所载录的文章和条目，均由合肥市各承编单位提供并经其主要负责人严格审核，文中主要数据由市统计局提供，文字和数据记述时限为2020年。

合肥名片

全国文明城市

全国首个科技创新型试点城市

中国先进制造业重点城市

2020年度工业稳增长和转型升级成效明显市（州）

世界区域创新集群百强

世界科技城市联盟（WTA）会员城市

新能源汽车推广应用示范城市

国家特色型信息消费示范城市

全国社会信用体系建设示范城市

智慧城市国际标准试点城市

全国质量魅力城市

全国水生态文明城市
全国首批园林城市
国家森林城市
全国优秀旅游城市
中国服务外包示范城市
外籍人才眼中最具吸引力的中国城市
十佳数字阅读城市
国家公交都市建设示范城市
2020中国宜居宜业城市
美好生活指数最高省会城市十强
社会治理创新典范城市
全国双拥模范城市

合肥市地图

田家庵区
淮南市
寿县
长丰县
定远县
肥东县
庐阳区
瑶海区
蜀山区
新桥国际机场
淮南市
长丰县
滁州市
肥东县
瑶海区
庐阳区
蜀
巢
山王镇
唐山镇
九龙岗镇
能仁乡
炉桥镇
永康镇
西州店镇
范岗乡
三和集镇
池河镇
双桥镇
杨公镇
窑口乡
水湖镇
罗塘乡
左店镇
杜集镇
朱湾镇
严桥乡
仓镇镇
藕塘镇
吴圩镇
张桥镇
二龙回族乡
章广镇
安丰塘镇
瓦埠镇
庄墓镇
义井镇
朱巷镇
造甲乡
下塘镇
杨庙镇
陶楼镇
吴山镇
双庙集镇
炎刘镇
刘岗镇
三觉镇
双墩镇
白龙镇
元疃镇
响导乡
八斗镇
陈集镇
古城镇
杨店乡
马湖乡
张集乡
众兴乡
梁园镇
牌坊回族满族乡
石塘镇
包公镇
店埠镇
西王镇
马厂镇
大墅镇
栏杆集镇
苏湾镇
古河镇
高刘街道
高店乡
三十岗乡
小庙镇
京九铁路
合蚌高铁
宁西铁路
京沪高铁
滁淮高速
京台高速
合肥绕城高速
沪陕—沪蓉高速
济祁高速
合淮阜高速
机场高速
合肥站

肥西县
庐江县
巢湖市
省政府
无为市
舒城县
桐城市
上派镇
紫蓬镇
铭传乡
山南镇
花岗镇
柿树岗乡
严店乡
丰乐镇
三河镇
杭埠镇
柏林乡
桃花镇
大圩镇
桥头集镇
长临河镇
庙岗乡
柘皋镇
夏阁镇
中垾镇
烔炀镇
黄麓镇
半汤街道
凤凰山街道
卧牛山街道
亚父街道
中庙街道
银屏镇
散兵镇
槐林镇
坝镇镇
同大镇
白山镇
石头镇
郭河镇
金牛镇
盛桥镇
汤池镇
万山镇
冶父山镇
庐城镇
白湖镇
柯坦镇
乐桥镇
龙桥镇
矾山镇
泥河镇
罗河镇
白湖农场
严桥镇
石涧镇
开城镇
无城镇
福渡镇
清溪镇
椿树镇
孙岗镇
棠树乡
万佛湖镇
舒茶镇
山七镇
汤池镇
大关镇
庐镇乡
唐湾镇
范岗镇
金神镇
青草镇
钱桥镇
义津镇
金社乡
周潭镇
横埠镇
巢湖
合九铁路
京台高速
合安高铁
合铜黄高速
图例
省政府
市政府
县（市、区）政府
乡、镇、街道办事处
社居委
村委会
机场
山峰
高速立交
高速公路
高铁及车站
铁路及车站
国道及编号
省道及编号
县道
省级界线
市级界线
县区级界线
乡镇级界线
比例尺：
审图号：皖合肥S（2019）013号
合肥市测绘设计研究院 编制
编制日期：2020年10月
说明：图中界线仅供参考，不作正式划界依据

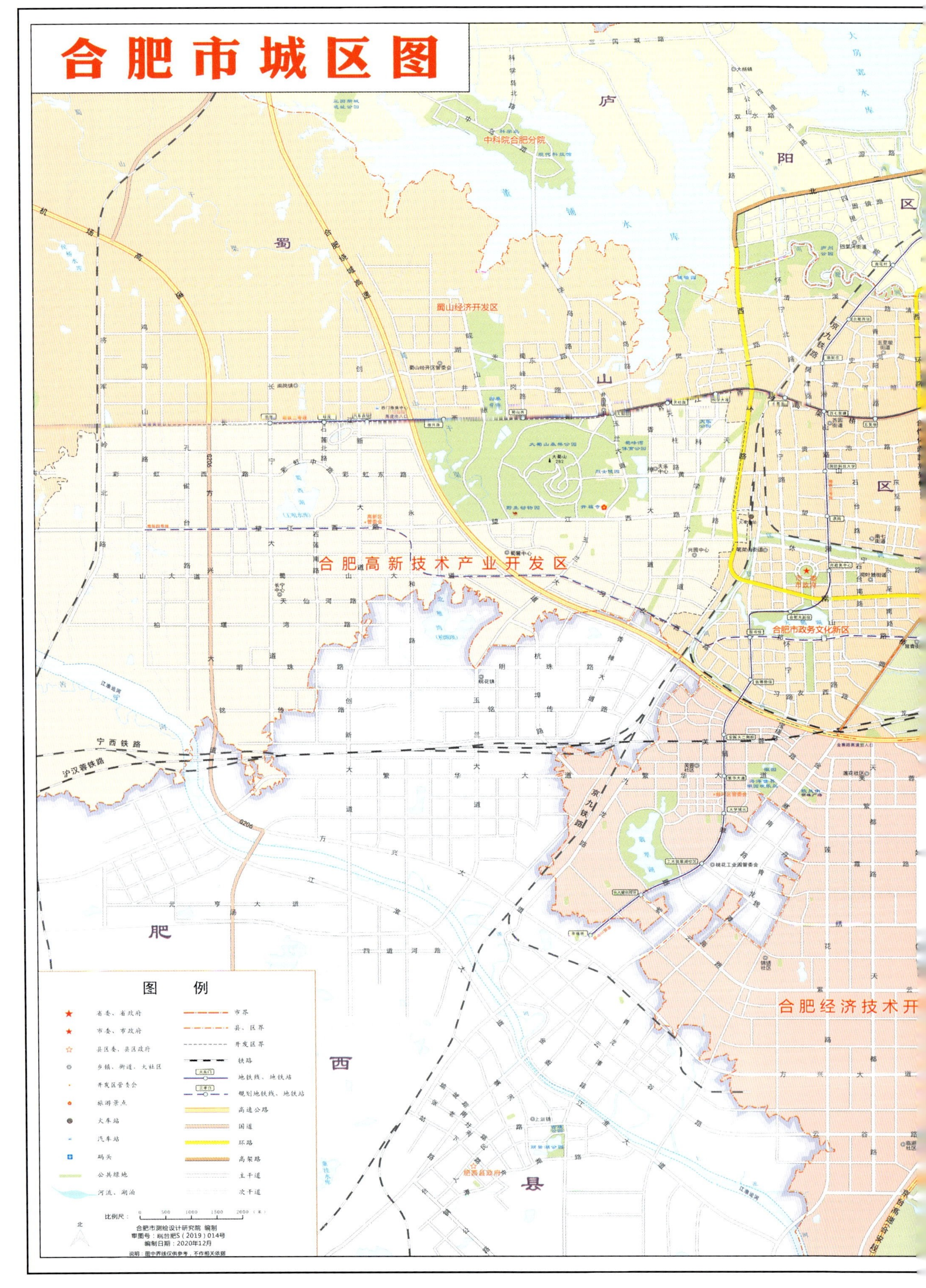
合肥市城区图
中科院合肥分院
庐阳区
蜀山经济开发区
蜀山区
合肥高新技术产业开发区
合肥市政务文化新区
合肥经济技术开
宁西铁路
沪汉蓉铁路
京九铁路
大蜀山森林公园
肥西县
图例
省委、省政府
市委、市政府
县区委、县区政府
乡镇、街道、大社区
开发区管委会
旅游景点
火车站
汽车站
码头
公共绿地
河流、湖泊
市界
县、区界
开发区界
铁路
地铁线、地铁站
规划地铁线、地铁站
高速公路
国道
环路
高架路
主干道
次干道
比例尺
合肥市测绘设计研究院 编制
审图号：皖合肥S（2019）014号
编制日期：2020年12月
说明：图中界线仅供参考，不作相关依据

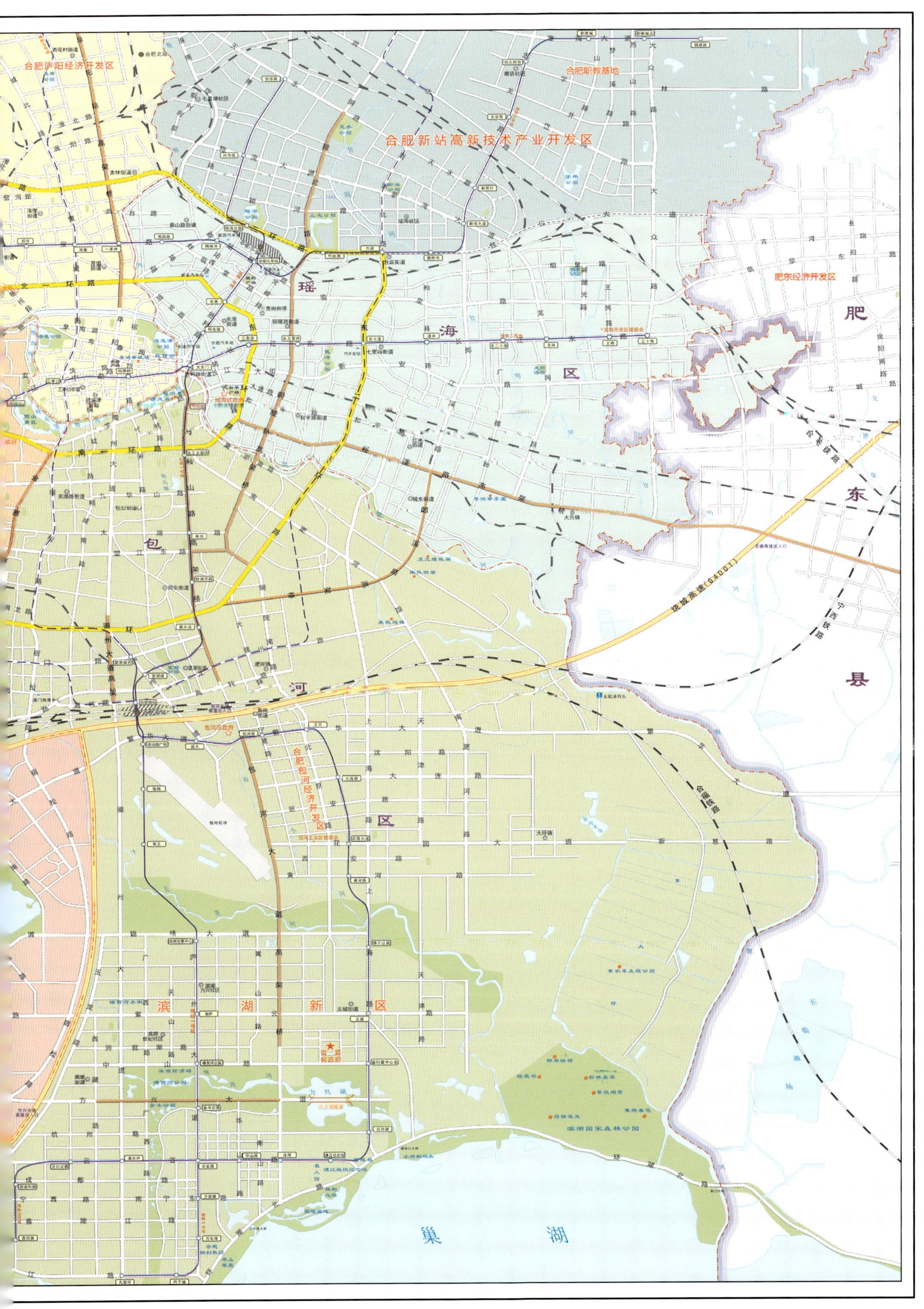

合肥庐阳经济开发区
合肥职教基地
合肥新站高新技术产业开发区
瑶海区
肥东经济开发区
肥东县
北一环路
南一环路
包河区
合肥包河经济开发区
包河区政府
宁西铁路
合福铁路
滨湖新区
滨湖国家森林公园
巢湖

2020年10月26日，中国共产党合肥市第十一届委员会第十一次全体会议召开（何希斌/摄）

2020年6月23日，市委常委会扩大会议暨经济形势分析调度会召开。会议要求开展工作效率大提升集中行动，狠抓市直机关效能建设（何希斌/摄）

2020年4月16日，全市深化“三个以案”警示教育动员部署会召开　　（何希斌/摄）

2020年5月8日，十一届市委第八轮巡察工作动员部署会召开　　（市纪委/供）

2020年1月27日，安徽省首批援鄂抗疫医疗队首批50名重症医学科护士奉命出征
（张大岗/摄）

2020年2月2日，包河区青年小区花园村党员志愿者为出入居民测量体温（郭如琦/摄）

2020年2月22日，合肥公交集团第一巴士公司工作人员对公交车进行消毒（郭如琦/摄）

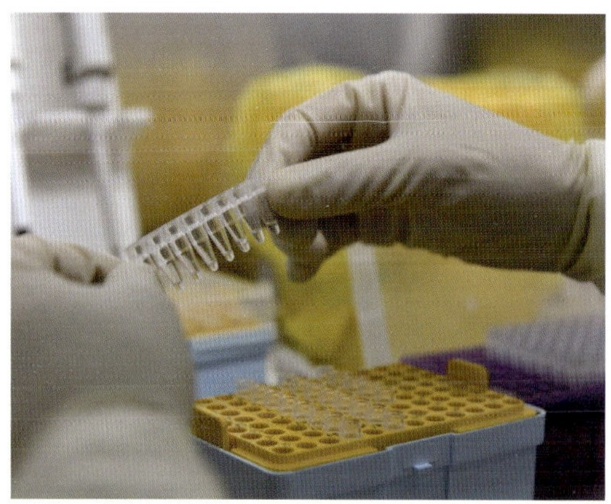

2020年2月25日，合肥千麦医学检验实验室PCR检验员正在检测从病毒中提取的核酸样本的特性（张大岗/摄）

2020年3月1日，合肥市中心血站工作人员将“热血”装上冷链运输车（郭如琦/摄）

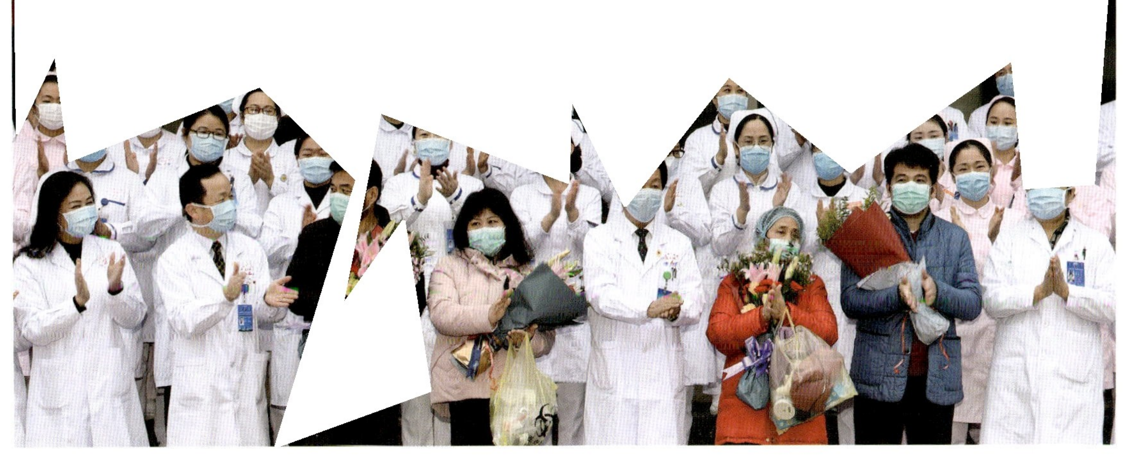

2020年3月2日，合肥市滨湖医院最后4名新冠肺炎确诊患者治愈并走出隔离病区　　（张大岗/摄）

2020年3月2日，合肥封闭式管理下的滨湖和园小区，居民隔着栏杆等待快递　　（张大岗/摄）

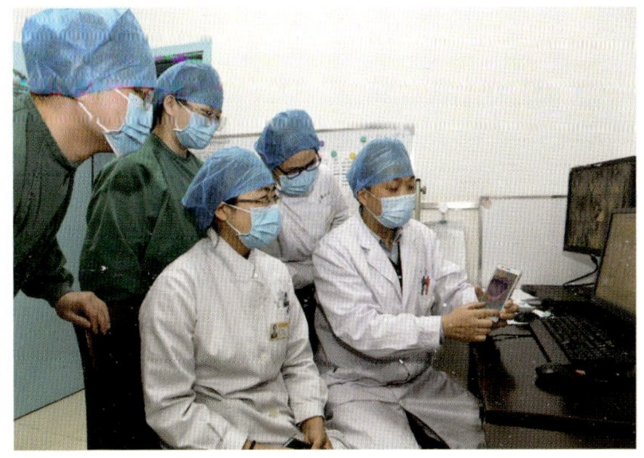

2020年3月6日，在合肥市第二人民医院隔离二病区医生办公室，中医科医师正与隔离二病区治疗医生进行中西医会诊　　（张大岗/摄）

2020年3月27日，铁骑护航安徽省第三批支援湖北医疗队车队凯旋　　（张大岗/摄）

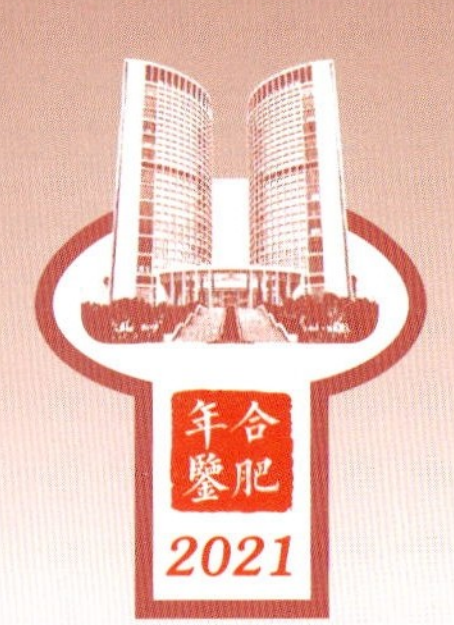

2020年7月27日，合肥启用庐江县白湖镇裴岗联圩裴河段为巢湖分洪　（张大岗/摄）

2020年7月19日，陆军炮兵防空兵学院出动100余名官兵支援庐江县同大圩抗洪抢险　（张大岗/摄）

2020年7月25日，庐江县石头镇中心小学安置点，望城村团支部书记汪清正在给6个月大的小婴儿刘伟喂奶 （张大岗/摄）

2020年7月19日，巢湖市夏阁镇多处小区及道路发生内涝，消防员们托举一岁多男宝宝送到橡皮艇里 （赵云海/摄）

2020年7月17日，市消防支队在巢湖市半汤老街抢救被洪水围困的群众 （潘 硕/摄）

2020年7月22日，庐江县同大镇石大圩白石天河连河段，合肥市消防支队救援人员正在用冲锋舟营救群众 （张大岗/摄）

2020年7月22日，肥东县长临河镇党员干部带领群众及志愿者对星光干渠进行加固 （郭如琦/摄）

脱贫攻坚

2020年3月24日，中央脱贫攻坚专项巡视“回头看”和脱贫攻坚成效考核反馈问题整改动员会在合肥召开（何希斌/供）

2020年10月17日，合肥市社会扶贫日活动在市政务中心举行（市扶贫办/供）

2018—2020年，合肥市从市直机关和县（市）干部队伍中选派112名同志担任第七批驻村第一书记，推进脱贫攻坚战。图为庐江县白湖镇陶冲村金丝黄菊扶贫产业园内驻村第一书记与贫困村民分享丰收喜悦（向　阳/摄）

2020年11月4日，肥西县丰乐镇聚丰制丝扶贫产业园内村民在工作（郭如琦/摄）

2020年9月22日，由合肥市农业农村局、长丰县人民政府共同主办，以“新风尚新业态新成就”为主题的合肥市2020年中国农民丰收节开幕，在杨庙镇马郢社区举行开幕式　（戴　磊/摄）

百户脱贫家庭的全家福

（王　浩　王世保　马　克　章晓虎　吴杰宏　童宗林　何希斌　李　红　李中蒙　史桂伦　周啸勤　郑成功　蒋　烽　李　锋/摄）

2020年，聚变堆主机关键系统建设持续推进，该项目系合肥综合性国家科学中心首个获批建设的国家大科学装置　（王世保/摄）

2020年12月4日，中国科学技术大学潘建伟等人成功构建76个光子的量子计算原型机“九章”。图为光量子干涉实物图　（市科技局/供）

2020年，中科院量子创新研究院一号科研院竣工　（高新区管委会/供）

2020年4月30日，安徽省“抓创新、抗疫情、促六稳”科技成果发布会暨线上交易会在合肥成功举办。会上，成立合肥综合性国家科学中心大健康研究院，举行“安徽合肥线上经济创新发展试验区”揭牌仪式等（安徽创新馆/供）

2020年7月22日，合肥市智能网联汽车创新中心揭牌仪式举行（市科技局/供）

科技创新

2020年，清华大学公共安全研究院在城市生命线安全工程研发上取得积极进展（王世保/摄）

2020年8月6日，中国（合肥）知识产权保护中心成立　（安徽创新馆/供）

2020年9月3日，安徽首条5G无人驾驶示范线在合肥市开通　　（王嫣然/摄）

2020年年底，合肥工业大学智能制造技术研究院研发中心通过验收　　（叶玉庭/摄）

2020年，合肥京东方显示技术有限公司面板出货量全球领先　（张大岗/摄）

2020年11月2日，合肥京东方显示技术有限公司生产的全球最大尺寸110寸8K超高清电视机　（张大岗/摄）

2020年，合肥长鑫存储技术有限公司实现4万片/月产能，搭载其19纳米DRAM存储芯片产品上市销售　（吴小黎/摄）

2020年12月7日，合肥维信诺科技有限公司G6全柔AMOLED生产线点亮，该生产线总投资440亿元，设计产能30K/月　（张大岗/摄）

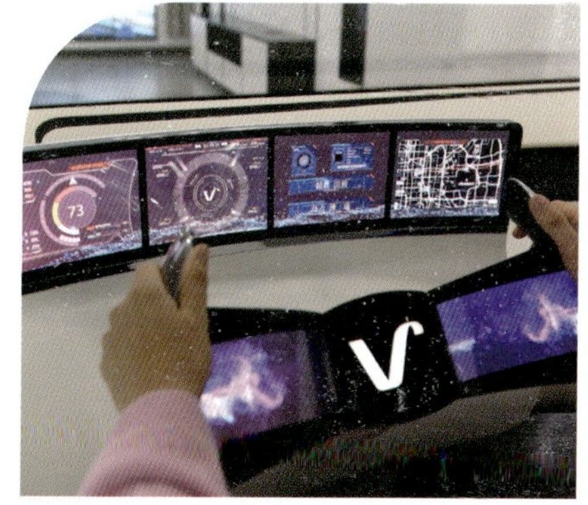

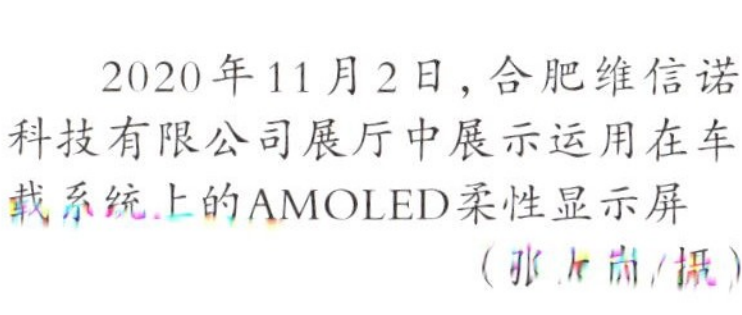

2020年11月2日，合肥维信诺科技有限公司展厅中展示运用在车载系统上的AMOLED柔性显示屏　（张大岗/摄）

2020年10月30日，联宝（合肥）电子科技有限公司技术人员正在检测电脑主板　（张大岗/摄）

2020年，联宝（合肥）电子科技有限公司实现营收1016亿元，成为合肥市首家千亿企业　（张大岗/摄）

2020年，“中国声谷”实现营收超千亿、入园企业超千家的目标 （张大岗/摄）

2020年4月29日，蔚来中国总部落户合肥。蔚来汽车全年产量超过4.4万辆，较上一年增长1.2倍。图为江淮蔚来先进制造基地生产线 （张大岗/摄）

2020年，合肥市新增3个国家制造业单项冠军企业。图为获得第五批制造业单项冠军示范企业的安徽叉车集团　（市经信局/供）

合力叉车变速箱智能生产线　（市经信局/供）

2020年12月，阳光电源公司获第五批制造业单项冠军示范企业　（市经信局/供）

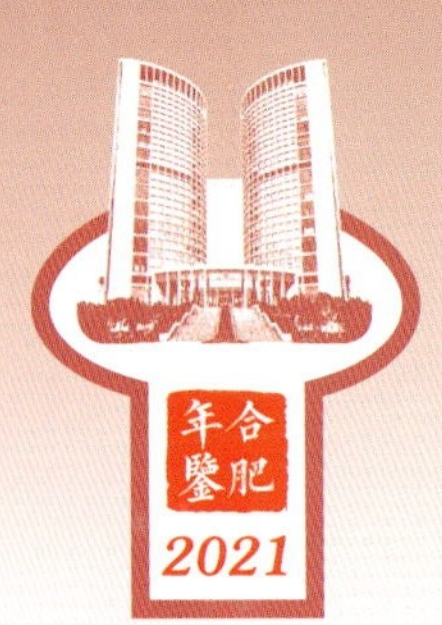

2020年，合肥市建成16家智能工厂、174个数字化车间。图为长虹美菱股份公司数字化车间（市经信局/供）

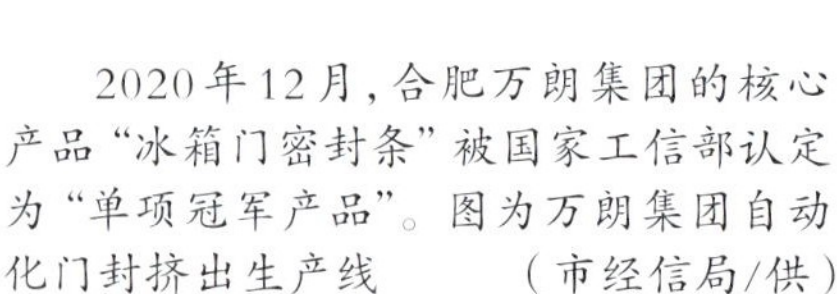

2020年12月，合肥万朗集团的核心产品“冰箱门密封条”被国家工信部认定为“单项冠军产品”。图为万朗集团自动化门封挤出生产线（市经信局/供）

万朗集团厂房（市经信局/供）

2020年9月4日，国际（合肥）节能与新能源汽车展览会暨智能网联汽车生态大会在合肥滨湖国际会展中心开幕　　（市经信局/供）

2020年9月12日，世界制造业大会江淮线上经济论坛开幕式暨主旨论坛在合肥举行。图为签约仪式现场　　（张大岗/摄）

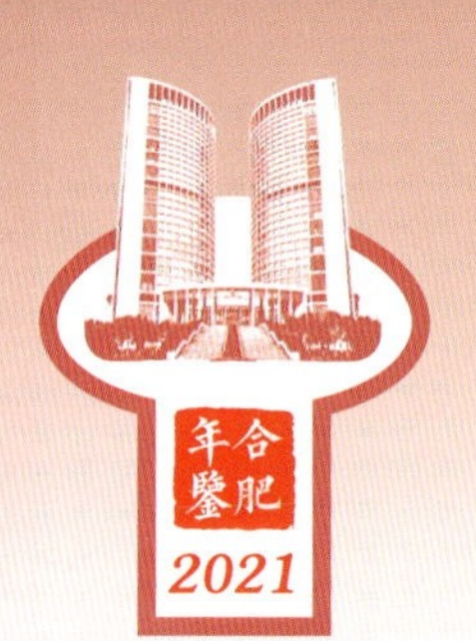

合肥经济技术开发区综合保税区 （张大岗/摄）

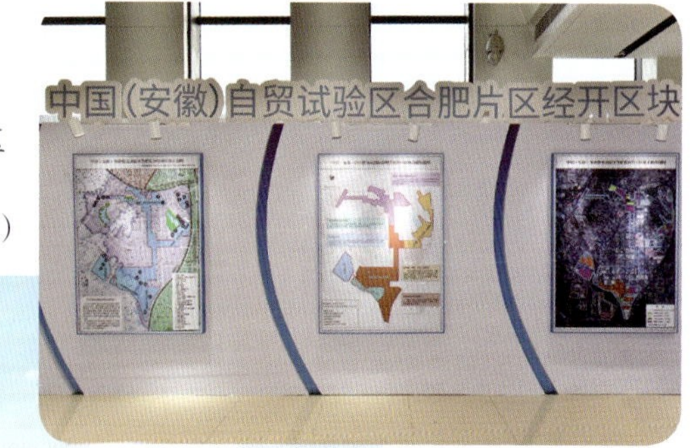

中国（安徽）自由贸易试验区合肥片区经开区块
（合肥经开区管委会/供）

2020年9月21日，中国（安徽）自由贸易试验区获批。其中，合肥片区64.95平方千米，含合肥经济技术开发区综合保税区1.4平方千米 （沈 燕/摄）

2020年，长三角一体化加速推进。图为6月10日，长三角G60科创走廊科技成果转移转化示范基地（合肥）揭牌暨肥东县贯彻“六稳”重点产业项目集中签约现场会在肥东县长临河科创小镇举行 （肥东县史志室/供）

2020年，合肥市实施创优营商环境攻坚，政务环境位列全国第三。图为9月10日，市民正在瑶海区政务服务中心自助办理社保业务 （张大岗/摄）

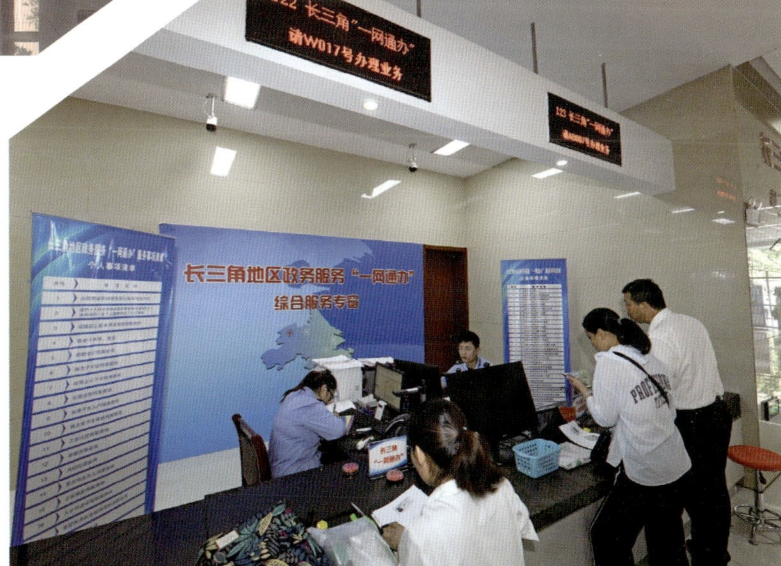

市政务中心长三角地区政务服务“一网通办”综合服务专窗 （张大岗/摄）

改革开放

2020年，合肥市有序推进服务贸易试点市、跨境电商试验区、进口贸易示范区建设。图为11月2日，安徽蜀山跨境电子商务产业园的工人正在分拣国际邮件　（张大岗/摄）

2020年，合肥中欧班列开行568列，比上年多200列，位居全国第八。图为11月12日，合肥中欧班列第500列发车仪式在合肥北站物流基地举行　（俞　玥/摄）

2020年，合肥市农村土地“三权分置”“三变”改革顺利推进。图为7月19日，庐阳区海棠街道藕塘社区成员界定方案表决（市农业农村局/供）

2020年，合肥市连续三年成为“外籍人才眼中最具吸引力的中国城市”。图为1月10日，合肥市包河区西杭社区一群来自白俄罗斯的留学生在参加社区春晚 （张大岗/摄）

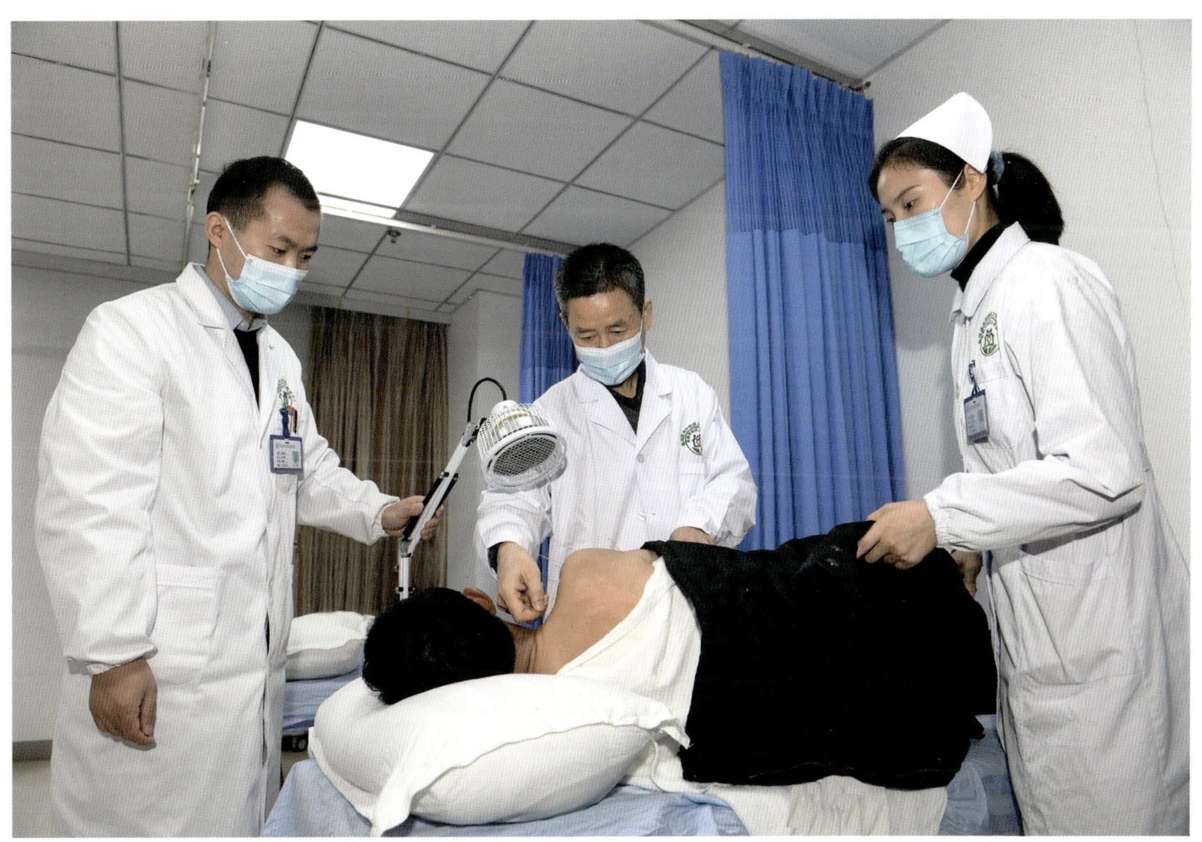

2020年，合肥市医联体、医共体医保基金付费改革惠及565万市民。图为12月17日，安徽中医药大学第二附属医院的中医康复专家、江淮名医孙善斌（中）在包河区方兴社区卫生服务中心为居民义诊 （张大岗/摄）

2020年，合肥市轨道交通完成投资170亿元。图为12月26日，5号线南段开通运营
（市轨道公司/供）

2020年，合肥市“国家公交都市”创建成功。图为12月中旬，又一批纯电动公交车运抵合肥公交集团北城停保场 （李克武/摄）

2020年，引江济淮工程累计完成投资433亿元。图为6月7日，引江济淮工程派河口泵站枢纽工程 （张大岗/摄）

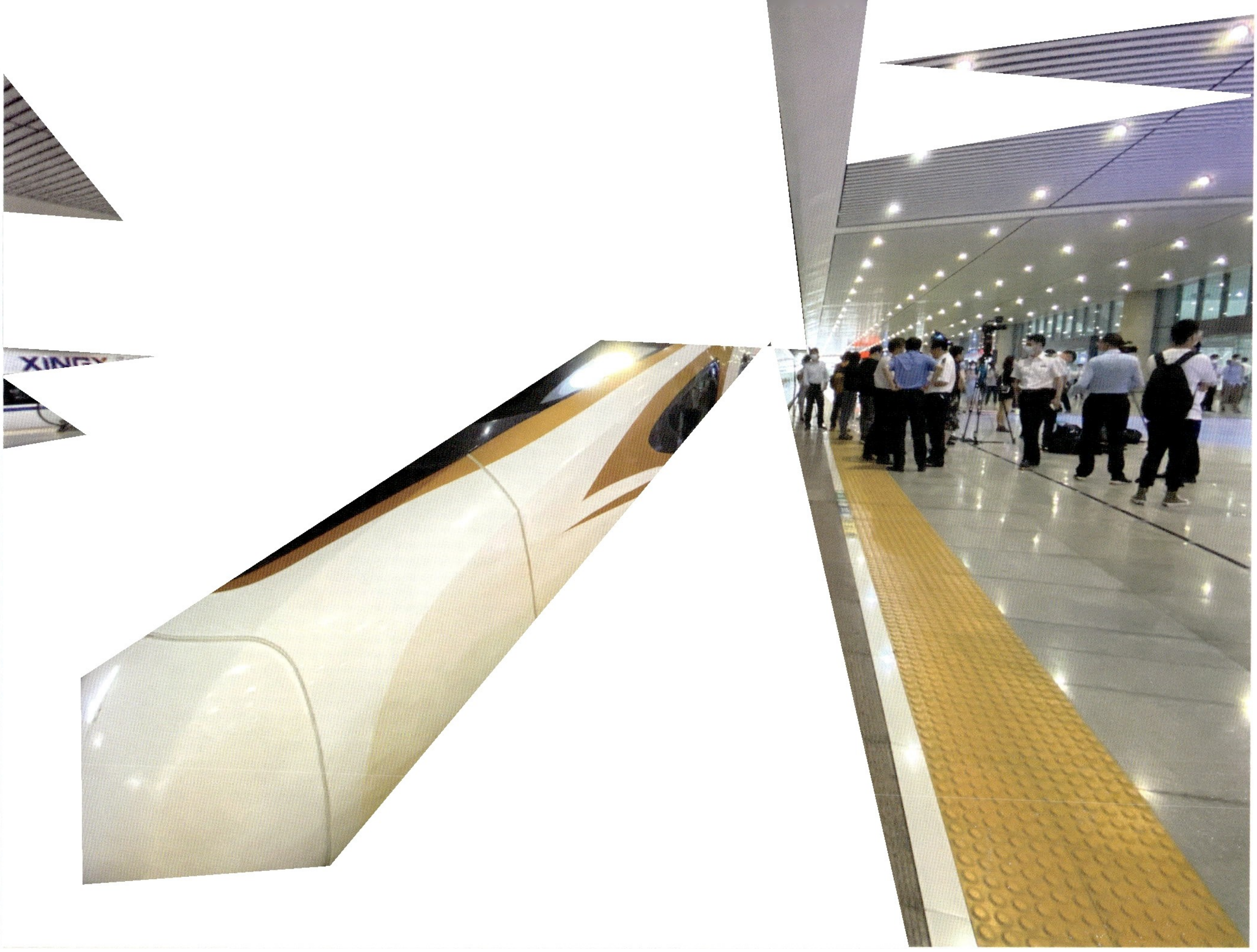

2020年6月28日，商合杭高铁全线通车。图为合肥至杭州段首发列车G9394次复兴号动车组 （张大岗/摄）

2020年12月22日，京港高铁合安段正式通车 （张大岗/摄）

2020年5月1日，怀宁路下穿天鹅湖隧道放行通车
（宋炎骏/摄）

2020年12月21日，繁华大道集贤路立交竣工通车（王世保/摄）

2020年，畅通二环北环西段加快建设（市重点局/供）

2020年7月，蔡田铺污水处理厂三期工程完工
（郭如琦/摄）

2020年8月27日，郎溪路（包河大道—裕溪路）工程竣工 （宋炎骏/摄）

2020年11月1日，第八水厂投产并网 （市自来水公司/供）

2020年，合肥市加快推进城市更新项目。图为长江180艺术街区 （瑶海区史志室/供）

肥东县众兴乡乡村公路 （王世保/摄）

2020年，合肥市新建改建农村道路1200千米。图为刚刚画了标线的巢湖市塔洪西路（徐本锦/摄）

2020年合肥市重拳治理违法建设。图为11月27日，庐阳区大杨镇产业园一处拆违现场 （葛传红/摄）

2020年，合肥市加快推进老旧小区改造。图为改造后的名君家园小区 （市房产局/供）

改造后的科大北区 （市房产局/供）

2020年，合肥市建成省级美丽乡村中心村169个。图为肥西县铭传乡桂树社区省级美丽乡村中心村（宋炎骏/摄）

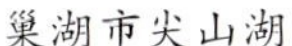

巢湖市尖山湖（王世保/摄）

庐江县汤池镇美丽乡村（张大岗/摄）

巢湖市庙岗乡巨幅稻田画（张大岗/摄）

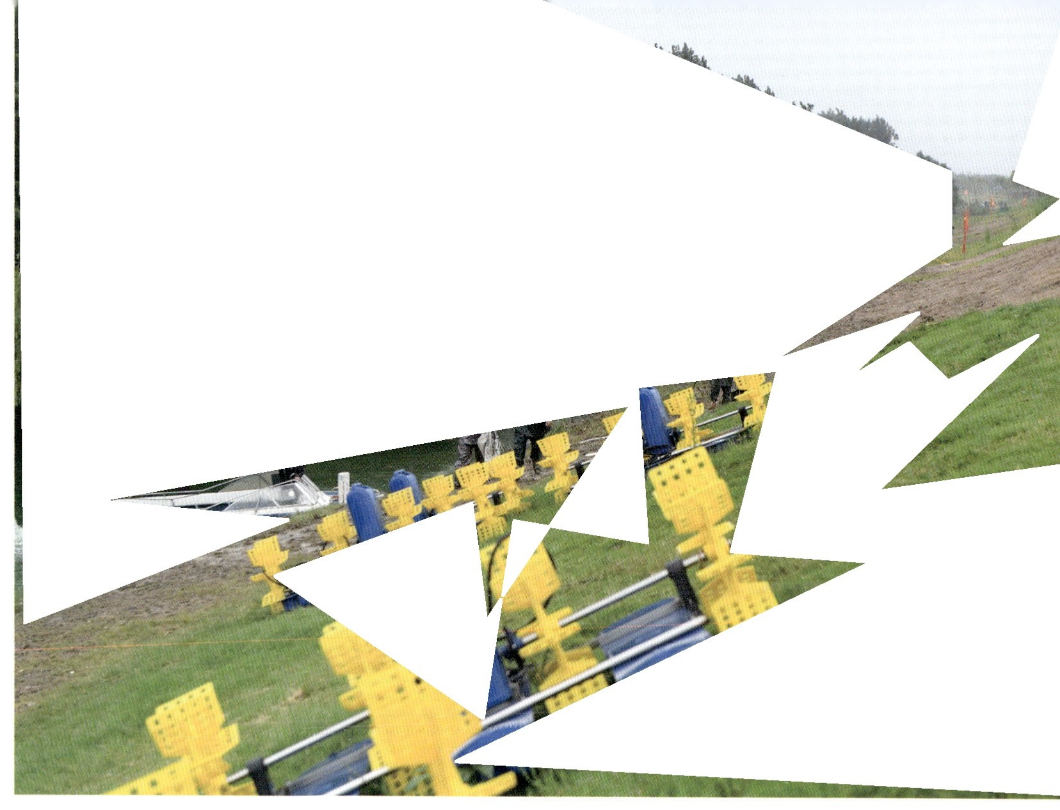

2020年入汛之后，合肥市开展巢湖蓝藻治理“政坚战”。图为8月10日，包河区工作人员在巢湖沿岸打捞湖面杂草和蓝藻 （苏 玲/摄）

2020年，合肥市加大河道生态修复力度。图为5月6日，工人在板桥河排水口种植生态水草 （赵 明/摄）

2020年，合肥市认真贯彻落实长江干流及其支流禁渔规定精神，推进渔民转产转业。图为12月4日，肥东县长临河镇行政执法人员在收缴渔网 （郭如琦/摄）

2020年，合肥市严格落实河长制，15个国考断面水质全部达标。图为11月4日，肥东县八斗镇市容管理人员和环卫工人一起在清理境内一段河渠 （郭如琦/摄）

2020初，包河区南二环高压走廊沿线绿化升级改造项目一期完工 （张大岗/摄）

2020年，大房郢公园建成开放 （葛传红/摄）

2020年，合肥市建成城市公园5个，小公园、小游园63个。图为瑶海青年创意田园 （王世保/摄）

2020年，合肥市建成生态湿地6.2万亩。图为十八联圩　（王世保/摄）

2020年，合肥市完成绿化建设面积约90.39万平方米。图为3月7日，庐阳区大杨镇水库村组织亲子活动在董铺水库岸边植树
（葛传红/摄）

三河湿地　（王世保/摄）

巢湖市月亮湾湿地公园　　（张大岗/摄）

半岛湿地　　（王世保/摄）

2020年，合肥市新建成幼儿园63个、中小学53个。图为新落成的庐阳实验小学 （宋炎骏/摄）

2020年，新建成第四十六中学南宁路初中部 （张大岗/摄）

2020年年底，市老年大学新校区竣工　（王世保/摄）

2020年，合肥市建成体育公园5个、公共健身场所176个。图为合肥市南艳湖体育公园　（王世保/摄）

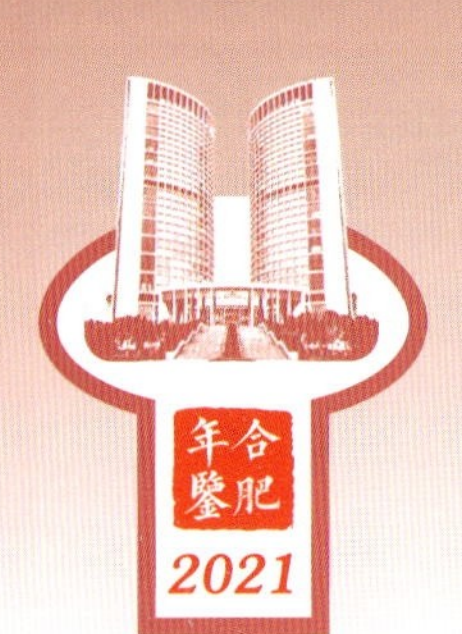

2020年12月30日，合肥市第一人民医院门诊综合楼开诊。图为市人民医院门诊楼 （苏 玲/摄）

2020年12月30日，合肥市滨湖医院感染病院区开诊 （张大岗/摄）

2020年合肥市大力治理春季杨絮问题。图为4月30日，以安吉拉月季取代杨树后的包河大道 （张大岗/摄）

2020年，合肥市建成棚改安置房2.15万套。图为淝河片区重点安置房项目——川海花园　（市房产局/供）

2020年，为解决高温酷暑给考生带来的不利影响，市委、市政府决定在全市所有中、高考考场安装空调，努力为广大考生创造良好考试环境。图为6月15日晚，在合肥市第四十八中学滨湖校区，工人正在加班为考场安装空调　（张大岗/摄）

2020年，合肥市既有住宅加装电梯174部。图为11月19日，庐阳区三孝口街道西平门社区公安厅宿舍加装新电梯　（葛传红/摄）

2020年11月23日，庐阳区大杨镇4个老小区集中进行天然气入户点火，近千户居民用上天然气（葛传红/摄）

2020年，合肥市创建成6个国家级智慧健康养老街道。图为经开区紫云花园小区老人进行机器人订餐服务（市数字资源局/供）

2020年，合肥市居民医保参保率达99%。图为6月2日，庐阳区大杨镇工作人员指导居民扫码激活"医保电子凭证"（葛传红/摄）

目 录

专 记

大 事 记

合肥概览

中国共产党合肥市委员会

合肥市人民代表大会

合肥市人民政府

中国人民政治协商会议合肥市委员会

中共合肥市纪律检查委员会 合肥市监察委员会

军 事

民主党派与工商联

群众团体

法 治

改革开放

科 技

教 育

工　业

民营经济

信息产业与信息化

农业农村

商贸服务业

交通邮政

自然资源和规划

城乡建设与管理

建筑与房地产

生态建设与环境保护

财政　税务

金 融

经济监督与管理

应急管理

文化旅游传媒

卫生健康

体　育

脱贫攻坚

社会民生

经济开发区

县（市）区概览

人　物

附　录

索　引

Catalogue

专 记

合肥市认真学习宣传贯彻落实习近平总书记视察安徽重要讲话精神

2020年8月的庐州大地，满目葱茏、翠色流淌，处处焕发着勃勃生机！

素有“天与人间作画图”盛誉的八百里巢湖，经历夏日的惊涛骇浪，再归安澜，水波粼粼、蔚为壮观！

时隔四年，在决胜全面建成小康社会、开启全面建设社会主义现代化国家新征程的关键节点，在收官“十三五”、谋划“十四五”的关键阶段，在抓“六保”促“六稳”、育新机开新局的关键时期，习近平总书记再次亲临安徽、合肥视察指导，充分体现了总书记对安徽、合肥工作的高度重视和亲切关怀，全市干部群众备受鼓舞、倍感振奋！

切切话语、念兹在兹，激荡着合肥大地奋发向上的涌潮；殷殷嘱托、眷眷深情，凝聚起庐州儿女奋勇向前的力量。

在这鼓舞人心、振奋信心、激发决心的重要时刻，合肥人民不禁凝思回望，2020年一路走来，一路艰辛，一路拼搏，十分不易！

关键时刻看担当，大考之中见真功。全市上下切肤体悟到：砥砺奋斗精神、激荡奋斗情怀，就能不惧一切艰难险阻。多种因素叠加影响下的2020年，全市人民不畏风浪、直面挑战，脚踏实地、真抓实干，疫情防控阻击战取得重大战略成果，抗洪抢险攻坚战取得阶段性重要成效，经济发展推进战取得全面向好局面！

一

历史的进程中，总有一些壮举令人澎湃；时间的长河中，总有一些力量催人奋进。

2020年，注定是命途多舛、极不平常的一年；2020年，必定是笃定实干、奋勇前进的一年。

岁末年初，新冠肺炎疫情突袭大江南北；梅雨期间，百年不遇洪水侵袭庐州大地。

疫情发生后，习近平总书记多次指出，要统筹推进疫情防控和经济社会发展工作，扎实做好“六稳”工作，全面落实“六保”任务，努力在危机中育新机，于变局中开新局。

把舵引航，把脉定向。

一代人有一代人的历史使命；

一座城有一座城的年度答卷。

面对疫情、汛情带来的前所未有的冲击，合肥怎么干？

5月12日，省委常委、市委书记虞爱华在市政协十四届三次会议闭幕会上的讲话中提出，现在，合肥的目标就是咬定“五高地一示范”，半年“负转正”、全年“过万亿”，扎实做好“六稳”工作，坚决落实“六保”任务，确保完成决战决胜脱贫攻坚目标任务，全面建成小康社会。

非常之时，非常之举。合肥，为皖之中，是全国性综合交通枢纽，经济总量占全省1/4。疫情来势汹汹，合肥按照“坚定信心、同舟共济、科学防治、精准施策”总要求，以人民为中心，充分运用制度优势，严格落实疫情防控措施，完善重大疫情救治机制，迅速打响抗击疫情的人民战争、总体战、阻击战。

上下同欲，勠力同心。从隆冬到初夏、由城市到农村，全市人民守望相助、日夜鏖战，疫情防控阻击战取得重大战略成果。

疫情防控不能松，经济发展不

能停。两手都要抓，“两战”必须赢！到了年中，又遭遇洪水战！“三线”苦战，难上加难！

“经济社会是一个动态循环系统，不能长时间停摆。”面对疫情对经济社会造成的冲击，全市坚定信心，保持定力，化危为机，聚力半年“负转正”、全年“夺胜利”的目标，按下经济复苏“快进键”，打出政策保障“组合拳”，开启生产建设“加速度”。

全市各行各业在市委、市政府统一部署下，有力推进复工复产复商复市，有序推动经济社会发展，每一步都有条不紊，每一步都铿锵有力，每一步都稳健前行，谱写了一曲气壮山河的“双战双赢”赞歌。

来自市统计局的数据，让人们欣喜地看到，在市委、市政府的坚强领导下，全市广大干部群众经过拼搏奋斗，上半年实现经济“由负转正”，全市经济社会秩序全面向好，基本民生保障有力，社会发展大局稳定。

全面向好，来之不易！这得益于全市深入贯彻习近平总书记重要讲话指示批示精神的落地见效，得益于全市坚决执行中央及省委省政府的决策部署，得益于全市上下同心同向的不懈奋斗！

全面向好，来之不易！这归结于全市广大干部群众用汗水浇灌，以笃定实干。“干”字，最见理想和信念，最见忠诚和担当，最见品行和能力，最见纪律和作风。

二

风雨再滂沱，也浇灭不了心中梦想的热念；征途再泥泞，也阻挡不了奋力前行的步伐。

习近平总书记指出：“在哲学意义上，‘难’是在任何领域前进道路上永恒的命题。”

前所未有的冲击，前所未有的艰难。2020年以来，防控疫情、加快发展、奋力抗洪，谈何容易？

数据显示，一季度全市实现生产总值1882.67亿元，按可比价格计算，同比下降9.8%。

上半年，全市生产总值达4419.7亿元，按可比价格计算，同比增长0.2%，较一季度加快10.0个百分点，实现了经济由降转升、由负转正的稳步复苏态势，全市经济步入全面复苏“快车道”，高质量发展态势全面稳固，充分展示了我市经济的强大韧性与活力，进一步鼓舞起全市干部群众的信心和干劲。

这是一份成色十足的数据，这是一份底色厚重的成绩，这是一份汗水浇灌的回报！

行之维艰、成之维艰！二季度经济增速如何能强力“V”型反转？

——这份来之不易的成绩，源自践行使命大担当。

习近平总书记指出，在统筹推进疫情防控和经济社会发展工作中，各级干部特别是领导干部必须增强必胜之心，必须增强责任之心，把初心落在行动上、把使命担在肩膀上。

5月7日上午，市委常委会会议强调，要围绕上半年和全年目标，切实抓好常态化疫情防控工作，全力推进复工复产，加快恢复经济社会秩序。此后市委多次召开常委会会议、专题会议或经济形势分析调度会议，盯紧问题抓住不放，分析问题切中肯綮，部署工作明确具体，落实举措切实可行。

“时间不等人！”使命在肩，唯有实干。市委市政府主要负责同志更是以“时不我待、只争朝夕”的紧迫感，夙夜在公、争分夺秒，加速推进工作。

仅5月9日至6月22日，从公开的行程来看，省委常委、市委书记虞爱华先后密集同37家国内外著名企业CEO、科研院所负责人商谈，进一步深化互信、强化合作，不遗余力推动重大合约签署、重要项目落地、重点工程进度，以重大项目带动投资力度，聚力打造全产业链发展集群，加快经济社会复苏。

中国国新总经理莫德旺在商谈中深有感触：合肥营商环境好，发展成就令人钦佩，中国国新愿意继续助力合肥地方经济高质量发展。

——这份来之不易的成绩，源自狠抓效能大提升。

世间事，作于细，成于严。有多大担当才能干多大事业，尽多大责任才会有多大成就。合肥市以机关效能建设为抓手，激发“新状态”，以良好的工作作风护航高质量发展，真抓实干开新局。

6月23日，在市委常委会扩大会议暨经济形势分析调度会上，部署开展工作效率大提升集中行动，深化“三个以案”警示教育，狠抓市直机关效能建设，严肃查处不作为乱作为。同时，有关部门专门印发通知，以“零容忍”态度，着力解决机关作风方面存在的突出问题，下大力气优化营商环境、提高机关工作效率，确保各项工作任务落到实处。

市直机关人人讲效能、处处抓效能、事事创效能，广大党员干部工作抖擞精神、干事昂扬斗志，已蔚然成风。

——这份来之不易的成绩，源自加快项目大推进。

项目是发展的载体，是稳增长、调结构、惠民生的重要支撑。重大项目早开工、早建成、早达效，就能早一天加入城市高质量发展的

“代表队”，更能加快推动经济复苏更加强劲、气血更加充盈、筋骨更加强健。

5月8日起，合肥经开区、安巢经开区、新站高新区、庐阳区、肥东县等县（市）区陆续举行重大项目集中签约开工仪式。项目涉及新能源汽车、生物医药、人工智能、新型显示、集成电路、装备制造、新能源、新材料等领域。积厚成势，继往开来。蔚来中国总部“安家”合肥、大众汽车集团（中国）与国轩高科北京“牵手”、欧菲光光学光电产业园成功落地、长三角G60科创走廊科技成果转移转化示范基地（合肥）揭牌……大众、国轩合作对双方来说，是强强联手、示范之举，是应对疫情严重冲击的有效之举。大众汽车集团（中国）CEO冯思翰表示：“我们将与国轩高科精诚合作，共同推进电芯生产及业务。”

二季度，全市新签约重点项目330个，协议总投资约1200亿元；引资总量同比增长16.2%，外商直接投资增长7.9%。全市项目储备、发展后劲呈现持续发力的良好态势，强劲助推合肥经济高质量发展。

——这份来之不易的成绩，源自激发产业链大动能。

主导产业、重点企业是全市经济发展主引擎，中小微企业是全市经济发展重要力量。合肥通过推动产业链关键核心环节企业的复工复产，用大企业的订单、技术、资金保障能力，带动配套中小微企业复苏达产，全力畅通产业链上下游循环。欲茂其枝，必深其根。6月上旬，为扎实做好“六稳”工作，坚决落实“六保”任务，合肥重磅实施“123+10”行动，为加速合肥经济社会发展注入新动能。

大疫当前，百业艰难，但危中有机，唯创新者胜。全市启动重点产业链链长制，聚焦12个重点产业，全力抓重点产业链、龙头企业和重大投资项目。市委主要负责同志担任集成电路产业链“链长”，市政府主要负责同志担任新型显示产业链“链长”，市委、市政府相关负责同志担任其他产业链链长。以链长制为抓手，围绕产业链“延链、补链、强链”，以期“延”出附加值、“补”出新动能、“强”出竞争力，强劲激发“链”式效应。

建立经济运行、产业链、大建设等方面的定期调度常态化机制，着力破难题、抓推进、求实效；通过创新机制，使落实工作更聚焦、解决问题更精准、推进节奏更高效……

一项项决策，一条条举措，一件件落地，为全市经济恢复注入源源动力。上半年，新型显示、集成电路、智能语音产业基地产值均实现两位数增长，高技术制造业增加值增长14.7%。

——这份来之不易的成绩，源自精准施策大发力。

企业在，活力就在，明天就在。“六保”是2020年“六稳”工作的着力点。守住“六保”底线，就能稳住经济基本盘。要保经济基本盘，就要先保市场主体。市场主体是经济的力量载体，是稳就业的“顶梁柱”、经济增长的“发动机”。面对疫情冲击，合肥市各部门因时因势、有力有序、精准施策。

创优营商环境3.0版为市场主体雪中送炭；若干条金融措施为实体经济畅通血脉；精准减税降费为企业加速政策接力；“四送一服”为企业纾难解困……一系列精准政策，为经济发展“止损回血”、激发新动力，使经济回到稳中向好的轨道。截至2020年7月，全市实有市场主体106.53万户，同比增长14.74%。6月份，全市制造业PMI为51.8%，高于全国0.9个百分点。上半年，全市城镇新增就业6.51万人，占全省城镇新增就业的19.4%，完成省下达年度目标任务的69.3%。

——这份来之不易的成绩，源自撬动消费大需求。

新业态涌现、新动能澎湃。二季度合肥市发放三轮消费券，拉动各类消费超4亿元。上半年，限上实物商品网上零售额同比增长78.5%。消费是经济稳定运行的“压舱石”，各项扩大消费的政策正不断见效，不仅为经济回升提供有力支撑，还为经济下一阶段增长提供更多动力，更为经济高质量发展提供可持续动能。

出口是拉动经济的重要力量。上半年，为优先满足重点生产企业紧急需求，按照“特事特办、急事急办”的原则，全市多个开放平台开通绿色通道，在确保稳定有序生产情况下，加班加点完成企业特殊时期的特殊申请。上半年，全市进出口总额169.35亿美元，同比增长15.8%，分别高于全国、全省22.4和10.3个百分点。

立足当下、着眼后势，合肥市2020年上半年在疫情防控阻击战取得重大战略成果、经济社会发展全面向好的同时，正在为下半年不断蓄积后续发展的新潜能，打下经济持续发展的坚实基础。

三

初心、实干、梦想，交融延伸；

过去、现在、未来，壮阔前进。

习近平总书记强调，必须发挥好改革的突破和先导作用，依靠改革应对变局、开拓新局，坚持目标引领和问题导向，既善于积势蓄势谋势，又善于识变求变应变，紧紧扭住关键，积极鼓励探索，突出改革实效，推动改革更好服务经济社会发展大局。

其作始也简，其将毕也必巨。在2020年时间已过大半之时，合肥市仍要向“提质提效突破万亿”的目标冲刺。

船到中流、人到半山，更须同时间赛跑、与时代并进。就合肥而言，无论是打造“合肥最好的名片”的新期望、迈入“万亿俱乐部”的关键一跳，还是省委“五高地一示范”的新要求，都慢不得、等不起、坐不住，更需要发挥好改革的突破和先导作用，蓄积“奋然为之”的决心和意志，努力奔跑、加速攀登。

打造“合肥最好的名片”的新期望，时不我待——

2020年7月份，正是全市经济在二季度坚实基础上加速前进的关键时刻，却遭遇了暴雨不断、洪水魔兽！

“花开偏逢暴雨，叶嫩更兼冰霜。”2020年梅雨期间，合肥市降雨量、入湖河流水位、巢湖水位均破历史极值！巢湖水位150年未遇！7月下旬，全市防汛重点由城区防涝急剧转为巢湖保卫战。巢湖的安危，关系着800万合肥人民的生命财产安全。

“物有甘苦，尝之者识；道有夷险，履之者知。”大风大浪面前，最关键的是需要科学精准的把控和坚如磐石的定力。面对汹涌的汛情，市委市政府科学研判、多方论证，统筹全局、突出重点，果断决策、痛心决断，把保主保重放在更加突出位置，最核心是保人民生命安全。安徽省水利水电勘测设计研究总院副院长、巢湖研究院院长朱青说，合肥市委市政府作出的各项决策是科学果断的，实施的一系列应对措施是有效有力的。

关键之时，果断之举！决断有多痛心？下列有一组数据：全市286个圩口，启用和漫破186个，蓄水18.4亿立方米，相当于近1个常年的巢湖水量、近6个蒙洼蓄水量、近127个西湖水量，淹没面积347平方千米。至8月13日，累计受灾人口94.7万人、农作物受灾面积16.8万公顷，累计紧急转移安置23.9万余人。超出想象的数字，折射出的是合肥坚决扛起政治责任的历史担当，折射出的是广大干部群众顾全大局舍小家为大家的巨大奉献。

沧海横流，方显英雄本色；初心使命，汇聚强大力量。全市广大干部群众、部队官兵、志愿者等上百万人次在历经20天咬紧牙关、日夜奋战、拼尽全力后，巢湖水位呈高位波动缓退，至8月7日终于回落至保证水位。他们在防汛抗洪抢险中迸发的不怕累苦、不怕疲劳、不怕牺牲的精神斗志，展现了众志成城、顽强拼搏、敢于胜利的英雄气概，书写了洪水无情人有情的人间大爱。

这20天，是惊天动地、惊心动魄的20天，是坚毅不屈、艰苦卓绝的20天，是初心如炬、使命如山的20天，是赤诚至胜、载入史册的20天！

战汛的同时，也迎头来了一场艰难的蓝藻“遭遇战”。受洪水影响，巢湖挡藻围堰、捞藻平台、输藻管道等淹没、受损，严重影响打捞处置工作开展。连续多天高温，引发蓝藻出现暴发态势。省委常委、市委书记虞爱华多次深入巢湖大堤，多次强调，蓝藻治理不仅是生态问题，也是民生问题，要像战洪水一样战蓝藻，要以打赢抗击百年一遇洪水保卫战的决心，坚决打好蓝藻治理攻坚战。全市通过加强统筹指挥、属地包保负责、各部门全力配合；采取多模式联动作战、多形式有效结合的方式，全面提高处置水平。至8月中旬打捞近两万吨蓝藻，部分流域蓝藻明显减少，巢湖蓝藻防控攻坚战取得阶段性成效。

洪水在缓退，但全市干部群众丝毫不能懈怠、丝毫不能麻痹，洪水退后的后续工作，依然十分繁重！接下来，要紧紧围绕救灾安置和灾后恢复重建抓好落实，全面开展“四启动一建设”，确保全面小康路上不落下一人；坚决治理好巢湖，着力解决“水多”“水脏”“水臭”问题；严格保护好巢湖，加快建设“十大湿地”，做好禁捕退捕工作，严格环保执法；合理利用好巢湖，大力发展生态旅游，让当地人能增收、周边人有去处、外地人喜欢来。

习近平总书记在视察安徽时对合肥寄予了新的厚望：“巢湖是安徽人民的宝贝，是合肥最美丽动人的地方。一定要把巢湖治理好，把生态湿地保护好，让巢湖成为合肥最好的名片。”

聆听总书记的谆谆叮嘱，全市人民唯有加速奔跑！

聚力“五高地一示范”的新要求，时不我待——

合肥作为省会，作为综合性国家科学中心、长三角世界级城市群副中心，是全省经济社会发展的中流砥柱。近年来，合肥创新能力、发展协调性、生态环境质量、对外开放度、人民生活水平显著提升。

登高望远，拉升标杆。2020年5月份，省委明确了合肥下一步发展方向——着力打造具有国际影响力的创新高地、全国重要的先进制造业高地、具有国内领先优势的数字经济高地、内陆开放新高地、优质优良宜居宜业的生态高地，在全面从严治党上当好示范。

日本瑞穗金融集团常务执行董事、东亚地区总裁、瑞穗银行（中国）有限公司董事长菅原正幸对在合肥的发展很有信心：我们将发挥自身优势，吸引更多日本半导体、新能源汽车等领域的企业在肥投资，为合肥与日企取得更多合作成果作出新贡献。

面对高标杆新要求，全市人民唯有加速奔跑！

冲刺“万亿俱乐部”的新任务，时不我待——

放眼全国，至2019年已有17个城市的经济总量突破万亿。万亿临界点城市无不将实现万亿目标写入2020年政府工作报告，加速冲刺。2019年，合肥市经济总量已经攀升到9409.4亿元，更需逆水行舟用力撑！

在市场经济条件下，经济辐射能力在一定程度上体现为“溢出”效应。经济总量破万亿作为一个直观的显性指标，必将给城市发展带来多重叠加效应，大大提升城市的集聚力、辐射力、影响力，从而加快合肥这座长三角城市群副中心城市的发展步伐。

上海壁仞科技有限公司创始人、董事长张文对合肥的发展深有体会：合肥拥有丰富的科研资源、人才资源，是适合高科技企业发展的地方。我们将把更多好项目带到合肥来，以创新的思维加速构建产业生态，为合肥发展贡献更大力量。

站在“万亿俱乐部”门前，全市人民唯有加速奔跑！

应对多重因素叠加的新挑战，时不我待——

2020年下半年境外疫情仍在持续扩散蔓延，“外防输入、内防反弹”的压力持续存在；一些不稳定性不确定性因素依然存在……这些都是全市上下实际工作中所要面对的。

有困难，要勇于破解；有问题，要善于解决。马克思说过，“主要的困难不是答案，而是问题”。

解决问题，首先要发现问题。这里关键是党员干部能否积极主动有为、勇于担当作为，能否密切结合实际，把准问题的关节点、要害处，能否做到盯紧问题、分析问题、解决问题，一抓到底、发扬钉钉子精神。

世界是物质的，物质是普遍联系的，全市人民要辩证地分析看待客观事物。尽管全市正面临多重挑战，但实现2020年“过万亿”，合肥有底气。底气在哪？人们清晰地看到：全市助推高质量发展的大趋势没有变、拥有国家战略叠加优势的大格局没有变、支撑经济稳健运行的基本面没有变、引领创新发展的新动能没有变。合肥拥有硬核力量的科技创新、高端领跑的产业支撑、来来往往的区位优势、年轻蓬勃的城市活力。

紫光集团联席总裁兼新华三首席执行官于英涛对合肥的未来颇有信心：合肥科研实力强、产业结构优、营商环境好，形成了尊重企业、服务企业的浓厚氛围。我们愿意加大在肥投入力度，为合肥高质量发展贡献力量。

面对多种因素叠加的挑战，全市人民唯有加速奔跑！

肩负新使命，奋进新征程。新期望新要求新任务绝不是轻轻松松、敲锣打鼓就能实现的。全市上下当以披荆斩棘的勇气、胼手胝足的奋斗，奋力在现代化五大发展美好安徽建设中干在实处、走在前列。

四

时间是奋斗的尺度，奋斗是筑梦的空间。

习近平总书记在安徽视察时强调，要贯彻落实好党中央决策部署，贯彻新发展理念，坚持稳中求进工作总基调，坚持改革开放，坚持高质量发展，深化供给侧结构性改革，打好三大攻坚战，做好“六稳”工作，落实“六保”任务，决胜全面建成小康社会、决战脱贫攻坚，在构建以国内大循环为主体、国内国际双循环相互促进的新发展格局中实现更大作为，在加快建设美好安徽上取得新的更大进展。

四时相催，岁月婆娑。合肥在奋斗中赢得了昨天的成绩，在实干中成就了今天的精彩。转眼到了2020年的下半场，也更是奋勇冲锋、决战决胜的时刻。

长风过隘口，奋进正当时。面对新期望新任务新机遇新挑战，实现2020年经济社会发展目标任务，各项工作任务更重、要求更高，需要全市上下更加强化攻坚责任、提振攻坚信心、保持攻坚态势，一鼓作气、乘势而上，巩固扩大经济恢复成果，最大限度地弥补疫情汛情冲击带来的损失。

全面对标对表，始终保持坚如磐石的初心——

发展要指标，首先要对标；工作要到位，关键抓站位；任务要落实，理论武装要扎实。全市上下要自觉做习近平新时代中国特色社会主义思想的坚定信仰者、有力传播者、忠实践行者，一心一意去坚守，一言一行去诠释，一板一眼去践行。在对标对表中认真学习宣传贯彻落实习近平总书记重要讲话精神，把增强“四个意识”、坚定“四个自信”、做到“两个维护”落实到具体行动上。

要始终站稳政治立场，坚守政治原则，坚持以人民为中心，把人民的利益放在心上，把发展的责任扛在肩上，既登高望远，又脚踏实地，积极投身火热的改革开放实践中，在长三角一体化发展国家战略中展现新作为。

激发凌云壮志，始终保持克难奋进的雄心——

人在事上练，刀在石上磨。逐梦的征途，容不得有任何喘口气、歇歇脚的念头。新长征路上，还有很多“娄山关”“腊子口”等待全市人民去攻克。越是吃劲时刻，越需担当作为；越是冲刺阶段，越需全力以赴；越是胜利在望，越需专注用心。

为切实贯彻落实好习近平总书记视察安徽重要讲话精神，市委明确提出了“九项重要部署”，全市上下务必以昂扬向上、坚韧不拔的精神风貌，坚定“一条心”，拧成“一股绳”，拿出真抓的实劲、敢抓的狠劲、善抓的巧劲、常抓的韧劲，一项不落下地抓，一天不放松地抓，捋袖大干、踏地实干、埋头苦干，确保习近平总书记视察安徽重要讲话精神落地生根、开花结果。

深化创新转化，始终保持砥砺奔跑的决心——

“要进一步夯实创新的基础，加快科技成果转化，加快培育新兴产业，锲而不舍、久久为功。”抓创新就是抓发展；谋创新就是谋未来。

回望来路，果坠枝头。合肥产业跑出了创新驱动“加速度”，挺起了先进制造“硬脊梁”，形成了“芯屏器合”新格局。

放眼世界，新一轮信息技术变革和数字化发展方兴未艾，遥远不远、未来已来，其时已至、其势已兴。

“市场本土化我们已经迈出第一步，2020 年将乘势而上，计划在年底将国内客户营收占比提升至 45%。”对于未来，合肥晶合集成有限公司总经理蔡辉嘉满怀希望，企业将在产品多元化和制造工艺方面下功夫，将持续推进先进制程的研发，提高技术竞争力。

合肥要加快布局建设“1+4+10”重大科技基础设施集群，深化与大院大所合作，加快构建交叉前沿、协同创新等平台体系；加快推动科技创新和产业发展相融合，着力打造科技成果交易大市场，促进科技创新势能转化为经济发展新动能；持续围绕产业链部署创新链、围绕创新链布局产业链，保持产业链供应链稳定，上下游、大中小企业更加协同，全力畅通产供链条；持续做大做强新型显示、集成电路、人工智能、智能家电、新能源和网联汽车、生物医药等重点产业；持续培育量子信息、网络安全、精准医疗、类脑芯片等未来产业，加快布局新基建、新消费、新业态、新模式，努力打造“产业地标”，书写高质量发展合肥答卷。

推进改革举措，始终保持行稳致远的信心——

2020 年是全面建成小康社会和“十三五”规划收官之年，也是脱贫攻坚决战决胜之年。全市上下必须纵深推进“123+10”“创优营商环境 3.0 版”“新型基础设施建设实施方案（2020—2022 年）”实施，科学编制“十四五”规划，加快建设长三角城市群副中心，以辩证的思维把握使命担当，认真做好补短板、堵漏洞、强弱项工作，把底线守得更牢、根基夯得更实，确保中央及省委省政府决策部署在合肥贯彻到最优。

让老百姓过上好日子是市委市政府一切工作的出发点和落脚点。只有稳住经济基本盘，兜住民生底线，才能积极进取、不断发展。全市上下要有的放矢积势蓄势谋势、识变求变应变，紧扣“六稳”“六保”，要把“稳”的重点放在实体经济上，把“保”的重点放在居民就业上，实施“减税、减费、减息、减租、减支”，深入开展“四进一促”，推动合肥市经济社会稳步发展。

五

不畏山高路远的跋涉者，才能领略到最奇绝的秀色；

不惧风高浪急的弄潮儿，才能欣赏到最壮丽的日出。

习近平总书记强调指出：“一切伟大的成就都是接续奋斗的结果，一切伟大的事业都需要在继往开来中推进。”

“成者，成势之借也。”今朝“一子落”，未来“满盘活”。

回首峰峦入莽苍！合肥人民要乘着浩荡的时代东风，在以习近平同志为核心的党中央坚强领导下，牢记谆谆嘱托、不负深情期许，初心永挚、风雨无悔，倾心相牵、风雨无惧，丹心向前、风雨无阻，奋力向着下一个彼岸，乘风破浪、劲帆远航，谱写合肥“今朝更好看”的璀璨篇章！

（张春林 华新红）

以“中国之制”优势抗击疫情的合肥实践

岁月不居，每一次季节变换，都让我们满怀期待；时节如流，总有一些年份会在历史长河中熠熠生辉。己亥庚子之交，新冠肺炎疫情突如其来、肆意横行。

来势之汹、传播之快、挑战之大，前所未有。14亿人民在以习近平同志为核心的党中央坚强领导下，各司其职、协调联动，万众一心、全力奋战，将中国特色社会主义集中力量办大事的制度优势发挥到了极致。

越冬、经春、入夏。庐州大地，日夜鏖战。

各级党组织和广大党员、领导干部冲锋在前、英勇奋战；医务人员白衣执甲、逆行出征；社区工作者、公安干警、基层干部、下沉干部、志愿者不惧雨雪、坚守一线；各类企业全力以赴、排除万难，保障物资供应，有序复工复产……

从猝不及防到沉着应战，合肥市委、市政府坚决贯彻党中央、国务院及省委省政府决策部署，紧紧依靠800万合肥人民，运用制度优势应对风险挑战冲击，变压力为动力，把握战机、步步为营、节节胜利，保持疫情防控的有力有序和社会大局的安全稳定，奏响奋力夺取“双战双赢”全面胜利最强音，在“全国一盘棋”的战“疫”格局中贡献出合肥力量。

闻令而动，一揽全局

谁也没有想到，会以这样的方式进入庚子新春。就在人们静候阖家团圆之际，“恶魔”悄然而至。

“生命重于泰山。疫情就是命令，防控就是责任”“把人民生命安全和身体健康放在第一位，把疫情防控工作作为当前最重要的工作来抓”“只要坚定信心、同舟共济、科学防治、精准施策，我们就一定能打赢疫情防控阻击战”……

面对新冠肺炎疫情，以习近平同志为核心的党中央高度重视，审时度势，迅速部署，带领全党全军全国各族人民坚决打响了疫情防控的人民战争、总体战、阻击战。

生死时速，间不容发。合肥，闻令而动，全市上下迅速进入战斗状态。第一时间对疫情防控工作作出安排部署！第一时间成立领导小组！第一时间启动一级应急响应！

战斗，必须统一领导、统一指挥、统一调度，“军令如山”方能雷霆出击、克敌制胜。

1月21日凌晨，合肥报告首例新冠病毒肺炎疑似病例。当天，合肥市立即召开全市疫情防控工作会议，成立合肥市新冠肺炎疫情防控应急指挥部，之后升格为疫情防控工作领导小组，由市委、市政府主要负责同志任组长，相关市领导任副组长，有关单位和县（市）区、开发区主要负责人为成员，下设10个专项工作组，高效运行。

此后，按照“坚定信心、同舟共济、科学防治、精准施策”总要求，一条条信息迅速汇集到指挥部，一条条指令下达到全市各地，汇聚起抗击疫情的强大合力——

启动合肥市突发公共卫生事件一级响应，取消全市一切群体性集会活动；坚决遏制疫情蔓延势头，全面实行发热居民分级分类就医服务，全面排查重点人群、发热病人，分类诊治发热病人；最大限度减少人员流动，建立疫情防控包保制度，全面实施封闭式管理，重点区域实施全封闭管理；加强发烧咳嗽药品管理，实行处方管理、购药实名登记、购药信息报送，严肃查处违法违规行为……

全市上下严阵以待、严密部署、严加防范、严守纪律，坚决做到守土有责、守土负责、守土尽责，切实把各项防控措施不折不扣落到实处。

生命至上，人民第一

“把人民群众生命安全和身体健康放在第一位！”这是习近平总书记的殷殷嘱托。一切为挽救生命让路，决不放弃每一个生命，应收尽收，应治尽治。这是合肥市委市政府贯彻人民至上、生命至上理念的生动写照。

1月17日，合肥市在尚未发现疑似病例之时，就确定市滨湖医院、市二院、市传染病院3家医院为市级定点医院；1月20日，成立由19名专家（含4名中医专家）组成的医疗救治专家组、由8名专家组成的防控专家组；各定点医院组建救治小组，对重症、危重症患者实行“一人一案”精准治疗，确保对重症病例早发现、早干预；在全省率先组织对确诊病例的密切接触者开展第三方核酸检测，为实现“早诊断”提供科学依据……

随着疫情发展，3家市级定点医院收治能力由最初的104张床位增加到540张，保证“集中患者、集中专家、集中资源、集中救治”要求的全面落实。一旦有疑似病例确诊，第一时间即可转送定点医疗机构救治，有效提高救治质量，最大限度地避免因救治不力导致的轻症转重症、重症转危重症现象发生。

危难时刻，全市临床、护理、检验、影像、院感等医护人员，主动请缨、火速集结，“不计报酬、无论生死”，夜以继日奋战在最前线，用智慧和生命、大爱与奉献构筑起一道生命防线。

1月29日上午9时，在中国科学技术大学第一附属医院（安徽省立医院）感染病院（市传染病院），合肥首例痊愈的确诊患者出院。

随后，好消息从各个定点医院接续而来。3月8日上午，省二院最后两名在院新冠肺炎确诊病例出院，至此，全市在院病例实现“清零”。

“零”成为这个春天最美的数字、最动听的音符。

人民生命高于天！在这场看不见硝烟的战场上，不仅是“医疗救治”战线，全市处处都在奋笔书写着“人民至上 生命至上”的答卷——

为加强患者医疗费用保障，确保不因费用问题耽搁救治，合肥积极贯彻落实国家决策，调医保政策、补助医疗费用，为新冠肺炎患者和定点医疗机构及时解除“后顾之忧”；为满足广大市民购买口罩的需求，每天在全市700家定点零售药店投放15万～20万只口罩；为避免人员集聚，“合肥医保”公众号迅速开启通道，实现市民预约购买；……

上下同欲，勠力同心

沧海横流，方显英雄本色。中华民族历经无数磨难，但从来没有被压垮过。面对汹汹疫情，坚持全国一盘棋，调动各方积极性，集中力量办大事，成为打赢疫情防控阻击战的强力保证。

在湖北抗疫形势最严峻的关头，合肥积极响应党中央号召，派遣精干医护人员，带上最强装备，驰援武汉；满载合肥人的爱心，300吨新鲜蔬菜送往武汉；合肥基建工人昼夜奋战建设火神山、雷神山医院……一批批火速支援的防疫物资，一组组动人心魄的画面，生动诠释着“一方有难、八方支援”的精神，演绎着越是艰险越向前的民族品格，彰显着坚决打赢疫情防控阻击战的信心和力量。

合肥战事，同样激烈。

“兵马未动，粮草先行。”疫情发生之初，合肥市就坚持统筹做好防控物资保障供应工作。协调相关部门全力做好生产保障，积极协调帮助生产企业购买生产设备、原材料，扩大产能，保障防护物资供应；广辟货源渠道，通过委托企业代工代购、对外采购、自主网购方式，多渠道筹集物资。

全面摸清物资需求，重点摸清各地各单位以及各行业防护物资保障需求，优先保障重点单位特别是医疗机构一线救治和日常防护物资需求，保障一线工作人员防护需要。

正月初一，合肥美迪普全员返岗，紧急赶制医用防护服和隔离衣；正月初三，合肥高贝斯新增设备，全力生产医用一次性防护服、医用一次性无纺布手术衣；春节期间，安徽安龙基因员工坚守岗位，加班加点生产新型冠状病毒（2019-nCov）检测试剂盒……保障支援战“疫”一线，合肥企业马力全开，彰显责任担当。

“战胜疫情离不开科技支撑”“坚持向科学要答案、要方法”疫情发生以来，合肥迅速贯彻落实习近平总书记关于新冠肺炎防控科研攻关重要指示精神，把新冠肺炎防控科研攻关作为一项重大而紧迫任务，快速集结科研优势力量和资源，组织实施疫情防控应急科研攻关项目，硕果满枝，为打赢疫情防控这场硬仗提供有力科技支撑。

党旗飘扬，共克时艰

党旗飘扬，直击疫情。

全市上下，以党旗为指引，全体市民广泛参与、团结一心、守望相助。这是一场人民战争，紧紧依靠人民群众的制度优势是战胜疫情的力量之源。

合肥战“疫”，全民上阵、人人奋勇。

面对疫情，合肥市重构市、区、街道、社区、小区、楼栋、网格七个层级的基层治理体系，发挥社区工作者在疫情防控工作中的主力军作用，增强联防联控工作效能，凝聚基层治理合力，构筑起疫情防控的“铜墙铁壁”。

庐阳区逍遥津街道利用网格党支部，广泛发动楼栋长、志愿者参与“全民战疫”。街道对97个小区28658户72356人进行了“地毯式”疫情防控摸排，先后招募118名志愿者，参与社区网格防疫，为居民提供服务。

社区是城市的组成细胞，社区工作者是后方防疫的坚实依靠。合肥战“疫”期间，全市社区一线工作者勇做“逆行者”，敢于担当、冲锋在前，坚守住疫情防控的第一道关卡。

“疫情就是命令，返岗就是责任，再危险也得上”胡璇是瑶海区繁昌路社区居委会主任，也是一名网格员，疫情防控最吃紧的关头，一直坚守岗位，当起192户居民的“临时管家”。

“万夫一力，天下无敌”在没有硝烟的战场上，千千万万个如胡璇一样的基层工作者，默默坚守一线，建立起“人防+技防”“线上+线下”的立体式防控模式，强化大数据智控和社区网格化兜底的双重防护。

合肥还充分发挥新时代文明实践中心在组织动员群众、宣传教育群众方面的优势，助推疫情防控、社会治理和经济发展多手抓、多面赢，汇聚起同疫情斗争的磅礴之力。

思想引导、科普辅导、心理疏导、防疫督导、复产宣导……疫情防控期间，全市10个县（市、区）文明实践中心、134个文明实践所、1340个文明实践站，各级志愿服务中心，都充分发挥“主阵地”作用，统筹辖区内各种资源，组织志愿服务力量，就近就便在家门口开展疫情防控志愿服务，有效满足了疫情防控多元化、精准化需求。

危中寻机，奋力“双战”

寒冬再漫长，也阻挡不了春天的脚步。经春入夏，万物并秀。

2月10日，以本地员工为主、本地产业链配套完备的工业企业正式复工复产，随后各类企业陆续有序复工复产；3月8日，合肥在院新冠肺炎确诊病例实现全部“清零”；4月7日，全市普通高中迎来首批返校复学的高三学子，随后其他各年级段学生分批错峰开学，截至6月初，全市中小学（幼儿园）全部返校复课；5月9日至12日，合肥两会胜利召开……

一系列令人激动的时间节点，辉映出全体市民一起走过的艰辛历程，合肥疫情防控阻击战取得重大战略成果，经济社会秩序逐步恢复。

集中签约8个项目、总投资达1020亿元；合肥与北京、香港、台湾等地通过视频连线，项目合作方在网上完成签约……2月25日上午，合肥市举行重大产业项目集中（云）签约仪式，“敲定”一批重大成果。以此为重要节点，全市加速推进复工复产，加速推进重大项目建设，力促经济运行尽快步入常轨。

时不我待，分秒必争。其实，从阻击战伊始，合肥就极为重视疫情防控与经济发展“两手抓、两手硬”，第一时间推出惠企、惠商、惠农“12条”，快速推进企业复工复产，有序组织复商复学，以精准施策对冲疫情影响。

疫情增添了挑战，也蕴含着机遇。疫情对经济社会发展带来前所未有的冲击，但3月份以来，合肥市主要经济指标快速回升，经济复苏态势明显。

克服了危即成机。厂区动起来、田间热起来、工地忙起来、经济社会各种要素流动起来……不惧风浪、攻坚克难，广袤的庐州大地，孕育着新的希望。

（黎 静 束 芳）

合肥市抗击巢湖流域百年未遇的汛情

2020年夏，一场百年不遇的洪水突袭合肥。入梅后，合肥市巢湖流域连续遭遇九轮强降雨，巢湖防汛形势百年未遇。梅雨期、降雨量、巢湖水位、巢湖蓄水量均超历史极值，巢湖水位更是150年未遇！巢湖保卫战就此全面打响！

面对四个“历史极值”的考验，市委市政府坚持人民至上、生命至上，强化预警预报、强化科学调度、强化巡堤固坝抢险、强化责任落实，与时间赛跑、与洪水较量、与困难抗争、与意志拼搏，全力坚决打好百年不遇洪水的“遭遇战”、固坝巡堤查险的“持久战”、众志成城的“人民战”。

特大洪水，也深深牵动着习近平总书记的心。8月19日下午，在安徽考察的习近平总书记来到肥东县十八联圩生态湿地蓄洪区巢湖大堤，亲切看望慰问在防汛抗洪救灾斗争中牺牲同志的家属、防汛抗洪一线人员、先进典型代表和参加抗洪抢险的部队官兵。

总书记的亲切关怀、殷切嘱咐，让全市干部群众备受鼓舞、倍感振奋，激荡起全市人民攻坚克难奋勇向前的磅礴力量。

面对大汛，全市上下、部队官兵勇往直前以赴之、艰苦卓绝以战之、殚精竭虑以成之，实现了“四个确保”目标。历时78天，巢湖水位终于在9月11日回落至警戒水位10.50米，“巢湖保卫战”取得重大胜利。

汹涌之水——百年不遇情势危急大考验

这是一场惊心动魄的抗洪大战！

这是一场艰苦卓绝的历史大考！

梅雨期间，持续的降雨、集中的暴雨，导致合肥市河湖水位不断上涨。监测数据显示，6月25日21时48分，巢湖水位涨至警戒水位10.50米；7月19日，巢湖水位连续突破12.50米的保证水位、12.77米的2016年最高水位和12.80米的1991年历史最高水位；7月21日11时42分，巢湖水位涨至百年一遇设计水位13.36米；7月22日11时12分，巢湖水位涨至历史极值13.43米。巢湖最大蓄水量近60亿方，相当于常年蓄水量近3倍。

雨情紧急，汛情危急，巢湖告急！巢湖的安危，关系着800万合肥人民的生命财产安全。面对百年不遇的大汛情，合肥首次同时启动3个Ⅰ级响应（防汛抢险、城市防洪和灾害救助）、首次宣布进入紧急防汛期。国家防总秘书长周学文表示：全国水情安徽最严重、巢湖最严峻。

汛情就是命令，责任重于泰山。市委市政府坚决贯彻习近平总书记关于防汛救灾重要讲话指示批示精神，认真贯彻落实中央和省委省政府决策部署，始终把保障人民生命财产安全放在第一位，织密筑强指挥体制，压实压紧防汛责任，建立全市“一盘棋”的防汛抗洪工作格局，全力坚决打好巢湖保卫战。

——健全指挥体系。关键时刻，市委市政府主要负责同志既挂帅又出征，深入一线、靠前指挥。合肥市成立市防汛抗洪抢险应急指挥部，书记、市长任指挥长，8名市委常委及副市长任副指挥长，相关单位负责同志任成员。指挥部下设办公室，从市直相关单位抽调精干人员，成立预测预报、水利工程调度、抢险救援等十个组，明确责任分工，强化统筹协同，做到从最险处着手，往最好处努力，有力有序有效指挥防汛抗洪抢险工作。

——突出一线督导。按照战时思维、战时标准、战时状态、战时纪律要求，派出5个督导组、4支工作组，深入一线执纪，督促防指、应急、水务、交通运输、城建、房产、公安等各部门落实责任，各县（市）区党政负责人靠前指挥、包保负责，形成全市思想高度统一、指挥运转高效的抗洪抢险合力。

——强化资金保障。至9月10日，全市累计安排防汛救灾资金21.47亿元，用于城市内涝防治、应急救援处置、应急物资保障、灾后重建和恢复生产。

“物有甘苦，尝之者识；道有夷险，履之者知。”沧海横流，方显英雄本色；初心使命，汇聚强大力量。在市委市政府科学精准的全局把控和坚如磐石的战略定力下，在全市广大干部群众、部队官兵、志愿者等历经78天咬紧牙关、日夜奋战、拼尽全力后，巢湖水位呈高位波动缓退，至9月11日终于回落至警戒水位。

雷霆之势——非常之时非常之举显担当

“观水有术，必观其澜。”防汛抗洪，考验着城市管理者的智慧与能力。面对百年不遇洪水，接连不断险情，市委市政府第一时间掌握情况，第一时间分析会商，第一时间科学决策，为打赢这场巢湖保卫战把方向、稳全局。

——精准分析汛情险情

最新的雨情水情汛情，是科学决策的重要依据。预测预警越及时，应对处理就越有利。随着汛情的不断升级，在市防汛抗洪抢险指挥部，雨情水情汛情每3小时精细化预报一次，预报面由巢湖点上扩大到巢湖流域的面上。

为更为直接地了解情况，更为准确地分析汛情，市委市政府主要负责同志多次深入防汛一线调研督察。7月21日上午，巢湖水位即将到达百年一遇。一早，省委常委、市委书记虞爱华带领有关县（市）区、市直有关部门负责人和专业技术人员来到巢湖万年埠岸边，沿湖步行察看水势，详细了解巢湖水位变化、风浪影响、抢险措施等情况。

心弦紧绷、步履匆匆。第二天，市委市政府主要负责同志继续来到抗洪抢险现场。上午，虞爱华赶赴巢湖市督导检查。随后，虞爱华、市长凌云先后赶赴庐江县同大镇，与水利专家一起“把脉问诊”。下午，虞爱华、凌云等在前线指挥部召开险情处置会。

防汛抢险Ⅰ级响应期间，虞爱华19次主持召开汛情会商会、调度会，12次深入一线督导调研；凌云会上调度、督导检查24次。一次次的实地调研中，一次次的调度会上，市委市政府主要负责同志一方面仔细听取专家意见建议，一方面组织气象、水文、水务等多部门充分会商。

基于对汛情的科学研判，一系列指示要求接连下达：必须以高度警惕、科学论证和非常之举，确保巢湖安澜；一定要尊重科学、恪尽职守，所有险段都要有包保领导坐镇、专家驻点指导；突出保主保重，绝对不能动摇、不能迟缓、不能打折扣……巢湖保卫战的战略重点由“全面防守”转移到“保主保重”，再到“严防死守”。

——科学调度水利工程

巢湖及多条入湖河流水位先后超警戒水位、超保证水位。科学调度水利工程，让更多的巢湖洪水排入长江显得尤为重要。

精准调控裕溪闸。不断优化裕溪闸的指挥调度，保持裕溪河适度水位和维持对江合理落差，洪水最终以每秒800多立方米的流量通过巢湖闸，再经裕溪闸，昼夜不息排出。

果断开启铜城闸。铜城闸的开启，既要考虑下游不能超保证水位，以确保牛屯河堤防安全，又要克服长江水位潮汐顶托影响。7月下旬，长江水位回落，但开启铜城闸的预案并不是基于百年不遇洪水条件，设定条件并没有全部达到。形势危急之下，合肥打破常规，果断打开铜城闸，并密切监测，以每秒约100立方米的流量，为巢湖“减负”。

创新利用巢湖船闸。为了泄洪，指挥部听从专家建议，连线省港航集团协调会商，把原本通行船只的巢湖船闸作为泄洪使用，每秒约30立方米的流量，相当于少用一个万亩大圩蓄洪。

——果断启用圩区蓄洪

7月22日，巢湖中庙最高水位达到13.43米，蓄水近60亿立方米，相当于三个常年巢湖水量，启用圩区蓄洪迫在眉睫。

圩区有万亩良田，还住着众多百姓。启用哪个大圩？什么时候启用？怎么转移安置群众？关键时刻，每一次的决策，都需要坚毅的担当、高超的智慧、果敢的勇气。

关键之时，果断之举；定局之策，制胜之举。现场勘察勘测、分析研判形势、听取专家意见、共同会商决定……市防汛抗洪抢险应急指挥部里市领导和相关部门彻夜会商，反复权衡。尽管抉择艰难、痛心不舍，但命令必须果敢。

19日，启用肥东十八联圩蓄洪。

23日，启用巢湖市沿河联圩、肥西县滨湖联圩蓄洪。

虽如此，但巢湖水位依然维持在13米以上的高位，新一轮降雨还将袭击合肥。

该出手时就出手，不能有丝毫徘徊犹豫，必须当机立断。

26日，启用肥西县蒋口河联圩蓄洪。

27日，启用庐江县裴岗联圩行洪。

……

据统计，全市累计启用或漫破圩口186个，蓄水18.4亿立方米，相当于近1个常年的巢湖水量、近6个蒙洼蓄水量、近127个西湖水量，巢湖水位实现有效降低，800万合肥人民的生命财产安全得到保护。

省水利水电勘测设计研究总院副院长、巢湖研究院院长朱青对此评价道，面对流域特大洪水和历史极端汛情，合肥市委市政府果断决策、科学应对、全力抗洪，采取的各项措施经受住了历史大考，确保了人民生命安全、城市和重点城镇安全、巢湖大堤和重要圩区安全、重要基础设施安全，防汛抢险有序有力有效，巢湖保卫战取得重大胜利。

战汛的同时，也迎头来了一场艰难的蓝藻“遭遇战”。在“巢湖保卫战”将要取得阶段性胜利之际，受高温天气影响，巢湖蓝藻快速生长、腐臭味重。蓝藻治理不仅是生态问题，也是民生问题。合肥市坚持向极限挑战，像战洪水一样战蓝藻，以打赢百年不遇洪水保卫战的决心，打好蓝藻治理“歼灭战”。

按照巢湖蓝藻应急防控红色预警响应标准，合肥市及时从外地调配船只设备，同时迅速修复蓝藻打捞处置设备，沿湖县（市）区包保负责，部门全力配合，集中力量、克服疲劳、夜以继日，每天出动打捞船只近百只、打捞人员1000余人，高峰期每天打捞藻浆达10万余立方米、累计达36.3万立方米，蓝藻腐臭味快速消散。

万众之力——干群同向军民同心斗洪魔

汛情紧急，考验责任担当；抗洪抢险，见证初心使命。

面对汹涌汛情，全市广大党员干部闻汛而动、全力奋战，人民子弟兵挺身而出、英勇奋战，广大人民群众众志成城、团结奋战，牢固筑起一道“冲不垮的堤坝”。

洪水面前，党旗始终在防汛一线高高飘扬。全市各级党组织和广大党员干部坚决把使命放在心上、把责任扛在肩上，在抗洪一线筑起一道道牢不可摧的“红色堤坝”。市县两级机关2600余名党员干部响应号召，下沉一线充实基层防汛力量。

家住庐江县同大镇魏荡村的吴子长2020年已经65岁，洪水围困家园之际，老人选择留守，每天行走在小南河大堤上，不间断巡查，确保堤防安全。“我以前是村里的书记，对这里的情况熟，再说我是一名党员，必须站好防汛最后一班岗！”

赴汤蹈火，竭诚为民。7月22日，庐江县石大圩防洪大堤被洪水撕开20米宽的决口，众多村民被困。庐江县消防救援大队政治教导员陈陆，再次集结队伍投入救援。付出的是汗水，是鲜血，甚至生命。“谁打头？”“我打头！”陈陆跳上橡皮艇，担当起开路先锋。不幸的是，途中橡皮艇猛然被卷入“滚水坝”的漩涡洪流中，陈陆英勇牺牲，年仅36岁。牺牲前，他已连续奋战96个小时。

哪里有艰险，哪里有危难，哪里就有人民子弟兵的身影。

誓言铿锵，丹心闪耀。“听党指挥！能打胜仗！作风优良！”在白石天河大堤上，来自陆军炮兵防空兵学院的100名官兵排着长龙，响起口号，紧急加固长达几百米的河堤；在环巢湖险象环生时，东部战区6000名官兵连夜驰援，合肥警备区部队全面出击。汛情期间，共有8095名解放军、武警部队官兵参加抗洪抢险战斗，累计出动官兵8.7万人次。军民鱼水情在一次次驰援中厚积深化、在一次次扶危济困中沉淀升华。

一方有难，八方支援。奔走在防汛抗洪抢险一线的，还有“藏青蓝”“志愿红”等等。全市14.5万余名志愿者、290余支青年突击队投身排险巡查、加固堤坝、搭架浮桥、物资分配等工作。市水上救援队、矿山救援队、危化救援队、蓝天救援队等45支政府和社会专业救援力量，参与排查处置渗漏、塌方、滑坡、管涌等险情，协助圩区内群众转移。

坚守一线，守卫家园。肥西县上派镇中派社区居民侯业堂，虽年过七旬，但主动请缨加入巡堤队伍。他每天拿着铁锹、穿上胶鞋，开展巡查，风雨无阻。“这是守卫自己的家园，洪水来了我肯定要冲在一线。”

至9月10日，全市参加防洪排涝抢险人员累计155.4万人次，生动展现了全市上下在防汛抗洪抢险中敢于向险、敢于斗争的坚定信念，艰苦卓绝、坚毅不屈的英雄气概，众志成城、守望相助的伟大情怀！

真切之情——有序转移妥善安置暖民心

关键时刻看担当，危急时刻见人心。大汛来临前，迅速转移安置群众是天大的事。在多次的调研督查、调度会上，虞爱华、凌云反复强调，务必妥善做好群众转移安置工作，确保“不漏一户、不落一人”。

为有效降低巢湖水位，裴岗联圩启用蓄洪。根据省防指指令，7月26日18时，庐江县白湖镇防汛抗旱指挥部发布群众有序转移公告，军二路以南、裴河以南裴岗联圩范围内的所有群众必须于次日早晨8点前全部转移到安全地带。

快一秒，就能早一秒让人民群众抵达安全地点。公告发布后，县委县政府紧急抽调400余名干部民警，裴岗联圩内2个村和4个社区的工作人员全面动员，连夜挨家挨户摸排，告知转移注意事项，并组织公交车，帮助居民有序撤离。“大家都能理解接受，服从大局，觉悟都比较高。”一位社区党委书记介绍说。为了顾全大局，圩区8000多村民暂时舍弃了小家，全部安全转移。

这是受灾群众安全转移的一个缩影。截至9月10日，全市累计紧急转移安置239494人，累计集中安置36456人。没有发生一起因转移不及时、不到位导致群众伤亡事件。

到了安置点，生活保障怎么样？

在合肥168中学安置点，床铺、棉被、矿泉水等生活必需品安排妥当。早餐是各类点心，中晚餐标配是两荤两素一汤，还有稀饭、炒饭备选。全天热水供应，同时配备了象棋、扑克、书籍。从肥西县三河镇木兰村转移过来的76岁老人秦道兰说：“吃得好，睡得好，安心着呢。”此次转移安置中，合肥市确保受灾群众“有饭吃、有水喝、有衣穿、有住所、有医疗保障”。截至9月中旬，全市还有安置点5个，集中安置316人。

在各安置点，转移人员吃得放心、住得安心，工作人员的每一句话、每一个举动，无不传递温暖和希望，凝聚信心和力量！

民生之本——“五抢一防”恢复重建强信心

民生无小事，枝叶总关情。市委、市政府迅速落实省委、省政府关于“四启动一建设”工作要求，编制《合肥市全力推进灾后恢复重建实施方案》，切实抓好“五抢一防”工作。

据统计，至8月31日，全市累计受灾人口94.8万人、损坏房屋11.5万间、农作物受灾面积15.2万公顷，初步测算直接经济损失161.6亿元。

9月10日，庐江县石大圩白石天河岸边，青阳临时排灌站45台水泵马力全开外排圩内洪水。庐江县水务局机电排灌总站站长陈晓武说，该县投入280台水泵外排石大圩和牛广圩内洪水。自8月27日正式开机外排以来，圩内水位已下降1.7米。“合铜路已经没有积水了，我们正在抢修出水的固定泵站，加快排水进度，力争9月15日后村民能够陆续回家。”

初秋时节，巢湖市栏杆集镇朱桥村种植大户李宗水的大棚内，一排排玉米苗在阳光下傲然挺立，长势喜人。这是2020年洪水后他紧急补种的新一茬玉米，不久便能上市。

“乡里农技人员冒着酷暑下村指导我们水稻灾后田间管理。我家受灾的85亩水稻已完成追肥和病虫害防控，力争将损失降到最低！”肥西县严店乡种粮大户李帮贵说。肥西县农业农村局相关负责人介绍，该县通过对接改补种作物种子、落实灾后改补种补贴政策、印发灾后恢复生产技术明白纸和邀请省市专家培训指导等措施，做好灾后改补种等恢复生产工作。截至9月中旬，该县完成改补种水稻、蔬菜、玉米、豆类和荞麦等作物面积2200公顷。

至9月10日，全市186个蓄洪圩口全部开始堵口排水，完成排水123个。全市大田作物和设施农业补改种3.67万公顷；176家受灾畜禽场户恢复正常生产；受灾水产养殖恢复8466.67公顷。

全市受灾情影响企业582户，恢复生产535家；国省干线公路累计19条道路45处受阻，疏通42处；43座水厂毁损，修复42座；截至9月中旬，全市无因灾致贫返贫、因灾死亡、因灾纳入脱贫监测户和边缘户等情况出现。

（张春林　华新红　吴　军　孟祥齐）

2020年合肥在高质量发展新征程上阔步前进

一

轻舟已过万重山，千帆一道带风轻。

2020年的合肥，拼尽全力跨越重重关口，经济总量撑竿一跃冲过万亿大关，高质量发展阔步走在新征程上！这极不平凡的年份，必将因为不平凡的奋斗载入史册！

这一年，全市上下永葆初心、御风前行、日夜兼程，一路走来，非常不易，每一步都付出艰辛。

这一年，全市上下同心同德、艰苦卓绝、浴血奋战，攻克了一个又一个“娄山关”“腊子口”。

这一年，全市上下坚韧向前、奋发有为、踏地实干，顽强不屈地挺了过来，一路昂扬奔腾向前。

2020年，一个殊为不凡的年份；2020年，一个铭心刻骨的年份。

2021年1月20日，市政协十四届四次会议闭幕。省委常委、市委书记虞爱华在讲话中满怀豪情地宣布：2020年合肥“半年负转正、全年过万亿”的奋斗目标成功实现！铿锵之音，豪迈之声，极大提振发展信心，强烈唤起奋斗激情！

初心致远，使命敦行；非常之年，非凡成就。合肥这一非凡成就的取得，是习近平新时代中国特色社会主义思想科学指引的结果，是习近平总书记考察安徽重要讲话指示精神转化落地的结果，是全市上下坚决执行中央及省委、省政府决策部署的结果，是全市人民锐意进取、攻坚克难、不懈奋斗的结果！

却顾所来径，豪情满胸怀。合肥，一座充盈最鲜明创新气质的城市，一座充溢最盎然勃勃生机的城市！经受风雨洗礼，全市上下更加信心满怀、豪情激荡，不惧风浪、迎风搏浪，奋勇向新的宏伟目标砥砺前进！

二

2020年，世纪疫情和百年变局交织，外部环境复杂多变。合肥，也不能置身事外。控疫情、战洪水、斗蓝藻、应变局、抓经济、促改革、谋创新等大战大考，接踵而来、交织而生。多重因素叠加的困难之大前所未有，矛盾风险挑战之多前所未有，改革发展稳定任务之重前所未有。

庚子之春，疫情暴发，形势严峻。1月24日，合肥启动突发公共卫生事件一级响应，一场抗击疫情的人民战争、总体战、阻击战迅速打响！全市人民风雨同舟、众志成城，临危不惧、顽强拼搏，以坚定果敢的勇气和坚忍不拔的意志，同时间赛跑、同病魔较量，全面抓紧抓实抓细防控各项工作，用30天实现新增确诊病例归零、47天实现在院病例清零，全面控制疫情蔓延。

“屋漏偏逢连夜雨。”还没喘口气，大汛疾至，历史罕见。梅雨期降雨量、入湖河流水位、巢湖水位、巢湖蓄水量均超历史极值！7月22日巢湖水位达13.43米，150年不遇！汛情紧急，巢湖危急，800万合肥人民的生命财产安全告急！巢湖保卫战就此决绝打响！“为有牺牲多壮志，敢教日月换新天。”全市广大党员干部群众、部队官兵历经78天咬紧牙关、日夜奋战，巢湖水位终于回落至警戒水位。

夫战，勇气也。决战洪水的同时，另一路“伏兵”悄悄冲上。受洪水影响，清理巢湖蓝藻设施严重受损。加上连续多日高温，引发蓝藻暴发，腐臭味严重影响附近市民生活，一场艰难的蓝藻治理攻坚战紧急打响！“难干也得干！”誓言铿锵，丹心闪耀。已宣战，说干就干！沿线上万名干部群众昼夜不停地打捞，各种土办法洋办法能用尽用，半个月后巢湖蓝藻治理攻坚取得阶段性成效。

“经济社会是一个动态循环系统，不能长时间停摆。”大疫来临后，随着疫情的蔓延，人员、货物流动严重受阻，生产生活停摆，经济遭遇强冲击。冲击到底有多大？一季度生产总值1882.67亿元，按可比价格计算，同比下降9.8%。第二产业增加值539.89亿元，下降17%。面对这一数据，合肥千方百计应变局、开新局，尽力尽快扭转经济下行态势。

除了四场惊天动地的大战外，其他小战役也陆续不断，如，交通堵点“破袭战”、轨道交通“推进战”、违法建设“歼灭战”……面对诸场战役，面临诸多困难，全市上下毅然勇往直前以赴之、胼手胝足以从之、殚精竭虑以成之，环环相扣、节节取胜！

回首2020年，人们惊艳发现：合肥走过的是一条惊涛骇浪、惊天壮举之路，是一条披坚执锐、披荆斩棘之路，是一条开拓创新、开路先锋之路！

三

回顾2019年，合肥经济总量攀升到9409.4亿元，2020年过万亿仿佛就在眼前，几代人的努力、几代人的梦想，似乎触手可及。遗憾的是，开了一路的顺风船，却连遭顶头风。大疫大汛耽搁太多时间，严重迟滞经济发展，全年过万亿简直是雪上加霜、难上加难，可谓是“青泥何盘盘，百步九折萦岩峦”。

2020年是合肥“特上加特”的特殊之年，为什么能稳步推进高质量发展？又是凭着一股什么样的精气神、攒着一股什么样的劲，让“看似不现实”成为现实？

发展是解决一切问题的“总钥匙”。合肥市委市政府全面分析“时”与“势”，辩证把握“危”与“机”，紧紧抓住主要矛盾和矛盾的主要方面，牢牢围绕发展这个“解题之钥”，准确识变、科学应变、主动求变，以“改革、创新”为主线，以“六稳”“六保”为着力点，在惊涛骇浪中育先机、在风险挑战中开新局，加快构建新发展格局，推动经济社会高质量发展。

——惊涛骇浪中坚如磐石，始终坚持砥砺斗争的担当精神。“胜非其难也，持之者其难也。”实体经济是立国之本、财富之源，大疫严重冲击实体经济。合肥市委市政府主要负责同志看在眼里、急在心头，以时不我待、只争朝夕的紧迫感，蹈厉奋发、夙夜在公的使命感，加速推进各项工作，彰显危急关头的定力和魄力。“愿为合肥的发展宵衣旰食、竭尽所能，愿为合肥人民的福祉披肝沥胆、鞠躬尽瘁”，履新之际，虞爱华千金之诺、掷地有声，起而行之、行胜于言。2020年5月至12月，从公开行程看，虞爱华先后密集与93家国内外著名企业和科研院所的负责人商谈，先后25次参加重大项目战略签约、集中开工、成果发布，全力以赴推动重大合约签署、重要项目落地、重点工程进度、重点产业发展，推动经济社会尽快复苏、加快发展。合肥全年集中开工13场，推进建设总投资5180亿元的620个重点项目。

在合肥争分夺秒，在外面更是马不停蹄。11月7日至9日，虞爱华率队赴南京、上海43小时内，先后走访苏宁控股、中国宝武、上海奕瑞、视涯科技、科济生物等5家龙头企业和创新型企业，与在沪11家台资企业代表座谈，出席长三角G60科创走廊政策发布会。11月24日至27日，虞爱华率队赴北京70个小时内，拜访2个国家部委，走访中国建材、中国兵装、联想集团、神州数码、奇安信等5家大型企业，会见工信部电子信息司、国家大基金有关负责人，与中国信息协会和中国航天五院、中国汽车工业协会等有关负责同志进行集中交流洽谈。虞爱华返回合肥的周末两天，马不离鞍、缰不松手，又连续参加重大项目集中开工、月度经济分析会等五场重要活动。如此密集地商谈、走访，虞爱华就是坚定地要把发展经济的着力点放在实体经济上，力推产业基础高级化、产业链现代化，提高经济质量和核心竞争力。

中建集团党组副书记、总经理郑学选非常看好合肥：中建集团与合肥市保持着长期、良好合作关系，参与建设一大批互利共赢的重点项目。下一步中建集团将发挥全产业链优势，持续加大投入与产业导入，支持中建五局建设驻皖总部，为合肥高质量发展贡献更多力量。

为与高质量发展相适应，合肥以完善激励机制和狠抓效能建设为抓手，激发党员、干部干事创业的热情和劲头。合肥市委市政府主要负责同志以上率下、以身作则，全市党员干部履职尽责、勇于担责，真抓实干、拼命苦干，自觉想问题、办事情，努力出实招、干实事、创实绩。

5月至12月，上百批国内外客商络绎前来，91家总部类项目落户，“强磁场效应”持续显现，“商家必争之地”日益彰显，这与合肥广大党员干部讲信重诺、言信行果，务实硬朗、吹糠见米的工作作风密不可分。

合肥市投资促进局在一次与华为公司的工作商谈中，敏锐捕获到华为重要的摄像头模组供应商“欧菲光”，正谋划在全国选址建立光学光电产业基地项目。经过反复讨论，招商人员认为欧菲光项目产品市场广阔、项目标的优良。随后招商部门立即组成专家团队，前后开展近百场商谈，形成几十篇研判报告。其间，成都、武汉、长沙等城市与合肥竞相邀请，难度可想而知。在最艰难时候，招商团队连续30天凌晨下班。经过不懈努力，项目最终于6月3日签约。

欧菲光项目的成功落地，将助力合肥发展5G时代消费电子元器件产业，与本地产业链企业协同发展，打造高端光学影像产业集群；

完全成产后年产值约370亿元，解决就业2万人。签约当天，欧菲光集团董事长蔡荣军也非常感慨：十分感谢合肥对欧菲光的支持厚爱，此次合作将有助于欧菲光公司进一步向产业链上游发展。我们将加快进度，尽快投产，尽快产出，尽快达到第一阶段规模。

长期从事产业经济研究的专家、中国宏观经济研究院战略政策室主任盛朝迅接受采访时表示，合肥干部对产业发展的敏锐、专业，对客商的真诚、专心，对认准的事的拼搏、专注，体现了他们干事创业的创新专注力、产业感知力、政策应用力、难题破解力。新发展阶段，产业集群的打造和提升，对构建现代产业体系、统筹推进产业基础高级化和产业链现代化，意义重大。

新老朋友纷至沓来，说到底，与合肥良好的营商环境紧密相连。营商环境，是市场主体的生命之氧。良好的营商环境源自不断地“刀刃向内”，使合肥成为吸引优质要素资源的强大引力场。合肥持续深化“放管服”改革，“最多跑一次”、一日办结率、全程网办率实现100%，服务窗口“7×24”小时“不打烊”，等等。切实为企业提供“精准服务、有效激励”。通过对企业超产奖励，拉动产值近800亿元，等于新增加8个百亿企业。

7月上旬推出创优营商环境3.0版，专项推进创优营商环境攻坚行动，着力构建亲清政商关系，力争打造全国一流的营商环境。11月中旬再度推出优化营商环境“53条”，涉及持续提升投资建设便利度、简化企业生产经营审批和条件、优化外贸外资企业经营环境、降低就业创业门槛、提升涉企服务质量和效率、完善优化营商环境长效机制等6个方面。良好的营商环境如同清新空气，市场主体如雨后春笋般涌现，全年新增市场主体20万户。

时任中国银行党委副书记、行长王江对合肥的发展印象非常深刻。他说，每次来合肥，都能看到翻天覆地的变化、感受到干事创业的激情。合肥的区位、科教、产业优势明显，未来发展潜力巨大。中国银行将发挥自身优势，全力以赴支持合肥建设，服务长三角一体化高质量发展，展现国有大行担当。

——惊涛骇浪中稳健驭舟，始终坚持严谨求实的科学精神。2020年合肥多场硬仗取得明显成效，无不闪烁着严谨求实的科学精神，无不蕴含着精准作战的科学力量。

“这次疫情既是一次危机，也是一次大考，而且是一次战争。”面对突袭的疫情，合肥按照“坚定信心、同舟共济、科学防治、精准施策”总要求，以非常之举应对非常之事，以最高的政治站位、最严的执行标准、最精的医护力量、最密的网格管理、最大的推进合力、最优的物资储备、最强的舆论氛围和最铁的纪律，全面阻击和防控疫情。“面对前所未知的新型传染性疾病，我们秉持科学精神、科学态度，把遵循科学规律贯穿到决策指挥、病患治疗、技术攻关、社会治理各方面全过程。”上下同欲，勠力同心，合肥疫情防控阻击战取得重大战略成果。

大汛，一次来势汹汹的大战，更是一场惊心动魄的大考。汛情来临，全市上下闻汛而动、舍身忘我、奋力扑向防汛抗洪抢险第一线。虞爱华要求，坚持人民至上、生命至上，咬紧牙关坚决扛起政治责任，动用一切手段、不惜一切代价，坚决打好巢湖保卫战。7月19日以后，市委市政府不分昼夜科学研判、充分会商……面对汹涌的洪水、告急的汛情，市委市政府决策的每一步都科学把脉、定向调度，决断的每一步都态度坚决、措施果断，决战的每一步都分秒必争、惊心动魄。关键之时，果断之举！为保主保重，万亩以下中小圩区能用全用、应启尽启，主动启用部分万亩大圩。在一系列组合拳下，巢湖水位终于呈高位波动缓退之势。省水利水电勘测设计研究总院副院长、巢湖研究院院长朱青表示，合肥市委市政府作出的各项决策是科学果断的，实施的一系列应对措施是有力有效的。

疫情期间，企业复工复产，最需要发挥科学的“硬核”力量。这里既有认识论，也有方法论。合肥注重统筹兼顾、分类实施，科学分析、精准施策，防疫生产两手都要抓、两战必须赢。全市上下坚定信心、保持定力、化危为机，按下经济复苏“快进键”，打出政策保障“组合拳”，开启经济发展“加速度”，有力推进复工复产复商复市，有序推动经济社会发展，一项项决策精准科学，一个个部署有条不紊，一条条举措稳步推进。一路穿林过涧、穿越风雨，雨过天晴、终见彩虹。二季度经济增速强力“V”型反转，上半年经济“由负转正”，高质量发展态势全面稳固，经济社会秩序全面向好，基本民生保障有力，社会发展大局稳定。

尊重科学、相信科学，依靠科学、运用科学，将科学精神、科学方法有效落实到疫情防控、抗击洪水和经济社会发展等方方面面，为战胜困难提供强大科技支撑，为突破险阻找准了方向、坚定了信心、凝聚了力量。

——惊涛骇浪中奋楫当先，始

终坚持敢闯敢试的创新精神。创新的种子一路播撒，创新的激情升腾高昂，创新的收获正显风华……创新，已成为合肥最大标识、最大动能和最大潜力。当前，合肥正努力打造具有国际影响力的科技创新策源地，勇当全国科技和产业创新的开路先锋。

实现高质量发展，必须依靠实现创新驱动的内涵型增长。有人说，合肥是一座“视创新如生命、把创新当使命、抓创新像拼命”的城市。对于合肥来说，创新是气魄，是精神，是灵魂，更是流淌在这座城市血管中的血液。如今的合肥，是四大综合性国家科学中心之一；已有、在建和预研的大科学装置有11个，正在建设13平方千米大科学装置集中区；与21家大学大院大所共建26个创新平台。“九章”“嫦娥钢”“质子刀”“托珠单抗”“量子显微镜”等“硬核”科技相继问世。

2020年9月19日发布的“自然指数－科研城市2020”研究成果显示，中国有6座城市跻身全球科研城市排名前20位，合肥位列其中。12月10日，《湖北日报》整版刊发“湖北之问”，文中提及合肥精心布局的大科学装置时，不吝笔墨赞叹：“勿说中部，就是在全国也堪称一骑绝尘。”创新在合肥已成为一种习惯、一种风尚，合肥正在努力打造成为新时代创新特色更加鲜明的地标城市。

观察经济社会发展，不仅要看总量、速度和规模，更要看质量、效益和结构；不仅要看“有没有”，还要看“好不好”。当今世界正经历百年变局，新一轮科技革命和产业变革加速演进。合肥“以创新驱动发展，全面塑造发展新优势”，推动战略性新兴产业发展壮大，努力打造国内重要的战略性新兴产业集聚地。新型显示器件、集成电路、人工智能入选首批国家战略性新兴产业集群，入选数居全国城市第4位、省会城市第2位，战略性新兴产业产值占规模以上工业比重超过55%，“芯屏器合”“集终生智”成为现象级产业地标。新能源汽车的“网红者”蔚来汽车等高新技术企业相继根植合肥，智能语音的头部企业科大讯飞等本土企业快速成长，一大批科技型企业在合肥化茧成蝶。

实施国家高新技术企业三年倍增行动，加快推进高效能成果转化。2020年合肥新增国家高新技术企业789家、总数达3328家；新增上市企业12家，其中科创板上市7家，居省会城市第一位；单月规模以上工业增加值增速创90个月新高、规模以上工业企业利润增速创44个月新高、战略性新兴产业产值增速创39个月新高；联宝科技率先跨越千亿。12月9日“中国隐形独角兽500强榜单”首次发布，合肥上榜28家，总估值为261亿元，列全国第6位，合肥正逐渐成为中国隐形独角兽500强的新兴城市。窥一斑而知全豹，2020年合肥经济发展不仅实现“量”的合理增长，而且实现“质”的稳步提升。

合肥晶合集成电路公司董事长蔡国智对此评价道，办事高质高效的“合肥速度”，推动形成了战略性新兴产业蓬勃发展的“合肥现象”。

华为公司常务董事、消费者业务CEO余承东对合肥的发展颇有体会：合肥翻天覆地的发展变化令人惊叹，市委市政府推进新兴产业发展的勇气和决心令人敬佩。华为的业务与合肥的产业高度契合，我们将在研发平台建设、产业协同发展、供应链对接等方面深化合作，带动更多企业来合肥投资兴业、发展壮大，为合肥高质量发展贡献更大力量。

人才是第一资源，“创新驱动实质是人才驱动”。“养人的合肥”正在加快打造“人才强市”，积极布局具有战略意义的高科技产业，先后出台“人才新政10条”“重点产业人才7条”“高校毕业生就业创业9条”等人才政策。新来合肥重点产业企业工作的本科以上毕业生，在合肥无自有住房的，可分别按照不高于90m²、70m²和50m²的标准，免费3年租住国有租赁公司住房……所有这些，都是为了努力让合肥成为各方人才追梦、筑梦、圆梦之城。

据统计，2020年合肥新引进本科以上各类人才8万余人；新增在合肥服务“两院”院士8名、总人数达135名；新增院士工作站9家、总数达68家；各类人才190多万，合肥已经成为助力国家科技自立自强的重要力量。

万科集团董事会主席郁亮如此评价合肥：合肥产业基础好、科技创新实力强，对年轻人越来越有吸引力。随着长三角一体化发展加速推进，合肥地位更加突出，作用更加凸显，发展潜力巨大。

“党委政府干事很务实、敢担当。”11月9日，时隔两个月零八天，万达集团董事长王健林再次来合肥，商谈后满怀信心：合肥科技创新实力雄厚，新兴产业势头强劲，消费市场潜力巨大，居民消费结构正加速转型升级，给企业发展带来新的机遇。我们将更好地推介合肥，把更加优质的项目落在合肥，为合肥经济社会发展、城市品质提升作出新贡献。

——惊涛骇浪中锚定目标，始

终坚持乘风破浪的拼搏精神。推动高质量发展，构建新发展格局，打造改革开放的新高地，靠的是系统集成、协同高效的改革举措。从发展成绩往深层看，2020年合肥全面发力、多点突破、纵深推进，持续拓展改革广度和深度。

“必须发挥好改革的突破和先导作用，依靠改革应对变局、开拓新局。”2020年合肥全面完成105项年度重点改革任务；扎实推进高质量发展“170条”；重磅实施“123+10”方案，围绕产业链部署创新链、围绕创新链布局产业链，全力抓重点产业链、龙头企业和重大投资项目；集中聚焦12个重点产业，启动重点产业链链长制，聚合创新资源，促进产业链创新链“双链融合”，提升产业链供应链稳定性和现代化水平；加速推动科技创新产业发展互融，着力打造科技成果交易大市场，促进科技创新势能转化为经济发展新动能。

一体化发展是区域协调发展的高级形态。合肥紧扣一体化和高质量两个关键词，深入推进重点领域一体化建设，共建长三角G60科创走廊生物医药、金融科技等5个合作园区，实现41个城市、65个事项“一网通办”。贯彻落实长三角G60科创走廊建设方案，协同推动创新融通、产业联通、设施相通、要素流通、政策互通，努力创造更好的科创环境，让创新创造活力竞相迸发，各类要素在长三角G60科创走廊充分涌流。

长期从事区域经济研究的专家、国务院发展研究中心发展战略和区域经济研究部部长侯永志接受采访时说，随着长三角一体化的深入发展和创新共同体的加快建设，在经济体量迈上具有标志性意义的新台阶后，合肥可以更大规模地聚集高端要素，更高水平地配置优质资源，更大强度地蓄势蕴能，形成影响力、引领力更大的高质量发展动力源，在构建国家区域发展新格局中发挥更突出的作用。

截至2020年底，合肥拥有自由贸易试验区、服务贸易试点市、跨境电商综合试验区、进口贸易示范区等4个国家级开放品牌，全国仅有4个省会城市同时拥有。合肥已与220多个国家和地区建立经贸往来，48家境外世界500强企业在肥投资，4E级合肥新桥国际机场与全球60多个城市实现通航。

中国（安徽）自由贸易试验区是打好“科技创新和实体经济发展深度融合”特色牌、打造全国具有重要影响力的改革开放新高地的“最新平台”“最佳窗口”。合肥片区蜀山区块、经开区块、高新区块“挂牌就运行、开门就开张”，新签约项目200余个。被誉为“钢铁驼队”的中欧班列，开辟了欧亚大陆“一带一路”沿线国家新的陆路运输和国际贸易通道。合肥中欧班列覆盖10个国家34个城市，2020年开行568列、净增200列。从打造对外开放新平台，再到加快构建新发展格局，合肥新一轮高水平对外开放日益跑出“加速度”。

“做好改革发展稳定各项工作离不开法治，改革开放越深入越要强调法治。”深入贯彻新发展理念、加快构建新发展格局，法治是稳定器、压舱石。合肥全面推进法治合肥、法治政府、法治社会一体建设，为聚力打造“五高地一示范”贡献法治力量。

推动法治德治自治相结合，创新发展新时代“枫桥经验”，动员社会力量科学有效化解矛盾纠纷，加快形成善治。加强地方立法，2020年实施生活垃圾分类、促进文明行为、制止餐饮浪费等方面条例，引导、规范、保障城市管理、环境保护和经济社会发展。出台公共法律服务体系建设的实施意见，织密公共法律服务网络。市政法系统构建智慧警务模式，启用智慧警务联合创新中心；推动“扫黑除恶常态化”，开展“守护平安—2020”，聚焦“六清”任务强力攻坚推进，全市治安环境明显向好，城乡更安宁、群众更安乐。

复旦大学法学院朱淑娣教授接受采访时表示，民之福祉，法之所系。良法善治，是社会正义与民权保障的制度选择。合肥坚持围绕经济社会发展大局和法治合肥建设要求，坚持全面深化改革、全面依法治市“双轮驱动”，为经济社会发展提供了强大法治保障。在建设现代化新征程上，要更好发挥法治固根本、稳预期、利长远的重要作用，推动经济社会高质量发展。

——惊涛骇浪中人民至上，始终坚持本固邦宁的民本精神。“只要是人民群众欢迎、咧嘴笑的事，再难也要干到底。”合肥始终注重民生、保障民生、改善民生，尽力让改革发展成果更多更公平惠及广大人民群众。

保市场主体就是最大的保就业、保民生。大疫期间，合肥政策着力点直面市场主体、直面基本民生，打通堵点、精准施策，减税降费、助企纾困，全力支持企业复工复产，畅通要素市场流通。金融系统扩大信贷供给、优化融资服务，推动金融活水精准流向、丰富流量、提升流速。税务部门主动走访、问计问需，全年减税降费220亿元，助力规模企业要素畅通、小微企业元气恢复。“网红”打卡地合柴1972，就是得益于这一政策渡过难关。大力培育新经济新业态，出台支持线上经济、夜间经济发展等专项政策；发放亿元消费券，直接带动餐饮、百货、家电及汽车消费超30亿元。各项扩大消费的政策不仅为经济回升提供有力支撑，还为经济高质量发展提供可持续动能。

合肥“始终把人民安居乐业、安危冷暖放在心上”，始终要求党员干部在践行根本宗旨上，联系服务群众“零距离”，对群众急难愁盼的事“零懈怠”，对群众深恶痛绝的事“零容忍”，采取针对性的措施，一件一件抓落实。全年扎实推进31项民生工程和20项为民办实事项目，与老百姓生活息息相关的社会保障、教育、就业、医疗卫生等民生问题不断得到解决。新学校投用、老旧小区改造、公租房保障、棚户区改造和违法建设拆除、延长停车时间等全面推进，既有住宅加装电梯、居民活动中心、城区菜市场、停车场等民生工程加速增建。大建设快马加鞭，裕溪路高架东延、畅通二环北环西段、长江东路全线主车道等如期通车，完成改造30处交通拥堵点。

7月中旬向城区最大交通堵点西南二环开刀，虽然前期工作繁重、后期施工艰巨，但相关部门全力攻关、力克难关，很快于12月份动工。改造后的西南二环将成为快速交通重要的疏解通道，发挥合肥道路交通主动脉的重要作用。轨道交通建设全力开火、全面提速，实现多线共建、4线联运，建设规模之大、开工速度之快、施工效率之高、推进速度之猛，当是合肥轨道交通建设史上空前。

良好生态是最普惠的民生福祉。合肥把生态文明建设放在突出地位，融入经济社会发展各方面和全过程，努力建设人与自然和谐共生的现代化。“大手笔”推进巢湖治理，全面实施碧水、安澜、富民“三大工程”和点源、线源、面源、内源“四源同治”，确保环巢湖1千米内化肥农药“零增长”，力争2022年“零使用”，市委常委会每季度调度一次巢湖综合治理。响鼓重锤、不留死角，绿色发展、不惜余力，驰而不息、久久为功，努力“让巢湖成为合肥最好的名片”。

《昆明日报》2020年12月1日报道：11月29日、30日，昆明市考察团赴合肥市考察巢湖保护治理工作。考察团了解到，近年来，合肥市秉承“治湖先治河、治河先治污、治污先治源”的思路，控制和减少污染负荷，强力推进入湖河流水问题整治工作，助推水生态环境恢复，巢湖水质创近年来最好纪录。考察团表示，近年来，合肥市在巢湖综合治理方面探索积累了很多好的经验做法，值得昆明市学习借鉴。

同时，合肥在防治污染、修复生态、节约资源等方面下足功夫，城更绿了，水更清了，天更蓝了，绿色成为常见景观……这些实打实、见真章的成绩，让群众不断看到变化、得到实惠。合肥上榜《2020中国宜居宜业城市榜》，截至2020年底，合肥是全国唯一一座城区内拥有两个国家级森林公园的城市，首批命名的3个国家园林城市之一，正在着力打造优质优良宜居宜业的生态高地。蓬勃绿色，正在成为合肥高质量发展的底色；良好生态，日益成为庐州百姓幸福生活的常态。

（张春林）

责任编辑：史 志

大事记

1月

1日 零时起，巢湖在长江流域重点湖泊中率先开启全域禁捕，禁渔期暂定为10年。

7日 合肥大基因中心项目启动仪式在安徽安科生物工程（集团）股份有限公司举行。省委常委、常务副省长邓向阳，省委常委、市委书记宋国权，省政协副主席夏涛出席仪式并为项目揭牌。

10日 全市“不忘初心、牢记使命”主题教育总结会议在市政务中心召开。省委常委、市委书记宋国权出席并讲话。

13日 “2018—2019年安徽十大考古新发现”名单发布，合肥市肥西县三官庙遗址、长丰县埠里墓群两处项目入选。

16日 市卫生和健康委员会成立新型冠状病毒感染的肺炎处置工作领导小组，全面开展防控处置工作。20日，组建新型冠状病毒疫情防控工作领导组及4个专项工作组，并成立由9名专家组成的医疗救治专家组和由8名专家组成的防控专家组，全面指导全市医疗机构开展疫情防控和临床救治工作。指定市第一人民医院（设在滨湖医院）、市第二人民医院、市传染病医院3家医疗机构为市级定点医院，要求市疾控中心全力做好送检样本检测和报告工作。全市二级以上医院均按照要求开展传染病预检分诊工作，设立预检分诊台和发热门诊，将发热病人分诊到发热门诊就诊。

17日 市交通运输管理处发布信息，截至2019年底，全市1270个建制村全部通客车。

21日 合肥市报告1例新型冠状病毒感染的肺炎疑似病例，正在基层慰问一线干部群众的省委书记李锦斌提出明确要求。

同日 市政府召开专题会议，研究部署新型冠状病毒感染的肺炎疫情防控相关工作。省委常委、省人大常委会副主任、市委书记宋国权作批示。市长凌云主持会议并作部署。市委常委、常务副市长罗云峰出席。

23日 市委常委会召开扩大会议，深入学习贯彻习近平总书记对新型冠状病毒感染的肺炎疫情作出的重要指示精神，听取疫情情况汇报，进一步研究部署防控工作。省委常委、省人大常委会副主任、市委书记宋国权主持会议。

24日 省委常委、省人大常委会副主任、市委书记宋国权主持召开市委、市政府疫情防控工作联席会议，分析研判新型冠状病毒感染的肺炎疫情防控形势，对做好全市疫情防控工作作出全面部署。市委副书记、市长凌云出席。

同日 即日起，全市部分文旅活动暂停举办，相关文博场馆暂时闭馆。

27日 安徽省首批援鄂抗疫医疗队出征仪式在合肥举行。省委书记、省新型冠状病毒感染的肺炎疫情防控工作领导小组组长李锦斌出席并讲话。省长、省新型冠状病毒感染的肺炎疫情防控工作领导小组组长李国英主持仪式。省委常委、省人大常委会副主任、合肥市委书记、省新型冠状病毒感染的肺炎疫情防控工作领导小组副组长宋国权参加。首批医疗队由187人组成，来自15家省属医院及16个市的45家综合医院及传染病专科医院，其中医师42人（包括呼吸科副高级以上职称10人、主治医师10人，感染性疾病科副主任医师5人，医院感染管理科副高级职称5人，重症医学科副高级以上职称医师4人、主治医师8人）、护士143人（包括重症医学科护士98人，呼吸科护士25人，感染性疾病科护士20人）、领队2人。

29日 合肥市首例新型冠状病毒感染的肺炎确诊患者治愈出院。

30日 市政府办公室印发《关于延迟企业复工和学校开学的通知》，市内各类企业不得早于2月

9日24时前复工，涉及保障城乡运行必需（供水、供气、供热、供电、通讯等行业）、疫情防控必需（医疗器械、药品、防护品生产和销售等行业）、群众生活必需（超市卖场、农贸市场、食品生产和物流供应等行业）及其他涉及重要国计民生的相关企业除外；市内各级各类学校（高校、中小学、中职学校、技工院校、幼儿园、托儿所等）延期至2月17日之后开学。

2月

1日　《合肥市城市轨道交通条例》施行。

2日　省委常委、省人大常委会副主任、市委书记宋国权到市传染病医院调研疫情防控工作，看望慰问奋战在疫情防控斗争一线的医护人员。

同日　市政务服务管理局发布通告，市级政务服务大厅全面暂停实体大厅窗口服务，实施“不见面”办理。

同日　市疫情防控应急指挥部办公室发出关于确保“菜篮子”产品供应和农业生产资料正常流通的通知，要求各地各有关部门维护“菜篮子”产品和农业生产资料正常流通秩序。

3日　省第八督导检查组赴包河区、肥西县、蜀山区检查疫情防控工作，看望慰问防控一线工作人员。省委常委、省人大常委会副主任、市委书记宋国权，省生态环境厅党组书记、厅长徐恒秋等参加督导检查。

同日　市委、市政府发布《致全体市民朋友的一封信》，向广大市民理性对待、全力支持疫情防控工作表示衷心感谢；向奋战在疫情防控各条战线上的同志们致以崇高的敬意。

同日　经安徽医科大学附属巢湖医院医务人员精心诊治和护理，安徽省首例确诊的新型冠状病毒感染的肺炎患者治愈出院。

同日　中国建筑第八工程局有限公司安徽分公司35名员工，组成雷神山突击队，从合肥等地前往武汉，加入雷神山医院建设，负责部分病房区的电气、给排水、通风等机电安装等施工任务。

5日　市委常委会扩大会议暨市疫情防控工作领导小组会议召开，省委常委、省人大常委会副主任、市委书记宋国权主持并讲话。

同日　市政府印发《关于认真做好第七次全国人口普查的通知》，明确全市第七次全国人口普查的实施方法、保障措施、工作要求等，标志着合肥市第七次全国人口普查工作正式启动。此次普查标准时点为2020年11月1日零时。

同日　市委办公室、市政府办公室印发《关于应对新型冠状病毒感染的肺炎疫情鼓励中小企业持续发展的若干意见》，突出对防疫重点企业的鼓励支持，体现对受疫情影响中小企业的普惠关怀，拿出真金白银鼓励企业提振信心。

6日　市长凌云、市人大常委会主任汪卫东、市政协主席韩冰分别到庐江县、庐阳区、合肥新站高新开发区督导疫情防控工作，看望慰问奋战在疫情防控一线的工作人员。

同日　省第八督导检查组赴肥东县督导检查疫情防控工作，看望慰问防控一线工作人员。省生态环境厅党组书记、厅长徐恒秋，市委常委、市纪委书记、市监委主任汪学致参加督导检查。

7日　市长凌云采取明察与暗访相结合的方式，到巢湖市和安徽巢湖经济开发区督导疫情防控工作。

8日　即日起启动“点对点、一站式”的包车运输组织方式，集中组织身体健康、体温检测合格的企业员工返岗复工。

9日　省委常委、省人大常委会副主任、市委书记宋国权主持召开座谈会，研究部署集中开展密切接触者核酸检测初筛工作。市委副书记、市长凌云出席并讲话，市领导罗云峰、韦弋出席。

同日　中共包河区委常委、组织部部长、统战部部长施咏康同志突发心肌梗死，经抢救无效不幸去世，殉职在新冠肺炎疫情防控一线。14日，市委决定，追授施咏康同志“合肥市优秀共产党员”称号。24日，省委组织部发出通知，在全省组织系统开展向施咏康同志学习工作。

11日　国务院应对疫情联防联控机制第十二工作指导组组长、中国疾病预防控制中心原主任王宇率队到合肥指导疫情防控工作。省委常委、省人大常委会副主任、市委书记宋国权，市长凌云，市委副书记郭强，市委常委、常务副市长罗云峰等陪同。

同日　省委常委、省人大常委会副主任、市委书记宋国权到合肥新站高新开发区调研督导疫情防控和复工复产工作。

12日　市直单位选派3260名党员干部下沉社区，加强一线疫情防控力量。其中，市直机关工委牵头组织选派市直机关党员干部

1500人。

13日 合肥国际陆港组织的春节后首趟合肥中欧公共班列（合肥—诺伊斯）从合肥北站鸣笛发出，标志合肥国际陆港中欧班列恢复常态化运行。

同日 22时10分，市第二人民医院手术室内，经过40分钟的紧张手术，新冠病毒感染（核酸检测阳性）孕妇经剖宫产顺利产下一名女婴。

15日 省委常委、省人大常委会副主任、市委书记宋国权在瑶海区督导疫情防控工作。

同日 市长凌云到肥东县督导疫情防控和防控物资生产保供工作，并看望慰问坚守在一线的工作人员。

16日 省长李国英在合肥市督导调研密切接触者等定点集中隔离措施落实工作，看望慰问疫情防控一线干部职工。

同日 合肥市看守所综合大队民警段玉华在监所抗疫一线连续工作十余日后突发疾病，以身殉职。21日，市委决定，追授段玉华同志“合肥市优秀共产党员”称号。23日，公安部追授段玉华同志全国公安系统二级英雄模范称号。

17日 省长李国英在合肥市调研疫情防控生物医药科研攻关工作。

同日 市政府办公室印发《关于促进新型冠状病毒肺炎疫情防控物资生产供应若干措施》《关于对参与新型冠状病毒肺炎疫情防控医疗卫生人员给予保障和激励若干措施》《关于应对新型冠状病毒肺炎疫情保障主副食品生产流通供应若干措施》《关于应对新型冠状病毒肺炎疫情保障能源供应若干措施》《关于保障新型冠状病毒肺炎疫情防控期间道路物资运输有序通行若干措施》《关于应对新型冠状病毒肺炎疫情加强市场监督管理若干措施》《关于加强新型冠状病毒肺炎疫情防控期间医疗废物收集转运处置工作若干措施》，自印发之日起实施，有效期暂定3个月。

19日 省政协主席张昌尔在合肥走访调研部分企业，看望慰问坚守一线的政协委员和企业职工，深入了解疫情防控和复产复工情况。

同日 市政府办公室印发《关于做好新冠肺炎疫情防控期间工程建设项目复（开）工工作的通知》，有力有序有效推进疫情防控期间工程建设项目复（开）工工作。

21日 省长李国英在合肥市调研企业复工复产和重点项目建设工作。省委常委、省人大常委会副主任、市委书记宋国权参加调研。

同日 全市企业复工复产工作调度会在市政务中心召开。市长凌云主持并讲话。

22日 合肥正式恢复合肥至舒城的客运班线，共运行3个班次。这也是合肥暂停省际、市际客运班线以来恢复的第一条客运班线。

24日 畅通二环（西二环—合武铁路）、轨道交通5号线机电安装、引江济淮派河口泵站等20余项重点民生项目复工。

同日 清晨5时30分，8辆印有主题标语的“合肥城建匠人复工专车”从合肥启程，远赴千里之外的湖南省娄底市涟源市石马山镇古城村，接200名城建匠人投入南淝河治理等重点项目建设。

25日 合肥市重大产业项目集中（云）签约和江淮蔚来EC6量产项目启动仪式在江淮蔚来工厂举行。此次8个签约项目总投资1020亿元，主要集聚于新能源汽车、集成电路、医疗大健康、工业互联网、装备制造等高端前沿行业产业。省委书记李锦斌出席，省委副书记、省长李国英讲话，省领导邓向阳、陶明伦、虞爱华、何树山出席。省委常委、省人大常委会副主任、市委书记宋国权主持仪式。省直有关部门和部分省属企业负责人，市领导凌云、罗云峰、王文松等参加。

26日 合肥首趟复工专列D4374次列车经过约13个小时的行驶，从四川绵阳抵达合肥南站。

27日 安徽医科大学第一附属医院4名医护人员火线入党，在武汉合肥两地，一场特殊的入党宣誓通过互联网5G连线的方式顺利举行。

29日 截至当日，全市规模以上工业企业复工2000户，复工率97.4%，在岗员工33.6万人。其中，安徽巢湖经开区、合肥高新开发区、瑶海区、蜀山区、包河区等规模以上工业企业复工率达100%。

3月

1日 全市各级党组织迅速行动，各个领域、各条战线的党员积极踊跃捐款支持疫情防控工作，至当日上午仅两天半时间，全市有35.46万名党员自愿捐款，累计捐款金额2291.86万元。

同日 中共东西湖方舱医院

临时委员会、武汉东西湖方舱医院对一批队员进行表彰，安徽第二批支援湖北医疗队队员、安徽医科大学第四附属医院心血管内科护士何春林因在新冠肺炎疫情防控阻击战中表现突出，获“先进标兵”称号。

2日　全省高校、中职学校、中小学校即日起通过电视、网络等方式，开展线上教育教学。

同日　17时30分，合肥市滨湖医院4名新冠肺炎确诊患者治愈并走出隔离病区。至此，该院收治的20名新冠肺炎确诊患者全部治愈出院，治愈率达100%，成为合肥市首个“清零”的定点救治医院。

同日　安徽省儿童医院院长孔维鹏从市自然资源和规划局负责人手中接过《建设项目用地预审与选址意见书》。这是合肥市首本将建设项目用地预审与规划选址“二审合一”的证书，同时这也是一本紧急制作、带着温度的证书，将原先需要20天的用地预审和规划选址审查时间缩短至2个工作日。

3日　全省首个联通5G文旅直播服务的旅游景点——渡江战役纪念馆正式与观众在“线上”见面。

5日　合肥市全面有序复工复产银企合作对接会在市政务中心举行。省委常委、省人大常委会副主任、市委书记宋国权出席对接会，并在会前会见中国人民银行合肥中心支行党委书记、行长王均坦一行。

8日　省立第二人民医院最后两名在院新冠肺炎确诊病例出院，至此，全市在院病例实现“清零”。这标志着合肥市在新冠肺炎医疗救治攻坚战中取得重大成果，为打赢疫情防控阻击战奠定坚实基础。

9日　市长凌云主持召开全市“安康码”建设应用及“互联网+政务”服务疫情防控工作推进会，专题听取“安康码”建设应用、“一网通办”建设应用工作开展情况，并对做好重点领域“安康码”应用相关工作进行了具体部署。市委常委、常务副市长罗云峰出席会议。

12日　省人大常委会党组副书记、副主任沈素琍率调研组到合肥，围绕推动常委会《关于依法全力做好当前新型冠状病毒肺炎疫情防控工作的决定》《关于依法做好多元化解疫情防控和复工复产中矛盾纠纷工作的意见》的落实，更好助力疫情防控和复工复产等开展走访调研。省委常委、省人大常委会党组副书记、副主任、市委书记宋国权参加走访调研。市人大常委会主任汪卫东陪同调研。

同日　市委、市政府印发《关于表彰新冠肺炎疫情防控工作首批先进集体和先进个人的决定》，对奋战在疫情防控第一线、表现突出的首批先进典型予以表彰。市第二人民医院重症医学科被表彰为先进集体；市第三人民医院呼吸内科副主任医师朱代峰，市第二人民医院院感染管理处处长、主管检验师蔡朝阳被表彰为先进个人，两人均为安徽第一批支援湖北医疗队队员。

10—12日　省长李国英在合肥市督导调研脱贫攻坚工作。市长凌云陪同调研。

13日　市扶贫开发领导小组会议在市政务中心召开。省委常委、省人大常委会副主任、市委书记宋国权出席并讲话。

16日　全市文化和旅游场所即日起有序开放。合肥汽车站、合肥旅游汽车站、合肥汽车南站恢复运营。

17日　合肥汽车站恢复2条省际客运班线，这是合肥市恢复的首批省际客运班线。

18日　市委全面深化改革委员会召开第五次会议。省委常委、省人大常委会副主任、市委书记、市委全面深化改革委员会主任宋国权主持会议并讲话。

同日　安徽支援湖北医疗队第一批、第二批、第三批返程队员抵达合肥，共374人。合肥交警派出铁骑护送车队，以最高礼遇迎接医疗队员凯旋。合肥新桥机场打出水门以最高礼遇迎接医疗队员凯旋。

同日　安徽省新型冠状病毒感染肺炎疫情防控应急综合指挥部办公室发布《关于做好新冠肺炎疫情三级应急响应下有关防控措施调整工作的通知》，提出从即日起解除封闭式管理，全面推动机关企事业单位恢复正常运行等措施。

24日　中央脱贫攻坚专项巡视“回头看”和脱贫攻坚成效考核反馈问题整改工作动员部署会召开。省委常委、省人大常委会副主任、市委书记宋国权，市委副书记、市长凌云，市委副书记郭强，市委常委，市人大常委会、市政府、市政协有关负责同志在合肥分会场出席会议。会后，宋国权在市政务中心主持召开会议，安排部署合肥市贯彻落实工作。

25日　市纪委十一届五次全会在市政务中心召开。省委常委、省人大常委会副主任、市委书记宋国权出席并讲话。

26日　全市稳投资暨重点项目建设推进大会在市政务中心召开。省委常委、省人大常委会副主任、市委书记宋国权出席会议并讲话。

同日 国家发展改革委员会发布关于安徽省合肥市城市轨道交通第三期建设规划（2020—2025年）的批复，原则同意合肥市城市轨道交通第三期建设规划，建设2号线东延线、3号线南延线、4号线南延线、6号线一期、7号线一期、8号线一期等6个项目，总里程109.96千米，总投资798.08亿元。

同日 合（肥）安（庆）高铁正线铺轨顺利完成。

27日 市委常委会召开会议，研究进一步统筹抓好疫情防控和经济社会发展重点工作。会议审议《合肥市国土空间总体规划（2020-2035年）编制工作方案》。省委常委、省人大常委会副主任、市委书记宋国权主持会议。

28日 市教育局发布《合肥市中小学幼儿园新冠肺炎疫情防控开学工作方案》以及“致全市广大中小学生以及致广大中小学生家长的一封信”，根据省市统一安排，4月7日普通高中高三年级学生返校，4月13日初三年级学生返校。初高中其他年级、中职学校、小学、幼儿园、特教学校及外籍人员子女学校学生开学复课时间将根据疫情形势及学校基本防控条件、师生和校园公共卫生安全等保障情况，综合评估后向社会公布。

29日 由合肥兴泰金融控股（集团）有限公司牵头设立的合肥市首只8亿元的民营企业纾困发展基金正式落地。

30日 全省首批人脸测温安康码核验一体机在合肥市启用，为全市正常复工复产、居民方便出行提供科技化防控手段。

31日 省委副书记信长星到合肥市调研学生返校准备工作。市委副书记郭强陪同。

同日 安徽省第一批支援湖北医疗队和三批支援湖北疾控队共208名队员完成驰援任务，乘坐专机返回合肥。至此，全省派出的支援湖北医疗卫生人员全部返回，全员“零感染”。

4月

1日 由市档案馆、市科技局、合肥报业传媒集团主办，《合肥晚报》与ZAKER合肥承办的2019年度榜样人物评选结果揭晓。孟鸣之，孔卓兮、刘宸宇，李超，宋海兵，陈步选、赵珊，车轰，张超、张俊友、殷贤桂，福田，杨林根，李绍松和他的庐江星之火志愿团，当选第十八届合肥十大新闻人物；李孔军、姚崇全、束小龙、田峰、王永、赵玉贵、何元源、吴芷绮、张文德、凌汉阳，当选第十四届合肥十大经济人物；中国科学院合肥物质科学研究院固体所材料应用技术研究室团队、中科大超算鸿雁队、陈根、李蓉蓉、江如海、黄叙新、中国科学院合肥物质科学研究院等离子体物理研究所团队、哈工大机器人（合肥）国际创新研究院无人装备研究所、安医大一附院骨科手术机器人团队、殷世武，当选第四届合肥十大创新人物。

4日 上午10时，五星红旗半垂，汽笛声与警报声响起，全市各地各界干部群众纷纷停止行进的脚步，停下手中的工作，低头默哀3分钟，深切悼念抗击新冠肺炎疫情斗争牺牲烈士和逝世同胞。

6日 2019年度“全国十大考古新发现”初评结果揭晓，肥西县三官庙遗址作为安徽省唯一项目入选。

7日 省委常委、省人大常委会副主任、市委书记宋国权，市委副书记、市长凌云等在合肥分会场，出席全省扶贫开发工作会议暨决战决胜脱贫攻坚“抗疫情、补短板、促攻坚”专项行动推进会。会后，宋国权在市政务中心主持召开会议，安排部署合肥市贯彻落实工作。

同日 庐州海关发布的分析报告显示，2019年，合肥市货物贸易进出口总值2221.2亿元人民币，位列全国省会第9位，再创历史新高；比上年增长9.5%，高于全国总体6.1个百分点。其中，出口1392.5亿元，增长15.7%；进口828.7亿元，增长0.4%。

同日 根据省政府《关于2020年春季学期全省学生返校安排的通告》，全市95所学校的高三学生作为第一批复课学生重返校园。

9日 市生态环境保护委员会2020年第一次会议暨市级总河长会议市级总林长会议在市政务中心召开。省委常委、省人大常委会副主任、市委书记宋国权出席并讲话。

10日 市委议军会议在市政务中心召开，听取2019年度全市国防动员和后备力量建设情况汇报，讨论通过《关于加强新时代基层武装工作的意见》。

同日 在国家市场监管总局、国家发展改革委、财政部联合发布的首批国家基本公共服务标准化试点名单中，合肥市文化服务保障、公共教育、残疾儿童康复3个专项试点获批立项，成为全省唯一一个承担基本公共服务试点的城市。

同日　“学习强国”合肥学习平台正式上线。

11日　省委常委、常务副省长邓向阳到中国科学院量子信息与量子科技创新研究院，实地检查工程建设情况，主持召开调研座谈会，协调推进“抓创新、抗疫情、促发展”活动筹备工作。省委常委、省人大常委会副主任、市委书记宋国权，中国科学技术大学党委书记舒歌群参加调研。

13日　合肥滨湖科学城临时党委会议召开。省委常委、省人大常委会副主任、市委书记、合肥滨湖科学城临时党委书记、管委会主任宋国权主持并讲话。

同日　省商务厅公布2019年度“安徽老字号”名单，合肥市的庐州烤鸭、詹记、五味斋、梅山饭店、淮仁堂、石塘驴巴、三河米酒、柏兆记、庄墓孟令球圆子、陆和平修理门市部、同心楼、合肥百大、白厦等13个品牌入选。至此，合肥市获“安徽老字号”认定的品牌企业增至29家，含此前获商务部评定的同庆楼、张顺兴、公和堂、寿春堂、柏兆记五家“中华老字号”。

14日　作为全国首创，合肥城市中台自2017年9月建设以来，实现全市20多个重点应用领域2000多类数据共享、技术共享、业务协同需求的统筹管理和统一响应，共计减少137万多次材料提交及审核工作。作为合肥城市中台的两“翼”之一，合肥大数据平台打通全市近200个信息系统，归集230多亿条数据，基本完成跨系统、跨业务、跨部门、跨层级的数据共享。合肥城市中台的另一“翼”能力支撑平台，完成全市各委办局2000多条业务需求的梳理分析工作，建设1200个政务信息能力以标准化的信息接口提供安全、高效、可靠的信息共享服务。

同日　省农业农村厅、省财政厅公布第二批省级现代农业产业园名单，合肥市的庐江县台创园现代农业产业园、长丰县北部（绿色草莓）现代农业产业园、肥西县花岗现代农业产业园入选。

16日　全市深化“三个以案”警示教育动员部署会在市政务中心召开。省委常委、省人大常委会副主任、市委书记宋国权出席并讲话。

22日　市委统一战线工作领导小组2020年第一次全体会议在市政务中心召开，深入学习贯彻习近平总书记关于加强和改进统一战线工作的重要思想，总结上年工作，研究部署2020年工作。省委常委、省人大常委会副主任、市委书记、市委统一战线工作领导小组组长宋国权出席并讲话。市委副书记、市委统一战线工作领导小组第一副组长郭强，副市长、市委统一战线工作领导小组副组长朱策出席会议。市委常委、统战部部长、市委统一战线工作领导小组副组长陈晓波主持会议。

同日　合肥经济技术开发区被批准为安徽省首批自贸试验区改革试点经验复制推广示范区，这是迄今为止全省唯一获批的示范区。

23日　在2020年中国数字阅读云上大会上，合肥入选“2019年度十佳数字阅读城市”名单，城市数字阅读指数排名全国第七位。

28日　全市即日起开展“魅力合肥·大家购”亿元消费券大派送活动，消费者可在支付宝通过抽券方式获得消费券。市级财政资金投入1亿元，各县（市）区、开发区将安排不低于1000万元资金，与市级资金形成促消费联动效应，重点投向餐饮、百货、家电、汽车等流通领域。

29日　蔚来中国总部项目签约仪式在江淮蔚来先进制造基地举行。省委常委、省人大常委会副主任、市委书记宋国权，市长凌云出席并见证签约。

30日　省暨合肥市“医保电子凭证、合肥医保便民服务平台”上线启动仪式在市政务中心举行。

5月

1日　省委常委、常务副省长邓向阳赴省电力公司调度中心和合肥市白马服装城调研安全生产和复商复市等工作。省委常委、省人大常委会副主任、市委书记宋国权，省直有关部门负责人，市长凌云等参加调研。

同日　怀宁路下穿天鹅湖隧道放行通车。

7日　合肥市召开领导干部会议，宣布中央及省委关于合肥市委主要领导职务调整的决定。根据中央及省委决定，虞爱华同志任合肥市委书记，宋国权同志不再担任合肥市委书记。省委书记李锦斌出席会议并讲话。

同日　市地方金融监管局公布，截至当前，合肥市已有境内外上市公司52家，境内上市公司数稳居全国省会城市第七位。

8日　全省第五批贯彻“六稳”暨合肥经济技术开发区重大项目·空港国际小镇集中开工现场动员会在合肥空港经济示范区举行。省委常委、省委宣传部部长、市委书记虞爱华宣布项目开工并讲话。

同日　在国务院办公厅发布的《关于对2019年落实有关重大政策措施真抓实干成效明显地方予以督查激励的通报》中，合肥高新技术产业开发区在推动“双创”政策落地、促进创业带动就业、加强融通创新等方面大胆探索、勇于创新、成效显著而获得点名表彰。

9—11日　中国人民政治协商会议第十四届合肥市委员会第三次会议召开。闭幕会上，省委常委、省委宣传部部长、合肥市委书记虞爱华出席并代表中共合肥市委对大会的圆满成功表示热烈祝贺。

10—12日　合肥市第十六届人民代表大会第三次会议召开。闭幕会上，省委常委、省委宣传部部长、合肥市委书记虞爱华代表市委对大会的圆满成功表示热烈祝贺。

14日　合肥最长湖底隧道少荃湖隧道通车。作为连接合肥新站高新技术产业开发区、少荃湖北部片区与职教城、主城区的重要通道，文忠路（磨店街—荃湖北路段）全长2.3千米，其中下穿少荃湖隧道1.09千米。

15日　“匠星闪耀 筑梦未来”首届“合肥工匠”授牌仪式在市政务中心举办。市长凌云出席并为10名“合肥工匠”授牌，市委副书记郭强为10名“合肥工匠”提名人员颁发荣誉证书并讲话。

19日　中国华侨国际文化交流基地在安徽名人馆揭牌。

20日　省委常委、省委宣传部部长、市委书记虞爱华赴巢湖市、安徽巢湖经济开发区调研，并主持召开工作座谈会。市领导王文松、王民生分别参加。

21日　合肥警备区党委第一书记任职大会召开。省委常委、省军区司令员刘孝华代表省军区党委宣布，虞爱华任合肥警备区党委委员、常委、第一书记。省委常委、省委宣传部部长、市委书记、合肥警备区党委第一书记虞爱华出席会议。

同日　合肥轨道交通3号线开通移动5G网络，成为省内第一条5G信号应用轨道线路。

26日　第19届中国·合肥龙虾节活动启动。此届龙虾节以“合肥虾稻飘香 绿色名品共享”为主题，一直持续到7月。

27日　省委常委、省委宣传部部长、市委书记虞爱华分别与中国科学院合肥物质科学研究院院长刘建国、党委书记黄晨光，合肥工业大学党委书记余其俊、校长梁樑，安徽医科大学党委书记顾家山、校长曹云霞等部分在合肥科研院所和高校领导，就合作共建事项进行商谈和现场办公。市领导罗云峰、韦弋、王民生分别参加。

28日　大众汽车集团（中国）与国轩高科股份有限公司战略投资签约仪式在北京举行。省委常委、省委宣传部部长、市委书记虞爱华，市长凌云；大众汽车集团（中国）CEO冯思翰，国轩高科董事长李缜等出席。根据协议，大众汽车将投资约11亿欧元获得国轩高科26.47%的股份并成为其大股东，国轩高科未来将成为大众汽车集团的认证供应商。

29日　一列满载100 TEU（标箱）的中欧班列从合肥货运中心合肥北站物流基地出发，这是中欧班列（合肥）开行的第1000列。

6月

2日　在生态环境部发布的2019年中国生态环境“成绩单”上，合肥跻身“空气改善前十城市”。

3日　省委书记李锦斌到长丰县、寿县宣讲全国两会精神，调研指导夏收、夏种、夏管和粮食收购工作。省领导陶明伦、虞爱华、沈强分别陪同。

5日　市生态环境局发布2019年合肥市环境状况公报。2019年，合肥空气质量优良率为70.4%，巢湖全湖水质好转为Ⅳ类，十五里河水质好转为Ⅲ类，集中式饮用水水源地水质达标率为100%。

同日　由市商务局主办的“皖美好货·云端GO——合肥电商消费节”合肥品牌展会云直播活动启动，第六届合肥国际文创旅游商品博览会、2020第20届中国（安徽）国际糖酒食品交易会、安徽国际汽车展览会、安团家博会同时在“云端”开启，30多家参展商线上展示特色产品。

同日　在中国烹饪协会主办的2020（第十四届）中国餐饮产业发展大会上，合肥市的“安徽老乡鸡”“同庆楼”“蜀王”“岸香”“长快餐饮”等5家企业荣登2019年度中国餐饮企业百强榜单。

5—7日　市长凌云赴浙江省湖州市参加第二届长三角一体化发展高层论坛、长三角企业家联盟启动仪式、长三角一体化（网上）创新成果展开幕式、重大合作事项签约仪式，并实地考察湖州市生态环境治理、乡村振兴等工作。在重大合作事项签约仪式上，凌云代表合肥市政府与中电海康等相关方，共同签署长三角面向物联网领域“感存算一体化”超级中试中心战略合作框架协议。

9日　省精神文明建设指导委员会通报表彰，合肥市被授予“第五届安徽省文明城市”称号；合肥市包河区、庐阳区、蜀山区、瑶海区入选“第三届安徽省文明城区”，首次全域进入省文明城区行列。合肥还有39个村镇入选“第五届安徽省文明村镇”。

10日　长三角G60科创走廊科技成果转移转化示范基地（合肥）揭牌暨肥东县贯彻“六稳”重点产业项目集中签约现场会在肥东县长临河科创小镇举行。省委常委、省委宣传部部长、市委书记虞爱华出席，为基地揭牌并见证签约。上海市松江区区长李谦致辞并一同为基地揭牌。

11日　随着“合肥市人民检察院驻河长制办公室检察工作室”揭牌，合肥市全面建立“河湖长+检察长”工作机制，形成“河湖长+排长+民间河长+警长+检察长”的“五长联动”治理河湖新模式。

同日　全球首台“无接触式”地铁自助售票机在合肥轨道交通2号线汽车西站投入使用，乘客点击空中的自动售票机操作画面，即可完成进行购票、付款等功能，实现“无接触”购票。

11—15日　全国政协副主席刘奇葆率调研组到安徽，围绕“发挥文化建设在乡村振兴战略中的作用”主题开展调研，先后到合肥、芜湖、黄山等市调研。省委书记李锦斌在合肥会见调研组一行。省政协主席张昌尔参加会见并主持座谈会。省委常委、省委宣传部部长、市委书记虞爱华，副省长王翠凤，省政协副主席刘莉陪同参加相关调研活动。调研组在合肥期间，市政协主席韩冰陪同调研。

14日　省委常委、省委宣传部部长、市委书记虞爱华调度防汛工作。

16—17日　潍坊市委书记、市人大常委会主任惠新安率潍坊市党政考察团到合肥考察。

18日　市林长制办公室与市人民检察院会签“林长+检察长”工作机制，并揭牌“合肥市人民检察院驻林长制办公室检察工作室”，标志“林长+检察长”协作机制正式运行。

19日　按照省委部署，市委常委会召开中央脱贫攻坚专项巡视“回头看”整改暨深化“三个以案”警示教育专题民主生活会。省长李国英参加指导。省委常委、省委宣传部部长、市委书记虞爱华主持会议。

同日　合肥经济技术开发区综合保税区通过海关总署等八部委验收审核，成为合肥市第二个、全省第四个综合保税区。

20日　根据全省统一安排，第六批贯彻“六稳”落实“六保”暨合肥市庐阳区重大项目集中签约开工现场推进会举行。省委常委、省委宣传部部长、市委书记虞爱华出席，并在会前与宜家（中国）投资有限公司总裁史蒂芬商谈宜家合肥项目推进事项。市长凌云，市领导罗云峰、韦弋等出席。

同日　由安徽智飞龙科马生物制药有限公司紧急攻关立项的“重组新型冠状病毒疫苗研发项目”取得重要进展，获得国家药品监督管理局颁发的药物临床试验Ⅰ期批件。这是国内首个获批进入临床试验的重组亚单位新冠疫苗。

23日　市委常委会扩大会议暨经济形势分析调度会召开。省委常委、市委书记虞爱华主持并讲话。市委副书记、市长凌云出席并讲话。市人大常委会主任汪卫东，市政协主席韩冰，市委常委，市人大常委会、市政府、市政协有关负责人等出席会议。

24日，市委常委会召开会议，传达学习习近平总书记在宁夏考察时和在专家学者座谈会上的重要讲话精神，传达6月22日省委常委会会议精神，研究合肥市贯彻落实工作。

28日　商合杭高铁合肥至杭州段开通运营，标志商合杭高铁实现全线贯通。

同日　根据《合肥市城市防洪应急预案》，28日8时起，合肥市启动城市防洪Ⅳ级应急响应。

29日　安徽省药品监管局第一分局在合肥市挂牌，这是全省首个挂牌运行的药品监管分局。

7月

1日　市委常委会扩大会议暨防汛抗洪和重点水域禁捕工作推进会召开。省委常委、市委书记虞爱华主持并讲话。

同日　商合杭高铁柘皋站开通。

3日　位于合肥高新技术产业开发区的安徽皖仪科技股份有限公司在上海证券交易所科创板鸣锣上市，成为安徽省首家科创板上市企业。

4日　省委常委、常务副省长邓向阳到合肥、六安市相关园区、企业和项目现场等，调研战略性新兴产业发展情况，帮助协调解决企业发展问题。

同日　市自主创新工作领导小组会议召开。省委常委、市委书记、市自主创新工作领导小组组长虞爱华主持并讲话。会议指出，合肥最突出的城市气质是创新、最靓丽的城市名片是创新，要坚持创新驱动发展战略，加快打造具有国际影响力的创新高地。

9日　科大国盾量子股份有限公司科创板上市仪式在合肥举行，省委常委、常务副省长邓向阳出席并致辞，中国科学院副院长、党组成员张涛在北京视频连线，省委常委、市委书记虞爱华，中国科学技术大学校长包信和出席。

同日　市长凌云主持召开市政府第62次常务会议，听取关于第三批合肥市优秀外国专家考核工作情况的汇报，审议并原则通过《合肥市推进普通高中集团化办学实施意见》《合肥市安全生产专项整治三年行动计划》。

同日　文化和旅游部发布《关于公示第二批全国乡村旅游重点村名单的公告》，合肥市长丰县杨庙镇马郢社区、庐江县万山镇长冲村入选。

14日　市长、市防汛抗旱指挥部指挥长凌云在市应急指挥中心主持召开全市防汛和尾矿库安全度汛工作会商会，研判形势、分析问题，安排部署下一步工作。

15日　市委常委会会议暨市委理论学习中心组学习会议召开。省委常委、市委书记虞爱华主持并讲话。

同日　合肥综合性国家科学中心项目开始入库申报。

16日　市防汛抗旱指挥部发布《汛情通告（第1号）》，7月16日12时，巢湖中庙站水位11.47米，超警戒水位0.97米，距保证水位1.03米；4座中型水库超汛限水位，正在按规定泄洪。根据《合肥市防汛抗旱应急预案》规定，市防汛抗旱指挥部决定于7月16日17时起，将防汛应急响应提升至Ⅱ级。

同日　市自然资源和规划局、市气象局连续第三天发布地质灾害气象风险预警信息。预警信息显示，7月16日20时至7月17日20时，巢湖市南部，庐江县中部、东南部等地区，发生崩塌、滑坡等地质灾害的气象风险较高（三级），上述区域须注意防范。

同日　市城乡建设局发布消息，国家住房和城乡建设部、财政部公布地下综合管廊试点绩效终期评价。合肥市在第二批15个试点城市中排名第一，获得中央财政奖励资金1.2亿元。

17日　省政协主席张昌尔到合肥市督导突出环境问题整改工作。市政协主席韩冰陪同。

同日　市城市防洪指挥部下发通知，决定自7月17日15时起，将城市防洪应急响应由Ⅳ级提升至Ⅲ级。

17—18日　水利部副部长魏山忠率国家防总工作组到合肥指导检查防汛救灾工作。

18日　省委常委、市委书记虞爱华主持召开全市防汛抗洪抢险视频调度会，研究部署全市防汛抗洪抢险工作。市领导凌云、罗云峰、王民生、葛斌参加。

19日　省委常委、市委书记虞爱华先后到肥西县、庐江县、肥东县、庐阳区防汛抗洪抢险一线督导检查，看望一线防汛人员，并主持召开调度会，分析研判形势，部署具体安排。省督查合肥包保单位省民政厅厅长张冬云，市领导凌云、罗云峰、马军、王民生、葛斌分别参加。

同日　市城乡建设局启动应急预案和处置联动协调机制，市市政工程管理处、瑶海区园林绿管中心市政处等部门联合出动，紧急调用灌满水的混凝土搅拌车及载满砂石的重型货车对长江路桥桥面进行压重。这是合肥市首次采取这种方式确保桥梁安全。

20日　省委书记李锦斌到合肥市督导检查防汛救灾工作。省委常委、市委书记虞爱华陪同。

同日　根据国家电影局通知，7月20日起，全市电影院恢复营业。

21日　市委常委会扩大会议暨市防汛抗洪抢险应急指挥部紧急会议召开。会议通报当前和近期雨情水情，分析防汛形势，听取专家意见，进一步研究部署确保巢湖安全度汛的具体措施。省委常委、市委书记虞爱华主持会议。同日，虞爱华赴巢湖岸边督导检查巢湖大堤抗洪水抗风浪工作，看望慰问一线防汛人员，并就地主持召开调度会，分析形势，研究对策。

22日　省委书记李锦斌到合肥市督导检查防汛救灾工作。省委副书记、省长李国英，省委常委、省委秘书长、宣传部部长陶明伦，省委常委、市委书记虞爱华参加。

同日　省委常委、市委书记虞爱华，市委副书记、市长凌云先后赶赴庐江县同大镇，现场指挥抢险和群众转移工作，市领导马军、李同柱、王民生参与指挥调度。

同日　市防汛抗旱指挥部发布《汛情通告（第7号）》，7月22日15时，巢湖中庙站水位13.42米（11时12分达历史极值13.43米，最大蓄水量近60亿立方米，相当于常年蓄水量近3倍），超保证水位0.92米；裕溪河巢湖闸（下）站水位13.16米，超保证水位1.16米；西河缺口站水位12.52米，超保证水位0.62米；兆河闸（上）站水位12.56米，超保证水位0.56米；杭埠河三河站水位13.53米，超保证水位1.03米；白石天河金凤站水位12.88米，超保证水位0.88米；丰乐河三河镇站水位13.89米，超保证水位0.51米；

派河中派站水位13.42米，超保证水位0.42米；南淝河三汊河站水位13.41米，超保证水位1.41米；柘皋河水位13.37米，超保证水位1.37米；滁河刘桥坝站水位22.95米，降至警戒水位以下。2座大型水库（董铺、大房郢）、4座中型水库（岱山、霍集、永丰、下汤）达到或超汛限水位。

同日　合肥市庐江县消防救援大队政治教导员陈陆、庐江县同大镇连河村党委副书记王松在搜救被困群众时，因突遇破圩决口后的激流漩涡，被洪水冲走、失踪。陈陆、王松被洪水冲走、失联后，国家应急管理部消防救援局和安徽省消防救援总队迅速赶赴现场调集增援力量开展搜救工作。经连日搜寻，陈陆同志遗体被找到，26日确认陈陆同志英勇牺牲。

同日　市统计局发布上半年经济运行情况，全市经济运行快速复苏，主要指标由负转正。全市上半年生产总值（GDP）4419.7亿元，按可比价格计算，同比增长0.2%，较一季度加快10.0个百分点。

23日　省委书记李锦斌到巢湖大堤督导检查防汛救灾工作。省委常委、省委秘书长、省委宣传部部长陶明伦，省委常委、市委书记虞爱华陪同。

同日　中午12时41分，中国首次火星探测任务“天问一号”探测器成功发射，多项“合肥造”高科技成果随“天问一号”升空，其中一项设备是环绕器次表层探测雷达，属“合肥造”，由中电博微电子有限公司第三十八研究所研发，为全国首款，相当于为“天问一号”加装一双“透视眼”。

同日　市防汛抗旱指挥部发布《汛情通告（第8号）》，7月23日15时，巢湖中庙站水位13.32米，超保证水位0.82米，与22日相比，水位开始下降；巢湖流域主要河流水位均有不同程度回落。

同日　至当日18时，全市累计组织转移105525人，其中肥东县8986人、肥西县18938人、长丰县1045人、庐江县58086人、巢湖市15757人，市区及开发区2713人。累计设置转移安置点105个，转移安置48107人。全市参加防洪排涝抢险人员51.82万人次，其中上堤巡查防守干群22.65万人次、公安干警（协警）3.81万人次、消防指战员2926人次；出动各类机械设备、舟艇2.18万台次。23日2时，东部战区6000名部队官兵全部抵达环巢湖县（市）区各任务点。23日，共有8000余名解放军、武警部队官兵奋战在抗洪抢险一线。全市累计投入沙石料141.21万立方米、编织袋326万条、花（帆）雨布43.64万平方米、土工布2.21万平方米、木材2.36万根、警示带及彩条布10.37万米。

24日　省委常委、市委书记虞爱华主持召开市防汛抗洪抢险应急指挥部会议，传达学习上级有关重要指示批示精神，分析雨情、水情、险情，再次研究部署打好巢湖保卫战，咬紧牙关坚决扛起政治责任。市长凌云出席并讲话。市领导郭强、罗云峰、汪学致、韦弋、王文松、李同柱、葛斌出席。

同日　上午10时10分，55岁的河南志愿者、“中国好人”冷中玉，跨越600多千米，辗转20多个小时，先后换乘汽车、火车、公交车，冒雨来到合肥市包河区巢湖大堤（义城段）抢险指挥部，主动要求加入防汛一线。

25日　省委常委、常务副省长、省防汛抗旱指挥部第一副总指挥邓向阳到合肥市，实地察看巢湖大堤、十八联圩泄洪点、城市积涝点等汛情灾情，详细了解防汛准备和应急抢险情况，并就灾后重建工作与市县负责人座谈。

同日　根据《合肥市自然灾害救助应急预案》规定，市减灾委员会决定于7月25日10时将合肥市救灾应急响应提升至Ⅱ级。

26日　省委书记李锦斌再次到省水旱灾害防御调度中心和防汛救灾一线，指导巢湖防汛救灾工作，研判防汛形势，会商应对举措。

同日　自6月10日入梅至7月26日16时，全市平均降水量829毫米，超过常年梅雨量236%（为常年3.36倍），超过1991年的826毫米，为有气象记录以来历史极值。

27日　省委常委、市委书记虞爱华再赴巢湖中埠联圩督导抗洪抢险工作，看望一线抗洪抢险人员，并就地召开调度会，进一步研究安排中埠联圩抗洪抢险措施。市领导韩冰、张业锁、王民生参加。

同日　国家应急管理部批准在抗洪抢险中牺牲的合肥市庐江县消防救援大队政治教导员陈陆同志为烈士。

28日　国家防汛抗旱总指挥部秘书长、应急管理部副部长兼水利部副部长周学文率国家防总工作组，到合肥检查督导巢湖流域防汛救灾工作。市委常委、常务副市长罗云峰陪同。

29日　鉴于灾情和灾害发展趋势，根据《合肥市自然灾害救助应急预案》规定，市减灾委员会决定于7月29日17时，将合肥市自然灾害救助应急响应提升至Ⅰ级。

同日　省经济和信息化厅公布2020年度安徽省省级工业设计中心认定及复核结果，合肥市有23家企业上榜。至此，全市有8家国家级工业设计中心、69家省级工业设计中心、356家市级工业设计中心，工业设计中心总数居全省第一。其中，国家级工业设计中心数量位居全国省会城市第一。

同日　经过3天5场的激烈角逐，由中国文联、中国曲协、安徽省文联、合肥市人民政府共同主办的第十一届中国曲艺牡丹奖全国曲艺大赛（合肥赛区）闭幕。在此届大赛的四个赛区中，合肥赛区的场次最多，有来自19个省、直辖市和中国煤矿曲协、全国公安曲协、中国曲协相声艺委会等的49个节目103名演员参赛，最终产生节目奖提名4个、表演奖提名6人、文学奖提名8个、新人奖提名11人。由合肥演艺股份有限公司报送、省曲协推荐的曲艺小品《家和月圆》获节目奖提名。

31日　国务委员、国家防总总指挥王勇在合肥调研指导防汛救灾工作。王勇抵达合肥后直接赶往蒋口河联圩、派河堤防和巢湖大堤万年埠段，实地查看巢湖汛情险情，看望一线应急救援队伍和护堤干部群众、志愿者。

同日　省委常委、市委书记虞爱华到901医院看望慰问正在接受治疗的抗洪战士冒小驰，向他和所有驰援合肥抗洪抢险的人民子弟兵表示衷心感谢。市委常委、秘书长韦弋，合肥警备区政委廖文生参加。

同日　由市委宣传部、市退役军人事务局、合肥警备区联合举办的2020年度“合肥市最美退役军人”发布活动举行，现场公布陈陆、戴清、金舒长、宋巨友、王彬、汪瀚、汪志刚、魏泽银、张书生、张兴华被评为2020年度“合肥市最美退役军人”；方歌、付志兵、何万里、刘磊、刘伟、牛和国、王邦升、王雨笋、吴雄飞、徐旭生提名2020年度“合肥市最美退役军人”。

同日　江航装备在上海证券交易所科创板上市。至此，合肥市2020年新增A股上市公司8家，创历史新高，新增数量居全国省会城市之首。

8月

3日　下午13时48分，巢湖中庙站水位降至12.80米（1991年历史最高水位）。至此，巢湖已超警戒水位40天、超保证水位16天、超历史最高水位16天。

5日　国家知识产权局批复同意建设中国（合肥）知识产权保护中心，面向合肥市新一代信息技术产业和高端装备制造产业，开展知识产权快速协同保护工作。这是国家知识产权局在安徽省设立的首家知识产权保护中心。

同日　在北京举行的“2019中国城市文化创意指数研究报告暨中国城市文化创意指数排行榜第二次发布会”上，合肥市名列2019中国城市文化创意指数省会城市第十位，分值为21.657分。

7日　市气象局发布2020年梅雨情况：全市于6月10日入梅，较常年偏早11天，为2012年以来最早；8月1日出梅，偏晚20天；梅雨期长52天，超过历史平均31天，为历史最长，梅雨期全市出现9轮强降水。全市国家气象站平均降雨量916毫米，为常年梅雨量的3.7倍，突破有完整气象记录以来的历史极值（1991年826毫米）。其中市区895毫米，肥东870毫米，肥西804毫米，长丰729毫米，巢湖881毫米，庐江1318毫米。依据GB/T33671-2017《梅雨监测指标》计算得出，2020年合肥市梅雨强度为有梅雨完整气象记录以来历史第一位。根据中央气象台和国家气候中心统计，梅雨期合肥市为全国降水量最大的区域之一。梅雨期降水量合肥市国家气象站在省会城市中排名第二，仅次于武汉；庐江县国家气象站降水量全国排名第八。

同日　合肥市驰援无为大堤的2300余名防汛干群圆满完成任务后返回，防汛责任段交由属地负责。

8日　鉴于省境长江、淮河干流水位持续回落，巢湖水位已落至保证水位以下，全省防汛抗洪形势总体趋稳，根据《中华人民共和国防洪法》规定，省防汛抗旱指挥部决定，自8月8日10时起，解除省内长江、淮河、巢湖流域相关地区紧急防汛期。同时，将防汛Ⅰ级应急响应调整至Ⅱ级。

9日　省委常委、市委书记虞爱华赴包河区督导检查巢湖蓝藻治理和防汛工作，看望慰问一线工作人员。副市长王民生参加。

11日　市生态环境局对非道路移动机械排气污染进行抽测，现场开出全市第一张使用排放不合格非道路移动机械罚单，打响全市臭氧污染防治攻坚战“第一枪”。

15日　根据《合肥市防汛抗旱应急预案》规定，市防汛抗旱指挥部决定从8月15日17时起，将合肥市防汛Ⅰ级应急响应调整为Ⅱ级，并解除紧急防汛期。合肥市是全省最后一个将防汛Ⅰ级应急响应调整为Ⅱ级的市。

16日　省委常委、市委书记虞爱华赴庐江县督导调研灾后恢复重建“四启动一建设”工作，看望一线工作人员。

17日　市委印发《关于授予

王松同志“合肥市优秀共产党员”称号的决定》。

18—21日 中共中央总书记、国家主席、中央军委主席习近平在安徽省考察。习近平先后到阜阳、马鞍山、合肥等地，深入防汛救灾一线、农村、企业、革命纪念馆等，看望慰问受灾群众和防汛救灾一线人员，就统筹推进常态化疫情防控和经济社会发展工作、加强防汛救灾和灾后恢复重建、推进长三角一体化发展、谋划“十四五”时期经济社会发展进行调研。19日下午，习近平来到合肥市肥东县十八联圩生态湿地蓄洪区巢湖大堤罗家疃段考察，亲切看望慰问在防汛抗洪救灾斗争中牺牲同志的家属、防汛抗洪一线人员、先进典型代表和参加抗洪抢险的部队官兵，并向全国奋战在防汛抗洪救灾一线的同志们表示诚挚的问候。当天下午，习近平在合肥参观安徽创新馆，对安徽在推进科技创新和发展战略性新兴产业上取得积极进展表示肯定。习近平参观巢湖之滨的渡江战役纪念馆，重温那段革命历史。20日上午，习近平在合肥听取军队参与防汛救灾情况汇报，代表党中央和中央军委，对参与防汛救灾的人民解放军指战员、武警部队官兵、民兵预备役人员致以诚挚问候。当天下午，习近平在合肥主持召开扎实推进长三角一体化发展座谈会并发表重要讲话。中共中央政治局常委、国务院副总理、推动长三角一体化发展领导小组组长韩正出席座谈会并讲话。21日上午，习近平听取安徽省委和省政府工作汇报，对安徽各项工作取得的成绩给予肯定，希望安徽广大干部群众进一步解放思想、开拓奋进，知重负重、攻坚克难，为全面建成小康社会、开启全面建设社会主义现代化国家新征程贡献更大力量。

19日 市人力资源和社会保障局发布2019年度合肥市人力资源发展状况白皮书。2019年，全市常住人口818.9万人，比上年增加10.2万人；全年吸引近15万各类高校毕业生到合肥就业创业；共举办各类现场招聘会1410场，8.6万名求职者达成到合肥就业意向。

23日 市委常委会召开扩大会议，传达学习习近平总书记视察安徽和在扎实推进长三角一体化发展座谈会上的重要讲话精神，落实省委常委会扩大会议部署，研究安排合肥市贯彻落实工作。省委常委、市委书记虞爱华主持会议。市委副书记、市长凌云，市人大常委会主任汪卫东，市政协主席韩冰，市委常委，市人大常委会、市政府、市政协负责人出席会议。

25日 合肥市入选国家体育总局公布的首批40座国家体育消费试点城市名单。

26日 大众汽车集团合肥智慧城市——自动驾驶出行服务试点项目启动仪式在合肥经济技术开发区举行。省委常委、市委书记虞爱华出席，并与大众汽车集团（中国）董事、执行副总裁苏伟铭共同启动试点项目。市长凌云代表市政府向大众汽车集团（中国）颁发合肥市首张自动驾驶车辆测试牌照。

同日 合肥市有5个典型入选全国学雷锋志愿服务“四个100”先进典型：全国最美志愿者——合肥市公交集团客服中心副主任、“李祥斌热线”志愿服务队负责人李祥斌；安徽博物院志愿者管委会委员陈琛；全国最佳志愿服务组织——包河区高铁南站志愿服务联合会；全国最佳志愿服务项目——安徽省青年卫生志愿者扶贫接力计划；全国最美志愿服务社区——庐阳区逍遥津街道红旗社区，入选数位列全国省会城市和副省级城市第二、全省第一。

9月

1日 2020年长三角生态环境院士峰会暨G60科创走廊环境产业技术创新联盟成立大会在合肥举行。

同日 合肥轨道交通5号线南段启动空载试运行。

同日 全省首家社区级“新四军纪事微馆”在庐阳区双岗街道高河埂社区揭牌。

4日 2020年国际（合肥）节能与新能源汽车展览会暨智能网联汽车生态大会在合肥滨湖国际会展中心开幕。省委常委、市委书记虞爱华出席开幕式并宣布大会开幕。

同日 交通运输部发布《关于命名石家庄市等12个城市国家公交都市建设示范城市的通报》，合肥市名列其中。

5日 首趟合肥—杜尔日中欧班列X8020/19次从合肥北站物流基地启程，驶往欧洲西部的法国杜尔日，标志着合肥中欧班列第24条线路正式运营。

8日 省委常委、市委书记虞爱华，市长凌云共同签发合肥市第1号总河长令，决定以水质目标为问题导向，开展市级河流河长制专项调度工作。

9日 省政协主席张昌尔到庐江县、巢湖市，就“健全防灾减灾体系，加强防汛救灾和灾后恢复重建”开展专题调研。

10日 合肥科威尔电源系统

股份有限公司在上海证券交易所科创板上市，这是合肥市2020年第5家科创板上市企业，也是国内测试电源行业首家登陆科创板企业。至此，合肥市上市企业总数为60家，居全国省会城市第七位。

同日 “2020年中国黄山书会”在合肥滨湖国际会展中心开幕。此届书会现场集中展示展销来自全国各地出版社的十万余种精品图书，十余位知名作家将陆续来到现场与读者交流。

11日 巢湖水位自6月25日涨至警戒水位10.50米，至当日回落到警戒水位10.50米，历时78天，“巢湖保卫战”取得重大胜利。除白石天河外，全市其余各主要河流水位已全部回落至警戒水位以下，且仍在持续回落。市防汛抗旱指挥部决定自9月11日17时起，解除合肥市防汛Ⅲ级应急响应，恢复正常防汛值守。

同日 市人民检察院、市生态环境局联合监测实验室在合肥市环境监测中心站挂牌，新聘任的8名检察官助理和2名行政执法监督员同时上任，此举在全省市级层面属首次。

12日 世界制造业大会江淮线上经济论坛开幕式暨主旨论坛在合肥举行。此届大会论坛以“线上经济赋能高质量发展”为主题，首次采用云端办会模式，主会场与16个省辖市分会场视频连线，并通过互联网全程直播，采取线上线下相结合方式，共同打造世界制造业发展的高端交流平台、形象展示平台和开放合作平台。大会论坛集中签约项目共678个、投资总额6178亿元。其中合肥市共签约111个项目，总投资额1509亿元。

13—15日 全国政协副主席陈晓光率调研组到安徽合肥、芜湖等地，围绕“人工智能发展中的科技伦理与法律问题”开展调研。调研组在合肥期间，市政协主席韩冰陪同。

15日 2020年中国半导体材料创新发展大会在合肥新站高新技术产业开发区开幕。省委常委、市委书记虞爱华，中国集成电路创新联盟理事长曹健林出席并为合肥半导体材料产业园揭牌。大会首次在合肥召开，以“新形势、新挑战、新突破”为主题，与会的中外企业家和专家学者500余人参会。大会现场有11个重点项目签约，组织特有的产业链对接互动、政企专项交流等活动。

16日 安徽大学纽约石溪学院揭牌仪式暨2020级本科生开学典礼举行。该学院经教育部批准，由安徽大学与美国纽约州立大学石溪分校合作举办，是安徽省首个本科层次非独立法人性质中外合作办学机构。

17日 省委宣讲团到合肥宣讲习近平总书记考察安徽重要讲话精神。省委常委、市委书记虞爱华主持宣讲报告会。省委宣讲团第四组组长、省委副秘书长、省委政策研究室主任余三元作宣讲。

同日 市长凌云会见到合肥参加安徽与东盟国家驻沪领事机构对话会的东盟驻沪领事机构代表团一行。

18日 全市领导干部学习贯彻习近平总书记考察安徽和在合肥主持召开扎实推进长三角一体化发展座谈会重要讲话精神专题研讨班开班式在市委党校举行。省委常委、市委书记虞爱华出席并作专题报告。

21日 长三角六市一区政协习近平总书记关于加强和改进人民政协工作的重要思想理论研讨会暨2020年度专题座谈会在合肥举行。省委常委、市委书记虞爱华出席并致辞，省政协党组副书记、副主席肖超英出席并讲话。绍兴市政协主席魏伟、南通市政协主席黄巍东、上海市徐汇区政协主席胡敏、盐城市政协主席李驰、湖州市政协主席杨建新、合肥市政协主席韩冰作交流发言。

21—25日 全国人大常委会副委员长万鄂湘率队到安徽合肥、六安、安庆等市，就公共文化服务保障法贯彻实施情况开展执法检查。在合肥执法检查期间，市人大常委会主任汪卫东陪同检查。

22日 合肥市2020年中国农民丰收节在长丰县马郢社区开幕。

23日 追授陈陆同志“中国消防忠诚卫士”称号表彰大会暨先进事迹报告会在安徽大剧院举行。省委书记李锦斌、省长李国英在报告会前会见报告团成员。应急管理部政治部主任许尔锋，应急管理部消防救援局政治委员詹寿旺，省领导邓向阳、虞爱华、郭强出席报告会或参加会见。人力资源和社会保障部、应急管理部联合追授陈陆同志“中国消防忠诚卫士”称号，应急管理部批准陈陆同志为烈士、追记一等功，安徽省委追授陈陆同志“优秀共产党员”称号。

24日 中国（安徽）自由贸易试验区揭牌仪式以视频互联方式在合肥举行，标志安徽自贸试验区进入全面启动建设阶段。省委书记、省人大常委会主任李锦斌，省委副书记、省长李国英共同为安徽自贸试验区揭牌。市委副书记、市长凌云在合肥分会场出席揭牌仪式并作表态发言。安徽自贸试验区总面积119.86平方千米，实施范围涵盖合肥、芜湖、蚌埠3个片区。其中合肥片区总面积64.95平方千米，涵盖合肥经济技术开发区、合肥高新技术产业开发区和蜀山区三大区块，具有科技创新突出、新兴产业集聚、开放空间广阔三大优势。

25日　市长凌云在市政务中心会见芬兰驻沪总领事何朗明一行。

同日　“长三角先进计算高峰论坛”在市政务中心举行，市委常委、常务副市长罗云峰出席并见证合肥先进计算中心战略用户签约。在论坛上，“长三角先进计算联盟”正式成立。

同日　合肥演艺股份有限公司报送的曲艺小品《家和月圆》获中国曲艺牡丹奖节目奖。

27日　安徽自贸区合肥片区蜀山区块跨境电商总部基地暨创新服务中心启用仪式举行，标志安徽自贸区合肥片区蜀山区块建设拉开帷幕。

28日　市委办公室、市政府办公室印发《关于进一步吸引优秀人才支持重点产业发展的若干政策（试行）》，自2020年10月1日起施行，试行至2022年12月31日。这是合肥市主动适应产业和人才发展新形势、新情况、新任务，出台的一项重要政策文件。

30日　安徽自贸试验区合肥片区高新区块首批改革创新举措启动，标志高新区块建设正式启动。

10月

4日　省委常委、常务副省长邓向阳在合肥市检查安全防范工作，实地查看主题乐园、商业综合体、酒店等人员密集场所，详细了解消防安全防范等情况，走访慰问一线工作人员。

9日　安徽自贸试验区合肥片区经开区块启动，首批入驻23个项目，蔚来中国总部启用。省委常委、市委书记虞爱华见证签约并为蔚来中国总部揭幕。

12日　省第二生态环境保护督察组督察合肥市动员会召开。省委常委、市委书记虞爱华汇报中央及省环境保护督察反馈意见整改情况、巢湖综合治理攻坚战进展情况，并代表市委、市政府作表态发言。市委副书记、市长凌云主持会议。

20日　市委常委会召开会议，专题研究合肥市全面从严治党工作。省委常委、市委书记虞爱华主持会议。省监委委员谢强率省纪委监委调研督导组到会指导。

同日　在北京召开的全国双拥模范城（县）命名暨双拥模范单位和个人表彰大会上，合肥市再次荣获全国双拥模范城称号。自1992年起，合肥市连续九届获此荣誉。

21日　欧美同学会长三角海创中心落成暨欧美同学会首届“双创”大赛启动仪式在合肥高新技术产业开发区举行，这是全国首个区域性海外留学人员创新创业中心。全国人大常委会副委员长、欧美同学会（中国留学人员联谊会）会长陈竺发表视频讲话。省委常委、统战部部长张西明致辞，省委常委、市委书记虞爱华，欧美同学会党组书记、秘书长王丕君出席活动。

22—24日　第三届世界声博会暨2020科大讯飞全球1024开发者节在合肥举行。

23日　第十四届合肥国际文化博览会在合肥滨湖国际会展中心开幕。省委常委、宣传部部长陶明伦，省委常委、市委书记虞爱华，省人大常委会副主任谢广祥，市长凌云等巡视展馆。此届文博会以“创意文化引领美好生活”为主题，会期4天，分为文化产业综合展、全国工艺美术精品展、2020合肥国际文创旅游商品博览会三大展区，展示近年来合肥文化事业、文化产业发展的丰硕成果，展现“文化+”催生出的全新业态，彰显出合肥文化产业越来越强的辐射力和影响力。

同日　由中国作家协会《诗刊》社、安徽省文学艺术界联合会、中共合肥市委宣传部主办的2020“科创之光·首届中国合肥天鹅湖诗会”在合肥天鹅湖畔举办。

同日　以“‘芯’合作 新格局”为主题的2020第五届海峡两岸半导体产业（合肥）高峰论坛在合肥举行。

25日　安徽科技大市场高质量发展项目对接会在安徽创新馆举行。省委常委、市委书记虞爱华出席，并为安徽科技大市场建设运营有限责任公司揭牌。太库（合肥）科技发展有限责任公司、上海够快网络科技有限公司、上海环应网络科技有限公司、武汉虹识技术有限公司等单位签约入驻安徽创新馆。

同日　清华校友助力合肥高质量发展论坛暨第二届清华校友创新论坛在合肥举办。省委常委、市委书记虞爱华出席。市委副书记、市长凌云致辞。清华大学党委常务副书记姜胜耀，市委常委、常务副市长罗云峰出席。论坛上，启迪新基建（合肥）产业集团揭牌。

26日　中国共产党合肥市第十一届委员会第十一次全体会议召开。全会由市委常委会主持。省委常委、市委书记虞爱华作讲话。

市委副书记、市长凌云，市人大常委会主任汪卫东，市政协主席韩冰，市委委员出席会议。

27日 安徽江淮汽车集团控股有限公司所属安徽汽车职业技术学院及安徽汽车工业技师学院移交合肥市管理协议签约仪式在市政务中心举行。市长凌云与安徽江淮汽车集团控股有限公司董事长安进进行会谈并见证签约。

28日 省委常委、市委书记虞爱华实地调研、现场调度大科学装置集中区规划建设工作。

29日 第三届长三角G60科创走廊人才峰会在合肥开幕。省委常委、市委书记虞爱华出席并致辞。市领导罗云峰、钱岩松，省直有关部门和上海市松江区、嘉兴市、杭州市、金华市、苏州市、湖州市、宣城市、芜湖市有关领导出席。九城市签订《长三角G60科创走廊九城市技能人才合作共建协议》和《长三角G60科创走廊九城市人力资源服务产业园联盟章程》，成立长三角G60科创走廊九城市人力资源服务产业园联盟。

31日 省委常委、常务副省长邓向阳到合肥市滨湖卓越生态城调研，实地察看规划建设进展，详细了解科技创新情况。市长凌云陪同调研。

同日 位于合肥高新技术产业开发区的国仪量子（合肥）技术有限公司在自主创新领域获重大突破，发布系列新品，补齐国产电子顺磁共振谱仪多处短板，推动高端科学仪器的自主可控。

同日 合肥轨道交通4号线南延线、6号线一期项目同时开工，这是合肥轨道交通第三期建设规划中启动建设的第二批项目。至此，合肥轨道交通在建里程146.38千米。

11月

1日 第七次全国人口普查正式进入登记阶段。合肥市4.6万名普查人员开始走进千家万户，逐人逐项登记普查信息。

同日 合肥市第八水厂正式投产并网，开始为肥西县17万户城乡居民提供高品质饮用水，是全市首个标准化样板水厂。至此，全市日供水能力提升至251万立方米。

3日 2020合肥—全国中心城市交通改革与发展研讨会召开。交通运输部副部长刘小明，副省长何树山出席并讲话。市长凌云主持会议并致辞。

4日 商务部、国家发展改革委、财政部等9部门和单位宣布，在全国设立10个进口贸易促进创新示范区，安徽省合肥经济技术开发区入选。

5日 省委书记李锦斌到合肥市宣讲中共十九届五中全会精神。省委常委、市委书记虞爱华，省委常委、省委秘书长郭强陪同。

同日 中华全国供销合作总社理事会主任、党组副书记喻红秋一行到合肥，在庐江县调研供销合作社综合改革、茶产业发展和脱贫攻坚等工作。

5—6日 第四届中国可持续环境修复大会在合肥召开，近700名政企学研用代表共聚一堂，共商环境修复行业高质量发展大计。

6日 第五个“安徽湿地日”暨环巢湖十大湿地建设观摩活动在肥东县十八联圩举行。

同日 第四届中国国际现代渔业暨渔业科技博览会在合肥开幕。

8日 省委常委、市委书记虞爱华出席在上海举行的第三届中国国际进口博览会长三角G60科创走廊以一体化高质量发展促进国内国际双循环政策发布会，在会上致辞并见证签约。市委常委、副市长王文松出席。

10日 中央文明办公布第六届全国文明城市入选城市名单和复查确认保留荣誉称号的前五届全国文明城市名单，合肥市连续三届获全国文明城市称号。

同日 全省疫情防控工作电视电话会议后，合肥市立即召开疫情防控工作领导小组会议，研究贯彻落实工作。省委常委、市委书记虞爱华主持会议。

12日 在第二十四届中国国际软件博览会上，“合肥造”全国首个智能办公服务平台——“中国声谷·智能办公平台”正式发布。

15日 长三角高职院校学前教育联盟成立大会暨学前教育高峰论坛在合肥幼儿师范高等专科学校召开。

16日 省长李国英就贯彻落实党的十九届五中全会精神、研究谋划“十四五”制造业高质量发展，专程到合肥市开展调研。

17日 第二届长三角企业文化建设交流合作论坛在合肥开幕。省委常委、市委书记虞爱华出席并致辞。中国思想政治工作研究会副秘书长袁祥，省委宣传部副部长查结联，苏浙沪宣传部门负责人出席。

18日 惠而浦Aurora欧诺娜洗碗机工厂在合肥投产。这是一座以世界级制造标准打造的工业4.0智能工厂，全球自动化程度最高、效率首屈一指。

同日 由安徽智飞龙科马公司和中国科学院微生物研究所联合研发的“重组新型冠状病毒疫苗（CHO

细胞）”在湖南湘潭县启动III期临床试验，这是国内首个启动III期临床试验的重组亚单位疫苗。

19—20日　中山市委书记、市人大常委会主任赖泽华率中山市党政代表团到合肥考察。市长凌云，市委副书记罗云峰陪同考察。

20日　由工业和信息化部、安徽省人民政府共同主办的2020世界显示产业大会在合肥开幕，大会的主题是“显示：让世界更精彩让生活更美好”，开幕式上发布《新型显示行业加强全球合作倡议》和彩虹8.5代液晶玻璃基板量产、上海微电子装备新型曝光机2项显示行业新成果，举行《共同推进长三角新型显示产业一体化高质量发展战略协议》和项目集中签约仪式，31个重大项目现场签约。

同日　2020长三角一体化发展论坛在合肥开幕。省委常委、市委书记虞爱华出席并致辞。

21日　省委常委、常务副省长邓向阳在合肥调研科技创新工作，实地察看中国科学院量子创新研究院建设现场、离子医学中心、中安创谷科创小镇等。市长凌云陪同调研。

同日　合肥市包河区大圩镇党校揭牌成立，这是全市首个规范化镇级党校。

24日　全国劳动模范和先进工作者表彰大会在北京人民大会堂举行。合肥有8人获“全国劳动模范”称号，1人获“全国先进工作者”称号。

同日　中国探月工程第三步收官之战的嫦娥五号月球探测器在海南文昌发射场发射成功。位于合肥高新技术产业开发区的中电博微电子科技有限公司第四十三研究所为嫦娥五号探测器配套的4款高压抗辐照DC/DC变换器为探测器各功能单元提供稳定供电；第十六研究所研制的特种低温接收机，可以精确接收远至上亿千米之外的微弱信号，为地面测控和通讯系统装上“顺风耳”。

25日　2020年首届区块链产业峰会暨首届区块链创新应用大赛在合肥举办，会上发布《合肥市区块链产业发展报告》（2020）。全市涉及区块链业务企业有38家。

同日　经合肥市包河区市场监管局签发，安徽鸾音电子商务有限公司通过全流程网上办理，领取全省首张《食品经营许可证》电子证书。

27日　2020合肥苗木花卉交易大会在中国中部花木城（肥西）开幕。开幕式后，国家苗木交易信息中心发布《2021年全国苗木供需分析报告》，省林业局与中国农业发展银行安徽省分行、中国建设银行安徽省分行、中国铁塔股份有限公司安徽分公司签署合作协议，全省16个市林业部门与相关企业进行林业招商引资项目现场集中签约。此届苗交会期间同时举办安徽省第八届花卉博览会，首次实现线上云展览和线下实体展览同步。来自荷兰、美国、比利时、日本、厄瓜多尔等11个国家和地区，国内27个省（自治区、直辖市）的企业入驻线上平台参展。至29日闭幕，到线下展馆观赏采购的市民约5.8万人次，线上和现场销售额6200万元；全省16个市林业部门与相关企业进行20个林业重点招商引资项目现场集中签约，现场签约项目金额合计77亿元；“云上”苗交会累计参观人数超过120万人次，“云上”苗交会将在线持续展览1年。

29—30日　云南省委常委、昆明市委书记程连元率昆明市党政代表团到合肥考察巢湖保护治理工作。

30日　长三角G60女企业家协会联盟发起成立暨“扬帆300行动”启动仪式在市政务中心举行，市委副书记罗云峰出席并讲话。

12月

1日　《合肥市生活垃圾分类管理条例》正式实施，合肥垃圾分类由此步入法治时代。

同日　由合肥市地下管网建设管理办公室、清华大学合肥公共安全研究院等13家单位共同编制的安徽省地方标准《综合管廊运维数据规程》，由省市场监督管理局批准发布，填补了国内在综合管廊运维数据标准方面的空白。

2日　合肥学院建校四十周年改革发展论坛在合肥学院南艳湖校区举行。省委常委、市委书记虞爱华出席并致辞。

3日　革命历史类纪念设施、遗址和全市爱国主义教育基地工作联席会议领导小组办公室公布渡江战役总前委旧址纪念馆等40家单位入选第六届合肥市爱国主义教育基地名单。

4日　“中国（安徽）自由贸易试验区暨合肥综合性国家科学中心生命健康与脑科学领域重大项目成果发布会”在合肥高新技术产业开发区举行。省委常委、常务副省长邓向阳，省委常委、统战部部长张西明，省委常委、市委书记虞爱华等出席并按下成果发布按钮。此次发布的重大项目成果包括全球首套“核磁兼容型脑PET”及“新一代术中磁共振成像（iMRI）系统”。

4—5日 江西省委常委、南昌市委书记吴晓军率南昌市党政代表团到合肥考察。

6日 学习贯彻党的十九届五中全会精神省委宣讲团报告会举行。省委常委、市委书记虞爱华主持会议。省委宣讲团成员、省发改委主任张天培作宣讲报告。市委常委，市人大常委会、市政府、市政协负责人等出席。

7日 维信诺（合肥）G6全柔AMOLED生产线点亮仪式暨创新大会在合肥新站高新技术产业开发区举行。省委常委、市委书记虞爱华出席并见证生产线点亮。

同日 位于巢湖市的湖光路电缆隧道正式投运。这是合肥市电网首条湖底电缆隧道，也是安徽省最长、最深的电缆隧道。

同日 合肥市的物质科学综合交叉实验研究平台、阜阳北路（东方大道—北外环高速）工程、创新国际（A座、裙房及地下车库）、中国人保财险华东中心（一期）2号—4号楼及地下室工程获2020—2021年度第一批中国建设工程鲁班奖（国家优质工程）。

8日 合肥都市圈第七次常务副市长协调会在淮南市召开，市委常委、常务副市长王文松主持会议。

9日 福建省委常委、福州市委书记林宝金率福州市党政代表团到合肥考察。

同日 2020中国隐形独角兽500强大会在合肥举行。市长凌云、中国人民大学中国民营企业研究中心主任黄泰岩出席并致辞。会上首次发布《科技企业新势力：中国隐形独角兽500强报告（2020）》。在揭晓的中国隐形独角兽500强榜单中，合肥占据28个席位，总估值约261亿元，位列全国第6位。

9—10日 省人大常委会党组副书记、副主任沈素琍率部分在皖全国人大代表到合肥，围绕战略性新兴产业发展、巢湖综合治理等工作开展集中视察工作。市人大常委会主任汪卫东陪同视察。

10日 合肥市涉案财物管理中心揭牌，这是全省首家投入运营的涉案财物管理中心。

10—11日 全省网络综合治理体系建设现场推进会在合肥召开。

11日 合肥市代表团参加在南昌举办的以“新时代、新格局、新合作、新发展”为主题的长江中游城市群省会城市第八届会商会。武汉、长沙、合肥、南昌四省会城市共同签署《长江中游城市群建设2021年合作重点事项》，并与十二个观察员城市共同签署《长江中游城市群省会城市与观察员城市2021年合作重点事项》。合肥将牵头推进科技成果转化模式创新、金融+科技协同创新平台建设、数字身份认证标准对接、文化旅游互动等事项。省委常委、市委书记虞爱华，市长凌云，市委常委、常务副市长王文松出席。

12日 在由中国旅游研究院（文化和旅游部数据中心）和中国旅游协会联合主办的“2020中国旅游集团发展论坛”上，合肥市的祥源·星球花园景区入选“2020年文化和旅游融合发展十大创新项目”。

16日 第三届外国专家“合肥友谊奖”颁奖仪式在市政务中心举行。省委常委、市委书记虞爱华，市长凌云为获奖外国专家颁发奖章和荣誉证书。来自德国、俄罗斯、澳大利亚、韩国、美国、日本、哥斯达黎加等国家的10名外国专家获第三届“合肥友谊奖”。

16—18日 全国政协副主席、民革中央常务副主席郑建邦率调研组到安徽，围绕“打造长三角科创与产业融合发展示范区，助力构建新发展格局”主题，在合肥实地开展调研。

18日 2020中国（合肥）数字经济创新峰会在合肥举行。省委常委、市委书记虞爱华出席并致辞。此届峰会以“新经济 新基建 新要素”为主题，旨在集中展示数字经济领域高水平创新成果；会上发布《合肥市数字经济产业发展白皮书2020》，全面展示合肥数字经济产业新亮点、新成果；10个数字经济重点项目签约落户合肥。京东、阿里巴巴、科大讯飞、哈啰出行、科大国盾、网易有道等来自全国各地的200多家数字经济领域企业参会。

同日 省委常委、六安市委书记孙云飞率六安市党政代表团到合肥考察，并举行六安—合肥两市合作交流座谈会。省委常委、市委书记虞爱华，市领导凌云、汪卫东、韩冰、王文松参加。

同日 第三届中国国际旅游景区装备博览会在合肥滨湖国际会展中心开幕，来自全国近500家参展企业展出景区网红项目、旅游装备、游乐设备、观光车船等高端前沿产品。

同日 由王松、陈陆、常青、李俊杰、李顺组成的庐江县退役军人抗洪抢险突击一分队获得2020年度全国“最美退役军人集体”称号。

同日 文化和旅游部公示第五批国家级非物质文化遗产代表性项目名录推荐项目名单，合肥市申报的《包公故事》入选“民间文学”项目。

20日 中国宝武安徽（产业）总部项目在合肥东部新中心启动。

省委常委、市委书记虞爱华，中国宝武党委书记、董事长陈德荣，市领导凌云、葛斌等出席。

同日 作为合肥高新技术产业开发区投融资平台，高新集团获“2020中国最佳政府引导基金（区、县级）TOP30”第一名。

21日 中国博物馆协会第四批国家一、二、三级博物馆名单公布，合肥市的渡江战役纪念馆（安徽名人馆）和肥东县博物馆被评为国家二级博物馆。至此，全市共有博物馆40家，其中国家二级博物馆2家、国家三级博物馆3家。

22日 京港高速铁路合肥至安庆段开通运营，线路全长176千米，设计时速350千米，设合肥南、肥西、舒城东、庐江西、桐城东、桐城南、安庆7座车站。合肥至安庆全程最快只需1小时13分钟。

23日 市发展和改革委员会决定对群众关注的市区路内停车泊位免费时段进行调整：自2021年1月1日起，市区路内停车泊位免费停车时间将由现在的15分钟延长至30分钟。计时收费标准保持不变。

24日 合肥市能源大数据中心揭牌仪式在国家电网合肥供电公司举行，这是安徽首个城市能源大数据中心。

25日 国家林业和草原局公布2020年国家湿地公园试点验收结果，安徽肥西三河国家湿地公园成功通过国家湿地公园试点验收。

26日 合肥轨道交通5号线南段开通运营。5号线南段起于滨湖新区云南路与贵阳路交口，止于包河区庐州大道与祁门路交口，线路全长25.2千米，共设车站20座，连接滨湖新区、省行政中心、包河工业园、合肥南站等客流集散区。

27日 科大讯飞“讯飞人工智能开放平台及产业示范项目”获第六届中国工业大奖。

28日 合肥市劳动模范先进工作者和先进集体表彰大会举行。省委常委、市委书记虞爱华出席并讲话。市长凌云主持会议。市领导汪卫东、韩冰、张业锁出席。市委副书记罗云峰宣读表彰决定。

同日 合肥市第一中学教育集团、合肥市第六中学教育集团、合肥市第八中学教育集团、合肥一六八中学教育集团揭牌成立，此举标志合肥市首次全面实施普通高中集团化发展。

29日 中国共产党合肥市第十一届委员会第十二次全体会议召开。全会由市委常委会主持。

同日 联宝科技2020年度销售收入突破1000亿元，标志合肥市首家“千亿企业”诞生。

31日 自2020年6月1日全面启动电动自行车免费集中登记上牌，至12月31日，全市共登记上牌270.3万辆，其中市区上牌140.2万辆。

（储茂仁）

责任编辑：史 志

合肥概览

基本市情

【地理位置】 合肥位于北纬30°56′～32°33′、东经116°40′～117°58′。地处安徽中部、江淮之间、长江三角洲西翼，因东淝河与南淝河均发源于此而得名。是全国唯一环抱五大淡水湖之一——巢湖的省会城市，是全省政治、经济、文化、信息、交通、金融和商贸中心，也是长三角世界级城市群副中心、“一带一路”和长江经济带的重要节点城市。

【面积人口】 全市土地总面积1.14万平方千米，约占全省土地面积的8.2%。其中，市辖区面积1339平方千米。根据合肥市第七次全国人口普查结果，截至2020年11月，全市常住人口936.99万人。其中，城区常住人口511.82万人。截至2020年末，户籍人口782万人。其中：城区户籍人口304.4万人、四县一市户籍人口477.6万人，户籍人口同比净增长9.95万人，户籍人口城镇化率为55.16%。

【行政区划】 合肥辖肥东、肥西、长丰、庐江4个县，1个县级巢湖市，以及瑶海、庐阳、蜀山、包河4个区。截至2020年末，全市有乡镇81个、街道（大社区）52个、城市社区（居委会）524个、村及农村社区（村委会）1189个。

【历史沿革】 合肥所在的巢湖流域是古人类重要发祥地之一，早在新石器时代，就有人类在此活动，有文字记载的历史约4000多年。有巢氏位列中华人文始祖之首。夏商西周时期，淮夷国族生活于此，与中原王朝既相互交往，又攻伐不断。春秋战国时期，为徐、楚、吴、越等诸侯国争夺之地，终归于楚。秦汉时期，正式建立合肥县，属九江郡，至今有2100多年历史；东汉刘秀升合肥为侯国；三国时属魏国淮南郡，为扬州刺史治所；东晋于合肥地区侨置豫州汝阴郡、南谯郡等；南北朝时期侨置郡县时设时撤。隋唐和两宋时属庐州，为庐州州治。元朝时期设庐州路。明清时属庐州府，为府治；清咸丰年间，合肥曾为安徽省临时省会。民国初，庐州府废，合肥县直属安徽省。抗日战争胜利后，国民政府安徽省省会由立煌县（今金寨县）迁至合肥。1949年1月21日合肥解放， 2月1日根据中共江淮区党委的决定，将原合肥县划设为合肥市、肥东县和肥西县。1952年8月25日，安徽省人民政府正式成立，省会驻合肥。1964年9月，由肥东、肥西、寿县和定远四县各一部分新建长丰县，隶属合肥市；肥东县、肥西县隶属关系几经调整，1983年6月由巢湖地区、六安地区复属合肥市；2011年8月，安徽省实施部分行政区划调整，撤销原地级巢湖市，原居巢区改设县级巢湖市，由安徽省直辖、合肥市代管，庐江县划入合肥市。

自东汉末年以来，合肥数为州郡治所，一直是江淮地区重要的行政中心和军事重镇，素有“淮右襟喉、江南唇齿”“江淮首郡、吴楚要冲”之称，历来是重要商埠和兵家必争之地。西汉时，合肥是全国除长安外十八大商贸市场之一。三国时，合肥成为“恩化大行”“官民有畜”的江淮“巨镇”。隋唐时期，合肥社会繁荣，百姓殷富。宋、元时期，合肥为江淮之间首屈一指的政治军事重镇。南宋筑斗梁城，城中“百货骈集，千樯鳞次”，金斗河（淝河流经城区的一段）两岸“悉列货肆，商贾喧阗”。直到鸦片战争前，合肥的经济社会发展水平和全国大部分地区相比，仍毫不逊色。

【自然环境和资源】 合肥境内有丘陵岗地、低山残丘、低洼平原三种地貌，以丘陵岗地为主，江淮分水岭自西向东横贯全境。全市海拔多在15～80米，平均海拔20～40米，海拔最高为境西的595米的牛王寨。主城区地势由西北向东南倾斜，岗冲起伏；西南部属大别山余脉，层峦叠嶂。

合肥地处中纬度地带，属亚热带季风性湿润气候，季风明显，四季分明，气候温和，雨量适中。年均气温15.7℃，年均降水量约1000毫米，年日照时间约2000小时，年均无霜期228天，平均相对湿度为77%。

合肥自然条件优越，水资源、土地资源、农产品资源、矿产资源和旅游资源丰富。合肥可利用水资源充裕，天然水资源总量为39.76亿立方米。地表水系较为发达，以江淮分水岭为界，岭南为长江水系，主要有南淝河、派河、丰乐河、杭埠河、滁河、裕溪河、兆河、柘皋河、白石天河、西河等；岭北为淮河水系，主要有东淝河、沛河、池河等。境内巢湖东西长54.5千米，南北宽21千米，水域面积770平方千米，号称“八百里巢湖”，湖底海拔5米，湖水容量随水位高程的不同而不同，当水位高程达14米时，湖水容量为63.7亿立方米。

全市耕地面积5590.30平方千米，是全国重要的农副产品生产区，粮食作物以水稻、小麦为主，经济作物主要有油菜、棉花、瓜果、蔬菜等，畜禽养殖业发达，特色农产品丰富，2020年全市有效“三品一标”农产品总数738个，被授予“中国淡水龙虾之都”“中国坚果炒货之都”称号。长丰草莓、大圩葡萄、三十岗西瓜、中埠番茄、燕之坊杂粮、白云春毫茶叶、巢湖银鱼和白虾、合肥龙虾、肥西老母鸡等优质农产品深受消费者喜爱。

合肥的矿产资源丰富，有白云石、花岗石、磷、铁、铅、锌、银、明矾石、石膏、灰岩、矿泉水等。其中，肥东县磷矿储量居全省第二位；庐江县素有“地下聚宝盆”之称，铅、锌、硫铁矿、明矾石储量居全省首位，铜矿居第二位，硫铁矿储量占全省二分之一，铁矿储量占全省三分之一。

合肥自然环境优美，名胜古迹众多，城中有园，园中有城，是国家首批命名的3个全国园林城市之一，也是全国文明城市、全国优秀旅游城市。2020年全市完成植树造林6666.67公顷。新增绿色长廊2113千米。绿化面积超1000万平方米。

【历代名人】　合肥人杰地灵、从古到今孕育了无数杰出人物，在历史上产生了重要的影响。杰出人物包括楚汉相争时的“亚父”范增，三国名将周瑜，“五代十国”时期吴国缔造者杨行密，北宋著名清官包拯，晚清重臣洋务派首领李鸿章，台湾光复后首任巡抚刘铭传，清朝直隶提督聂士成，抗法名将刘秉璋，北洋军阀皖系首领段祺瑞，北洋海军提督丁汝昌，淮军将领吴长庆，民国初期总理李经羲、龚心湛、贾德耀，辛亥革命时期上将倪映典、吴旸谷、范鸿仙，爱国将领冯玉祥，抗日名将卫立煌、孙立人、郭寄峤，“和平将军”张治中，共产党隐蔽战线卓越领导人李克农，国民党高级官员吴忠信，革命英烈柯武东、刘敏、徐百川，诺贝尔物理学奖获得者杨振宁，著名作家鲁彦周等。

【民族和宗教】　合肥市属少数民族散杂居地区，是安徽省民族工作重点市。至2020年，全市有55个少数民族成分，常住人口中少数民族人口6.93万人，占全市常住人口的0.74%。有1个民族乡，12个少数民族聚居村和2个少数民族聚居社区，6所民族中小学校。合肥有佛教、道教、伊斯兰教、天主教、基督教五大宗教。市区较大宗教活动场所有明教寺、开福寺、清真寺、天主教堂、基督教堂等。

（方　志）

党的建设

【概况】　2020年，中国共产党合肥市委员会（以下简称“中共合肥市委”）坚持以习近平新时代中国特色社会主义思想为指导，深入学习贯彻习近平总书记考察安徽重要讲话指示精神，认真贯彻落实省委“在全面从严治党上当好示范”要求，扎实推进党的建设各方面工作，党的建设工作整体质量不断提高，全面从严治党引领保障作用有力发挥，为全市经济社会发展提供了坚强保证。

【政治建设】　2020年，中共合肥市委坚持把政治建设摆在首位，不断提高政治判断力、政治领悟力、政治执行力，增强“四个意识”、坚定“四个自信”、做到“两个维护”。深入学习贯彻习近平总书记考察安徽重要讲话指示精神和党的十九届五中全会精神，统筹抓好大学习、大宣讲、大调研、大培训、大落实，召开常委会扩大会、中心组理论学习会、领导干部专题研讨班等，市级领导提交调研报告25篇，县处级干部撰写学习体会190篇，制定《中共合肥市委关于深入学习贯彻习近平总书记考察安徽重要讲话指示精神　在“两个坚持”“两个更大”中勇当先锋勇创佳绩的决定》和《中共合肥市委关于制定国民经济和社会发展第十四个五年规划和二〇三五年远景目标的建议》，抓好“十件大事”，聚力打造“五高地一示范”。严格执行省委《关于贯彻落实习近平总书记重要指示批示若干规定》，健全完善“建立台账、专人盯办、会议传达、研究部署、调研督查、现场核校”闭环办理机制。坚决抓好党中央决策部署贯彻落实，常态化开展“三查三问”，全市各级党组织查摆问题832个，完成整改663个，建章立制298个。强化政治担当抓整改，一体推进中央脱贫攻坚专项巡视“回头看”、脱贫攻坚成效考核反馈问题整改，合肥市认领的48条问题全部完成整改；省委巡视反馈44项问题，完成和基本完成40项。

【思想建设】 2020年，中共合肥市委深入学习贯彻习近平新时代中国特色社会主义思想，建立落实领导班子决策前学习习近平总书记重要讲话和有关重要论述的制度机制，坚持领导干部“三带头”：带头学、带头讲、带头用，增强“四认同”：政治认同、思想认同、理论认同、情感认同，做到“四个不断”：不断学习、不断实践、不断领悟、不断提高。实行“四个第一”对标学习制度，做到组织学习第一时间、谋划工作第一步骤、落实任务第一要求、督查考核第一内容，全年召开17次市委理论学习中心组学习会议。做好习近平总书记考察安徽、党的十九届五中全会等重大主题宣传宣讲，开展“举旗帜·送理论”活动9000多场、受众92万多人，在全省率先上线“学习强国”市级平台，“理响合肥”全媒体宣讲团获评全国基层理论宣讲先进集体。压实意识形态工作责任，出台党委（党组）落实意识形态工作责任制正负面清单，市“扫黄打非”办公室入选全国先进集体。推进媒体深度融合发展，出台促进媒体融合发展扶持办法。

【组织建设】 2020年，中共合肥市委坚持以正确用人导向引领干事创业导向，激励广大党员干部在防疫防汛、经济发展、征地拆迁等一线建功立业。坚持把政治标准作为选任干部第一标准，制定干部政治表现负面清单，严把人选政治关。注重在急难险重任务中考察识别干部，抗疫表现优秀的45名干部、防汛救灾中表现突出的47名干部得到提拔重用或晋升职级。加强年轻干部选拔使用，提拔“80后”县处级干部21人。强化干部理论素养和专业能力提升，举办各类培训班40期，增强党员干部“八大本领”（即学习本领、政治领导本领、改革创新本领、科学发展本领、依法执政本领、群众工作本领、狠抓落实本领、驾驭风险本领），提高年轻干部“七种能力”（即政治能力、调查研究能力、科学决策能力、改革攻坚能力、应急处突能力、群众工作能力、抓落实能力）。研究制定容错纠错减责免责清单，为47名党员干部失实检举控告问题进行澄清正名，对963名受处分党员干部开展教育回访。推进公务员分类管理改革，深化职务与职级并行制度改革，建立职级职数“周转池”制度，全年晋升职级3182人。深化农村基层党建“一抓双促”工程，出台加强村党组织书记队伍建设9条意见，从村、社区“两委”正职考录乡镇街道公务员14人；建立“包乡走村入户”常态化机制，整顿软弱涣散基层党组织43个；深化“百村示范、千村提升”行动，全市年经营性收入50万元以上的经济强村318个。持续实施城市基层党建“三抓一增强”工程（即抓党建抓服务抓治理、增强基层党组织政治功能），全面完成44个街道“大部门制”改革，完成社区工作者“四级十二档”岗位等级核定及薪酬兑现，30个党组织入选“领航计划”省级示范库和培育库。深化模范机关创建活动，健全机关党建工作责任体系，打造市直机关过硬党支部173个、示范党支部15个。成立教育党建服务中心，完成高校教师党支部书记“双带头人”配备工作，中小学校党组织单独组建率达100%。推动市属

2020年4月10日，全市机关党的建设和效能建设工作会议在市政务中心小会堂召开
（市直机关工委/供）

公立医院党政分设，10 家医院有 9 家实行党政分设。加强国企党组织规范化建设，完善国企党委前置研究讨论事项清单。加强非公企业和社会组织“两个覆盖”，做实“非公工委 + 行业党委”模式，新增园区、楼宇、商圈、行业协会等党组织 160 个，园区党建、商圈市场党建有关做法在全省推广。选树先进典型，施咏康同志被授予“全国优秀共产党员”荣誉称号，滨湖明珠社区党委获“全国先进基层党组织”荣誉称号。实施人才强市战略，出台《关于进一步吸引优秀人才支持重点产业发展的若干政策(试行)》，组织“智汇合肥高校行”活动，新引进本科以上人才 9.6 万余人，在合肥服务院士达到 135 人，合肥连续三年入选“外籍人才眼中最具吸引力的中国城市”前十。

【作风建设】 2020 年，中共合肥市委狠抓中央八项规定精神及省、市有关规定落实，加强对二级机构及事业单位、县乡基层等“四风”问题分析研判，全市查处违反中央八项规定精神问题 240 个，处理 329 人，处分 129 人。深化“三个以案”警示教育，开展政治监督谈话 375 人次。力戒形式主义官僚主义，出台持续为基层减负 21 条举措、17 条负面清单，市本级督检考、发文、开会分别同比下降 17.9%、35.9%、24.6%。实施机关工作效能大提升专项行动，常态化开展明察暗访，先后有 15 名违反效能建设规定干部下沉一线协助维护交通秩序。推进大调研活动，市县两级走访调研对象 4.1 万个，收集问题 2.4 万个，解决 2.1 万个，问题解决率 86%，群众满意率 93.3%。

【纪律建设和反腐败斗争】 2020 年，中共合肥市委贯通运用“四种形态”，全市纪检监察机关教育处理 4361 人次，其中第一、二种形态分别占比 66.8%、22.7%。深化纪检监察体制改革，分类推进市属企事业单位纪检监察体制改革，推进乡镇（街道）监察办公室规范化运作，发挥村（社区）纪检委员作用，提高监督有形覆盖和有效覆盖水平。制定领导干部廉洁从政“八个不得”行为规范，督促领导干部管好自己、亲属和身边人。一体推进“三不”（即不敢腐、不能腐、不想腐）体制机制，全市纪检监察机关受理信访举报 6708 件次，处置问题线索 4033 件，立案 1532 件，给予党纪政纪处分 1489 人。紧盯教育、医疗、征地拆迁、“三资”管理、农村低保等领域“微腐败”问题，查处群众身边腐败和作风问题 449 起 595 人。组织开展市委第八、第九轮巡察，全面完成本届市委巡察全覆盖任务。创新分系统巡察整改工作机制，对教育、国资系统巡察发现问题集中梳理、集体反馈、集成整改。

（薛海斌）

经济社会发展

【概况】 2020 年，合肥市地区生产总值（GDP）10045.72 亿元，增长 4.3%，分别高于全国、全省 2.0 和 0.4 个百分点，实现“半年负转正、全年过万亿”。规模以上工业增加值增长 8.3%，分别高于全国、全省 5.5 和 2.3 个百分点。社会消费品零售总额增长 3.1%，分别高于全国、全省 7.0 和 0.5 个百分点。进出口总额 374.87 亿美元，增长 16.4%。固定资产投资增长 4.7%，较上半年加快 7.2 个百分点。外商直接投资 35.95 亿美元，增长 6.0%。2560 个重点项目完成投资 3319.9 亿元，增长 6.9%。新签约重点项目超 1100 个，其中超 100 亿元项目 7 个。财政收入 1432.7 亿元，增长 0.02%，较上半年加快 9 个百分点，一般公共预算收入 762.9 亿元，增长 2.3%。新增减税降费 220 亿元。人民币存、贷款余额分别为 1.83 万亿元、1.77 万亿元，分别增长 13.3%、15.5%。

【防疫防汛】 2020 年，合肥市落实“四早”（即早发现、早报告、早隔离、早治疗）“四集中”（即集中患者、集中专家、集中资源、集中救治）要求，率先启动一级响应，实现一个月新增确诊“归零”、一个半月患者“清零”，患者治愈率达 99.4%。围绕“外防输入、内防反弹”抓实常态化疫情防控，压实“四方”（属地、部门、单位和个人）责任，突出“人、物”同防，落实“应检尽检”，强化院感防控，核酸日检测能力超 12 万人次，累计检测 87 万人次，全覆盖备案检查 1921 家冷链企业，闭环管理 13 批国际航班 2270 名入境人员，“清零”以来无新增本地确诊病例。

汛情发生后，合肥市启动防汛一级响应、城市防洪和救灾一级响应，153 万名干群奋战抗洪抢险一线，累计抢排洪水 35.6 亿方，转移安置群众 23.9 万人，加固巢湖堤防 135 千米，实现人民群众没有因转移不及时而伤亡、国家重要基础设施没有受到冲击、主城区和巢湖干堤没有损毁、经济社会发展没有受到重大影响“四个没有”目标。抓好灾后重建“四启动一建设”（即启动水毁设施修复、启动灾后农业生产恢复、启动受灾农民和农业经营大户政策支持、启动防止因灾致贫返贫巩固脱贫成果、谋划推动城乡重大水利基础设施建设），抢修水电、交通等基础设施，落实防汛救灾资金52.8亿元，抢种补种3.73万公顷，重建加固房屋1.7万间，有力消除汛情影响。

【创新发展】 提速升级科学中心建设。2020年，全国首个国家实验室在合肥正式挂牌，能源、人工智能研究院启动运行，大健康研究院正式揭牌，环境研究院加快组建。大科学装置集中区规划加快编制，聚变堆主机等重大科技基础设施建设持续推进，未来网合肥中心正式开通，先进计算中心、地球和空间科学前沿研究中心开工建设。北京航空航天大学合肥创新研究院、清华大学公共安全研究院等合作平台加快建设。

提升企业创新能力。2020年，新获批国家企业技术中心4家，省工程研究中心（实验室）32家。新增国家高新技术企业789户，创历年新高。培育国家科技型中小企业2574户，增长63%，28家企业入选中国隐形独角兽500强榜单。新增上市公司12家，其中科创板7家，分别居省会城市第2位、第1位。原创成果不断涌现。每万人发明专利拥有量超过34件，技术合同交易额580亿元、增长22.4%。“九章”量子计算机、高吸能合金（“嫦娥钢”）、质子放射治疗系统（“质子刀”）、针对白细胞介素6（IL-6）受体的重组人源化单克隆抗体（“托珠单抗”）、“量子显微镜”等一批重大创新成果相继问世。智飞龙科马在国内率先启动重组亚单位疫苗Ⅲ期临床试验。

优化创新生态。2020年，落实高校毕业生、重点产业人才等就业创业政策，新引进本科以上各类人才8万余人，向1.9万新落户人才发放租房补贴1.3亿元。新增9家院士工作站、5家海外人才工作站、20家博士后科研工作站，引进高层次人才2446人、团队52个，在肥服务院士达135人。中国（合肥）知识产权保护中心正式成立。合肥经济技术开发区入选国家第三批“双创”示范基地，国内首个量子计算双创平台启动建设。连续三年上榜外籍人才眼中最具吸引力的中国城市十强。

【产业结构优化升级】 2020年，合肥市全面推行重点产业链“链长制”，出台新能源汽车等重点产业发展政策，修订完善高质量发展系列扶持政策，获批建设省级网络与信息安全战新基地。战略性新兴产业产值同比增长18.2%，占规模以上工业比重达55.5%、比上年提高3.8个百分点。“中国声谷”实现千户企业、千亿营收“双千”目标，联宝电子公司成为全市首个产值破千亿企业。长鑫存储技术有限公司自主研发的国产动态储存芯片实现量产，维信诺科技股份有限公司第六代柔性显示生产线建成点亮。蔚来中国总部、欧菲光光学光电产业园、神州数码等一批重大项目签约落地。

升级传统优势产业。2020年，合肥市新培育智能工厂、数字化车间超120个，累计实现1.3万家企业“上云”、346户企业通过国家“两化”融合贯标，建成长虹美菱、合力叉车等5G+互联网示范。新增国家级绿色工厂2户、绿色设计产品34款。新增3个国家制造业单项冠军、15户国家专精特新“小巨人”企业。联合利华合肥工业园成为国际领先的“灯塔工厂”。

发展现代服务业。2020年，合肥市服务业增加值6133.89亿元，增长3.0%。获批建设安徽合肥线上经济创新发展试验区，入选首批国家骨干冷链物流基地建设名单。新增省级服务业集聚区6个、集聚示范园区2个、示范物流园区2个。合肥经济技术开发区、华米科技公司、合力股份公司获批国家首批“两业”融合发展试点。京东、顺丰、苏宁、毕马威、快手科技等行业头部企业加快在肥布局。成功举办2020世界制造业大会江淮线上经济论坛、世界显示产业大会。

农业生产总体平稳。2020年，合肥市实施土地整治，新增耕地近3067公顷、建设高标准农田1.19万公顷，粮食总产量稳定在289万吨，蔬菜产量达229万吨、增长5.5%，生猪出栏126万头。虾稻综合种养面积突破5.33万公顷。农村产品网络销售额达107.73亿元，增长25.7%。乡村旅游综合性收入突破40亿元。安徽巢湖经济开发区成功创建第二批国家农村产业融合发展示范园。

【交通和城乡建设】 加速构建综合交通枢纽。2020年，商合杭、合安高铁开通运营，合新高铁、新合肥西站全面建设，高铁里程524千米、居长三角第1位，与4个直辖市、18个省会城市互通高铁。外绕城高速启动建设，明巢高速、合六叶高速改扩建等项目建设有序推进，新建、续建国省干道259千米。新桥机场总规修编获批，二期扩建有序推进，白龙通用机场开工建设。合肥港总规获批，引江济淮累计完成投资433.6亿元，合裕线一线船闸工程持续推进，兆西河通江一级航道前期加快推进。

展开新一轮城市大建设。大建设完成工程投资621亿元，增长8.8%。轨道交通5号线南段开通运营，实现4线联运、9线在建，总运营里程达115千米。裕溪路高架东延、北二环西段等建成通车，完成五里墩北上桥口等8处拥堵点治理，打通断头路20条，10处较大积涝点、99处较大排水隐患问题得到整改。完成103个老旧小区改造，惠及居民2.47万户。新建5G基站超8000个，建成公共停车泊位8436个、充电设施8566个。新改建公交站亭2000余座，成功创建“国家公交都市”。大官塘水厂建成通水，环巢湖天然气高压管线等完工，新增供水能力20万吨/日、燃气30万方/日、污水处理能力15万吨/日，电网最大供电能力达900万千瓦。

城市管理水平得到提升。“雪亮工程”“交通超脑”投入运行，开通全省首条5G自动驾驶开放道路示范线。生活垃圾分类管理条例、养犬管理条例正式施行。启动违法建设治理专项行动，拆除违法建筑58.8万平方米。累计建成智慧平安小区1267个。蝉联全国文明城市。

推进城乡融合发展。庐江县入选国家县城新型城镇化建设示范名单，南艳湖机器人小镇入选中国特色小镇50强，合柴1972等入选省级特色小镇。新建成省、市中心村76个，规划布点中心村全部达到美丽乡村建设要求。新建、改建农村道路1200千米，解决23.8万农村人口接通自来水问题，完成1142户农村危房改造，建成环巢湖75个中心村污水处理设施，完成改厕5.4万户。

【区域协调发展】 加快融入长三角一体化发展。2020年，合肥市推进“感存算一体化”超级中试中心等一批重点合作事项，牵头组建G60环境产业科技创新联盟，长三角资本市场服务基地合肥分中心落户，合杭梦想小镇产业创新中心开园运行，推进5个G60合作园区建设。实现长三角41个城市、65个事项“一网通办”，异地就医住院费用直接结算，合作建设国家区域儿童医疗中心。成功举办G60科创走廊人才峰会，欧美同学会长三角海创中心落成启动。

深化合肥都市圈建设。合六经济走廊发展规划印发实施，推进合六经济走廊、合淮产业走廊年度十大重点项目及合作事项，成立都市圈工业产业（链）联盟。合肥芜湖实现高铁直达，巢马城际铁路全线初步设计获批，合新六城际铁路前期稳步推进，一小时通勤圈加密组网。

结对合作取得成效。合肥市蝉联与皖北结对合作共建园区目标考核市级园区援建方第一，庐阳区、蜀山区包揽县级园区援建方前两名，肥东、包河经济开发区和合肥高新技术产业开发区霍邱产业园入选全省首批长三角省际产业合作示范园区。援藏援疆工作扎实推进。

【生态环境质量】 推进巢湖综合治理。2020年，合肥市启动实施碧水、安澜、富民“三大工程”和点源、线源、面源、内源“四源同治”，实施南淝河、白石天河专项行动，建成巢湖湖滨、派河口湿地，15个国考水质断面全部达标，市级饮用水水源地水质稳定达标，巢湖水质稳定在Ⅳ类以上。全面落实长江“十年禁渔”，安置5638名退捕渔民。中央环保督察、省“回头看”反馈问题全部销号，长江经济带警示片披露问题得到整改。

推进污染防治攻坚战。推进重点行业超低排放改造，开展柴油货车和非道路移动机械管控。细颗粒物（$PM_{2.5}$）、可吸入颗粒物（PM_{10}）平均浓度分别为36、58微克/立方米，同比分别下降17.0%、13.8%，空气质量优良率达85%，同比提高14.6个百分点。出台进一步加强塑料污染治理实施方案，开展涉重金属重点行业专项整治，推进中盐红四方、马合钢等重点污染地块修复。

推动绿色低碳发展。加强重点企业“一企一策”耗煤管理，在全省率先实施节能量交易，提前超额完成“十三五”节能降耗目标。累计建成并网光伏电站2.04万个、

合肥秋色 （郭如琦/摄）

装机容量超2.47吉瓦（GW），居省会城市前列。成功申办第十四届中国（合肥）国际园博会。新造林超0.67万公顷，建成生态湿地0.41万公顷、大房郢等城市公园5个、小公园小游园63个，新增绿化面积超1000万平方米。

【改革开放】 持续优化营商环境。2020年，合肥市实施创优营商环境攻坚年行动，推进流程再造等四项攻坚，新登记市场主体20万户。创新推出“7×24小时政务服务地图”，“最多跑一次”实现率、企业开办一日办结率、个人事项全程网办率均达100%。获得电力并联审批平台试运行，审批时限缩减90%以上。入选企业家幸福感最强城市。

推进重点领域改革。105项年度重点改革任务全面完成。国资国企改革纵深推进，完成6.1万国有企业退休人员社会化管理，国有资本运营公司、职业经理人等试点正式启动。教育、科技、交通领域财政事权和支出责任划分改革完成，预算绩效管理改革全国领先。“信易贷”平台上线运行，创设民营企业纾困基金、信保快贷、合肥快贷等新型金融产品，新增贷款投放3.51亿元，惠及企业279家。按疾病诊断分组付费改革试点通过国家评估，紧密型城市医联体建设试点全面展开。全面完成农村集体产权制度改革，74.5%村居实施“三变”改革，基本消除空壳村，集体收入超过50万元的经济强村同比增长65.5%。

提升对外开放水平。安徽自贸试验区合肥片区建设全面启动，累计签约入驻项目超200个、总投资突破1000亿元。入选国家服务贸易创新发展试点城市、国家进口贸易促进创新示范区、国家数字服务出口基地。中欧班列开行568列、净增200列，居长三角第2位、全国第8位。跨境电商综合试验区实现交易额同比增长43%，合肥经济技术开发区综合保税区进出口80亿美元以上、同比增长超12%。新桥机场进境肉类指定监管场地获批。

【民生福祉】 加大公共服务供给。2020年，合肥市民生支出997亿元，占财政支出85.6%。续建、新开工公益性项目210个，完成投资59.1亿元，同比增长29%。建成幼儿园63所、新增学位2.4万个，在园幼儿公办率和普惠率分别达51%和84%。建成中小学53所、新增学位7.5万个。实施新优质学校创建，出台中小学办学行为“十不得”，开展校外培训机构“六严禁”专项整治，全市338所中小学全部开展“三点半”课后服务。建设国家产教融合型城市，合肥学院创建合肥大学取得进展，推进安徽大学江淮学院转设。市第一人民医院门诊综合楼、滨湖医院感染病院区开诊，推进市公共卫生中心、空港医院等建设。

落实就业优先战略。加大援企稳岗力度，创新“共享用工”模式，强化重点用工企业包保服务，累计减免企业社保费113亿元，新增城镇就业12.14万人，城镇登记失业率3.06%，居民收入增长跑赢经济增长。

强化社会民生保障。推进31项民生工程建设，办好20项为民办实事事项。超额完成城镇职工基本养老、医疗、失业、工伤保险参保任务。发放兜底救助保障资金14.3亿元。开展婴幼儿照护（托育）服务试点，城市社区养老服务设施实现全覆盖，全市养老床位数6.3万张，获批全国第四批智慧养老示范基地。实现全国双拥模范城“九连冠”。建成棚户区改造安置房2.15万套，累计备案租赁住房6.7万套/间。“惠民菜篮子”工程减轻群众生活负担4245万元，发放价格临时补贴2.56亿元，消费者物价指数（CPI）累计上涨2.3%。

脱贫攻坚收官。开展“抗补促”专项行动，完成下剩9户29人脱贫任务，脱贫监测户32户88人、边缘户777户2079人全部消除返贫致贫风险，112个贫困村全部出列，如期实现脱贫攻坚目标任务。新建资产收益扶贫项目51个，开发扶贫公益岗位3449个，发放扶贫小额信贷3.1亿元。

发展文体旅游事业。建成南艳湖等体育公园5个、公共健身场所176个，入选全国首批体育消费试点城市。分别新增AAAA、AAA级旅游景区2家、1家，2个村入选全国乡村旅游重点村。市中心图书馆、市青少年活动中心等加快建设，村级综合性文化服务中心建成率达98%。推出现代庐剧《红颜》，曲艺小品《家和月圆》获中国曲艺牡丹奖节目奖。

（朱存喜）

责任编辑：史　志

中国共产党合肥市委员会

综　述

【概况】 2020年，中国共产党合肥市委员会（以下简称“市委”）坚持以习近平新时代中国特色社会主义思想为指导，全面落实党中央及省委决策部署，统筹抓好常态化疫情防控和经济社会发展，扎实做好“六稳”工作，全面落实“六保”任务，纵深推进全面从严治党，解决许多从未见过的难题，办成许多看似不可能的大事，收获许多超出预期的硕果，交出一份让党中央和省委放心、人民群众满意、可以载入合肥发展史册的优异答卷，向“五高地一示范”迈出坚实步伐。合肥市实现地区生产总值10045.7亿元、增长4.3%，一般公共预算收入增长2.3%，规模以上工业增加值增长8.3%，固定资产投资增长4.7%，社会消费品零售总额增长3.1%，进出口总额增长16.4%，城镇登记失业率3.06%，城乡居民人均可支配收入增长7.2%。地区生产总值在一季度-9.8%情况下，实现“半年负转正、全年过万亿、迈进二十强”的奋斗目标。战略性新兴产业产值增速创60个月新高、占规模以上工业比重达55.5%，规模以上工业企业利润增速创46个月新高。财政收入1432.7亿元，单月财政收入连续7个月正增长，税收占财政收入比重86.1%。

【学习宣传贯彻党的十九届五中全会精神和习近平总书记考察安徽重要讲话指示精神】 2020年，市委把学习宣传贯彻党的十九届五中全会精神和习近平总书记考察安徽重要讲话指示精神作为重大政治任务，统筹抓好大学习、大宣讲、大调研、大培训、大落实工作，召开常委会扩大会议、理论学习中心组学习会等深入学习领会。主要负责同志等带头到基层宣讲，组建市委宣讲团深入一线开展宣讲，围绕编制“十四五”规划，召开经济社会和教育文化卫生体育领域专家代表、科学家和企业家、基层代表、党外人士座谈会。召开2次市委全会，作出深入学习贯彻习近平总书记考察安徽重要讲话指示精神《决定》，审议通过市委“十四五”规划《建议》。

【打好重大战役】 2020年，市委聚焦“两不愁三保障”，实施产业、就业、教育、健康扶贫等“十大工程”，坚决打赢脱贫攻坚收官战。累计投入扶贫资金75亿元，112个工作队驻村入户，4万多名党员干部结对帮扶。全市建档立卡贫困户10.6万户、21.56万人全部脱贫，脱贫监测户32户88人、边缘户777户2087人全部消除返贫致贫风险，112个贫困村全部出列，67

2020年9月18日，全市领导干部学习贯彻习近平总书记考察安徽和在合肥主持召开扎实推进长三角一体化发展座谈会重要讲话精神专题研讨班在市委党校开班
（黄　振/摄）

个贫困村成为经济强村，如期实现脱贫攻坚目标任务。组织开展“千名代表委员访万户”活动，对全市6800多受灾贫困户逐户走访核查，确保各项帮扶措施落实到位。坚决打赢疫情防控阻击战。面对突如其来的新冠疫情，坚持人民至上、生命至上，认真落实“四早四集中”“三防三查三加强”“八严八控”等硬核举措，用一个月时间实现新增确诊病例归零，用一个半月时间实现在院病例清零，用三个月时间取得战略性成果。抓好常态化疫情防控，实施人、物同防，全覆盖备案检查1921家冷链企业，闭环管理13批国际航班2270名入境人员，出台“两节”期间疫情防控“20条”，新投入1.2亿元改扩建滨湖医院重点隔离病区，确定定点医院12家，细化5天内应急核酸检测1000万人应急预案，巩固防控成果。坚决打赢巢湖保卫战。面对梅雨期、梅雨期降雨量、巢湖水位、巢湖蓄水量“四个超历史极值”严峻考验，落实强化预报预警、强化科学调度、强化巡堤固坝、强化责任落实“四个强化”的举措，用16天让巢湖水位回落至历史最高水位，用19天让巢湖水位回落至保证水位，用78天让巢湖水位回落至警戒水位。果断启用9个万亩大圩分洪，加固加高堤坝135千米，排除重大险情317处，紧急转移群众24万人，抢种补种农作物3.73万公顷，修复重建房屋1.7万间，实现“四个没有”：群众没有一人因转移不及时而死亡，铁路、电力等国家重要基础设施运行没有一处中断，巢湖大堤及其他重要圩堤、合肥城区和城镇没有一处溃破淹没，全市经济社会发展重点工作没有受到大的影响。

【打造具有国际影响力的科创新高地】 2020年，市委推进合肥综合性国家科学中心建设，加大基础设施建设力度，合肥国家实验室成为全国首批实验室并第一个挂牌。加快推进能源、人工智能、大健康研究院、环境综合研究平台建设，加快大科学装置集中区建设。重大原始创新成果不断涌现，“九章”量子计算机、高吸能合金（“嫦娥钢”）、质子放射治疗系统（“质子刀”）、针对白细胞介素6（IL-6）受体的重组人源化单克隆抗体（“托珠单抗”）、“量子显微镜”等相继问世。组织实施关键技术重大研发类项目50项、“揭榜挂帅”重点攻关项目10项。安徽创新馆举办科技成果对接活动60多场，直接和间接促成科技成果转化项目金额超500亿元。中国（合肥）知识产权保护中心成立。全市年输出、吸纳技术合同交易额分别突破230亿元、340亿元，分别增长3.7%、35.2%。全社会研发投入突破300亿元，占GDP比重预计超过3%。首次开展全市“人才大普查”，出台支持重点产业发展“人才政策7条”，新引进本科以上各类人才9.6万人。

【打造全国重要的先进制造业新高地】 2020年，市委以政府更有为推动市场更有效，采取“链长制”、超产激励、上市奖补、减税降费等一系列对冲疫情带来经济下行的果断之举和有效之策，推动经济运行加速企稳回升向好。其中，仅减税降费达220亿元。联宝科技公司成为市首个千亿企业。新增市场主体超20万户、总数超110万户。新增国家高新技术企业789家，总数达3328家。新增上市公司12家、居全国省会城市第2位，其中科创板7家、居全国省会城市第1位，过会待发3家。聚焦“芯屏汽合”“集终生智”，推深做实“链长制”，加快推进3个国家级战略性新兴产业集群和7个省级、6个市级战略性新兴产业基地建设。六大主导产业实现增加值增长12%。12个重点产业链新签约重点项目683个，占总项目数57.5%。推动先进制造业和现代服务业加速融合，服务业增加值同比增长3%。狠抓招商引资和项目建设。蔚来中国总部入驻合肥，全年交付超4万辆，实现翻番。总投资440亿元的维信诺六代柔性屏点亮。投资101亿元的欧菲光项目落户开建。神州数码信创总部和生产基地、清华启迪新基建总部等

2020年2月25日，合肥市重大产业项目集中（云）签约仪式在江淮蔚来举行（何希斌／摄）

2020年9月15日，合肥半导体材料产业园在新站高新区揭牌

（新站开发区/供）

落户。中国宝武安徽（产业）总部项目正式启动。“中国声谷”达到千家企业、千亿产值。全年签约重点项目1164个，其中，100亿元以上项目7个，50至100亿元项目4个，10至50亿元项目69个。

【打造具有国内比较优势的数字经济新高地】 2020年，合肥市获批建设线上经济创新发展试验区，入选首批国家数字服务出口基地，加快建设国家新一代人工智能创新发展试验区，“两化”融合指数位列全国省会城市第6位。实现万企登云，累计建成82家智能工厂、723个数字化车间。开通全省首条5G自动驾驶开放道路示范线。新建5G基站超8000个，实现城区5G网络全覆盖。

【打造具有重要影响力的改革开放新高地】 2020年，安徽自贸区合肥片区揭牌，签约入驻项目203个、总投资1015亿元。全市进出口总额374.87亿美元、增长16.4%。深度融入长三角一体化发展，共建5个G60科创走廊合作园区，成立合肥都市圈工业产业（链）联盟。商合杭、合安高铁开通运营，高铁通车总里程、密度均居长三角第1位。中欧班列开行568列，比2019年多200列。105项年度重点改革任务全面完成，财税、农业农村、国资国企等领域改革纵深推进。

【打造优质优良宜居宜业的生态新高地】 2020年，合肥市全力打好蓝天碧水净土保卫战，细颗粒物（$PM_{2.5}$）、可吸入颗粒物（PM_{10}）浓度连续七年“双下降”，重度及以上污染天气“清零”。加速推进巢湖综合治理，谋划实施碧水、安澜、富民“三大工程”和点源、线源、面源、内源“四源同治”，巢湖水质创1979年有监测记录以来最好水平，全市15个国考水质断面100%达标。全面落实长江“十年禁渔”，环巢湖 “十大湿地”、城区“十大公园”稳步推进。统筹城乡建设。推进新一轮城市大建设，全年大建设投资突破600亿元、创10年来新高，加快推进新桥科创示范区、东部新中心、骆岗生态公园、大科学装置集中区、运河新城五大片区，轨道交通“四线运营、九线在建”。推进乡村振兴，新增耕地0.31万公顷，粮食、生猪、蔬菜等生产保持稳定，推进有机农业、都市农业、互联网农业发展。建设169个美丽乡村中心村，农村改厕5.4万户。集体年经营性收入50万元以上村达237个、增长147%。

【破解群众急难愁盼问题】 2020年，合肥市民生投入近千亿，持续开展“十六破”：破解“上学难”，新建成中小学幼儿园项目116个、新增学位9.9万个；攻坚破解“办证难”，房产未办证15万套整改98%；破解“治飞絮难”，完成二环内1.5万株意杨短截修剪并有序更换；破解“停车难”，实行“共享车位”，党政机关及企事业单位有序向社会开放，市区道路沿线免费停车时间由15分钟延长到30分钟；破解“治藻难”，仅用十多天就让周边群众闻到明显变化；破解企业“用工难”，以“共享用工”模式输送员工3000多人；破解“学业负担重”，出台“十不得”“六严禁”，取缔44所无证办学机构。破解出行难、上楼难、换乘难、安置难、拆违难、小区管理难、流浪乞讨人员过冬难、人力资源中介乱象、晚间市民休闲登山难等问题。推动共同富裕，居民收入增长快于经济增长，农村居民收入增长快于城镇居民。

【发展社会主义民主政治】 2020年，市委坚持党的领导、人民当家作主、依法治国有机统一，健全民主制度，丰富民主形式，拓宽民主渠道。支持人大及其常委会发挥职能作用，市人大常委会制定地方性法规5件，开展立法调研5项，在全省率先揭牌运行地方立法研究中心，听取审议“一府两院”报告17项，开展执法检查4项、专题询问2项，动员全市各级人大代表围绕总结“十三五”、谋划“十四五”开展调研。发挥人民政协专门协商机构作用，围绕巢湖综合治理、生猪稳产保供、小区居民楼加装电梯、农村人居环境整治等开展协商议政活动。发挥统一战线重要法宝作用，广泛凝聚共识汇聚力量。发挥群团组织桥梁纽带作用，完成市县两级群团组织改革。发挥军政军民团结作用，实现全国双拥模范城“九连冠”。发挥法治服务保障作用，获评全国“七五”普法中期先进城市，获批全省首批法治政府示范市。

【在全面从严治党上争当全省示范】 2020年，市委全面落实“三必须”“四个第一”要求，推动党员、干部学懂弄通做实习近平新时代中国特色社会主义思想。常态化开展“三查三问”。开展党内政治监督谈话，严明政治纪律和政治规矩。深入落实意识形态工作责任制。出台党委（党组）落实意识形态工作责任制正负面清单，坚决维护意识形态领域安全。在全省率先上线“学习强国”市级平台，“理响合肥”全媒体宣讲团获评全国基层理论宣讲先进集体。深入实施公民道德建设提升工程，实现全国文明城市“三连冠”。深入贯彻新时代党的组织路线。以正确用人导向引领干事创业导向，注重在急难险重任务中考察识别干部，抗疫表现优秀的干部、防汛救灾中表现突出的干部得到提拔重用或晋升职级，加强年轻干部选拔使用。深化农村基层党建“一抓双促”工程，持续实施城市基层党建“三抓一增强”工程。深入推进正风肃纪反腐。推深做实“三个以案”警示教育，力戒形式主义官僚主义，市本级发文、会议分别下降36%、25%。实施市直机关效能大提升行动，先后有15名干部因违反效能建设规定下沉一线协助维护交通秩序。制定领导干部严管厚爱“八个不得”行为规范。开展厉行节约力保重点支出专项行动。狠抓中央及省委巡视反馈问题整改，完成本届市委巡察全覆盖，创新分系统巡察整改工作机制，对教育、国资系统巡察发现问题集中梳理、集体反馈、集成整改，严查违法违纪案件。

（徐佳佳）

重要决策

【疫情防控】 2020年1月27日，市委、市政府印发《合肥市新型冠状病毒感染肺炎疫情防控工作方案》，根据习近平总书记重要指示批示精神、李克强总理重要批示要求，按照中央、省疫情防控工作统一部署，以“早发现、早报告、早隔离、早诊断、早治疗”为原则，紧密结合合肥实际，明确全市新型冠状病毒感染肺炎疫情防控工作领导机构和工作机制，并从强化思想认识、强化岗位责任、强化措施落实等方面提出工作要求。要求全市各地各部门要围绕疫情防控各项工作任务，采取最严格、最有效、最深入、最具体的举措，将责任落实到岗，将任务明确到人，强化措施，密切协作，加强各环节有效衔接，强化信息沟通和协调配合，形成工作合力，做好疫情防控和应对准备工作，确保防控措施有力有序有效开展，确保党中央、国务院及省委、省政府关于疫情防控各项部署落到实处。

【鼓励中小企业持续发展】 2020年2月5日，经市委、市政府同意，市委办公室、市政府办公室印发《关于应对新型冠状病毒感染的肺炎疫情鼓励中小企业持续发展的若干意见》，贯彻落实习近平总书记关于坚决打赢疫情防控阻击战的重要指示精神，全面落实党中央、国务院及省委、省政府关于疫情防控的决策部署，以符合工信部等四部门印发《中小企业划型标准规定》的中小微企业为政策扶持对象，从强化疫情防控应急保障、保障企业用工复产、加大减税降费力度、优化信贷融资环境四个方面，提出12项具体意见，制定一系列奖补政策，并逐项进行责任分工，为支持全市中小企业共渡难关和持续发展提供政策支撑。

【推进全市企业复工复产】 2020年3月3日，经市委、市政府同意，市委办公室、市政府办公室印发《关于加快推进全市企业复工复产的意见》，深入贯彻习近平总书记关于统筹推进新冠肺炎疫情防控和经济社会发展工作的重要讲话精神，全面落实党中央、国务院及省委、省政府决策部署，按照“突出重点、统筹兼顾，分类指导、分区施策”要求，以县（市）区、开发区为主体，坚持一手抓疫情防控、一手抓经济社会发展。《意见》强调在确保做好疫情防控工作的前提下，分级分区安全有序推动企业复工复产；从保障公路通畅、恢复道路客运、确保物资运输等方面保障物流运输畅通；从加强返岗用工指导、加大企业稳岗支持、支持企业吸纳就业、强化就业服务指导、保障下岗失业人员基本生活等方面提出具体举措，保障企业用工需求。《意见》在支持企业增产扩产、鼓励企业自产转产、优化物资采购方式等方面提出具体举措，加强防护用品供应保障，以降低用电用水用气成本、降低检验检测费用等帮助企业降低运营成本，在加大财税金融支持力度、加强疫情防控科研攻关、加快投资和项目建设、稳定市场消费、稳定外资外贸、营造稳定发展环境等方面制定举措，为企业复工复产提供政策服务，为夺取疫情防控和经济社会发展“双胜利”提供支撑。

【抓好“三农”领域重点工作】 2020年3月16日，市委、市政府印发《关于抓好“三农”领域重点工作确保如期实现全面小康的实施意见》，贯彻落实党中央、国务院及省委、省政府关于抓好“三农”领域重点工作确保如期实现全面小康的各项决策部署，从持续精准施力，坚决打赢脱贫攻坚战；加快补上突出短板，推进城乡融合发展；强化农业稳产保供，推进农业农村高质量发展；强化保障措施，确保取得实效四个方面制定21条工作意见，并对51项重点工作任务进行分工，明确牵头单位。《实施意见》指出，聚焦打赢脱贫攻坚战与实施乡村振兴战略有机衔接，加快补齐农村基础设施、公共服务等短板，构建城乡融合发展新格局。《实施意见》强调把保障重要农产品有效供给作为“三农”工作头等大事，深化农业供给侧结构性改革，发展富民乡村产业，推进乡村振兴战略深入实施。

【加强和改进人民政协工作】 2020年4月17日，市委印发《关于新时代加强和改进人民政协工作的实施意见》，深入贯彻落实习近平总书记关于加强和改进人民政协工作的重要思想，认真贯彻落实中央及省委、市委政协工作会议精神，提出新时代加强和改进人民政协工作总体要求，强调把服务合肥具有国际影响力的创新之都建设，实现“两个一百年”奋斗目标作为工作主线，把加强思想政治引领、广泛凝聚共识作为中心环节，发挥专门协商机构在国家治理体系中的重要作用，展现社会主义协商民主的独特优势，切实担负起把党中央及省委、市委决策部署和对人民政协工作的要求落实下去、把合肥各族各界人士的智慧力量凝聚起来的政治责任。《实施意见》从发挥人民政协专门协商机构作用、加强思想政治引领凝聚共识、健全人民政协工作制度、强化政协委员责任担当、加强党对人民政协工作领导五个方面提出20条工作意见，为加强和改进新时代人民政协工作提供基本遵循。

【人才公寓建设运营管理】 2020年4月30日，经市委、市政府同意，市委办公室、市政府办公室印发《合肥市人才公寓建设运营管理暂行办法》。《暂行办法》是全市实施人才强市战略，建设人才高地，满足人才安居需求的人才政策。《暂行办法》对全市人才公寓的政策制定、规划建设、运营管理原则、内容、方法进行详细说明，明确合肥市人才分类及相应人才公寓面积标准，规范全市人才公寓建设运营管理工作。

【做好“六稳”“六保”工作】 2020年6月11日，经市委、市政府同意，市委办公室、市政府办公室印发《合肥市做好“六稳”“六保”抓细抓实经济发展工作“123+10”行动方案》，深入贯彻党中央、国务院决策部署，全面落实省委、省政府工作要求，扎实做好“六稳”工作，坚决落实“六保”任务，提出实施“123+10”行动方案，即坚定一个目标、构建两个体系、建立三项机制、实施十大措施，建立和明确主要经济指标分行业责任体系和主要经济指标分地区责任体系，指标内容详细，责任分工到人到单位。《行动方案》的实施，确保实现“半年负转正”“全年过万亿”。

【为基层减负】 2020年6月17日，经市委同意，市委办公室印发《整治形式主义持续为基层减负举措》，贯彻《中共中央办公厅关于持续解决困扰基层的形式主义问题为决胜全面建成小康社会提供坚强作风保证的通知》及《中共安徽省委办公厅印发〈关于持续解决形式主义突出问题为基层减负若干措施〉的通知》精神，在2019年“九减一增强”工作举措上，在筑牢克服形式主义官僚主义的思想政治根基、坚决防止文山会海反弹、规范督查检查考核、提高调查研究质效、紧盯重点领域问题、激发基层活力、全力推动数据“跑路”赋能等七个方面提出21条具体措施，制定整治形式主义持续为基层减负工作负面清单，主要对文件会议、督查检查考核、重点工作、重大活动四个方面列出17项负面清单。

【创优营商环境】 2020年7月6日，经市委、市政府同意，市委办公室、市政府办公室印发《合肥市创优营商环境攻坚年行动实施方案》，以党中央、国务院及省委、省政府深化“放管服”改革、优化营商环境决策部署为指导，以努力打造稳定公开透明、可预期的一流营商环境，持续提升城市能级和核心竞争力，打造合肥创优营商环境

合肥经济技术开发区政务服务中心 （吴小黎／摄）

3.0版，推动全市营商环境在全国争先进位，以全省走在前列为目标，实施流程再造攻坚行动，推进企业办事便利化；实施数据共享和应用攻坚行动，推进政务服务智慧化；实施要素市场制度创新攻坚行动，推进要素高效配置市场化；实施构建新型市场监管体系攻坚行动，推进市场秩序法治化。《行动方案》详细梳理列举165项重点任务清单，确立合肥市创优营商环境攻坚年行动工作机制。

【学习贯彻习近平总书记考察安徽重要讲话指示精神】 2020年8月26日，市委印发《关于深入学习宣传贯彻习近平总书记考察安徽和在合肥主持召开扎实推进长三角一体化发展座谈会重要讲话精神的总体安排方案》，根据省委《安排意见》，把学习宣传贯彻习近平总书记考察安徽和在合肥主持召开扎实推进长三角一体化发展座谈会重要讲话精神作为长期政治任务作出安排，提出要求，制定措施。《安排方案》制定市委财经委“十四五”规划谋划专题研究会议、合肥市扎实推进长三角一体化发展工作会议、全市科技创新大会暨国家新一代人工智能创新发展试验区建设推进大会等会议安排；制定实施合肥综合性国家科学中心建设专项推进行动、实施巢湖综合治理攻坚行动、实施安徽自由贸易试验区合肥片区建设专项推进行动等行动安排，并对制定宣传工作方案作出计划安排。强调责任分工、制定落实方案、开展督导检查、及时总结报告，把学习宣传贯彻习近平总书记考察安徽和在合肥主持召开扎实推进长三角一体化发展座谈会重要讲话精神做实做好。

【公共法律服务体系建设】 2020年9月30日，经市委、市政府同意，市委办公室、市政府办公室印发《关于全面推进公共法律服务体系建设的实施意见》，以习近平新时代中国特色社会主义思想为指导，坚持以人民为中心的发展思想，围绕更好满足人民群众对美好生活的向往和日益增长的法律服务需求，从推进基本公共法律服务均衡发展、促进公共法律服务多元化专业化、创新公共法律服务管理体制和工作机制、加大保障力度四个方面提出13项具体意见。强调要紧扣一体化和高质量抓好重点工作，将公共法律服务体系建设摆上重要议事日程，纳入经济社会发展综合考核体系，纳入法治政府建设示范创建，纳入政府基本公共服务范围和基本公共服务均等化规划，构建与长三角一体化发展相适应的“四横四纵”公共法律服务体系。

【吸引优秀人才】 2020年9月28日，经市委、市政府同意，市委办公室、市政府办公室印发《关于进一步吸引优秀人才支持重点产业发展的若干政策（试行）》，为做好“六稳”工作、落实“六保”任务，促进市重点产业高质量发展，为优秀人才干事创业创造良好环境提供政策支撑，围绕高层次人才租赁住房保障、促进更多高校毕业生在肥就业、适应人才安居需要、引导人才稳定就业、提升产业链稳定性和竞争力等方面，尤其是对重点产业企业引进的高层次人才、新来市重点产业企业工作的博士（硕士）和全日制本科毕业生、市重点产业企业人才、在合肥市缴纳个人所得税的重点产业企业高层次人才、重点产业企业通过项目合作从市外柔性引进的非本单位研发人员等人才制定特殊人才政策，并对重点产业范围进行明确。

【加强食品安全】 2020年11月18日，经市委、市政府同意，市委办公室、市政府办公室印发《合肥市深化改革加强食品安全工作实施方案》，根据中共中央、国务院及省委办公厅、省政府办公厅关于深化改革加强食品安全工作的有关部署和要求，从十个方面制定工作方案。强调执行最严谨标准，强化标准实施；实施最严格监管，严把产地环境安全关，规范农业投入品生产使用，加强粮食质量安全监管，严格食品生产经营监管；实行最严厉处罚，严厉打击违法犯罪，加强基层综合执法，强化信用联合激励惩戒；坚持最严肃问责，厘清监管事权，强化督查考核，严肃责任追究。对落实生产经营者主体责任、推动食品产业高质量发展、加强食品安全风险防控能力建设、推进食品安全社会共治、开展食品安全放心工程建设攻坚行动、强化组织领导等方面工作提出工作要求，作出工作部署。

【加快推进教育现代化】 2020年12月20日，经市委、市政府同意，市委办公室、市政府办公室印发《加快推进合肥教育现代化实施方案（2020—2022年）》，以习近平新时代中国特色社会主义思想为指导，全面对标对表习近平总书记关于教育的重要论述，以培养德智体美劳全面发展的社会主义建设者和接班人为根本任务，提出到2022年的总体目标，即全市教育总体发展水平位于全国省会城市前列，融入长三角高质量一体化发展取得实质性成效，教育现代化取得重要进展，基础教育更加公平优质、职业教育更具特色水平、高等教育更具创新动能、特殊教育终身教育更加健全完善；教育发展不平衡不充分问题得到解决，教育改革发展成果更加公平地惠及人民群众；教育服务合肥经济社会发展能力进一步提高，智慧教育实现全覆盖，建设教育强市显现。聚焦教育发展战略性、紧迫性问题和人民群众关心的热点难点问题，体现高质量、突出普惠性、促进均衡性、提升智慧化，全面实施“十大工程”，即新时代立德树人工程、教育公共服务保障工程、基础教育巩固提升工程、产教融合深度推进工程、高等教育内涵发展工程、智慧教育建设示范工程、教师队伍改革建设工程、教育治理体系构建工程、教育交流开放合作工程、深化重点领域改革工程。

【促进领导干部廉洁从政】 2020年12月20日，经市委同意，市委办公室印发《领导干部廉洁从政“八个不得”行为规范（试行）》，依据《中国共产党廉洁自律准则》《中国共产党纪律处分条例》《中国共产党问责条例》《中华人民共和国监察法》等规定，对领导干部廉洁从政行为提出要求和规范。强调领导干部应当加强对近亲属及其他有共同利益关系的特定关系人管理和教育，对领导干部与特定关系人行为方面提出“八个不得”。提出领导干部发现特定关系人在所管辖的地区和业务范围内存在承揽政府投资的工程项目、吸收存款、推销金融产品、租赁或者承包国有资产等情形的，及时向所在党组织和有干部管理权限的上级党组织作出书面报告。同时，主动督促特定关系人停止相关行为。《行为规范》同时制定相应问责措施。

合肥经济技术开发区清华附中合肥学校 （吴小黎/摄）

【制定“十四五”规划和远景目标】 2020年12月29日，中国共产党合肥市第十一届委员会第十二次全体会议通过《中共合肥市委关于制定国民经济和社会发展第十四个五年规划和二〇三五年远景目标的建议》，总结“十三五”时期决胜全面建成小康社会取得的决定性成就，强调习近平总书记两次考察安徽、亲临合肥，发表重要讲话、作出重要指示的重大意义，指出合肥在新发展阶段面临的新形势。提出“十四五”时期经济社会发展的主要目标是高质量发展首位度在全省加快提升，人均生产总值加快跻身长三角城市前列，综合实力加快迈入全国城市二十强并力争前移，打造具有国际影响力的创新高地，打造全国重要的先进制造业高地，打造具有国内比较优势的数字经济高地，打造具有重要影响力的改革开放新高地，打造优质优良宜居宜业的生态高地。制定二〇三五年远景目标，是奋力高水平基本实现社会主义现代化，奋力成为全面塑造创新驱动发展新优势的全国示范城市，奋力迈向具有竞争力的国家中心城市。

（吴朝晖）

重要会议

【市委全委会议】 中国共产党合肥市第十一届委员会第十一次全体会议。2020年10月26日在合肥召开。全会审议通过《中共合肥市委关于深入学习贯彻习近平总书记考察安徽重要讲话指示精神在“两个坚持”“两个更大”中勇当先锋勇创佳绩的决定》。省委常委、市委书记虞爱华受市委常委会委托，就《决定（讨论稿）》向全会作说明，并就贯彻落实习近平总书记考察安徽重要讲话指示精神、省委十届十一次全会精神作讲话。全会号召，全市各级党组织和广大党员、干部要高举习近平新时代中国特色社会主义思想伟大旗帜，更加紧密地团结在以习近平同志为核心的党中央周围，在省委的坚强领导下，进一步解放思想、开拓奋进，知重负重、攻坚克难，以一往无前的奋斗姿态、风雨无阻的精神状态，在“两个坚持”“两个更大”中勇当先锋、勇创佳绩，为加快建设美好安徽，为实现“两个一百年”奋斗目标和中华民族伟大复兴的中国梦作出新的更大贡献。

中国共产党合肥市第十一届委员会第十二次全体会议。12月29日召开，全会由市委常委会主持。会议听取和讨论省委常委、市委书记虞爱华受市委常委会委托作的工作报告，审议通过《中共合肥市委关于制定国民经济和社会发展第十四个五年规划和二〇三五年远景目标的建议》《中国共产党合肥市第十一届委员会第十二次全体会议决议》。虞爱华就《建议（讨论稿）》向全会作说明，并就贯彻落实全会精神作讲话。市委副书记、市长凌云就做好2021年经济工作作出具体部署。

【市委常委会会议】 2020年1月23日，市委常委会召开扩大会议，深入学习贯彻习近平总书记对新型冠状病毒感染的肺炎疫情作出的重要指示精神，听取疫情情况汇报，进一步研究部署防控工作。省委常委、省人大常委会副主任、市委书记宋国权主持会议。

2月5日，市委常委会扩大会议暨市疫情防控工作领导小组会议召开，深入学习贯彻习近平总书记在中共中央政治局常务委员会会议上的重要讲话精神，传达省委有关会议精神，研究合肥市贯彻落实工作。审议通过《合肥市疫情防控应急指挥部公告》和《关于应对新型冠状病毒感染的肺炎疫情鼓励中小企业持续发展的若干意见》。宋国权主持会议并讲话。

2月14日，市委常委会扩大会议暨市疫情防控工作领导小组会议在市政务中心召开，传达学习习近平总书记在中央政治局常务委员会会议上的重要讲话精神、在北京调研指导新型冠状病毒肺炎疫情防控工作时的重要讲话精神，传达省委有关会议精神，研究合肥市贯彻落实举措。宋国权主持会议并讲话。

2月26日，市委常委会召开会议，传达学习习近平总书记在中央政治局会议、统筹推进新冠肺炎疫情防控和经济社会发展工作部署会议上的重要讲话精神及省委有关会议精神，分析研判合肥市疫情防控形势，研究部署统筹推进疫情防控和经济社会发展工作。宋国权主持会议。

3月4日，市委常委会召开会议，传达学习习近平总书记在北京考察新冠肺炎防控科研攻关工作时的重要讲话精神，研究合肥市贯彻落实工作；深入学习习近平总书记在中央政治局常委会会议听取全国人大常委会、国务院、全国政协、最高人民法院、最高人民检察院党组工作汇报和中央书记处工作报告时的重要讲话精神及省委有关会议精神，听取市人大常委会、市政府、市政协、市法院、市检察院党组工作汇报。讨论研究《中共合肥市委常委会2020年工作要点》及分工方案（审议稿），听取2019年改革工作完成情况及2020年重点改革任务谋划情况汇报。宋国权主持会议。

3月10日，市委常委会召开会议，传达学习习近平总书记在中央政治局常委会会议上的重要讲话精神、在决战决胜脱贫攻坚座谈会上的重要讲话精神，落实省委有关会议部署，研究合肥市贯彻落实工作。研究向施咏康、段玉华同志学习的有关事项。审议《关于抓好“三农”领域重点工作确保如期实现全面小康的实施意见》和《全市领导干部联系重点民营企业工作方案》。宋国权主持会议。

4月10日，市委常委会召开会议，传达学习习近平总书记在3月27日中央政治局会议上的重要讲话精神、在4月8日中央政治局常委会会议上的重要讲话精神、在浙江考察时的重要讲话精神、在二十国集团领导人应对新冠肺炎特别峰会上的重要讲话精神，传达省委有关会议精神，研究合肥市贯彻落实工作。传达学习《党委（党组）落实全面从严治党主体责任规定》及省委书记李锦斌批示精神。传达学习全国离退休干部“双先”表彰大会和全国、全省老干部局长会议精神，研究全市贯彻落实工作。

审议《合肥市人大常委会2020年工作要点》《政协合肥市委员会2020年工作要点》《中共合肥市委关于新时代加强和改进人民政协工作的实施意见》《合肥市人才公寓建设运营管理暂行办法》《合肥市人才公寓租售管理细则(试行)》。研究合肥市2020年全国劳动模范和先进工作者评选推荐、拟认定首批"合肥市技术创新中心"等工作。宋国权主持会议。

4月15日，市委常委会会议暨市新冠肺炎疫情防控工作领导小组会议在市政务中心召开，听取疫情防控和经济社会发展情况汇报，研究部署有关工作。讨论研究《关于深化"三个以案"警示教育的实施方案》。审议《中共合肥市委2020年政党协商计划》，听取合肥老年大学2019年工作开展情况及2020年工作要点汇报。宋国权主持会议。

5月18日，市委常委会召开会议，重温学习习近平总书记在6日、14日中央政治局常委会会议、党外人士座谈会上和在山西考察时的重要讲话精神，贯彻省委常委会会议精神，研究合肥市贯彻落实工作。研究房地产市场调控长效机制建设、住房租赁试点工作，审议《合肥市加快集成电路产业人才队伍发展的若干政策》等文件。省委常委、省委宣传部部长、市委书记虞爱华主持会议。

6月2日，市委常委会扩大会议暨经济形势分析调度会召开。会议通报全市1～4月份经济运行情况。强调要咬定目标迎难而上，在量质齐升中延续合肥发展良好势头。虞爱华主持会议并讲话。

6月19日，市委常委会召开中央脱贫攻坚专项巡视"回头看"整改暨深化"三个以案"警示教育专题民主生活会。省长李国英参加指导。会议书面通报中央脱贫攻坚专项巡视"回头看"和2019年脱贫攻坚成效考核反馈问题合肥市整改落实情况，全市深化"三个以案"警示教育阶段性进展情况，关于政治、工作、管理、作风方面有关情况的综合分析报告。会上，虞爱华代表市委常委班子作对照检查，各位常委分别作发言，开展严肃认真的批评和自我批评。

6月24日，市委常委会召开会议，传达学习习近平总书记在宁夏考察时和在专家学者座谈会上的重要讲话精神，传达6月22日省委常委会会议精神，研究合肥市贯彻落实工作。会议审议并原则通过《合肥市"创优营商环境攻坚年"行动实施方案》《合肥市党政机关办公用房管理实施办法》《合肥市市直单位公务用车管理使用办法》，研究关于开展全市新冠肺炎疫情防控党内及时性表彰工作。虞爱华主持会议。

7月15日，市委常委会会议暨市委理论学习中心组学习会议召开。会议传达学习习近平总书记对进一步做好防汛救灾工作作出的重要指示精神及省委常委会会议精神，研究部署合肥市下一步防汛抗洪工作；传达学习习近平总书记在中央政治局第二十一次集体学习时的重要讲话精神及省委常委会会议精神，研究合肥市贯彻落实工作。强调要再接再厉、连续作战、全力以赴打赢防汛硬仗。虞爱华主持会议并讲话。

8月23日，市委常委会召开扩大会议，传达学习习近平总书记考察安徽和在扎实推进长三角一体化发展座谈会上重要讲话精神，落实省委常委会扩大会议部署，研究安排合肥市贯彻落实工作。虞爱华主持会议。

9月29日，市委常委会召开会议，传达学习习近平总书记在湖南考察时的重要讲话精神和在基层代表座谈会、教育文化卫生体育领域专家代表座谈会上的重要讲话精神，研究合肥市贯彻落实工作。会议指出要统筹上级要求群众需求工作追求，做到大事不放松小事不放过难事不放弃。虞爱华主持会议。

10月20日，市委常委会召开会议，专题研究合肥市全面从严治党工作。会议听取2020年以来全市党建工作开展情况和市委落实全面从严治党主体责任工作情况汇报，审议通过《市委全面从严治党主体责任清单》。市纪委监委、市委组织部、市委宣传部、市直机关工委分别汇报工作开展情况。省委常委、市委书记虞爱华主持会议。省监委委员谢强率省纪委监委调研督导组到会指导。

11月2日，市委常委会扩大会议暨经济形势分析会召开，传达学习党的十九届五中全会精神及省委常委会扩大会议精神，部署合肥市贯彻落实工作。强调要紧扣高质量发展主题，坚持创新驱动发展，全面塑造发展新优势。虞爱华主持会议并讲话。

11月6日，市委常委会召开会议，传达学习习近平总书记在广东考察、在深圳经济特区建立40周年庆祝大会、在纪念中国人民志愿军抗美援朝出国作战70周年大会上的重要讲话精神及省委有关会议精神，研究合肥市贯彻落实工作。会议听取2020年以来合肥市信访工作情况汇报。会议强调要以更大魄力在更高起点上推进改革创新。虞爱华主持会议。

11月13日，市委常委会召开会议，传达学习习近平总书记在中央政治局第二十四次集体学习时、在中央党校（国家行政学院）中青年干部培训班开班式上的重要讲话精神及省委有关会议精神，研究合肥市贯彻落实工作。会议强调要奋力把科技创新这个“关键变量”，转化为推动高质量发展的“重要增量”。会议研究合肥市疫情防控工作，强调要慎终如始从严从实抓好冬季疫情防控，坚持系统思维，统筹好疫情防控与经济社会发展，确保“十三五”圆满收官。虞爱华主持会议。

11 月 29 日，虞爱华主持召开市委常委会扩大会议暨经济形势分析会，传达学习中央财经委员会第八次会议和省委常委会会议暨省委财经委员会第四次会议精神，分析研判 1—10 月份全市经济形势，研究部署下一阶段重点工作。

12 月 8 日，虞爱华主持召开市委常委会会议，传达学习习近平总书记近期重要讲话精神及省委十届十二次全体会议精神，研究部署合肥市贯彻落实工作。会议指出，要谋深谋实合肥“十四五”发展的目标、思路、举措，全面塑造创新驱动发展新优势。要严格落实长江大保护的政治责任，以打造最好名片为抓手，扎实推进巢湖综合治理。会议审议《加快推进合肥教育现代化实施方案（2020—2022 年）》。会议强调要深入学习贯彻习近平总书记关于党校办学治校系列重要指示精神，确保做到政治高站位、教学高质量、师资高素质、管理高水平。

12 月 20 日，市委常委会召开扩大会议，传达学习中央经济工作会议精神及省委常委会扩大会议精神，研究合肥市贯彻落实工作。会议强调，要善于用政治眼光观察和分析经济问题，准确把握当前形势，坚决贯彻中央要求，做到国之大者心中有数。要科学谋划明年目标任务，扎实办好自己的事，善于在危机中育先机、于变局中开新局。要时刻绷紧安全稳定这根弦，疫情防控只能加强不能削弱。虞爱华主持会议。

12 月 24 日，市委常委会召开会议，传达学习中央全面依法治国工作会议精神及省委常委会扩大会议精神，研究部署合肥市贯彻落实工作。强调要学懂弄通做实习近平法治思想。会议听取市纪委关于履行全面从严治党监督责任情况的汇报。虞爱华主持会议。

（张　慧）

综合党务

【概况】 2020 年，中共合肥市委办公室（以下简称“市委办”）围绕市委工作大局，履行“三服务”职能，跟踪督办习近平新时代中国特色社会主义思想学习贯彻任务 20 余件，对 10 件习近平总书记重要指示批示精神贯彻落实情况开展“回头看”，推动中央决策部署落实。做好习近平总书记考察安徽在合肥期间服务保障工作，协助市委出台《市委关于在“两个坚持”“两个更大”中勇当先锋、勇创佳绩的决定》，制定《贯彻落实〈中共安徽省委关于深入学习贯彻习近平总书记考察安徽重要讲话指示精神奋力在构建新发展格局中实现更大作为在加快建设美好安徽上取得新的更大进展的决定〉重要举措分工方案》涉及合肥市任务实施方案。学习宣传贯彻党的十九届五中全会精神，协助市委印发《通知》，安排市委常委会会议、理论学习中心组学习会议，做好中央、省委宣讲团在合肥宣讲报告会服务保障工作，协助安排市委主要负责同志赴基层宣讲全会精神，统筹召开 4 次市委专题会议，就“十四五”规划和 2035 年远景目标建议征求意见。

办理人民网网民给省委书记（涉肥）、市委书记留言，做到“三个百分百”（即百分百登记、百分百处理、百分百回复），连续十一年获评全国“人民网留言办理工作先进单位”。全年处理信息 30000 条，编报《合肥信息》1098 期，向中办报送信息 1800 条、向省委办上报信息 2100 条，重要紧急信息 54 条，65 篇（条）信息得到省市领导批示，合肥信息工作连续十二年在全省保持第一；在全国 256 个信息直报点排第 42 位，在长三角城市群 27 城中排第 11 位。全面做好重要紧急信息收报、处理工作，建立《市委领导紧急信息批示登记表》，全年省市领导批示 49 次，其中市委主要领导批示 9 次，传达、落实、跟踪领导批示 200 余人次。

【防疫防汛】 2020 年，市委办坚持强化“平时值守、战时应急”职能，疫情期间，收报各类书面紧急重要信息 280 余条（期），接听处置各类口头、书面紧急重要信息 550 余条，30 多名党员报名参加“抗疫先锋队”，下沉社区参加防疫；防汛期间，市委总值班室保持 24 小时战备状态，报送全市防汛抗洪信息专报 15 篇，上报各类气象防汛抗洪信息 100 余条，确保市委领导掌握相关情况、科学调度。巢湖防汛抗洪“保卫战”中，15 名党员组成“防汛突击队”驰援马家渡大堤。

【助力脱贫攻坚】 2020年，市委办开展中央脱贫攻坚专项巡视“回头看”和2019年成效考核反馈问题整改工作，成立市委办整改工作领导小组办公室，统筹负责牵头整改任务的组织协调、整体推进和督促落实，定期研究整改进展情况，及时解决整改过程中遇到的问题。制定建立周调度、周上报工作制度，召开调度会3次，向市委整改办报送周报告12期；市委办牵头的5项任务全部销号。抓好定点帮扶工作，长丰县岗集镇青峰岭村通过国家普查验收，村集体经济收入达到156万元，脱贫攻坚案例入选国家林草局森林旅游扶贫典型案例汇编，《青峰岭上党旗红》微视频受到中央农办和学习强国平台推介。

【服务工作大局】 2020年，市委办全年服务保障市委全会2次、全市领导干部大会4次、市委理论学习中心组学习会17次、市委常委会会议40次、市委常委会专题民主生活会1次、市委书记专题会议16次、其他专题性工作会议52次，牵头或参与组织各类活动270批次，完成习近平总书记考察安徽、合肥国家实验室挂牌仪式、第三届世界声博会暨2020科大讯飞全球1024开发者节颁奖盛典、世界制造业大会江淮线上经济论坛、2020中国半导体材料创新发展大会、2020长三角一体化发展论坛等重大活动服务保障工作。

健全和完善市国家安全组织体系和工作机制，组织开展贯彻党委（党组）国家安全责任制专项督查调研，修订完善市防范化解重大风险“1+9+N”方案体系，累计梳理研判风险信息1250余条，组织开展“全民国家安全教育日”主题宣传活动，牵头开展违规传播内部文件专项整治活动，加强情报信息收（搜）集和研判，累计向省委国安办报送情报信息99期，获省市领导批示34期，中央国安办采用7期，2篇被列入核心情报。

6月18日，市委保密委召开2020年第一次全体会议。市委常委、秘书长、保密委员会主任韦弋主持会议并讲话。市委保密委员会成员出席会议，有关单位人员列席会议 （曹先锋/摄）

结合合肥实际，严把新闻报道政治关，全年修改、审核有关市委主要负责同志新闻稿300余篇，组织安排和衔接报道活动200多批次。服务保障市委副书记开展工作，全年起草各类综合文稿300余篇，审核修改媒体新闻稿48篇。统筹做好党内规范性文件“上备下审”工作，落实政治性审查、合理性审查、规范性审查等新规定，全年向省委报备党内规范性文件36件，审查备案文件172件，发出提醒通知3件。

（刘 徽）

组 织

【概况】 截至2020年底，中共合肥市委直接管理党组织中，有9个地方党委、4个开发区党工委、66个党组（党委、党工委）和滨湖科学城临时党委。全市有基层党组织19750个（党委1412个、党总支1177个、党支部17161个），党员459055人（其中35岁以下117295人、占25.6%，女党员133079人、占29%，大专以上学历236336人、占51.5%）。全市有副市级以上领导干部55人；县处级干部2141人［县（市）区326人、市直单位1096人、政法部门269人、市管企事业单位450人］。全市公务员总数25085人（含参照公务员法管理人员1135人），其中，市直11000人，县（市）区14085人。全市人才总量190多万人，其中“两院”院士135人（全职在肥38人、兼职26人、院士工作站在站院士71人），国家“特聘专家”288人、国家“万人计划”专家145人；省“特聘专家”186人、省“特支计划”专家145人，省“115”产业创新团队53个；市“领军人才”209人、“庐州英才”143人、庐州产业创新团队301个。

【领导班子和干部队伍建设】 2020年，市委组织部实施习近平新时代中国特色社会主义思想教育培训计划，全年举办各类培训班40期、培训3000余人次。适应疫情防控常态化新形势，举办深入学习贯彻党的十九届四中全会精神网络专题班，培训干部1.86万人。深入学习贯彻习近平总书记考察安徽重要讲话指示精神，组织全市领导干部专题研讨班，直接培训194人，督促指导各地各单位举办专题研讨班169期、培训1.2万多人次。加强干部专业化能力培训，全年举办高质量发展、应急管理能力提升等专题班22期，培训干部1600余人。制定实施方案，推进县级党校分类建设和渡江战役纪念馆提档升级，着力建强党员干部教育培训主阵地。

突出政治把关，列出干部政治表现10项负面清单，严格对照筛查，考准查实干部政治素质。落实“三案一单”精准管理，加强分析研判，注重实干实绩，全年提拔县处级干部77人，晋升一级至四级调研员541人。深入一线考察识别干部，全市92名在防疫抗洪中表现突出的干部得到提拔使用或晋升职级。加强年轻干部培养使用，选派15名优秀年轻干部赴G60科创走廊等城市学习锻炼，选派1000余名年轻干部深入疫情防控一线、900名年轻干部参与防汛抢险任务，为市属企事业单位引进重点院校优秀毕业生31人，提拔使用“80后”县处级干部21人。

执行领导干部个人有关事项报告“两项法规”，开展专项整治，对15批次189名领导干部个人有关事项报告进行重点抽查，取消考察对象资格2人，予以诫勉1人。预审干部调配方案68批1057人次，未同意调整或暂缓8人。结合市委巡察分两轮对33家单位开展选人用人专项检查，对42个单位整改落实情况进行“回头看”，推动问题改到位、改彻底。首次开展疫情防控专项考核，完成市委综合考核，42个市管领导班子、521名市管干部为综合考核“优秀”等次。

【公务员队伍建设】 2020年，市委组织部推进公务员分类改革。完成全市公安机关、法检系统和监狱、戒毒场所人民警察职级序列职数重新核定，批复职级职数1827名。研究制定县（市）区生态环境部门人员划转方案，复核78名划转公务员身份。深化职务与职级并行制度改革，全年晋升职级3182人。建立职级职数“周转池”制度，为13个单位调剂使用24名职数。

坚持录用标准，严格考察程序，抓好公务员考录，全年面向社会考录公务员440名，专项招录公务员156名，重点向基层一线倾斜，重点补充财政审计、城建规划、交通运输等经济社会发展和民生保障部门所需人才；全年接收定向选调生34人，办理公务员登记826人；贯彻新修订的《公务员培训规定》，全年组织开展各类培训班5期、培训400余人。督促指导26家试点单位推进公务员平时考核，探索开展公务员绩效管理试点。开展公务员年度考核，确定优秀嘉奖1385人，记三等功261人；对在防疫防汛中表现突出的24名市直机关干部，按照规定给予奖励。慰问市直机关离退休劳动模范、先进工作者和科技进步奖获得者138名、老干部遗属95名，组织市直机关100名优秀公务员代表开展健康休养。

【基层党组织和党员队伍建设】 *压实基层党建工作责任。*2020年，市委组织部落实基层党建工作述职评议考核办法，分别召开县（市）区、市直机关和市管学校、医院、企业党委（党组）书记抓基层党建工作述职评议会议，评议结果按10%计入个人年度综合考核得分。按照5%比例确定基层党建综合评价意见“较好”或以下等次，获“较好”等次的9位市管干部在综合考核中被取消评优资格。建立基层党建工作“三个清单”，项目化推进整改落实。持续推进党支部建设提升行动，建立县处级以上干部支部联系点838个，基层党组织实现全达标，先进党组织占比不断提升。

*推进城市基层党建。*落实市委“1+8”系列文件，完成44个街道“大部门制”改革，指导城区用好市级下划街道的编制招录公务员69名，调整优化社区网格5811个，建立网格党支部3200多个、楼栋党小组2600多个。核定社区工作者员额11170个，按“四级十二档”岗位等级全面兑现薪酬待遇，人均年增收约9000元。深化社区减负增效，加强“红色物业”“红色业委会”建设，推进“四联四定”工作，1900多个机关企事业单位、2.7万名在职党员主动到社区报到，7个社区获批省级示范，城市领域30个党组织入选省级“领航计划”，全省城市基层党建工作推进会在合肥市召开。

*深化农村基层党建。*加强村党组织带头人队伍建设，从拓宽事业发展空间、保障合理报酬待遇等方面出台9条意见，从中选树先进典型20人，从村、社区“两委”正职中考录乡镇、街道公务员14人。着眼换届开展村干部“大储备”工作，储备人选2105人。建立“包

乡走村入户”常态化机制，集中整顿软弱涣散村党组织43个。实施“百村示范、千村提升”行动，出台村级留用地管理实施办法，大力发展村级集体经济，全市年经营性收入50万元以上的经济强村由96个增加至318个。112个贫困村全部出列，其中67个成为经济强村。

提升各领域基层党建水平。加强非公企业和社会组织“两个覆盖”，开展“找党员、建组织”专项行动，引导和推动1696名“口袋党员”“隐形党员”亮明身份、转接组织关系。出台意见，做实“非公工委+若干行业党委”模式，加强和规范行业（综合）党委建设。开展“四个依托”集中组建活动，新增园区、楼宇、商圈、行业协会等党组织160个，党组织覆盖质量得到提高，园区党建、商圈市场党建有关做法在全省推广。健全机关党建工作责任体系，排查整改“灯下黑”问题322个，打造市直机关过硬党支部173个、示范党支部15个。抓好国企党组织规范化建设，印发《示范文本》，完善党委前置研究讨论事项清单。加强学校、公立医院党建工作力量配备，在9家市属医院实行党政分设，中小学校党组织单独组建率达100%。

加强党员队伍建设。做好党员发展和教育管理工作，全年发展党员6730名，培训党支部书记1.7万多人次。加强党员教育资源建设，征集“党课开讲啦”党课作品86部，7部党员电教片获全国全省表彰。在重大斗争一线发挥党员作用，组织1.22万名机关企事业单位干部参与疫情防控值守、3800多名市直机关干部参加防汛救灾战斗。涌现出施咏康、陈陆、段玉华、王松等一批先进典型。提请市委对表现突出的63名优秀共产党员、50个先进党组织予以表彰，市党员电教中心全年推出58期“疫”线专辑、43期“战汛”专栏、18部电教片，广泛宣传抗疫防汛先进典型事迹。

【人才强市建设】 加快产业人才集聚。2020年，市委组织部开展重点产业人才普查，出台《关于进一步吸引优秀人才支持重点产业发展的若干政策》，针对“芯屏器合”“集终生智”等战略性新兴产业人才，提出免费租房、补贴购房、发放岗位补贴、柔性引才奖补等5条举措，紧盯高校毕业生等重点人群，精准实施靶向引才，推动形成产业带动人才集聚、人才引领产业发展的良性循环。

实施重点人才工程。新认定市领军人才23人，“庐州英才”32人、庐州产业创新团队40个、市专业技术拔尖人才98人，新组建宣传文化名家、农业首席专家、技能大师等工作室61个。首次开展“智汇合肥高校行”活动，组织51家重点企业到北京大学、清华大学等13所知名高校招才引智，全年新引进本科以上人才9.6万人，新入选国家、省重点人才工程项目150余人，在肥服务院士达135人。

深化区域人才合作。紧跟长三角一体化发展、长江经济带发展等国家战略部署，优化全市人才工作整体布局，加强区域交流合作，以“智汇高质量、人才一体化”为主题，成功举办第三届长三角G60科创走廊人才峰会，集中发布人才政策和高层次紧缺人才需求信息，举办首批长三角高层次人才高级研讨班。与中国科大共同举办第四届“墨子·云论坛”，营造创新创业良好氛围。

优化“养人”生态环境。完善高层次人才分类认定办法，更新高层次人才分类目录，截至当年底，全市认定各类高层次人才1642人。出台人才公寓建设运营管理办法，做好人才子女教育、医疗保障等服务，累计发放新落户租房补贴1.5亿元、惠及1.7万人。建好用好合肥国际人才城，引进创业创新团队22个、市场化服务机构14个，开展以才智交流为主题的论坛、路演、沙龙、报告会等活动，承办中德国际高峰论坛、“Si享汇”系列活动等99场。优化升级合肥国际人才网及微信公众号，打造“政策一网查询”“项目一网申报”“服务一网办理”线上一站式服务平台。

（朱璐璐）

2020年10月29日，第三届长三角G60科创走廊人才峰会在合肥市开幕

（郭如琦/摄）

宣 传

【概况】 2020年，合肥市加强理论武装，深入学习宣传党的十九届四中、五中全会和习近平总书记考察安徽重要讲话指示精神，累计开展各级各类宣讲9000多场。把握决胜全面建成小康社会主基调，围绕重大主题、重大活动，开展专题专栏近60个。坚持为民惠民，提质提效，健全公共文化服务体系，发展文化事业。以全国文明城市创建为龙头，加强社会宣传教育。加强对外宣传，扩大城市知名度、美誉度和影响力。深化文化体制改革，完成年度12项重点改革任务。完善考核检查办法，压实意识形态工作责任。

【理论武装】 2020年，合肥市把学习宣传贯彻习近平新时代中国特色社会主义思想作为首要政治任务，深入学习宣传党的十九届四中、五中全会和习近平总书记考察安徽重要讲话指示精神，推动党的创新理论深入人心。市委常委会带头落实以“四个第一”为重点的学习对标制度，及时跟进、全面系统学习习近平总书记重要讲话和指示批示精神。市委理论学习中心组聚焦脱贫攻坚、量子科技、自贸区建设等专题，开展学习研讨17次，做到深入思考学、联系实际学。全面落实中心组学习规则，抓好《习近平谈治国理政》第三卷、习近平同志《论党的宣传思想工作》等著作学习使用，对25家县以上中心组开展巡听旁听，推动各级中心组学用结合、提质增效。开展“举旗帜·送理论”活动，把党的理论政策送到千家万户，累计开展各级各类宣讲9000多场。市委宣传部适应网络传播新格局，在全省率先上线“学习强国”合肥学习平台，集聚536个基层微信公众号，精心打造“理响合肥”全媒体宣讲团，被评为全国基层理论宣讲先进集体。围绕重大理论和现实问题，加强研究阐释，高质量完成省市领导圈定课题6个、社科规划项目45项，在《学习时报》等中央媒体及省部级以上报刊发表成果18篇。

2020年6月24日，“举旗帜·送理论”合肥市第三届“理响合肥”理论微宣讲比赛在合肥圆满落下帷幕 （市委宣传部/供）

【新闻宣传】 2020年，市委宣传部面对疫情汛情，策划“凝聚起合肥战‘疫’力量”“保卫巢湖”等系列宣传报道，推出抗疫抗洪报道90000多篇（条），创作抗疫抗洪文艺作品10000多件，增强全市上下凝聚力战斗力创造力。把握决胜全面建成小康社会主基调，围绕党的十九届五中全会精神、习近平总书记考察安徽等重大主题，长三角一体化发展、自贸区建设、打造“五高地一示范”、实施“链长制”等重大决策部署，世界制造业大会、世界显示产业大会、G60科创走廊人才峰会等重大活动，开展“牢记嘱托 奋勇前行”“育新机 开新局”“六稳六保在行动”等专题专栏近60个。策划“五高地一示范”“聚力合肥、全面小康”“创新再出发、小处大未来”“聚焦合肥综合性国家科学中心”等网络专题宣传，相关浏览量超1600万、抖音播放量超5000万。推进媒体深度融合发展，出台促进媒体融合发展扶持办法，“合肥发布”APP上线，“政在进行”“图个明白”等10余个融媒体工作室初具影响，县级融媒体中心全部通过省级验收，服务群众、引导群众能力显著增强。

【文化事业】 2020年，市委宣传部坚持为民惠民，加强文艺精品创作，原创小品《家和月圆》获中国曲艺牡丹奖节目奖，原创歌曲《平安武汉》被《焦点访谈》选作为背景音乐，电影《忠爱无言2》获第33届中国电影金鸡奖最佳儿童片和最佳音乐两项提名奖，庐剧电影《啊！妈妈》参加第十届北京国际电影节戏曲电影展映。健全公共文化服务体系，市中心图书馆、市

2020年7月1日，由市委宣传部主办的“不忘初心、牢记使命”合肥市庆祝中国共产党成立99周年文艺演出隆重上演（市委宣传部/供）

博物馆、市美术馆等重大场馆建设稳步推进，建成运营城市阅读空间100个，村级综合性文化服务中心建成率达98%。开展高雅艺术惠民、基层文艺调演暨“玉兰杯”戏曲大赛等品牌文化活动，举办中国曲艺牡丹奖大赛（合肥赛区）、“双文广场”全面小康交响音乐会、“圆梦小康”主题文艺展演、“科技之光·天鹅湖诗会”等文化活动，丰富群众精神文化生活。创新开展线上文化活动，举办建党99周年文艺演出、《致敬中国力量》艺术党课线上直播，220万人在线观看。

【社会宣传】 2020年，合肥市坚持以社会主义核心价值观为引领，以贯彻新时代公民道德建设、爱国主义教育两个《纲要》为抓手，以全国文明城市创建为龙头，统筹推进文明村镇、文明单位、文明校园、文明家庭等群众性创建活动，连续3届蝉联全国文明城市。深化中国特色社会主义和中国梦宣传教育，加强“四史”教育，开展青少年爱国主义读书教育活动，34人在国家级大赛中获奖，发挥爱教基地作用，年吸引逾500万人次参观学习。实施公民道德建设工程，出台文明行为促进条例、道德模范荣誉称号管理办法，加强道德模范、身边好人等各类典型培育选树、宣传管理，推出全省重大典型18名，涌现出施咏康、陈陆等一批全国战疫战洪先进典型，新增“安徽好人”40人、“中国好人”13人，“中国好人”累计178人、位居省会城市前列，5个典型入选全国学雷锋志愿服务“四个100”、数量位居全省第一。推进思政进校园等“七进”工作，培育安徽省“新时代好少年”2人。推深做实新时代文明实践中心，建成实践中心（所、站）1677个、实现全覆盖，开展各级各类文明实践活动12万多场次，凝聚群众、引导群众、以文化人、成风化俗作用得到发挥。

【对外宣传】 2020年，市委宣传部围绕中心大局，持续加强对外宣传，树立城市良好形象，扩大城市知名度、美誉度和影响力。策划开展“决胜小康看合肥”“美好合肥‘十三五成就巡礼’”“走进产业园区 探寻产业地标”等系列新闻发布暨集中采访活动70多场，展现合肥发展态势。借助中央媒体、省级媒体、有全国影响的地方媒体等资源力量，组织开展“长三角地区集中联动采访”“走向我们的小康生活”“‘芯屏器合’看合肥”等大型采访，举办2020长三角一体化发展论坛、“链长制‘123+10’”行动等系列宣传活动，“合肥流量”刷屏全网，中央主要媒体刊发合肥宣传稿件2.2万多篇。

【文化体制改革与产业发展】 2020年，市委宣传部持续深化文化体制改革，完成年度12项重点改革任务，激发文化发展活力。制定文旅市场稳定发展措施，发放文旅消费券1000万元。推动“文化+”融合发展，实施创意文化产业“链长制”，培育文化新业态，签约快手、一下科技，原创动漫作品《给孩子的国宝档案》入选中宣部“原动力”重点扶持项目，合肥市文化产业连续七年在省政府目标考核中位居第一，支柱性产业地位巩固提升。创新举办第十四届合肥文博会，围绕人工智能、数字创意、音视频等三大产业链开展招商布展，文博会服务产业发展水平实现提升。加强文化交流合作，首次在深圳线上文博会启动云展厅，组织参加长三角文博会并获“合作组织奖”，举办第二届长三角企业文化建设交流合作论坛。

【意识形态管理】 2020年，合肥市贯彻《中国共产党宣传工作条例》《党委（党组）意识形态工作责任制实施办法》，严格落实“七个纳入”，完善责任制考核检查办法，压实工作责任。组织开展意识形态工作专项督查和市委第八、第九轮巡察意识形态工作专项检查，注重全程跟踪、闭合回环抓好反馈问题整改，推进落实“1+12”制度机制建设。建立健全风险防范机制，深化风险隐患排查、突出问题整治、阵地管理提升“三大行动”和“扫黄打非”五大专项行动，筑牢意识形态领域安全防线，市“扫黄打非”办公室入选全国先进集体。加强网上意识形态阵地管理，推进网络综合治理改革试点，研究出台网络意识形态和网络安全工作责任制两个《检查考核办法》，完善“1+4+N”网络综合执法体系，推动形成管网治网“一盘棋”“一张网”。

【首批宣传文化名家工作室挂牌组建】 2020年，市委宣传部推动全市宣传文化领域人才集聚发展，9月，根据市人才（干教）工作领导小组的工作部署，经过遴选，挂牌组建首批19个宣传文化名家工作室，并出台《合肥市宣传文化名家工作室建设管理办法》《合肥市宣传文化名家工作室管理考核办法》，推动名家工作室规范化运行并发挥名家“集聚效应”，创作推出一批优秀文艺作品，现实题材小说《追风之城》列入中宣部“全面小康”和“建党百年”主题重点跟踪项目名单，版画作品《三大改造》入围中国文联、国家财政部、国家文旅部建党百年历史题材美术创作工程，巢湖民歌《绿浪滚滚迎面来》亮相第十二届中国民间艺术节开幕式，少儿原创舞蹈作品《科技伴成长》获安徽省少儿文艺调演一等奖。

（张本三）

统　战

【概况】 2020年，市委统战部团结带领全市统战成员，学习领会习近平总书记关于加强和改进统一战线工作的重要思想，学习贯彻习近平总书记考察安徽重要讲话指示精神，加强思想政治建设，支持全市抗击新冠肺炎疫情和洪涝灾害，助力脱贫攻坚，促进非公有制经济发展，为全市“半年负转正、全年过万亿、迈进20强”作出贡献。市委统战部获评2020年度中国统一战线宣传先进单位。

2020年，市委统战部持续实施合肥统一战线“五大发展行动聚力工程”和助力夺取“双胜利”专项行动。全年签约台资项目19个、签约额151.7亿元人民币，签约侨资项目6个、签约额13.1亿元人民币。开展市各民主党派工商联专题调研，征集统战“金点子”，发挥“同心智库”作用，为党委政府科学决策提供智力支持。统战干部、统战成员投身抗疫工作，119名民主党派医务工作者战斗在抗疫第一线，3名民主党派成员参加援鄂医疗队，29名统战系统党员干部下沉社区，全市统一战线捐款捐物累计1.67亿元。助力海外侨胞抗击疫情，向罗马尼亚、菲律宾等9个海外侨团捐赠3万多只口罩和300多套防护服。澳门安徽联谊总会向合肥捐赠8万港币。执行宗教场所、集体宗教活动“两暂停一延迟”规定。开展向优秀组工、统战干部施咏康同志学习活动，授予136名同志“抗击疫情同心同行人物”和28家企业“抗击疫情爱心单位”称号，编印《同心战“疫”群像记》。面对巢湖流域汛情，全市统一战线系统开展物资供给、志愿服务、困难帮扶、紧急救援、心理疏导等工作，捐赠各类救灾款物近千万元。支持市各民主党派继续开展脱贫攻坚民主监督，开展民族乡村产品线上推荐、“百企帮百村”、消费扶贫等活动。市光彩事业促进会拨付资金165万元，扶持五县市扶贫项目。

【思想政治建设】 2020年，市委统战部举办全市统一战线学习贯彻习近平总书记考察安徽重要讲话精神培训班，在全市统战成员中开展“不忘合作初心，继续携手前进”“同心论坛”“统战工作开放日”等各类主题教育活动，依托“合肥统战”微信公众号开展统战知识竞赛，组织全市青年商会成员赴金寨、井冈山等地接受红色教育，推深做实政治引领工作。出台《关于加强全市统战文化建设的指导意见》，召开

2020年8月25日，市委统战部荐书会在政务中心举办　（市委统战部／供）

全市统战文化建设座谈会，全面实施统战文化建设五大基础工程，全市7家市级统一战线教育基地挂牌。开展“同心书籍进阅读空间”活动，实现全市阅读空间全覆盖，发挥统战文化方向引领、向心凝聚、激发活力、固本强基作用。

2020年9月16日，合肥市暨瑶海区民族团结进步宣传月展销活动在宝业东城广场举行　（市委统战部／供）

【民主党派工作】 2020年，市委统战部贯彻落实加强中国特色社会主义参政党建设“三个文件”和“两个纪要”精神，加强新时代参政党建设。协助市委制定并落实《中共合肥市委2020年政党协商计划》，组织召开各类情况通报会、民主协商会和座谈会等11次。制定印发《关于支持市各民主党派实施“五化五好”建设的意见》，加强民主党派代表人士队伍建设，建立民主党派代表人士数据库，推进民主党派基层组织建设及换届工作，助力民主党派成员企业复工复产，支持民主党派召开领导班子2020年度民主生活会、推进内部监督工作、落实组织发展政策等，推动民主党派加强自身建设。支持民主党派开展社会服务活动，打造社会服务“一党派一品牌”。

【民族工作】 2020年，市委统战部印发《关于进一步做好新形势下民族团结进步创建工作、铸牢中华民族共同体意识实施方案》《2020年全市民族团结进步宣传教育工作实施方案》，推进民族团结进步创建工作全面开展。出台《城市少数民族流动人口管理服务工作9条举措》，提高处理城市少数民族流动人口服务管理的能力和水平。牵头建立市涉疆服务管理工作联席会议制度，印发《合肥市涉疆服务管理工作联席会议成员单位工作职责》，组织召开第一次联席会议。下拨省2020年度民族企业技术改造项目贷款贴息少数民族补助资金183万元，以及市少数民族发展资金200万元，重点扶持省级民族企业、少数民族聚居的乡村和市区范围内清真餐饮企业。依托“互联网+”平台开展“民族情·云帮扶·促团结——合肥市民族乡村产品线上推荐活动”，展销少数民族特色产品，助力民族地区脱贫攻坚和乡村振兴有效衔接。庐阳区逍遥津街道、肥东县牌坊回族满族乡获评全省民族团结进步模范集体，丁剑光、白翻、程业琳等3人获评全省民族团结进步模范个人。

【宗教工作】 2020年，市委统战部坚持宗教中国化方向，学习贯彻《宗教事务条例》和《安徽省宗教事务条例》，制定《合肥市基层宗教工作规范化建设提升年活动方案》《合肥市佛教活动场所标准化管理12条举措》《合肥市基督教活动场所标准化管理22条举措》，印发《关于贯彻坚持宗教与教育相分离原则有关事项的通知》，深化基层宗教工作规范化建设，提升宗教工作管理水平。推进中央及省委宗教工作督查反馈意见整改工作，发挥宗教工作“三级网络和两级责任制”作用，聚焦民族宗教领域主要风险点进行排查，加大基督教私设聚会点治理力度。指导市佛教协会、市伊斯兰教协会完成换届工作，加强宗教团体自身建设。举办全市宗教界人士政策法规及宗教工作提升年经验交流培训班。创建宗教界培育和践行社会主义核心价值观示范点，推进宗教活动场所开展社会主义核心价值观教育实践活动。组织全市民族宗教系统近两百人完成2020年行政执法资格认证专门法律知识考试，提升宗教工作法治化水平。

【非公有制经济发展】 2020年，市委统战部开展与民营企业家谈心谈话活动，增强企业家的爱国情怀，引导他们承担社会责任。班子成员带头走访调研民营企业，关注所走访企业在疫情防控和复工复产中的思想困惑和实际困难，帮助解决问题、纾解情绪、坚定信心，帮助受疫情影响的小微企业渡过难关。调整市领导与非公有制经济代表人士联谊交友名单，走访慰问非公有制企业代表人士，构建亲清政商关系。组织市青年商会学习中共中央、国务院《关于营造更好发展环境支持民营企业改革发展的意见》文件精神。出台《关于贯彻〈安徽省关于加强新时代民营经济统战工作的实施方案〉》的实施意见，推荐22名合肥市民营经济代表人士为第五届安徽光彩事业促进会理事。

【党外知识分子和新的社会阶层人士工作】 2020年，市委统战部印发《合肥市加强和改进新时代党外知识分子思想政治工作实施方案》，加强合肥党外知识分子联谊会、合肥欧美同学会（合肥留学人员联谊会）等平台建设，助力打造全国首个区域性海创中心（欧美同学会长三角海创中心）等载体，在党外知识分子中开展“双建”“双树”活动，指导市党外知识分子联谊会与长丰县委统战部联合举办长三角G60科创走廊党外知识分子研讨会，参与开展2020“创响中国”安徽省创新创业大赛合肥欧美同学会专场推进会并获得优秀组织奖。成立合肥市新的社会阶层人士联谊会，发布新联会会徽“舞动未来”及活动品牌“合心合谊”。制定《关于进一步加强和改进全市网络统战工作方案》《全市网络统战工作怎么干（11条）》，编印《合肥市新的社会阶层人士统战工作基本知识手册》。对新的社会阶层人士重要联系对象进行摸底登记，并持续开展分类建档、分级和动态管理工作。召开全市新的社会阶层人士统战工作暨实践创新基地建设交流会和全市党外知识分子、网络人士统战工作会。重点打造“新瓜盟”“云@海”等一批实践创新基地品牌，并争创省级实践创新基地。

【港澳台及海外统战工作】 2020年，市委统战部调整合肥海外联谊会班子成员，召开全市侨情暨港澳台统战工作会议，开展侨情普查工作，建立全市港澳台情数据库，考察推荐19名台胞代表参加安徽省第十次台湾同胞代表大会。以“加强引导、主动联系、精准服务海内外人士”为指引，建立合肥海联会联络点，逐步实现合肥海联会工作全覆盖。开展“合肥归国留学创新创业代表人物”评选活动，激发归国留学人员创新创业激情。通过武汉华创会等国内大型涉侨展会，主动结识一大批优秀的华侨华人，合肥市与51个国家和地区的华人华侨、近百个侨团建立联系。出台《关于进一步发挥华侨华人在推进“一带一路”建设中作用的实施意见》，制定《合肥市落实中共中央关于加强新时代海外统战工作的意见》重点工作分解方案，推进侨胞“双稳”、暖侨行动等工作，举办第三届侨梦苑海外创新创业大赛，吸引全球60多个项目参赛，探索出一条“科技新侨助推新经济发展”新路子。

【党外代表人士队伍建设】 2020年，市委统战部先后举办民主党派基层组织负责人、党外知识分子和归国留学人员代表人士、新的社会阶层代表人士、党外科级干部培训班。加强对党外干部的政治引领，落实关心关爱党外代表人士实施意见要求，从政治经济、工作环境、发现培养、推荐使用上关心关爱党外干部。落实党外干部履职报告制度，建立健全“八支队伍”信息台账，配合组织部门综合运用民主评议、述职述廉、定期考核等方式，掌握党外干部的政治表现等情况。根据考核和平时掌握，实现各领域党外干部应配尽配，构建完善党外干部“蓄水池”。

【基层统战工作】 2020年，市委统战部贯彻落实省委统战部关于省辖市党委统战部工作评价办法有关文件精神，明确市委对各县（市）区、开发区领导班子和领导干部综合考核中统战工作评价范围。印发《关于开展建立“书记统战工作联系点”活动的实施意见》，在全市各县（市）区、各开发区、乡（镇、街道）、村（社区）三级开展“书记统战工作联系点”创建活动，并持续进行跟踪问效。召开全市各级开发区统战工作座谈会，编印《全市开发区统战工作怎么干（10条）》，制定开发区工作任务明细表，明确开发区工作责任清单。指导市中华职教社加强自身建设，在全省率先实现中华职教社县级组织全覆盖，助力全市职业教育事业健康发展。

（余亚斌）

机构编制管理

【概况】 2020年，合肥市机构编制办公室（以下简称“市编办”）以改革创新、规范管理和机构编制调整优化破解体制机制障碍，保障重点部门急需，完善机构职能体系，完成五大领域综合行政执法改革和生产经营类事业单位改革，完善公共卫生和疾控体制机制，保障中国（安徽）自由贸易试验区合肥片区建设，探索深化编制周转池制度和权责清单制度建设成果，实现机构编制工作高质量发展。

【党政机构职能体系建设】 2020年，市编办健全党委议事协调机构运行体制机制，修订部门“三定”规定或调整明确职责，深化权责清单制度建设，动态调整清单事项，跟踪指导基层管理体制改革，推动构建系统完备、科学规范、运行高效的党政机构职能体系。优化完善市委全面深化改革委员会办公室、全面依法治市委员会办公室等12个议事协调机构工作运行机制，退役军人相关议事协调机构力量得到增强。跟踪了解涉改部门机构改革落实情况，完善有关领域职责关系和责任链条，重新调整市委宣传部、市文化和旅游局、市直机关工委等部门职能职责，重新制定市交通运输局“三定”规定，促进部门内部职责、业务、人员有机融合。建立即时动态与年度集中调整相结合的权责清单动态调整机制，明确市、县、乡三级权责清单及公共服务清单、行政权力中介服务清单动态调整决策程序、衔接方式和调整时限。规范市、县两级行政处罚和行政强制事项，厘清部门间职责关系，推进事项要素统一、标准统一、数量统一，完成县级权责清单中依职权类权责事项统一规范工作。加强权责清单运用，与市政务服务管理局、市数据资源局协作，梳理认领市级政务服务事项1972项。开展街道体制改革评估，巩固改革成果，研究解决改革中共性问题，推动街道履职尽责。深化经济发达镇行政管理体制改革，按照示范性、代表性、均衡性和持续性原则，完成省级经济发达镇推荐申报，肥东县长临河镇等8个乡镇纳入省级经济发达镇改革实施范围。

【重点领域体制机制改革】 2020年，市编办落实重点领域体制改革任务，围绕公共卫生和疾控体制、生态环境管理体制完善等重点领域和自贸区建设等重大战略实施，深化体制机制改革创新，从职能职责、机构编制保障等方面推进合肥高质量发展。完善重大疫情防控体制机制，调增39名事业编制用于保障疾控机构编制需求，补充专业技术人员。组建健康信息大数据机构，成立开发区公共卫生服务中心，为合肥高新技术产业开发区、合肥经济技术开发区、合肥新站高新技术产业开发区分别核增用人员额30名，专项用于公共卫生工作。推进生态环境机构监测监察执法垂直管理制度改革，完成生态环境机构人员编制调整工作，建立健全条块结合、各司其职、权责明确、保障有力、权威高效的生态环境保护管理体制。推动服务重大区域战略体制机制创新，聚焦长三角一体化等国家重大区域战略实施，支持中国（安徽）自由贸易试验区合肥片区建设，设立中国（安徽）自由贸易试验区合肥片区及高新区、经开区、蜀山区三个区块管理机构；推进科技创新策源地建设，建强服务国家实验室建设相关机构，设立市知识产权保护中心，提高专利审查质量和效率。

开展开发区赋权工作，按照“依法合规、应放尽放、权责一致、承接有序”原则，结合开发区对管理权限的需求情况，推进市级经济管理权限下放，赋予市属开发区21项行政权力事项；指导县（市）区完成开发区赋权工作。深化事业单位改革，全面完成承担行政职能类、生产经营类事业单位改革任务；推进公益类事业单位改革，调整市林业和园林局、市水务局、市农业农村局、市自然资源和规划局等部门所属事业单位机构编制事项，完成市专用通信局、市水利工程建设管理中心等5家事业单位“三定”规定制定。

【综合行政执法体制改革】 2020年，市编办坚持系统谋划、分类施策，推进市场监管等领域改革，统筹设置市场监管、生态环境保护、文化市场、交通运输、农业综合行政执法队伍，完成机构挂牌、“三定”规定制定等工作。整合、精简、规范执法队伍，实行市区一个执法层级、县级“局队合一”模式，将市、区两级5个领域分散设置的执法队伍整合为5支，各县（市）统一成立市场监管、文化、交通、农业4支执法队伍，基本构建起权责明晰、上下贯通、运行高效、保障有力的综合执法体系。

【编制周转池制度建设】 2020年，市编办对标对表事业发展需要，深化编制周转池制度建设，保障重大民生工程、民心工程用编需求。对公立医院、高校等重点领域实行精准“靶向”供给，下达合肥学院周转池编制使用计划119名，下达全市17家公立医院周转池编制使用计划1418名，其中市属8家公立医院1055名符合规定的医药卫生专业技术人员和骨干护理人员纳入事业编制管理。争取扩大周转池编制投放范围，合肥职业技术学院和合肥幼儿师范高等专科学校纳入省首批6所高职院校编制周转池试点，获批编制周转池事业编制407名，下达合肥职业技术学院使用计划100名。

【机构编制法治建设】 2020年，市编办学习贯彻习近平总书记法治思想，把《中国共产党机构编制工作条例》等政策法规各项规定体现到机构编制管理工作中，完善机构编制程序规定，深化实名制管理，强化机构编制监督检查，发现和纠正机构编制工作中的违规违纪行为，维护机构编制工作权威性、严肃性。强化机构编制实名制管理，重点开展以机构、人员、台账信息为主要内容的实名制数据库校核工作，审核人员信息6万余人次；拓展发挥实名制系统功能，加强机构编制精细化管理，分类建立事业单位台账、领导职数台账和问题整改台账，摸清事业单位、领导职数底数，掌握问题整改情况；完成实名制系统并网工作，市直部门全部并入财政专网。

坚持机构编制刚性约束，执行机构编制动议、论证、审议决定、组织实施有关规定，坚持机构编制事项多方比较、精准计算、科学论证，全年审议机构编制事项185项。坚持依规设置，全面规范市直单位工会主席、团委书记等领导职数核定。加强机构编制监督检查，健全机构编制与纪检监察、组织、人社、审计等部门协作联动机制，形成监管合力。

（凌圣军）

2020年9月8日，全市老干部系统“助力脱贫、圆梦小康”书画摄影展在合肥久留米友好美术馆开展　（朱雪峰／摄）

老干部工作

【概况】 2020年，全市各级老干部工作部门采取举办专题报告会、聆听线上报告、座谈交流等形式，引导老同志持续深入学习习近平新时代中国特色社会主义思想和党的十九届二中、三中、四中、五中全会精神。发动全市离退休干部和老干部工作者热议习近平总书记考察安徽重要讲话指示精神。举办全市离退休干部党支部书记暨老干部局（处）长培训班，对党的十九届五中全会精神等内容进行宣讲辅导。转发《关于开展全省离退休干部职工示范党支部创建工作的通知》，推进离退休干部党组织标准化规范化建设。落实党支部工作条例要求，成立或换届选举离退休党组织，选优配强党组织书记、委员。

坚持深入基层一线，持续开展年度重点课题调研和“不忘初心、牢记使命、做好表率走在前列”大调研工作。各级老干部工作部门围绕年度重点课题深入开展调研，共撰写调研报告38篇，推荐上报省局26篇并参加优秀报告评选。市委老干部局会同市档案馆、合肥电视台联合采访参加过抗日战争的老同志，多媒体连续宣传他们的抗战事迹，在全社会营造不忘历史、砥砺前行，崇尚英雄、关爱英雄的良好社会氛围。市委老干部局被评为全省老干部调研、宣传工作先进集体。持续做好老干部信访工作，加强政策宣传和解疑释惑，帮助老同志排忧解难，维护老干部队伍和谐稳定。

【服务管理】 2020年，市委老干部局坚持精准精细、用心用情做好疫情防控常态化下的服务管理工作。为驻肥近1.7万名离退休干部办理人身意外保险，看望慰问易地安置离休干部，送上组织的关心和问候。庐江县下发《进一步优化离休干部医疗服务保障的实施办法》，在县定点医院开通离休干部就医绿色通道，医疗费用实行联网结算，方便离休干部看病就医。开展走访慰问抗战时期参加革命工作的离休干部和向参加抗美援朝的志愿军老战士老同志颁发“中国人民志愿军抗美援朝出国作战70周年”纪念章活动。省、市领导深入医院和老干部家中，看望慰问离休干部和曾任市级领导职务的老同志；春节前夕，为离休干部发放慰问品，为离休干部无工作遗属发放慰问金。持续做好特困帮扶工作，仅市本级对56名离退休干部、20名离休干部无工作遗孀进行特困帮扶，投入帮扶资金59.6万元。包河区委老干部局开展“春日敲门行动”，为离退休干部送去疫情“健康包”和慰问品。做好全市离退休干部服务管理系统培训辅导、人员信息采集、录入、系统安装等工作，截至当年底，完成全市55931名离退休干部和1270名老干部工作者信息采集录入。采取多种举措，引导全市广大离退休干部和各级老干部工作者关注中组部老干部局和省、市委老干部局“离退休干部工作”“安徽老干部”“合肥老干部”三个微信公众号。完善和落实制度机制，推进老干部工作规范化建设。肥西县委组织部下发《关于进一步规范全县基层关工委和老年学校工作人员管理有关事项的通知》，加强对有关组织规范化管理。

【阵地建设】 2020年，市委老干部局把好质量标准关，抓好合肥老年大学新校区（老干部活动分中心）建设，推动完成工程建设、内部装修和竣工验收并投入使用。合肥老年大学加强信息化建设，实行网上直播教学，推动教学模式创新。举办合肥市打造“五高地一示范”第四届草根摄影展，丰富老同志精神文化生活。长丰县举办首届老干部系统老年书画展。巢湖市委老干部局会同市有关部门先后举办巢湖市第十八届老年人体育健身展演大会、“抗疫情 展风采”和“民心向党 圆梦百年”老年书画展等活动。

（朱雪峰）

精神文明建设

【概况】 2020年，合肥市精神文明建设以习近平新时代中国特色社会主义思想和十九届二中、三中、四中、五中全会精神为指导，贯彻落实《新时代公民道德建设实施纲要》《新时代爱国主义教育实施纲要》，培育践行社会主义核心价值观，坚持创建为民惠民利民，解决好群众烦心事难心事，推动市民修身与城市提品相融相促，获得第六届“全国文明城市”称号，6个村镇获评全国文明村镇，13个单位获评全国文明单位，3户家庭获评全国文明家庭，3所学校获评全国文明校园，1人获评第五届全国未成年人思想道德建设工作先进工作者，13人获评中国好人，4个典型入选全国学雷锋志愿服务“四个100”优秀典型。截至年底，全市有5名全国道德模范、8名全国道德模范提名奖和178名中国好人，570名（组）“合肥好人”、26家全国文明单位、142家省级文明单位、3户全国文明家庭和120户市级文明家庭。

【城乡文明创建】 2020年，合肥市文明委制定印发《合肥市文明创建“七小”专项提升工程总体方案》，在全市创新开展“七小”（即小单车、小区、小街巷、小犬只、小广告、小报亭、小陋习）专项整治和四大提升行动（即环境卫生、交通秩序、市政道路和园林绿化）；全年累计治理约40个交通堵点，整治老旧小区76个、小街巷37余条，公共场所市民遛犬牵绳比例提高20%，车辆不礼让行人违法行为比例下降36.5%，改造提升城区菜市场近12个，惠及人口50余万人。

市文明办开展“青年聚力合肥创城，共享文明健康生活”“最美斑马线，文明交通公益行”等主题创建活动，召开合肥市住宅小区文明城市创建工作推进会、文明单位联创共建等专题会议，在市属新闻媒体开通文明健康民意征集活动，聚焦提升市民对社会主义核心价值观知晓率，征集市民“金点子”，社会各界参与人数超100万人，实现创建工作由政府主导向市民主体的转变。按照中央文明办《关于在打赢疫情防控阻击战中有针对性地开展精神文明教育的通知》精神，实施“六项”针对性精神文明教育，在市属新闻媒体统一开设“加强精神文明教育 凝聚抗击疫情力量”专栏，联合4家市直部门倡议在全市开展文明餐桌行动，推行使用“公筷公勺”，发布《合肥市防疫期间“文明十条”》，设计刊播一批“文明健康 有你有我”公益广告。把开展爱国卫生运动作为文明创建和疫情防控抓手，联合市爱卫办印发《关于深入开展爱国卫生运动做好新冠肺炎疫情防控工作的通知》，在全市居民小区广泛开展第32个爱国卫生月运动，集中拆除绩溪路安医附院南门西侧人行道上48间违章简易铁皮棚等，解决一批创建难题。开展第五届合肥市文明村镇创建评选活动，全市县级以上文明村镇占比超过60%。出台《合肥市推进移风易俗建设文明乡风的实施细则》《合肥市移风易俗八项行动标准》和《合肥市移风易俗“七破七立”倡议书》，在全市范围广泛开展“节约为荣、浪费可耻”专项宣传活动和拒绝“升学宴”等主题实践活动。制定印发《合肥市精神文明建设指导委员会2020年工作安排》，指导各城区、开发区和市直有关单位健全包保责任制，在主城区普遍建立书记主抓、区长主建，副书记、宣传部部长和分管副区长“三架马车”合力抓创建的领导体制。建立完善问题清单整改销号机制，将日常督查、测评问题进行汇总，建立问题清单和责任清单，通过媒体曝光、整改表态、跟踪督办等形式，聚焦整改，全年发出问题督办单25期，督办解决各类创建问题4000余起。实行约谈通报问责机制，印发《文明城市创建约谈

12月18日，第六届合肥市道德模范暨2020年防疫、抗洪先进人物互动交流活动在政务中心举办　　（合肥文明网／供）

通报责令检查五条规定》，对文明城市督查整改、创建重点工作月评、网上材料申报、实地考察场所和问卷调查满意度等五项重点工作进行问责，全年累计对20余名创建工作人员进行问责，推动基层创建自觉性和主动性。

【思想道德建设】 2020年，合肥市文明办印发《关于2020年深入开展“我们的节日”主题活动的通知》，全年开展各类“我们的节日”系列群众性文化活动400余场，受众5万余人，实现文化传承，汇聚家国情怀。学习贯彻《新时代公民道德建设实施纲要》和《新时代爱国主义教育实施纲要》，以“奋进新时代　修身新风尚”为主题，举办系列主题教育和诗歌朗诵活动15场，引导市民修身立德、知行合一。推动文明行为立法，10月1日颁布实施《合肥市文明行为促进条例》，借助法律条文督促市民文明言行，培育践行社会主义核心价值观。出台《合肥市道德模范荣誉称号管理办法（试行）》和《关于开展文明单位与所在城区联创共建文明城市的通知》，全年慰问各级道德模范和中国好人、安徽好人282人次。举办第六届合肥市道德模范暨2020年防疫、抗洪先进人物互动交流活动，引领社会大众争做社会主义核心价值观的践行者、传播者和引领者。印发《关于进一步规范文明创建公益广告宣传工作的通知》和《合肥市“讲文明　树新风”公益广告专项提升行动方案》，规范全市公益广告宣传。首次使用H5技术对“社会主义核心价值观”“讲文明　树新风”“疫情防控”“使用公筷”等主题公益广告进行刊播，并在主次干道、社区小区、公园景区、公交地铁、工地围挡和媒体平台等传统载体同步宣传。

【未成年人思想道德建设】 2020年，合肥市印发《2020年合肥市未成年人思想道德建设工作要点》，创建第二届全国未成年人思想道德建设工作先进城市；开展第三届合肥市文明校园创建评选，将属地高校纳入其中，拓宽全市文明校园创建覆盖面和影响力，全市评选出49所第三届合肥市文明校园，其中3所学校获评第二届全国文明校园；出台《合肥市学校少年宫项目资金管理办法（试行）》，编印《2019年学校少年宫活动成果图册》，完成2020年度学校少年宫新建项目申报，全市累计建成学校少年宫232所，推荐9个节目参加全省乡村学校少年宫网上才艺展示活动；在合肥新闻广播开设《阳光成长》全媒体专栏，邀请专家教师，向全市中小学生及家长普及心理健康知识，播出22期；疫情期间，市文明办联合市教育局组织市、县（市）区两级心理健康辅导中心开通心理热线和网络咨询，服务广大未成年人；开展爱国卫生运动，合肥市屯溪路小学被中央文明办确定为爱国卫生运动重点宣传单位。以“扣好人生第一粒扣子”为主题，开展各类教育实践活动，发动全市未成年人参与清明网上“祭英烈”活动，联合市教育局开展2020年“童心向党　童梦飞扬　”线上歌咏展示活动和第八届“广玉兰”杯中小学经典诵读活动，联合市委网信办举办暑期心理健康教育暨网络防沉迷短视频征集活动。“六一”期间，组织全市370余所学校、约38万中小学生收看中央文明办组织的“美育云端课堂”，联合市妇联开展“活力家庭　传承文明”省暨合肥市“六一”系列活动。全年推选出10名第五届合肥市“最美小创客”和25名2020年合肥市“新时代好少年”，其中2名学生当选2020年安徽省“新时代好少年”；开展2019年合肥市“新时代好少年”网络宣传和2020年“新时代好少年”网络发布暨表彰活动，组织市属媒体对2名省级“新时代好少年”和9名2020年合肥市“新时代好少年”典型代表进行集中宣传。

【志愿服务】 2020年，合肥市印

12月4日，安徽省暨合肥市2020年国际志愿者日新时代文明实践志愿服务风采展活动在包河区新时代文明实践中心举行 （市文明办/供）

发《2020年合肥市学雷锋志愿服务重点工作》和《合肥市新时代文明实践志愿服务机制建设实施方案》，明确全年志愿服务工作重点，健全志愿服务体制机制。疫情防控期间，在全市范围组织引导1850余支志愿服务组织、12万余名志愿者开展疫情防控志愿服务，中央文明办《精神文明建设》第14期、《安徽省新冠疫情防控工作简报》第122期刊发市志愿服务工作经验，市委主要领导作出批示。夏季防汛期间，14.5万余名志愿者组织开展巡堤查险、转移群众、心理疏导等志愿服务。推进新时代文明实践志愿服务工作，对26个新时代文明实践所和18个新时代文明实践志愿服务中心进行评估验收，评出20个合肥市新时代文明实践示范所和10个志愿服务示范中心，分别给予1万元经费奖补。组织开展“助力复学 救在身边”“情系留守儿童 助力复学复工”“加强湿地保护 共建美丽合肥”等一批志愿服务项目；举办2020年合肥市新时代文明实践志愿服务项目大赛，最终决出金奖项目2个，银奖项目4个，铜奖项目9个，优秀项目15个，市财政给予24.7万元扶持奖励；举办省暨合肥市2020年国际志愿者日新时代文明实践志愿服务项目风采展，展出上年度全国学雷锋志愿服务“四个100”19个优秀典型和合肥市39个优秀志愿服务项目。常态化开展季度学雷锋志愿服务“四个10”优秀典型推选活动，推选出160个市级学雷锋志愿服务优秀典型，入选安徽省学雷锋志愿服务“月评十佳”优秀典型共计12个，入选全国最美环保志愿者1名，入选上年度全国学雷锋志愿服务“四个100”先进典型4个；在市属媒体开辟“学雷锋志愿服务”专栏，共宣传报道志愿服务活动和优秀志愿服务典型事迹200余篇（次），人民网、《光明日报》客户端、中国文明网等媒体先后报道全市志愿服务工作50余篇（次）。

（市文明办）

理论社科

【概况】 2020年，合肥市社会科学界联合会（中共合肥市委讲师团、合肥市社会科学院）（以下简称“市社科联”）结合市委常委会年度工作要点，代拟《中共合肥市委理论学习中心组2020年度学习计划》，设置13个学习专题，落实以“四个第一”为重点的“学习对标制度”（即组织学习第一时间、谋划工作第一步骤、落实任务第一要求、督查考核第一内容），确保市委中心组学习常态化、规范化。服务市委理论学习中心组开展17次学习研讨活动。编印学习材料16期，为市委中心组成员配发自学书籍144册。做好县处级党委（党组）理论学习中心组学习指导服务工作。围绕习近平新时代中国特色社会主义思想、全面建成小康社会、《习近平谈治国理政》（第三卷）、党的十九届五中全会精神等选题，向市宣讲专家先后集中征集宣讲选题35个，为全市县处级以上党委（党组）中心组学习联络宣讲专家。

【基层理论宣讲】 2020年，市社科联以学习习近平新时代中国特色社会主义思想为主题，组织开展“举旗帜·送理论”宣讲活动，指导县（市）区开展关于《习近平谈治国理政》（第三卷）集中宣讲活动，组织开展十九届五中全会宣讲活动，在全市掀起学习十九届五中全会的热潮。全市上下组织开展理论宣讲9059场，受众达到92万人次。服务市委宣讲团宣讲，撰写合肥市党的十九届五中全会精神宣讲提纲、参阅材料等。各县（市）区结合实际创新使用乡村大喇叭、流动宣传车、网络宣讲等方式，开展防疫知识、党的创新理论等内容的宣讲，扩大宣讲覆盖面、影响力。召开学习贯彻习近平总书记考察安徽重要讲话指示精神理论宣讲暨“学习强国”工作推进会， 推进习近

2020 年 12 月 12 日，“学习强国”走进包河区新时代文明实践中心
（市社科联 / 供）

平总书记考察安徽重要讲话指示精神在合肥落地生根、开花结果。举办全市第三届理论微宣讲比赛。围绕“决胜全面小康、决战脱贫攻坚”主题，组织全市县（市）区、开发区、市直机关工委、市委教育工委、市卫健委、市国资委、市委党校（市行政学院）、市属高校近 500 名选手参加微宣讲竞赛选拔赛。来自全市各地的 23 名选手入围市级总决赛，评出一等奖 2 名，二等奖 4 名，三等奖 17 名。报送选手参加全省第三届“举旗帜 • 送理论”微宣讲竞赛总决赛获一等奖（第一名），并获得 3 个优秀微视频奖，市委讲师团获得“优秀组织奖”。

【“学习强国”合肥学习平台】 2020 年 4 月 10 日“学习强国”合肥学习平台上线。截至年底，“学习强国”合肥学习平台完成组稿 10344 条，其中被“学习强国”安徽学习平台采用 3400 余条。《习近平生态文明思想在巢湖综合治理中的实践》《习近平：让八百里巢湖成为合肥最好的名片》等 130 余条被全国平台推荐栏目及强国号采用。《安徽肥西紫蓬镇：“一站两体系”推进农村“厕所革命”》《安徽合肥：“合肥模式”帮企业发展减负增速》《安徽庐江：“四小园”经济育出致富果》等文章在全国平台推荐栏目刊发。先后有 2 人获得全国学习平台主题征文一等奖和三等奖，23 人获得“学习强国”安徽学习平台“爱国心 报国情 强国志”主题征文一、二、三等奖，2 人获得全省“学习强国”优秀管理员、2 人获得全省“学习强国”优秀供稿员，市委讲师团获得全省“学习强国”工作先进集体。

【社科理论研究】 2020 年，市社科联围绕服务经济社会发展，向市直相关部门和学界专家征集省市领导圈定课题选题，拟定 20 个建议选题。2020 年度省圈课题《长三角一体化高质量发展协同机制研究》《合肥公共卫生应急管理体系建设研究》在《安徽日报》刊发，《合肥提升社会治理现代化水平对策研究》《合肥健康产业发展研究》《合肥争创国际湿地城市研究》分别在新华网、光明网、中国新闻网以及“学习强国”学习平台等全国重点新闻网站刊发。组织社科界理论界报送 20 项课题参加省社科联举办的 2020 年度“三项课题”评审活动，其中《合肥争创国际湿地城市研究》获得一等奖，《走向优秀之路——以“派河春晖”宣讲团为例》《合肥人口因素对新建商品住宅市场影响研究》《合肥市公共卫生应急管理体系建设研究》获得二等奖，《合肥都市圈一体化的问题与对策》获得优秀奖，市社科联获评全省“2020 年度‘三项课题’研究活动先进单位”。面向社会公开发布社科理论工作课题，8 个课题立项并于 12 月中旬结项评审，其中 3 个课题分别在《时代人物》《中文信息》《安徽日报》等国家、省级媒体发表。组织召开市社科学界“学习贯彻习近平总书记考察安徽和在推进长三角一体化发展座谈会上重要讲话精神”座谈会，对标对表习近平总书记考察安徽重要讲话指示精神，发挥自身优势，强化自身责任，推进习近平总书记考察安徽重要讲话指示精神在合肥落地生根、开花结果。编辑《合肥日报》理论版，围绕习近平新时代中国特色社会主义思想、新冠肺炎疫情防控、聚力打造“五高地一示范”、坚持以人民为中心、《习近平谈治国理政》（第三卷）、习近平总书记考察安徽重要讲话指示精神、党的十九届五中全会精神等多个热点，编辑出版 14 期、刊登理论文章 56 篇。

【学术交流】 2020 年 9 月 19 日，市社科联组织召开市社科联七届五次全委会暨第十届学术年会，围绕合肥市“决战脱贫攻坚、决胜全面小康，聚力打造‘五高地一示范’”生动实践，开展调查研究，总结先进经验，发现存在问题，提出有效对策。学术年会征集论文 60 余篇，来自中央、省属在肥高校、科研机构、学术团体等 100 余名专家学者

2020年安徽人文讲坛场次安排

表：

场次	讲座日期	选　　题	讲席教授
第163讲	1月12日	全面建成小康社会的安徽实践	杨亚坚
第164讲	2月9日	区块链技术与我们的生活	张子振
第165讲	3月8日	礼仪徽州	翟屯建
第166讲	4月12日	安徽文房四宝	曹天生
第167讲	5月10日	中国为什么没有贫民窟？	陈俊峰
第168讲	6月14日	江南文化与长三角一体化发展	凌宏彬
第169讲	7月12日	治理能力大考下的高质量发展	袁维海
第170讲	8月9日	“两源两地”话金寨	傅　敏
第171讲	9月13日	突发性公共卫生事件下的心理调适	范和生
第172讲	10月11日	带您一起认识非遗	樊嘉禄
第173讲	11月8日	大运河文化和安徽	余敏辉
第174讲	12月13日	美学大师朱光潜	宛小平

出席开幕式并参加学术研讨活动。市社科院获评第三十届“全国城市社科院先进单位”。

【理论宣传和社科普及】 2020年，市社科联开展以“学习总书记重要讲话、开启美好安徽新征程”为主题的市第十六届社科知识普及月活动，围绕习近平总书记考察安徽重要讲话指示精神组织3场社科普及讲座，为基层单位发放社科普及读物，推进社科普及。市社科联获评“2019—2020年度安徽省社科普及工作先进单位”。与省社科联合办12场“安徽人文讲坛”，受众5000余人次，“安徽社科名家大巡讲暨合肥市社科知识下基层示范讲座”12场。加强社科普及基地建设，指导包河区新时代文明实践中心、肥西县三河镇新时代文明实践所、长丰县岗集镇新时代文明实践所、蜀山区南七街道新时代文明实践所、庐江县冶父山镇魏岗村新时代文明实践站5家新时代文明实践中心（所、站）和合肥包公园申报安徽省社会科学普及基地并成功获批，促进社科普及与新时代文明实践中心工作相融合。出版“合肥智库丛书”《学界视野中的合肥2019》。编撰社科普及读物，出版“合肥市社会科学知识普及丛书”第十辑《千里突围》《抚去历史的烟云》，书写历史人物的传奇故事和杰出贡献。

（黄　磊）

市直机关党建

【概况】 2020年，中共合肥市委市直机关工作委员会（以下简称“市直机关工委”）坚持围绕中心、建设队伍、服务群众，坚持目标导向、问题导向、结果导向，以党的政治建设为统领，深化理论武装，夯实基层基础，推进正风肃纪，抓实效能提升，争当“三个表率”，践行“两个维护”，建设模范机关。

发挥理论学习中心组、“三会一课”、机关大讲堂、“学习强国”平台、安徽干部在线学习教育等组学、领学、促学作用，加强理论学习武装。学习贯彻习近平新时代中国特色社会主义思想和习近平总书记考察安徽重要讲话指示精神，巩固深化“不忘初心、牢记使命”主题教育成果，全年组织《中国共产党党和国家机关基层组织工作条例》专题培训440余人次，组织学习贯彻党的十九届五中全会精神宣讲2次，举办“机关大讲堂”邀请专家授课3次。反对各种错误思潮和错误言行，教育引导党员干部严守党的政治纪律和政治规矩。

划拨175.6万元党费支持防疫抗洪，捐款510余万元支持防疫工作，筹措3200余万元抗洪抢险资金和物资，对口支援庐江灾后重建捐款162余万元；结对帮扶贫困户1426户，联系社区（村）开展各类服务活动2681次，解决群众困难2015件，化解基层矛盾495件，提供帮扶资金约1192余万元；在省、市、市直“两优一先”评比表彰中，市直单位62个党组织被表彰为先进基层党组织，30名同志被表彰为优秀党务工作者，66名同志被表彰为优秀共产党员。

完善党建带群建制度机制，把市直机关工建、团建、妇建工作纳入机关党建日常调度，推进机关党建与群建同谋划、同部署、同推进、同考核，提升群团工作水平。全年组建或调整市直机关工会20个；指导12家单位成立妇女组织或开展换届工作；督促7个直属团组织按期换届改选。

【模范机关建设】 2020年，市直机关工委出台《关于在市直机关开展“建设模范机关”活动的实施意见》，并在机关党建季度调研、交叉学习观摩、年度综合考核中对创建工作进行检验，推动市直单位全面建设模范机关。8月21日，印发《关于推进市直机关模范机关创建工作的通知》，从学习研讨、查找差距、整改提升、创建评估等四个方面深化细化，把创建工作制度化、常态化，真正落地见效。组织全市机关各级党组织和机关党员干部就如何抓好新时代新形势新使命新要求下机关党建工作、高质量党建怎样引领推动高质量发展、“三个表率”怎么做、模范机关怎么建等召开座谈会、研讨会、交流会，并在“合肥机关党建”公众号开辟“市直单位创建模范机关大家谈”专栏，帮助各单位创建模范机关。对标典型当先锋，把选树、宣传、学习先进典型作为创建模范机关抓手，突出学习牺牲在抗疫、抗洪一线的施咏康、陈陆等先进典型事迹，设立党员示范岗、党员责任区，开展设岗定责、承诺践诺等，佩戴党徽亮身份、服务群众亮承诺、履职尽责亮业绩，引导党员干部以实际行动创建模范机关。查找差距抓督导，围绕模范机关创建标准，从政治、思想、组织、纪律、作风、制度建设和贯彻落实中央和省、市委决策部署等方面查找弱项、短板和问题，建立问题、责任和任务清单，找准创建工作着力点，研究整改举措，定期调度和通报工作情况，解决创建中的突出问题，从制度上巩固创建成果，形成模范机关创建的长效机制。

【机关党建】 2020年，市直机关工委坚持以完善七项机制为抓手，使机关党建工作规范有效。完善调度督查考核机制，年初下发党建常规任务清单，按照“月小结、季调研、半年回头看、年度总评价”督查机制，运用线上“党建云”规范任务落实、线下“调研督查”检验工作实效，点对点通报情况、一对一反馈问题，排查机关党建“灯下黑”问题376个，全年完成或基本完成整改322个。

完善责任落实机制，落实党建责任清单，印发党建工作要点，组织党组（党委）书记抓党的建设述职评议，明晰机关党组织任务和责任，全面推进机关党员积分管理，组织开展重温入党誓词、入党志愿书以及过政治生日等活动，支持群团组织依照章程独立负责地开展工作。

完善梯次创建机制，推进“领航计划”，组织第三轮过硬党支部和首批示范党支部评选，评选出过硬党支部173个，示范党支部15个，入选市培育库21个、市示范库（省培育库）1个。开展机关党建“两微”评选活动，评选出优秀“微经验”14个，优秀“微党课”15篇。

完善分类指导机制，按机关事业单位、国有企业和社会组织三种类型分类调度考核；按在职党支部、离退休党支部和流动党支部分类规范指导。根据党建工作质量和调研结果，按“好、中、差”分级督促指导。

完善互联互通机制，发挥分片包联和党建联盟的作用，常态化开展互动交流、互评互学，定期抽调机关党务干部参加日常调研，实现优势互补、共同进步。全年集中开展机关党建调研9次，组织联建活动200余次。

完善融合发展机制，在“责”上下功夫，倡导党建与业务融合的“五双工作法”；在“融”上做文章，探索党建与业务深度融合的切入点，挖掘一批如“党建+文化、创新、暖心妇联”等典型案例；在“做”上树典型，培育选树一批如“稽先锋”“月亮部队”等党建品牌。

完善履职担当机制，对党组织班子配备严格把关，规范任免审批程序，工作严格考绩，对照任务清单和质量标准加强督查考核；严格权责落实，出台加强市直机关党务干部队伍建设的工作举措；转发省委三部门关于加强机关党务工作人员队伍建设的意见，明确机关党务干部的责权利。全年组织基层党支部书记暨党务干部培训2期410人次。

【落实全面从严治党主体责任】 2020年，市直机关工委坚持以纪律规矩为标尺，制定实施形式主义官僚主义禁止性清单目录，对照查纠问题，抓好“减痕、减压、减责”工作，解决“多、推、虚、浮”等问题。开展深化“三个以案”警示教育，坚持学做结合、查改贯通，查摆、检视和解决7个方面20个问题。严格执行党纪党规，加强党员干部日常教育监督，运用好监督执纪“四种形态”，特别是第一种形态。发挥工委抓党建、效能办抓效能、纪工委抓纪律职能关联性，最大程度上发挥各自职能优势，形成工作合力；与效能办共同印发《市直单位党建和作风效能突出问题转办督办工作暂行办法》，一方面突出“党建+纪检”，纪检助力党建，党建助推巡察，市直机关工委通过纪工委向派驻纪检组移交党建问题2个，对十一届市委第七轮、八轮巡察交办的14个单位29个具体问题整改情况进行督查督办；另一方面突出“党建+效能”，工作“联谋”，问题“联解”，用党建提升工作效能、用效能检验党建成效。

【效能建设】 2020年，市委、市政府把效能建设作为优化政务服务环境的重点工程，市委领导亲自调度。6月23日，市效能建设工作领导小组印发《关于认真贯彻落实市委常委会扩大会议暨经济形势分析调度会精神在全市工作效率大提升集中行动中狠抓市直机关效能建设的通知》，开展纪律作风建设专项整治行动。围绕“治庸提能力、治懒增效率、治散正风气”，整治机关工作纪律，加强机关作风建设，解决机关作风方面存在的突出问题，优化营商环境，提高机关工作效率，确保各项工作任务落到实处，聚力打造“五高地一示范”。市效能办协同市委宣传部、市公安局制定《关于违反效能纪律人员下沉到交警部门协助维护交通秩序的工作方案》，共同做好下沉人员交接、管理和专项行动宣传等工作。

强化访查核处。按照“每周一批、每月一轮”要求，市效能办组织效能监督员围绕“工作作风、服务态度、服务质量、工作纪律”开展常态化督查，对发现问题线索及时梳理反馈给所在单位调查核实处理，结果报市效能办，由市效能办通报典型问题，确定下沉人员名单。全年开展明察暗访10轮、专项暗访7轮，累计核实处理各类问题120个；突击暗访3次，累计核实处理各类问题5个；分批次通报19家单位21个典型问题。6月23日至12月底，有15人下沉到交警部门进行为期三个月的协助维护交通秩序。全年受理群众来电来访投诉20件，转办相关单位，均办结回应。出台《市直单位党建与作风效能突出问题转办督办工作暂行办法》，协同建立作风效能突出问题转办督办工作机制，增强警示效果。

2020年3月17日，市效能建设工作领导小组第四次会议在政务中心召开
（市直机关工委/供）

强化关心关爱。按照市委要求，对违反效能纪律的机关工作人员，不是“从严问责、一问了之”，而是安排这些同志到基层一线感受辛苦、接受教育、锤炼作风。下沉前，相关单位开展谈话，做好思想政治工作。市效能办、市公安局和单位召开对接会，开展岗前培训、配备相关执勤装备，分送至各个执勤岗位。交警支队负责对下沉人员每日考勤，记录工作情况。下沉期满，市效能办、市公安局和单位召开总结座谈会，交流下沉收获。由市公安局交警支队对下沉人员出具考核鉴定，考核结果抄送市效能办和所在单位党组（党委）。

强化统筹联动。市效能建设工作领导小组印发《关于开展工作效率大提升专项行动 狠抓机关效能建设有关事项的通知》，加强各县（市）区、开发区效能建设工作调度，强化市县联动，注重整体推进，在全市范围掀起效能建设“风暴”。市效能办选派人员到县（市）区、开发区开展6场效能监督员业务培训和6次暗访实战训练，召开调度会1次，组织县（市）区互查互访1次。9个县（市）区、4大开发区和滨湖科学城管委会选聘监督员339名，自行组织暗访135轮，合计查实整改各类效能问题315个。把开展工作效率大提升集中行动与“满意处长群众评”“社会评窗口”和“千项办件看效能”结合起来，在创新措施上下功夫，在工作实效上求突破，促进各单位转变作风、提升效能、优化营商环境。有43

个单位65名处室负责人参加“满意处长群众评”，50个单位窗口参加“社会评窗口”，31家单位参加“千项办件看效能”。

强化宣传氛围。开展合肥市效能建设工作优秀案例评选活动。全年在《合肥日报》刊登市效能建设工作综合报道18篇，多篇报道被国内各大网站、新媒体转发；利用工委网站、公众号，常态化宣传全市效能建设工作动态，营造“人人讲效能、处处抓效能、事事创效能”良好氛围。

（余　婧）

政策研究

【概况】 2020年，中共合肥市委政策研究室（以下简称“市委政研室”）围绕学习贯彻党的十九届五中全会精神，牵头起草完成《市委关于制定国民经济和社会发展第十四个五年规划和二〇三五年远景目标的建议》及有关说明、市委十一届十二次全体会议决议等。围绕学习贯彻习近平总书记考察安徽重要讲话指示精神，组织起草61项重点工作汇报材料、相关领域重点亮点工作进展情况汇报材料；牵头组织起草《市委关于深入学习贯彻习近平总书记考察安徽重要讲话指示精神在“两个坚持”“两个更大”中勇当先锋勇创佳绩的决定》及有关说明、市委十一届十一次全体会议决议，制定贯彻落实《决定》重要举措分工方案。

围绕坚决打赢疫情防控、防汛抗洪两场硬仗，在打赢抗疫阻击战中，先后组织撰写《关于新冠肺炎疫情对合肥市经济运行影响情况的分析报告》《关于新冠肺炎对合肥市服务业及居民消费影响情况的报告》《以史为鉴　危中寻机——三次“危机”冲击下的合肥市经济运行情况比较研究》等研究报告；在打赢巢湖保卫战中，先后起草《防汛抗洪救灾工作情况汇报》《关于巢湖保卫战进展情况的报告》《主动再开万亩大圩　全力降低巢湖水位》等重点防汛工作专报上报省委，选派1名中层业务骨干到市防汛救灾指挥部负责《全市汛情专报》编发工作。

围绕市委重大决策、重要会议，先后组织起草《〈中共合肥市委关于进一步深入学习贯彻党的十九届四中全会精神的若干意见〉分工方案》《市委常委会2020年工作要点及分工方案》《市委全面深化改革委员会2020年工作要点》《市委党建工作领导小组2020年工作要点》《市委全面从严治党主体责任清单》等文件。全年组织起草市委主要负责同志在市委理论学习中心组学习会议（6次）、市委常委扩大会议暨经济形势分析调度会（6次）、市委全面深化改革委员会会议（3次）、市委财经委员会会议（2次）、市委党的建设工作领导小组会议（2次）及县（市）区委书记抓党的建设述职评议工作会议等会议讲话提纲。

围绕总结宣传全市重点亮点工作，完成《“负转正”！看上半年合肥经济砥砺前行》综合报道起草工作，审核把关市委主要负责同志重要会议、调研活动新闻稿20余篇，聚焦重点工作组织起草并向省委上报全市经济运行、党的建设、全面深化改革、合肥都市圈、合肥综合性国家科学中心建设、人工智能产业发展、环巢湖综合治理等方面工作总结材料。

【调查研究】 2020年，市委政研室围绕全市经济社会发展中的重点、热点、难点问题，组织起草调研报告20余篇。

服务常委调研课题，完成《加快把合肥打造成“五高地一示范”做强做优合肥都市圈》《努力把合肥打造成新时代创新特色更加鲜明的地标城市》等报告起草工作；配合有关部门完成《关于做好合肥国家实验室服务保障工作的调研报告》《加大巢湖治理力度　打造合肥最好名片》等市委主要负责同志调研报告；起草完成《关于今年以来合肥市企业上市情况报告》《关于今年以来合肥中欧班列开行情况报告》《关于合肥市总部类项目招引情况报告》《关于前三季度合肥工业经济运行情况报告》等4篇专报，受到省委主要领导批示肯定。

开展重点领域调研，围绕促进房地产市场健康平稳发展，组织调研并形成《关于商品房销售情况的专题调研报告》；聚焦长丰县义井乡红桥村“三变”改革探索之路，开展蹲点调研，形成《红桥村“三变”改革调研报告》；突出破解重点项目推进中存在的问题，开展专题调研，形成《关于重点项目土地要素保障情况的专题调研报告》；围绕生物医药产业集群化发展、轨道交通高质量发展、新时代机关党建等经济社会发展重点、热点问题开展专题调研，为服务市委科学决策、精准施策，提供参考。

借助外脑开展专题研究，围绕事关“十四五”发展的牵动性、重点性问题，组织开展《新冠肺炎疫情影响下产业链发展趋势及合肥市对策研究》《“十四五”时期合肥市县域经济高质量发展对策研究》《构建合芜经济走廊打造区域增长极研究》《引江济淮工程合肥段生态保护与开发利用策略研究》等4个委托课题研究，在全省公开招标，形成研究成果。

做好大调研工作，做好内宣工作，累计编发《大调研工作简报》10期，报道大调研工作进展及成果；完成政研室大调研工作任务，解决问题29项。

【履行市委改革办工作职责】 市委全面深化改革委员会办公室设在市委政研室。2020年，市委改革办加强科学谋划和重点调度，编印市委全面深化改革委员会2020年工作要点及改革任务总台账，部署105项年度改革任务，并把7个方面35项牵动性改革单独提拎出来，突出“重中之重”。根据工作要点编制《市委全面深化改革委员会2020年工作要点拟出台文件一览表》，对41项年内出台文件实行清单管理、进度统筹，推进改革任务项目化、制度化。全年召开3次市委全面深化改革委员会会议，把听取重大专项改革方案、重大改革事项、重大改革试点推进落实情况作为会议的重要内容，专题听取公共卫生服务体系建设、知识产权保护和运用等工作情况汇报，审议通过13份改革方案文件，形成67项制度性成果，安排的年度改革任务全部完成。坚持真督实察，筛选9项改革任务制定年度重点督察计划；控制总量频次，选择肥东、瑶海等6个县（市）区进行实地督察，推动改革任务落地落实。牵头对党的十八届三中全会以来部署的1035项改革任务落实情况开展总结评估。落实严格严谨严肃要求，牵头对各县（市）区、49家承担改革要点任务的市直单位，开展2020年度全面深化改革工作考核。在科技创新、基层治理、商事制度、对外开放、营商环境等方面的创新做法受到《人民日报》、新华社、《法制日报》、人民网等中央主要媒体密集关注，并作深度报道。全年编发《市委改革工作简报》28期，3篇信息获《安徽改革情况》刊载，采用量位居全省前列。

【履行市委财经办工作职责】 市委财经委员会办公室设在市委政研室。2020年，市委财经办建立市委财经工作日常联系人机制，收集汇总各部门各方面财经工作情况，形成横向到边、纵向到底的工作网络。组织召开市委财经委第三、第四次会议，研究部署全市重大财经事项。落实“123+10”调度机制，组织召开6次经济形势分析调度会，动态掌握月度经济运行情况，科学制定会议方案，针对经济运行中的难点堵点问题，紧盯目标任务、强化调度统筹、提出精准对策，促进相关领域指标企稳向好、快速回升，助推全市经济实现谷底反弹、由负转正、好于全省的“三级跳”。针对疫情冲击和国内外复杂的经济形势，组织召开3次重点企业座谈会和3次市直部门座谈会，撰写上报季度经济运行分析报告。完成中国科学技术大学先进技术研究院现状与问题、中欧班列现状与问题、滨湖科学城现状与问题、人工智能产业发展情况、肥东县双城合作产业新城情况、环巢湖治理情况等材料起草和上报工作。

【履行市委党建办工作职责】 市委党的建设工作领导小组办公室设在市委政研室。2020年，市委政研室在工作谋划方面，制定《市委党的建设工作领导小组2020年工作要点》，部署22类122项工作任务，明确分工和时限。协助市委制定《市委全面从严治党主体责任清单》，明确市委和各常委全面从严治党责任。召开2次领导小组会议，听取有关党建工作汇报，就抓好各领域党建工作作出部署。在责任落实方面，落实抓党建专题报告制度，以市委名义报告省委。落实抓党建述职评议制度，起草市委主要负责同志抓党的建设工作述职报告，做好全市党建述职评议会议相关工作。牵头做好省辖市领导班子党建考核材料准备工作，完成县（市）区党建考核指标制定与考核赋分相关工作。在亮点宣传方面，挖掘各地各系统各单位党建领域特色亮点工作，编印《合肥市党建工作典型案例选编（2020）》。

【载体建设】 2020年，市委政研室结合新变化、新举措，完善《中国合肥·2020》编辑工作，组织多轮讨论修改，丰富内容、充实图片、提升亮点，使其成为系统化、多维度、全方位、多视角宣传推介合肥的知名图书。聚力提升《合肥工作》办刊水平，全年分别围绕全力稳投资抓项目、提升城市基层治理水平、收官“十三五”谋划“十四五”等重点热点主题，策划《本期关注》栏目；策划2期专刊深度宣传各地各部门贯彻落实习近平总书记考察安徽重要讲话指示精神的新举措新成效；围绕“统筹两手抓 夺取双胜利”“坚决打赢巢湖保卫战”策划编撰2期专刊，全面展示、系统记录全市干部群众参加防疫抗洪、齐心保卫家园的必胜信念、勇毅行动、非常之举和强大力量。牵头汇编《合肥市委常委重点调研报告集（2019卷）》，收集整理各类优秀调研成果，编发《决策参考》，推动调研成果转化运用，指导全市工作。

（吴 莹）

网络安全和信息化

【概况】 中共合肥市委网络安全和信息化委员会成立于2019年，同时设立中共合肥市委网络安全和信息化委员会办公室（以下简称“市委网信办”），作为市委工作机构，全市各县（市）区均参照成立相应机构。2020年，合肥市网信系统坚持围绕中心、服务大局，强化监管、系统推进，改革创新、担当作为，推动网络安全和信息化工作取得新成绩新进展，为聚力打造“五高地一示范”提供网上舆论支持、可靠网络安全保障和有力信息化支撑。

【互联网宣传管理】 2020年，市委网信办围绕中央和省、市委重大决策部署，做好习近平总书记视察安徽四周年、党的十九届五中全会精神、习近平总书记考察安徽重要讲话指示精神等网上宣传，组织网络媒体统一开设专题专栏，集中推出系列报道、系列评论，解读习近平总书记重要讲话指示精神。与新华网、人民网、网易新闻、澎湃新闻等媒体联合策划推出“国家级科学中心联动之人民系融媒体合肥行”“五高地一示范”“聚力合肥、全面小康”“创新再出发、小处大未来”4大网络主题宣传活动，组织开展“第三届长三角新媒体合肥行”采访活动，拍摄《点亮合肥》宣传片，浏览量17.6万次，今日头条超级话题“聚力合肥 全面小康”阅读量770万次，抖音话题参与视频712个，播放量5165.6万次。

对标市委市政府中心工作，先后开展2020年世界制造业大会、“潮涌长三角·共建进行时”“2020·指尖城市”“第十四届合肥国际文化博览会”“皖美田园——光盘打卡爱心助农”“全国双创活动周”“大校喊你来当兵”等30场网络主题宣传活动，集中展示合肥高质量发展新气象。

围绕疫情防控和经济社会发展“两手都要抓、两战都要赢”，宣传习近平总书记关于疫情防控系列重要讲话和指示批示精神，组织编发疫情相关稿件36915篇，阅读量61.2亿人次。制作新媒体作品200余篇，在抖音开设#战胜疫情DOU行动#话题，策划推出防疫一线工作者宣传系列微纪录片，发布视频774条，播放量1.2亿余次。

开展集中整治商业网站平台和“自媒体”突出问题，规范网络传播秩序工作，组织全市各网站平台集中开展全面自查自纠，对全市重点网站平台进行走访督导，关闭相关网站平台内部违规账号464个，对746个账号采取禁言、审核不通过等限制措施，清理各类违规信息178192条，网上传播秩序得到规范。

【网评与社会工作】 2020年，“皖中评”累计发稿357篇，市委网信办获评“全省网评工作先进单位”。实施互联网党建领航工程，落实“一查三选两制度”，排查344家企业、5178名党员基本信息，制定《互联网企业党的建设年度报告实施办法》，在全省率先推动企业党组织述职评议工作，合肥市互联网行业党委获评“2020年度全省互联网企业党建工作先进单位”。加强网络人士统战工作，举办“E路同心”活动，引导网络名人开展正面宣传舆论引导。实施网络公益工程，培养壮大队伍、搭建宣传平台，打造2020青少年心理健康教育、网络公益招聘、公益直播等一批品牌项目，推动网络公益事业健康发展。开展网络扶贫行动，开展“反电诈”等公益广告宣传和云直播公益助农系列活动，组织“争做中国好网民”主题活动，持续开展“网络中国节”系列网络文化活动，举办网络防沉迷短视频征集活动—“放下手机的100个理由”等。

【网络综合治理】 2020年，市委

12月24日，合肥市互联网行业党建工作推进会暨2020年度包河区互联网企业党建工作述职评议观摩会在包河区召开 （李 玮/摄）

网信办强化顶层设计，确立24项改革任务，落实周调度、月通报工作机制，牵头筹备全省网络综合治理工作推进现场会，建立重大舆情处置、网络内容精准传播、网络评论管理“三项制度”，建设网络舆情监测、网络安全态势感知、网络评论管理“三大平台”，成立网络视频直播、自媒体、网络安全“三大联盟”，设立网络安全应急指挥、不良信息举报“两个中心”。加强网络生态治理，网站、论坛、微博、微信等自媒体删除有害信息约29万余条，取消违法违规网站备案15个，协调关闭微博账户、微信公众号12个。发挥约谈警示作用，联合相关部门，对违规网站及自媒体账号负责人开展约谈50余人次。开展“账号恶意营销”“自媒体基础管理”等18项专项整治工作，梳理政治类有害信息4048条，删除有害信息 2172条，协调封堵有害信息1876条，指导属地网站禁言僵尸、违规账号2.6万个，清理信息3600余条。

【网络安全屏障】 2020年，市委网信办加强督查检查，防范网络安全风险，将市财政局、市信息中心等单位纳入重点保护，提升网络安全风险监测和防护水平。开展为期3个月的网络安全监督检查工作，对150多个系统平台开展专项监督检查工作。建立健全网络安全应急工作机制，制定网络安全事件应急预案，组建应急支撑队伍，提高应对网络安全突发事件能力。在春节期间和4月份，对“健康码”“安康码”“合肥轨道App”等24家单位的35个系统进行远程安全检测，保护数据安全与个人信息安全。建成网络安全应急指挥中心，加快建设网络安全态势感知平台，推进“十四五”网络安全规划编制，加强宣传教育，承办“2020年安徽省暨合肥市网络安全宣传周”，省委常委、宣传部部长陶明伦出席并参加。举办“2020合肥网络安全大会”，省委常委、市委书记虞爱华出席大会并致辞，举行合肥市网络与信息安全产业链发布等活动，被50多个中央及省市媒体报道。举办全市网络安全培训班，开展网络安全培训，着力提高各网络安全保障能力和水平。

【信息化工作】 2020年，市委网信办统筹协调推进全市信息化工作，召开重点单位信息化工作务虚会，传达全省信息化工作会议精神，对接年度信息化重点工作。编制“十四五”信息化发展规划，抓好区块链备案工作，组织召开全市重点区块链企业座谈会，开展本地相关企业业务培训。创建“中国安全谷”，依托中科大先研院、中科大量子信息与量子科技前沿协同创新中心等科技创新平台，推动网络安全领域核心技术突破。落实“链长制”各项任务，加大360、安恒、奇安信等网络安全力度，发展网络安全产业。

（施法源）

2020年12月10—11日，全省网络综合治理体系现场推进会在合肥市召开

（市委网信办／供）

保　密

【概况】 2020年，市委保密委员会办公室（市国家保密局）（以下简称“市委保密办”）坚持“党管保密”政治优势，落实向市委报告工作制度，推进依法治密，提升保密科技水平。保密工作得到市委重视，市委主要领导强调，要坚持以习近平新时代中国特色社会主义思想为指导，深刻认识保密工作政治属性，确保保密工作正确方向，加大督导、教育宣讲和培训、保密检查和网络监管等工作力度，推动中央及省、市委保密工作决策部署落地落实，坚决维护国家秘密安全。6月4日下发《关于开展〈合肥市“十三五”时期保密事业发展规划〉总结验收和效果评估工作的通知》，全面摸清保密工作转型升级工作底数，掌握全市保密工作总体情况。9月23日召开市委保密委员专题培训会，发挥保密委协调带动作用，安排推动年度工作，谋

划全年保密工作，形成年度保密工作要点，研究制定保密法治宣传培训、保密检查工作计划，推进全市保密工作上台阶上水平。发挥市委综合考核推动作用，实现保密工作责任制在市委党建考核与市政府目标管理考核指标体系中"双纳入"。全年未发生重大失泄密案件。

【宣传教育】 2020 年，市委保密办推进领导干部和涉密人员保密教育常态化，市委中心组将习近平总书记关于保密工作重要批示精神和《保密法》纳入学习内容；利用 3 个月左右时间就新时期保密工作形势与任务组织开展全市保密委委员专题培训；落实全国保密宣传教育工作会精神，分别于 7 月 24 日、10 月 19 日组织举办全市保密业务知识培训和保密依法行政专题培训，280 余名专兼职保密干部接受培训。继续与市委办公室、市委宣传部、市委党校等部门加强配合，实现保密宣教"四个纳入"，《保密法》首次纳入全市年度重点普法目录；继续编印《合肥保密工作》，印发"七五"保密普法系列资料之六《常用保密法律法规新编》3000 册。结合全民国家安全日宣传活动，首次在合肥新闻频道及公交、地铁、门户网站等平台，播放保密公益宣传片，扩大保密普法宣传覆盖面。开展纪念新《保密法》颁布实施十周年纪念活动，在市政务中心设置宣传展板，编发保密安全宣传短信，做到"关键节点宣教不间断"。做好"七五"保密法治宣传教育总结验收工作，国家保密局《保密工作》杂志对合肥市"七五"期间保密宣教工作进行专题报道（2020 年第 9 期）。做好《保密工作》及《保密科学技术》征订及学刊用刊工作，征订 1260 份。

2020 年 7 月 24 日，市委保密办召开全市保密工作暨保密业务知识培训会议（曹先锋／摄）

【监督检查】 2020 年，市委保密办对准重点领域组织开展党政机关网络安全保密综合检查，针对网络安全保密管理、自查自评工作开展、信息系统和信息设备配备使用等情况，对 2 个县（市）区、4 家市直单位进行现场抽查。制发检查整改通知书，要求全市各单位针对抽查发现问题，举一反三、抓好整改落实。推进互联网接入口监测预警工作，修订完善《监测平台管理制度》，坚持定期网上巡查，全年监测疑似违规行为 50 余次，核查互联网违规传输事件 12 起，协助上级单位对 2 起违规外联事件进行技术核查和问询调查。对接重点任务，抽调业务骨干配合市委国家安全委员会办公室完成内部资料专项整治工作，对全市 13 个县（市）区、22 个市直单位主要办文收文部门开展专项整治督查；联合合肥警备区完成重点涉密单位周边文印店专项检查，对庐阳区、包河区以及驻军单位周边文印店进行抽查，检查计算机 20 余台；配合市邮政管理局完成机要通信专项保密检查，9 月 15 至 21 日，对 9 个县（市）区机要通信存放场所、投递流程、人员管理、内部管理等进行检查，检查情况现场反馈，要求限期整改；协助重要涉密单位开展保密自查，配合市委办公室、市委统战部、市自然资源和规划局等单位对重要涉密单位、重点领域开展保密管理情况检查，检查处室 29 个，互联网计算机 48 台、涉密计算机 6 台。

【科技支撑】 2020 年，市委保密办加强市直单位和县（市）区保密专用设备配备，建立配备台账，按时完成配备任务。扩大监测器部署覆盖面，年度新增部署前端监测器 5 个，全市部署前端监测器 44 个，实现 9 个县（市）区全覆盖。筹备规划市级保密监管一体化平台升级改造项目。加强与省局沟通对接，主动到省内成熟地市开展调研，开展项目初步建设方案设计。开展全市网络核查分类，对全市网络情况进行摸排，指导机关单位明确界定非涉密网络、涉密网络和工作秘密网络。

【依法行政】 2020 年，市委保密办开展国家秘密事项解密工作。根据《国家秘密解密暂行办法》规定，针对 2010 年以来产生的国家秘密事项，部署开展全市解密工作。规范保密资质（格）管理，为安徽省金盾人防、安徽云路交通信息、安徽迈普德康信息等7家企业申请国家秘密载体印制资质初审提供咨询指导。规范国家秘密载体定点销毁管理，对市涉密文件资料定点销毁单位合肥市海通环保科技有限公司的场所设置、制度落实、人员管理等进行检查，合格后与其续签定点销毁保密协议，全年开展两次市直机关废旧文件、资料及内部报刊集中回收销毁工作，全年销毁纸质文件400余吨、电子产品30余吨。完善优化“互联网+政务服务”办理事项，实现“7×24小时”政务服务地图关联以及“一码通办”功能。指导县（市）区保密行政管理部门制定“互联网+监管”平台事项实施清单。

【服务保障】 2020年，市委保密办联合教育、公安等部门，对市教育考试院及四县一市招生办公室的试卷保密室进行安全保密检查，并向检查合格的试卷保密室颁发合格证。全程参与高考中考应急指挥，派员24小时参加现场应急保障和试卷保密室值班工作。为全市公务员招录、遴选笔试面试、教师招聘考试、司法考试、医师资格考试、劳动职业技能考试、会计从业资格等各类考试提供保密服务保障14次。服务涉密工程，为市委办公室、市纪委、市委网信办、市公安局、市人防办、市农业农村局、肥西县等7家单位工程招投标提供项目涉密认定服务20次。完成中央及省委统筹推进新冠肺炎疫情防控和经济社会发展工作部署电视电话会议、市委常委会及中心组理论学习会等会议保障任务15次。

（方开明　张新宏　汪　峰）

档　案

【概况】 2020年，合肥市档案部门做好省委对市委2019年度档案管理考核材料准备工作，完成100家县（市）区、开发区、市直机关2019年度档案目标考核。组织全市各单位参加“档案见证小康路、聚焦扶贫决胜期”主题征文，被国家档案局授予优秀组织奖，推进一报一刊征订工作，被中国档案报社评为发行先进单位，被中国档案杂志社评为宣传工作优秀单位。加强档案安全、资源、利用三大体系建设，提升档案信息化水平，服务社会民生，打造档案文化品牌，发挥“五位一体”（即爱国主义教育基地、档案安全保管基地、档案利用服务中心、政府信息公开中心、电子档案备份管理中心）功能，体现档案独特作用和特殊价值。

【政务服务优化】 2020年，市档案局优化政务服务工作，重新梳理行政审批服务事项和政务服务事项申请材料，完善政务服务事项实施依据，缩短承诺时限，承诺时限不超过2个工作日，完成7×24小时政务服务地图关联、2018—2020年线上线下政务服务事项办件数量统计、规范性文件制定等工作。完成市级（含市辖区）档案的行政处罚事项5项权责清单认领，建立权责清单，及时调整与年度集中调整相结合的动态调整机制。贯彻落实安徽省行政执法“三项制度”，完成“三项制度”和行政规范性文件合法性审核机制落实情况专项督查行动自查、裁量权基准动态调整、执法人员信息补录和转岗人员执法证注销，和2021年度执法人员执法证年审报送，编制合肥市档案局行政执法委托协议并完成签署和备案工作。参加互联网+监管专题培训，完成国家平台、省平台账号新建和对接任务，重新梳理确认监管事项认领目录清单，完成14项认领事项实施清单编制、监管信息录入等工作。

2020年，市档案馆优化档案查档服务流程，提升“互联网+政务服务”工作水平，由专人负责办理网络平台办件申请，做到及时受理、准时办结。全年接待档案利用

2020年8月14日，长三角档案网络互联互查工作推进会在合肥市召开

（市档案馆／供）

者3948人次，调卷8050卷，复印档案资料5781页，查阅电子原文998672页，网络办件受理办结322件。召开合肥市长三角档案网络互联互查工作推进会，持续推进长三角一体化发展民生档案“异地查档、便民服务”工作，依托安徽省数字档案资源共享平台，实现三省一市345家综合档案馆联运服务。

【行政执法】 2020年，市档案局制定合肥科技创新企业档案工作调研实施方案，在安科生物、阳光电源等6家科技创新企业实地调研档案法落实情况。与市国资委联合组成检查组，对丰乐种业等7家市属企业开展档案行政执法检查，实现25家市属国有企业行政执法检查全覆盖，深入部分国有企业子公司进行现场检查，推动国有企业档案工作管理走向科学化和规范化。落实省档案行政执法检查通知要求，协调各级县（市）区、市直部门做好迎检工作。对档案管理工作方面的规范性文件进行梳理，梳理规范性文件6份。

【档案宣传和档案文化】 2020年，市档案局与市档案馆联合制发2020年“国际档案日”宣传活动通知，结合疫情情况采用线上宣传为主、线下活动为辅的方式，开展宣传活动。提前谋划部署新修订档案法学习宣贯工作，与市普法办联合印发学习宣传贯彻《中华人民共和国档案法》通知，重新编印《档案法律法规学习材料》。全年向国家级、省级、市级等媒体推送宣传档案工作的新闻稿件38篇，被采用20篇，征集建党100周年档案系统微视频4篇。

市档案馆打造“档案观止”“档案今拾”“档案印象”三大档案文化品牌，围绕抗疫、抗战、教育、脱贫攻坚、科技创新等主题，运用报刊、电视台、网站、微信等媒介，发挥爱国主义教育基地作用，多层次挖掘档案资源，多角度讲好合肥故事，多方位宣传档案文化。全年微信公众号推送各类档案主题文章97篇，“档案今拾”电视专栏播出45期，“档案观止”报纸专版刊登25期，31期登上“学习强国”平台。全年被各级媒体采用信息稿件100余篇，其中40余篇被《中国档案报》、“学习强国”平台、人民网、中国档案网、《合肥日报》等主流媒体采用；在省档案局和省档案馆、市直机关工委有关征文比赛中2次夺冠。

【档案培训】 2020年，市档案局贯彻落实《档案专业人员继续教育规定》，组织开展全市教育系统档案工作人员业务培训班，参训人员76人；组织全市档案行政执法证考试人员线上线下培训和考务工作，全市（含各县市区、开发区）37人通过专门和通用法律知识考试；组织8名执法人员参加市司法局举办的通用法律知识培训并通过测试；组织2人参加国家档案局举办的档案统计调查制度培训；组织市委办30余人参加“新修订档案法公益大讲堂”在线培训；组织全市180余人参加省档案法宣讲会；赴长丰县、巢湖市、市国资委、市发改委、热电厂等单位开展档案法律法规知识讲座10次，受训人数700余人。

【监督指导】 2020年，市档案局紧扣全市统筹疫情防控、抗洪救灾和经济社会发展大局，加强档案业务监督指导工作。

重点领域档案工作。全市新冠疫情防治有关档案资料进馆143件、电子原文151G。全年开展2次档案安全风险隐患排查，深入庐江县等9个县（市）区、开发区档案馆（室）现场档案安全督查，抽查33家市直部门；指导防汛指挥部收集整理抗洪救灾档案240余件；协助省巢湖管理局指导五个环湖县（市）区收集整理巢湖蓝藻治理档案1942卷（件）；会同市重点局、城建档案馆对选取的12个重点建设项目和轨道5号线南段项目档案管理工作开展督导，对轨道5号线南段工程项目进行档案专项预验收。联合市扶贫办，开展扶贫档案工作督导。协调市馆接收主题教育活动档案858件、电子原文6470页。

档案业务监督指导。完成17家职能变动单位《机关文件材料归档范围和文书档案保管期限表》审核工作；指导市委组织部等43家单位档案业务建设；推动公务员局等7家单位档案规范整理并向市档案馆移交2.1万卷（件）。指导金太阳能源等10家企业档案室标准化建设和档案规范化整理。加强局馆联动，合力推动长三角民生档案跨馆查询、异地查档服务。开展异地查档114人次，出证74次，共调阅档案397卷（件）。

农村基层社会治理试点。肥西县柏堰社区、巢湖市建中村成为全市村级档案规范化建设管理、服务基层社会治理的新亮点，分别收集档案11类9204卷（件），收集17类10617卷（件），录入案卷级条目3929和222条，文件级目录16379和12326条，全文扫描65502和67247页。启动肥西山南小井庄社区、长丰杜集镇邱集社区2家省级试点以及肥东县长临河镇四顶社区等13个村（居）市级试点工作。

【档案安全】 2020年，市档案馆推进档案新馆建设，做好功能布局谋划，将新档案馆打造成具有“五位一体”功能精品项目。对标对表推进全国示范数字档案馆建设。不定期开展安全大排查，消除安全隐患。开展消防应急演练，检验火灾预警、突发事件应急反应和处置能力。落实意识形态工作责任制，结合实际制定《合肥市档案馆意识形态工作责任制实施办法》《合肥市档案馆网络意识形态工作责任制实施细则》。加强网络阵地建设，优化馆网站、微信公众号内容，落实网络信息发布审核制和保密审查制，堵塞安全漏洞，树立正确舆论导向。

【档案资源】 2020年，市档案馆接收市直机关、国有企事业单位档案2.1万卷（件）并进馆。加大档案征集力度，与市疫情防控指挥部联系，征集疫情防控工作档案，联合县（市）区征集基层防疫档案资料。主动联系对接社会知名人士、民间收藏人士及有关组织单位，全年征集各类档案资料4000余件进馆，主要包括1864年李翰章刊印的《包孝肃公奏议》，淮军将领周盛传家族人员所作《恩科江南乡试朱卷》等珍贵历史文献资料；丰乐种业捐赠的字画、照片和实物；抗洪救灾主题展视频、图片、实物等。全年完成19个全宗档案数字化数据核对，数字化补扫99.87万页，对存在问题案卷进行整理、目录著录、档案修复等。全年清点档案30个全宗计40余万卷（件）、整理3.01万件、鉴定开放5.06万件档案。

（王乃龙　季海燕）

史志编研

【概况】 2020年，中共合肥市委党史和地方志研究室（以下简称“市委史志室”）聚焦史志系统三年规划，坚持政治引领，深化史志编研、活化宣传教育、优化场馆阵地，实现存史资政育人工作高质量发展。党史工作首次被市委纳入对县（市）区、市直单位综合考核范畴，市委史志室成为市委理论学习中心组学习固定列席单位，年度党建工作在全市机关党建考核中获得“好”等次，1月3日，时任市委主要领导对市委史志室获评“全国地方志工作先进集体”作出批示。市委配齐班子成员，提拔晋升2名三级调研员和1名四级调研员。在事业单位招聘中申请招录4名人员，接收安置1名转业士官，按程序聘用3名编外人员。组织13名同志下沉社区，参加防控工作。响应市直工委号召，组织党员捐款捐物，捐款4750元。

【党史编研】 2020年，市委史志室按照项目化管理方式，完成《中国共产党合肥历史第一卷》评审、《合肥党史人物传（第一卷）》编纂工作；出版发行《中国共产党合肥历史大事记（1919—1949）》；完成《中国共产党合肥百年历史大事记》《中国共产党合肥历史大事记（1949—1978）》资料整理工作，形成初稿；与市教育局联合推动《合肥党史故事》（青少年版）立项、编纂及编辑出版工作。撰写《安徽党史重要人物》中童汉章、徐百川、蔡晓舟、李慰农、施咏康等人物传记；审读《中国共产党庐江历史（第二卷）》《中国共产党巢湖历史（第二卷）》等书稿。督导肥东、肥西两县完成地方党史二卷编撰出版，指导长丰、巢湖等县市加快地方党史二卷编印；启动《中国共产党合肥历史》（第三卷）资料征集。

【党史宣传】 2020年，市委史志室坚持活动牵引，推进史志宣教工作，召开加强新时代地方党史工作座谈会；组建合肥市中共党史专家库，27名党史专家入选；开展第十一个“全市党员干部党史教育日”活动；组织红色文化研讨会征文活动，收到论文49篇，推荐上报省院14篇，其中4篇入选中央党史和文献研究院第七研究部和中共安徽省委党史研究院面向全国共同编写的《首届红色文化研讨会论文集》；构建全方位开放的“大党史”工作格局，整合全市党史资源和党史研究力量，与合肥学院共建合肥党史研究基地，实现合肥史志部门与高校在史志研究等方面的优势互补，拓展红色文化研究的深度与广度；指导庐阳区双岗街道高河埂社区全省首家社区级新四军纪事馆“新四军纪事微馆”揭牌，协助开展“抗战革命文物巡回展”，与新四军纪事微馆同步启幕；协助市委宣传部撰写合肥宣传抗日精神的经验材料，做好第五届全国党员教育培训教材展示交流活动材料相关工作，完成《合肥市贯彻落实新时代爱国主义教育实施纲要若干措施（草拟稿）》修改；开展全国遗址普查合肥地区工作，梳理上报23处遗址。抓好门户网站管理，对合肥党史地方志重要展览、重大革命历史题材作品、纪念场馆布展、爱国主义教育基地等重点工作开展史实审核；协助市委宣传部对全市

2020年9月3日，新四军纪事微馆在庐阳区揭牌　　（崔建军／摄）

12家省级以上爱国主义教育基地解说词进行审核；全程参与巢湖市张治中故居、长丰县中国共产党合肥北乡支部旧址纪念馆展陈大纲论证；对6家市级爱教基地、12家省级爱教基地进行实地考核及史实审核。与《安徽画报》合作，开设“红耀安徽—合肥篇”专栏，出刊12期；与《合肥晚报》合作，推出党史宣传专版——“红耀合肥”，出刊20期，均被学习强国平台发布。在《合肥日报》出刊“坚守初心 担当使命 为聚力打造‘五高地一示范’贡献史志力量——2019年度合肥市‘史志工作十件大事’”专版。

全年发布信息200余篇，其中13篇在中央党史和文献研究院、中国方志网发布，并被人民网、今日头条转载。

【方志编研】 2020年，市委史志室实行领导包保、双周调度、月度通报制度，完成市县两级10部综合年鉴“一年一鉴、公开出版”全覆盖任务，《合肥年鉴2019》获评全国一等奖，《合肥年鉴2020》获评全省一等奖，《肥东年鉴2019》获评全国二等奖。编印《合肥大事记》《合肥地情活页》各6期。

【场馆建设】 2020年，市委史志室推进中国共产党合肥历史馆建设，截至当年底，场景雕塑安装到位，物业公司进驻，编制（聘用）人员招聘人员到位，绿化工程验收完毕。场馆事业单位登记获批，获评市级爱国主义教育基地。组织推进市地方志馆建设工作，确定展陈大纲编制项目承担单位。

（陶俊生）

党校（行政学院）教育

【概况】 2020年，中共合肥市委党校（合肥行政学院）（以下简称“市委党校”）坚持以学习习近平新时代中国特色社会主义思想为首要任务，全年开设各类主体班七批28个班次，培训学员1530余人。聚焦党委和政府重大决策部署、社会热点难点问题开展决策咨询研究，提升科研资政能力，全年公开发表论文40余篇。坚持开放办学理念，深化与市内外同行和智库交流合作。贯彻从严治校方针，强化学员管理。开展全国县级党校分类建设试点，全面提升县级党校教学、科研、咨询和管理水平。

【教学培训】 2020年，市委党校规范设置班次，全年开设县处级干部进修班和任职班、科级干部进修班、乡镇（街道）党政正职培训班、青年干部培训班等各类主体班七批28个班次，培训学员1530余人。科学设置内容，坚持以学习习近平新时代中国特色社会主义思想为首要任务，重点围绕习近平新时代中国特色社会主义思想课程建设、“四史”教育课程建设和案例教学课程建设开展业务培训和试讲活动。党的理论教育和党性教育课程占总课时比重为70.1%；党性教育课程占总课时比重为27.8%；习近平新时代中国特色社会主义思想课程占总课时比重为67.5%。创新教学方式，推动线上、线下教学相融合，创新搭建“云课堂”，对接清华大学、浙江大学等知名高校，开展直播授课。加大案例教学开发力度，开发“合肥综合性国家科学中心建设实践探索”“时代楷模抗疫先锋——施咏康同志用生命践行使命和担当”等10个案例专题；推动现场教学基地开发建设，开发出新兴显示产业、中国声谷、大科学装置等一批具有代表性的现场教学专题；开展对外培训，展示合肥创新发展成果。办好各类培训，克服办学条件制约和新冠肺炎疫情带来的不利影响，开展研究生教育和对外培训，特别是习近平总书记考察安徽后形成效应，上海、深圳、南昌等地党政机关到合肥学习科技创新经验，市创新发展成果通过党校（行政学院）平台展示。

2020年10月31日，合芜蚌党校（行政学院）系统“长三角更高质量一体化发展”论坛在市委党校召开 （黄 振/摄）

【科研资政】 2020年，市委党校全年公开发表论文40余篇，其中《渡江“小船”的磅礴力量》获中央党校《学习时报》全文刊载。组织申报省部级课题16项，面向全市党校系统发布课题37项。加强“智库”建设，建成全市党校系统调研基地200多个，搭建起同市四大班子政研室的交流合作平台，聚焦党委和政府重大决策部署、社会热点难点问题开展决策咨询研究，7篇资政报告获得省、市领导肯定性批示。集中力量办好《中共合肥市委党校学报》，严格选稿用稿标准，提高学术影响力。

【开放办学】 2020年，市委党校成功举办“合芜蚌”自主创新示范区党校系统“长三角更高质量一体化发展”论坛，承办“长三角G60科创走廊建设中青年干部研修班”，邀请省委党校（行政学院）、上海社会科学院经济研究所、省委政研室等专家学者和抗疫先进人物来校（院）授课。参加G60科创走廊松江高层论坛，巩固同北京、上海、深圳等综合性国家科学中心所在地党校（行政学院）建立的战略合作联盟，深化同长三角地区党校（行政学院）一体化发展，努力实现优势互补、资源共享、学科共建，拓展丰富校（院）师资库、教学专题库和现场教学基地库。分别与浦东新区区委党校、怀柔区委党校签订《业务交流合作框架协议》，与芜湖市委党校、蚌埠市委党校签订《“合芜蚌”自主创新示范区党校（行政学院）合作协议》，定期开展学术交流活动；与合肥城市轨道交通有限公司签订《战略合作框架协议》，在科研方面建立长期合作和交流机制。在2020—2021年度“五高地一示范”应急课题申报中对吸收有关职能部门和县（市）区党校人员进入课题组作出明确要求。

【学员管理】 2020年，市委党校贯彻从严治校方针，坚持严以治校、严以治教、严以治学，将学员管理作为实现党校（行政学院）培养目标重要环节。抓好入学教育，重点强调中央八项规定、中组部新修订的《干部教育培训学员管理规定》及校（院）相关规定，向学员讲清楚培训目标、学习任务、纪律要求，要求所有学员签署《廉洁自律承诺书》，存入学员学习档案。督促学员牢固树立“学员意识”，实现“三个转变”。坚持从严治学，严格执行管理制度。引导督促学员严格遵守学习培训和廉洁自律各项规定，自觉遵守校规校纪，维护教学秩序，全面落实从严管理学员的责任。严格执行请假制度，严格课堂手机管理，严格实行量化考核，并作为评选优秀学员的重要依据，对于考核不合格，不符合结业条件的，不予结业。坚持校（院）领导带班、教研室包班、组织员跟班、教务处督班的立体化管理模式，严格监督课堂纪律，严格学员出勤管理，维护课堂教学的严肃性。利用班级微信群等信息化平台，掌握学员动态，回应学员关切，做到线上线下相结合，课内课外相呼应。发挥班委（支部）作用，开展形式多样的班级活动。校（院）分管领导亲自组织召开班委（支部）联席会，对班委（支部）的工作职责、任务分工提出要求。各主体班共同组建校园摄影、读书、乒乓球、爬山等兴趣小组，组织开展篮球比赛、文艺晚会等学员喜闻乐见的文体活动。

【县级党校分类建设】 2020年，市委党校贯彻落实习近平总书记关于党校办学治校系列重要指示精神，按照中央及省委、市委关于县级党校分类建设试点市的部署要求，探索市县联动合作，提升县级党校教学、科研、咨询和管理水平，提高党员干部教育培训质效。坚持上下联动，市县两级分别制定实施方案，强化组织领导，建立工作联系制度，共同推动县级党校分类建设工作开展；发挥市委党校“龙头”带动作用，制定县级党校分类建设工作要点，拉紧市县协同联动发展“纽带”；牵头组建9个业务指导组，市委党校负责同志担任组长，对口联系指导一个县级党校，帮助制定“一校一策”提升方案，共同做好课题调研、课程开发等工作；分类建设工作启动以来，先后召开动员会、调度会、座谈会35次，编发简报10期，确保分类建设有序推进。抓好示范带动，选定庐江、包河两地党校作为试点，探索特色化、差异化发展，包河区委党校结合区域内基层治理优势，挂牌“社区治理研究院”，构建区、街道、社区三级治理体系；庐江县委党校挂牌“乡村振兴研究院”，侧重推动乡镇党校建设，打造镇级“主阵地”、村级“教学点”、支部“微平台”，实现全县17个镇和园区党校建设全覆盖，打通教育培训“最后一公里”。推动融合发展，印发《关于推进全市党校系统教师融合发展的通知》，将县级党校71名教师编入市委党校12个教研部门，拧成一股绳、抓好传帮带，分领域、分类别构建科研咨政课题组，发挥智库作用；加大市委党校“智援”力度，市委党校教师先后有754人（次）到9所县级党校授课，选派2名教学骨干分别挂职担任庐江、包河两所省试点党校副校长；选调2名县级党校教学骨干到市委党校主体班次跟班学习、随岗锻炼，推动县级党校教学实战能力提升。资源共建共享，以“一纲三库”建设为切入点，统筹指导各县级党校编制主体班次教育培训大纲，规范县级党校培训班次、学制和培训内容；加强全市党校系统教学资源整合，市县两级党校完成729名专、兼职、客座教师，1071个教学专题，96个现场教学基地的分类入库，实现市域内教学师资、教学专题、现场教学基地资源共享共用。

（张　弢）

责任编辑：陶俊生

合肥市人民代表大会

综 述

【概况】 2020年，在中共合肥市委的坚强领导下，市人大常委会坚持以习近平新时代中国特色社会主义思想为指导，全面贯彻落实党的十九大和十九届二中、三中、四中、五中全会精神，深入学习贯彻习近平总书记考察安徽重要讲话指示精神，紧紧依靠广大代表，切实履行法定职责，为聚力打造“五高地一示范”作出积极贡献。

【市人大常委会工作】 2020年，合肥市人大常委会制定地方性法规5件，开展立法调研6件；听取审议“一府两院”报告17个，开展执法检查4项、专题询问2次，发出审议意见书8件，备案审查规范性文件106件；作出决议决定9项；任免国家机关工作人员86人次；落实全面深化改革任务5项，全面完成市十六届人大三次会议确定的各项任务。紧扣助力打赢防疫“阻击战”，常委会发出《关于充分发挥全市各级人大代表带头作用 助力打赢疫情防控阻击战的通知》，组织常委会组成人员走访调研97家企业，听取审议疫情防控、复工复产等情况报告，开展野生动物保护“一法一决定”执法检查，并对突发公共卫生事件应急处置工作进行专题询问，为疫情防控工作提供有力法治保障。紧扣助力打赢抗洪“保卫战”，巢湖流域特大汛情发生后，落实包保责任，赴肥东、肥西、巢湖，督导推动隐患排查、除险加固、物资保障等工作；组织引导各级人大代表投身抗洪一线，配合做好群众安置、生产自救等工作。紧扣助力决战脱贫攻坚，开展脱贫攻坚监督调研，分析问题、提出建议，助推减贫战略和工作体系平稳转型。将脱贫攻坚作为代表主题实践活动内容，各级人大代表通过结对帮扶、产业扶贫等措施，服务困难群众。紧扣助力收官“十三五”、谋划“十四五”，听取审议计划和预算执行、优化营商环境、国有资产管理、政府投资项目、审计及审计查出问题整改等情况的报告，促进“六稳”“六保”工作。围绕“推动城区开发区改革发展、促进产业转型升级”开展调研，就开发区布局、管理体制改革等提出意见建议，为城区开发区转型发展献计献策。共同组建长三角G60科创走廊九城市人大代表企业联盟，助推长三角地区企业合作发展。围绕编制“十四五”规划，精选课题开展研究，广泛征求代表意见，审议规划编制情况报告，提出意见建议。深入引江济淮、畅通二环等工程建设现场开展视察，调研创建国家安全发展示范城市工作情况，听取国

2020年10月15日，市人大常委会主任汪卫东带领部分常委会组成人员深入高新区、蜀山区、肥西县，调研引江济淮工程建设情况 （高 博／摄）

土空间总体规划、骆岗生态公园规划方案编制情况报告，为城市建设发展建言支招。

（刘冠男）

重要会议

【市十六届人大第三次会议】 市十六届人民代表大会第三次会议于2020年5月10日至12日举行。第一次全体会议于5月10日召开，市人大常委会主任汪卫东主持会议，市人民政府市长凌云作《政府工作报告》。会议审查合肥市2019年国民经济和社会发展计划执行情况与2020年计划草案的报告，审查合肥市2019年预算执行情况和2020年预算草案的报告，听取关于《合肥市生活垃圾分类管理条例（草案）》的说明。第二次全体会议于5月11日召开，市人大常委会主任汪卫东作《合肥市人民代表大会常务委员会工作报告》，市中级人民法院院长王晓东作《合肥市中级人民法院工作报告》，市人民检察院副检察长何宏海作《合肥市人民检察院工作报告》。会议表决通过市十六届人大三次会议选举办法；表决通过市十六届人大三次会议总监票人、副总监票人、监票人名单；表决通过关于设立市十六届人大社会建设委员会的决定；表决通过关于市十六届人大社会建设委员会组成人员人选表决办法。第三次全体会议于5月12日召开。省委常委、宣传部部长、市委书记虞爱华做会议讲话。会议选举部分合肥市第十六届人民代表大会常务委员会委员，选举合肥市人民检察院检察长；表决通过市十六届人大社会建设委员会组成人员名单。新当选的市人大常委会委员、市人大社会建设委员会组成人员集体进行宪法宣誓。会议表决通过关于政府工作报告的决议，关于合肥市2019年国民经济和社会发展计划执行情况与2020年计划的决议，关于合肥市2019年预算执行情况和2020年预算的决议，关于合肥市人民代表大会常务委员会工作报告的决议，关于合肥市中级人民法院工作报告的决议，关于合肥市人民检察院工作报告的决议；表决通过《合肥市生活垃圾分类管理条例》，提请省人大常委会审查批准。

2020年5月10日，合肥市十六届人大三次会议第一次全体会议在市政务中心召开 （张大岗／摄）

【市十六届人大常委会第十六次会议】 2020年3月5日，市十六届人大常委会第十六次会议在市政务中心举行。市长凌云列席会议，并作关于市政府2020年重点工作安排的报告。市人大常委会主任汪卫东主持第一次全体会议，并在第二次全体会议上讲话。会前，召开市人大常委会党组理论学习中心组（扩大）会暨常委会专题学习会，传达学习习近平总书记关于疫情防控工作的重要讲话和重要指示批示精神，以及省市委相关会议精神；市疫情防控应急指挥部办公室负责同志介绍合肥市疫情防控工作情况。会议听取审议市政府2020年重点工作安排的报告，表决通过关于批准市政府2020年重点工作安排报告的决议；表决通过关于推迟召开市十六届人大三次会议的决定；表决通过关于个别代表的代表资格的报告。

【市十六届人大常委会第十七次会议】 2020年4月23日，市十六届人大常委会第十七次会议在市政务中心举行。市人大常委会主任汪卫东主持第一次全体会议，并在第二次全体会议上讲话。会议初审《合肥市文明行为促进条例（草案）》，表决通过关于召开市十六届人大三次会议的决定，表决通过关于个别代表的代表资格的报告，表决通过有关人事任免事项。

【市十六届人大常委会第十八次会议】 2020年5月7日，市十六届人大常委会第十八次会议在市政务中心举行。市人大常委会主任汪卫东主持第一次全体会议，并在第二次全体会议上讲话。会议表决通过关于个别代表的代表资格的报告，表决通过市十六届人大三次会议有关建议名单。

【市十六届人大常委会第十九次会议】 2020年6月16日、17日，市十六届人大常委会第十九次会议在市政务中心举行。市人大常委会主任汪卫东主持第一次全体会议，并在第二次全体会议上讲话。会议通过《合肥市文明行为促进条例》；通过《合肥市人民代表大会常务委员会关于加强人民法院执行联动工作的决定》，明确执行联动单位协作义务，建立执行联动工作联席会议制度，在全国首创人民陪执员制度，发挥整体合力，推动执行难综合治理和源头治理；初次审议《合肥市河道管理条例（草案）》；听取审议“一府两院”相关负责人履职情况报告，并开展满意度测评；通过有关人事任免事项。

【市十六届人大常委会第二十次会议】 2020年8月26日至28日，市十六届人大常委会第二十次会议在市政务中心举行。市人大常委会主任汪卫东主持第一次全体会议，并在第二次全体会议上讲话。会议审议通过《合肥市制止餐饮浪费行为条例》；通过《合肥市河道管理条例》；初次审议《合肥市城市集中供热管理条例（草案）》；听取审议2020年上半年国民经济和社会发展计划执行情况及下半年工作意见的报告、关于合肥市2019年度市级预算执行和其他财政收支的审计工作报告，通过合肥市2019年市级决算、2020年市级预算调整方案；听取审议公共文化服务保障法执法检查报告、合肥市居家养老服务条例执法检查报告，并对居家养老服务条例实施情况开展专题询问；听取审议关于现代化诉讼服务体系建设工作情况的报告。

【市十六届人大常委会第二十一次会议】 2020年10月28日、29日，市十六届人大常委会第二十一次会议在市政务中心举行。市人大常委会主任汪卫东主持。会议通过《合肥市城市集中供热管理条例》；听取审议市人民政府关于新冠肺炎疫情防控、复工复产及依法做好多元化解矛盾纠纷工作情况的报告，并对合肥市突发公共卫生事件应急处置工作开展专题询问；听取审议市人民政府关于2019年度全市国有资产管理情况的综合报告和关于市本级金融企业国有资产管理情况的专项报告；听取审议市人民政府关于合肥市农村人居环境整治三年行动实施情况的报告；听取审议市人大常委会执法检查组关于检查《中华人民共和国土壤污染防治法》实施情况的报告；通过人事任免案。

【市十六届人大常委会第二十二次会议】 2020年11月27日，市十六届人大常委会第二十二次会议在市政务中心举行。市人大常委会主任汪卫东主持第一次全体会议，出席第二次全体会议。会议审议2020年规范性文件备案审查工作情况的报告，通过人事任免案。

【市十六届人大常委会第二十三次会议】 2020年12月18日，市十六届人大常委会第二十三次会议在市政务中心举行。市人大常委会主任汪卫东主持第一次全体会议，出席第二次全体会议并讲话。会议通过关于召开市十六届人大四次会议的决定及会议议程（草案）、日程（草案），并通过人事任免事项。

（刘冠男）

人大监督

【污染防治监督】 2020年，市人大常委会致力打好净土保卫战，首

2020年7月22日，汪卫东主任深入肥东县防汛值守点督导防汛救灾工作

（司胜平／摄）

次开展土壤污染防治法执法检查，把检查农用地和建设用地安全利用情况作为重中之重，推动从源头上保证农产品安全和人居环境健康，让群众“吃得放心、住得安全”。致力改善农村人居环境，听取审议《农村人居环境整治三年行动计划》完成情况报告，针对工程质量、运营维护、社会参与等方面薄弱环节，提出意见建议。致力提升环保工作水平，听取审议全市环境状况和环境保护目标完成情况报告，连续第16年开展“庐州环保世纪行”活动，助力改善生态环境质量。

【民生保障监督】 2020年，市人大常委会围绕医疗卫生事业，开展财政医疗卫生资金分配和使用、医保支付方式改革情况调研，为破解工作难题献策支招。围绕公共文化事业，开展公共文化服务保障法执法检查，重点对照文化设施建设管理等9个方面内容，深入检查，提出改进工作的建议。围绕养老服务事业，开展《合肥市居家养老服务条例》执法检查，首次对居家养老服务工作开展专题询问，督促有关部门落实法定责任，合力推进居家养老服务工作。围绕宗教事务条例、归国侨眷权益保护法贯彻实施和现代职业教育发展等情况开展专题调研。连续第10年开展“食品安全庐州行”活动，推进食品安全齐抓共管。受理、转办来信来电来访244件，助推问题解决。

【执法司法监督】 2020年，市人大常委会促进依法行政，听取审议关于2019年法治政府建设情况报告，推动《法治政府建设实施纲要（2015—2020年）》重点任务落实。促进公正司法，听取审议市中院关于现代化诉讼服务体系建设工作情况的报告，促进法院进一步加强矛盾纠纷多元化解机制建设；听取审议市检察院关于刑事检察工作情况的报告，促进检察机关增强对刑事立案、侦查、审判、执行工作的监督质效。促进普法宣传，开展第七个国家宪法日宣传教育活动，邀请全国人大常委会法工委专家做客庐州讲坛讲授《学好用好民法典》，开展“江淮普法合肥行”活动，听取审议关于“七五”普法工作情况报告，提升全社会法治意识。

（刘冠男）

2020年5月22日，汪卫东主任率队深入包河区，就野生动物保护法贯彻实施情况开展执法检查 （司胜平／摄）

代表工作

【密切代表同群众的联系】 2020年，市人大常委会推动代表参加代表小组、代表工作站和基层立法联系点的活动，发挥好35个市人大代表小组、657个各级人大代表活动室作用，为代表履职搭建立足基层、贴近群众、覆盖城乡的工作平台。开展“人大代表在行动”主题实践活动，聚焦农村人居环境整治、巢湖流域水污染防治、多元化解矛盾纠纷等内容，代表深入群众，听取意见建议，发挥反映民意、汇聚民智的作用。坚持常委会组成人员联系市人大代表制度，组织代表列席常委会会议30人次，参加执法检查、专题调研等活动141人次。

【代表议案建议办理】 2020年，市人大常委会对代表在市十六届人大三次会议期间提出的4件议案（并案后为3件）、253件建议交办督办。3件议案由主任会议成员领衔督办，选择解决停车难、完善社区养老服务、治理意杨飞絮等20件建议，由常委会工作机构重点督办。对《推进合肥市小学生课后照护服务工作议案》《增大生物生态法在巢湖蓝藻治理中应用比例建议》的办理情况，进行综合评估并开展满意度测评，结果均为“满意”。

【代表履职服务保障】 2020年，市人大常委会制定《关于加强和改进市人大代表工作的具体举措》，从加强“一府一委两院”联系人大代表、强化代表履职监督管理等方面提出20条举措。建成市县统一的人大预算联网监督平台，支持保障代表依法履职。为市人大代表订阅学习资料，举办代表履职能力提升培训班，对191名市人大代表开展培训。拓展基层民生实事项目人大代表票决制，全市59个乡镇（街道）票决（票选）产生321件民生实事项目。指导70名市人大代表向原选举单位述职并接受评议，促进代表更好履行职责。

（刘冠男）

重大事项决定

【加强人民法院执行联动】 2020年，市人大常委会为促进“切实解决执行难”，就加强人民法院执行联动工作作出决定，抓住执行工作查人找物难题，明确执行联动单位协作义务，建立执行联动工作联席会议制度，在全国首创人民陪执员制度，发挥整体合力，推动执行难综合治理和源头治理。最高人民法院对该项工作给予肯定，《执行工作动态》刊载推介。

【推动环巢湖十大湿地保护决定有效实施】 《关于加强环巢湖十大湿地保护的决定》出台后产生良好社会反响，2020年3月该决定被评为2019年度“安徽省十大法治事件”。为贯彻落实习近平总书记关于“一定要把巢湖治理好”的重要指示，市人大常委会对该决定贯彻实施情况开展督查调研，提出加强相关规划衔接、完善协同管理机制等建议，推动决定进一步落地落实。

（刘冠男）

人事任免

【概况】 2020年，市人大常委会坚持党管干部原则与依法任免有机统一，对19名拟任命人员进行任前法律知识考试，听取6名拟任命人员供职报告，组织新任命国家工作人员进行宪法宣誓，听取“一府两院”6名工作人员履职情况报告并开展满意度测评，强化被任命人员为民履职意识。

【人事任免信息】 2020年4月23日，合肥市第十六届人民代表大会常务委员会第十七次会议决定任命：李铭为合肥高新技术产业开发区人民法院立案庭庭长，李群为合肥高新技术产业开发区人民法院民事审判二庭（知识产权审判庭）庭长，刘正红为合肥高新技术产业开发区人民法院行政审判庭（综合审判庭）庭长，张友国为合肥高新技术产业开发区人民法院明珠人民法庭庭长，倪良月为合肥高新技术产业开发区人民法院民事审判一庭（环境资源审判庭）副庭长、审判委员会委员，王二辉、黄平、朱斌斌、刘付兴为市中级人民法院审判员；马晨翔为合肥高新技术产业开发区人民法院审判员，闫效祖为合肥铁路运输法院审判员，何宏海为市人民检察院副检察长，宣霞、杨玮嶷、林森为市人民检察院检察员。批准任命：方中华为庐江县人民检察院检察长。决定免去：吴春梅、宁波的市人民政府副市长职务。免去：李铭的合肥高新技术产业开发区人民法院民事审判一庭庭长职务，李群的合肥高新技术产业开发区人民法院民事审判二庭庭长职务，刘正红的合肥高新技术产业开发区人民法院行政审判庭庭长职务，李刚的合肥高新技术产业开发区人民法院明珠人民法庭庭长、审判委员会委员职务，陈太敏的合肥高新技术产业开发区人民法院立案庭庭长、审判委员会委员职务，倪花的合肥高新技术产业开发区人民法院审判监督庭庭长、审判委员会委员职务，丁寒梅、朱勇、赵苏元、杨以林的市中级人民法院审判员职务，方中华、张荣的市人民检察院检察员职务。

6月17日，合肥市第十六届人民代表大会常务委员会第十九次会议决定任命：葛斌为市人民政府副市长。任命：殷硕景、蒋涛为市人大常委会人事代表选举工作委员会委员，王勤、刘学康、刘耘、黄伟龙为市人大常委会民族宗教侨务外事工作委员会委员，卜寿丰、朱仲平、朱莉萍、刘群、李军、杨雪云、高广成、高见、曹婕为市人大常委会社会建设工作委员会委员，廖永结、李亚娟为市中级人民法院合肥知识产权法庭副庭长、审判员。免去：刘云、游建芳的市人大常委会人事代表选举工作委员会委员职务，方强、柏运震的市人大常委会民族宗教侨务外事工作委员会委员职务，樊坤、黄浩的市中级人民法院合肥知识产权法庭副庭长、审判员职务。

8月28日，合肥市第十六届人民代表大会常务委员会第二十次会议任命：张进为市中级人民法院立案二庭副庭长，汪蕾为市中级人民法院刑事审判第一庭副庭长。决定免去：朱策的市人民政府副市长职务。免去：陈家军的合肥铁路运输法院审判员职务，崔萍的市人民检察院副检察长职务，王平、王林的市人民检察院城郊地区人民检察院副检察长、检察委员会委员职务，胡璞的市人民检察院城郊地区人民检察院检察委员会委员职务，李进的市人民检察院检察委员会委员、检察员职务，王玉、张荣、张嵩的市人民检察院检察员职务。

10 月 29 日，合肥市第十六届人民代表大会常务委员会第二十一次会议任命：华克思为市监察委员会副主任，潘晓晖为市人民检察院副检察长、检察委员会委员、检察员，李春浩为市人民检察院城郊地区人民检察院副检察长。免去：赵勋凤的市中级人民法院刑事审判第一庭副庭长职务，解作荣的市中级人民法院执行庭副庭长职务，王萍的市中级人民法院未成年人案件审判庭庭长、审判委员会委员、审判员职务，杨林的市中级人民法院审判员职务，李鹏飞的市人民检察院检察委员会委员、检察员职务。免除：李思亮、聂宗翠的合肥高新技术产业开发区人民法院人民陪审员职务。

11 月 27 日合肥市第十六届人民代表大会常务委员会第二十二次会议决定任命：路军、赵明为市人民政府副市长。决定免去：罗云峰的市人民政府副市长职务。

12 月 18 日合肥市第十六届人民代表大会常务委员会第二十三次会议任命：李红俊为合肥高新技术产业开发区人民法院审判员，张磊为合肥高新技术产业开发区人民检察院检察长。免去：袁开平的市中级人民法院副院长职务，杜薇的市人民检察院检察委员会委员、检察员、合肥高新技术产业开发区人民检察院检察长职务，王云徽的市人民检察院检察员职务。

（刘冠男）

责任编辑：田　文

合肥市人民政府

综 述

【概况】 2020年，合肥市人民政府保持战略定力，精心谋划部署，果断采取行动，奋力攻坚克难，全面做好“六稳”工作，落实“六保”任务。全年实现地区生产总值10045.7亿元，同比增长4.3%；一般公共预算收入、规模以上工业增加值、固定资产投资、社会消费品零售总额、进出口总额、城乡居民人均可支配收入同比分别增长2.3%、8.3%、4.7%、3.1%、16.4%、7.2%；城镇登记失业率3.06%。在疫情防控方面，坚持人民至上、生命至上，快速响应、闻令而动、严密防控，用三个月时间取得重大战略成果；数百名援鄂勇士舍生忘死、逆行出征，5.1万医护人员义无反顾、冲锋在前，广大科研人员争分夺秒、全力攻关，各行各业劳动者夜以继日、连续作战，21万社区工作者、党员干部、志愿者坚守岗位、默默奉献，全体合肥儿女和衷共济、守望相助。在抗洪抢险方面，实行科学预警、精准调度，迅速启动一级响应，果断启用9个万亩大圩分洪，153万干部群众、部队官兵、公安干警、应急救援人员顾全大局、坚守一线，加固加高堤坝135千米，排除重大险情317处，紧急转移群众24万人；全力开展生产自救和灾后恢复重建，拨付资金52.8亿元，抢种补种农作物逾3.73万公顷，修复重建房屋1.7万间，受灾群众安心重返家园，生产生活迅速步入正轨；没有发生重大人员伤亡，重要堤防没有出现损毁，国家重要基础设施没有受到冲击，经济社会发展没有受到重大影响，巢湖防汛保卫战取得重大胜利。

【脱贫攻坚】 2020年，合肥市坚持精准脱贫方略，聚焦“两不愁三保障”，健全防范返贫机制，实施产业、就业、教育、健康扶贫等“十大工程”，累计投入扶贫资金75亿元，112个工作队驻村入户，4万多名党员干部结对帮扶。突出产业扶贫，开展光伏扶贫，设置扶贫专柜，开通地铁扶贫专号，实施消费扶贫行动，贫困户人均纯收入实现翻两番，21.56万建档立卡贫困人口全部脱贫，112个贫困村全部出列，67个贫困村成为经济强村。

【科技创新】 2020年，合肥市建设国家实验室工作取得决定性进展，能源、环境、大健康、人工智能研究院组建运行，聚变堆主机关键系统、未来网络实验设施等大科学装置加快建设，26个协同创新平台集聚效应增强。新增国家高新技术企业789户，累计突破3300户，每万人发明专利拥有量超过34件。

2020年10月9日，蔚来中国总部在合肥正式启用 （市科技局／供）

中国（合肥）知识产权保护中心正式成立，“抓抗促”科技成果交易会成功举办。综合性国家科学中心重大创新成果不断涌现，嫦娥奔月、天问探火、九章计算处处闪耀合肥元素，量子显微、托珠单抗等科技成果加速从实验室跑向应用场。

【战略性新兴产业】 2020年，合肥市创新实施重点产业“链长制”，战略性新兴产业增加值同比增长16.4%，占规模以上工业比重达51.6%。京东方面板出货全球领先，长鑫存储实现量产，维信诺柔性显示产线点亮，联宝科技率先跨越千亿，联合利华成为全球“灯塔工厂”，中国声谷实现“双千”目标。蔚来中国、欧菲光产业园、神州数码等项目落户合肥。新增3个国家制造业单项冠军、15户国家专精特新“小巨人”企业，2家企业获中国工业大奖。数字化智能化改造提速，万家企业登云。新增上市公司12家，其中科创板上市7家、位居省会第一。世界制造业大会江淮线上经济论坛、世界显示产业大会、国际新能源汽车展在合肥成功举办。

【改革开放】 2020年，合肥市全面完成105项年度重点改革任务。实施创优营商环境攻坚，“最多跑一次”、一口办结率、全程网办率实现100%，服务窗口7×24小时不打烊，政务环境位列全国第三。全年减税降费220亿元，新增市场主体20万户。出台人才新政10条、重点产业人才7条、高校毕业生就业创业9条，连续第三年成为“外籍人才眼中最具吸引力的中国城市”。完成6.1万国企退休人员社会化管理。医联体、医共体医保基金付费改革惠及565万市民。农村土地“三权分置”“三变”改革顺利推进，经营性收入50万元以上的村达318个。长三角一体化加速推进，建设G60科创走廊生物医药、金融科技等5个合作园区，实现41个城市、65个事项“一网通办”。推进开放合作，合肥都市圈引领区域发展，皖北结对共建园区目标考核蝉联全省第一。安徽自贸试验区合肥片区正式运行，投资贸易便利化提升，新签约项目200余个。服务贸易试点市、跨境电商综试区、进口贸易示范区工作有序推进。中欧班列开行568列，净增200列，位居全国第八。

【城市建设】 2020年，合肥市大建设完成工程投资621亿元，同比增长8.8%。立体交通网络加快构建，商合杭、合安高铁全线通车，新建续建国省干线公路259千米，引江济淮累计完成投资433亿元，启动新桥机场改扩建。轨道交通完成投资170亿元，5号线南段开通运营，实现4线联运、9线在建，单日最高客运量突破123万人次。繁华大道集贤路立交、郎溪路高架、裕溪路高架、长江东路改造工程实现竣工通车，天鹅湖、少荃湖隧道下穿贯通，畅通二环工程加快建设。整改较大积涝点10处，治理拥堵点8处，打通断头路20条。新增5G基站、充电设施、公共停车位均超过8000个，新改建公交站亭2000余座，“国家公交都市”创建成功。重拳治理违法建设，依法管理养犬行为、推行生活垃圾分类。合柴1972、长江180等城市更新项目展示工业足迹，传承历史记忆。

【乡村振兴】 2020年，合肥市建设高标准农田近1.187万公顷，生产粮食289万吨，虾稻种养面积突破5.33万公顷，新增“三品一标”83个。实现生猪存栏64万头、出栏126万头，均超省下达任务。实施土地整治，新增耕地近3067公顷。全面实施巢湖十年禁捕，退捕渔民全部妥善安置。农村生活垃圾分类覆盖806个村，环湖75个中心村污水处理设施投入使用。建成省级美丽乡村中心村169个，新建改建农村道路1200千米，农村人居环境得到改善。青峰岭、将军岭、尖山湖、马郢计划、云里安凹等成为乡村振兴项目亮点。

【生态建设】 2020年，合肥市实施蓝天碧水净土保卫战。纵深推进巢湖综合治理，15个国考断面水质全部达标，南淝河、白石天河、兆河水质稳定改善，十五里河水质达到Ⅲ类，巢湖水质稳定在Ⅳ类以上。细颗粒物（$PM_{2.5}$）、可吸入颗粒物（PM_{10}）浓度分别为36、58微克/立方米，空气质量优良率85%，提高14.6个百分点。推进工业地块土壤修复工作。中央环保督察、省“回头看”反馈问题按期销号，长江经济带警示片披露问题积极整改。成功申办第十四届中国国际园博会，启动建设骆岗生态公园，建成生态湿地逾4133公顷、城市公园5个、小公园小游园63个，植树造林约6700公顷，新增绿化面积1000多万平方米。

【民生福祉】 2020年，合肥市推进31项民生工程、20项为民办实事事项，着力解决群众身边的“急难愁盼”。新增城镇就业12.1万人，超额完成省下达任务。建成幼儿园63个、中小学53个，分别新增学位2.4万个、7.5万个。组建4个普通高中教育集团，扩大优质教育覆盖面。六中、九中新校区加快建设，一六八陶冲湖校区改扩建完成，特教中心新校区、技师学院投入使用，合肥幼专梅冲湖校区开工建设。智慧教育助力120余万中小学生疫情期间停课不停学。市一院门诊综合楼、滨湖医院感染病院区开诊，推进市公共卫生中心、空港医院、中医院、三院新区等建设。村级文化服务中心建成率达96%，五县（市）融媒体中心通过省级验收，成功举办牡丹奖曲艺大赛、市十二届运动会，第五届全国智力运动会花落合肥，建成南艳湖等体育公园5个、公共健身场所176个，跻身国家首批文旅、体育消费试点城市。新建43个“幸福驿站”，为环卫工人、快递小哥、交通警察等户外劳动者遮风避雨、驱寒送暖。市老年大学新校区投入使用，创成6个国家级智慧健康养老街道，城市社区养老服务设施实现全覆盖。既有住宅加装电梯174部，棚改安置房建成2.15万套，老旧小区改造103个，惠及10.8万人。扫黑除恶工作位居全国第一方阵，信访维稳、安全生产形势总体向好。

（胡艳阳）

重要会议

【市政府全体会议】 2020年，合肥市政府召开2次全体会议，即第7次全体会议和第8次全体会议。

市政府第7次全体会议。9月7日，合肥市政府第七次全体会议在市政务中心召开。会议强调，要创造科技策源新供给，加速科技成果向现实生产力转化。要构筑产业发展新地标，培育壮大战新产业，智能升级传统产业。要增强高质量发展新动能，加快5G等“新基建”建设，加快重大项目建设，激发消费需求。要拓展对外开放新格局，加快营造一流营商环境。要塑造城市建设新品质，推进大建设、老城更新、精细管理。要建设绿色发展新样板，让巢湖成为合肥最好的名片。要增进民生改善新福祉，全面提升社会事业水平。要擘画未来发展新蓝图，谋准谋深发展战略、发展目标。要保持奋发有为新状态，确保圆满完成全年各项目标任务。

市政府第8次全体会议。12月28日，合肥市政府第八次全体会议在市政务中心召开。会议讨论即将提交市十六届人大四次会议审议的《政府工作报告》（讨论稿）《关于合肥市2020年国民经济和社会发展计划执行情况与2021年计划草案的报告》（讨论稿）《关于合肥市2020年预算执行情况和2021年预算草案的报告》（讨论稿）。会议强调，要谋深谋细谋实“十四五”和明年政府工作，常态化抓好疫情防控，强化市场供应和监管，开展走访慰问、送温暖活动，全面加强安全稳定工作，开展安全生产大检查，抓好廉政建设。

【市政府常务会议】 2020年，合肥市政府召开31次常务会议，即第49次常务会议至第79次常务会议。

市政府第49次常务会议。1月17日，市政府召开第49次常务会议，审议并原则通过《完善60至69周岁贫困重度残疾人托养有关政策的通知》《2020年市政府为民办实事事项工作方案》《〈合肥市促进民营经济发展条例〉实施细则》《合肥市公立医疗机构药品单品种集中带量采购实施方案》《合肥市基本医疗保险基金市级统筹实施方案》《巢湖岸线保护与利用规划》《合肥市第五批道路、水域命名规划》。

市政府第50次常务会议。3月5日，市政府召开第50次常务会议，听取关于拟认定首批“合肥市技术创新中心”相关工作情况汇报，审议并原则通过《合肥市企业国有资产交易监督管理办法》《南淝河水质稳定达标方案》。会议还听取关于2019年法治政府建设相关情况汇报；研究《全市领导干部联系重点民营企业工作方案》《市领导联系重点民营企业名单》《抓好“三农”领域重点工作确保如期实现全面小康的实施意见》等事项。

市政府第51次常务会议 3月13日，市政府召开第51次常务会议，审议并原则通过《合肥市城市排水管理办法（草案）》《合肥市公共源交易管理条例实施细则》《合肥市国土空间总体规划（2020—2035年）编制工作方案》。

市政府第52次常务会议。3月25日，市政府召开第52次常务会议，学习《中华人民共和国传染病防治法》，听取关于《合肥市人才公寓建设运营管理办法》修订及《合肥市人才公寓租售管理细则（试行）》、关于《合肥市人民政府与中国科学院合肥物质科学研究院共建中国环境谷战略合作协议》起草情况汇报。

市政府第53次常务会议。4月2日，市政府召开第53次常务会议，审议并原则通过《合肥市应急广播体系建设实施方案》《合肥市培育新动能促进产业转型升级推动经济高质量发展若干政策实施细则》《合肥市人民政府与中科院合肥物质科学研究院共建合肥“智慧农业谷”战略合作协议》，听取关于应急管理工作有关情况汇报。

市政府第55次常务会议。4月22日，市政府召开第55次常务会议，听取关于2020年“合肥工匠”选树工作、2019年度全市工业发展目标考核情况汇报，审议并原则通过《合肥市加快集成电路产业人才队伍发展的若干政策》《合肥市集成电路产业高层次人才分类目录（试行）》《合肥市推进都市圈一体化建设2020年工作要点》《合肥市推动长三角区域一体化2020年工作要点》《进一步加强公平竞争审查工作的通知》《消费券投放工作的实施方案》。

市政府第56次常务会议。5月7日，市政府召开第56次常务会议，听取关于贯彻落实《保障农民工工资支付条例》、全市民生工程相关工作情况汇报，审议并原则通过《合肥市职业教育改革实施方案（2020-2022）》《加快推进大健康产业发展的工作方案》《推动新能源汽车高质量发展助力打赢蓝天保卫战的若干政策》。

市政府第57次常务会议。5月14日，市政府召开第57次常务会议，学习《巢湖流域水污染防治条例》，审议并原则通过《加强巢湖渔业资源保护的实施方案》《合肥市养犬管理工作实施方案》《合肥市老旧住宅电梯更新改造重大修理工作实施意见》《2020国际（合肥）节能与新能源汽车展览会总体方案》《合肥市5G通信基础设施专项规划（2019—2021）》《合肥市加快推进5G发展若干政策措施》《合肥建设国家新一代人工智能创新发展试验区实施方案（2020—2023年）》。

市政府第58次常务会议。6月5日，市政府召开第58次常务会议，听取关于提高社会救助保障标准、关于《中华人民共和国野生动物保护法》贯彻实施情况汇报，审议并原则通过《合肥市“创优营商环境攻坚年”行动实施方案》《合肥市河道管理条例（草案）》《合肥市人民政府与中国电信安徽分公司深化战略合作协议》《关于调整城乡居民最低生活保障标准和特困人员等社会救助对象保障标准的通知》。

市政府第59次常务会议。6月18日，市政府召开第59次常务会议，审议并原则通过《合肥教育现代化2035》《加快推进合肥教育现代化实施方案（2020—2022年）》《加快推进合肥市重要产品追溯体系建设实施方案》。

市政府第60次常务会议。6月24日，市政府召开第60次常务会议，深入学习贯彻习近平总书记关于统计工作重要讲话指示批示精神和《意见》《办法》《规定》，审议并原则通过《合肥市加快工业设计产业发展的实施意见》《合肥综合性国家科学中心合肥市项目建设管理办法（试行）》《合肥市人民政府 安徽省农垦集团有限公司合作框架协议》。

市政府第62次常务会议。7月9日，市政府召开第62次常务会议，听取关于第三批合肥市优秀外国专家考核工作情况的汇报，审议并原则通过《合肥市推进普通高中集团化办学实施意见》《合肥市安全生产专项整治三年行动计划》。

市政府第63次常务会议。7月17日，市政府召开第63次常务会议，学习《中华人民共和国民法典》，审议并原则通过《合肥市2020年臭氧污染防治攻坚行动方案》《安徽合肥线上经济创新发展试验区实施方案（2020—2025年）》《支持线上经济发展的若干政策》《合肥市推进新型基础设施建设实施方案（2020—2022年）》。

市政府第64次常务会议。7月24日，市政府召开第64次常务会议，审议并原则通过《合肥市二次供水管理办法（草案）》《关于全面推进公共法律服务体系建设的实施意见》《关于支持人行加大涉农、小微企业和民营企业信贷投放的意见》。

市政府第65次常务会议。8月7日，市政府召开第65次常务会议，听取关于当前防汛抗洪救灾工作情况汇报，审议并原则通过《关于进一步加强困境儿童保障和农村留守儿童关爱保护工作的实施意见》《2020年合肥市工业发展目标考核办法》《合肥市国家高新技术企业三年倍增行动方案（2020—2022年）》。

市政府第66次常务会议。8月14日，市政府召开第66次常务会议，审议并原则通过《合肥市城市集中供热管理条例》《合肥市政府购买居家养老服务实施方案》。

市政府第67次常务会议。8月25日，市政府召开第67次常务会议，听取关于2020年灾后水利重建工作有关情况汇报，审议并原则通过《合肥市财政支持2020年洪涝灾害灾后重建和恢复生产生活的实施意见》《合肥市市级政府公物仓管理办法（修订稿）》《合肥市信息化项目管理办法（修订稿）》《合肥市城镇老旧小区改造提升工作实施意见》《合肥市知识产权运营服务体系建设实施方案（2022—2023年）》。

市政府第68次常务会议。9月4日，市政府召开第68次常务会议，学习《中华人民共和国药品管理法》，审议并原则通过《中国（合肥）知识产权保护中心建设实施方案》《合肥市政务数据资源共享开放管理办法（修订稿）》。

市政府第69次常务会议。9月14日，市政府召开第69次常务会议，审议并原则通过《关于修改〈合肥市生活垃圾管理办法〉的决定（草案）》《合肥市深化改革加强食品安全工作实施方案》《2020年合肥市用于蓄滞洪的圩口运用补偿实施方案》。

市政府第70次常务会议。9月27日，市政府召开第70次常务会议，审议并原则通过《合肥综合性国家科学中心专项基金设立方案》《合肥市中小学生课后服务工作实施方案》《合肥市全面深化服务贸易创新发展试点实施方案》《第十四届合肥国际文化博览会总体方案》。

市政府第71次常务会议。10月19日，市政府召开第71次常务会议，听取关于合肥大学创建工作进展情况汇报，审议并原则通过《关于农村人居环境整治三年行动实施情况的报告》《中国（安徽）自由贸易试验区合肥片区建设实施方案》《中国（安徽）自由贸易试验区合肥片区建设工作推进方案（2020年）》。

市政府第72次常务会议。10月22日，市政府召开第72次常务会议，审议并原则通过《关于加快建设全国新能源汽车之都的实施意见》《合肥市新一轮创建"中国快递示范城市"实施方案（2020—2022年）》《关于推进气象事业高质量发展助力合肥"五高地一示范"建设的意见》。

市政府第73次常务会议。10月30日，市政府召开第73次常务会议，听取关于合肥市第六届职工技术创新成果评选工作情况汇报，审议并原则通过《合肥市加快建设新一代政务云行动计划》《2020世界显示产业大会合肥承委会工作方案》。

市政府第74次常务会议。11月11日，市政府召开第74次常务会议，审议并原则通过关于促进都市现代农业发展的意见，合肥市教育、科技、交通运输财政事权和支出责任划分改革实施方案以及《健康合肥行动实施方案》。

市政府第76次常务会议。12月2日，市政府召开第76次常务会议，审议并原则通过《关于市十六届人大三次会议议案建议办理情况的报告》《关于合肥市"七五"普法工作情况的报告》《推进新一轮巢湖综合治理工作方案》《关于支持高校毕业生来肥就业创业的意见》。

市政府第77次常务会议。12月9日，市政府召开第77次常务会议，审议并原则通过《合肥市生活垃圾分类管理条例实施细则》《关于加强长三角绿色农产品生产加工供应基地建设工作方案》《国家检验检测高技术服务业集聚区合肥园区建设实施方案（2020—2022年）》《合肥市地方政府专项债券管理暂行办法》《合肥市第七批市级非物质文化遗产名录》。

市政府第78次常务会议。12月17日，市政府召开第78次常务会议，审议并原则通过《合肥市进一步加强塑料污染治理实施方案》《促进建筑业高质量发展的实施意见》。

市政府第79次常务会议。12月25日，市政府召开第79次常务会议，听取关于第二批享受市政府特殊津贴人选情况汇报，审议并原则通过《合肥市民生工程管理办法（修订稿）》《合肥市城乡居民基本医疗保险和大病保险实施办法》《合肥市城乡医疗救助实施办法》。

（胡艳阳）

综合政务

【概况】 2020年，合肥市政府办公室收集各类信息2.2万篇，采编《政务要情》《报省信息》《信息专报》《信息参阅》4类期刊804期5400多篇，其中，被国务院办公厅采用26篇，被省政府办公厅采用276篇，获国务院领导批示8篇，获省政府领导批示6篇，获市政府领导批示21篇。全年政务信息舆情工作综合考评始终位居全省首位。

全年承办人大代表议案建议和政协提案750件，包括全国政协提案2件、省人大代表建议33件、省政协提案37件、市人大代表议案建议246件、市政协提案432件，全部按时办复，办理质量提高。

【政务公开】 2020年，合肥市政府办完善政务公开工作机制，深化公开内容，发挥政府信息公开在社会治理中的重要作用，助力打赢两场战役。全市各单位全年发布主动公开信息39.3万条，受理依申请公开2491件。5月，安徽政务微信影响力排行榜发布，"合肥市人民政府发布"微信公众号位居全省第八。6月，《中国法治蓝皮书》发布，合肥市政府透明度指数位居全国第八。

发挥信息公开功能助力疫情防控。新冠肺炎疫情发生以后，合肥市政府办公室把做好疫情防控信息发布工作作为政府信息公开的首要任务，依法做到及时、准确、公开、透明，让公众及时了解最新疫情动态和应对处置工作进展。融合政府官网、官微等各类信息发布渠道，快速反应、正面回应，以权威信息引导社会舆论，在门户网站开设“防控新型冠状病毒肺炎疫情在行动”专栏和“分区分级精准防疫复工复产稳健前行”专栏，全年发布信息1863条。1—5月疫情防控关键时期，“合肥市人民政府发布”微信公众号发布信息988条，阅读量1454万人次，其中阅读量超过10万的信息19条；“合肥市政务公开网”发布信息12213条，阅读量245万。

*推进基层政务公开标准化规范化建设。*编制《合肥市全面推进基层政务公开标准化规范化工作实施方案》，对未来4年工作明确长期规划，突出强调两化工作，在当年全市政务公开考评中占20分。全市各县（市）区采用“三上三下”审核机制，落实各项要求，11月底合肥市基层政务公开标准化规范化工作专题正式上线，县（市）区政务公开工作水平得到提升。

*抓好重点领域信息公开。*推进公共服务与民生、公共资源配置和公共监管信息公开工作，围绕优化营商环境，向市场主体全面公开市场监管规则和标准；围绕突发事件，加强预案公开和正面舆情回应，加强个人信息保护。组织开展历史文件清理工作，完成梳理1998年以来市政府规范性文件清理工作，建立“合肥市规范性文件数据库”集中展示，并提供文件搜索和文本下载服务。

*举办十佳政策解读评选活动。*在全省率先开展“合肥市十佳政策解读”评选活动，通过“合肥市人民政府发布”微信公众号开展网上投票活动，活动期间参选作品浏览量超过100万人次，提高全市各单位政策解读水平，为常态化开展此项活动积累经验。

提高政务新媒体影响力。“合肥市人民政府发布”微信公众号当年发布信息2056条，微博发布信息4803条，今日头条号发布信息2026条。截至12月，“合肥市人民政府发布”微信公众号关注人数达22万余人，累计点击量达3700万余次，成为全省最有影响力的市级政府发布平台。

*依法办理依申请公开信件。*全市当年各单位受理政府信息公开申请2491件，公开申请信息1233件，因政府信息公开引起行政复议81件、行政诉讼100件。

（胡艳阳）

营商环境

【概况】 2020年，合肥市各级各有关部门贯彻党中央、国务院和省委省政府深化“放管服”改革、优化营商环境的决策部署，开展“创优营商环境攻坚年”行动，重点领域、关键环节改革取得初步成效。强化顶层设计，制定出台《合肥市“创优营商环境攻坚年”行动实施方案》，对标中国营商环境评价体系18个一级指标，结合合肥实际，增加“长三角‘一网通办’”“推进基层数据平台整合”“加快创新创业生态体系建设”等内容，梳理165项具体举措，系统推进全市营商环境优化。召开“市委常委扩大会议暨全市创优营商环境大会”，成立以市委、市政府主要领导为组长的合肥市创优营商环境攻坚年行动领导小组，领导小组下设20个专项工作组和4个专责组，部署开展创优营商环境攻坚年行动，着力打造合肥创优营商环境3.0版。

合肥市着眼于开发利用政务大数据，强化政务服务“一网、一门、一次”改革，建成覆盖市、县、乡、村四级的一体化网上政务服务平台，简化政务服务审批流程，提高办事服务效率。5月，国务院办公厅电子政务办公室委托中央党校（国家行政学院）电子政务研究中心开展的省级政府和重点城市网上政务服务能力调查评估中，合肥市政府网上政务服务能力总体指数为“非常高”，在32个重点城市中位列第4名。

【“四送一服”双千工程】 2020年，合肥市开展5次“四送一服”专项行动，分别是：一季度配合疫情防控工作开展的3次精准帮扶企业复工复产的专项行动，5月份配合“六稳”“六保”工作开展的“三包三抓”集中月行动，10—11月配合推进全年经济目标任务完成开展的“四送一服”集中月专项行动。全年开展企业走访调研16273户次，召开政策宣讲会1129场和各类要素对接会260场，帮助企业解决融资53.31亿元、用工15249人、土地近53.1公顷，办理企业反映问题1930个，畅通企业反映问题的渠道，打造亲清政商关系。

【政务服务流程再造】 2020年，合肥市聚焦市场主体关切，推进重点领域减环节、减时限、减材料、减跑动、减成本，再造流程，提升市场主体办事便利度。全市政务服务事项平均承诺时限压缩至2个工作日以内，平均申报材料减少到2个以下。企业开办实现“一网通办”“一日办结”，依托企业登记智能审批系统，实现“秒批秒办”，智能审批率逾80%。全市当年新增市场主体超20万户，总数超110万户。工程建设项目从立项到竣工验收全流程平均办理时间压缩到53个工作日（承诺时限为70日），工业项目全流程平均办理时间压缩到36个工作日(承诺时限为40日)，比国家要求时限缩短1/3以上。不动产登记全部实行“一窗受理、并行办理”，实现线上和线下税费“一卡（一码）清”缴纳，办理时间由5个工作日压缩到3个工作日，办理材料由10件减少到3件以内，试点开展“交房即办证”新模式。压缩获得用水用电用气行政审批时限，对200米以内的工业项目，破路、破绿、占道等许可实行承诺备案制，行政审批时限最长不超过5个工作日；小微企业电力接入实现“零上门”“零审批”“零投资”。优化纳税服务，纳税人年度纳税次数减少至6次，主要涉税服务事项95%以上实现网上办理；全面推广免费Ukey，实现企业申领发票零成本。

【数据共享和应用攻坚】 2020年，合肥市聚焦政务服务的整体服务、服务供给、创新服务、精准服务、协同服务一体化能力，以智慧服务为引领，强化线上线下深度融合，提升企业和群众办事便利度。深化“一网一门一次”改革，全市政务服务事项“一网通办”比例达97.2%，“只进一扇门”比例达100%。推行“一码办”，将“安康码”引入大厅办事，并与市级电子证照库关联，办事人在办理业务时只需扫描经授权的“安康码”即可带出办事所需证照。创新“一图办”，依托“皖事通”“政务服务地图”应用，快捷获知社保、公积金等政务服务事项“去哪办”“怎么办”“就近办”等关键信息，为企业和群众办事带来便利。实施政银合作“就近办”，借助银行线下网点自助一体机拓宽政务服务办理渠道，完成与工行、建行合作，包含不动产、医保、公积金医保在内的28项公共服务事项可在全市3284个银行网点就近办理，有35项高频服务可查。

【要素市场制度建设】 2020年，合肥市聚焦资源要素高效配置，推进制度创新和规范化建设，化解企业生产经营中的难题，释放市场主体活力，提升企业和群众感受度和获得感。强化劳动力市场服务与监管，倡导“共享员工”模式，缓解疫情期间工业企业用工难、其他行业员工上岗难的“两难”问题。做好争议预防处置，劳动人事争议案件调解成功率逾60%；推进社区“三公里就业”平台智慧就业，打通服务群众就业的“最后一公里”；创建农民工工资“双保函”制度，减轻企业负担，解决附属工程拖欠农民工工资问题。深化公共资源交易领域改革，推进“一站式”服务、“一网通”办理，实现所有依法必须进行招标的项目在线投标、开标和评标，全程网招率达96%。在全国率先创新推出“专家+智慧”新型评审模式，率先开放对接市场主体依法自建的交易系统，推进交易活动全过程见证服务。构建“互联网+政府采购”新型交易系统“徽采商城”，实现政府采购通用货物全网交易，实现订单“秒确定”、商品“次日达”、合同“网上签”。创新创业生态体系建设，全年合肥培育国家科技型中小企业2574户，新增国家高企789家，总数达3328家。依托合肥市科技服务信息平台，实现科技计划项目从需求征集到结题验收的全过程网上办理，推进科技服务“一网通办”。提升金融服务实体经济能力，全年小微企业获贷户数26.75万户，同比增速达52.16%；小微企业申贷获得率98.59%。

【构建新型市场监管体系】 2020

2020年10月16日，合肥市人民政府政务服务中心公共资源交易办事大厅揭牌仪式在安徽合肥公共资源交易中心举行 （琚 莉/摄）

年，合肥市聚焦法治政府建设，加强事中事后监管，构建以信用为基础的新型市场监管体系，提升全市各级各部门依法行政意识和能力，彰显社会公平正义。推进部门联合“双随机、一公开”监管，实现“进一次门，查多项事”，使监管既“无事不扰”又“无处不在”。加强信用体系建设，建成合肥市公共信用信息共享服务平台，平台获评“全国信用信息共享平台和信用门户网站一体化建设特色性平台网站”；搭建信易贷平台，全年成功为企业授信10亿元。强化知识产权创造、保护和运用，“中国（合肥）知识产权保护中心”获批建设，成立全省首家知识产权仲裁中心，健全行政调解与非诉讼相衔接的矛盾纠纷解决机制，解决知识产权维权举证难、周期长、成本高等问题。全面推进智慧法院建设，推行自助立案、移动微法院预约立案、跨域立案等方式，提升办理破产和执行合同工作质效。成立专门的破产审判庭，合肥铁路运输法院获最高人民法院批准跨合肥市部分市辖区管辖破产案件。

【“互联网+政务服务”】 2020年，合肥市围绕“便民利企”，夯实政务服务基础。完成全市所有市直部门、县（市）区、乡镇（街道）、村(居)政务服务事项上线,全市“最多跑一次”事项占比达99.99%,“全程网办”事项占比达99%。融入长三角“一网通办”，实现长三角41个城市、65个事项能异地通办。突出“智能化服务”，拓展网上服务广度。建设应用智能搜索、智能客服等功能，帮助用户快速、精准地找到想要搜索的内容和服务，提升平台智能化和易用性，利用大数据分析将主动式服务延伸到细枝末节。做实“集成式服务”，完善场景式应用。以办好“一件事”为标准，拓展打造“集成式”全生命周期服务。推进“一件事”联办，实现政府服务由“人找服务”向“服务找人”的模式转变。完善移动应用，拓宽服务渠道。打造“皖事通·合肥通”建设应用，先后上线高频应用330项；组建运营推广团队，组织开展多层次、多渠道的宣传推广活动。

（肖明君 方晴晴）

政务服务

【概况】 2020年，合肥市政务服务管理局贯彻新发展理念，推进“放管服”改革，深化“互联网+政务服务”，推行“网上办”“就近办”“随时办”“智慧办”。线下服务和线上服务深度融合，提升创新、精准、协同服务一体化能力。

在2019年度省级政府和重点城市网上政务服务能力（政务服务“好差评”）调查评估中，合肥市位列全国第4名，是7个网上政务服务能力“非常高”城市中唯一的地级市；在中央广播电视总台发布的《2019中国城市营商环境报告》中，合肥市在“36城市政务环境维度排名”中紧跟北京、上海，排在全国第3位。

【“皖事通办”平台】 2020年，合肥市建成1个市级、13个县级、148个乡镇级和1697个村级线下政务服务大厅，纳入全部政务服务事项，全面公开对外服务；全市各级政务服务事项名称、事项编码、事项类型、设定依据等实现标准化（四级四同），实施清单要素相同，办事指南内容一致，统一格式；安徽政务服务网合肥分厅（PC端）和皖事通合肥分厅APP（移动端）全面建成，市、县、乡、村14.5万事项全部网上办理，运行良好。建成“好差评”系统，全市4级政务服务统一评价标准，接受社会各界监督。

【审批流程优化】 2020年，市政务服务管理局以“放管服”改革为抓手，开展申报材料、办理时限、办理环节大幅精简工作，全市平均办结时限压缩到2个工作日以内，政务服务个人事项全程网办率100%。梳理群众需求，“一件事”集成办理237件，“最多跑一次”实现率100%。通过对1809个群众或企业办事主题的梳理总结，将办事所涉及的各部门各环节的政务服务事项，统一到一张办理导览图中，一站式告知办事流程并可跳转到对应的事项办理页面。

【“综合受理”深化】 2020年，市政务服务管理局实行“专科+全科”相结合，在企业开办和工程建设项目实现综合受理的基础上，对相关19个窗口单位450项承诺办理事项入驻“全科”综合窗口，受理窗口由20个压缩为4个。“前台综合受理、后台分类办理、统一窗口出件”的综合窗口服务模式广泛推行。正式运行4个月，办理事项442件。

【“一码办事”上线运行】 2020年，市政务服务管理局将“安康码”引入大厅办事，执行扫描“安康码”进出，无“安康码”的需实名登记。与市级电子证照库关联，办事人在大厅可凭“安康码”取号办事，无须携带身份证；在办理业务时只需扫描经授权的“安康码”即可带出办事所需证照，便利办事人。全市配置“一码办”事项41518个。

【“一图办理”服务】 2020年，市政务服务管理局建成7×24政务服务大厅，将企业设立、发票领用、不动产信息查询打印、社保信息查询打印等高频事项纳入大厅，24小时不间断办理，全年办件6302件。利用皖事通APP平台，推出“7×24小时政务服务地图”，具备智能搜索、智能推荐、智能导航、智能拓展功能，方便企业群众查询、搜索和办理政务服务。截至年底，全市政务服务地图关联政务服务事项154847个，地图访问量156001次，地图用户88811个。

【“多端办事”】 2020年，市政务服务管理局围绕“政府一个平台推服务、群众一个平台找政府”目标，致力打造“一源五端”。优化“皖事通”APP移动端，上线事项339个，日活92680次；迭代升级电脑端，升级政务服务网主页，丰富网页服务内容和服务指南，优化网页申报流程，提高网上申报成功率。全面推广自助端。在全市各级政务服务大厅部署部门自助设备，配置综合自助一体机，与中国银行、中国工商银行、中国建设银行、中国邮政储蓄银行开展合作，银行自助终端接入35个便民服务，涉及中国工商银行524个网点2044台自助一体机、中国建设银行443个网点1240台自助一体机。IPTV电视端“皖事通办”专区接入15个便民服务，实现“居家可办”。在全市3284台银行ATM机上线公积金、社保、医保等35项高频服务；探索推出电视端。在IPTV电视端上线“皖事通办”专区，提供14.5万条办事指南，实现“居家可办”。

【“跨省通办”】 2020年，市政务服务管理局和宁波市政务服务管理办公室在自助端实施跨省通办事宜。合肥8个事项在宁波市自助端、上海市松江区自助端实现异地办理，宁波市8个事项、上海市松江区14个事项在合肥市自助端实现异地办理。

【市长热线办理】 2020年，新冠疫情发生后，合肥市市长热线办启动应急预案，增配一线受理力量，确保诉求畅通；加强疫情政策学习解读，确保精准应答、规范应答，回应群众关切；加强自身疫情防控，疫情高峰期开启居家远程接听受理模式，确保防控、受理“两手抓、两不误”；创新业务培训方式，“请进来”“走出去”相结合，开展“双向培训”226批2129人次；完成平台升级改造，开通“合肥市12345”微信公众号、订阅号，推送12345微信公众号、订阅号149期，刊发、转载文章702篇，方便市民问政求助，获取所需信息。12345热线电话呼入1465398件，同比增长81.4%；接通率93.3%，同比提高19.8%。

市长热线办坚持“特事特办、急事急办”，完善响应机制，建立办理提速机制，强化“五个督办”，即：平台督办、重点督办、专项督办、现场督办、媒体督办，推进“事要解决”；11至12月开展重复投诉治理专项行动，对42件重复投诉分4个组赴13个成员单位开展专题督查，化解36件，化解率达85.7%。诉求直办率同比提高7.6%，为基层单位减负明显；成员单位提速增效，反馈工单同比增长45.8%，平均办理时长同比减少0.8个工作日。

【信息研判】 2020年，市政务服务管理局强化“日报告、周分析、月通报”工作制度，抓好数据信息分析研判，编发各类信息专报136期，报送重大事项427件，市党政主要领导批示4次。第10期《12345民情热点》刊发的白马服装城商户开展网上营销自救却无法取货的问题，引起市领导重视，最终使问题得到妥善解决。6月2日上报的第23期《12345民情热点》——《家长急盼考场全面安装空调》，引起市委、市政府的关注，6月5日研究决定在全市为所有中、高考考场安装空调，努力为广大考生创造良好的考试环境。

（张世辉）

信　访

【概况】 2020年，合肥市信访局坚持“解决、解释、解气”工作法，畅通信访渠道，提升服务质效，推动群众信访“案结事了”“事心双解”。全年群众进京社会面清理人次、到国家信访局登记人次、到省信访局登记人次、来市上访人次，同比分别下降49.2%、62.89%、73.1%、9.93%；网上信访件次同比上升8.2%，网、信、访结构优化，全市社会大局稳定有序，重要敏感时期信访服务保障有力，全年未发生因信访问题引发的群众大规模聚集、群体性事件和极端异常上访问题。

在全省信访工作责任目标考核中，合肥市被省委、省政府评为

“2020年度全省信访工作责任目标考核优秀单位”。

【领导接访下访】 2020年，合肥市委书记先后17次对信访工作作出批示，包保推动化解包河区53度广场信访事项。市长主持召开市政府常务会议，专题研究部署信访工作，全程介入全省出租车行业“六一”加油节“油改气”维权信访，调度出台降价政策推动问题化解。市委、市政府分管负责同志多次召开专题会议，跟踪调度房地产、涉众金融、征地拆迁等领域信访突出问题。其他市领导履行“一岗双责”，调度化解分管领域信访矛盾。全年市级党政领导干部开展定点接访65天，接待信访群众105批130人次。市县两级党政领导接访群众1564次，接待群众1839批5076人次，推动化解群众信访难题1288件。

【信访“四最”试点】 2020年，市信访工作联席会议印发《合肥市信访工作“四最”试点总体方案及四个子方案的通知》，明确在全市开展“最多投一次”“最多跑一地”“最多交一回”“最后访一回”试点工作。其中，在“最多投一次”试点工作方面，建立“接诉即办，马上就办”工作机制，快速响应群众诉求，提升群众初投事项一次性办结率，做到全程网办、及时处理、规范操作、智能联动，综合施策解决好群众合理诉求，抽调专人每日开展网上巡查，妥善调处中科院量子信息与量子科技创新院项目建设原材料跨省供应难、合肥新站高新技术产业开发区新建污泥焚烧厂选址问题等460余件群众关心热点、难点、网上信访事项。全市当年群众网上信访平均转交时长2小时6分，平均办结时长17天2小时，群众满意率逾97%。在“最多跑一地”试点工作方面，加大信访矛盾纠纷源头治理和多元化解力度，开展人民满意窗口单位创建活动，加强与律师事务所、心理咨询机构的合作，推进依法逐级走访。全年为信访群众提供法律咨询服务600余件（人）次。发挥司法调解机制手段化解信访矛盾和纠纷，移送调解事项70余件。发挥人大代表优势，“刘丽调解工作室”定期开展矛盾纠纷调处和化解工作，调解信访矛盾纠纷20余件。召开各类重要信访事项协调会80余次，化解各类矛盾隐患70余件。在“最多交一回”试点工作方面，细化完善信访事项复查复核工作制度，运用前置分析研判、实地调查取证、职能部门参与等方式，开展信访听证和评议等阳光信访活动，全市当年接到信访事项复查复核件申请150件，同比持平，其中申请复核144件，申请复查6件。组织开展听证776次，化解453件。在“最后访一回”试点工作方面，建立进京访和到省集体访“一案一调度”工作机制，市信访局党组班子成员结合分工，下沉联系县（市）区、开发区，参与督导重点访情化解处置工作，查明漏管失控原因，约谈信访群众，调度推动信访事项化解，确保人稳当地，减少重复信访。全市当年13个县（市）区、开发区中9个、156个乡镇（街道）中89个实现“三无”（即无重复上访、无集体上访、无信访积案）。

【信访专项治理】 2020年，市信访工作联席会议印发《合肥市集中治理重复信访、化解信访积案专项工作实施方案》，成立市县两级专项工作领导小组，分级建立工作专班，建立健全通报、约谈、激励、问责等制度，完成重复信访事项和信访积案排查梳理、摸清底数工作，集中交办市级信访积案1544件，逐案列出问题清单、责任清单、措施清单。全年全部实体化解中央信联办交办全市10件“四重”信访积案并签订息访罢诉承诺书；全部化解省政府信访局交办36件信访疑难案件；省信访局梳理交办党的十八大以来信访积案2158件，当年化解2089件，化解率96.8%。

【信访保障】 2020年，市信访局贯彻落实中央、省和市委市政府关于疫情防控的决策部署，暂停全市群众信访接待场所，通过微信公众号、门户网站和接待场所树立公示牌等方式，引导群众采取网上信访方式提出投诉请求，强化跟踪督办，督促责任单位及时化解处置。对确有必须走访反映的，引导信访群众就近就地选择来访接待场所，做好体温检测、安检及人员信息登记等工作，确保人员不滞留、矛盾不激化。先后组织7名党员干部下沉基层社区协助完成疫情防控工作。按照紧急事项“快办快结”、民生诉求“重点督办”、重要建议“提级申办”原则，受理办理有关群众反映企业违规复工、出行难、出具复工证明难、防护产品质量差、快递送达不到位、婴幼儿疫苗接种和民办幼儿园、校外培训机构经营困难等方面涉疫信访事项560件次，当天完成办结，办结率100%。办理完成省交办全市群众涉疫信访投诉11件次，均在3天内办结。

入梅期间，市信访局强化预警、快查快办，深入街道社区、镇村聚居点，开展“面对面”信访服务，协调解决涉及汛情类信访诉求、咨询等650件（人）次，群众满意率达 100%。

【信访信息编发】 2020 年，市信访局编发《信访日报》236 期、《信访信息专报》28 期、《工作简报》25 期，报送重要信访信息 700 余条，提交市领导接访事项 200 余件次，向上级和有关单位预报预警信息、苗头性、倾向性风险和不稳定隐患 60 余条。市信访局网站与微信公众号推送各类信息 220 篇。

（单 培）

市政务中心垃圾分类回收点 （市机关事务局／供）

机关事务管理

【概况】 2020 年，合肥市机关事务管理局坚持围绕中心，服务大局，实现公务安全出行 203.6 万千米，超额完成年度节约型机关创建任务，保障会议 11.2 万余人次，保障餐饮 116 万余人次，接待各级来宾约 710 批次、1.2 万人次。

【办公用房管理】 2020 年，市机关事务管理局出台《合肥市党政机关办公用房管理实施办法》，在权属登记、维修管理等方面进行细化，在物业管理、节能改造等方面进行创新，为全市党政机关办公用房规范管理提供制度保障。加强对市直各单位办公用房管理监督。调研全市党政机关办公用房管理现状，处理市直单位有关办公用房调配需求，协调解决市级临时机构集中办公场所，建设全市党政机关办公用房管理信息化平台，初步建立健全党政机关办公用房集中统一管理体制机制。完成全国党政机关办公用房信息统计报告工作。

【公务用车管理】 2020 年，市机关事务管理局协同市公车办出台《合肥市市直单位公务用车管理使用办法》，明确公务出行的范围、用车标准。升级公务用车信息平台，实现公务车辆全生命周期管理。加强对定点租赁、定点维修企业的监管。落实委托管理单位责任，确保依规开展公务出行活动。制定驾驶员管理办法，定期开展安全教育培训，增强安全行车意识。落实市委市政府决策要求，严控三公经费支出，更新公务用车 16 台。创新节油举措，公务出行绿色低碳。防汛期间，24 小时保障防汛应急出行。推动新能源汽车分时租赁成为多个县（市）区公务出行新选择，探索基层公务出行保障新模式。

【公共机构节能】 2020 年，市机关事务管理局配合市发改委，完成公共机构节能目标责任考核。完成 2019 年度能耗数据统计、审核、上报。加强节能宣传，组织开展节能宣传周、全市节约型机关创建培训会等宣传培训，培训超 500 人次。召开全市生活垃圾分类工作培训会暨市政务综合楼生活垃圾分类工作会，推广市政务综合楼生活垃圾分类模式。完成 4 家国家级、15 家省级节约型公共机构示范单位验收工作。配合市水务局等相关单位推进节水型示范单位创建、验收等工作。超额完成 2020 年度节约型机关创建任务，其中市直单位初审通过 52 家，各县（市）区初审通过 278 家。指导各县（市）区、开发区和市直各单位开展公共机构节能工作。

【公务活动保障】 2020 年，市机关事务管理局接待来宾约 710 批次、1.2 万人次，完成 70 余批次全国乃至世界知名企业接待任务，接待 8 个城市党政代表团来肥考察调研，完成推进长三角一体化发展座谈会等大型会议的接待保障工作。加大合肥当地优质接待产品调研的广度和深度，梳理更新合肥当地优质产品目录。探索引入市场竞争机制，利用社会资源为公务接待提供住宿、餐饮、用车、会务等专业、完善的服务。全力保障省市领导和各防控督导组赴高风险地区走访排查，督导疫情防控工作等公务用车需要。完成京沪转运专班返岗工作人员隔离休养工作。

【机关后勤】 2020年，市机关事务管理局开展疫情常态化防控工作。完成政务中心综合维修一期和二期工程初步设计，政务集中办公区办公环境得到改善。加强大楼安全保卫及巡查，开展消防演练2次，参与协调门前上访584起、4905人次，大楼运转平稳有序。完成“两会”等重大会议活动及敏感时段的安全保卫工作。加强食品卫生监管，改善就餐环境，保障餐饮116万余人次，满意度逾90%。改进设施设备，提升服务质量，累计保障会议11.2万余人次。完善商务中心布局，提供更加优质的配套服务。贯彻习近平总书记关于制止餐饮浪费行为作出的重要指示精神，发挥党政机关的示范引领作用。

（张 磊）

驻京、驻沪事务

【驻京事务】 2020年，合肥市政府驻京联络处跟踪联络、协调推进并成功签约项目4个，计划总投资18.2亿元，高端展览（新能源汽车展）项目1个；全年拜访企业120余家，接待访客60余批200多人次，邀请20多家企业80余人次赴合肥考察交流，参加各类招商活动40余次。推进京东集团副总裁、中科院煤炭化学所所长等多位企业高管、科研院所负责人赴合肥考察交流，协调市领导考察联想集团、字节跳动集团、神舟数码集团、中国建材集团、中国兵装集团等知名央企、民企。在接待工作方面，秉承“管理有规可依、服务精细专业、运行规范高效”的原则，完成全年度接待保障工作，全年接待服务保障各项活动210批近1500余人次，公务接待“零”失误。在疫情防控工作方面，制定联络处疫情防控应急方案、内部管控、人员出行等规定，全年未发生一起疫情事件；3月，履行境外疫情输入的“前哨”职责，先后出车40余次，安全转运合肥籍及其他地市入境人员82人；9月以来，重启境外航班入京隔离后赴肥人员联络工作，联络跟踪66人。

【驻沪事务】 2020年，合肥市政府驻沪联络处按照长三角疫情联防联控机制和省疫情防控指挥部统一部署，加入省防控指挥部上海工作组，组织入境赴皖人员接转运送工作；依托自身优势，协助做好合肥市在上海举办的重大政务、经济、科技活动的组织、联络、协调等工作；加强与上海市司法局、上海市律师协会沟通协调，建立信息共享和联动机制，为合肥市在沪工作和经商人员、就读学生、务工群众提供必要的援助和服务，做好维权维稳工作。在招商工作方面，做好招商信息收集和调研工作，通过优化方式方法和提升服务举措，引进一批特色鲜明、优势突出、辐射强劲的产业体系和研发团队及领军人才；参与G60科创走廊建设，争取到生物医药、环保、物流、金融等产业合作示范项目在合肥落地。在信息报送工作方面，把信息报送工作纳入全年工作计划，提升信息报送工作质量；围绕全市经济社会发展的重大问题和人民群众普遍关心的热点难点问题，深入多部门开展专题调研，增强报送信息针对性；加强与上海市经济发展研究中心等科研院所的联系，建立信息共享机制，全年向市委、市政府报送《上海信息》37期80余篇。

（胡艳阳）

责任编辑：田 文

中国人民政治协商会议合肥市委员会

综 述

【概况】 2020年，在中共合肥市委坚强领导下，中国人民政治协商会议合肥市委员会（以下简称“市政协”）坚持以习近平新时代中国特色社会主义思想为指导，团结带领各参加单位和全体委员，深入贯彻落实中共十九大和十九届二中、三中、四中、五中全会精神，深刻学习领会习近平总书记关于加强和改进人民政协工作的重要思想，认真学习贯彻习近平总书记考察安徽重要讲话指示精神，全面落实中央及省委、市委政协工作会议精神，坚持团结和民主两大主题，深入践行“三四二一”工作理念，坚持对标对表干、保持清醒干、咬定目标干、凝心聚力干、从严从实干，紧扣全市中心大局履行职能，切实发挥专门协商机构作用，为合肥经济总量迈向万亿元新台阶，打造“五高地一示范”，作出积极贡献。

【政治建设】 2020年，市政协常委会始终坚持党的领导，把政协党的建设作为加强和改进新时代政协工作的重中之重，以政治建设为统领，推进政协党的各项建设，切实做到党有号召，政协有行动。

加强党的领导。严格落实党对人民政协工作的全面领导，扎实推进中央及省委、市委政协工作会议精神贯彻落实，协助市委出台《关于新时代加强和改进人民政协工作的实施意见》，认真做好省委新时代加强和改进人民政协工作督查迎检各项基础工作，获得省委督查组肯定。严格执行重大事项向市委请示报告制度，围绕市政协年度工作计划、阶段性工作和重要工作事项等向市委请示、报告18次，邀请市委、市政府领导参加政协重要协商、民主监督等活动11次，确保中央及省委、市委决策部署贯彻落实到政协工作全过程和各方面。

强化创新理论武装。坚持在学懂弄通做实习近平新时代中国特色社会主义思想上下功夫，专题学习《习近平谈治国理政》（第三卷）、党的十九届五中全会精神，自觉把思想和行动统一到党中央决策部署上来。及时学习贯彻习近平总书记考察安徽重要讲话指示精神，结合工作实际，提出5个方面22条落实意见。健全以政协党组理论学习中心组学习为引领，党组会议、主席会议、常务委员会会议、主席读书会集中学习、委员学习培训等相配套的多层次学习体系，全年组织党组理论学习中心组学习11次、党组会议学习15次、主席读书会2次、专题培训讲座5次，推动理论学习往心里走、往深里走、往实里走。

推进政协党的建设。认真贯彻落实新时代党的建设总要求，全面推进政协党的各项建设。发挥政协党组把方向、管大局、保落实的重要作用，坚持党建工作与履职工作一体谋划、一体部署、一体落实。完善政协党的组织体系，成立9个专委会功能型党支部，健全党员委员联系党外委员制度，实现“两个全覆盖”。严格执行中央八项规定精神、省委实施细则及市委“三十条”规定，扎实开展深化“三个以案”警示教育，持续推进省委第三巡视组反馈问题涉及政协事项整改落实，支持派驻纪检监察组监督执纪问责，推动全面从严治党向纵深发展。

（陈宏星）

重要会议

【市政协十四届三次会议】 2020年5月9日至11日，市政协召开十四届三次会议。大会有14项议程，听取和审议政协第十四届合肥市委员会常务委员会工作报告；听取和审议政协第十四届合肥市委员会常务委员会关于二次会议以来提案工作情况的报告；听取和讨论合肥市人民政府工作报告；讨论合肥市2019年国民经济和社会发展计划执行情况与2020年计划草案的报告；讨论合肥市2019年预算执行情况和2020年预算草案的报告；讨论合肥市中级人民法院工作报告；讨论合肥市人民检察院工作报告；举行大会发言；审议市政协十四届三次会议提案审查情况报告；通报市政协十四届二次会议以来优秀提案、提案承办优秀单位及优秀个人考核情况；通报2019年度市政协委员履职量化考核情况；通过市政协十四届三次会议决议；市委主要领导同志讲话；市政协领导同志致闭幕词。

【市政协十四届常委会议】 2020年，市政协十四届常委会议召开5次，即第十一次至十五次。

市政协十四届十一次常委会议。4月28日召开。市委副书记、市长凌云出席会议并通报市政府2020年重点工作安排情况。市政协主席韩冰主持会议并讲话。会议书面传达学习习近平总书记相关重要讲话精神，通报全市及全市政协系统统筹推进疫情防控和经济社会发展工作情况、市政协2020年工作要点、重点民主协商计划、重点民主监督计划，听取关于政协第十四届合肥市委员会第三次会议有关事项调整情况，列席人员范围和名单、分组方案调整情况的汇报。

市政协十四届十二次常委会议。5月11日，市政协召开十四届十二次常委会议。市政协主席韩冰主持会议。会议听取大会秘书处关于小组讨论情况综合汇报；审议市政协十四届三次会议决议；通过市政协十四届三次会议提案审查情况报告。

市政协十四届十三次常委会议。6月12日召开。会议传达学习全国“两会”精神，举办“安徽省疾病预防控制体系的发展现状、问题和建议”专题学习讲座，开展“加强疾病预防控制体系建设，提高重大疫情应急防控能力”专题协商。

市政协十四届十四次常委会议。9月28日召开。会议传达学习习近平总书记考察安徽和在合肥主持召开扎实推进长三角一体化发展座谈会重要讲话精神，审议通过《中国人民政治协商会议合肥市委员会提案工作条例（修订）》《关于“有事好商量”平台建设的实施意见》等相关文件及有关人事事项，开展“构建社区协商平台，推进基层协商民主”专题议政性协商。

市政协十四届十五次常委会议。12月30日召开。会议传达学习中国共产党第十九届中央委员会第五次全体会议、省委十届十二次全体会议、市委十一届十二次全体会议主要精神，决定市政协十四届四次会议召开日期，审议通过市政协十四届四次会议议程（草案）、日程（草案），协商通过市政协十四届四次会议人事安排，审议通过政协第十四届合肥市委员会常务委员会工作报告、政协第十四届合肥市委员会常务委员会关于三次会议以来提案工作情况的报告，听取《合肥市人民政府工作报告（征求意见稿）》主要内容的报告，市政协主席会议成员和市政协常委作年度述职。

（陈宏星）

政治协商

【概况】 2020年，市政协常委会围绕全市中心工作，提升政协“1+2+2+1+X”［即每年开展1次全体会议协商、2次高层次协商（市委社情民意座谈会、市政府政协委员资政会）、2次议政性常委会协

2020年3月11日，市政协主席韩冰（前左一）率队赴新站高新区督导疫情防控工作

（市政协办公室／供）

商、1次市委书记领衔督办重点提案专题协商和若干次提案办理协商、专题协商、对口协商、界别协商]协商议政格局，优质高效完成年度重点民主协商议题，形成丰富建言成果并落地见效，在合肥高质量发展中展现政协作为、体现政协担当。

【产业发展协商】 2020年10月28日，市政协常委会围绕“加快推进生物医药产业发展”开展市委书记领衔督办重点提案专题协商，多项建议被合肥市“十四五”生物医药产业发展专项规划吸纳。11月16日，围绕“推进海峡两岸集成电路产业合作示范区建设”开展对口协商，提出的相关意见和建议被市政府有关部门吸纳。12月2日，围绕“加快新一代电子信息产业发展，打造世界级产业集群”开展市委社情民意座谈会协商，省委常委、市委书记虞爱华肯定协商主题定得准，情况摸得准，建议说得准，要求有关部门对所提建议能用快用、能用多用、能用尽用。

【创新发展协商】 2020年4月30日，市政协常委会与中国科学技术大学联合开展科技成果转化专题协商，为加快推进合肥综合性国家科学中心建设，打造具有国际影响力的创新高地建言献策。9月14日，围绕“聚焦科技和产业创新，助推合肥‘十四五’高质量发展”开展专题调研，提出6个方面22条具体建议，助力合肥育先机、开新局，勇当科技和产业创新开路先锋。10月14日，以“推进金融要素跨区域共享”为主题开展对口协商，相关建议被合肥市“十四五”金融规划吸纳。持续建言知识产权保护工作，助力中国（合肥）知识产权保护中心正式获批建设。

【民生改善协商】 2020年6月9日，市政协常委会围绕庐江矾矿转型发展开展专题调研，并向市委市政府提交《法治化手段处置僵尸企业，司法助力古矿生态转型》调研报告，有关建议得到落实，市政府下拨一亿多元专项资金，推进各项转型整改工作。7月30日，围绕省政协“做好城镇老旧小区改造工作”专题协商会议题，省区市政协联动开展调研，提交高质量建言成果。9月17日，组织“发展壮大村级集体经济”调研成果落实情况“回头看”，助推合肥市村级集体经济发展壮大。

2020年4月29日，市政协主席韩冰率队到瑶海区调研疾控体系建设情况

（市政协办公室／供）

11月26日，围绕“大力发展都市现代农业，促进乡村产业振兴”开展对口协商，相关建议在拟出台的《关于促进都市现代农业发展的意见》中得到充分吸纳。

【绿色发展协商】 2020年8月21日，市政协常委会赴肥东县管湾国家湿地公园调研“林长制”落实情况，协调解决有关问题，做好林业资源“建管用”融合文章。11月5日，围绕“构建江淮水系，助推合肥都市圈发展”开展市政府政协委员资政会协商，梳理报送30条建议清单。12月1日，围绕“南淝河及支流污染防治”开展监督性调研，组织委员实地察看“河长制”落实情况，关于建立“排长制”“警长制”等建议得到全面落实。针对南淝河水污染防治、水环境治理和水景观规划等精准建言。持续关注巢湖综合治理，就环巢湖湿地保护、生态旅游开发等务实献策，助力把巢湖打造成合肥“最好的名片”。

（陈宏星）

民主监督

【概况】 2020年，市政协常委会坚持把推进民主监督作为履职的重要内容，着力改进监督方式，拓宽监督渠道，提高监督成效，做到真监督、善监督，监督监在关键处，推动市委、市政府决策部署得到更好的贯彻落实。

【专题监督】 2020年，市政协常委会坚持党政中心工作推进到哪里，政协履职就跟进到哪里，民主监督工作就聚焦到哪里，始终确保民主监督与党委、政府中心工作同向同行。7月10日，根据市委安排，开展“推动老城区工业园区改革发展，促进产业转型升级”专题调研座谈，提出10条具体建议并转化为政策措施。11月2日至9日，协助市委做好特大汛情这道脱贫攻坚“加试题”，组织市及肥东县、肥西县、巢湖市政协委员192人、政协机关干部22人，组成95个走访小组，对两县一市2734户受灾贫困户、边缘户进行逐户走访调研，对监督中发现的问题及时反馈，推动立行立改，并形成调研报告，得到省市领导肯定，助推脱贫攻坚收官。11月13日，围绕“深化产教融合，大力推进合肥市职业教育发展”开展提案督办，聚焦合肥市职业教育发展亟待解决或需要长期关注的问题，提出具有前瞻性、针对性和可操作性的对策建议，助推26家企业成为首批省级产教融合型企业，30家企业申报省级第二批产教融合型企业。连续三年就提高“幼儿园公办率普惠率”开展提案督办、民主监督，助推合肥市学前教育公共服务体系建设。全市幼儿园公办率、普惠率由2017年的23.2%、27.2%提升到2020年的51.3%、84.2%，人民群众的获得感、幸福感得到增强。

【民生监督】 2020年，市政协常委会紧扣社会热点难点问题，深入开展市“十三五”规划重点任务落实情况、《营商环境条例》及相关政策落实情况、法院“执行难”问题、未成年人司法支持体系建设等监督，多项建议转化为实际举措。3月26日，围绕“创新公共法律服务体系建设”开展监督性调研，相关建议被市委办公室、市政府办公室《关于全面推进公共法律服务体系建设的实施意见》吸纳。6月30日，围绕建立稳定脱贫和防范返贫机制开展重点民主监督，相关成果吸纳进合肥市“十四五”巩固拓展脱贫成果、持续推进乡村振兴战略的工作谋划中。11月30日，围绕“促进侨梦苑建设”开展监督性视察，增进港澳台侨大团结大联合。12月16日，开展“文物保护工作情况”重点民主监督，为合肥文物保护工作贡献政协智慧和力量。

【提案监督】 2020年，市政协常委会收到提案744件（其中委员提案659件，集体提案85件），经审查、并案处理后立案561件，交87家承办单位办理，所有提案均办复。提案所提建议，采纳或列入计划落实的541件，占96.4%；因条件所限待研究解决的15件，占2.7%；作为工作参考的5件，占0.9%。注重发挥示范效应，精心遴选重点提案，提请市委、市政府、市政协领导督办、批办、领办重点提案26件。改进提案督办方式，在督办“关于产教融合发展的建议”等提案时，结合民主监督议题开展联合调研，合并召开督办协商会和民主监督会，提高督办成效。

参政议政

【概况】 2020年，市政协常委会坚持把实现好、维护好、发展好最广大人民根本利益，作为履职尽责的根本价值导向，紧扣关系人民群众获得感、幸福感、安全感的实际问题献计出力，协助党和政府破解民生难题、增进人民福祉。

【助力脱贫攻坚】 2020年10月23日，市政协常委会围绕“推进贫困村人居环境整治，增强贫困群众获得感和幸福感”开展视察活动。当年支持各民主党派、工商联开展“同心示范工程”示范点帮扶、“百企帮百村”活动，促进巩固脱贫攻坚成果与乡村振兴有效衔接。深化对口扶贫工作，选派优秀干部驻村帮扶，巢湖市烔炀镇凤凰村在产业发展、基础设施建设、“五化三改”、

2020年11月5日，合肥市政协委员资政会在市政务中心召开

（市政协办公室/供）

人居环境改善等方面实现提升，获评“2020年中国美丽休闲乡村”。

【投身抗疫抗洪】 2020年，面对新冠肺炎疫情，市政协第一时间发出倡议书，引导全市政协系统和广大委员积极投身疫情防控主战场。医卫界委员白衣执甲、逆行出征，奋战在疫情防控最前线；企业家委员主动担当作为，带头复工复产；其他界别委员和政协机关干部各尽所能、各展所长，下沉社区值守，捐款捐物。全市政协系统募集捐款和防疫物资总价值2240多万元。6月12日，开展“加强疾病预防控制体系建设，提高重大疫情防控能力”议政性常委会协商，报送18条建议清单，得到省市领导批示肯定，相关部门认真办理落实。滨湖医院感染病院区建成投入使用，成为全省新冠肺炎境外输入人员唯一定点医院。面对百年不遇的特大汛情，全市各级政协组织和政协委员第一时间投身抗洪救灾第一线，助力打赢抗洪救灾保卫战。7月19日，市政协负责同志深入肥西县、庐江县、巢湖市抗洪救灾一线驻点一个多月，扎实开展督导工作；广大政协委员围绕抗洪救灾和灾后恢复重建献计出力；各级政协机关干部主动参与防汛值守、巡堤查险等工作，与灾区群众共筑齐心抗洪、守卫家园的“同心堤”，展现责任担当，彰显家国情怀。

【全力服务大局】 2020年，市政协常委会聚焦疫后经济发展，开展“提升合肥市文旅产业疫情后复苏能力”专题协商，意见建议得到及时采纳。开展154家委员企业走访活动，帮助解决实际困难，率先复工复产。组织市政协委员企业家线下联谊活动，促进委员企业资源共享、共渡难关。聚焦重要农产品稳产保供，为粮食安全建言献策，组织召开深入学习贯彻习近平总书记关于制止餐饮浪费行为重要指示精神专题座谈会，市政协委员带头厉行节约，形成良好社会风尚；着眼生猪产业高质量发展开展专题调研，助推合肥市生猪产业向生态化、集约化转型。组织委员围绕做好“六稳”工作、落实“六保”任务，提交提案、社情民意和大会发言，多条建议得到省市领导批示或督办，转化为工作实效。比如，“关于大力发展‘非接触式经济’的建议”，被《安徽合肥线上经济创新发展试验区总体方案》所吸纳。

2020年11月29日，市政协赴庐阳区古城社区元一美邦国际小区开展“双联双创”活动 （市政协办公室/供）

【“双联双创”活动】 2020年，市政协常委会拓展活动平台，引导委员为发展服务、为群众服务、为基层服务，开展帮扶一户困难家庭、联系一个村组社区、提交一份帮扶建议、办好一件惠民实事“四个一”活动，推动解决群众急难愁盼问题。全年，市政协委员联系走访群众1000多人次，协调解决问题630多项。坚持把搭建基层协商平台、推动协商民主向基层延伸作为“双联双创”活动的重要内容，探索推进以“社区协商议事厅”“线上协商议事厅”“政协委员工作室”为阵地的“有事好商量”平台建设，出台实施意见和3个配套方案，先后围绕老旧小区加装电梯、小区养犬等问题开展协商直播活动，吸引近3万名群众在线参与讨论，既营造“接地气、聚人气、冒热气、有朝气”的基层协商氛围，又解决群众关心的问题。按照“百花齐放、各具特色”原则，首批成立15个政协委员工作室，发挥各自优势，组织开展助农、助残、助学、助困、帮扶就业等活动，让人民群众切身感受到政协离自己很近、委员就在身边。

【助推长三角一体化发展】 2020年，市政协常委会助力合肥加快融入长三角一体化发展，7月6日、11月17日，分别赴苏州市、湖州市参加长三角九城市政协助推G60科创走廊更高质量发展活动，共同

2020 年 9 月 21—22 日，合肥市政协举办长三角六市一区政协习近平总书记关于加强和改进人民政协工作的重要思想理论研讨会暨 2020 年度专题座谈会
（市政协办公室 / 供）

发起成立 G60 科创走廊九城市政协委员企业联盟，并担任人工智能、集成电路产业秘书长单位。9 月 21 日至 22 日，成功举办长三角六市一区政协理论研讨会暨专题座谈会，共商高质量服务长三角一体化发展的“政协方案”。发挥人民政协公共外交独特优势和合肥之友联谊会平台作用，联合发起建立长三角公共外交协会联系机制，扩大对外交流，助力加快构建新发展格局，服务打造具有重要影响力的改革开放新高地。

（陈宏星）

团结联谊

【概况】 2020 年，市政协常委会坚持把凝聚共识作为重要职能，始终把促进大团结大联合贯穿到政协工作的各个领域、各个方面、各个环节，充分发挥人民政协“重要阵地、重要平台、重要渠道”作用，为合肥市高质量发展广泛凝聚共识、凝聚智慧、凝聚力量。

【思想政治引领】 2020 年，市政协常委会创立以凝聚共识为目标的“委员讲堂”，组织朱青、吴正林、曹冬梅等委员围绕江淮水系建设、《民法典》贯彻落实等内容开展专题讲座，宣传政策法规，提升履职能力。邀请专家学者就电子信息产业、引江济淮工程等举办讲座，拓展委员视野，更好知情明政。4 月 7 日，开展党外委员“我看合肥新发展”专题视察，凝聚团结奋进合力。强化宣传工作，构建“报、网、端、微、屏”立体化宣传平台，着力讲好合肥故事、政协故事。全年在中央媒体发稿近 30 篇，新华社、人民网多次报道合肥市政协经验做法，《人民政协报》3 次头版报道合肥市政协特色工作，省级媒体发稿 100 多篇，再创历史新高。坚持党管意识形态原则，以正确的舆论导向凝聚人心、增进共识。

【合作共事】 2020 年，市政协常委会发挥新型政党制度优势，做好政协协商同政党协商有效衔接，组织各民主党派、工商联和无党派人士开展协商议政、联合调研、民主监督，寻求最大公约数，画好最大同心圆。全年全市各民主党派、工商联和无党派人士提交提案 510 件，立案 375 件，反映社情民意信息 1100 多条，参加调研视察 600 多人次，会议发言 252 篇。其中，关于农村红白喜事移风易俗、结合“放管服”发展“地摊经济”、完善肉类蔬菜流通体系建设、发展直播电商等建议得到省市领导批示肯定，并转化为务实举措。

【提升团结联谊境界】 2020 年，市政协常委会围绕“提升宗教场所规范化管理水平”开展对口协商，就“精准施策，促进民族乡村振兴”等开展民主监督，为维护合肥市民族团结、宗教和睦贡献智慧力量。组织《合肥文史》（第三辑）脱贫攻坚专题编撰工作，发挥政协文史资料存史资政、团结育人作用。以界别为依托，组织开展助推实体经济发展、青少年心理健康、非遗传承保护、乡村振兴重点项目建设等调研视察活动，深化务实合作，凝聚团结奋进共识。

（陈宏星）

责任编辑：赵永军

中共合肥市纪律检查委员会

合肥市监察委员会

综　述

【概况】　2020年，在省纪委、监委和市委的领导下，合肥市各级纪检监察机关落实省纪委、监委和市委部署要求，增强“四个意识”、坚定“四个自信”、做到“两个维护”，坚持“严”的主基调，确保工作高质量，为合肥市决胜全面建成小康社会、决战脱贫攻坚提供坚强保障。坚持领导带头，开展调查研究工作。加强队伍建设，引导全市纪检监察干部自觉践行忠诚干净担当。围绕统筹疫情防控和经济社会发展等，加强政治监督。

【监察体制改革】　2020年，市纪委、监委持续深化派驻机构改革。研究制定实施意见，分类推进市属企事业单位纪检监察体制改革，向19个市属企业派驻监察专员，在4个事业单位开展派驻监察专员试点，向1个市属金融企业派驻纪检监察组，赋予监察权限，健全管理制度，推动依规依纪依法开展工作。出台考核办法和履职清单，组织33家派驻（出）机构主要负责同志向市纪委监委述职。指导督促县（市）区完成深化派驻机构改革任务，发挥派驻监督“探头”作用。

深化乡镇（街道）纪检监察体制改革。在全面推行“监察室＋协作区”模式基础上，出台派出乡镇（街道）监察办公室工作办法，明确职责权限、监察程序和监督管理等事项，推进规范化法治化运行。全年乡镇（街道）纪检监察机构立案814件，其中，协作区协办领办案件占37.6%。印发进一步发挥村（社区）党组织纪检委员作用的意见，推动发挥监督员、信息员、宣传员“三员”作用。全市村（社区）纪检委员配备率达99.2%。

【调查研究】　2020年，市纪委、监委开展领导领题调研，把调研与落实市纪委五次全会任务、推进改革创新相结合，一揽子形成11项调研成果，推动解决一批突出问题、落地一批重点工作、打造一批亮点特色、建立一批制度机制。开展政治生态专项调研，增强政治生态研判的时效性、针对性，对9个县（市）区和85家市直单位，形成以“一书一表一评述”为主要内容的政治生态“活页夹”，即：政治生态分析自评书（报告）、政治生态基本情况摘要表和联系纪检监

2020年7月16日，市监察委员会在市政务中心召开第一届特约监察员聘请会议，聘请20名特约监察员　（市纪委办公室／供）

2020年10月29—30日，市委常委、市纪委书记、市监委代主任华克思赴巢湖开展乱占耕地建房和退捕禁渔调研工作 （市纪委办公室／供）

察室监督情况总体评述，并结合深化“三个以案”警示教育工作，对公安、检察院、法院、国资和公共资源交易等5个系统政治生态进行综合研判，“一对一”形成情况反馈。深入基层开展大调研，按照市委统一部署，紧扣全面从严治党要求，成立10个调研组，深入企业、居民之中，帮助解决142个急难愁盼问题。

【队伍建设】 加强机关政治建设。2020年，市纪委常委会坚持从自身做起，注重发挥政治建设统领作用。执行重大事项请示报告制度，书面向省纪委监委请示报告17次、向市委请示报告18次。启动“五型”模范机关创建活动，开展谈心谈话、落实家访制度，组织向李夏等优秀纪检监察干部学习，引导全市纪检监察干部自觉践行忠诚干净担当。

提升队伍能力素质。制定实施纪检监察干部全员培训计划，市本级举办集中培训班11期，培训1815人次，组织参加省纪委监委视频讲堂1530人次。加强实践锻炼和专业训练，83人次参加上级纪检监察机关跟班学习，407人次参加审查调查和巡察等实战练兵。提升信息技术运用能力，在全省大比武中荣获团体一等奖、个人最佳案例奖。

强化自身监督管理。落实加强新时代纪检监察干部监督工作的意见，健全内部监督机制。出台依规依纪依法安全文明办案八项措施和六条禁令，集中开展专项排查和治理，严格按照权限、规则、程序开展工作。发挥特约监察员作用，主动接受外部监督。对涉及纪检监察干部问题线索下管一级，对执纪违纪、执法违法行为零容忍，坚决防止“灯下黑”。全市谈话函询纪检监察干部20人，给予党纪政务处分3人。

（刘　冰）

重要会议

【疫情防控监督工作视频调度会】 2020年2月16日，市纪委、监委召开全市疫情防控监督工作视频调度会。会议由时任市委常委、市纪委书记、市监委主任汪学致主持。会议传达学习习近平总书记在北京调研指导疫情防控工作和在中央政治局常委会议上的重要讲话精神，以及省纪委视频会议精神，通报全市疫情防控监督工作情况，听取县（市）区纪委监委和开发区纪检监察工委疫情防控监督工作情况汇报，并进行点评，对全市疫情防控监督工作作出进一步部署和安排，提出明确要求。

【市纪委十一届五次全会】 中国共产党合肥市第十一届纪律检查委员会第五次全体会议，于2020年3月25日在市政务中心礼堂召开。出席会议的市纪委委员38人，列席264人。时任省委常委、省人大常委会副主任、市委书记宋国权出席全会并讲话。市委常委、市人大常委会、市政府、市政协领导班子成员出席会议。会议由市纪委常务委员会主持。全会听取时任市委常委、市纪委书记、市监委主任汪学致所作的《坚持“严”的主基调 确保工作高质量 为合肥全面建成小康社会提供坚强保障》工作报告。全会审议通过《工作报告》和《中国共产党合肥市第十一届纪律检查委员会第五次全体会议决议》。

【市深化“三个以案”警示教育动员部署会】 2020年4月16日，合肥市深化“三个以案”警示教育动员部署会在市政务中心召开。时任省委常委、省人大常委会副主任、市委书记宋国权出席会议并讲话。时任市委副书记、市长凌云主持会议。市人大常委会主任汪卫东，市政协主席韩冰，时任市委副书记郭强，市委常委等出席会议。时任市委常委、市纪委书记、市监委主任汪学致通报全市深化“三个以案”警示教育工作安排。

【十一届市委第八轮巡察工作动员部署会】 2020年5月8日，十一届市委第八轮巡察工作动员部署会召开。会议传达2020年第3次市委书记专题会议精神，宣布巡察组长授权任职、任务分工及十届省委第九轮巡视高职高专第一组副组长指定人员名单的决定，并对2019年度参加市委巡察工作优秀干部进行表彰。市委常委、市委组织部部长、市委巡察工作领导小组副组长钱岩松出席会议并讲话。

【扫黑除恶专项斗争“六清”行动暨重点案件督办工作推进会】 2020年8月13日，合肥市纪委监委召开全市扫黑除恶“六清”行动暨重点案件督办工作推进会。会议传达学习中央、省市有关扫黑除恶专项斗争监督执纪问责工作调度会精神，通报全市纪检监察机关当前在手办理的“涉腐涉伞涉网”问题线索和案件办理情况。市委常委、市纪委书记、市监委主任汪学致就扫黑除恶专项斗争“六清”行动暨重点案件督办工作提出具体要求。

【十一届市委第九轮巡察工作动员部署会】 2020年9月28日，十一届市委第九轮巡察工作动员部署会召开，传达学习中央及省市委对巡视巡察工作的新部署新要求，以及市委书记专题会议精神，宣布巡察组长授权任职及任务分工的决定。市委常委、市纪委书记、市委巡察工作领导小组组长华克思出席会议并讲话。市委常委、市委组织部部长、市委巡察工作领导小组副组长钱岩松主持会议。

2020年10月30日，全市深化派驻机构改革动员部署会在市政务中心召开
（市纪委办公室／供）

【全市深化派驻机构改革动员部署会】 2020年10月30日，全市深化派驻机构改革动员部署会召开。会上，书面传达中央纪委国家监委、省纪委监委深化派驻机构改革动员部署会议主要精神，市纪委监委驻市国资委纪检监察组、市产投集团纪委、合肥热电集团纪委、市第四人民医院纪委、肥东县纪委监委等5家单位负责同志分别在会上做交流发言。市委常委、市纪委书记、市监委代主任华克思出席会议，并就全市深化派驻机构改革工作做出部署、提出要求。市纪委常务副书记、市监委副主任刘清主持会议。

【十一届市委第七轮巡察整改情况专项检查工作动员会】 2020年11月3日，十一届市委第七轮巡察整改情况专项检查工作动员会召开。合肥市委常委、市纪委书记、市委巡察工作领导小组组长华克思出席会议并讲话，市委巡察办主任戴建军主持会议并宣布检查组组长及任务分工。市委第七轮巡察的39家单位党组织主要负责同志、7个县（市）区委巡察“提级整改”有关负责同志参加会议。

（刘　冰）

监　督

【概况】 2020年，市纪委监委履行协助职责和监督责任，加强对全面从严治党主体责任清单落实情况的监督检查，加强对“关键少数”干部教育管理监督。协助市委对37名省管干部和6个重点单位主要负责人开展党内政治监督谈话，聚焦“两个维护”、履行管党治党政治责任、廉洁自律等方面形成谈话提纲，落实“两报一看”机制，推动上级“一把手”抓好下级“一把手”。协助市委制定领导干部廉洁从政“八个不得”行为规范，配套建立书面报告、问题移交、追责问责机制，划定行为“红线”，打好廉洁从政“预防针”。

制定强化监督首责开展室组联动的工作办法，围绕政治监督、政治生态研判、问题线索处置、巡视巡察整改等开展协作联动，推进“四个监督”统筹衔接。动态更新干部廉政档案，把好廉政意见回复关，各级纪委监委对5640人次拟任人选提出意见，对181人次提出暂缓或不宜使用意见。

【监督执纪“四种形态”实践】 2020年，市纪委、监委坚持严管与厚爱结合、激励与约束并重，综合运用监督执纪“四种形态”，把纪法与情理融合起来。运用“四种形态” 批评教育帮助和处理4361人次，其中，运用第一种形态谈话函询、提醒批评2824人次，占总人次的64.8%；运用第二种形态给予轻处分、组织调整989人次，占22.7%；运用第三种形态给予重处分、职务调整227人次，占5.2%；运用第四种形态处理严重违纪违法、触犯刑律的321人次，占7.3%，其中涉嫌职务犯罪、移送检察机关的39人次。认真落实“三个区分开来”要求，探索建立容错纠错减责免责清单，在“一县一市一区一单位”开展试点；对47名党员干部失实检举控告问题予以澄清正名；对963名受处分党员干部开展教育回访，进一步激励干部担当作为。

【政治监督】 2020年，合肥市纪委常委会建立及时传达、集中研讨、点评解读、对标落实的学习机制，先后召开40次市纪委常委会会议，16次理论学习中心组学习会议，跟进学习习近平总书记最新重要讲话指示批示精神，深入学习贯彻习近平总书记考察安徽重要讲话指示精神，认真学习党的十九届四中、五中全会精神，把握新任务新要求，做到国之大者心中有数，立足职能抓好落实。

在疫情防控、防汛救灾大战大考中忠诚履职。全市各级纪检监察机关围绕防疫措施落实、复工复产、群众生活保障等强化监督检查，组织开展督查3051次，督办解决群众诉求4673件。落实省纪委监委指导意见，对违反防疫纪律、落实防疫责任不力等问题精准执纪问责，处理168人。全力投入抗洪抢险救灾保卫战，建立“昼夜交替巡察、明察暗访结合、现场反馈整改”的工作机制，开展重点督查1157次，发现并督促整改问题380个。全市纪检监察机关闻令而动、既督又战，1000余名纪检监察干部参与疫情防控和防汛救灾，战斗在最前沿，监督在第一线，用实际行动诠释政治担当。

围绕党中央重大决策部署贯彻落实，具体化常态化开展政治监督。聚焦帮助企业纾困、促进稳岗就业、保障民生需求、优化营商环境等重点工作跟进监督，全力保障“六稳”“六保”责任落实。立足监督的再监督，集中查处冒名顶替上大学问题线索，问责处理14人；加强对长江流域巢湖水域禁捕退捕责任落实的监督检查，推动整改问题43个；督促推进农村乱占耕地违法建房问题专项整治，对涉及的77件信访件建立台账、逐件销号。全市查处违反政治纪律案件28件，处分21人。

切实履行中央巡视整改监督责任。督促抓好中央专项巡视“回头看”和国家脱贫攻坚成效考核反馈问题整改，转办的21件信访件全部办结。优先办理中央第五巡视组巡视安徽交办的问题线索，特别是针对巡视指出的房地产领域历史遗留“难办证”问题，市纪委监委协助市委抓好专项治理，督促各地各有关单位迅速摸排、压实责任、抓好整改，全市15万余套房产“难办证”问题整改率98%，办证率74%。

（刘 冰）

执 纪

【概况】 保持反腐败高压态势。2020年，市纪委监委坚持无禁区、全覆盖、零容忍，重遏制、强高压、长震慑，从严查处十八大以来不收敛不收手的腐败问题，坚决整治重点领域以权谋私、权钱交易等突出问题，深挖细查群众身边的“微腐败”。高质量完成省监委指定管辖案件。

做好查办案件“后半篇文章”。针对案件暴露出的管理和制度漏洞，发出纪检监察建议228份，推动以案促改、以案促治。公检法系统建立健全重大事项记录报告等制度。国资系统开展“制度执行年”活动，健全完善国企内控等长效机制。开展招投标领域、人防系统专项治理，强化日常监管，防范廉政风险。

加强廉政文化建设。开设监督曝光专栏，定期通报典型案例，制作专题警示教育片，发挥以案示警作用。实施包公清廉文化系列品牌建设，完成第六届“包公杯”全国反腐倡廉曲艺作品征集评选，提升全国廉政教育基地包公园教育功能，深入开展“廉洁家风润万家”

2020年8月6日，第六届"包公杯"反腐倡廉曲艺作品征集活动评审会在合肥召开　　（刘　颂/摄）

活动，推动以文化人、化风成俗。

【作风建设】　深化"三个以案"警示教育。2020年，市纪委、监委坚持"学、查、改"一体推进，突出政法、国资、公共资源交易、扶贫等重点领域，开展问题专项治理，督促建章立制。编印警示录，突出用身边事教育身边人。以两起严重干扰环境治理监测案为镜鉴，深刻反思背后政治、作风、工作、管理问题，开展集中警示教育。围绕政治监督谈话、重要制度执行开展督导指导，推动各级党组织抓好问题整改。全市167个县处级以上党组织、2200名县处级以上党员干部实现警示教育全覆盖。

持续整治形式主义官僚主义。推动落实省市出台的正、负面清单，紧盯贯彻党中央决策部署只表态不落实、维护群众利益不担当不作为、加重基层负担等突出问题，强化日常监督，纳入巡察范围，精准施治，切实为基层减负。全市查处形式主义官僚主义问题65个，处理91人，其中给予党纪政务处分35人。

常态长效推进作风建设。坚守重要节点，实行市县联动、交叉互查、常态监督，持续纠"四风"转作风。全市查处违反中央八项规定精神问题240个，处理329人，其中给予党纪政务处分129人，公开曝光45批次102个问题132人。加强餐饮浪费行为监督检查，营造浪费可耻、节约为荣的氛围。协助市委制定厉行节约力保重点支出的实施方案，实行清单管理，优化财政支出，推动清理回收资金56.1亿元，核减资金需求95.8亿元，追加安排重点支出74.3亿元。

（刘　冰）

问　责

【概况】　2020年，市纪委监委深化扶贫领域腐败和作风问题专项治理。组织对"两不愁三保障一安全"、脱贫摘帽后"四个不摘"落实情况的专项监督检查，开展"两项目两资金"专项整治，督促整改问题107个，推动政策、任务、项目、资金精准落地。开展"三清三度"专项行动，对132件实名举报清淤清零，办理满意率98.5%；建立业务外重复信访联动处置机制，探索"清仓"的有效途径，提高办理进度、处置精准度和群众满意度。全市查处扶贫领域腐败和作风问题31起，处理54人，其中党纪政务处分29人。

【打伞破网"四清"攻坚战】　2020年，市纪委、监委建立调度推进、联点包案、三级复审等工作机制，对涉黑涉恶和"保护伞"问题深挖彻查。扫黑除恶专项斗争开展以来，市纪检监察机关受理涉黑涉恶问题线索1194件，立案373人，采取留置措施33人，移送司法机关57人，给予党纪政务处分325人。

【群众身边腐败问题惩治】　2020年，市纪委、监委紧盯教育医疗、征地拆迁、"三资"管理、农村低保、污染防治等领域"微腐败"问题，强化监督执纪执法。全市查处群众身边腐败和作风问题449起，处理595人，其中给予党纪政务处分230人。常态抓好"阳光村务"微权监督服务平台管理，进一步规范"小微权力"运行。

（刘　冰）

巡视巡察

【概况】　2020年，合肥市纪委监委坚守政治巡察职能定位，突出"两个维护"根本任务，围绕"三个聚

2020 年 4 月 16 日，全市纪检监察系统推进中央脱贫攻坚专项巡视“回头看”和国家脱贫攻坚成效考核反馈问题整改暨深化“三个以案”警示教育动员部署会在市政务中心召开（市纪委办公室／供）

焦”，组织开展十一届市委第八、九轮巡察，对 47 家市属单位党组织开展巡察、对四大开发区的 6 个社区（街道）及所辖 67 个村（社区）开展延伸巡察，组织县（市）区对 259 家单位党组织开展巡察、对 320 个村（社区）开展延伸巡察，市县两级巡察实现全覆盖。

坚持发现问题与整改落实并重。建立“分系统推进巡察整改”和“提级整改”机制，对教育、国资等领域问题集中梳理、集体反馈、集成整改；针对基层拆迁安置、工程项目管理、津补贴发放等方面共性问题，发函交办，督促整改。对整改不力的 14 家单位进行约谈和督办。组织对 26 个建档立卡贫困村开展脱贫攻坚专项巡察“回头看”，对 18 家市扶贫开发领导小组成员单位整改情况开展专项检查，推动立行立改、持续整改。十一届市委前七轮巡察发现问题 5378 个，整改 4487 个，整改完成率 83.43%。第八、九轮巡察发现问题 1882 个，持续推进整改。

【巡察工作规范化建设】 2020 年，合肥市纪委、监委全面接受中央巡视指导督导，对 2016 年以来中央及省委巡视反馈整改情况起底分析，加强督办检查，并向市委常委会专题汇报，防止超时整改、改而不实、改后又犯。建立市委巡察机构与纪委监委职能部门协作配合工作机制，做好情况通报、问题移交、成果运用、整改监督等工作。加强市县巡察上下联动，压紧压实县（市）区党委巡察主体责任。完善巡察监督与组织、审计等监督协作配合机制，整体提升巡察监督质量。

（刘　冰）

责任编辑：贾南田

军 事

警 备

【概况】 2020年，合肥警备区党委坚持以习近平新时代中国特色社会主义思想为指导，深入学习贯彻习近平强军思想，按照军委国防动员部、省军区党委决策部署，强化政治引领固根本，聚焦应对强敌抓备战，深化动员改革促转型，围绕“三个过硬”强基层，持续正风肃纪严法治，统筹抓好疫情防控和重点工作，部队全面建设稳中向上。

维护核心坚定自觉。始终把政治建设作为根本性建设，坚决贯彻军委主席负责制。抓实理论铸魂，完善“五学”机制，常态落实“1+1+4”理论学习中心组学习制度，常委会22次集中学习习近平主席重要讲话精神，推动理论学习走深走实。抓实主题教育，推动传承红色基因工程，到金寨革命老区“重走红军路”，深化老干部系统“三家三史”活动，凝聚强军兴军正能量。抓实清查清理，彻底纠治政治领域官僚主义，先后3个波次对涉郭徐房张信息进行拉网式、地毯式排查，两级班子成员带头查摆问题、带头纠治整改、带头推动落实。抓实斗争防范，打好意识形态领域斗争主动仗，严肃政治纪律和政治规矩，从严抓好网络违纪违法适用法规《指导意见》和“翻墙”登录境外网站涉政问题《通知》学习贯彻，健全军地网络信息安全防范协作机制，确保部队绝对忠诚、绝对纯洁、绝对可靠。

备战水平明显跃升。聚力提升训练质效，坚持统分结合抓、上下联动训，持续巩固“六统”训练举措，抓好首长机关训练，组织民兵分队集训，超额完成年度训练任务。

动员准备有力推进。深化国防动员谋划，完成国防动员“十三五”规划实施评估，研究论证国防动员“十四五”规划项目需求。以专项潜力为重点，深入全市3000多家高新企业展开国防动员潜力调查。深化民兵调整改革，编实基干民兵，拉动各类分队，现地核查编兵企业。深化兵役征集创新，全国首创“大校喊你来参军”“大校寄语从军路”宣传，推送展示量超3000万人次，探索开展“三联、五融”高校毕业生征集新模式，试行“毕业即入伍、入伍即入职”。

战疫抗洪答卷优异。坚决打赢疫情防控“阻击仗”，认真贯彻习近平主席关于疫情防控重要指示精神，摆上高位闻令而动，严格落实营区封闭、留营住宿、集中隔离等制度，实现疫情“零输入、零感染”目标。主动融入军地联防联控体系，依令出动3万余人次，参加卫生消毒、设卡检查、防疫宣传等，为遏制疫情蔓延发挥了积极作用。全区官兵自愿捐款78000元，支援一线抗疫工作。坚决打赢抗洪抢险“攻坚仗”，面对合肥历史极值的洪涝

2020年7月14日，合肥警备区战士在肥西县参加抗洪抢险 （合肥警备区/供）

灾害，警备区部队组织民兵9000余人，协调院校和部队官兵8000余人，连续奋战20多个昼夜，处置险情72处，加固堤坝18千米，抢运物资749余吨，架通浮桥2.6千米，挖运土石28462立方米，转移群众1380余人，好的做法和先进事迹先后在新闻联播、《人民日报》《解放军报》和新华网等省级以上媒体报道40余篇（条）。

军政军民团结巩固。强化党管武装，协调召开市委议军会，研究出台《关于加强新时代基层武装工作的意见》，严格落实联合考评、第一书记任职、党管武装述职等制度，师团两级领导结合参加各类会议活动及时为强军发声，强化地方各级党委管武装建武装的责任意识。强化军民融合，到驻地高等院校、高新企业开展军民融合调研，全市100个项目获得省专项资金6000余万元。强化拥军优属，审核办理398名军人子女教育优待，推动第三批30名随军家属对口调动，官兵转业安置质量得到提高，推进县（市）区拿出一定数量的专武干部岗位专项用于安置退役士官，制订军地联合送立功喜报办法，营造尊崇军人浓厚氛围。强化拥政爱民，连续8年开展“八一助学圆梦”活动，师团两级继续投入140余万元用于项目脱贫，提升乡村造血功能，助力脱贫攻坚。合肥市蝉联全国双拥模范城“九连冠”。

2020年9月24日，合肥警备区文职人员集训 （合肥警备区/供）

【文职人员集训】 2020年9月中旬，合肥警备区采取在岗学习与集中培训相结合的方式，组织“初心不改、专心强能、尽心履职、正心束行”集训。集训中，紧紧围绕强化职业精神、提升职业素养、夯实职业操守，按照封闭式、连队化管理，一开训先进行业务知识应知应会测试，精心安排9次授课辅导，组织重温文职人员誓词激励，围绕3个思想模糊点展开集中讨论，引导文职人员强定力、提能力、添动力、增活力。

【民兵军事训练】 2020年，合肥警备区坚持以战领训、按纲施训，采取“计划统审、内容统筹、教案统编、骨干统训、场地统管、监管统抓”“六统”举措，大抓民兵实战化训练。5月中旬，按照“单位选聘、自主组训、机关统训、统筹使用”的方式，遴选27名高素质教练员，采取理论辅导、示范引领、考核评比等方式，在警备区教导队组织全区民兵教练员进行为期3天的集训，提升教练员教学组训能力，达到“会讲、会做、会教、会做思想工作”的训练目标。按照“全年训、常态化、不断线”要求，制定民兵集中轮训措施办法，组织民兵重点专业（新质）分队以网络攻防、保交护路和重要民生目标防卫等内容为重点，开展实战化训练；指导肥东县人武部按纲落实对口支援保障分队对接联训，完成年度民兵训练任务。

【民兵调整改革检查验收】 2020年5月，警备区采取“随机拉动、电话抽查、现场点验、装备操作”等方式，拉动点验任务分队27支1440人，动用无人机18架、工程机械装备45台，电话抽查180人，实地查验党员比例、退伍军人比例、专业对口率等指标，以及人装配套、装备操作、行动实施等各项能力。通过检查发现民兵整组和训练工作中存在的问题，掌握底数，为下步提高民兵分队编组和训练质效打下基础。

【抗洪抢险】 2020年7月中旬，合肥警备区各级坚决贯彻习近平主席“人民至上、生命至上”重要指示，先后出动民兵13200余人次，协调驻肥部队640余人，申请战区支援部队8500余人，统筹长江无为大堤、巢湖流域两条战线，连续奋战20余个昼夜，处置险情70余处，抢运物资740余吨，架通浮桥2600余米，加固堤坝20余千米，转移群众1380余人，受到地方党委政府和人民群众的赞誉。

【人民防空综合演练】 2020年9月，合肥警备区着眼城市和重要经济目标防护协助问题研究，围绕用“枪代炮”模拟演示高炮拦截来袭“低小慢”空中目标，在完成高炮分队年度训练基础上，抽组专业技术精、纪律意识强的骨干力量共约55人，在安徽消防总队训练基地连续7天组织炮手基本操作训练和“枪代炮”操作训练、合练，完成“皖盾—2020”安徽省人民防空综合演习，民兵防空分队的训练质效和实弹射击能力得到提高。

【应急营装备操作骨干集训】 2020年，合肥警备区贯彻落实军委国防动员部、东部战区、省军区关于聚焦备战打仗的系列指示精神，按照“基于大纲、突出重点、检验能力”的思路，采取“统一计划、集中组织、考比结合”的方法，突出专业技术岗位、突出装备操作使用，于6月、11月先后组织通信专业骨干73人和应急营装备操作骨干31人集训。通过集训，提高专业技术岗位人员装备操作技能，提升遂行应急应战任务能力。

【保交护路演练】 2020年4月中旬，合肥警备区依据保交护路演练方案，组织6个人武部（肥东、肥西、长丰、庐江、巢湖和包河）军事主官，赴G50合芜高速沿线勘察过境部队保障演练地域，现场对接演练任务。10月底，组织巢湖市民兵应急、侦察、护路、医疗等分队120人，协调地方交警、交通、维修、油料等支援力量30人，携带无人机、挖掘机、运油车等装备器材60余台（辆），在巢湖服务区开设保障点，按照“筹划部队、机动展开、临机处置、综合保障”一个过程G50高速保交护路实兵演练，在实战实训中检验方案、提升能力。

【年度群众性练兵比武考核】 2020年10月至11月，合肥警备区采取“以上带下、统分结合，理论精讲、技能多练”的方法步骤，组织军事理论、要图标绘、文书拟制和识图用图等课目内容学训，着力提升师团两级机关人员业务素质，打牢理论和技能基础。组织全员进行群众性练兵比武暨年度军事训练考核。通过考核比武，全面检验提升现役干部、文职人员的业务技能和军事素质。

【兵员征集】 2020年6月中旬，合肥警备区录制的“大校喊你来参军”系列宣传片，警备区司令员、政治委员、副司令员分别围绕“强国”“强军”“青春”等主题，录制征兵宣传短视频，用家国情怀激励、用军旅人生感化，面对社会有志青年“隔空喊话”，发出热情召唤。抖音短视频播放量近650万，微信朋友圈等社交媒体争相转发，主要新闻媒体及各高校网站专题呈现，市县两级广播电视和户外LED屏全覆盖轮播。2020年合肥市大学生征集比率达到99.6%，征集总量和征优比例均为全省最高。“五率”考核排名为全省第五。未发生责任退兵和廉洁征兵问题。

（徐　鹏）

武　警

【概况】 中国人民武装警察部队安徽省总队合肥支队（以下简称“合肥支队”）2018年1月1日，由原合肥市支队和原总队第二支队合并整编而成，属旅级三类执勤支队。原下设司令部、政治部、后勤部依次改编为参谋部、政治工作部、保障部。

*政治建设。*2020年，合肥支队坚持把学习贯彻两级党委扩大会议精神作为谋篇布局的主要遵循和推进发展的重要抓手。分层传达总队党委全会精神，鲜明确立“全面过硬、领先领跑”建设目标。支队谋划新年度工作做法被总队转发。注重跟进学习习近平主席关于疫情防控重要指示批示以及军委、总队有关文件精神，将总队党委常委会议精神细化分解为多项具体工作，定人定时定责，指导工作落实。在宣布营连职干部命令的同时，即围绕“做一名懂感恩、能干事、有担当、人品正的好干部”开展大课教育；在常委大课辅导、机关干部深入班排参加讨论的基础上，开展“夸夸身边好战友”主题演讲和“写一封家书、打亲情电话”等“走好军旅路”配合活动。春节和疫情期间，基层主官坚守一线，数余名党员干部走上哨位，走访慰问生活困难官兵和伤病号，分片区解决驻地官兵疫情期间的家庭生活困难，稳住抓建基层的中坚力量。紧盯防疫制度落实、保障供应“五个是否”等问题，专派检查组定期巡查通报，兑现执纪问责。按规定要求处理敏感事项，慰问品发至全体官兵，提升使用的干部和择优遴选的代理主官，均得到上下普遍认同，无不良反映。

*主责主业。*区分执勤性质合理制定防控措施，春运执勤官兵全时佩戴防护装备，定时洗消更换；巡逻任务改“步巡”为“车巡”；“两看”“警卫”分队与目标单位开展模拟上班演练，堵塞漏洞，降低执勤风险。活用“三差一鼓励”训练

法，首长机关重点围绕军事理论、拟制决心要点和计算机标图开展夜训；执勤分队以班为基本单元，开展以单兵科目和新兵岗前培训为主的自训，所有新兵全部单独上勤；机动分队突出基本技能，开展对抗演练和摸底考核。年初，集中培训数名教练员，并常态组织网上抽考，提升教练员任教能力。支队疫情期间探索的“循环式训练法”受到基层普遍认可推广。按照“逐项研究、逐级细化、逐案过关”的思路，检修维护物资器材，修订疫情背景下的方案预案，组织“八个体系”战备建设培训会，常态组织节假日、“3·14”等敏感期战备拉动演练，全面做好遂行疫情防控中的各项任务准备。全年支队完成“两会”、专项任务2次、节日联勤武装巡逻和火车站执勤等各类临时勤务56起，受到各级肯定。

基层基础。采取汇编资料、授课辅导、网上督查、现地考核等形式，分层级学好《纲要》原文。对照新《纲要》调整《按纲建队考评细则》，以“三项原则”为基本遵循，严密组织第一季度按纲建队考评暨安全隐患排查活动，并将“部队经常性工作运行做法是否与新《纲要》相悖”“如何落实机关为基层办实事制度”“党委机关指导基层如何更加有效”等内容作为重点进行调研，对梳理的意见建议和安全隐患逐一制定改进措施，形成考核与帮教、调研与解难的闭合回路。出台《聚焦“全面过硬、领先领跑”目标，抓建基层具体措施》，拟制大（中）队日周月季年工作统筹图，用活三种帮建模式，制定挂钩帮建计划，广泛开展“八个一”活动，对所有单位《按纲建队规划》逐一审查，在4个单位分类别筹划正规化规范试点，推进教导队训练场、5个单位“智慧磐石”工程和1个单位营房设计规划，助力软硬件协调发展。支队编印的《基层党务工作100问》被总队推广使用。

疫情防控。针对防疫工作面临的“四大考验”，党委研究确立“区域式防控、封闭式管理、联动式保障、模块式生活”总体防疫思路，完善预案，成立专班，建立工作日志和“五个坚持”“两区一带班”工作机制，从疫情初期就紧绷安全之弦。分片区建立4个隔离点，细化拟定“两个办法”，完成对所有“三类人员”的隔离观察。建立制度，落实分层办公、分散施训、分组就餐、分时活动的“四分要求”，坚持每日3次全面消毒，确保内部防控紧而又实。按照“定期统一配发、急需专项申请”的方式，将筹集的8类4万余件（套）防疫物资有序前送至中队和任务一线，并为每个中队专拨防疫经费，为官兵编发报平安短信，为隔离人员传递“爱心纸条”，给战斗在支队防疫一线的医务人员送去慰问品，切实把组织关怀温暖到官兵心坎。支队疫情防控政治工作主要做法被总队转发。

【临时勤务】 2020年，合肥支队完成押解押运勤务37起，押运、押解总里程长达10000余千米。

2020年1月20日，武警合肥支队担负合肥站春运执勤任务

（武警合肥支队/供）

【城市武装巡逻】 2020年，合肥支队采取乘车、徒步相结合方式，协助合肥市公安局担负安徽省行政中心、高铁南站、中心城区、淮海路步行街和市政务中心重点路段、重点目标武装巡逻任务。累计用兵234人次，维护合肥市社会面大局稳定。

【车站执勤】 2020年1月12—16日、1月22—30日、2月15—20日、5月1—5日、5月14—28日、6月4—7日、7月3—6日、8月13—21日，合肥支队协助公安机关完成合肥市重要交通站点维护秩序任务。

【安保勤务】 2020年1月11日至15日，合肥支队完成安徽省人大十三届三次会议、省政协十二届三次会议代表驻地、会场外围警戒和机动备勤任务。8月16日至21日，完成中共中央总书记、国家主席、中央军委主席习近平来安徽视察重要活动期间专项任务。

（华　震）

人民防空

【概况】　合肥市人民防空办公室（以下简称“市人防办”）成立于1950年。前身是合肥市防空司令部，2008年增挂合肥市民防局牌子。截至2020年底，机关行政编制18人，实有在编人数20人；设综合处、组织人事处、工程处、应急指挥通信保障处、民防工作处（法规宣教处）、财务审计处、督查处、机关党委；下设人防重点工程管理处、人防（民防）指挥信息保障中心、人防工程质量监督站、人防设施监督管理处四个公益一类事业单位。2020年，市人防办牢记使命，团结奋进，聚焦主业，攻坚克难，围绕“战时防空 平时服务 应急支援”的使命任务，聚力“十三五”收官，提升备战打仗能力，突出人民防空军事斗争准备，接受省人防指挥部军事斗争检验评估，获得全省第一名。强化思想政治建设，扎实推进巡视巡察整改和专项治理。选派22名党员干部下沉社区支援抗“疫”行动，调拨人防战备物资支援肥东、巢湖、庐江等地抗击疫情。参加百年不遇抗洪行动，巡查检查全市人防工程确保安全度汛。被国家人防办评为宣传报道先进单位、获评全省人民防空目标考核先进单位。

【人防工程建设】　2020年3—11月，市人防办先后组织肥东、肥西、庐江和巢湖“两规合一”专项规划的评审。5月9日，联合印发《关于落实房屋建筑和市政基础设施工程施工图联合审查的补充通知》，将人防技术审查并入施工图设计文件审查。6月10日，启动2020年全市人防系统“安全生产月”和“安全生产江淮行（庐州行）”活动，消除人防工程事故隐患，筑牢安全防线。7月20日，开展汛期人防工程隐患排查，做好人防工程排涝和安全管理工作。8月18日，举办全市人防工程维护专业队“准军事化”培训。11月16日，印发《合肥市深化人防工程建设审批制度改革实施办法》，实行全流程网上审批办理。11月24日，召开合肥“两规合一”专项规划编制启动会。12月15日至12月16日，举办人防行政审批、工程维护管理暨法制业务培训。全年分别对轨道交通2号东延线、3号南延线、4号南延线等7条线路兼顾人民防空防护事项开展审查、管理和监督检查。11月12日，组织完成轨道交通5号线南段的人防工程验收。

【人防指挥通信建设】　2020年，市人防办推进人防重要经济目标防护系统建设。将人防重要经济目标防护系统建设作为重点项目，开展初步设计方案编制，通过方案专家评审，完成项目的招投标，并于年底前签订合同，正式进入建设阶段。加快人防固定警报器采购项目建设。完成37台固定警报器的安装调试，在“9·18”防空警报试鸣活动中，警报器正常发放音响警报。推动市第二代机动指挥平台升级改造项目立项。该项目被列入政府投资公益性项目备选计划。完成四县一市机动指挥平台建设。完成合肥市人民防空方案修订，提升防空方案的科学性、实用性、可操作性。完成安徽省行政服务中心疏散方案编制，有利于做好省行政中心战时人员疏散工作，保存安徽省有生力量和战争潜力。完成合肥市人防警报建设规划编制，促进合肥市后期警报器建设合理分布。

【人防军事斗争准备】　2020年5月27日至29日，全市人防系统开展为期三天的“准军事化”集训。6月19日，市人防办在滨湖岸上草原组织全市人防专业队随机拉动点验活动。9月15日，代号“皖盾—2020”安徽省人民防空综合演习在合肥举行，合肥作为演习主场城市，主要承担参加演习和保障演习两个方面的任务。重点承担防护行动和消除空袭后果阶段演习任务，组织治安、消防、医疗救护、抢险抢修、通信、伪装防护等6支人防专业队，出动200余人，各类装备31台套。9月22日至24日，市人防办组织全系统人防指挥通信业务骨干26人，机动指挥通信车7辆，参加长三角人防指挥通信一体化联合演练。

2020年，市人防办联合合肥警备区战备建设处，共同编制印发《2020年全市人民防空训练工作指示》，确保市办本级及各县（市）区、开发区人防办按纲施训。制定全市人防日常通信训练计划、人防通信业务技能训练考核评分标准，按照省办要求定期组织视频联通、海事卫星通话、短波电台训练考核工作。在全市开展群众防空组织整组工作，坚持按1‰—3‰城区人口比例整组抢险抢修、医疗救护、消防、治安、防化防疫、通信、运输7支传统人防专业队，足额组建信息防护、心理防护、伪装防护3支新型人防专业队，从传统人防专业队伍中抽组人防综合应急专业救援队。12月3日至4日，省人防军事斗争准备检验评估组一行，对合肥市人防军事斗争准备情况进行检验评估考核。合肥市人防指挥部获得第一名。

【人防宣传教育】 2020年，市人防办结合人防“五进”工作，利用“3·1”国际民防日、“5·12”防灾减灾日、“9·18”防空警报试鸣日等时间节点，通过组织演练演习、街头宣传等方式开展人防宣传教育，普及人防知识。利用网站、微信公众号和《合肥晚报》“人防专栏”等宣传阵地积极开展宣传，坚持正确的舆论导向，弘扬新风气，激发正能量，汇聚向心力，推出人防专版5期，各类网站刊载信息300余篇，“合肥人防”微信公众号推送信息270余篇，“九城市人防”“合肥晚报”公众号等发布信息十余篇，全面普及人防知识，提升人防的社会认知度和影响力。“合肥人防”微信公众号推出“4·15，与你我息息相关”安全教育日专题，普及国家安全知识，提高广大市民的灾害风险防范意识和自救互救等应对能力。9月15日，“皖盾——2020”安徽省人民防空综合演习在合肥举行，合肥人防全程参与演习组织和保障工作，按照合肥市人防指挥部的部署，公安、卫生、应急、宣传等部门，有效落实周边治安交通管控、疫情防控、应急和宣传等工作，重点围绕重要经济目标防护、人民群众生命财产安全，开展有针对性的救援行动。

9月15日，合肥人防办参加“皖盾2020”人防综合演习 （张大岗/摄）

（丁 婕）

责任编辑：崔建军

民主党派与工商联

中国国民党革命委员会合肥市委员会

【概况】 2020年，中国国民党革命委员会合肥市委员会（以下简称“民革市委”）下设4个总支、1个基层委、30个基层支部。全年发展新党员47人。截至2020年底，有党员872人，其中具有中级及以上职称的554人，平均年龄54.4岁。党员主要分布在教育、文化、科技、医药卫生等界别，新的社会阶层，如社会法制领域近年来也是民革重点发展对象。党员中省人大代表1人，省政协委员2人（其中常委1人），市人大代表6人（其中常委1人），市政协委员39人（其中副主席1人，常委6人），县（区）人大代表5人（其中常委1人），县（区）政协委员49人（其中副主席3人，常委11人）。

民革市委为中国国民党革命委员会合肥市第十一届委员会，有市委委员25人，下设五个专门委员会：三农专委会、经济专委会、社会和法制专委会、祖国统一专委会、科教文卫体专委会。

【思想建设】 2020年，民革市委强化创新理论武装，把学习贯彻习近平新时代中国特色社会主义思想作为思想政治建设的首要任务和核心内容。

*传承优良传统。*卫立煌故居陈列馆2020年5月开馆，截至年底接待全国各地参观学习近6000人次。各基层组织开展“观故居，走多党合作之路”活动，参观冯玉祥、张治中、卫立煌、朱蕴山等民革前辈故居，重温民革和民革前辈们在新中国建立与建设历史进程中作出的奋斗和贡献。民革市委协助芜湖、安庆、毕节、杭州等地民革组织在合肥开展观故居活动。

建设宣传阵地。“民革合肥市委会”微信公众号全年发稿197篇，总阅读量突破5万人次，在疫情防控和抗洪抢险期间，发布报道55篇。与主流媒体、新媒体合作，在《团结报》《江淮时报》等主流媒体刊登稿件20余篇。发挥《团结报》新闻舆论主渠道作用，民革市委获评2020年度“《团结报》征订工作先进集体”。举办宣传骨干培训班，增强基层组织和骨干党员在新形势下做好宣传工作的责任感。

【组织建设】 2020年是民革组织建设年，民革市委制定印发《民革合肥市委2020年组织建设年工作方案》，为民革更好地履行参政党职能提供制度保障。

*领导班子建设。*贯彻执行民主集中制，健全和完善民主议事决策制度，发挥领导班子整体功能。全年召开4次常委会，4次主委会。

*基层支部换届。*制定下发《民革合肥市委2020年支部换届工作实施方案》，完成基层支部换届工

2020年12月11日，民革合肥市委会举办宣传骨干培训班 （民革市委/供）

作，基层支部主委的平均年龄由换届前的51.6岁下降至45.6岁，实现新老交替和政治交接。

人才队伍建设。全年新发展党员47名，其中特色领域人士25人，占比53.2%；研究生以上学历13人；中高级以上职称15人。截至年底，合肥市有民革党员872人。完成党员信息核查工作，完善党籍信息系统，提升组织建设信息化、规范化水平，为组织工作提供数据支撑。加强对党员的教育和培养，举办第12期新党员培训班，70余名新党员参加培训。推荐30余名党员参加各类各层次的培训，提升党员思想政治素养和从事党派工作的业务能力。

激发基层组织活力。开展示范支部创建活动，2个支部申报创建第二批民革示范支部，2个支部申报创建民革安徽省示范支部。加强与各级党委、统战部门沟通协商，开展基层组织建设调研。瑶海总支开展文旅产业复工复产调研，庐阳总支连续第十一年开展志愿服务进社区活动，蜀山总支前往金寨县开展脱贫攻坚调研，包河总支赴南京、南昌、景德镇等地开展示范支部经验交流活动，巢湖基层委开展深化主题教育活动。各支部开展理论、考察调研、社会服务等活动。

【参政议政】 *政治协商*。2020年，民革市委主要领导在各类协商会、座谈会、情况通报会上，就党风廉政建设、脱贫攻坚民主监督、经济形势和经济工作、重要人事事项、制定国民经济和社会发展第十四个五年规划和2035年远景目标、《政府工作报告（征求意见稿）》等主题提出意见建议，就党委、政府的一些重要决策协商。在省政协专题协商会上，党员穆饶明、廖艺杰、王丽萍提交4篇书面发言材料。在合肥市政协专题协商会上，党员林清、罗慧琼提交2篇书面发言材料。组织民革界别政协委员调研“非遗”传承保护与美丽乡村建设。在合肥市政协委员资政会上，提交发言材料3篇。在合肥市政协社情民意座谈会上，提交发言材料5篇，其中，党员方达夫作《加强电子信息产业知识产权培育，构建快速协同保护服务体系》口头发言。

议政建言。在安徽省人大十三届三次会议上，党员中的省人大代表提交建议7件，列为议案1件。在安徽省政协十二届三次全会上，党员中的省政协委员提交个人提案3件。在合肥市人大十六届三次会议上，党员中的市人大代表提交建议12件。在合肥市政协十四届三次全会上，党员项红代表民革市委作《加大知识产权保护力度，促进民营经济更好发展》口头发言；民革市委提交集体提案9件，党员中的政协委员提交个人提案53件，其中7件提案被评为合肥市政协十四届二次会议以来优秀提案。在合肥市政协2020年度委员履职考核中，10名党员获得优秀考核等次。

调查研究。在中共合肥市委“不忘初心、牢记使命，做好表率走在前列”大调研活动中，民革市委主委谢海涛带队调研走访30个调研对象，收集问题建议22条。发挥专委会参政议政平台和抓手作用，各专委会、总支（基层委）和支部围绕疫情防控、复工复产、脱贫攻坚、乡村振兴战略等重点领域，申报调研课题，提交调研报告15篇。民革市委组织《加快美丽乡村建设，助推乡村振兴》《加强业主委员会管理的思考与建议》2篇调研报告，报送中共市委统战部。在中共市委统战部民主党派工商联专题调研工作评选中，民革市委荣获组织奖，《合力构建知识产权保护体系，全力保障民营经济健康发展》《政策引导 搭建平台 完善机制——关于破解民营企业融资难的调研报告》分别获专题调研成果一等奖、二等奖。

信息报送。2020年，全市民革党员提交社情民意反映信息375篇，民革市委筛选上报108篇，其中合肥市政协采用6篇，民革安徽省委采用13篇。

【社会服务】 2020年，民革市委继续打造以“博爱·牵手”为品牌的社会服务活动。

疫情防控和抗洪救灾。面对疫情，全市民革党员捐款合计约人民币65万元，捐赠医疗、生活物资等价值约90万元。民革市委获评民革安徽省新冠肺炎疫情防控工作先进集体；党员张照如获评安徽省卫生健康系统新冠肺炎疫情防控工作先进个人，党员丁震获评合肥市卫生健康系统抗击新冠肺炎疫情先进个人；7名党员、1名机关工作人员和1家党员企业获评合肥市统一战线抗击疫情“同心同行人物”。面对洪灾，近60名党员奋战在抗洪抢险一线；全市民革党员累计捐款捐物25万余元。

法律服务。依托党员中的社会和法制领域专家学者及优秀人士，开展法律服务。15名律师志愿者参与安徽中山法律援助维权中心工作，承办法律援助案件145件。中山法律专家服务站全年开展法律咨询活动4次。民革市委推荐5名党员参加民革安徽省委《民法典》宣讲团。全年党员律师参与《民法典》宣讲活动85次，参与调解案件150余起、法律援助案件70余件。

“博爱·牵手”社会服务品牌。全年党员弘扬博爱精神，开展送教送医、慰问困难群众、关爱困难党员等公益活动近20次，捐款捐物近10万元。合肥市民革企业家联谊会发挥桥梁纽带作用，举办会员大会，密切会员企业联系，促进合作共赢；关心党员企业在疫情防控期间生产经营情况，促进互助合作，帮助复工复产；在抗疫抗洪中捐款捐物约80万元，捐赠助学金20余万元，助力17名贫困学子圆梦大学。

脱贫攻坚。主要领导向中共合肥市委提出6条建议。组织党员在合肥市“同心示范工程”帮扶点肥东县陆还村开展消费扶贫，消费金额逾2万元。

【促进祖国和平统一】 2020年，民革市委继续发挥民革特色和优势，推动两岸经济社会融合发展，为促进祖国和平统一事业凝心聚力。面对台海形势，学习贯彻习近平总书记关于对台工作的重要论述和中共中央对台决策部署，贯彻落实民革中央对台工作要求，坚决捍卫一个中国原则和“九二”共识，坚决反对“台独”和外来干涉。把握两岸关系和平发展主题，结合民革工作实际，以“三个坚持”为指导思想，继续发挥好民革自身特色和优势，推进两岸民间领域交流合作，促进两岸经济社会融合发展。祖国和平统一促进专委会调研参观庐江台湾农民创业园，慰问2名抗战老兵；调研走访在合肥的台资企业长亨汽车饰件（合肥）有限公司和台湾青年创业基地，助力台胞企业复工复产。蜀山政务支部深入台资企业，开展“服务企业行”活动，为对台工作凝聚人心，汇聚力量。

（张晓倩）

中国民主同盟合肥市委员会

【概况】 2020年，中国民主同盟合肥市委员会（以下简称“民盟市委”），下辖1个基层委员会，7个总支部，17个基层支部。截至12月底，全市有盟员1240人，平均年龄54.38岁，其中在职盟员875人，占70.56%；主体界别917人，占73.95%；中级职称以上983人，占79.27%。成员主要分布在教育、文化、科技等界别。主委1人，副主委5人。盟员中省人大代表1人，省政协委员1人（常委1人），市人大代表3人（常委1人），市政协委员32人（副主席1人，常委6人）。

2020年，民盟市委动员盟员为脱贫攻坚事业贡献力量，促成盟员企业家赴政协帮扶村——炯炀镇凤凰村落地26.67公顷红高粱种植项目。响应民盟安徽省委倡议，通过多种渠道号召全市盟员开展消费扶贫，消费扶贫数额达到1000多万元。动员全市盟员医卫工作者投身疫情防控工作，其中12位医卫工作者在疫情防控一线，为抗击疫情捐款捐物总价值达20余万元。9位一线优秀医护工作者、爱心人士、下沉一线工作人员被评为全市统一战线抗击疫情“同心同行人物”。投身抗洪救灾。全市盟员累计捐款捐物8.5万元。包河总支、巢湖基层委20余名盟员积极投身防汛一线。

【思想建设】 2020年，民盟市委以习近平新时代中国特色社会主义思想为引领，结合各类会议，如主委会、常委会、全委会、基层负责人培训班、参政议政骨干培训班、新盟员培训班等，组织领导班子成员和广大盟员开展“不忘合作初心，继续携手前进”主题教育活动，学习贯彻中共十九大和十九届二中、三中、四中、五中全会精神，民盟中央十二届二中、三中全会精神，深入领会习近平总书记关于多党合作和民主党派工作重要论述等重要讲话精神，学习《中国共产党统一战线工作条例》，引导广大盟员坚定“四个自信”，牢固树立“四个意识”，坚决做到“两个维护”，认真践行新型政党制度，以“四新”“三好”为要求履行好参政党职能。

学习贯彻习近平总书记考察安徽重要讲话指示精神。8月召开主委会和常委扩大会，组织领导班子带头集中学习；9月举办参政议政骨干培训班，组织90名盟务骨干集中学习；10月组织盟员代表20人参加市委统战部组织的专题学习报告会；11月举办2020年度基层组织负责人培训班，组织全市基层组织负责人近80人开展集中学习。

印发《民盟合肥市委关于加强思想政治建设和宣传工作的意见》，构建新型思想宣传工作大格局。做好网站信息维护、盟讯编辑、微信QQ交流群管理工作，宣传重大会议精神，发布统一战线理论、盟史、盟章等资料和盟员先进事迹，弘扬社会主义核心价值观，引导广大盟员发扬民盟优良传统，踏实践行新型政党制度。推进“盟员之家”建设，创新活动内容和形式，发挥学习交流平台作用。民盟市委宣传部部长张甦荣获民盟中央“民盟思想政治建设和宣传工作先进个人”。

【组织建设】 2020年，民盟市委组织发展新盟员44人，本科以上41人，其中研究生12人，中级职称及以上24人，平均年龄36.32岁。新盟员呈现出学历层次高、职称高、年轻化的特点。

基本完成基层组织换届。制定《民盟合肥市委关于基层支部换届工作意见》《民盟合肥市委关于基层委、总支换届工作意见》，对基层组织换届要求、换届纪律作出明确规定。截至年底，换届工作基本完成。

发挥先进典型示范作用。组织盟员参加全市统一战线抗疫情“同心同行人物”评选活动，7位盟员、2位机关同志入选；组织基层组织参加民盟中央先进基层组织的评选，蜀山区总支获奖；参加纪念中国民主同盟成立80周年表彰工作先进组织的评选，民盟合肥市委获推荐；参加民盟省委先进评选，民盟市委被评为“组织工作先进集体”，巢湖基层委等8个基层组织获评“盟务工作先进集体”。根据2020年初修订的《民盟合肥市委先进支部及优秀盟员评选办法》，评选出市直机关综合支部等6个先进支部，丁红等10位优秀盟员。

【参政议政】 2020年，民盟市委围绕经济社会发展大局，聚焦全市中心工作，带领基层组织和广大盟员开展调查研究，参加协商会议，履职建言献策。

专题调研。先后形成《关于加强农村养老服务体系建设的建议》《强基优链，推动制造业高质量发展》《关于推进集团化办学工作的调研报告》《关于加快推进3岁以下照护服务体系建设的建议》《发掘名人文化资源 丰富合肥城市文化内涵》等7篇调研报告。其中，《关于打造合肥市集成电路世界级产业集群的建议》作为市社情民意座谈会发言材料，《依托江淮水网置换灌区水源 让合肥都市圈喝上更多优质水》作为市政协委员资政会口头发言材料，梁邦屏、黄笑蓉、汪歆等3篇调研报告分别被市社情民意座谈会和市政协委员资政会采用为发言材料。

履职建言两会。在市十六届人大三次会议和市政协十四届三次会议上，盟员人大代表、政协委员上报议案、提案49件。民盟市委集体提案《关于破解教育难题，呵护青少年心理健康的建议》大会口头发言，并被评为优秀重点提案。吴胜提案《关于提高合肥市非遗传承人待遇的建议》由市政协副主席督办。许红、黄笑蓉、丁红、梁邦屏、吴胜等个人提案被评为优秀提案。在2020年度政协委员履职考核中，丁红、吴胜、郑江虹、黄笑蓉、梁邦屏等5位盟员获得优秀等次。

2020年7月15日，民盟市委赴肥东调研农村养老 （民盟市委/供）

社情民意。2020年收集社情民意214篇，向民盟省委、市政协修改报送97篇，其中全国政协采用1篇，民盟中央采用1篇，省政协采用6篇，市政协采用15篇，省领导批示1篇，市领导批示3篇，5篇社情民意被《人民政协报》《团结报》《江淮时报》刊载。梁邦屏、吴存宏被市政协评为“优秀信息撰稿人”，吴雷被评为“优秀信息工作者”，民盟市委获评“优秀信息工作单位”。协助制作“政协论坛”节目——《加强体系建设 提升养老服务水平》。

论坛征文。组织盟员参与各类主题论坛与征文活动。在民盟安徽省2020年法治论坛上，民盟市委报送的论文1篇获一等奖，1篇获二等奖，2篇获优秀论文奖，民盟合肥市委获“组织奖”。组织参加“我与民盟”庆祝民盟成立80周年征文活动，报送19篇征文。

表彰奖励。修订《关于加强参政议政工作的意见》，按照新文件要求，民盟市委对全市在参政议政工作中取得突出成绩的基层组织和个人进行表彰奖励，机关支部等6个基层盟组织被评为“参政议政先进集体”，梁邦屏等12人被评为“参政议政先进个人”，巢湖基层委被评为“参政议政优秀组织奖”。

【社会服务】 2020年，民盟市委组织开展多项社会服务活动。盟员石银生被民盟中央评为“社会服务工作先进个人”。

各基层组织以及广大盟员发挥自身专业优势，走进社区、走进校园、走进企业，开展送医、送文化、送图书、送科普、送法律讲座、送爱心等系列活动。

*“黄丝带帮教行动”持续开展。*组织开展特殊困难家庭助学活动，走访巢湖、庐江、肥东、肥西等地帮教特困家庭21户，为每户子女送去500元助学慰问金和书包文具。“黄丝带帮教行动”自2014年启动以来，累计开展活动100余次，活动惠及帮教对象近4千余人，得到帮扶对象的认可和司法系统上下的肯定。

*教育助学活动。*在长丰县陶楼中心校设立“农村教育烛光行动示范基地”，先后开展公开课点评交流、《教师角色之我“践”》微讲座、《如何做好班级文化建设》专题讲座、为贫困学生捐赠图书等活动，为提升乡村教育水平、助力教育扶贫贡献力量。民盟包河总支的“童萌教育服务站”和“四六空间”教育专家工作站在疫情期间积极开展线上课程，总听课人数近千人。

（吴　雷）

中国民主建国会合肥市委员会

【概况】 2020年，中国民主建国会合肥市委员会（以下简称“民建市委”）下辖5个基层委员会，3个总支部，10个直属支部，1个老年委员会，8个专门工作委员会。全年发展新会员57人，平均年龄36.3岁，经济界人士52人，占比91.2%；其中，企业法人11人，专家学者2人，公务员6人。截至年底，会员总数为1177人，平均年龄49.7岁；经济界人士949人，占比80.6%；中级以上职称430人，占比36.5%；大专以上学历1113人，占比94.6%；女会员422人，占比35.9%。

会员中，担任全国人大代表1人，省政协委员3人（其中常委1人），市级人大代表13人（其中副主任1人），市级政协委员41人（其中常委9人），县（区）人大代表11人（其中副主任1人，常委2人），县区政协委员60人（其中副主席2人，常委9人）。厅级领导2人，县处级18人。有40人担任各级党风党纪监督员、特约行政执法监督员、机关效能建设监督员、同心智库专家团、律师团等各类社会特约职务。

在民建中央纪念民建成立75周年表彰大会上，民建包河区基层委获评“全国先进集体”，1名会员获评“全国优秀会员”。在民建安徽省委的评比表彰中，民建市委获评2020年度全省先进市委，获评全省新闻宣传工作先进集体一等奖、全省参政议政工作先进集体一等奖、全省反映社情民意信息工作先进集体一等奖、全省社会服务暨脱贫攻坚民主监督工作先进集体、全省理论研究工作组织奖；8个基层组织获评“全省先进基层组织”，23名会员获评“全省优秀会员”。市级评比中，民建市委获评中共市委统战部市各民主党派工商联专题调研工作组织奖。

【思想建设】 2020年，民建市委成立全面加强作风建设领导小组，集中三个月时间开展政治理论学习和纪律教育，走访调研基层，完善会内监督机制。出台《民建合肥市委新闻宣传稿费和奖励规定（试行）》，建立新闻宣传年度先进个人表彰制度。加强宣传策划，在会内宣传平台和各级新闻媒体宣传报道组织及会员抗疫和抗洪事迹。全年编印《合肥民建》4期，网站编发信息300余条。人民网、团结网、《民讯》、民建中央网站等中央级媒体宣传报道民建合肥市委工作及会员、会员企业事迹稿件48篇，在全省市级组织中发稿量排名第一。全年形成理论研究成果5篇，2篇文章获民建安徽省优秀理论研究成果二等奖，1篇获优秀奖；《创建心语委员工作室，绽放基层协商民主之花》被市政协理论研讨会选为口头发言材料。

【组织建设】 2020年，民建市委领导班子带头开展理论学习，全年通过主委办公会、常委会等进行集体学习12次；召开领导班子全面加强作风建设专题民主生活会，开展批评和自我批评，制定整改措施。修订《民建合肥市委班子成员履职规定》，全年领导班子提交参政议政成果15篇，发展新会员4人，走访会员企业20次，参加各类组织活动40次。

贯彻落实《各民主党派中央关于加强内部监督工作座谈会纪要》精神，在民建市委十三届四次全委（扩大）会议上选举产生十三届市委监督委员会；出台《民建合肥市委监督委员会工作规则（试行）》《民建合肥市委监督委员会分工联系基层组织工作方案》和《民建合肥市委监督委员会办公室工作制度》。监督委员会全程参与基层组织换届工作，监督基层组织遵守换届纪律和换届程序的情况，营造风清气正的换届氛围。对违法会员摸清犯罪事实，查实判决记录，对2名会员提出处理意见。

按照《民建合肥市委2020年基层组织换届实施意见》要求，推进换届工作。巢湖基层委、包河区基层委、庐阳区基层委、蜀山区基层委、经开区总支部、新站区支部、高新区支部、政务区支部、滨湖支部、市直支部、工商联支部、桃花支部先后选举产生新一届班子。高新区支部、政务区支部结合换届成立总支部。企业支部、东城支部直接过渡为新一届班子。开展基层组织工作规范化建设。

加强会员培养和教育。安排骨干会员参加省、市统战系统和民建省委举办的培训活动16人次。推荐第六批市政府特邀行政执法监督员1名，效能监督员2名。以基层组织换届为契机，物色一批年轻有为、热心会务的会员作为后备干部力量。

【参政议政】 2020年，民建市委领导班子重视课题调研工作，发挥人大代表、政协委员、专家学者、骨干会员的主力作用，全年聚焦城区工业园转型升级、基层公共卫生体系建设、合肥都市圈水源保障体系建设、乡村振兴等课题扎实开展调研，立项并结项9个课题，形成《再议城区工业园转型升级》《追求高质量发展 关注四种关系》《关于加快盘活闲置工业厂房的建议》《关于提高巢湖流域防洪能力的思考与建议》等33篇调研成果。

全年社情民意信息提交篇数和被采用篇数均创历年新高，1篇被全国政协采用，35篇被民建省委采用，全省民建市级组织采用量排名第一；12篇被市政协采用，在全市各民主党派、工商联中采用量名列前茅。

注重调研成果和社情民意的多层次多渠道转化运用，在省、市党委政府决策中发出民建声音。其中，民建市委提交的《关于成立合肥国际学术交流中心的建议》提案，被2020年合肥市政府工作报告采纳并得到落实；《关于盘活农村公益闲置土地 促进县域经济发展的建议》被安徽省政府副省长周喜安批示；《关于建立民主党派量化考核机制的建议》被中共市委常委、统战部部长陈晓波阅批；《关于防范区域金融风险的建议》被市政府副市长龚春刚领办；《创建住宅小区社会治理工作新体制》等3篇被选为省政协专题协商会发言材料；《关于省城学前教育发展的建议》《构建优质水源体系 保障城市用水安全》2篇被选为市政协委员资政会发言材料；在中共市委统战部组织的市各民主党派工商联专题调研工作评比中，《关于加强滨湖科学城创新共享平台体系建设的建议》等3篇调研成果获优秀调研成果二等奖。全年市委及会员提交市人大议案、市政协提案50余篇，3篇提案被表彰为市政协十四届二次会议优秀提案。

2020年9月23日，民建合肥市委召开社情民意座谈会，听取会员意见建议
（王 建/摄）

开展脱贫攻坚民主监督。民建市委领导班子带队，重点就如何壮大村集体经济，分5个调研组采用“四不两直”的方式实地走访、对话交流，深入了解各贫困村的村集体经济收入构成、扶贫产业园可持续性发展等问题，识别和把握村集体经济发展中的痛点、难点，向肥东县提出工作建议。

【社会服务】 2020年，民建市委及各基层组织开展社会服务活动60余次。

助力打赢疫情防控阻击战。各级组织和会员围绕企业减税降负、复工复产、保障春耕生产等突出问题建言献策，其中《探索财政奖补资金“预付”机制 助力中小企业恢复生产》被全国政协采用。全市会员及会员企业捐款捐物达260余万元，2名会员获评民建中央“抗击新冠肺炎疫情先进个人”；在全市统一战线抗击疫情“同心同行人物”通报表彰活动中，8名会员和机关干部，5家会员企业获得表彰。

助力打赢防汛救灾保卫战。在一个半月时间内，合肥民建为防汛救灾捐款捐物70余万元，近200名会员及会员企业职工参与抗洪一线工作。

助力打赢脱贫攻坚战。骨干会员及机关干部为河北省丰宁县捐款7万余元；向民建省委对口扶贫点——阜阳市颍泉区苗营社区捐款5万元，支持当地脱贫攻坚工作。继续帮扶金寨县吴湾村、肥东县陆还村、南鲁村3个贫困村。引导会员企业在南鲁村流转土地近200亩，打造田园景观，带动乡村旅游；组织农业技术专家和农业企业为村扶贫产业园提供良种水稻和技术咨询服务。帮扶慰问陆还、南鲁两村五保户、高龄贫困老人、应届贫困大学生、贫困家庭儿童等特殊群体。在会员中开展消费扶贫活动，帮扶吴湾村推广销售本土矿泉水，帮扶陆还村、南鲁村销售稻虾米、家禽等农产品总金额近90万元。

助力社会民生发展。邀请民建中央常委、民建上海市委副主委、申银万国证券研究所首席经济学家杨成长来肥为企业家会员作经济形势专题报告；为深圳、合肥两市会员企业牵线搭桥，建立信息共享和交流联谊机制；组织企业家会员赴亳州市、阜阳市开展经济社会发展调研暨企业家投资考察活动，两地企业家就部分投资项目达成初步合作意向；组织企业家参加建华课堂、庐州讲坛、上海中小企业发展论坛等活动。贴近企业需求，举办《民法典》知识宣讲、工业企业奖补政策指导、股权知识培训、银行贷款政策解读等各类专题培训，助力民营企业高质量发展。克服疫情不利因素影响，继续做好“英才招聘校园行”和“同心社区服务站”两个社会服务品牌项目。连续第七年开展民建“英才招聘校园行”合肥学院专场招聘会，搭建企业与高等院校之间的人才供需平台，参会招聘企业达80余家，提供各类就业岗位1000余个；扎实推进民建“同心社区服务站”建设，全年开展金融宣传、普法教育、助老助残等特色社会服务活动40次，收集整理社情民意15条。

（崔维维）

中国民主促进会合肥市委员会

【概况】 中国民主促进会合肥市委员会（以下简称“民进市委”）下辖1个基层委员会，7个总支部委员会，49个支部委员会。2020年，新成立高新支部，发展新会员34名。截至年底，会员总数839人，平均年龄52岁。会员中本科以上学历者占88.56%，中高级职称者占77.83%。会员界别分布为：高等教育、基础教育、科学技术、医药卫生、文化艺术、出版传媒、经济、新的社会阶层人士、人大、政协机关、政府机关、司法机关、社会团体和党派机关等。全会有省人大常委会委员1名，省政协委员2名（其中常委1名）；市人大代表3名（其中常委1名），市政协委员19名（其中副主席1名，常委7名）；各县（市）区人大代表、政协委员44名［其中区人大常委会副主任1名、委员2名，县（市）区政协常委8名］。全会有32人次会员应邀担任各级各类社会特约职务。

2020年，民进市委为中国民主促进会合肥市第七届委员会，有市委委员33人。有主委1人，副主委6人。下设五个专门委员会：参政议工作委员会、妇女工作委员会、社会服务工作委员会、艺术工作委员会、老龄工作委员会。

【思想宣传】 2020年，民进市委班子成员赴联系点调研指导，巩固“不忘合作初心，继续携手前进”主题教育活动成果。以民进成立75周年为契机，弘扬多党合作优良传统，增进思想政治共识。组织骨干会员参加安徽民进“开明讲堂”，学习民进光荣历史和先进事迹；庆祝民进成立75周年，开展会章会史知识答题活动。各基层组织推进主题教育活动。合肥学院总支、包河总支、瑶海总支、巢湖基层委等分别赴金寨县、巢湖市、烔炀镇等地缅怀革命先辈，弘扬爱国主义精神。通过一系列活动，巩固主题教育成果，增进全会对中国共产党和中国特色社会主义的政治认同、思想认同、理论认同、情感认同。

民进市委贯彻落实《中国民主促进会宣传思想工作条例》，巩固“一刊一网”两大主要宣传阵地，优化网站宣传版面，突出主题，新设板块专题宣传主题教育实践活动、民进会员抗疫救灾先进事迹和同心人物事迹，传递民进人在社会危困之际的贡献与精神，宣传合肥民进工作成果，讲述合肥民进会员故事，展示合肥民进精神面貌。2020年民进市委向民进中央、省委会，省市政协和省市委统战部报送各类新闻稿件、理论文章200余篇，在中央和省市级媒体上刊发稿件100余篇。

民进市委以参政党理论研究会为抓手，以应用理论为重点，开展参政党理论研究工作。课题《新时代民进作风建设研究》中标民进中央理论研究课题招标，并通过会中央结题评审。该课题是合肥民进在会中央课题招标活动中首次中标，是民进安徽省2020年唯一中标课题。参加市政协“更好发挥人民政协专门协商机构作用”理论征文。参加市委统战部关于学习习近平总书记关于加强和改进统一战线工作的重要思想座谈会并发言。

【组织建设】 2020年，民进市委领导班子成立履职能力建设主题年工作领导小组，领导“主题年”建设工作。贯彻民主集中制，按照联系分工制，以换届为契机，深入基层，走访支部，指导工作，推动合肥民进事业迈上新台阶。

基层组织建设。全市45个基层支部完成换届，新一届基层班子成员文化程度、年龄结构得到改善，政治素质和工作能力整体提升。班子成员分别深入基层支部指导工作，实现薄弱涣散基层组织得到改进提高的全覆盖；举办履职建设能力培训班，实现基层领导班子成员接受教育培训的全覆盖；每个基层支部保持与所在单位党委统战部门沟通协商，实现基层组织与中共党组织统战部门保持联系的全覆盖。成立合肥民进第一个开发区支部——民进合肥高新区支部。下发《关于基层委总支换届工作的意见》，启动基层委总支换届工作。

人才队伍建设。新发展会员34名，平均年龄35.6岁，研究生以上学历8人。梳理会内代表人士和优秀青年骨干会员，为骨干会员搭建发展平台。举办履职能力建设暨参政议政培训班，组织参加全省新会员培训班，选派会员参加省委统战部基层组织建设培训班、市委统战部基层组织负责人培训班。新推荐4名会员分别担任首届合肥市监察委员会特约监察员、市司法局特邀行政执法监督员和市效能办效能监督员。

组织活动实效。各基层组织结合工作实际，发挥专业优势，开展各类活动。瑶海总支、庐阳总支、蜀山总支和职教总支分别举办履职能力建设培训班；蜀山五支部赴小庙镇新农村建设示范点参观调研新农村建设成果；巢湖基层委召开庆祝教师节座谈会，共话教育发展；举办《民法典》专题讲座，开展普法宣传活动等。通过一系列活动，增进会员相互沟通，增强组织活力和凝聚力。

【参政议政】 2020年，民进市委开展“履职能力建设”主题年活动。组织开展4次重点调研，赴贵州省金沙县大田乡开展乡村教育专题调研、赴四川省金阳县开展教育扶贫专题调研、赴亳州市开展中医药传承创新发展专题调研、赴广州市开展新时代民进作风建设专题调研。全年完成调研报告23篇。在各民主党派工商联专题调研评比中，民进市委2篇调研报告获专题调研成果三等奖。刘宗祥被民进中央评为“民进全国履职能力建设先进个人”。

协商建言。刘焕安《林长制改革工作建议》被选为省政协人口资源环境发展态势分析会书面发言。在市政协“大力发展都市现代农业，促进乡村产业振兴”对口协商会上，孙秀娟《关于推动都市现代农业高质量发展的建议》被选为口头发言，刘焕安《关于乡村振兴不应缺少林业科技的建议》被选为书面发言。刘宗祥《创新财务管理 建设和谐寺观教堂》被选为市政协“提高依法治理能力，提升宗教场所规范化管理水平”对口协商会口头发言。在2020年合肥市政协委员资政会上，刘宗祥《构建江淮运河观光带，打造水上旅游新名片》被选为口头发言，韩宪德《健全流域管理体系，保障区域城乡饮水安全》、刘焕安《提高园林绿化节水措施，实现社会经济可持续发展》、李竹娟《关于巢湖市水文化旅游资源开发利用的建言献策》被选为书面发言。

两会履职。会员中的人大代表、政协委员在省市“两会”上履行职责，展现民进风采。在省政协十二届三次会议上，提交集体提案1篇。在市政协十四届三次会议上，9篇调研报告被选用为发言材料，其中刘宗祥《加快复苏合肥市夜间经济的建议》为口头发言，张安舒《关于推行智慧养老服务模式》、阚少杰《让每个孩子都有一双明亮的眼睛和光明的未来》、刘光余《现代学徒制试点实施中的困境及对策》、刘焕安《关于全面实施垃圾分类保障绿色和谐发展的建议》、刘新强《推动人才一体化 加快融入长三角》、韩宪德《净化通信市场环境 促进社会诚信和谐》等8篇为书面发言。35件提案被立案，其中集体提案10件，委员提案25件。韩宪德《关于产教融合发展的建议》被市政协主席韩冰重点督办，杨晓《关于加快5G网络建设，提升合肥市“信息化和智能化”建设水平的建议》被市政协副主席张小樵重点督办，王昌余《关于进一步提升合肥市教育系统员工职业素养的建议》被市政协副主席谢海涛重点督办。集体提案《关于加快建设国际一流的滨湖科学城的建议》和个人提案《关于振兴合肥老城商圈的建议》被评为优秀提案。会员王昌余、刘宗祥、刘焕安、刘新强、孙秀娟、韩一民、韩宪德7人被评为优秀市政协委员。在县区政协大会上，提交大会发言和提案60件，其中口头发言1篇，书面发言2篇，2件被评为优秀提案，2名会员被评为县区优秀政协委员。

信息工作。在合肥市社情民意座谈会上，韩宪德《打造创新策源地 构建发展新格局》被选为口头发言，孙秀娟《关于大力发展智能

2020年7月2日，民进市委开展结对帮扶活动　（民进市委／供）

网联汽车的建议》被选为书面发言。2020年，韩宪德1篇信息获省委常委、市委书记虞爱华批示，刘焕安1篇信息获副市长王民生批示。民进市委被评为市政协社情民意信息工作优秀单位，韩宪德、刘焕安被评为优秀信息撰稿人，朱虹被评为优秀信息工作者。

【民主监督】 2020年，民进市委保持对口肥西县脱贫攻坚民主监督工作力度，主要领导多次深入肥西县相关乡村开展监督调研，庐阳总支在长庄村召开脱贫攻坚民主监督座谈会。继续做好对口肥东县八斗镇陆还村的同心帮扶工程，捐赠1.6万元，帮助陆还村加强人居环境建设，改善落后村貌。持续开展“不忘初心、牢记使命、做好表率走在前列”大调研暨民主监督活动。民进市委主要领导率调研组先后前往肥西县三河镇二龙街社区和花岗镇陈岗村走访群众，了解民情，反映民意，将调研到的问题总结上报，发挥民主监督实效。

【社会服务】 2020年，全市各级民进组织和会员倾力奉献抗击疫情，累计捐款12万元，捐物价值10万元，上报抗疫信息20余篇。医卫界会员请缨去医院发热门诊上班，签请战书到防控第一线。机关两位年轻干部主动下沉社区成为疫情防控志愿者，投身于社区疫情防控工作。会员开展建言献策、线上教学、心理辅导等各种支援活动，赢得社会各界的赞誉。包河二支部被民进安徽省委评为“民进安徽省抗击新冠肺炎疫情先进集体”，会员杨晓、汪琪玲、王春保、石艳被民进安徽省委评为“民进安徽省抗击新冠肺炎疫情先进个人”，会员杨晓、卫志文、石艳、汪琪玲、王春保、方文雯、何蓉、张睿，民进市委机关干部朱虹、高雅被中共合肥市委统战部评为“合肥统一战线抗击疫情同心同行人物”。

民进市委参与抗洪抢险相关工作，会员向合肥市红十字会捐款近4万元。巢湖基层委、包河总支、庐阳总支等基层组织带着物资赶往抗洪一线开展慰问，多名会员主动投身一线参加防汛抗洪工作。

民进市委开展社会公益活动。赴贵州金沙县大田乡开展“同心·彩虹行动”结对帮扶送教活动，促成合肥市高新创新实验中学与大田乡初级中学签订结对牵手协议，并捐赠教育帮扶资金1万元。赴四川省金阳县开展送教活动，慰问在当地驻点支教的会员，向金阳县城关小学捐赠价值5000元的图书。组织医疗专家前往休宁县五城镇开展送医送药活动，慰问在当地驻村的会员。

各基层组织和会员以各种形式服务社会。巢湖基层委、包河总支、庐阳总支、瑶海总支、蜀山总支响应民进中央号召，开展“春联万家”活动。巢湖基层委发动各支部通过义诊、慰问等多种方式开展重阳节爱老敬老活动。蜀山三支部赴蜀山区金色家园养老中心，开展“深入基层，关注社会养老事业”志愿慰问活动。包河总支赴包河区智爱阳光家园开展慰问困难残疾人活动；赴天情儿童康复中心开展“爱心彩虹”活动；发挥民进青电园社会服务站的作用，举办“与你一起，诗与远方”青年交友活动等。合肥二十八中支部赴肥西县紫蓬镇梁岗学校，开展慰问捐赠活动。

（高　雅）

中国农工民主党合肥市委员会

【概况】 中国农工民主党合肥市委员会（以下简称“农工党合肥市委”）成立于1959年6月14日，是以医药卫生、人口资源和生态环境领域高中级知识分子为主，由一部分社会主义劳动者、社会主义事业建设者和拥护社会主义的爱国者组成的，具有政治联盟特点的中国特色社会主义参政党。农工党合肥市委现为第十一届委员会，2020年有主委1名，副主委4名，常委16名，委员42名。

截至2020年底，全市农工党

党员921名（男性415人，女性506人），平均年龄54.5岁。其中医药卫生、人口资源、生态环境界别522人，占比56.7%；中高级职称797人，占比86.5%。大学以上学历876人，占比95.1%。其中：博士研究生10人，硕士研究生108人，大学本科758人。党员中：省人大代表3人、省政协委员4人（其中常委1人）、市人大代表4人（其中常委1人）、市政协委员25人（其中副主席2人，常委8人；农工党界别18人、工商联界别1人、医卫界别2人、科技界别1人、特邀界别2人、对外友好界别1人）、四区及巢湖市人大代表6人（常委2人）、四区及巢湖市政协委员35人（其中副主席1人、常委6人）。

【思想建设】 2020年，农工党合肥市委坚持把思想政治建设摆在首位，组织开展庆祝农工党成立九十周年系列活动，通过主题征文、座谈会、书画交流、摄影比赛等活动，在网络平台和内刊上开设专栏，宣传农工党史，展示农工党成立90年来的历程，宣传一批立足本职、建功立业的农工党员风采。征集党员撰写的征文17篇、摄影作品107幅，有10篇征文、20幅摄影作品分获省委优秀奖项。选送多件作品参加农工党中央“庆祝农工党成立九十周年美术作品展”和摄影作品展。组织党员赴农工党中央党史教育基地开展主题教育活动，接受传统教育。

开展参政党建设理论征文活动，组织“推进国家治理体系和治理能力现代化中的多党合作”课题研究，完成《新型政党制度下民主党派思想政治建设的实践探索》等3篇论文上报省委，获农工党中央理论研究三等奖。参加市政协理论研究，选送3篇论文，其中《如何使政协协商贯穿于协商之前和协商之中》被选为会议交流材料。重新修订《宣传和参政议政工作激励办法》。采用网络问卷方式，开展党员思想状况调研，整理调研要点报送省委。全年内刊《合肥农工》编辑发稿175篇，微信公众号推送稿件164篇。

农工党合肥市委先后获评农工党中央纪念农工党成立九十周年“优秀地市级组织”、农工党省委“不忘合作初心，继续携手前进主题教育先进组织”。

【同心抗疫】 2020年，奋战在疫情防控一线的农工党员医务工作者67人，参与社区防控和防控保障的农工党员15人，有3名农工党员医疗专家逆行支援武汉。23个基层组织和市委会机关680名农工党员为抗疫捐款24万余元，捐物价值近60万元。疫情期间收集党员撰写的社情民意信息30余篇，80%以上建议陆续被采纳。在微信公众号编发“抗击疫情，农工党员在行动”专题32期，宣传报道80名农工党员抗疫工作事迹。市第一人民医院总支获评农工党中央“农工党抗击新冠肺炎疫情先进集体”，刘尚全、何琼、张海燕、孙爱民被农工党中央授予“农工党抗击新冠肺炎疫情先进个人”称号。有3名党员获评农工党省委“抗击新冠肺炎疫情突出贡献优秀党员”，副主委王亚林、胡晓玉等32名党员获评“抗击新冠肺炎疫情先进个人”。援鄂党员孙爱民获新冠肺炎疫情防控工作“安徽省五一劳动奖章”，援鄂党员张海燕获评“安徽省五一巾帼标兵”“全国白求恩式好医生”“安徽省医师协会抗击新冠疫情先进个人”。有23名党员被评为“合肥市统一战线抗击疫情同心同行人物”，有4家党员创办律师事务所、企业被评为“抗击疫情同心同行爱心单位”。

【组织建设】 2020年，按照《农工党安徽省委2020年度党员发展规划》要求，农工党合肥市委全年发展新党员38人。其中医药卫生界别18人，占比47.4%；新阶层8人，占比15.8%。推进基层组织换届，制定《基层组织领导班子换届工作的方案》，全年完成19个基层组织的换届。在市委统战部的指导下，争取市委四个城区统战部的支持，成立瑶海区基层委、包河区基层委，完成庐阳区基层委、蜀山区基层委成立的筹备工作。

开展基层组织创优活动。在市委会机关建成挂牌“农工党党员之家”。加强党外代表人士队伍建设，推荐优秀骨干党员。选调11名基层骨干党员先后参加农工党全省基层组织负责人和市委统战部全市基层组织负责人培训班。

【参政议政】 2020年，农工党合肥市委围绕市委市政府的决策部署，在党风廉政建设和反腐败工作、脱贫攻坚民主监督、“十四五规划”建议、政府工作报告、重要人事安排等协商通报会上，坦诚建言。围绕省、市政协重点民主协商计划，组织农工党员参加各类会议协商，提交会议发言材料近20篇，有15篇被采用。其中在省政协各类会议上书面发言4篇，在市政协各类协商会议上书面发言8篇，口头发言3篇，包括向市委社情民意座谈会、市政协委员资政会提交书面发言5篇。在省政协十四次常委会上暨“深化重大问题研究，助力十四五规划编制”专题协商会上，戴夫主委代

2020年1月14日，农工党合肥市委组织党员前往肥东县八斗镇陆还村开展消费扶贫、送医下乡、书写春联等活动（农工党合肥市委/供）

表农工党安徽省委作“加强基础设施建设 补齐安徽省医疗卫生领域短板”的口头发言。3人次参加省市政协《政协论坛》，为完善公共卫生应急管理体系建设建言。

组织开展10多项专题调研，形成调研报告，在全市各民主党派、工商联专题调研优秀成果评选中，市委会报送的《关于合肥市生活垃圾分类情况的调查与思考》和《干预、帮扶学习障碍儿童的调查与思考》两篇调研报告均获一等奖，《凝聚传承中医药文化，全力推进合肥中医院建设》获三等奖，市委会获唯一一个专题调研优秀组织奖。

戴夫主委领衔督办市政协提案《关于完善感染病学科建设，提升医疗机构重大传染病应急救治能力的建议》，相关建议得到重视。农工党员委员向市政协提交提案32件，提交集体提案11件，其中，《关于助力药品“新批件”产生，加快生物医药产业发展的建议》被选为省委常委、市委书记虞爱华领衔督办提案，提案所提3条建议均得到落实。在市政协十四届三次会议上，市委会集体提案《关于建设智慧医院，助推分级诊疗落地的建议》、党员沙沙的提案《关于提高普幼教师残健儿童融合教育能力的建议》、党员李桂平的提案《关于完善区域内协同救治体系的建议》获优秀提案表彰。张满中等5名党员经考核为优秀市政协委员。

全年向各级政协、统战部门和农工党组织上报社情民意信息140余篇，其中《标本兼治 杜绝中医药领域非法行医》等7篇信息被全国政协采用，《应急时期社区治理的数据收集和研究需要重视》等4篇被农工党中央采用，被省委统战部采用2篇，被省、市政协采用8篇，被农工党省委采用81篇。“关于儿童保健的相关建议”被副省长周喜安批示。农工党合肥市委经考核为市政协“2019年度优秀信息工作单位”，机关信息员被评为“优秀信息工作者”。

【社会服务】 2020年，农工党合肥市委发挥农工党医卫界别优势，开展健康义诊和消费扶贫，实施“同心示范工程”，购买巢湖凤凰村虾稻9000多斤，帮助村集体经济增收4万多元。开展“环境与健康宣传周”活动，赴汇锦残疾人康复中心宣讲幼儿听力康复知识，捐赠文具用品。各基层组织和农工党员自发捐款9万余元。8月12日，市委统战部组织党派成员和台资企业赴肥西县三河镇开展慰问捐赠活动，农工党高新区支部、民营医院支部和法律支部党员合计捐款6万余元。

受农工党中央委托，协调安排黔西南州晴隆、望谟等贫困县的11名基层骨干医师，来合肥市滨湖医院开展为期一周专业培训。通过科室轮转、手术观摩和社区卫生医院学习等，提高学员们对常见病、多发病等的诊疗水平。

组织撰写《在脱贫攻坚中倾情用力》文稿，记述2017年以来市委会参与脱贫攻坚民主监督及帮扶工作，收编在市政协《合肥文史》第三辑中。

（王 娟）

致公党合肥市委员会

【概况】 2020年，致公党合肥市委员会（以下简称“市委会”）下设1个基层委员会、4个总支部委员会、2个直属支部委员会。全市各级组织22个。全年发展党员15名，其中，有海外关系15人；中级以上职称13人；研究生以上学历6人。

截至2020年底，全市党员328人，其中，本科以上学历286人，占党员总数87.20%；有侨海关系277人，占党员总数84.45%；高级职称129人，占党员总数39.33%。党员中担任致公党中央委员1人，致公党安徽省委委员2人（省委常委、省委副主委1人）。担任各级人大代表、政协委员70人次，占党员总数21.34%，其中市级人大代表5人（含市人大常委1人）、区人大常委3人、全国政协委员1人、省级政协委员2人、市级政协委员13人（含市政协常委3人）、区级政协委员46人（含区政协副主席2人、区政协常委9人）。党员中担任厅局级领导职务1人、县处级职务7人、党风党纪、行政执法监督员等各类社会特约职务19人。

【思想建设】 2020年，市委会坚持政治学习的常态化、制度化、多样化，举办“合肥致公小课堂”学习宣传中共十九届五中全会精神报告会。举办民法典讲座。组织党员参加省委会成立30周年书画摄影艺术展、全市统一战线“同心讲坛”活动。承担《中国致公党历史》编写任务。市委会主要负责同志在纪念中国致公党成立95周年座谈会上作《不忘爱国初心，与时代同前进》发言。

推进宣传方式和方法创新，多渠道宣传合肥致公自身建设新成效和履职新作为。全年编发手机报122期，市委会网站发稿358篇，在省级以上媒体发稿135篇，在《光明日报》《团结报》《合肥日报》等各大主流媒体刊登稿件20余篇。参加致公中央组织的助力脱贫攻坚主题宣讲，“同心示范工程”帮扶成果被收录于致公党中央宣传部、社会服务部编写的《致公党“助力脱贫攻坚”主题宣讲故事汇》一书。组织采写发布专项稿件39篇，宣传党员在党派工作及本职工作中的突出事迹，讲好脱贫攻坚故事，弘扬抗疫抗洪精神。在门户网站增设“致公科普·抗疫篇”宣传新模块，宣传疫情科普知识，增强健康防护意识。1名党员获评“致公党安徽省委会宣传工作先进个人”。

【抗疫抗洪】 2020年，市委会参与疫情防控工作，8位党员医卫工作者参加省内一线救治，9位党员参与一线防控。其他党员以下沉社区、线上教学、录制节目、提供抗疫科技服务等多种形式参与疫情防控。发动各组织和党员捐款捐物，认捐致公党中央倡议的“爱心致公小包裹”，市委会主要负责同志带领班子成员及机关同志带头捐款和认捐，累计捐款捐物108.5万元，认捐2.4万余元。报送疫情防控相关意见建议36篇。

致公党员为抗洪救灾捐款捐物，向合肥市红十字会等机构捐款捐物12.83万元。54名党员参与抗洪抢险工作。灾后，组织党员医护专家和教师到巢湖市柘皋镇安置点，为受灾群众开展健康检查和心理疏导活动，并向受灾群众送去价值5000多元的药品。

【组织建设】 2020年，市委会召开主委会议10次，全委扩大会议2次。全年组织市委委员、基层组织负责人及骨干党员近200人次参加各类各层次的培训。其中，4位党员企业家参加致公党中央公益慈善培训班暨企业家座谈会，2位党员参加致公中央宣传干部培训，1位党员参加习近平新时代中国特色社会主义思想专题培训班。有37人次获省、市级表彰，其中1名党员获“新冠肺炎疫情防控工作‘双百’安徽省五一劳动奖章”和致公党中央“致公党抗击新冠肺炎疫情先进个人”表彰，26名党员获评“致公党安徽省委会先进个人”，8名党员获评全市统一战线抗击疫情“同心同行人物”。

加强市属组织和专委会建设。市委会制定《致公党合肥市委会“同心走基层 和谐促发展”活动方案》，印发《关于致公党合肥市委会机关工作人员联系基层组织的通知》，每位机关工作人员联系1—2个市属组织，为市属组织提供服务。印发《致公党合肥市委员会基层组织经费管理办法》，对基层组织用于开展组织活动的各种资金规范管理。市委会专职副主委及部分市属组织班子成员先后参加全省民主党派基层组织建设培训、民主党派基层组织负责人培训、党员中青年干部培训、省政协党外委员培训等。

依据《中国致公党章程》，按照省委会有关规定，起草《致公党合肥市委会关于市属组织换届工作的意见》，先后赴五区（市）与统战部门沟通，走进市属组织听取意见建议，为换届工作打下基础。

【参政议政】 政治协商。2020年，市委会主要负责同志参加中共市委、市政府召开的专题协商会，对合肥市“十四五”规划、政府工作报告、全市党风廉政建设和反腐败工作、脱贫攻坚工作等，提出建设性的意见建议。市委会按照“上下联动、资源共享”的课题调研机制，开展调研，形成《强化科技攻关，加快推进科技成果落地转化》等20篇调研报告。其中，市委会主要负责同志撰写的《关于推进“一带一路”科技人文交流的建议》被致公党中央评为参政议政优秀成果。《聚焦“三个精准”高质量建设合肥综合性国家科学中心》《实施生态环境损害赔偿制度保障生态环境安全》作为省政协资政会、省政协月度协商会口头发言，《智能打造千企千面，精准支持企业创新》等10篇作为书面发言。《创新驱动，数据赋能，加快新一代电子信息产业发展》作为市社情民意座谈会口头发言，《构建江淮水系，助推合肥都市圈发展》作为市政协委员资政会书面发言。

围绕中心建言献策。市委会先后向全国和省市“两会”提交大会发言、提案、议案和建议60件。其中，市委会集体提案《关于特色小镇建设的有关建议》，委员提案《关于打造一流创新战略平台，加快建设具有国际影响力创新之都的建议》《关于建立南淝河水环境治理长效机制的建议》获评市政协优秀提案。4位党员在市政协委员履职量化考核中，获得优秀等次。

反映社情民意。2020年市委会报送社情民意信息136篇，社情民意信息报送量、采用量位居30个省属组织首位。10月，市委会获评“致公党安徽省委会参政议政工作先进集体”，5名党员获评“致公党安徽省委会参政议政工作先进个人”，4名党员获评“致公党安徽省委会社情民意工作先进个人”。

【对外联络】 2020年，市委会参与筹建长三角金融一体化安徽服务中心，组织党员参加2020年度安徽海归盛典。开展关爱海外侨胞抗击疫情行动。落实致公党中央号召，认捐“致公爱心小包裹”价值2.4万余元，通过中国宋庆龄基金会捐赠海外，让海外侨胞感受到祖国亲人的惦念和关怀。

服务海归开展相关调研。深入党员创办的有国际交流合作的企业，召开留学归国人员座谈会，了解归国留学人员创业就业和生活情况，形成《关于推进“一带一路”科技人文交流的建议》《合肥市国际人才引进的建议》《合肥市海归人才创业的建议》等成果。

打造对外联络工作品牌。市委会谋划推进“海归驿站”助力合肥招才引智。12月8日，致公党合肥市委会“海归驿站”正式成立。“海归驿站”致力于搭建海外留学归国人员与政府沟通交流的桥梁，构建海外留学归国人员发展综合一站式服务平台，创新运作模式打造致公对外联络新品牌。该新闻被《团结报》、致公党中央网站、中安在线、安徽致公公众号、合肥电视台新闻联播、《合肥日报》、市委统战部网站等发布。

2020年10月，2名党员获评“致公党安徽省委会对外联络工作先进个人”。11月，长淮街道归国华侨联合会成立，1名党员当选为第一届委员会秘书长。

【社会服务】 2020年，市委会开展定点帮扶，做活电商文章。在谭套村电商项目从“无”到“有”的基础上，探索从“有”到“好”。市委会主要负责同志主持召开电商项目推进座谈会，共商电商发展。组织电商项目团队赴三瓜公社、合肥论坛接受培训，帮助其建立微信公众号、撰写产品推介材料、制作宣传推广视频等，助其获得销售业绩。开展消费扶贫，赴定点帮扶点谭套村和市统一战线“同心示范工程”示范点陆还村开展消费扶贫总额达3.4万元。推进健康扶贫，赴定点帮扶点谭套村和“同心示范工程”前畈村开展医疗帮扶活动，组织党员医卫专家现场为村民开展全科诊疗服务；走进对口帮扶贫困户家中开展健康问诊复诊、健康体检等活动；开展医疗讲座助力基层医疗水平提升。推进文化扶贫，组织书画家党员在2020年春节前夕赴寿县谭套村和肥东县陆还村开展新春慰问活动，现场为村民创作作品，并赠送提前撰写的春联。10月，书画家党员参加省委会的文化采风活动和书画笔会，向前畈村捐赠书画作品。

推进“同心示范工程”。组织合肥市南门小学走进金寨县同心小学开展调研和教育帮扶等活动，开展在线“远程课堂”。南门小学把天堂寨同心小学作为分校区进行一体化管理，南门小学发挥“三名”（名校长、名师、名班主任）示范引领作用，帮助同心小学培育优质教育团队，促进教师在线研修，开展线下校际联动，在教学实践中提升教学能力。

10月，市委会获评“致公党安徽省委会脱贫攻坚工作先进集体”，10名党员获评“脱贫攻坚工作先进个人”，同心示范工程成果“名校助教工程”获评“社会服务优秀成果奖”。

（许　珂）

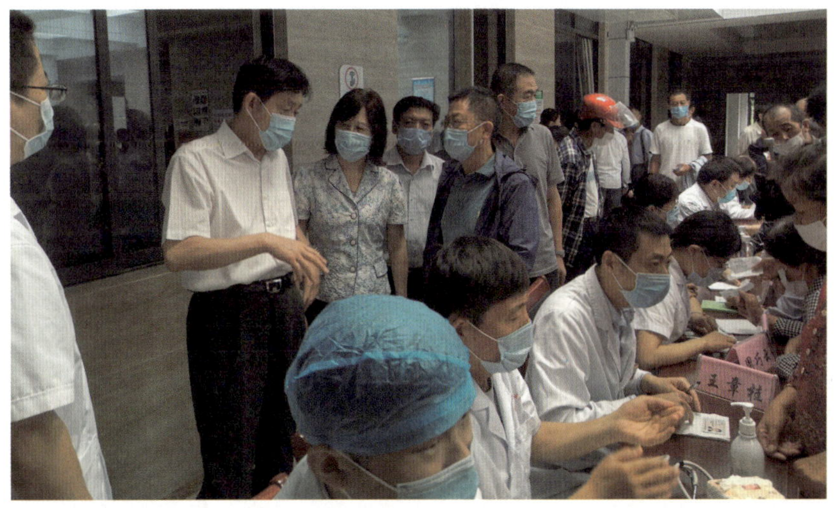

2020年7月4日，致公党合肥市委会参加“同心示范工程”医疗帮扶活动

（致公党合肥市委/供）

九三学社合肥市委员会

【概况】 2020年，九三学社合肥市委员会(以下简称“市九三学社”)发展新社员39人，其中：博士2人，硕士研究生12人，高级职称21人，平均年龄38.3岁。市九三学社下设瑶海、庐阳、蜀山、包河、巢湖5个基层委员会(31个支社)、1个机关直属小组。社员人数710人，平均年龄50.55岁，其中，高级职称371人，占社员总数的52.25%，女社员254人，占社员总数的35.77%。社员中担任九三学社省委委员2人（常委1人），副处及以上职务社员24人，省人大代表2人，省政协委员2人（常委1人），市人大代表4人（常委1人），市政协委员31人(常委8人)，县区人大代表8人（副主任1人，常委2人)，县区政协委员51人(政协副主席2人，常委10人）。

2020年，市九三学社被九三学社中央评为“2016-2020年社会服务先进集体”，社蜀山区基层委被评为“九三学社创建75周年全国优秀基层组织”，社员陈栋被评为“2016—2020年社会服务先进个人”。被社安徽省委评为“2017—2019年度先进市级组织”“2018—2019年度新闻宣传工作先进集体”“2019年度参政议政工作先进集体”“2019年度反映社情民意信息工作先进集体”“2019年度社会服务工作先进集体”。被市委统战部评为市民主党派工商联2019年度专题调研工作“组织奖”。

【思想建设】 *开展“不忘合作初心，继续携手前进”主题教育活动。*2020年，市九三学社召开会议32次，持续推进“不忘合作初心，继续携手前进”主题教育活动，夯实共同思想政治基础。6月，组织社员骨干参加社中央主席武维华接见安徽省社员代表座谈会，强化使命担当。组织全体社员参加社中央“不忘合作初心，继续携手前进”主题教育活动第六至十期“网络课堂”学习。分别组织老年社员、青年社员、参政议政骨干百余人，赴九三学社全国传统教育基地——葛廷燧院士陈列室、茅以升纪念馆、严济慈陈列馆、严济慈故居等地接受社史教育。

*开展庆祝九三学社创建75周年系列活动。*8月，召开庆祝九三学社创建75周年大会，邀请合肥市发改委主任、党组书记朱胜利作题为“合肥经济社会发展实践与展望”报告，并对2019年度先进集体及先进个人进行表彰。微跑团组织开展“庆祝九三学社创建75周年金盾杯为爱奔跑”系列活动，将社员跑步打卡公里数折合助学金捐赠“同心工程”示范点肥东县陆还村。组织社员参加九三学社安徽省委“庆祝九三学社创建75周年科学报告会”“庆祝九三学社创建75周年书画作品展”。上报九三学社创建75周年征文和社省委、市委统战部、市政协有关论文。各基层组织也开展形式多样主题教育活动。

*抓好作风建设，强化廉政教育。*贯彻落实《市纪委监委驻市委统战部纪检监察组关于建立与市各民主党派机关工作联系机制的意见（试行）》的通知。修订完善《财务内部控制规范》《基层组织经费管理暂行办法》等制度。召开会议专题学习纪委监委驻市委统战部纪检监察组会议精神，学习《中华人民共和国公职人员政务处分法》《关于近期加强作风建设工作的通知》《忏悔录》等。要求各基层组织及社员提高政治站位，加强自身建设。

【组织建设】 2020年，市九三学社加强以贯彻民主集中制为重点的制度建设，按照议事规则和决策程序办事。8月，印发《九三学社合肥市委员会关于开展支社换届工作的通知》，11月底支社换届工作结束。新成立合肥幼专支社（瑶海区六支社）、合职院支社（瑶海区七支社）。注重加强社内人才和干部队伍建设，何庆瑞主委带队走访社省委、各级统战部门、社员单位，加大社员培养推荐力度。推荐市九三学社副主委张其旺任合肥市经贸旅游学校副校长，推荐机关工作人员姚丹妮到社省委宣传部挂职锻炼。举办2020年基层组织负责人及新社员培训班。组织社员参加社省委新社员培训班、九三学社2020年全国新闻宣传骨干网络培训班、社中央第六期青年骨干培训班（网络）、市委统战部市民主党派基层组织负责人培训班。机关干部先后参加安徽省委统战部“第2期省政协党外委员培训班”“民主党派建设‘三个文件’专题培训班”“全省民主党派基层组织建设培训班”“第11期党外处级干部进修班”，及社安徽省委、市委组织部等组织的各种培训班。社员许令顺获安徽省科学技术奖一等奖；徐辉获安徽省科学技术奖二等奖；陈志方、仇多宏、孙斐、何云峰获安徽省科学技术奖三等奖；何冰凌获安徽省社会科学奖二等奖；程正翠获安徽省教学成果奖二等奖；曹云获安徽省教学成果奖一等奖等。社员夏冬波获批中国文艺评论家协会会员。王兆贤领衔团队被合肥市妇联评为“合肥市巾帼文明岗”。

【参政议政】 2020年，市九三学社聚焦热点，提升履职能力，提交议案、提案100多件。在市政协十四届三次会议上共提出提案52篇，其中集体提案11篇，口头发言3篇，书面发言6篇。在省政协十二届三次会议上，4篇作为社省委集体提案。在对十四届二次会议以来优秀提案表彰中，社合肥市委集体2篇提案被时任省委常委、市委书记宋国权督办且被评为“优秀提案”；另有5篇获“优秀提案”表彰。在2019年度市政协委员履职考核情况通报中，社员何庆瑞、程玉霞等7人获得“优秀考核等次委员”。

在专题协商方面，提交材料57件。其中，口头发言13篇，书面发言19篇。在省政协层面使用10篇协商材料，1篇作为口头发言，3篇作为书面发言。在省政协常委会暨“深化重大问题研究，助力‘十四五’规划编制”专题协商会上，1篇作为口头发言，2篇书面发言。在省政协“做好城镇老旧小区改造工作”月度专题协商会上1篇作为书面发言。在省政协“做大做强龙头企业，助推乡村产业振兴”月度专题协商会上，1篇作为书面发言。在省政协“加强幼教队伍建设”月度专题协商会上，1篇作书面发言。在市政协层面使用22篇协商材料，其中在市政府召开的“构建江淮水系，助推合肥都市圈发展”政协委员资政会上，2篇作口头发言，2篇书面发言。在合肥市政协十四届十三次常委会议“加强疾病预防控制体系建设，提高重大疫情应急防控能力”专题协商会上2篇作口头发言，3篇作书面发言。在市政协“融入长三角一体化发展战略，推进金融要素跨区域共享”对口协商会上，4篇作口头发言，书面发言1篇。市政协十四届十四次常委会议上，1篇作口头发言。在市政协“大力发展都市现代农业，促进乡村产业振兴”对口协商会议上，1篇作口头发言，1篇作书面发言。在市政协“加快新一代电子信息产业发展，打造世界级产业集群”社情民意座谈会上，1篇作为口头发言，4篇作为书面发言。

市九三学社召开2020年度参政议政工作部署会议，确定2020年度参政议政重点课题和具体工作计划，讨论修订《九三学社合肥市委员会参政议政工作制度》。在社省委2019年参政议政课题成果表彰中，1篇获特等奖，6篇获二等奖，13篇获三等奖。在市委统战部对市民主党派工商联2019年度专题调研工作表彰中，获一、二、三等奖各1篇。《构建物联网产业生态圈，打造智慧东部新中心》等2篇在合肥日报理论版刊登，被安青网、合肥社会科学网等多家网站转载。

市九三学社当年上报信息231篇，被社省委采用84篇，市政协采用20篇。其中，全国政协转送3篇，九三学社中央采用9篇，省委统战部和省委办公厅采用4篇。1篇被国务院办公厅采用并获国务院副总理批示，4篇被省市领导批示，2篇专报省市领导。社合肥市委被市政协评为“2019年度优秀信息工作单位”。

【民主监督】 2020年，市九三学社建立脱贫攻坚民主监督工作专家库。按照《九三学社合肥市委脱贫攻坚民主监督工作实施方案》，社市委领导分别带队赴庐江县12个村，开展脱贫攻坚民主监督，组织实地调研并座谈。汇总形成调研材料报九三学社安徽省委等，并在全市脱贫攻坚民主监督工作情况通报协商会上交流发言。9名社员应邀担任九三学社安徽省委脱贫攻坚民主监督工作专家库成员，20多名社员应邀担任各级司法机关和政府部门的特邀（特约）人员，履行民主监督职责。

【宣传工作】 2020年，市九三学社网站上传新闻稿件214篇，微信公众号上传稿件90篇。其中被社中央采用46篇，社省委网站采用51篇，市委统战部采用21篇，市政协采用64篇。被团结网采用42篇，人民政协网采用1篇，团结报采用2篇。被《合肥市统一战线》杂志采用6篇，《安徽九三》杂志采用3篇。征集“九三学社助力决胜全面小康，决战脱贫攻坚”主题作品2篇，分别上报社省委及市政协。

作为九三学社安徽省当年唯一上报社中央的市级组织，市九三学社申报宣传工作先进集体。开展理论研究工作，上报九三学社中央第二届“九三教育论坛”征文1篇，上报市委统战部“金点子”15篇、新基建征文4篇。

【社会服务】 做好疫情防控、建言献策、捐赠急需物资。2020年，合肥市九三学社连续发布抗疫报道23篇，累计捐款捐物合计80余万元，报送与疫情相关社情民意信息56篇。医卫界社员陈良获社中央颁发“最美逆行者”徽章，获“九三学社抗击新冠肺炎疫情湖北抗疫一线优秀社员”表彰，社员赵俊奖获“九三学社抗击新冠肺炎疫情先进个人”。张政获九三学社王选关怀基金会颁发荣誉证书，孟令毅、赵

2020 年 11 月 6 日，九三学社合肥市委组织社员赴庐江县矾山镇举行义诊活动 （九三学社合肥市委／供）

昊等 8 名社员被评为合肥统一战线抗击疫情“同心同行人物”。

助力抗洪救灾。市九三学社组织社员捐款捐物累计约 14 万元，包河区基层委将总价约 2 万元爱心物资运送到固镇镇钱集安置点；市九三学社联合凤凰网安徽频道，送去 5 万余元生活物资，解一线官兵燃眉之急。为庐江县灾区困难群众捐赠御寒物品 400 余件。

助力脱贫攻坚。市九三学社组织社员赴合肥市委统战部“同心工程”示范点肥东县陆还村开展“迎春送福写春联”活动，组织社员通过购买农产品的方式帮扶贫困户。邀请专家赴庐江县，为各镇（园区）水果种植户作“果蔬贮藏保鲜与加工”科普讲座。组织社内医疗专家，赴庐江县矾山镇举办惠民义诊活动，助力健康脱贫。组织参加九三学社湖北省委“引凤出山”消费扶贫、购买毛坦厂镇大山寨村滞销稻虾米、为定点扶贫县四川省旺苍县农产品走出大山助力，参加市委统战部组织的合肥市民族乡村产品消费扶贫等活动。市九三学社副主委程玉霞于 2020 年 4—7 月，带队驻点裕安区结对帮扶。组织专业人士向农户传授科学种茶和生猪养殖技术。先后开展“留守儿童和困境儿童关爱保护培训和交流工作”“社区治理和社区社会组织培育专题培训”等活动。

科普进校园。市九三学社组织专家赴合肥市 11 所学校开展“百名专家乡村学堂讲科普”活动 13 场次，服务 1600 多名中小学生。许桂宝等 5 名社员赴金寨、池州等地开展 5 场讲科普活动。组织“讲科普”专家参加郑永春博士《科研人员做科普的体会与思考》线上培训。

服务社区。包河区基层委联合方兴社区和明珠社区开展“高三家长成长动力小组”活动 22 次。青年社区社会服务工作站举办民法典宣传进社区活动和社区矫正对象心理健康系列讲座。欣园社区医疗专家工作站在烟墩街道开展医疗保健科普讲座 3 次。

投身公益。市九三学社开展“关爱城市美容师”活动，资助 8 名环卫工人子女上大学。在合肥市第二十五届环卫工人节表彰大会上获“关爱环卫工人爱心单位”表彰。市九三学社青工委组织社员前往合肥市儿童福利院开展捐赠活动。各基层组织开展“关爱老人健康 重阳节进社区”义诊咨询、“教师节关爱行动爱心捐赠”、送医进社区、“保持阳光心态 做快乐志愿者”心理健康知识讲座等公益活动。

（欧金玲）

合肥市工商业联合会（市总商会）

【概况】 2020 年，合肥市工商业联合会（市总商会）（以下简称“市工商联”）投身疫情防控、巢湖抗洪、经济发展，做好“六稳”“六保”各项工作，助力民营经济高质量发展，先后获评全国工商联“2020 年度调查点工作先进基层工商联”“安徽省工商联系统先进集体”“安徽省工商联系统抗击新冠肺炎疫情先进集体”。

截至 2020 年底，市工商联联系商、协会 121 家，其中异地商会 37 家、行业协会 30 家、园区商会 6 家、其他类商会 6 家、团体会员 33 家、异地合肥商会 9 家。2020 年新发展直属会员 55 人。

【思想建设】 2020 年，市工商联突出党建引领，成立中共合肥市工商联所属商会委员会，在市委非公工委指导下，领导和管理市工商联直属商会党建，指导各县（市）区工商联商会党建发展。构建统战工作网络，建立统战工作联络员制度，77 家直属商会全部设立统战工作联络员，推动统战工作向商会的有效覆盖。

完成工商联各宣传平台的整合，围绕重大时事政治和重要会务开展系列宣传活动，组织开展民营企业家学习体会和思想感悟征集活动，形成《数风流人物 还看今朝》《敢教日月换新天》等一系列文章。

联合新华网安徽频道开展“寻找民营企业的韧性”——合肥民营企业打赢“两战”主题宣传活动，重点反映合肥民营企业在努力打赢“疫情防控”和“复工复产”两场战役中主动作为、善于作为、有效作为的战术和行动。活动报道在人民网、新华网、《光明日报》、中国新闻网、《安徽日报》等多家中央、省级媒体刊载。《合肥民商》进行改版，每期根据主题编排内容，重点突出企业家专访和调查研究。一批信息被全联《工商动态》、市大调研办等采用。

全年组织县（市）区工商联、所属商会及会员企业参加专题培训和活动6场，内容涉及“四好”商会建设、社会组织党建和后疫情时期经济发展趋势等，参与人数近500人。举办企业家高校培训2场，分别为庐江县委党校企业家培训班和贵州大学企业家高级研修班，授课内容涵盖党建工作、大数据等。

【疫情防控】 2020年，面对新冠肺炎疫情，市工商联印发《关于齐心协力、共克时艰，助力打赢疫情防控攻坚战的倡议书》《致全市各级工商联、工商联所属商协会、会员企业党组织和共产党员的倡议书》，发挥会员企业与境外联系广、海外关系多的优势，从世界各地采购口罩等紧缺物资驰援国内。引导会员企业和商协会购买草莓等因疫情滞销农产品。机关13名中共党员和1名党外干部下沉社区，和基层同志一起为居民服务、为社会服务。全市692家企业和商会参与捐款捐物，累计金额达1.86亿元（占全省捐赠总额的1/3），其中捐款金额约0.62亿元，捐助物资折合人民币约0.88亿元，设立专项基金约0.36亿元。华米科技等17家企业受到全国工商联和省工商联表彰，在市工商联十四届四次执委会议上，爱心企业家、爱心商会受表彰授牌。

【精准扶贫】 2020年，合肥市285家民营企业实际参与“万企帮万村”精准扶贫行动，企业投入总金额约为1.88亿元，受帮扶村181个，受帮扶贫困人口26740人。洽洽食品获全国工商联、国务院扶贫办全国“万企帮万村”精准扶贫行动先进民营企业表彰，荣事达电子电器等9家民营企业获评安徽省“千企帮千村”精准扶贫行动先进民营企业，包河区工商联等5家工商联组织获评安徽省“千企帮千村”精准扶贫行动先进集体。

市工商联多渠道助销贫困地区农特产品，推动线上直播与线下交易相融合。在宝业东城广场举办消费扶贫展销会，组织54家扶贫企业参与，累计消费扶贫资金18万元；举办“民企扶贫 助农直播”活动，吸引2.3万人次上线参与；举行消费扶贫专场乐购活动，线上线下销售额总计超617万元；赴西藏山南市措美县开展对口帮扶，带领企业出资捐赠收割机1台、发电机11台、太阳能照明灯60套。

【抗洪防汛】 2020年，市工商联号召县（市）区工商联和会员企业，参与防汛抗洪和协助村企做好帮扶及生产自救，组织所属会员企业、商协会填报合肥市民营企业受汛情影响调查问卷，了解企业受灾情况。引导有条件的企业和商会，做好滞销农产品购销工作，市联直属商会和会员企业开展救灾物品的筹措和帮扶工作。在“八一”建军节前夕募集资金80万元，向参与救灾的人民子弟兵捐赠8000份“抗洪加油包”；集资46万元购置5000只电饭锅送到庐江县受灾家庭；以“助力灾后复学，共建文化家园”为主题组织抗洪助学公益募捐活动；会同新站高新技术产业开发区工商联对同大镇连河村抗洪英雄王松家人进行捐款慰问；常州市合肥商会等商会出资46万对受灾的县（市）安置点群众进行慰问；合肥市工程机械商会和湘元集团捐资并出动工程机械协助肥东县受灾群众抗洪自救；合肥市钢贸商会捐赠大米、食用油等救助巢湖市黄麓镇花塘村受灾群众。

【参政议政】 2020年，市工商联围绕政协大会、资政会、社情民意座谈会和专题协商会等参政议政发言发声。在政协大会上提交团体提案4篇，其中《关于完成六稳任务做好六保工作的建议》提案被凌云市长批办；政协大会作《坚定信心迎挑战，科学应对抢先机》的主题发言；在文旅产业专题协商会上提交《期盼“三个一点”，帮助受疫情影响严重的商旅产业尽快恢复正常生产经营》发言材料；围绕打造电子信息产业集群向社情民意座谈会提交4篇材料，其中《把握信创国家战略机遇实现弯道超车——对合肥信创产业发展的建议》被确定为口头发言。完成提案办理工作，2020年工商联主办提案1件，会办5件，受到提案单位和提案人的满意回复。

完成关注文旅产业疫情期间发展困难等16篇调研报告。民营企业调查点2020年开展问卷调查17次，累计组织填报问卷3000多份，四次营商环境调查综合填报率超过85%，获“2020年度全省民营企业调查点工作市级示范单位”。

2020年6月5日，市工商联主办“职进校园，促企发展”专场招聘会
（市工商联／供）

【经贸服务】 2020年，市工商联系统与建行合肥市系统联合开展战略合作，打造市工商联与建行合肥分行、县区级工商联与建行二级行县支行、商协会与建行具体网点和专属客户经理的三级网格化合作模式。截至2020年底，收到融资信息756户，投放435户12.27亿元。对接企业数、投放户数及贷款金额在全省均领先，分别占全省30.0%、35.1%和27.7%。

推荐280家企业参评“百强排序”，较2019年192家增长46%，占全省参评企业总数的30.6%。合肥市79家企业入围，103次上榜，其中43家30亿以上，5家150亿元以上，分别为联宝（合肥）科技、文一集团、维天运通、恒泰集团、祥源集团。入围营业收入百强企业39家，制造业综合百强企业26家，服务百强企业38家。

联合主办“职进校园，促企发展”专场招聘会，吸引61家企业参与，提供岗位218个，43家企业来到活动现场，带来178个岗位、998个职位，涉及管理、广告传媒、机械、营销、财务、工程、化工、教育、建材等众多热门行业。线上平台对合肥学院、三联学院学生开放，有103家企业在线上公布招聘需求。

举办“保市场主体 惠民企发展”政策宣讲会，邀请市税务局、人力资源与社会保障局、农业农村局、商务局、中国建设银行合肥分行为民营企业解读疫情以来支持企业发展、优化营商环境政策。市工商联所属商协会、会员企业代表300余人参加宣讲会。

【法律服务】 2020年，市工商联聘请专职调解员15人，兼职调解员265人，接受会员企业法律咨询1948人次，受理调解案件7267件，调解成功2615件，占全省27%。修订完善《合肥市总商会人民调解委员会组织及工作规则》等规章制度，规范秘书处和内部办公运行机制；做好调委会工作人员的聘任工作，邀请省工商联、市司法局和民营经济法律服务团对各级调解员分别进行专题授课，先后5次召开调解工作座谈会；在全市先后组建7个县（市）区商会调解组织和15个直属商会调解工作站，成立明珠法庭工作站，形成上下贯通、左右协调、依托基层、多方参与的商会人民调解工作网络新格局。

依托民营经济法律服务团进行法律宣传，组织20多场培训活动，培训人数超过1000人，联合《人民日报》旗下融媒体人民教育科技有限公司推出“抗疫助企——企业线上课堂”，组织疑难案件会诊6次，与三方四家成员单位一起分别对庐阳经济开发区、包河经济开发区进行2020年度和谐劳动关系单位评价认定工作。

【组织建设】 2020年，市工商联指导合肥市周口商会等4家商会筹建，合肥市池州商会等4家商会完成换届。推动上海合肥商会、西安合肥商会筹备，南京合肥商会、常州武进区合肥商会成立。加强商会班子建设，先后对省珠宝行业协会、合肥市铜陵商会、合肥市门窗幕墙协会等13家商会会长候选人进行综合评价。鼓励所属商会按照“四好”商会标准加强商会自身建设，合肥泉州商会等5家商会被确认为2019—2020年度全国“四好”商会，合肥市包河区万年埠街道商会等3家商会被确认为2020年度全省“四好”商会。

按照《市工商联所属商会改革和发展的实施意见》要求，拟定《合肥市工商联直属商会工作指引》等4份文件。完成市工商联48家直属商会年检初审工作，向23家商会正式发出整改通知，对负责人失联、失信的商会督促进行届中调整或换届。

（侯 静）

责任编辑：赵永军

群众团体

合肥市总工会

【概况】 2020年，合肥市总工会持续打造“四色品牌”（即红色引领、蓝领创新、绿色出行、橙色关爱），推进“五项行动”（即职工素质大提升、建功立业大竞赛、维权维稳大推进、普惠关爱大服务、夯实基础大提效），先后获全国推动厂务公开民主管理工作先进单位、第十二届安徽省文明单位、全国网聚职工正能量微视频大赛二等奖等省级以上荣誉。

为回应职工期盼，市总工会牵头，联合市科技局、市教育局、市经信局、市人社局等相关部门，起草《合肥市职工创新成果评选和职业技能竞赛办法》，经市政府第80次常务会议审议通过，由市政府办公室印发。《办法》分总则、职工创新成果评选、职工职业技能竞赛、附则共四章十八个条款，从职工创新成果评选、职业技能竞赛的评选范围、时间、频次、激励措施等方面予以规范，鼓励一线职工创新创造。

2020年，全市有9人获评全国劳动模范、先进工作者，22人获评“安徽省五一劳动奖章”，18个集体分获“省五一劳动奖状”“省工人先锋号”等荣誉；评选市劳动模范150名、先进集体50个，市委市政府召开合肥市劳动模范和先进集体表彰大会，省委常委、市委书记虞爱华出席大会并发表讲话。市劳动竞赛委员会授予87名援鄂人员、200名疫情防控一线人员“市五一劳动奖章”，追授抗洪牺牲的陈陆、王松“市五一劳动奖章”。开展“跟着劳模去扶贫”工作，成立工会扶贫志愿队，动员各级劳模、先进集体投身扶贫第一线，打赢脱贫攻坚战。根据市政府和市总工会第十九次联席会议精神，自2020年起，由市政府命名、市总工会实施，每年开展一次“合肥工匠”选树活动，为培育“大国工匠”奠定基础。5月15日，市政府召开“匠心闪耀、筑梦未来”首届合肥工匠命名大会。开通“合肥工匠”地铁专列，营造学习工匠、争当工匠浓厚氛围。

【职工思想引领】 2020年，市总工会坚持“红色引领”，团结广大职工坚定不移听党话、矢志不渝跟党走。推进新时代职工文明实践中心建设，举办市第六届职工文化艺术节、市职工篮球赛、乒乓球赛等文体活动，展现合肥风采和职工风貌。推进职工书屋建设，全市建成职工书屋200余家。组织参加“网聚职工正能量、争做中国好网民”活动，获中华全国总工会、省总工会奖项29个。策划“合肥职工勇立潮头敢担当、聚力打造‘五高地一示范’”好网民活动，收到作品1527件，60万人次参与。承办2020年安徽工会“助抗疫促发展、网聚职工正能量”主题活动展示典礼。

2020年5月15日，市政府在市政务中心举办首届“合肥工匠”授牌仪式
（市总工会／供）

【创新竞赛】 2020年，市总工会举办市级竞赛17场，各县（市）区、开发区、产业工会开展示范性竞赛200余项，全市机关和企事业单位开展各类竞赛活动，累计参赛职工65万人次，发放竞赛补助资金500余万元。融入长三角一体化发展大格局，获长三角G60科创走廊城市职工网络安全攻防技能大赛团体、个人双一等奖。完成第六届职工技术创新成果评选，收到申报成果1372项，评出各等次创新成果143项，发放各等次创新成果补助资金667万元，激发职工创新创造热情。按照"选优示范、持续注能、三年树百"工作思路，持续推进劳模和蓝领工作室创建工作，连续三年给予创新经费补助，累计取得创新成果300余项，转化成果200余项，开展示范性培训活动1000余场，培训创新骨干3万余人次。

【维权维稳】 2020年，市总工会聚焦"六保""六稳"，推进"橙色关爱"行动，坚持依法维护职工各项权益，全市劳动关系和谐向好。健全工会普法工作机制，开展"法律六进"普法宣讲94场，"尊法守法·携手筑梦"服务农民工公益法律服务行动97场次，服务职工近5万人次。宣传贯彻《安徽省工会劳动法律监督条例》，培训工会劳动法律监督员800余人，做到乡镇（含）以上工会干部全覆盖。全年接待职工来访1100人次，立案调解106例，为职工挽回经济损失130余万元。办理中彩金法律援助案件140件，受援人数151人，其中农民工占80%以上，为受援人挽回经济损失500余万元。开展"凝心聚力抗疫情、民主协商促发展"主题活动，动员全市职工加强安全防护，组织开展优秀职工代提案征集活动，征集职工代表提案80件；推动已建工会国有企业及其控股企业、百人以上非公有制企业和事业单位普遍建立职代会、厂务公开制度。全市国有企业及其控股企业、事业单位职代会、厂务公开制度建制率达100%，百人以上非公企业建制率达85%以上。

【普惠关爱】 2020年，市总工会以"绿色出行"普惠服务为切入点，着力提高工会服务职工能力水平，提升职工获得感、幸福感、安全感。继续执行自2018年起在全市开展"绿色出行"工会会员普惠服务行动，为会员提供每人每年50元公交出行补贴。至2020年末三年累计投入6000万元，每年40万会员参与，提出"乘公交、坐地铁，合肥工会有补贴"口号，提升工会组吸引力、织凝聚力。实现早餐、图书、电影等电子消费券线上申请发放，建设启用微信端云学习平台，整合推动形成"互联网+职工培训"普惠服务新模式，提高工会普惠服务便捷度。聚焦精准识别、精细管理、精准施策、精心服务，实施困难职工帮扶民生工程，发放各项救助1316.82万元，确保帮扶资金用到位、无结余。启动"万名工会干部进万家"行动，全面核查困难职工及家庭成员情况，实施"一对一"结对帮扶全覆盖，开展关爱困难职工"五个一"行动，为927名建档困难职工购买意外伤害互助保险并发放帮扶金，对退档困难职工家庭进行常态化送温暖，防止返困，着力构建"救助、关爱、常态化送温暖"多层次帮扶格局。全市建档在册困难职工全部实现解困脱困，同步迈入小康社会。合肥市困难职工解困脱困工作被中华全国总工会、省总工会评为"优秀等次"，在安徽省总工会民生工程年度考核中名列第一。做实做优"春送岗位、夏送清凉、金秋助学、冬送温暖"工会帮扶活动品牌，"春送岗位"举办网上招聘会28场，涉及企业588家，提供岗位5.7万个；"夏送清凉"慰问户外劳动者17.82万人次，市总工会本级实现城区1.15万名环卫工人"送清凉"全覆盖；"金秋助学"投入199.54万元，资助各级困难职工子女403人；"冬送温暖"发放款物654.21万元，慰问企业73家、职工12438人。新建"合肥工会幸福驿站"43家，作为"为民办实事事项"首次写入市《政府工作报告》。安排苦脏累险一线岗位职工4100人次参加一线职工疗休养活动，为1000余名农民工开展免费体检，为2.3万名"八大群体"（即货车司机、快递员、护工护理员、家政服务员、商场信息员、网约送餐员、房产中介员、保安员）会员购买意外伤害互助保险。新建"爱心母婴室"33家，举办青年职工交友联谊活动15场，参与职工2189人次。

【抗疫防汛】 2020年，市总工会组织全市广大职工投身抗疫、防汛"两大战役"。选拔33名党员干部职工下沉一线参加疫情防控，引导党员在防汛救灾中发挥党员干部先锋模范作用。全市工会累计投入疫情防控资金1365.94万元，其中市总工会本级筹措资金731.1万元，用于对口支援武汉市总工会，慰问市卫健委系统医护人员，提前复工生产口罩、防护服和保障市场供应的企业以及工作在乡镇（街道）、社区（村）疫情防控一线职工。为缓解疫情对小微企业经营影响，启动小微企业工会经费全额返还工作，且为全省唯一实行“全程网办”，覆盖小微企业3万多家。推进集体协商工作，采取调整薪酬、轮岗轮休、缩短工时等方式，稳定工作岗位。市职工大学应对疫情创新开办合肥工会“微课堂”，全年推出13个系列78个专题，在线学习超50万人次。

【工会建设】 2020年，市总工会树立“落实到基层、落实靠基层”工作理念，以“强基层、补短板、增活力”为目标，突出重点、突破难点、打造亮点，不断激活基层“末梢神经”。截至年末，全市工会组织数突破1.5万家，会员数157.3万人，较上年净增20.3万人。全市86家乡镇、街道工会实现达标升级，建设“省模范职工之家”和“职工小家”各9家、“全国模范职工之家”和“模范小家”各2家；基本实现全市乡镇、街道工会社会化工会工作者全覆盖，为乡镇、街道工会补助工作经费，解决基层工会人员和经费难题。推进“1231”工作计划，强化工会实名制数据动态更新管理，做到排查全覆盖、录入无死角、核查零差错。实现工会数据与民政、房产、公积金等9部门实时交换比对。合肥“智慧工会”二期项目完成招标。合肥工会微信关注用户突破53万，在全国省会城市工会排名稳居前列。在安徽省首家开发启用“码上入会”，24874名职工网上申请入会。6.08万平方米的市工人文化宫新宫建成并投入使用，支持县（市）区工会建设职工活动阵地。

（张旭梅）

中国共产主义共青团合肥市委员会

【概况】 2020年，中国共产主义青年团合肥市委员会（以下简称“团市委”）刊发新闻稿件313篇，其中省级以上183篇。获得“中国青年五四奖章”1个、全国“两红两优”奖项3个、“全国向上向善好青年”2名、“中国青少年科技创新奖”1名、全国优秀少先队集体及个人荣誉5个。

截至年底，合肥市有团组织21524个，其中，团领导机关10个，基层团委613 个，基层团工委72个，团总支685个，团支部15563个。团员30.70万人，其中，学生团员16.16万人，国有企业团员1.32万人，非公企业团员0.85万人，机关事业单位团员1.87万人，社会组织团员0.37万人，农村团员6.29万人，城市社区团员3.84万人。团干部23925人，其中，专职团干部213人，兼职团干部23712人。14—35周岁青年约113.4万人。

【青少年宣传教育】 2020年，团市委坚持把引导全市青年深入学习宣传贯彻党的十九届五中全会精神和习近平总书记考察安徽重要讲话指示精神作为首要政治任务。

构建线上线下全覆盖的青年理论宣讲体系。开展青年榜样选树工作，并依托各类青年榜样和青年理论工作者，组建62人的青年宣讲团，全年开展宣讲24场（其中线上16场），直接受众15630人次。官方抖音粉丝突破105万，阅读量过2亿人次。

强化团员理论学习。常态化开展“青年大学习”，通过网上主题团课、网上知识竞答、线下辩论赛以及形式多样的主题团日活动、仪式教育和社会实践，让团员在学思践悟中形成情感认同、思想认同和信仰认同。

开展少先队员主题教育。开展红领巾微寻访暑期主题活动，9万余名少先队员通过开展雏鹰假日小队活动和主题队日活动等形式，用绘画、书法、摄影等方式记录合肥的发展，让少先队员感知合肥经济社会发展新成就。

【服务大局】 2020年，团市委召开第一次青年工作联席会议，建立完善相关制度和机制，落实《合肥市落实〈安徽省中长期青年发展规划（2018—2025年）〉实施方案》。

开展青年志愿服务。建设青年志愿者网络平台，推动志愿服务项目化，引导33.25万名注册青年志愿者投身志愿服务，累计服务时长79.99万小时，培训青年志愿者骨干950人次，组建52支创城青年志愿宣讲队，助力提升市民满意度。探索青年志愿服务走进新时代文明实践站（所）活动。

投身脱贫攻坚战。选派机关干部开展驻村扶贫，整合机关和团属协会资源做好结对帮扶。帮助建设“赶集桥”两座、“共青泉”一座、村民活动中心1800多平方米（其中建筑面积600多平方米），新增桃园13.33多公顷、茶园20多公顷，直接销售农副产品12万余元。

服务青年创新创业。完成梦创天使计划2019年度的资金拨付工作，邀约2906家知名企业通过系列招聘会为应届毕业生提供有效校招岗位。为服务高职毕业生就业，

2020年11月4日，"助力快乐成长——合肥共青团'个十百千万'行动"启动仪式暨进校园首场讲座成功举办　（团市委/供）

开展"青春主播创造营"活动，累计三期培训780人，意向签约（含已签）工作（实习）岗位近50人。

助力青少年快乐成长。按照"健全学校家庭社会协同育人机制"的总体思路，开展合肥共青团"个十百千万"专项行动，从社会面构建对困境青少年的关爱帮扶机制，全年开展重点个案帮扶27件、进校园团辅124场、社区青少年活动674场、1667名志愿者开展结对帮扶。

【深化改革】　2020年，按照团中央"抓基层""抓学校"的工作要求，团市委推动共青团改革向纵深推进、在基层落地。

基层团建。以参与基层社会治理为重点方向，直接奖补乡镇共青团工作项目20个。依托"智慧团建"系统，建立覆盖617个团委、17034个团支部、31.2万名团员的信息数据库，为13万人次毕业生团员完成团组织关系转接，实现基础团务网络化管理。持续推进"两新组织"团建。

学校共青团和少先队改革。规范高校学生社团建设和管理，推进中学共青团以及学联、学生会改革部署，全面建成学校少工委，探索社区少工委建设，将少先队阵地从学校延伸到社区。

线下服务阵地建设。举办市级"青年之家"项目大赛，示范带动全市139个"青年之家"建设，挂牌成立团代表联络站，提升社会观护团成员的专业性，完成社会调查172次，探索提升"12355"青少年心理咨询和法律援助热线的作用。

【抗疫抗洪】　2020年，团市委坚持把青年在重大事件面前能挺身而出勇于担当作为首要工作实效。疫情发生后，1月25日面向全市青年发布动员公告，先后组建200余支青年突击队，发动1万余名团员青年投身疫情防控阻击战，累计服务时长30万小时，组织20名机关党员下沉社区参与疫情防控。划拨20万元专项团费支持基层疫情防控，各级团组织累计募集款物1100余万元，其中通过市青少年发展基金会直接捐资捐物128万余元，为定点医院及基层防疫一线提供防疫物资。以青年企业家为对象开展调研，先后围绕"工业企业""商业企业"和"线上销售"三个主题开展调研，将青年的困难和需求反映到相关职能部门。开通24小时"12355"防疫心理热线，累计有效接听并辅导106人次。

针对疫情期间少先队员思想和心理状况开展调研，推动调研成果转化，编印《红领巾战"疫"行》专题知识读本，配套主题"微队课"视频课程，在全市教育云平台、团市委网站和微信公众号同步上线，吸引150余万人次阅读，引导青少年树立家国情怀。根据调研整理的《突发公共事件下加强青少年信息传播工作的研究报告》被《人民日报内参》第480期选用。

关爱抗疫青年，将市委市政府的关心关爱送达一线抗疫青年。协调市少年宫提供605个免费培训名额用于关爱防疫一线医护人员子女。举办"青春在线　大任在肩"抗疫专题图片展弘扬全市青年战疫风采。举办抗疫青年专场集体婚礼，央视新闻客户端和微博平台全程直播。

参与防汛抗洪。组织青年志愿者2.5万人次，开展巡堤抢险、转移安置、后勤补给和路面清理等志愿服务。围绕受灾群众安置，在一六八中学安置点成立8个志愿服务小组，579名志愿者累计上岗1148人次，连续服务18个昼夜，直至427名群众全部搬离。同步编制安置点志愿服务工作导引，统筹指导县区共青团做好安置点志愿服务工作；进入灾后重建阶段后，8月底市青少年发展基金会（市希望工程办公室）募集助学金96万元用于资助240名贫困大学新生，重点向受灾地区倾斜。10月份定制2960个暖冬爱心包，实现受灾地区中小学生全覆盖。

（李　锐）

合肥市妇女联合会

【概况】 2020年，合肥市妇女联合会（以下简称“市妇联”）围绕统筹疫情防控、抗洪防汛、决战脱贫攻坚和经济社会发展等重大决策部署，强化引领服务联系职责，凝聚起坚定不移听党话、跟党走的强大巾帼力量，彰显党有号召、妇联即行动的政治本色。先后获评“全国家庭工作先进集体”“全国巾帼建功先进集体”“安徽省文明单位”“全省妇联系统目标管理考核先进集体”等。

【思想引领】 2020年，市妇联开展“百千万巾帼大宣讲”，组织抗疫故事分享会、致富带头人报告会、安置点送宣讲等活动，向广大群众传递出中国力量、安徽精神、合肥速度。合肥市作品在全省“小康路上她力量”视频大赛获得一等奖。利用典型引领示范带动，开展援鄂女医护人员“三八红旗手”“抗疫最美家庭”“最美巾帼脱贫人”等评选活动，涌现出“中国好人”候选人刘宁、合肥蓝天救援队队长苏琴等全国先进典型。徐秋红获全国“三八红旗手”称号，获评安徽省“三八红旗手”20名、合肥市“三八红旗手”168名、省级“三八红旗集体”2个、合肥市“红旗集体”30个。获评全国巾帼建功标兵2个，全国巾帼文明岗2个，巾帼建功先进集体1个；市级巾帼建功标兵80个，巾帼文明岗60个，巾帼建功先进集体15个。

利用网络引领实现效应倍增。增强互联网思维，持续扩大妇联朋友圈，开办“合肥女性空中讲堂”，举办“奋斗的女性最美丽”抖音挑战赛，建设“智慧妇联有声图书馆”，特色亮点工作、先进经验被“学习强国”推发40余篇（次），《中国妇女报》《安徽日报》等主流媒体刊发90多篇（次）。

【妇女创业就业服务】 2020年，市妇联指导合肥市女企业家协会成功换届，发起成立长三角G60女企业家协会联盟，聚集一批“芯屏汽合”“集终生智”领域的优秀女性人才；实施长三角女企业家“扬帆300行动”，在创新合作中增强领跑优势；参加G60九城女性创业项目大赛，有11个优秀项目入围决赛，地球日记等两个项目问鼎“十佳项目奖”。推动建功乡村振兴，参与新时代文明实践中心建设，“红莓姐姐”乡村女性成长计划、“能大姐互助站”备受欢迎，城乡女性自觉成为新时代文明的践行者、引领者。致力提升女性就业能力，开展家政服务、农业技能、带货主播、电商直播培训20多期，线上线下万人次接受培训。推进实施省妇女创业就业扶持资金项目，实施26个项目、资金193万元，绩效评估全省第一，探索实施项目+合作社、农家乐+基地等模式，成为乡村女性增能赋权的新路径。投身脱贫攻坚战。通过直播、短视频、展销等方式，推介滞销优质的“徽姑娘”农产品，推动消费扶贫。开展“巾帼扶贫 岗村同行”结对帮扶活动，为贫困村发展聚集资源、畅通渠道。推动复工复产，举办网络招聘会22期，2.5亿元“巾帼贷”帮助小微企业解决“大问题”。发起“合肥市贫困妇儿一元捐”公益项目，资助百名贫困女大学生圆梦大学，慰问贫困妇女儿童200余名，帮助实现“微心愿”180个，各类救助款物达600余万元。

【家庭服务】 2020年，市妇联召开市家庭文明建设领导小组第一次会议，常态化开展寻找“最美家庭”、评选“五好家庭”等活动，举办好家风时代报告会，抗疫英雄张蕾、脱贫先进张玲等全国最美家庭代表走到台前，讲述温情的家风故事；持续开展“最美家庭 为爱共读”亲子阅读、廉洁家风润万家、云端“家庭运动会”等系列活

2020年11月30日，长三角G60女企业家协会联盟发起成立暨“扬帆300行动”在肥启动
（市妇联／供）

2020 年 12 月 19 日，合肥市举办最美家庭揭晓暨好家风时代报告会

（市妇联 / 供）

动，线上直播收看点评及线下参与人数达 50 万人次。在家庭教育方式和载体上突破，开展“宅家战疫 家教不停”线上活动，组织亲子绘画征集、“宝贝读诗”短视频展示、“客厅音乐会”等活动，开通全省首个家庭教育咨询服务热线 62612338，参与互动、服务家庭达 8500 户，助力家庭关系和谐、孩子快乐成长。开展“非常战疫 宅家有爱”和“四季恋歌”线上线下公益相亲活动 30 多场次，“以声会友”“以技会友”，为合肥引才引智、情感留人注入生机和活力。举办第四届绿色草原家庭节，百万群众关注参与，在全市家庭引领环保风尚、掀起绿色热潮。

【妇女民生】 2020 年，市妇联落实市财政每年 200 万元的“两癌”专项救助资金和 3 年 60 万元的筛查配套资金，“真金白银”解决妇女群众急难愁盼的问题；召开妇女儿童维权联席会暨妇女儿童舆情工作会议，推动形成风险联查、问题联治、工作联动、平安联创的工作合力。提升女性法治素养，开展“建设法治中国 巾帼在行动”，反家暴漫画视频在地铁 6000 余块电视屏幕上滚动播出；邀请最高人民法院法官肖峰做客普法维权大讲堂，答疑解惑《民法典》；创意策划《巾帼微普法·庐州讲堂》，推出“婚姻家庭烦心事”系列微信，发布维权视频 15 篇，收看转发网友近 150 万人次；举办“三月丽人帮”专题广播节目，收到“普法一例，教育一片，幸福万家”效果。推动维权联动机制建设，关注特殊时期侵害妇女儿童合法权益舆情，推动建立舆情检测、分析、研判、响应的工作机制。联合下发《关于建立健全妇女儿童权益保护工作机制的通知》《关于联合实施人身安全保护令的意见》，促进人身安全保护令制度落细落实。打造 52 个市级“妇女议事会”，形成并推广“小事微信议、大事集中议、急事现场议”的议事模式和“主动议、自己定、共同做”的基层矛盾纠纷解决模式。夯实妇女事业发展“桥头堡”，召开 2020 年市政府妇儿工委工作会议，实施“性别平等进校园”项目，市财政专拨“两纲”示范工程经费 45 万元建设 100 个市级“儿童之家”示范点。完成第四期中国妇女地位调查工作，通过全国妇联实地督导验收。推动将“促进妇女全面发展、保障儿童优先发展、加强家庭建设”等内容纳入市“十四五”规划。

【基层组织建设】 2020 年，市妇联召开全市党建带妇建、推进“四新”领域妇联组织建设工作会议、实施“四新”领域妇联组织建设“双十”行动，从顶层设计和具体操作上对加强基层妇联组织建设予以破题。千余家非公企业及社会组织妇联在全市形成“争相竞放”的态势，“红管家”“白领蜂巢”“稻虾联盟”等一批特色“妇女微家”建在基层、建在妇女群众身边。实施“基层妇联领头雁培训计划”，提升妇联干部政治素养和履职能力。响应市委号召，发起“执委心系庐江”支援庐江灾后重建项目，资金款物达 200 余万元。开展执委履职优秀典型案例征集、执委代表“访妇情”等活动，增强妇联执委的身份意识、荣誉意识和责任意识。强化政治机关意识，加强干部作风建设，创新机关党建模式，创建“智慧党建”，先后被评为先进基层党组织、首批市直机关示范党支部、合肥市学雷锋示范点，连续五年全市党建考核“好”等次。加强对外交流，先后与广东省妇联、江苏省妇联、全国台企联等妇联组织、妇女团体交流合作，宣传展示新时代妇联组织新形象。

（王晓梅）

合肥市科学技术协会

【概况】 2020 年合肥市科学技术协会（以下简称“市科协”）完成“十三五”规划目标任务，《合肥市科普工作条例》被市人民代表大会列入2021年度立法调研计划，启动市科协事业“十四五”规划、公民科学素质纲要实施方案编制工作，实现疫情防控和科协工作双胜利。牵头推动《全民科学素质行动计划纲要实施方案（2016－2020年）》实施，召开2020年市全民科学素质工作领导小组会议，印发《合肥市2020年度全民科学素质考核实施细则》，完成全市考核。组织2020年度省全民科学素质工作目标管理绩效考核工作。线上科普成为全年工作新重点。

【防疫应急科普】 2020年，市科协统筹各方资源，开展常态化疫情防控应急科普宣传，全市科普信息员累计推送科普中国信息8万多条、防疫应急专题科普信息8000多条；通过各级科协微信公众号、科普中国E站等平台推送防疫应急科普信息3.2万条；全市23万人次参与防疫应急科普知识微信有奖竞答。线上线下协同并进，开展防疫咨询、联防联控科普志愿服务、党员干部下沉社区，护理学会会员谢然因工作突出，在湖北火线入党。食用菌协会党组织利用技术优势，助力复工复产与产业扶贫。成功举办中国科技馆“新的对决——新冠肺炎主题展览”线下全国首展。

【离岸基地空间载体和海外服务站建设】 2020年，市科协参与国内外交流合作。完善配套政策措施，修订实施细则，制定考核办法。举办“合肥科技创新政策海内外线上宣讲会”“欧美同学会首届创新创业大赛东部赛区比赛”“中法科创项目路演对接会”“合肥离岸基地海外科技工作者座谈会”“合肥海外人才资本项目对接会”，提升服务高层次人才质量。加强信息平台建设。科创中心开通官方微信公众号，提供科技政策、人才政策、创业查询在线服务。在中国科协“科创中国”平台推介合肥市服务海外人才创新创业资源。离岸基地建设取得成效。新设6家海外服务站，与2家国外孵化器建立合作。项目列入2020年安徽省创新发展行动工作要点、合肥市人才工作要点，预算列入全市人才工作专项经费。“中国合肥海外项目人才对接系列活动”和“欧美同学会首届创新创业大赛（东部赛区）”获得中国科协海智计划资助。举办各类人才项目对接活动33场，引进海外人才56名，签署落地协议24项。

【科技志愿服务】 2020年，市科协召开全市专题调度会，加强示范引领，遴选表扬市级优秀科技志愿者团队20个、科技志愿者20人、科普信息员30人，1人被中国科协评为全国优秀科技志愿者。全市注册科技志愿者队伍432支，注册志愿者1万余人，形成“市－县－乡镇（街道）”三级志愿服务体系，开展志愿服务900余场次。巢湖市、长丰县成为全国新时代文明实践中心科技志愿服务试点县（市）。

【科普惠民服务平台建设】 2020年，市科协实施“基层科普行动计划”。评选表彰“科普惠农”先进单位，奖补15个优秀基层农技协、科普基地；表彰10个“社区科普益民计划”先进社区，资金专项用于社区科普工作和科普设施、场馆建设。实施科普服务关爱计划。开展“科普惠民乡村行”“智爱妈妈行动”“农村少儿爱科学”等专题科普活动。开展社区科普馆资源共享试点。在肥西县、包河区、蜀山区6个社区科普馆，采用展品轮转、科普志愿活动、业务培训、维保宣传等一站式服务，探索社区科普资源整合共享服务的新模式，满足居民的科普需求。参与文化科技卫生“三下乡”。支持肥东县护城社区科普示范农技协建设，捐赠科普宣传资料3000份。开展专家讲科普活动。联合市九三学社专家进校园，覆盖全市12所中小学校，惠及

2020年9月19日，安徽省暨合肥市全国科普日主场活动　（市科协／供）

2000多名学生。推动科普示范创建。安排专项经费奖补全国科普示范县（市、区）及省科普示范县（市、区）建设。指导肥东县、蜀山区迎接中国科协全国科普示范县（区）评估验收。组织2020—2024年度省科普示范社区、科普示范农技协申报、推荐工作，4家单位被认定为2020—2024年省科普示范单位。助力精准扶贫。全市8个县（市）区科协分别与阜南、寿县等8个国家级贫困县科协结对共建，开展产业合作、劳务协作、人才资源、资金支持等帮扶工作。累计支持建设农技协联合会3个、农技协63个，邀请专家或基层农技人员开展服务347场次，举办各类培训498场次，推广实用技术78项、新品种166项，引领带动贫困村110个，辐射贫困人口2.8万余人，2名基层农技协负责人获评“全国科技助力精准扶贫工作先进个人”，肥西县珍稀食用菌协会获评产业助残扶贫“星创天地”。

【特色科普活动】 2020年，市科协举办合肥市第35届青少年创新大赛，授予一等奖169项，推荐82项参加省赛。11个青少年科技创新项目、4个青少年科技实践活动项目和11幅少年儿童科学幻想作画作品参加全国赛。举办合肥市第17届青少年科技创新市长奖颁奖仪式，市长凌云为10名学生颁奖。举办合肥市第12届青少年机器人竞赛。在全国科普日举办“悦读合肥”科普读书汇、青少年科普研学等特色活动400余场次，推荐4家单位和4个活动申报2020年全国科普日活动优秀组织单位、优秀科普日活动。升级合肥地铁“科普号”主题列车，延长发布运行周期；增加核心站点；增加车体外部冠名，覆盖乘车与候车群体；分段展示合肥市及瑶海区、庐阳区、蜀山区和包河区科协的科普重点工作成效。举办全市“公民科学素质抽样调查知多少”微信竞赛，累计参与19万人次。组织参与“2020年全国农民科学素质网络知识竞赛”，全市总参赛人数90.1万人次，居省内前三位。

【学会建设】 2020年，市科协举办“合肥市科协科技专家大讲堂”6期，开展合肥市科协科技专家服务基层活动20场，组织各类基层科普宣传300余场，为基层群众讲授种植养殖、心理健康、养生保健、食品安全、营养膳食、疾病防治、安全用药等专业知识。扩充线上公益科普资源，中医保健研究会《养生文化科普公益大讲堂》播出16期；营养学会《国民健康云课堂》播出40期。助力防疫救灾。合肥医学会、护理学会等面向所在医疗领域科技工作者发出倡议书、公开信，号召医务工作者发挥专业优势，在落实防控责任、投身防控实践、普及防控知识等方面走在前、作表率。6家学会协助有关部门做好赴鄂医护人员选派，87名会员参与援鄂工作。中医保健研究会副会长周大勇受安徽省卫健委派遣，任亳州地区防治新冠肺炎中医组组长。多家学会募集医疗物资捐赠湖北。所属学会组织经验丰富的心理咨询师、心理治疗师24小时为公众提供免费心理援助，开展针对性心理危机干预。青少年心理研究会组织志愿者赴合肥168中学防洪集中安置点，为群众疏导心理，安抚情绪，多次开展团体心理辅导及心理预防排查。

提升学会软实力。鼓励和支持学会举办高质量、多领域、全国性学术交流。参加第7届长三角科技论坛，14个学会开展30余项重点活动，举办助力复工复产学术活动200余场。举办合肥市高级创客导师培训班6期，培训学员200余人次。举办第三届青少年创意编程与智能设计大赛，促进全市青少年人工智能学习、科技创新素质和能力提升。实施学会优胜劣汰。指导33家学会完成年检，合格率为82.5%。优化学会理事会结构，指导10余家学会改选换届、2家完成注销手续、4家解除业务主管关系。支持新兴领域成立社会组织，推动学会参与社会组织评估，所属2家学会获评5A（最高）等级。鼓励学会承接政府职能转移。鼓励发展个人会员，强化会员主体地位，增强参与感、认同感、获得感。壮大科技传播专家团成员队伍，组建合肥市新时代文明实践中心科技志愿服务队。引导学会参与政府购买服务，风景园林学会、规划学会等承接“合肥市2020年度广玉兰杯优质园林绿化项目”“城市规划方案”等项目评审。

【科普宣传】 2020年，市科协加大市科协官网、“合肥科协”“合肥科普”微信公众号平台的建设投入，印制《美丽中国绿水青山》等4种科普宣传册3.2万册、《食品安全与健康》等4种科普挂图3200套，发放给基层科协，定期更新维护全市科普画廊。开设市级主流媒体科普专栏，与合肥市电视台、合肥广播电台联办《合肥科普影视厅》《合肥科普》栏目，定期转播科普中国官方内容。增设合肥市科普大讲堂云讲堂。线上直播、线下授课、邀请受众互动参与，发挥互联网科普新动能。创作科普新知短视频节目《科学中心看合肥》。聚焦展示合肥科技发展成果，关注“高精尖”热点，追踪科技新闻背景，讲述科技工作者的感人故事。

【科协组织建设】 2020年，市科协优化基层科协组织，提升基层科协的代表性、先进性、组织力。指导瑶海区、蜀山区、庐阳区科协换届；扩大代表委员中基层科技工作者比例，吸纳“三长”（学校校长、医院院长、农技站站长）专家进入基层科协组织。县及乡镇（街道）科协兼职副主席208人，其中“三长”181人，占比87%。肥西县、肥东县、庐江县实现“三长”进入乡镇(街道)科协全覆盖。推动高校、企业成立科协组织。成立巢湖学院科协。成立安达创展、赛迅机电、诺安科技、国轩高科企业科协。改革赛事评审制度。构建“逐级选拔、两轮评审、公平公正”的竞赛组织方式和评审程序；实行“首轮异地专家匿名评审、违反‘三自’原则不予评分、二轮现场问辩、全程接受纪检监督”制度，逐步引入公证处实施全程公证，接受社会监督。

【现代科技馆体系构建】 2020年，合肥市科技馆新馆累计完成施工总产值约7030万元，占比24.93%；其中地下部分主体结构完成70%，地上部分主体结构完成25%；11个主题展厅展陈初步设计方案完成审查。合肥市科技馆老馆主推线上优质科普，加强疫情防控，全馆累计消杀约4.5万次；落实参观预约制度，全年接待观众14.8万人次；开设“合肥市科技馆在线”微信订阅号，策划实施优质线上科普资源，推出31期“特殊时期的科学玩法”、16集“科学有Idol”系列短视频、制作“直播看展馆，科学不打烊”“劳动最美之展品与工具”直播、自创VLOG科普短视频；线上科普讲座《地震那些事儿》在线听众逾10万人次。鼓励高校、科研院所专家志愿团队做科普，举办临展6期，进校园（社区）科普活动20余次，创客空间惠及7000多人。顺应科普工作发展趋势和社区居民生产生活需求，全市建成并使用社区科普场馆60余家，增强对重点人群的科普服务力度。先后在巢湖市、长丰县、肥西县开展为期2个月的中国科协流动科技馆巡展20余场，惠及基层群众2万余人。

【服务党委政府决策】 2020年，市科协重点面向在肥高校、科研院所、企业等吸纳产业技术、创业导师专家，充实完善“产业技术专家库”“创业导师专家库”“青少年科技创新评审专家库”。完善建言献策机制。市政协科协界《关于合肥市生物医药产业发展的建议》，被列为市委书记领衔督办市政协重点提案。组织政协科协界别活动，委员和科协代表实地调研企业落实“六稳”“六保”等情况。征集4名委员发言，提交政协会议，参与政治协商。理顺决策服务长效机制。围绕市委、市政府中心工作，发挥兼、挂职副主席专业特长，8位兼职副主席牵头完成科普讲座、学术交流、咨询报告、组建科协等9项工作。专家库成员参与科技战略、规划、布局、政策、法律法规的咨询服务，助力科普、学会、科创中心在评审、培训、讲座、创新创业项目指导方面科学履职。

【服务一线科技工作者】 2020年，市科协出台《市科协代表大会代表任期制实施办法》《市科协委员履职管理办法（试行）》，构建以联系服务代表委员体制机制为核心、以科协兼职副主席牵头实施市科协年度重点工作任务为示范、以委员立足本职履职服务为主体、以代表任期制为载体的常态化履职机制。“提升委员履职能力”入选省科协特色工作创新试点，市科协官网开设“委员履职”专栏，展示委员履职情况。搭建网上建家交友平台，组建“八届委员会兼职副主席群”“八届委员工作群”“省科协十大代表群”等微信群，提高精准推送能力。发挥市人才工作领导小组成员单位作用，统筹全市“全国科技工作者日”系列活动59项，营造“尊重知识、尊重科学、尊重人才”的社会氛围。合肥日报等集中采访宣传“最美科技工作者”崇高精神、优秀事迹。黄明亚、郑昌成2人获评“安徽省最美科技工作者”，推荐全省抗疫工作先进集体和个人。

【服务企业创新】 2020年，市科协组织“企业创新方法培训”，参训1000人次，惠及企业360余家。“金桥工程”立项54项，发布30期项目选登，奖补重点项目。举办“科技专家园区行暨产学研融合对接会”，为园区企业提供精准帮扶和产学研服务。借助中国科协绿平台，畅通园区企业复工复产通道，推送“大咖讲堂”“企业云课堂”，助力中小微企业克服疫情影响、立足创新发展、提升成果转化能力。

【《生物学杂志》】 2020年，市科协推动《生物学杂志》审稿队伍国际化、年轻化、多学科化，编委扩充至124人（国际编委11人），审稿人专家库200人，开展向业内知名专家约稿。坚持“专业化、小型化、高端化”思路，策划打造全国性品牌学术交流，“生物科学之神经生物学学术沙龙”线下嘉宾来自国内一流高校，专家学者现场分享成果，线上观看人数超5000。加快期刊专业化、数字化进程，发表国家级基金资助论文107篇，中国知网网络首发论文64篇。再次被《中国学术期刊评价研究报告》（第6版）收录，获评“准核心期刊”。

（齐　藤）

2020年11月19日，市侨联参加“中国侨联2020侨界精英创新创业峰会”，并加入长三角城市侨创联盟　（市侨联／供）

合肥市归国华侨联合会

【概况】 合肥市归国华侨联合会（以下简称“市侨联”）于1982年8月13日经市委常委会第44次会议研究同意成立，是党联系广大归侨侨眷和海外侨胞的人民团体，主要履行服务经济发展、依法维护侨益、拓展海外联谊、积极参政议政、弘扬中华文化、参与社会建设职能。

2020年，市侨联发挥侨界力量抗击新冠疫情，组织侨胞侨企捐款捐物，深入抗疫企业协调对接，响应号召组织过半数党员干部下沉社区，持续关注海外留学生群体，关心支援海外侨胞抗疫。

9月12日，市侨联在调研摸底后，遴选6家产业层次高、发展潜力大、带动力强、具有龙头效应的高质量侨企项目参加在天鹅湖大酒店举办的江淮线上经济论坛暨“六百”项目云签约活动，服务“六稳六保”，总签约额达13.1亿元。11月19日，组织推荐庐阳区IE果园及部分侨企参加在杭州举办的“中国侨联2020侨界精英创新创业峰会”，并加入长三角城市侨创联盟，8名侨界创新创业人才参加项目路演，推动合肥侨界资源对接长三角，提升合肥的知名度美誉度。

【“侨胞之家”规范化建设】 2020年，市侨联指导基层侨联按照中国侨联《侨胞之家建设规范》开展侨胞之家建设工作，打通为侨服务“最后一公里”。继庐阳区雁栖社区、包河区沁心湖社区、蜀山区文博苑社区“侨胞之家”之后，推动瑶海区长淮街道“侨胞之家”再次获批，开展侨胞之家规范化建设，庐阳区雁栖社区“侨胞之家”获2018—2020年度全国侨联系统优秀“侨胞之家”表彰。

【宣传工作】 2020年，市侨联发挥中国侨联“亲情中化”品牌优势，结合本地资源做好文章，推动华侨国际文化交流基地建设，成功申报安徽名人馆挂牌第七批“中国华侨国际文化交流基地”，借助海外华文媒体宣传合肥、讲好合肥故事、传播合肥声音。9月16日，组织实施的《魅力侨乡行》第二季三河部分完成全部拍摄任务，节目历时5天实地拍摄和近2个月后期制作，11月上旬通过卫星和网络向全球观众发布，全方位展现三河古镇魅力侨乡的风采。

（吴　俊）

合肥市文学艺术界联合会

【概况】 2020年，合肥市文学艺术界联合会（以下简称“市文联”）履行团结引导、联络协调、服务管理、自律维权职能，团结引领全市文艺工作者围绕“打赢防疫阻击战”“决战脱贫攻坚 决胜全面小康”主题，开展一系列主题鲜明的主题文艺实践活动。全市文艺工作者分批次走进脱贫攻坚第一线采风，创作一批展现脱贫攻坚的精品力作，参与采风300余人次，征集作品近千件；策划组织推出“圆梦小康”主题美术、书法、摄影作品展，主题文学（含影视文学）创作作品专辑和创作研讨会、主题戏剧曲艺作品“云”展示、主题音乐作品“云”展示、主题民间文艺作品进乡村、长三角地区部分城市主题展览活动等；在《未来》杂志刊登部分文学作品，在《合肥文艺》宣传文艺作品，形成歌颂脱贫攻坚伟大实践的氛围和场景。

助力抗击新冠疫情，引导文艺界创作文艺作品。全市创作文艺作品2600余首（篇），美术作品300余幅，书法作品1000多件，摄影作品2000余件，“抗击疫情”主题音乐作品43首，编排舞蹈作品7件、参演会员70余人，编排相声、快板、合肥门歌等6首，创作“抗疫战役”戏曲作品8部，创作剪纸、木雕、戏曲、民间文学等不同类型作品70余件。策划举办“战疫情 显担当——合肥市抗疫主题书法美术展”“抗疫影像”主题摄影作品展，开展向援鄂抗疫医务工作者赠送书画作品、“战疫中的担当——合肥市文艺界在行动”等活动。

组织举办“美好合肥”“历史巨变”及套色木刻组画《合肥新貌》、“唱响新时代，共筑丝路情——中塞（合肥）2020新春合唱音乐会”“我们的中国梦”文化进万家暨义务为民写春联活动、“崇廉尚德——合肥市家风家训书法作品展”“军魂——美术馆军旅画家暨军旅题材美术作品展”“安徽省第43届军民书画联谊活动”“军民团结鱼水情、齐心协力抗洪灾”“广玉兰音乐——琵琶、古琴展演”《活宝亲家》等展览演出。

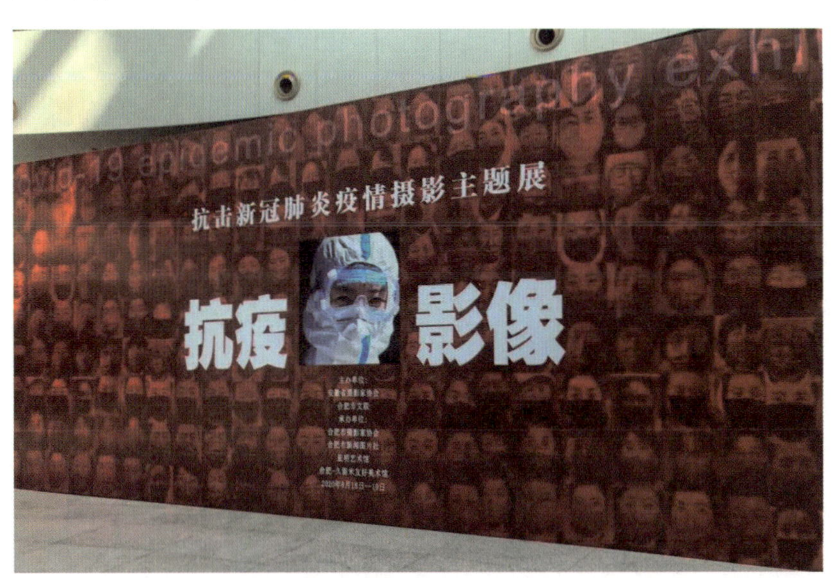

2020年8月18—19日，抗击新冠肺炎疫情摄影主题展在市政务中心举办（市文联／供）

【培育文化品牌】 2020年，市文联注重加强对文化阵地建设，巩固文艺品牌。文研所《未来》杂志继续坚持展示全市文学新力量的办刊宗旨，全年出刊六期，作者群和读者面逐年提高。亚明艺术馆作为文艺事业的重要阵地，坚持学术立馆的宗旨，基于学术思路策划举办“扫眉心画——安徽八女书法邀请展”“回望·守望——安徽中青年书画家批评展”“风韵·风骨——长三角地区书法名家提名展”等一系列艺术活动。合肥-久留米友好美术馆自主策划“时代风景——合肥五县市全面建成小康社会美术写生创作展”“第二届 红色风景线——大别山区域县市优秀美术作品邀请展”“象外知象——合肥六人山水画展”“古韵今风——合肥久留米友好美术馆馆藏作品陈列展”“绿洲夏韵——美术馆夏季主题馆藏作品陈列展”等展览。

各县（市）文联巩固既有文化品牌，推出更多文艺新品，努力形成地域文化核心竞争力。肥东县文联围绕打响包公文化品牌，连续多年举办诗歌、散文赛事，获评安徽省“中华诗词之乡”；肥西县文联强化以《派河》杂志为主要窗口的阵地建设，挖掘淮军文化、圩堡文化，努力讲好肥西故事，主办“决胜脱贫 圆梦小康”主题书画展。长丰县文艺杂志《楚风》每季度一期，报道文联工作动态，发表长丰本土文艺作品。巢湖文联在巢湖半岛设立巢湖摄影基地，在三瓜公社设立文学创作和书画基地，在14处文艺家工作辅导、培训室（学校）设立巢湖文艺志愿服务点，涵盖诗、书、画、音乐、舞蹈、摄影等服务内容，弘扬传承中国优秀传统文化。庐江县文联抓好《庐江文艺》出版发行工作，由半年刊扩版为季刊，对封面进行重新设计，规范编辑流程和工作机制，对办刊方向和稿件质量进行重点审核把关。

【文化惠民】 2020年，市文联持续开展“到人民中去”“志愿文明实践，播种文艺梦想”等文艺志愿服务活动，满足市民精神文化需求，提升合肥文化底蕴。上半年亚明艺术馆、合肥久留米友好美术馆积极开辟线上展厅，在微信公众平台上更新展览信息和普及内容，做到因时而变地调整自身，服务广大公众；线下活动大多集中在下半年开展，举办展览、论坛、研讨、公共教育等各类艺术活动近50场（次），馆内外受众人数近13万次，丰富广大市民的文化生活和艺术鉴赏内容，涵养城市文化底蕴。市书协组织和参加“我们的中国梦”文化进万家暨合肥市百名书法家义务为民写春联活动，活动遍及学校、医院、社区、乡镇、山村、企业、生产一线和春运一线。肥西县文联参加县文化科技卫生“三下乡”活动，在带去优秀文艺表演的同时捐赠文艺书籍一千余本，组织县美协在上派镇派河社区每周为社区文艺爱好者进行书画辅导、作品点评，并定期前往城关社区和各大中小学开展经常性文艺辅导。庐江县文联先后举办10场“戏润民心”以及10场送戏进社区公益演出服务活动，20多场“文联万家”文艺进社区公益培训课，形成文艺志愿服务品牌。巢湖市作为全国首个50个新时代文明实践中心试点县之一，文联高举文艺志愿服务大旗，坚持以文化人，探索文艺宣讲新模式，引导文艺工作者开展“深扎”主题实践活动和文艺志愿服务，用14支“小分队”传播“新思想”、演绎“小故事”、讲好“大道理”，以志愿服务顺民心、暖民心、聚民心；以艺战“疫”，组织开展50场文艺志愿服务活动，用诗词散文呐喊鼓劲，用书画摄影写真留史，用音乐戏剧振奋人心，用爱心捐助温暖大众，用“逆行”向前展现形象。以文艺形式振奋精神，推动人民群众自觉防疫，维护身心健康，此举得到中国文联肯定。

在抗洪抢险中，艺术家们用实际行动彰显新时代文艺工作者的担当精神，受到解放军官兵的一致好评。合肥市戏剧家协会主席团成员自发捐款购买慰问品看望抗洪一线的子弟兵，并分别为抗洪一线的将士们献上戏曲节目表示慰问敬意；巢湖市音协、书协、摄协等协会组织专业艺术家慰问奋战在抗洪抢险第一线的解放军指战员6场次，开展文艺演出、赠送文艺作品和志愿服务。

【文艺创作工程】 2020年，市文联聚焦大事、围绕中心，树立精品，推动文艺精品创作。由孙铭泽、周旻、张胜迪、程鸿征演绎的《家和月圆》获第十一届中国曲艺牡丹奖。李绩的庐州核雕《花开富贵》获俄罗斯第八届国际民间工艺美术节“室内装饰工艺”主题创作比赛第二名。洪放的文学创作选题《追风之城》入选中国作家协会2020年度定点深入生活项目。4名作家获得省政府社会科学奖（文学类）。吴少东、许敏、凌泽泉、许冬林、武稚、张宇轩等多次在全国重点文学刊物发表作品。陈治军《古文字书法篆刻创作与传播》入选中国文联青年文艺创作培训计划项目。3人入选“国学修养与书法——当代中青年书法创作与理论骨干网络高研班”。2人入展全国第五届正书展。19人在安徽省四届书法展上获奖，市书协被省书协评为优秀市书协。40多人在安徽省美术大展上获奖。近70人在第21届安徽省摄影艺术展获奖入展。郑成功被中国文联、中国志愿者协会推选作为全国25名艺术家之一，为武汉方舱医院的护务人员、患者进行抖音直播摄影教学，是安徽文艺界的唯一。2首音乐作品在省文联、省音协举办的“春风一路踏歌来——全面建成小康社会”获奖。剧协申报推荐2个节目获得第二十四届“中国少儿戏曲小梅花荟萃”“小梅花集体节目称号”。

以引江济淮为主题的报告文学《大济淮》，由安徽教育出版社出版，系第一部书写引江济淮工程的文学作品。以近年来有关合肥主题的文学创作作品续集成《有湖的城市》之二，由安徽文艺出版社出版。历时两年，《中国民间故事书合肥卷（六卷本）》在7月正式对外出版，该书对推动合肥市对地域文化和传统文化的保存、宣传，以及对青少年的爱国主义的教育，提升合肥市的文化底蕴产生推动作用；7月，完成《中国民间文学大系》说唱·安徽卷（综合卷）编纂工作，重点编纂内容为门歌、坠子、相声的代表曲目及艺人小传、演出图片、视频等。

【文艺交流宣传】 2020年，市文联围绕提升合肥文化的传播力，推进文化“走出去”。先后组织赴江苏盐城、甘肃兰州、湖南长沙、福建厦门等地举办展览，开展交流。参与长三角文化交流与合作，市民协组织民间民俗文化的展示展演等对外交流活动，促进经典走出去、特色走出去、品牌走出去。亚明艺术馆召开“悟园论坛”学术座谈会，合肥久留米友好美术馆举办线上“云”展览，市文研所、市作协与合肥广播电视台在抗疫期间共同打造“品读”大型文学公益栏目，创作诵读50余首抗疫主题诗歌。

【文联项目和组织】 2020年，市文联着力推动基础设施建设，推进合肥美术馆项目建设和亚明艺术馆改造、智慧文联系统建设。落实

《中国文联深化改革方案》的相关要求，落实合肥城乡文艺群团建设和文艺繁荣的主体责任，等高对接长三角省会城市基层文联建设的先进做法，协调并指导各区成立区级文联组织，瑶海区文联成立，开展卓有成效工作。

（邵 恒）

合肥市贸易促进委员会（市博览局）

【概况】 合肥市贸易促进会（以下简称“市贸促会”）成立于1989年。2012年恢复建制，成为参照《公务员法》管理的事业单位。2015年加挂市博览局牌子。2020年，市贸促会抓住合肥建设长三角世界级城市群副中心和融入国家一带一路的机遇，聚焦合肥打造内陆开放新高地的战略部署，推进贸易投资促进、会议展览展示、货运航线建设等重点工作。

2020年，合肥市会展业克服新冠肺炎疫情影响冲击，全年举办展会约102场，展览面积约104万平方米。合肥市连续第四年入选“中国最具竞争力会展城市”并位居前列。中国（安徽）国际糖酒食品交易会成为安徽省首个获得全球展览业协会（UFI）认证的展览项目，其主办方安徽中贸展览有限公司成为安徽省首个获得UFI会员认证的展览企业。

9月12日，世界制造业大会江淮线上经济论坛在合肥举行，市贸促会负责承办线上江淮论坛活动。“江淮线上经济论坛暨‘六百’企业合作对接活动”成功举办，本次大会签约项目111个，总投资额1509亿元，其中超百亿元项目3个。开幕式上，合肥市组织14个重大项目在安徽省大会主会场现场签约，合肥分会场同步签约项目18个。

【货运航线建设】 2020年，合肥市出台支持货运航线发展政策，优化整合“合肥—芝加哥”货运航线、“合肥—欧美”生鲜包机航线，推进国际货运航线建设。新冠疫情发生后，市贸促会发挥航空货运优势，对接航空公司、物流企业等航空运营主体单位，通过加密货运班次，保障合肥航空物流通道畅通，满足合肥外向型企业货物的正常进出口需求，助力企业按时复工复产。开通新航空货运航线，“合肥—北京”定期货运航线正式开通运营，新桥机场国内定期航空货运航线增至2条。

【服务会员企业】 2020年，市贸促会组织企业参加“武汉加油 共同战疫”全球防疫物资对接平台、“中东欧商品云上展”等一系列云展览、跨境电商经贸交流活动，帮助企业寻找国外买家，开拓新的国际市场。组织合力叉车、泰禾光电等24家企业参加安徽省装备制造企业与央企外经企业对接会，推动国际产能和装备制造合作，共同实现高质量“走出去”发展目标。组织30余家会员企业参加中国贸促会举办的医疗物资出口业务线上培训等活动，为企业快速出口防疫物资增添动力。

【对外联络】 2020年，市贸促会开展国际贸易投资交流合作。组织会员企业参加德国工商会举办的“中国企业如何通过电子商务开拓德国市场”在线讲座、法兰克福中资企业协会会员单位组织的投资德国研讨活动。与香港贸易发展局上海代表处、俄罗斯联邦工商会驻上海代表处、白俄罗斯驻上海总领馆等境外经贸机构，在贸易展会、高端服务业、科技成果转化深化务实合作，开展线上交流，协助企业在疫情之下发掘更多跨行业商机，助力企业国际化经营。配合中德、中波工商理事会安徽联络办公室开展贸易投资促进工作，吸纳9家企业加入平台，收集对外经贸合作需求，引导企业开展风险可控的对外合作。

（张 磊）

合肥市残疾人联合会

【概况】 2020年，合肥市残疾人联合会（以下简称“市残联”）突出残疾人康复、就业、托养等业务，完成年度各项任务。获评“2015—2018年全国残疾人体育先进单位”“2019年度市政府目标管理绩效考核优秀单位”。组织开展基层残疾人组织规范化建设，全年建成残疾人之家151个、残疾人工作站1512个、市残疾人托养中心1个。动态更新残疾人基本服务状况和需求信息，完成登记171112人，其中入户登记162032人。全年核发第二代残疾人证7606本。启动“十四五”残疾人事业发展规划编制和残疾儿童康复基本公共服务标准化专项国家试点。

【康复服务】 2020年，市残联实施贫困残疾人康复民生工程，药费补助贫困精神残疾人12697名（完成率154.4%）、康复训练残疾儿

2020 年 9 月 9 日，合肥市残疾人职业技能大赛在磨店召开 （高晓宝／摄）

童 4265 名（完成率 133.1%），为 358 名残疾儿童装配矫形器（完成率 431.3%），为 383 名残疾儿童适配辅具（完成率 531.9%）；实施政府购买残疾人托养服务，托养重度残疾人 4200 人。

实施残疾人精准康复行动，组织开展入户调查、康复评估和辅具适配，为 30485 名残疾人提供康复服务、服务率达 99.6%，为 6372 名残疾人适配辅具、适配率达 99.6%。贯彻落实《残疾儿童康复救助制度实施办法》，为 311 名残疾儿童提供康复训练救助，为 26 名重度听障儿童配置人工耳蜗，为 15 名轻度听障儿童配置助听器，为 500 名贫困白内障患者提供手术补贴。

【就业创业】 2020 年，市残联实施残疾人就业创业行动，扶持阳光大棚 60 个、阳光助残就业扶贫基地 2 个、盲人按摩店 177 家、辅助性就业机构 45 家、残疾人就业创业基地 10 家，按比例就业市本级 1812 人、集中就业 234 人、辅助性就业 770 人、灵活就业（含社区、居家就业）1856 人，建档立卡 38261 名残疾人全部脱贫，举办 4 场残疾人就业专场招聘会，培训残疾人 1217 人次。教育资助残疾（残疾家庭）学生 15158 人。

【信访维权】 2020 年，市残联坚持“属地管理、分级负责”原则，办结“12345 政府直通车”47 件、理事长信箱 68 件，接听热线电话 1005 个，做到件件有回音、事事有答复。无障碍改造贫困重度残疾人家庭 238 户，发放残疾人机动轮椅车燃油补贴 1912 人。审批残疾人意外伤害保险 5.7 万人。启动残疾人机动轮椅车置换补贴工作。

【文化体育】 2020 年，市残联组织开展残疾人事业宣传和系列主题活动，评选年度残疾人事业好新闻作品 18 件、“助残脱贫·决胜小康”征文作品 20 件，刊发《合肥晚报·温馨残联》专版 24 期。举办“脱贫奔小康·同筑中国梦”残疾人线上读书演讲活动，作品在喜马拉雅平台收听量达 80 万人次。

（吴晓岚）

合肥市红十字会

【概况】 2020 年，合肥市红十字会坚持人民至上、生命至上思想，依法履职尽责、真切为民，完成疫情防控和抗洪救灾工作任务，实现为民办实事项目落地，推进“三救三献”（即应急救援、人道救助、应急救护、献血、造血干细胞捐献、人体器官捐献）核心业务，发挥人道领域助手和联系群众的桥梁纽带作用，红十字会的影响力和公信力得到提升，获得中国红十字会新冠肺炎疫情防控工作先进集体称号。

2020 年，公共场所自动体外除颤器（AED）设置项目继续纳入市政府为民办实事事项，全市新增设 256 台 AED，专项培训救护员 786 名，主要设置在区属及开发区学校、公办养老机构、部分公共场馆、博爱家园项目点、国企服务大厅等地，在地铁 1、2、3 号线实现全覆盖，5 号线安装 20 台。全年公共场所 AED 项目成功施救 2 人。

研究制定 2020 年度博爱家园项目建设方案，新建 4 个城市社区博爱家园项目点，分别位于包河区万年埠街道云海社区、蜀山区五里墩街道家家景园社区、庐阳区逍遥津街道县桥社区和瑶海区七里站街道东七社区。

与市教育局、市财政局共同印发《合肥市中小学校应急救护培训工作实施方案》，按步骤在合肥市 900 余所各类学校开展应急救护培训工作，建立学校应急救护培训常态化工作机制，开展学校应急救护知识普及活动，按照师生 1 ∶ 50 的比例对中小学校教职人员进行应

2020年4月13日，大学生志愿者在市中心血站无偿献血助力抗疫
（市红十字会/供）

急救员培训，到2022年和2030年使急救培训证书取得人员分别达到全市中小学校老师总数的1%和3%。

【突发公共事件应对】 2020年，面对新冠疫情和洪水灾害，合肥市红十字会汇聚爱心、支援一线，捐赠接收承诺三个百分之百（即百分之百尊重捐赠者意愿；百分之百将接收的捐赠款物，用于防洪救灾；百分之百将使用情况反馈捐赠者），主动接受纪检监察、民政、审计部门的监督检查，发布疫情防控捐赠公示74期，抗洪救灾捐赠公示41期。

助力疫情防控。疫情防控期间接收款物485笔总价值1847.80万元，含捐赠款376笔计714.19万元、捐赠物资109批折合1133.61万元。其中动员市民捐赠医用N 95口罩4260余只支援一线医护人员，捐赠给市属6家医疗机构各50万元支持疫情防控，采购10万只口罩捐赠给市教育局助力复学，争取上级红会调拨物资17批次13余万件，保障一线防控人员生活和防疫。5个县（市）红十字会开展社会捐赠接收和防控宣传工作，募集款物总价值2000余万元。

应对洪涝灾害。自7月18日至7月31日，合肥市红十字会调拨夏凉被、棉被、毛巾被、帐篷等物资送往12个转移群众安置点，总价值39.9万元；接收上级红十字会调拨8批次物资，总价值95.3万元；发布公告接收社会捐赠，接收捐赠款物737笔总价值1.135亿元（含捐款677笔、计10883.20万元，物资60批次、总价值469.04万元）。其中向防汛一线官兵捐赠50台烘干机的信息被《安徽日报》头版刊登两次，并被写入习近平总书记视察安徽的新闻报道中；淘宝主播薇娅向家乡捐赠200万等暖心事件获得中央、省、市媒体关注。5个县（市）红十字会接收捐赠款物总价值2000余万元。

【“三救三献”工作】 2020年，合肥市红十字会推进应急救护“五进”（即进机关、进社区、进农村、进学校、进企业），全市救护员培训47场计2600余名，开展应急救护知识普及72场次，普及群众33200余名，打造官亭林海、三河古镇、紫蓬山红十字景区救护站。春节期间开展博爱送温暖活动，筹集款物总价值99.53万元，受益群众5820余人。申请中国红十字总会天使基金救助，10名白血病患儿、3名先心病患儿获得救助，救助金计44.5万元；“博爱庐州”项目自筹资金22万元救助白血病患儿6名。组织27个项目参与腾讯99公益日，总筹款额300余万元，获评安徽省红十字众筹大赛先进单位。

举办高校热血天使评选，推进无偿献血进校园。参与制定《合肥市献血条例》及《合肥市无偿献血者奖励措施》，加强对献血者、造干捐献者的人文关怀。2020年有18位志愿者实现造血干细胞捐献，累计实现捐献75例，创历史新高，其中邵品德实现合肥第一例两次造血干细胞捐献，刘冬冬获“安徽好人”称号。做好登记、服务和见证工作，累计实现器官捐献123例，遗体捐献322例，角膜捐献159例；人体器官捐献累计登记志愿者14417位。

【志愿服务】 至2020年底，合肥市建成11支红十字志愿服务队，9所学校红十字志愿服务队。2020年新增市二院南丁格尔志愿服务护理队。全年开展活动153场次，参与人次1531名，服务总时长5871.71小时，服务群众24274名。共青团合肥学院委员会获全国红十字模范单位称号，志愿者程明月获评全国红十字志愿服务先进典型，4个志愿服务组织、13名志愿者获省红十字会表彰。结合疫情防控、抗洪救灾、世界红十字日、世界无偿献血者日、世界急救日等做好宣传，两视频作品分获省红十字系统短视频大赛一等奖、三等奖。

（张　妍）

合肥中华职业教育社

【概况】 2020年，合肥市中华职业教育社（以下简称“市职教社”）新发展团体社员2个，个人社员43名。市职教社有个人社员181名，团体社员46名。

市政协委员、市职教社社务委员韩宪德提出的“深化产教融合，大力推进合肥市职业教育发展”提案被评为市政协优秀提案。2020年，合肥职业技术学院获第三届中国质量奖提名奖；安徽建工技师学院选派的多名选手在中华人民共和国第一届职业技能大赛中获得优胜奖并入选国家集训队；合肥机电技师学院获批国家级高技能人才培训基地；青松食品有限公司被评为全国粮食安全宣传教育基地；安徽绿海商务职业学院多个项目被2020年度高等学校省级质量工程项目和科学研究项目成功立项；马郢社区成功入选全国乡村旅游重点村名录；合肥理工学校代表队参加第四届中华职业教育社创新创业大赛总决赛并获中职组全国一等奖，参加“首届安徽省中华职业教育创新创业大赛”，获中职组安徽省一等奖。

2020年，市职教社个人社员及社员单位为新冠疫情直接捐款430余万元，肥西社、长丰社、巢湖社捐款近370万元，将大量口罩、消毒水、防护服等防疫物资送往抗疫一线。其中社员单位阳光电源股份有限公司通过中国红十字会捐赠300万元，专项用于武汉雷神山医院建设，安徽皖维集团有限公司向安徽省红十字会捐款200万元，安徽新华教育集团有限公司、合肥荣事达电子电器集团有限公司分别向安徽省红十字会捐款100万元。

【调研建言】 2020年，市职教社开展“合肥市职业院校新工科建设服务合肥市新基建发展对策”研究。调研组对内召开省市职教专家、教育主管部门和有关院校负责同志座谈会，摸清合肥市职业院校课程设置情况；实地调研部分企业，了解本地企业用人用工需求和行业未来发展情况；通过网络在全国范围内了解新工科建设服务战略性新兴产业的典型职业院校。对外组织调研组成员赴杭州市、常州市、苏州张家港市职业院校和企业进行调研考察，学习先发地区经验。

2020年12月12日，合肥中华职教社社员获评“江淮名匠”（市职教社／供）

【组织建设】 2020年，市职教社将推动组织建设作为工作重点，肥东社和庐江社于7月和11月相继成立。合肥市在全省率先实现县级职教社组织全覆盖。

2020年，市职教社推动条件成熟的合肥职业技术学院、合肥机电技师学院、合肥理工学校、安徽国华教育专修学院、安徽青松食品有限公司、长丰县杨庙镇马郢村等6家单位成立社员小组，并于9月上旬举行首批“社员之家”集体授牌仪式。

【江淮名匠】 2020年，省社发起安徽省首届“江淮名匠”评选活动，市职教社推荐专家并号召社员单位申报材料参与评选。经专家评审，市职教社社员及社员单位有15人获评“江淮名匠”。

【温暖工程】 2020年汛期，团体社员马郢社区瓜农因大雨影响滞销几万斤西瓜，市职教社负责人得知情况后组织社员伸出援手，认购2万斤西瓜，解决瓜农燃眉之急。9月中旬，市职教社负责人率医疗专家团队和专家委员会委员赴马郢村，开展送医下乡活动，为马郢村及周边近150位村民提供义诊服务。

【社员小组活动】 2020年，合肥职业技术学院通过职教社平台与浙江金融职业学院合作，参与举办

2020年度“黄炎培杯”全国大学生投资理财技能大赛。安徽国华教育专修学院探索与社员单位资源共享，优势互补，合作发展职业教育，与安徽绿海商务职业学院共建国际舞蹈学院；与合肥职业技术学院合作，探索共建跨境电商学院，涵盖学历教育、师资培训、创业创新技能培训、跨境电商教学科研等项目合作。安徽青松食品有限公司与合肥职业技术学院、合肥市职工大学合作办学、互设基地，建立实训就业一站式教育服务体系。

（苏嘉麟）

合肥市计划生育协会

【概况】 合肥市计划生育协会（以下简称“市计生协”）成立于1988年5月，截至2020年底，有基层协会组织1978个，会员34.7万人，工作人员3694人，志愿者2.19万人， 12个县（市）区、开发区均建立协会组织。

2020年，市计生协按照省计生协改革工作电视电话会议精神，逐条对照省计生协《改革方案》，结合合肥实际，突出“切实加强县（市）区计生协组织设置和能力建设，调整优化机构职能；组织部门积极推进计生协参公管理，加大对计生协干部选拔、培养、交流和使用力度”等内容。10月30日第73次市政府常务会议审议并原则通过《合肥市计划生育协会改革实施方案》，并报市委批准，12月7日，合肥市政府办印发《合肥市人民政府办公室关于印发合肥市计划生育协会改革实施方案的通知》。各县（市）区根据市改革方案要求推进相关协会改革工作。

【疫情防控和抗洪救灾】 新冠疫情发生后，市计生协从2020年元月27日起全员上岗，参与市卫健委疫情防控工作。全市各级计生协3.2万名会员，2300名志愿者参与疫情防控工作，为村（居）筑牢第一道防线，其中113名会员与3名志愿者受到各级表彰。市计生协利用省人口健康基金拨付的48万元，对在肥480名援鄂医护人员进行慰问，下拨1.9万元用于购买防护用品，为一线工作人员提供保障。各级计生协对637户医护人员家属进行走访慰问，解决一线医护人员后顾之忧。对2.49万户家庭（含1556户计生特殊家庭）进行走访慰问，解决他们生产、生活困难。防汛期间，全市各级计生协抽调人员参加巡堤查险、灾民安置以及卫生防疫等工作，并对受灾计生家庭开展慰问和救助，肥东县、肥西县、庐江县为487户受灾计生家庭发放救助金27万元。

【村居公共卫生委员会建设试点】 2020年，市计生协按照省卫健委、省计生协《关于在部分县（区）开展村（居）公共卫生委员会建设试点的通知》要求，在肥西县、长丰县、瑶海区、庐阳区、蜀山区、包河区12个村（居）进行试点。8月28日，全省首家社区公共卫生委员会在瑶海区香江佳园社区挂牌成立；10月22日，全省家庭健康主题活动暨村级公共卫生委员会建设试点启动仪式在蜀山区南岗镇举行。截至2020年底，12个试点村居公共卫生委员会全部挂牌成立，并做到“亮标识、定制度、有计划、有活动”。村居公共卫生委员会围绕公共卫生、健康促进等工作，创新宣传方式，提高群众知晓率与参与度，开展“健康家庭 幸福家庭”“舌尖健康 美丽庭院”“勤俭节约 文明用餐”等系列活动。各试点单位以公共卫生服务能力得到增强，村（居）民健康素养得到提升，生活环境得到改善为目标，对照省文件要求，逐项落实，保证社区公共卫生工作持续推进，确保各试点村居的做法可复制、可推广，得到省卫健委、省计生协领导多次肯定。

【宣传教育】 2020年，市计生协把宣传教育作为工作重点，利用“5·29”会员日、人口日等节庆活动，组织开展主题宣传活动，宣传计生工作，扩大协会影响，增强

2020年10月22日，全省家庭健康主题活动暨村级公共卫生委员会建设试点启动仪式在蜀山区南岗镇举行 （市计生协/供）

协会的凝聚力和号召力。市政协主席、计生协会会长连续三年参加合肥市“5·29”会员活动日宣传活动。5月29日，《合肥日报》刊登以《壮阔四十年 奋斗新时代》为标题的专版，介绍合肥市计生协工作开展情况。省暨合肥市“5·29会员活动日暨全省计生协健康家庭促进行动启动仪式”在包河区举行。合肥经济技术开发区围绕“婚、孕、育、扶、享”，分别针对辖区新婚、孕妇、儿童、老人等不同群体，开展宣传和讲座。庐阳区开展“寻找最美抗疫人”摄影比赛活动，回顾抗疫期间各行各业的工作亮点和背后发生的温暖故事。

【计生特殊家庭帮扶】 2020年，市计生协筹集人口健康基金687万元，通过持续实施“生育关怀·幸福家庭”系列帮扶活动，服务帮助计生困难家庭成员13440人次，发放慰问救助金242.38万元。对全市143户新增计生特殊家庭进行紧急慰藉，发放慰问金42.9万元；为1户计生特殊家庭提供2万元再生育帮助；为377名计生特殊家庭大病患者和慢性病患者实施34.6万元救助；投入62万元为6403户计生特殊家庭购买意外伤害保险，为他们提供意外伤害保障和护理保障。蜀山区在省级暖心家园项目基础上，成功申报国家级暖心家园项目。肥西县引入社工组织优化计生特殊家庭社会关怀项目，计生特扶对象满意率达96%以上，得到中国计划生育协会的肯定。庐阳区在全区11个乡镇（街道）推行计生特殊家庭“双岗”联系人帮扶制度和计划生育特殊家庭就医绿色通道制度，重点在生活帮扶、精神慰藉、心理疏导、健康关怀等方面，为服务对象提供本土化、常态化、专业化服务。

【项目化服务】 2020年，市计生协全部完成省级“暖心家园”等8个示范项目，并进行评估。推进计生家庭意外伤害保险项目，为村级基层计生工作人员和计生特殊家庭购买综合意外伤害保险，实现全市基层计生工作人员和计生特殊家庭全覆盖。与中国人寿保险公司合作，为全市15.91万户计划生育家庭提供家庭意外伤害保险，6563户家庭获得保险赔付计1215万元，受到计划生育家庭的好评，计生家庭抵御风险的能力得到提高。参与“幸福微笑——救助唇腭裂儿童”公益项目“99公益日”的募捐活动，为贫困家庭唇腭裂儿童筹集善款，7名唇腭裂儿童接受免费手术。持续关注青春期健康教育，新站高新技术产业开发区成功申报国家级青春健康沟通之道项目，开展青少年性和生殖健康教育、培训及服务活动。通过开展助学成才行动，助力389名计生困难家庭学生走进大学校园，实施善根工程，5934名受资助的大学生成为协会工作志愿者。

助力托幼服务和乡村振兴。履行计生协促进3岁以下婴幼儿照护服务工作职责，组织各级计生协学习宣传国家、省、市相关文件精神，配合开展有关托育服务的调研和培训，瑶海区明光路街道省级托育所项目按期完成。参与全市脱贫攻坚工作，协会专职副会长定点帮扶联系长丰县造甲乡双河村，如期实现整村脱贫。全市各级计生协通过多种形式开展结对帮扶、健康脱贫等活动。开展家庭健康促进行动，引导群众重视家庭健康，全面提升群众健康素养，营造良好的健康生活氛围，促进家庭健康行动，包河区包公街道开展“合理膳食·反对浪费”主题讲座活动，老师向小朋友们介绍健康素养66条及合理的膳食习惯，呼吁小朋友们从小做起，合理膳食、拒绝浪费，形成良好的生活习惯。庐阳区以“客厅居室靓化美、庭院内外绿化美、厨卫分立清洁美、热心参与环境美、家庭和睦乡风美”为目标，打造有特色、有文化的美丽庭院样板。长丰县公共卫生试点村开展“最美庭院”评选活动，通过评选调动群众参与热情，提高大家健康素养。

注重流动人口服务。坚持把流动人口服务作为新时期计生协工作的重要内容，加强流动人口协会建设。发挥现有杭州和苏州两个市级流动人口协会和39个县级流动人口协会作用，开展服务合肥籍在外务工人员活动。9月26日，合肥市驻杭州流动人口计生协举办秋季养生与防病健康知识讲座，吸引150余名皖籍“新杭州人”前来听课；12月23日，驻杭州流动人口计生协组成“送温暖”走访慰问组，走访慰问驻杭流动人口困难家庭；庐江县在无锡市惠山区开展“心系流动人口，传播健康知识”主题活动，在宁波市开展“科学宣传疫情防护知识，提高公众自我防护意识”主题知识讲座；肥西县驻无锡市流动人口计生协抗洪期间为三河镇受灾群众送上慰问物资。关注困难和“三留守”人群，肥东县撮镇、石塘等乡镇对596名“留守儿童”组织免费体检活动；长丰县探索“四个一”（即一次摸底登记、一次健康体检、一次走访慰问、一堂健康课堂）行动关爱留守儿童。

（吕广发）

责任编辑：赵永军

法 治

人大立法

【概况】 2020年，合肥市人大常委会突出生态环境保护立法，推进生活垃圾减量化、资源化、无害化，制定《合肥市生活垃圾分类管理条例》，明确分类标准，构建长效机制，该条例是全市首部由市人代会审议通过的实体性法规。条例出台后推动普法宣传进单位、进社区、进学校，用法治力量促进垃圾分类成为“新时尚”。加强水环境治理、保障河道防洪安全，制定《合肥市河道管理条例》，就河道建设、管理和保护等作出规定，将河长制上升为地方法规内容，为巢湖综合治理提供法治保障。

【城市建设管理立法】 2020年，合肥市人大常委会在全国省会城市率先出台《合肥市制止餐饮浪费行为条例》，并入选2020年度“安徽省十大法治事件”，同时，运用漫画形式开展宣传教育。制定《合肥市文明行为促进条例》，填补合肥市文明行为促进工作的地方立法空白，有利于规范与引导公民行为，提升城市文明程度，践行社会主义核心价值观。遵循节能减排、推进绿色发展、满足群众生活需求，制定《合肥市城市集中供热管理条例》，对集中供热规划建设、经营使用、监督管理等进行规范。

【立法调研】 2020年，合肥市人大常委会重视以法治方式推进科技创新，开展科技创新条例立法调研，谋划条例的框架结构，聚焦关键环节，以制度创新推动科技创新。开展城市停车场建设管理条例、物业管理条例、燃气管理条例、城市节约用水管理条例、拥军优属条例立法调研，围绕城市建设管理找问题、寻对策，为制定法规奠定基础。

创新立法工作机制。修改《制定地方性法规工作程序》，出台《立法工作“双组长”制度》《立法调研工作制度》，规范立法工作流程，优化立法工作方式，推动“一个项目、一个专班、一抓到底”。申报全国人大常委会法制工作委员会基层立法联系点，获全国人大评估组好评。市人大地方立法研究中心正式运行，立法工作队伍建设得到加强。

（刘冠男）

政法委与综治

【概况】 2020年，合肥市政法部门完成重要维稳安保任务，全国“两会”期间实现“零进京访”和社会面“零清理”，党的十九届五中全会期间进京访量降至全省第8位。刑事警情、黄赌警情、“两抢”案件、四类可防性案件、一般交通事故同比分别下降13.5%、31.2%、

2020年3月13日，市委政法工作会议在市政务中心召开 （曹 宇/摄）

34.3%、15.2%。全市法院受理案件数、审执结数同比增长12.26%、13.22%，结案率提高0.82个百分点；检察机关办理案件19973件，起诉人数同比增长2.6%；司法行政机关办理行政复议案件246件，行政应诉案件160件。

【服务经济建设大局】 2020年，合肥市政法部门服务“六稳”“六保”，出台服务疫情防控常态化条件下经济社会发展意见，打掉串通围标犯罪团伙87个，组织开展民营企业“法治体检”，推动建立破产审判协调保障机制并依法处理破产重整案件124件，依法审结知识产权案件2986件。保障三大攻坚战，清理整顿金融企业523家，依法审理非法吸收公众存款和集资、金融、电信网络诈骗案件114件；向因案致贫返贫受害家庭发放司法救助金291.8万元，依法审理涉农案件538件；组织长江流域非法捕捞打击整治专项行动，检察机关建立“河湖长+检察长”“林长+检察长”工作机制，法院系统建成使用巢湖环境资源审判庭。开展宪法、民法典宣传，举办“法律六进”巡讲、点讲等专题活动，加强政法宣传舆论矩阵建设，传播政法正能量。

【防疫抗洪】 2020年，合肥市政法部门依法打击十类涉疫违法犯罪，先后办理涉疫案件370件；加强人员密集场所管控，派驻警力布控重点部位，检查63.37万台车辆、130.02万人，摸排境内高风险地区来肥人员5.9万人次；出台服务保障企业复工复产九条措施，发布《新冠肺炎防控法律指引》14期；24小时巡查处置涉疫谣言和负面言论，依法妥处敏感舆情19起；做好监所疫情防控，守住疫情“零发生”、人员“零感染”两条底线。全警参与抗洪救灾，转移疏散群众9.8万余人次，排查化解涉汛矛盾7890起，清除安全隐患3000余处，加强蓄洪区巡逻盘查，为撤离群众“看家护院”。

【风险防范】 2020年，合肥市政法部门推进社会稳定风险评估工作，评估重大事项508件。组织开展“无案社区”创建活动，健全矛盾纠纷多元化解机制，排查各类矛盾纠纷91710件，调解成功89975件，成功率达98.11%。化解社会风险防范，有效化解重大风险143件、中央和省信联办交办信访积案和疑难案件2135件、房地产领域信访突出问题26件，进京社会面清理、国家信访局登记上访、赴省上访数量同比分别下降49.2%、63.8%、73.1%。

【扫黑除恶】 2020年，合肥市政法部门围绕扫黑除恶专项斗争“六清”（以“清彻底、清到底、清干净”为目标，全面启动“线索清仓”“逃犯清零”“案件清结”“黑财清底”“伞网清除”“行业清源”）行动，侦办黑社会性质组织案件30件、一审判决25件613人，侦办恶势力犯罪集团案件91件、一审判决88件1292人，2020年9月底前立案的恶势力犯罪集团以上案件以及全国扫黑办挂牌督办的涉黑案件全部一审审结，打掉黑社会性质组织数和恶势力犯罪集团数分列全国省会和计划单列市第7、第10位；省扫黑办要求提级核查的70条线索和省公安厅统计的6类703条线索全部办结；查封、冻结、扣押涉案资产17.12亿元，判决生效财产刑和追缴、没收违法财产执行到位率分别达81.79%、92.11%；境内日标逃犯全部归案；发出并整改到位“三书一函”520件，推动开展行业领域专项整治行动40余次；纪检监察机关立案查处368人，给予党纪政务处分325人，移送审查起诉57人，第一种形态处理224人；组织部门整顿软弱涣散基层党组织153个。

【“平安合肥”建设】 2020年，合肥市政法部门启动全国第1期市域社会治理现代化试点合格市创建工作。严厉打击刑事犯罪，命案发案、八类严重暴力案件数处于全国省会市最低行列，电诈警情同比下降5.54%；“推磨转圈”式集中清查整治治安乱点，严打“苍蝇式”侵财犯罪，黄赌警情占全省总量由41%降至14.6%；查处突出交通违法2.5万余起，整治交通乱点173处，“路网高峰行程延时指数”降至全国第30位；推动养犬管理条例落实，涉犬警情同比下降13.52%。推进社会治安防控体系建设标准化城市创建，完成“雪亮工程”一期建设，建成“前哨”系统前端点位63处，完成632处高铁环境外部隐患整改，社会治安防控体系提档升级。深化网格化服务管理，建成智慧平安小区1399个并实现可防性案件下降80%，组织开展平安校园等行业性平安创建工作，夯实社会治理基层基础，智慧平安小区做法被《中央政法动态》刊发推广。

【深化政法改革】 2020年，合肥市政法部门发挥执法司法监督制约功能，开展全市执法规范化建设专项活动，市委政法委督办重点敏感案件30余件，检察机关监督刑事立案79件、纠正漏捕漏诉420人、提出刑事抗诉76件，法院直播庭

2020年12月10日，合肥市涉案财物管理中心揭牌 （曹 宇／摄）

审4.2万余次、网上公开裁判文书18万余份，司法行政机关组织群众公议150余场。深化诉讼制度改革，推进民事诉讼程序繁简分流改革试点，认罪认罚从宽制度案件适用率达86.6%，开展联动执行，全省首家涉案财物管理中心建成使用，新办案件“206”系统应用全覆盖。政法公共服务更加便民惠民，移动微法院效用显现，当场立案率超98%、网上立案2.9万余件；推出公安20项审批服务便民化举措，105项高频户政业务实现全程网办，电动自行车免费上牌270.3万辆；行政复议基层受理点在公共法律服务中心及司法所建立，法律援助案件受理量达1.2万余件，发放司法救助资金1706万元、救助716人次。

（陈丽雯）

法治政府建设

【概况】 2020年，合肥市在全省依法行政考核中，连续十一年位居第一；在省委依法治省办组织开展的全省首届法治政府建设示范创建活动中，合肥市政府、长丰县政府、合肥高新技术产业开发区管委会获评全省法治政府建设示范市（县、区）。

【法治建设】 2020年，合肥市委全面依法治市委员会工作机制规范运行，发挥统筹协调作用，市委依法治市委员会部署党政主要负责人履行推进法治建设第一责任人职责工作，各级各部门党政主要负责人严格履行职责。市政府主要负责人认真履行推进法治政府建设第一责任人职责，组织召开推进依法行政工作领导小组会议暨全市依法行政工作会议，对全市依法行政与法治政府建设工作进行系统部署和细化分工。市政府将依法行政作为专项工作写入政府工作报告。市委、市政府领导分别带队赴县区开展实地督察，市委依法治市办全程跟进指导，开展督察督导2轮次，调研指导党政主要负责人履行推进法治建设第一责任人职责和法治政府建设工作任务落实情况。落实法治政府建设情况报告制度。科学制定考核标准，创新采取“自查自评＋集中评议＋双人核查”相结合的考核方式，完成年度依法行政考核工作。开展2020年全省首届法治政府建设示范创建申报，对照省依法行政办梳理的省级尚未完成50项《纲要》重点任务，认真自查、主动认领、明确责任；梳理涉及合肥市任务11项并逐项督促完成，市级清单152项任务均序时推进、按时完成。常态开展市政府常务会议学法，以《中华人民共和国传染病防治法》《民法典》等为主题组织会前学法4次、书面学法1次。坚持非经人大任命的市管领导干部任前法律知识测试制度，全年测试6批次73人。组织全市法治工作机构人员培训、县处级领导干部依法行政培训，参训人员140余人。

【政务服务】 2020年，合肥市司法系统全面优化营商环境，深化行政审批制度改革，实施涉企审批事项“证照分离”，推进“多证合一、一照一码”改革，实现企业开办3个环节1日办结，保留市级审批事项186项。全面取消市级设定的证明事项，打造无证明事项城市。推进构建“全省一单”权责清单制度体系，建立即时动态与年度集中调整相结合的权责清单动态管理机制。开展市级权责清单中依职权类权责事项统一规范工作，及时动态调整并对外公布；规范县乡级清单，完成县级行政处罚和行政强制统一规范工作。推行包容审慎监管，出台《关于进一步优化营商环境推进包容审慎监管支持市场主体创业发展六项清单（2020年版）》，打造“四最”营商环境。打通服务群众“最先一公里”，建成“7×24小时”

2020年6月3日，合肥市推进依法行政工作领导小组会议暨全市依法行政工作会议在市政务中心召开（市司法局/供）

政务大厅，推出“7×24”小时政务服务地图，完成“专科+全科”综合窗口建设，个人政务服务事项全程网办率100%，“一件事”集成办事237项，101个事项下沉办理，“马上办、网上办、就近办、一次办”取得成效。在2019年度省级政府和重点城市网上政务服务能力调查评估中，合肥位列全国第4，是7个网上政务服务能力“非常高”城市中唯一的地级市；在中央广播电视总台编撰的《2019中国城市营商环境报告》中，合肥在“36城市政务环境维度排名”中紧跟北京、上海，位列全国第3。健全公共法律服务平台，推动公共法律服务平台建设融入政府公共服务总体布局，逐步实现数据按需共享。覆盖四级的公共法律服务实体平台规范运行，并与网络平台完全无缝对接，全市法律服务微信群实现全覆盖，公共法律服务网上运行机制更加健全，合肥市12348法网开通店铺473家，上架产品2206件。

【社会发展制度建设】 2020年，合肥市司法系统提高立法质量效率，科学编制、实施政府规章年度工作计划，完成《合肥市生活垃圾分类管理条例》《合肥市河道管理条例》《合肥市二次供水管理办法》等9部地方性法规规章立法工作。全年开展立法调研20余次，推行法规规章立法草案公开征求意见及反馈制度、立法项目草案专家咨询论证制度，研究吸纳相关意见建议，确保制度设计合法合理。强化文件监督管理落实市直部门规范性文件“三统一”制度，全年审查部门文件137件，登记编号135件。规范文件备案审查程序，备案审查县级政府规范性文件60件，向省政府、市人大报备市政府规章和规范性文件27件，及时率、规范率均达100%。对现行有效规章进行全覆盖、动态化、有重点的清理，完成规范性文件定期清理和涉及民法典的规范性文件等专项清理，维护法制统一。围绕疫情防控、高质量发展等重点工作，审查市委市政府文件190件。依法合规处理招商引资、国土规划、国资审定、历史遗留问题处置等涉法事务610余件，源头防范行政决策风险。遴选聘任新一届市政府法律顾问，全年参与研究处理国土、房产等重点领域涉法事务177件次。律师陪同市领导接访63次，接访事项1462件。依法应对新冠肺炎疫情，出台《关于依法防控新冠肺炎疫情切实保障人民群众生命健康安全的实施意见》等文件，从立法、执法、司法、守法各环节对全市依法防控新冠肺炎疫情工作做出部署安排，提出16项工作措施，确保疫情防控始终运行在法治轨道。开展疫情防控专项执法、防疫物资质量专项整治、学校复课食品安全检查指导，净化市场秩序，保障复工、复产、复学。

【行政执法监督】 2020年，合肥市司法系统发挥市法制监督平台作用，对行政执法行为实行全覆盖、流程化监督，逐步探索覆盖执法部门、跨层级数据共享的“网上办案+移动执法”智能化系统，市法制监督平台全年运行各类事项1万余条，其中执法信息1000余条。组织开展重点领域行政执法案卷评查，累计评查案卷1500余卷。提升群众公议工作质效，实行群众公议员退出机制，强化业务培训，全年开展公议134场，意见建议采纳率78%。推行证明事项告知承诺制，对全市1861项政务服务事项、4788项申请材料进行审核。依法协调处理城管、环保、城建、交通、房产等领域行政执法争议13件。推行行政执法“三项制度”，常态开展监督检查，确保制度落实成效。加强“两法衔接”工作，全市行政执法机关向公安机关移送案件275件。开展行政执法通用法律知识轮训和专业知识培训，提升行政执法人员素质能力。落实全省首个《行政执法辅助人员管理办法》，坚持动态管理辅助执法资格，全程立体规范辅助执法行为。

【化解矛盾】 2020年，合肥市政府收到行政复议申请418件，同比增长39.3%，受理363件，受理率86.8%；审结307件，准期结案率100%，直接纠错率44.6%，综合纠错率52.4%。在行政纠纷中，当事人首择复议方式的案件量是诉讼方式案件量的1.8倍，行政复议作为化解行政争议的主渠道作用得到发挥。完成137个新设基层受理点授牌及培训工作，实现基层受理点市域范围全覆盖。规范开展行政复议决定书网上公开工作，全年公开行政复议文书1000余份。改进案件审理方式，坚持集体审议疑难案件，发挥复议委员会“外脑”和“监督”双重作用，全年召开审议会和论证会议10次，审议重大疑难案件15件。落实行政负责人出庭应诉制度，充分利用庭审平台化解争议，全市全年开庭行政诉讼案件1095件，实际出庭728件，出庭率66.5%。建立完善联席会议制度，市司法局、各级法院和部分市直部门围绕相关法律问题常态化开展专题研讨，预先排除行政执法风险。推进行专调解、“警民联调”、访调和诉调对接、律师化解等工作，提高矛盾纠纷基层化解的整体效果和合力。

【规范权力运行】 2020年，合肥市司法系统采取“决策、执行、管理、服务、结果”五公开，全年公开信息389037条。推进公共服务与民生、公共资源配置和公共监管等重点领域信息公开，累计公开信息8562条。依法规范及时办理依申请公开信件，全年市本级受理237件，答复率100%。发挥政府信息公开在疫情、汛情等应急管理中的重要作用，疫情期间，市政府官方微信发布信息988条，市政务信息公开网发布信息12213条。“合肥市人民政府发布”微信公众号成为全省最有影响力的市级政府发布平台；合肥市政府透明度指数在《中国法治蓝皮书》中位居全国第8；在中国社会科学院国家法治指数研究中心开展的2020年政府信息公开工作年度报告情况评估中，合肥市政府信息公开工作年度报告发布情况在全国地级市中获得首肯。加强审计监督创新，出台《合肥市经济责任审计工作联席会议制度》《关于深入推进审计全覆盖的实施意见》，开展审计全覆盖，完善具有合肥特色的经济责任审计立体防控体系。推进审计数据中心应用，采用数字化审计模式，推动大数据信息技术与审计业务有机融合，打造智慧审计合肥模式。强化民主监督和社会监督，办理人大代表议案、建议和政协委员提案，答复规范率、按时办复率和代表委员满意率均为100%。全面整合“人民网”网民留言、省市政府“双微”、安徽政务服务网等诉求渠道，开通“合肥市12345”微信订阅号，运行12345智能语音信息系统，打造政务服务“总客服”。通过抓受理、保畅通，抓办理、大提速，抓信息、当助手，发挥“连心桥”作用，转办件平均办理时长由6.5个工作日压减至5.7个工作日，群众满意率超过96%。

（夏 韵）

公 安

【概况】 2020年，合肥市公安局（以下简称“市公安局”）落实铸警魂、守初心、担使命，锚定“全省当标兵，全国创一流”工作目标，聚焦“人才、创新、管理”三大要素，全力以赴抗疫情、战洪水、保安全、护稳定。全市刑事警情、黄赌警情、“两抢”案件、四类可防性案件、一般交通事故同比分别下降13.5%、31.2%、34.3%、37.5%、15.2%、17.3%；破案34起现行命案，命案等各类严重暴力犯罪发案数处于全国省会城市最低行列；没有发生造成重大影响的涉稳事件、暴恐案事件；扫黑除恶战果进入全国第一方阵；全市公安机关守住疫情“零感染”、监所安全“零事故”两个底线，全市监所连续16年安全无事故；采取十项措施服务保障合肥国家实验室建设；做好中央第五巡视组驻地安保，完成“世界制造业大会江淮线上经济论坛”、世界显示产业大会等236场大型安保工作、174批次警卫任务。

2020年，市公安局在全省公安机关绩效考核取得三连冠。群众安全感、群众对公安工作满意度分别为98.75%、97.11%，同比分别上升0.95、2个百分点，实现“双提升双进位”。

【抗疫抗洪】 2020年，市公安局以“实到板上钉钉、细到天衣无缝、严到不近人情”的标准，在抗击新冠疫情期间，摸排核查境内高风险地区来肥人员6多万人次，依法严打十类涉疫违法犯罪行为，办理涉疫案件272起，打击处理290人。其中，1月29日，水上公安分局联合海事局、滨湖印象旅游公司成立战时党支部，在南淝河、巢湖船闸管理处设立疫情检查点，现场检查船舶800艘次，联合开展现场疫情防控测体温3500人次；特警出动警力13000余人次，先后参与23批次的志愿者工作。交警支队牵头设立29处疫情防控卡点，检

2020年2月，庐江县公安局民警在抗疫最前线 （市公安局/供）

查车辆62.1万辆次、人员128.5万人次，梳理出7211辆涉疫车辆，报送卫生部门落实防疫措施。全警参与防汛抗洪，驰援肥西、庐江等地转移疏散群众9.8万余人次，排查化解涉汛矛盾纠纷7890起，清除安全隐患3745处；其中特警出动警力3367人次、车辆1124台次、直升机38架次、无人机216架次、舟艇143艘次，先后支援巢湖东大圩卡点2个，参与疏散（救助）转移金威特电子厂、肥东县长临河镇十八联圩、庐江同大镇等区域被困群众1152人次。

【“平安合肥”建设】 2020年，市公安局在全国省会城市率先建设符合公安部标准规范的大数据中心，推进视频数据汇聚治理，全市视频图像设备基础信息采集率、准确率均接近100%。创新尝试“揭榜挂帅”新模式，全年侦破命案积案29起，破案数居全省第一，任务完成率居全国省会城市和计划单列市首位。经济犯罪案件受案中心成立；合肥市涉案财物管理中心规范运行。法医实验室入选全国公安机关重点司法检验鉴定实验室，在全省地市级公安机关中率先实现全国重点实验室“零”的突破；DNA室、理化检验室达到全国重点实验室建设标准。市公安局指挥中心实现机器人辅助接警、数据整合语音查询、终端一体机自助报警。法制支队研发的执法监督管理平台（风险控制预警系统）入选2020年全国政法智能化建设智慧警务优秀创新案例。特警支队民警朱棣斌同志当选公安部《中国公共安全防爆专刊》编委会委员。肥东县公安局成为全国首家拥有警用无人驾驶航空器执照驾驶员（17人）队伍的县级公安机关。

2020年，合肥市“雪亮工程”（即以县、乡、村三级综治中心为指挥平台、以综治信息化为支撑、以网格化管理为基础、以公共安全视频监控联网应用为重点的“群众性治安防控工程”）通过验收，建设国家级视频技术联合实验室，创新推出区域态势感知预警系统，实现动态预警、全时可控、区域联动打防模式。首家公安行政服务e站正式投入运营，市民驾驶证遗失可在24小时“自助式”补办。12月30日起，启用市区禁行道路车辆通行证网上办理系统。“微服务大厅”在“合肥交警”微信公众号上线，“电动自行车登记”“拖移车辆查询”“停车诱导”等20项服务实现网上办、指上办。推进长三角G60科创走廊跨城办事“一网通办”，实现跨城办事“一次都不跑”，合肥异地办证量居科创走廊9城市之首。建成城市交通“超脑”平台，每天整合汇聚各类数据2亿余条，实现城市级交通状况感知，为全市城市交通管理提供重要的数据支持。分批排查确定的8处堵点、三批160处乱点得到治理，群众“急难愁盼”的交通问题逐步得到解决。

【扫黑除恶】 2020年，市公安局把扫黑除恶专项斗争作为“一号工程”来抓，主要负责同志定期调度督导，党委班子包片督导，及时发现问题，动态调整部署、精确指导帮扶、适时约谈警示，并带头领办线索案件25件；建立派出所滚动摸排、警情案件分析研判等摸排机制，对近5年九类犯罪案事件开展“回头看”，落实各级核查单位“三长负责制”，出台《办理黑恶犯罪财产快速处置工作规范》，依法查封、冻结、扣押黑恶案件涉案资产总价值约17.12亿元；成立市、县两级涉网涉伞线索排查处置专班，590件伞网线索全部有效处置。组织开展“铁拳出击”、打击“套路贷”、打击涉互联网黑恶犯罪等专项打击行动。挂牌督办12件重大黑恶案件。全年703条“线索清仓”行动目标线索、68条提级核查线索均办结，完成存量线索清仓任务。侦办黑社会性质组织犯罪案件6件、恶势力犯罪集团案件20件、“套路贷”团伙案件62件。“套路贷”警情同比下降52.3%。侦办涉黑、涉恶集团案件数量分别位居全国第

6位、第7位，连续三年扫黑除恶专项斗争战果居全国省会城市及计划单列市第一方阵。形成“统筹推进系统化、队伍建设专业化、责任落实立体化、线索处置流程化、核查办结规范化、大案攻坚精细化、执法监督严格化、纪法衔接紧密化、执纪问责严格化、治安治理全面化、社会综治协同化”扫黑除恶常态化机制化。

【打击刑事犯罪】 落实命案等重大案件侦破工作机制。2020年，市公安局落实命案等重大案件侦破工作机制，快侦快破现发八类案件及命案。立八类案件同比下降13.7%。破案率为99.6%，同比增长0.89个百分点。现行命案连续7年全破。强化涉枪案件信息研判，梳理2010年以来全市涉枪人员并采集其日常信息，组织开展集中收网，专班打击，立涉枪案件同比下降27.4%；采取强制措施同比上升32.3%；开展多警协作联合作战、专项行动重点攻坚、上门规劝等举措，抓获网上在逃人员6877名。抓获历年网上在逃人员77名、抓获命案在逃人员33名。

侦办民生案件。立足严打街面“苍蝇式”侵财案件，抓获各类违法犯罪嫌疑人2300余人，挽回群众损失近240万元，盗窃三车、电瓶、扒窃警情同比分别下降26.15%、75.52%、57.23%。打击整治“食药环”违法行为，侦破案件336起，采取刑事强制措施1033人。严打巢湖水域非法捕捞违法行为，打掉犯罪团伙19个，抓获犯罪嫌疑人256人。

缉毒破案行动。全覆盖推进春季铲毒专项工作，侦办非法种毒刑事案件45起，刑事处罚53人；查处非法种毒行政案件313起，行政处罚314人。以省公安厅“净边2020”和市公安局“春季攻势”“筑安3号”等专项行动为契机，开展缉毒破案工作，接连破获贩毒案件，缴获毒品1100余克。全年立、破毒品案件417起，抓获毒品犯罪嫌疑人496名。

打击电诈犯罪。营造全社会反电诈宣传舆论氛围，增强人民群众对电诈的“免疫力”“抗击力”。完善市局、分县（市）局、刑警队（派出所）三级反电诈工作体系和反电诈预警“三级联防”机制；对全市58个派出所电诈警情实行日、周、月、季度通报，并纳入派出所绩效考核；针对贷款类、网络购物类、冒充客服类、杀猪盘类等多发高发类案，加强串并研判，做到“定人、定案、定位”，赴外地摧毁电诈团伙97个。落实“涉案线索快速落查”工作机制，第一时间落地核查本地窝点线索，第一时间铲除盘踞在本地诈骗窝点，摧毁本地电诈窝点129个。全市电诈警情，立案数、涉案金额同比分别下降5.5%、2.5%。破电诈案件强制措施同比分别上升75.45%、134.47%。收缴黑广播23台，GOIP设备269台，“猫池（即一种网络通信设备）”设备302台，打击伪基站1台。

打击经济犯罪。推进打击串通投标犯罪专项行动，成功侦办重特大串通投标案等案件173起，涉案总金额110.53亿元，净化全市招投标市场秩序。开展涉税百城犯罪打击行动，立涉税案件144起，采取强制措施388人，其中，破获高危地区重点人员利用疫情实施的“12·18”暴力虚开案，价税合计10.9亿余元。打击地下钱庄“歼击20”专项行动，与治安部门联合侦办多起等网赌案件，立涉地下钱庄案件39起，采取强制措施64人，涉案资金达300余亿元，冻结资金2.6亿元，侦破“4·22”特大地下钱庄案等典型案件。开展“猎狐2020”专项行动，与边检等部门沟通，依靠“大数据+多警种协作”方式，相继从德国、乌克兰、柬埔寨和迪拜等国家和地区抓获7名境外逃犯。

【治安行政管理】 2020年，市公安局加强公安基层基础工作，发挥

2020年6月18日，合肥市创建全国市域社会治理现代化试点城市动员部署会在市政务中心召开 （曹 宇/摄）

智慧小区作用，提速优化便民服务，继续推广“枫桥式公安派出所”经验，多项治安业务工作跻身全国一流行列，在全省治安系统绩效考核中以较大优势蝉联全省第一。

公安基层基础工作。围绕落实党委政府、教育、家长、公安机关等“四位一体”责任体系，实行“传统+科技”、警民联合等方式，推进校园安全的信息化前端预警和立体化安全防范，形成护校安园齐抓共管格局。3年以来，合肥校园安全防范达标率从40%提升至95%，校园及周边发案率连续8年下降。推广城区“一区一警两辅”和农村“一村一辅警”模式，打造专群结合的社区警务工作团队，继续推进“2+3+N”共建共治共享社区警务工作模式，推动实现公安基层基础工作与地方党委政府及职能部门共建共治共享。

推进智慧小区建设。全市建成并投入使用智慧平安小区1267个，抓获网上逃犯等犯罪嫌疑人52人，小区可防性案件压降近80%。肥东县公安局在省内首次实现天翼看家平台、雪亮平台、智慧平安小区平台技术层面无缝对接，形成“全域覆盖、全网共享、全时可用、全程可控、智慧应用”的大平台防控格局。中央政法委政法动态刊登合肥市《科技赋能助力长效治理 合肥市积极探索推进智慧平安小区建设》。国务委员、公安部部长赵克志在全国公安厅局长会议上点名表扬合肥智慧平安小区建设成效。

优化便民服务。建设合肥市户政统一服务平台信息化建设项目，将分散在多个系统的户政业务申请、受理、办理、审批集成一体，实现105项中报业务均“一屏”办理，让群众办事像“网购”一样方便——“全程不见面”“一次不用跑”。放开放宽落户限制，加快农业转移人口市民化。

2020年，合肥市户籍人口782万人，其中城区户籍人口304.4万人、四县一市户籍人口477.6万人，户籍人口净增长9.95万人，户籍人口城镇化率为55.16%。制定和实施《合肥市养犬管理工作实施方案》。

开展治安清查整治。依托市级打击整治枪爆违法犯罪联席会议制度，办理涉枪涉爆案件27起，抓获犯罪嫌疑人72名，打掉涉枪犯罪团伙8个，捣毁窝点16处；收缴各类非法枪支202支、子弹23430发、废旧炮弹33枚，手榴弹19枚，管制刀具153把。在采取“推磨转圈”集中用警、异地用警等方式的基础上，形成“党委领导、治安牵头、多警种联动、全局共同参与”的合肥“筑安”行动模式，治安支队在公安部“治安大讲堂”上做经验交流。全年开展100人次以上的集中清查整治270次，其中全市公安机关开展8次“筑安”行动，出动警力101610人次，破获刑事案件1591起，查处治安案件1638起，摧毁各类团伙126个，抓获各类违法犯罪人员9386名。全年办理刑事案件数、抓获嫌疑人、采取刑事强制措施、治安处罚人数分别同比上升15.21%、11.34%、42.49%、7.40%，全市黄赌警情同比下降31.2%。

【网络安全保卫】 2020年，市公安局网安部门开展合肥市网络与信息安全信息通报中心建设，编发网络与信息安全信息通报278期，发现278家单位网站存在598个高危安全漏洞，监测处置网络安全事件153起。举办“护网2020”网络攻防演习，发现38家单位信息系统121处网络安全隐患。与市总工会、数据资源局分别举办网络攻防大赛。探索网上“枫桥经验”，组建5000人的网络管理员队伍，500人的网络安全宣传队伍，100人的网络安全专家队伍，推动网络综治共建共治共享。以“净网2020”专项行动为依托，针对GOIP、猫池等网络违法犯罪黑灰产组织情报会战，推动对网络犯罪实现全生态、全链条打击，面向全局先后发起4次规模性打击行动，打掉电诈和黑灰产犯罪窝点60余个，抓获犯罪嫌疑人350余名，核实涉案资金超过2亿余元。全年侦破网安主侦案件492起，抓获犯罪嫌疑人705名；协助破获案件3450余起，抓获犯罪嫌疑人4220余名，侦破安徽省首例ETC短信诈骗案一批涉网新型犯罪案件，“4·7”帮助信息网络犯罪活动案入选“全省年度十大精品案件”。共建警企合作建立“本地电诈窝点主动发现模型”，被公安部网安局在全国复制推广。推进电子数据检验鉴定实验室建设，被确定为数据取证能力全国十大支撑点之一。在全国“创享杯”第一届电子数据取证线上大比武中，合肥市两组代表队从全国137支参赛队伍中脱颖而出，分别取得公安序列排名第3、第4名。

【道路交通安全管理】 2020年，市交警支队施行《合肥市城市道路交通设施建设管理实施办法》，增改交通标志1242块，安装维护隔离护栏3.9万米，更换防撞设施750个，清除和施划交通标线15.3万平方米。推动属地政府完善364所中小学周边交通安全设施，增设交通标志388块、隔离护栏0.6万米，施划交通标线5.2万平方米。优化动静态交通管理，在大型商业

2020 年 11 月 5 日，庐阳区南门小学恒盛皇家花园分校开展交通安全知识讲座活动　（葛传红／摄）

综合体等周边道路建设 32 块室内停车泊位实时电子显示屏，推行路内分时段停车，并综合车流量、停车需求等情况，及时撤销 1572 个、新增 4970 个路内停车泊位，至年底城区路内停车泊位 4.9 万个。在全省率先免费开展电动自行车集中登记上牌 270 万辆，其中城区 139.2 万辆，四县一市 129.3 万辆。全年查纠交通违法 485.1 万起，暂扣非法改装“炸街”车 83 辆。查处醉驾 3826 起、酒驾 9350 起、失驾 2624 起、渣土车突出交通违法 1.39 万起。庐江县公安局自主研发的“事故研判 App”，成为合肥市交警一类党建品牌推广。全年办理机动车注册登记 45.3 万辆、驾驶人考试 101.5 万人次、新发驾驶证 16 万本，网上处理交通违法 75.8 万起。在全省率先推行驾驶人满分和审验“网上教育”学习 10.4 万人次。强化交通安全源头监管，重点运输企业开展安全生产检查 35 次，召开季度、专题约谈会 5 次，约谈重点运输企业 35 家等。建成 9 个一级、77 个二级农村交通安全警保合作劝导站。合肥市在高德地图“路网高峰行程延时指数”下降至全国第 30 名，全市发生交通亡人事故起数、死亡人数同比分别下降 6.1%、3.4%。合肥市公安局交通警察支队被中央政法委评为“两个一百”新媒体先进单位，在《人民公安报》和《中国警察网》联合主办的第四届（2020 年度）警务视频展播评选中，“合肥交警”抖音获评“优秀公安抖音账号”和“公安政务新媒体年度新锐账号”。新站大队“百校万生”交通安全宣讲志愿服务项目获第五届中国青年志愿服务项目大赛铜奖，系全国交警系统和全省公安机关唯一获奖项目。

【轨道交通安全管理】　2020 年，合肥轨道交通公安分局通过集中培训、送教下站、站点组训 5500 场次，覆盖全体民警辅警完成科目训练 3 大类 500 多场次，专题练兵 200 余次，达到以训促战的目的。梳理完善各项规章制度，制定《轨道交通分局机制规范汇编》，依靠制度规范和提升队伍整体战斗力。完善轨道警务机制，按照“分类划站、错时布警、分段流动”的原则调整轨道警务模式，确保集中优势“兵力”提高处突力度。全年开展视频巡查 1 万余次，发现问题 50 余处，全部落实整改。与属地分局和其他警种开展地上地下联勤联动工作交流，健全联勤联动机制，落实高等级勤务多警联巡，提升防控工作质效。指导运营企业多形式开展各类演练，提升站务、保安、安检、保洁等群众性“第一应急处置力量”应急处置能力。围绕反恐处突、应急救援、客流疏导等重点，修订完善应急处突预案，落实 “一站一预案”机制，突出快速组织、及时处置、协同作战等实战效能。全年打击轨道站点发生的侵财类、猥亵类、危害公共安全等违法行为，破获站点及车厢内猥亵、偷拍案件 8 起，打击处理扒窃案件 13 起，打击各类违法犯罪人员 7 人。

【城市水域安全管理】　2020 年疫情期间，合肥水上公安分局组织开展“2020 守护餐桌安全行动”，围绕“捕、养、售、运、食”五个环节，出动巡查人员 1560 余人次，开展重点场所清查整治 860 余处，办理涉野生动物刑事案件 18 起。夏季合肥市遭遇特大洪灾，水上公安分局出动警力 1800 人次，船艇 310 艘次投入抗洪救灾工作，解救转移被困群众 500 余人，排查各类安全隐患和堵漏管涌上百次。开展推进“全国创一流项目”。3 月，公安部批复同意在合肥市建立全国治安系统水上执法及应急救援中心。推进水上治安防控与应急救援工作，组织专业力量，重点研发水域视频监控、涉水重点场所视频监控、无人机、无人船远程调度、可视化指挥等功能，与巢湖管理局建设的 67 处沿湖监控实现全面对接。

建立条块结合、属地管辖的市、县、乡三级河湖警长制体系，市县乡三级493名河湖警长上岗履职，运用签发总河湖警长令、调度督办等方式，组织开展责任河湖突出问题专项整治，协调解决责任河湖重大问题；联合环保、水务等部门，建立健全联勤协作、联动打击、联合办案“三联”执法模式；协助合肥市水务局成立“董大水库水源地保护联合执法工作站”，牵头指派属地公安分局派驻民警，保护全市水源地水体安全。全年水上公安分局组织10支宣讲队，出动警力610人次，分赴全市136所中小学校开展暑期前入校防溺水宣讲活动，线上线下受益师生98000余人，暑期合肥中小学学生溺亡事故为零。发挥公安机关职能作用，以打促禁，3月、9月开展“净湖行动2020”春秋季攻势，组织和协同全市公安机关出动警力3000人次，侦办非法捕捞刑事案件36起，打掉非法捕捞犯罪团伙19个，起诉案件33起，抓获犯罪嫌疑人256人，采取刑事强制措施174人；办理公安部、省公安厅督办挂牌案件17起。获公安部、省公安厅通报贺电表扬3次，综合指标在全省位列第一。

【出入境管理与服务】 2020年，合肥出入境管理部门围绕“六稳”“六保”工作目标，落实“放管服”改革举措， 紧跟复工复产需要，将各类签证办理时限由7—15个工作日缩短到3—5个工作日，将疫情期间各类停居留证件自动延长60日；向外籍人士推送多语种防疫抗疫知识、法律法规；为企业复工复产提供加急办证和灵活多变的签证证件延期服务。累计为全市重点企业外籍技术专家办理签证证件500余人次，受理外籍高层次人才及家属绿卡申请18人次。实现预约办理、出入境记录查询、公民办证进度查询、公民再次签注次数查询等网上办理。推进窗口服务“一门通办”“一窗办理”兑现“马上办、就近办、一次办”服务承诺。10月10日起，启动港澳居民来往内地通行证补发换发工作，为港澳居民提供“就地就近申请”“省时省力办理”的服务。出入境管理部门获评“2018—2020年度全市政务服务先进窗口”。

全年批准出国（境）申请81492人次，同比下降88.28%，其中批准公民出国28342人次、赴港澳46562人次、台湾6588人次，同比分别下降86.99%、88.31%、91.71%。办理各类外管证件3340人次，同比下降33.40%，其中外国人签证证件3174人次，同比下降34.89%。常住境外人员5279人。临时入境境外人员23682人次，同比下降74%；其中外国人14301人次，港澳居民及华侨2193人次，台湾居民7188人次。受理“三非”案件172起，与2019年基本持平。查处“三非”外国人174人，其中拘留审查46人，限制活动范围15人。侦办妨害国（边）境刑事案件18起，遣送45人，限期出境7人，报列不准入境40人。

（章鑫睿）

检　察

【概况】 2020年，合肥市人民检察机关贯彻落实最高人民检察院“讲政治、顾大局、谋发展、重自强”的总体要求，围绕全市经济社会发展大局，持续深化检察改革，加强队伍建设，破解发展难题，依法忠实履行职责。全年办理各类案件19973件。其中，审查逮捕案件2638件，审查起诉案件8897件；民事、行政、公益诉讼检察案件1862件；控告申诉案件1240件。提升办案质效，11个案件入选最高人民检察院、省人民检察院典型案例，扫黑除恶、公开听证等多项工作在全国、全省检察系统作经验交流，25个集体和个人受到省级以上表彰，涌现出以全国政法机关“平安英雄”陈胜、全国检察机关“优秀公诉人”蒋巍巍为代表的一批先进典型。

【服务中心工作】 2020年，市人民检察机关服务大局、司法为民，维护国家安全和社会稳定，参与反暴恐、反分裂、反邪教斗争，起诉34人。起诉故意杀人、抢劫、强奸等严重暴力犯罪278人。起诉盗窃、诈骗、抢夺等多发性侵财犯罪3373人。蜀山区人民检察院依法起诉针对大学毕业生就业的“招转培”系列诈骗案。回应群众关切，办理电信网络诈骗犯罪案件211件。起诉“黄赌毒”犯罪1754人。吕某某等人贩毒案入选最高人民检察院毒品犯罪典型案例。

保障疫情防控和防汛抗洪。2020年，市人民检察机关推进疫情防控和监督办案，成立涉疫犯罪办案领导小组和专案组，起诉涉疫犯罪78人，均在受理后3日内提起公诉。瑶海区人民检察院办理的朱某某等人销售假口罩案，入选全省检察机关妨害新冠肺炎疫情防控典型案例。《检察日报》头版以《安徽合肥：办案力度不减标准不降》为题进行专题报道。447名检察干警组成党员先锋队，深入社区参与联防联控。1名干警家庭获评“安

2020年6月11日，合肥市“河湖长＋检察长”会签及揭牌仪式在市检察院举行（市检察院／供）

徽省最美家庭”“合肥市抗疫最美家庭”。保障防汛抗洪，由市委政法委牵头，联合公安、法院、司法等部门发布通告，严厉打击侵占、挪用防汛救灾物资等九类违法犯罪行为。339名检察干警组成抗洪抢险突击队，奔赴一线抢险救灾。开展“风雨共载检护未来”活动，为防汛安置点的未成年人送去学习生活用品、“法治小课堂”，得到《法治日报》《检察日报》等多家媒体关注。

打好“三大攻坚战”。2020年，市人民检察机关起诉破坏金融管理秩序犯罪274人。与海关签署走私、洗钱犯罪办案备忘录，完善办案机制。向金融监管部门发出检察建议，助推金融风险防控。做到“应救尽救”，向因案致贫返贫受害家庭发放司法救助金291.8万元，同比增长49.4%。两级院结对帮扶22个贫困村、752 名困难群众。推动建立“河（湖）长＋检察长”“林长＋检察长”机制，开展“守护绿色江淮美好家园”专项检察，起诉非法采矿、非法捕捞等破坏环境资源犯罪232人。建立环巢湖5个基层院公益诉讼一体化协作机制。

打好扫黑除恶专项斗争。2020年，市人民检察机关起诉涉黑犯罪39件582人、涉恶犯罪159件1388人，办理全国扫黑办挂牌督办的袁某某等人涉黑案等一批重大案件。肥东县人民检察院办理何某某等28人涉黑案在一个月内提起公诉。采取“一把手”靠前指挥，两级院检察长及分管负责人领办案件40件。坚持“是黑恶一个不放过，不是黑恶一个不凑数”原则，市人民检察院统一指导把关全部涉恶案件。深挖彻查和打财断血，移送黑恶犯罪及“保护伞”线索406条，督促侦查机关查封、扣押、冻结涉黑恶犯罪嫌疑人财产5.48亿元。参与社会治理，发出检察建议89件，推动专项整治30余次。庐阳区人民检察院、包河区人民检察院向相关部门发出检察建议，推动医疗系统对“黑救护车”问题进行整治。

护航民营经济。2020年，市人民检察机关制定服务保障“六稳”“六保”工作实施意见，开通96309热线和专用邮箱，建立民营企业法律服务“绿色通道”。惩处侵害民企合法权益犯罪，起诉扰乱市场秩序、侵犯知识产权犯罪 680人。2个案件入选最高人民检察院保护知识产权典型案例，1个案件入选全省检察机关服务保障民营经济健康发展十大精品案件。办理民营企业及其从业人员涉罪案件，依法不起诉209人，避免“案件办了、企业垮了”现象出现。集中开展涉非公经济控告申诉案件清理和监督活动，办理案件23件。两级院走访企业170余家；联合工商联开展“护航民企发展”检察开放日活动，邀请企业代表走进检察机关，倾听心声、纾困解忧。

落实“群众信访件件有回复”制度。2020年，市人民检察机关处理群众各类信访4869件次，均在7日内告知“收到了、谁在办”、3个月内答复办理过程或结果。建立检察长接待日预约接访和接访专班制度，接待来访550余人次。完善值班律师参与接访制度，主动邀请律师参与化解信访矛盾77人次。开展信访积案化解活动，落实检察长包案制度，化解信访积案19件。其中帮助持续信访20余年的汪某某解开心结，做到案结事了人和。学习强国平台以《安徽合肥：让群众体验检察的“速度”与“温度”》为题对合肥检察信访工作进行推介。

【法律监督】 2020年，市人民检察机关突出法律监督主责主业，以强化执法办案为抓手，推进“四大检察”协调发展，维护公平正义。

刑事检察监督。2020年，合肥市人民检察机关优化“捕诉一体”机制，实行案件繁简分流提升办案质效。贯彻“少捕慎诉慎押”理念，依法不批捕1015人，不起诉1667人。坚持“在办案中监督、在监督中办案”，监督立案、监督撤案同比分别增长5.33%、615.63%。强化刑事审判监督，提出抗诉76件，同比增长105%。强化刑罚执行监督，纠正减刑、假释、暂予监外执行不当176人次；率先在全省开展社区矫正巡回检察，开展财产刑执行专项检察活动，着力打通司法公正“最后一公里”。庐江县检察院被评为“全国检察机关特赦检察工作表现突出集体”。依法行使刑事诉讼法赋予的侦查权，立案查处司法工作人员职务犯罪6人，起诉职务犯罪36人。

民事检察监督。2020年，市人民检察机关强化主动监督，依职权监督案件226件。对不符合监督条件的282件案件，做好释法说理工作。强化监督质效，对生效民事裁判提出抗诉和再审检察建议99件，抗诉改判率为91.1%，同比上升15%。强化监督重点，监督虚假诉讼案件96件。市人民检察院提请省人民检察院抗诉的范某某系列虚假诉讼案，省高级人民法院再审全部改判，并对相关诉讼参与人依法惩戒。开展执行监督专项年活动，与市中级人民法院会签加强民事执行监督工作意见，提出检察建议并被采纳105件。行使支持起诉职能，为42名农民工讨薪93万余元。

行政检察监督。2020年，市人民检察机关化解行政争议，以监督促和解，解决群众合法诉求。强化行政诉讼监督，加大对征地拆迁、社会保障等领域监督力度，办理案件145件。对蔡某某拆迁安置协议行政诉讼案，依职权启动监督程序，法院再审后改判，依法保障当事人诉权。开展行政非诉执行监督，发出检察建议并被采纳35件。深化行政争议实质性化解专项行动，综合运用提出抗诉、联合调解、公开听证、心理疏导等方式，从源头化解矛盾争议13件。在办理汪某、汤某某房屋权属行政登记纠纷一案中，会同法院进行调解，化解长达10年的房屋权属纠纷。

2020年6月29日，长江经济带问题整改与检察机关对接会召开
（市检察院／供）

公益诉讼检察监督。2020年，市人民检察机关对生态环保、食药安全、国有资产保护等重点领域加大办案力度，办理民事公益诉讼案件107件，行政公益诉讼案件485件，同比分别上升65%、209%。发出行政公益诉讼诉前检察建议167件，99.34%的问题通过诉前程序得以解决。对发出公告或检察建议后公益受损仍未解决的，向法院提起公益诉讼54件。巢湖市人民检察院针对“罂粟卤菜”“百年炸鸡”等问题线索发出诉前检察建议，促进企业合规经营。坚持惩戒与修复相结合，督促“补植复绿”、恢复生态。加大“等”外领域探索，核查“公民信息保护”等新领域线索56件。办理最高人民检察院交办的《长江经济带生态警示片》中涉及线索并得到市政府支持。与六安市人民检察院建立跨区域协作机制，加强“淠史杭水源地”保护。

【检察改革】 2020年，市人民检察机关围绕提升检察质效，推动各项改革任务开花结果。

打造专业化办案团队。2020年，市人民检察机关打破层级、区域、部门限制，在全市检察系统组建毒品犯罪、侵犯知识产权犯罪等办案团队21个。建立健全团队运行、管理考核机制，激发团队内生动力。扫黑除恶办案团队组建后，平均办案周期缩短40%；经济犯罪办案团队办理P2P非法集资案件的经验做法得到《检察日报》推介。

落实认罪认罚从宽制度。2020年，市人民检察机关发挥检察机关主导作用，依法应用尽用，对11881名犯罪嫌疑人适用认罪认罚从宽，适用率达86.6%。服判率为96.4%，高于其他刑事案件16个百分点，提出确定刑量刑建议采纳率达96.72%。提升诉讼效率，适用速裁程序案件1958件，适用比例上升17个百分点。长丰县人民检察院办理黄某某等 38人涉黑案，36名被告人认罪认罚。

深化检务公开。2020年，市人民检察机关坚持“能听证、尽听证”，以“看得见”的方式实现司法公正。公开听证案件117件。市人民检察院检察长主持公开听证某民营企业涉嫌虚开发票案，根据最高人民检察院服务保障“六稳”“六保”11条意见，依法作出不起诉决定。注重释法说理，促进息诉罢访。肥西县人民检察院就一起拖欠农民工工资执行监督案件公开听证，化解长达7年的信访难题。高新区人民检察院在全省检察机关听证工作会议上做经验交流发言。3个案件入选最高人民检察院、省人民检察院公开听证典型案例。

履行未成年人保护职责。2020年，市人民检察机关成立全省首个市级检察院未检部门，基层院均设立专门办案组，深化“捕、诉、监、防、教”一体化履职。推行“一站式”询问、救助机制，加大对未成年被害人多元救助。惩处侵害未成年人权益犯罪，起诉291人。以“教育为主、惩罚为辅”，对于主观恶性不大、犯罪情节较轻的未成年人不批捕32人、不捕率43.84%，不起诉59人、不诉率38.63%。开发“彩宏护航”智慧帮教平台，助力涉案未成年人更好回归社会。落实最高人民检察院“一号检察建议”，与市教育局建立校园性侵案件信息互通机制。率先在全省开展未成年人检察工作社会支持体系试点。两级院93名检察官担任中小学法治副校长，开展法治宣传活动140余场次。开展“同舟共济，检护明天”网上检察开放日活动，20余万网民实时观看。2名干警被最高人民检察院评为“法治进校园”全国巡讲活动表现突出个人进行通报表扬。

（吴 雷）

法 院

【概况】 2020年，合肥市两级法院受理各类案件243500件，审结、执结238149件，同比分别增长12.26%、13.22%；立案标的额1936.5亿元，同比增长20.84%；法官人均结案399.6件，同比增长13.98%；包河法院、瑶海法院、蜀山法院办案数均超过3万件，居全省前三位，包河法院以结案数3.6万件、法官人均结案752.1件居全省第一位。市中级人民法院受理各类案件29334件，审结、执结28671件，法官人均结案251.5件。收案数、结案数、法官人均结案数等主要办案质效指标进入全省第一方阵。涌现出吴晓林、余海兰等一批新时代司法为民、公正司法的先进典型，包河法院被授予“全国模范法院”，22个集体、47名个人受到市级以上表彰。

2020年，面对疫情、汛情，全市法院派出650余名干警投身抗疫一线、350余名干警值守防汛一线。出台疫情防控司法保障意见，联合出台维护防汛救灾期间社会治安秩序的通告，发布商事合同、行政执法、劳动争议等司法规范指引，依法从严从快惩处妨害疫情防控刑事案件46件60人，发布6起涉野生动物犯罪案例，运用网上立案、网上审判、智慧执行，处理因疫情、汛情引发的合同履行、融资、劳动用工等纠纷，实现定分止争，保障社会正常生产生活秩序。坚守审慎善意文明司法，对参加抗疫、防汛的企业依法解除强制措施，帮助企业恢复生产。

【维护社会稳定】 2020年，全市法院坚持宽严相济刑事政策，打赢扫黑除恶专项斗争“法律战”，依法审结各类刑事案件8471件。

决战决胜扫黑除恶。紧盯为期三年总目标，审结一、二审黑恶案件309件。黑恶财产执行到位2.81亿余元，铲除黑恶势力经济基础。全国扫黑办挂牌督办的袁守奇等31人涉黑案，主犯袁守奇被判处有期徒刑24年9个月，并处没收个人全部财产。严惩群众深恶痛绝的“套路贷”刑事案件62件，再审纠错涉“套路贷”民事案件95件。方大胜、林从兵、徐维琴等一批社会反映强烈的黑恶势力受到法律严惩。依法对8起案件不予认定黑恶案件，对135人不予认定黑恶分子，确保把每起案件办成“铁案”。

防范化解重大风险。依法审理大志集团、“好车贷”“融和贷”“妥妥当”等非法吸收公众存款、集资诈骗、金融诈骗、电信网络诈骗案件114件，维护金融安全和金融市场秩序。审结银行借款、担保、票据、保险等案件3908件，受理全省首例债券虚假陈述纠纷案，审慎处理“呆萝卜”、国购等企业资金链断裂引发的纠纷，打击高利贷行为，依法保护各方当事人合法权益。

维护社会和谐。依法审结“拉杆箱藏尸案”等严重暴力犯罪案件658件，对罪行极其严重的犯罪分子依法判处死刑。依法打击“盗窃燃气案”等群众关心关注的盗窃、诈骗、“黄赌毒”等犯罪3044件，严惩“设备公司偷排污染物案”等危害群众切身利益的食品药品、环境安全犯罪115件，保障群众生命财产安全。严惩侵犯公民隐私、破坏网络信息安全、网络传销等违法犯罪活动，审结“贩卖实名微信号”等相关案件15件，保障群众信息数据安全。审结贪污贿赂等职务犯罪案件54件。

【服务发展大局】 2020年，全市法院审结各类民商事和行政案件138509件，同比上升13.52%。

服务“六稳”“六保”。出

市中院诉讼服务大厅长三角跨域立案窗口 （市中院／供）

台《发挥司法职能服务保障“六稳”“六保”实施方案》，开展“暖企”专项行动，选派法官担任“驻企员”，依法保障惠企惠民政策有效落实。聚力优化营商环境，坚持依法平等保护，加强对民营企业和企业家的合法财产保护，防止将经济纠纷作犯罪处理。依法审结土地流转、征地补偿、林权转让等案件538件。推动建立破产审判协调和保障机制，依法处理破产案件124件，安徽国开置业有限公司重整成功，1107名购房群众合法权益得到保障，获最高法院周强院长批示肯定。依法护航生态优先、绿色发展，33名被告人在巢湖非法捕捞水产品案，判处罪犯既承担刑事责任，又履行生态环境修复义务，擦亮“合肥最好的名片”。

保障创新驱动发展。依法受理美亚光电、江淮汽车等知识产权案件2986件，保障创新企业合法权益。审结各类侵犯知识产权和制假售假刑事案件164件，制裁对“罍街”“卡旺卡”等搭便车、傍名牌不法行为，推动合肥市本土品牌健康发展。打造合肥植物新品种审判品牌，3件案例入选最高法院、农业农村部典型案例。参与长三角区域知识产权保护协作机制，加强知识产权保护执法司法衔接，护航自贸区建设。

推进法治政府建设。监督支持行政机关依法行政，审结行政诉讼案件3086件，办结行政机关申请强制执行案件302件，发布行政审判白皮书，发出司法建议40余份。依法查处违法建筑、向农村乱占耕地建房等问题。邀请人民群众和执法人员旁听行政案件，提升全社会法治意识，助力法治政府建设。

【司法为民】 2020年，全市法院推进一站式多元解纷和诉讼服务体系建设，提升人民法院化解矛盾纠纷、服务人民群众能力水平，依法审结民生类案件26197件。

加强民生权益保障。审结群众关注的高空抛物案件，守护人民群众“头顶安全”。深化家事审判改革，宣讲预防校园霸凌，审结虐待、拐卖、性侵妇女儿童等犯罪案件45件，设立反家暴巡回法庭，发出人身保护令，法佑弱势群体。审结教育、物业、医疗、住房、劳动争议等案件20086件，发布房产纠纷典型案例，回应群众关切。打击拒不支付劳动报酬犯罪，帮助农民工追讨欠薪3.92亿元。加大司法救助力度，依法缓减免诉讼费393万余元，发放司法救助金1026万余元。

一站式诉讼服务。推进诉讼服务中心转型升级，健全“厅网线巡”立体化诉讼服务格局，开通微信预约立案，当场立案登记率超过98%，让群众立案“最多跑一次”。推行立案、缴退费等全流程线上服务，网上立案29153件，跨域立案499件，实现在家门口诉讼。网上保全案件14862件，金额140.81亿元。推广全国法院统一送达平台，电子送达成功率74.45%。

完善多元解纷机制。坚持创新发展新时代“枫桥经验”，搭建诉调对接平台86个，聘请特邀调解员882人、特邀调解组织131个，60家调解组织驻点法院参与诉前调解，设置道路交通、劳动、医疗等专业调解室，设立“律师驿站”，推动诉调对接全域覆盖。助力“无案村（社区）”创建，建立“无案社区工作站”，诉前调解案件99381件，占民事、行政受理案件的76.46%。

全市法院受理各类申请再审案件542件，听证（询问）率和信件办理回复率100%。开展“法律六进”活动，加强先进典型和民法典宣传，讲好法治故事。开展“法官进网格”活动，设立66个法官工作室，选派100余名法官驻点，提高“群众见法官率”。全景展示法院工作，直播庭审42809次，公开裁判文书180567份、信息51710份，公开流程节点信息138793次，居全省首位。整治“六难三案”问题（即“门难进、脸难看、事难办”“立案难、诉讼难、执行难”“关系案、人情案、金钱案”），让人民群众在每一个司法案件中感受到公平正义。

【法院改革创新】 2020年，全市法院以改革创新和智慧法院建设成果，加快审判体系和审判能力现代化步伐，确保司法公正高效权威。

落实党领导下的司法责任制。制定法官审判权力和责任清单，院庭长带头办案，结案占38.98%。完善新型审判监督管理机制，制定办案流程指引，规范司法权运行。深化以审判为中心的刑事诉讼制度改革，指派法律援助、法律帮助5127人次，刑事案件律师辩护实现全覆盖。建立容错纠错机制。司法体制综合配套改革经验在全国会议作交流。

试点推进繁简分流改革工作。出台《关于充分发挥司法确认制度效果促进当事人自主履行的意见》，司法确认案件自主履行率达97%以上。一审案件独任制适用率92%，小额诉讼、简易程序适用分别占比21.45%、67.97%，案件平均审理周期缩短12天。组建快审速裁团队45个，审理案件74813件，平均审理周期25.62天。实行要素式审判，推行令状式、表格式文书，金融类案件实现当月立案结案。

健全便捷高效集约司法机制。推行"随机+人工甄别"分案模式，实现繁简分流、轻重分离、快慢分道。适用认罪认罚从宽制度、刑事速裁程序办理案件6121件、1513件，一审刑事案件当庭宣判率39.35%。完善重大案件庭审保障机制，成立合肥涉案财物管理中心，确保捕诉审执程序有效衔接。加强内部集约管理，实行司法辅助事务集中办理，促进立审执高效运转。合肥铁路运输法院集中管辖部分环境资源、食品药品、破产案件，提升司法效能。

智慧法院建设成果运用。适应疫情防控需要，全面推动科技与办案深度融合，在线庭审7432件，网上调解63719次，协助外地单位远程提审提讯81次，实现"诉讼不打烊"。推行"云审判"，召开债权人网络会议，建成市看守所远程视频法庭，法官"3·15"在线指导消费者维权。推行卷宗流转集中管理模式，试行无书记员庭审记录，提升司法效率。自主研发的诉讼风险评估系统获计算机软件著作权。

2020年5月26日，执行法官走访被执行人亲属了解财产状况 （市中院/供）

【执行攻坚】 2020年，全市法院完善执行长效机制，受理各类执行案件73955件，执结73223件，分别同比上升11.07%、13.43%。

执行联动机制。市人大常委会出台《关于加强人民法院执行联动工作的决定》，凝聚破解执行难合力。建立府院执行联动联席会议制度，与检察、公安等部门联合出台惩处拒执罪指导意见，建成被执行人布控系统，开展执行悬赏保险，将被执行人手机号码查询范围扩大至全国。房产、人社、公积金等部门协作，实现财产信息线上全方位查控。与税务、自然资源和规划等部门就执行财产处置细化工作流程。发布失信名单31288人次，失信者寸步难行。

兑现胜诉权益。加大强制执行力度，拘留194人，移送拒执罪、妨害公务罪立案24件，执行到位金额83.86亿元，提升群众获得感。集中开展专项执行行动，执结涉民生、金融、拖欠民营中小企业债务等案件18383件，执行到位49.66亿元，增强企业发展信心。开展线上执行，举办"6·18""11·11"网络司法拍卖节，成交金额达33.58亿余元，溢价率24.94%。推进执行机构垂直领导的执行管理体制改革，建立"一案双查"工作机制。

执行源头治理。全面落实市委全面依法治市委员会《关于加强综合治理从源头切实解决执行难问题的实施方案》，出台《关于建立诚信履行人名单制度的若干意见》，以正向激励督促被执行人自动履行债务。加大"执转破"（即执行案件移送破产审查制度）工作力度，"江淮风暴"执行攻坚以来宣告破

产35件，化解执行案件1700余件。建立人民陪执员制度，选任188名人民陪执员参与执行工作。配合市政协开展“执行难”重点民主监督活动，争取全社会监督理解支持执行。执行长效机制建设经验在全省法院作交流发言。

【干警队伍建设】 2020年，全市法院推进法院队伍革命化、正规化、专业化、职业化建设，建设一支高素质的法院队伍。开展深化“三个以案”“两个坚持”“三个规定”警示教育，着力“自重自警自省，忠诚干净担当”，用身边事教育身边人。开展“大干一百八十天，争创一流勇当先”攻坚活动，激励干警多办案、快办案、办好案。20名法官获评“庐州人民满意的好法官”。着力提升司法素能，线上线下培训干警1703人次。邀请代表委员参与见证重要司法活动378人次。注重理论调研和审判经验总结，多篇论文案例获省级以上奖励。

（陈保合）

司法行政

【概况】 2020年，合肥市司法行政系统推进全面依法治市和司法行政高质量发展。合肥市被省推荐为全国“七五”普法先进城市，获评全省法治政府建设示范市，在全省法治建设三项考核中位居第一；合肥市司法局获评全国公共法律服务工作先进集体、全国法律职业资格考试工作表现突出单位，市政府目标绩效考核、省司法厅综合考核优秀单位，市社会信用体系建设突出单位、市政务公开工作先进单位、市效能建设优秀单位、省厅舆论宣传先进单位等，全系统有42个集体、73名个人获市厅级以上表彰。

【法治合肥建设】 2020年，合肥市司法局发挥法治统筹作用，协同推进依法行政，法治政府建设。加强全面依法治市统筹，调整市委依法治市委员会成员和执法协调小组成员，筹备召开委员会第五次会议及办公室第二次会议。提请印发《合肥市〈党政主要负责人履行推进法治建设第一责任人职责规定〉工作要求落实指引任务分解表》，市委、市政府领导分别带队赴县区开展实地督察，市委全面依法治市委员会办公室全程跟进指导，开展督察督导2轮次。印发全面依法治市年度工作要点，梳理85项工作任务并明确分工，实行季度报告制度和季度工作调度。出台《关于依法防控新冠肺炎疫情切实保障人民群众生命健康安全的实施意见》等文件，从立法、执法、司法、守法各环节对全市依法防控新冠肺炎疫情作出部署。向市人大报告法治政府建设情况，提请市政府召开市推进依法行政工作领导小组会议暨全市依法行政工作会议，印发市依法行政和法治政府建设工作安排，开展全省首届法治政府建设示范创建申报工作，市政府、长丰县政府、高新区管委会获评全省法治政府建设示范市（县、区）。对照省依法行政办梳理的省级尚未完成50项《纲要》重点任务，梳理涉及合肥市任务11项并逐项督促完成。提请市政府印发2020年政府常务会学法计划。开展非经人大任命的市管领导干部任前法律知识测试6批次73人。科学编制、实施政府规章年度工作计划，完成《合肥市生活垃圾分类管理条例》《合肥市河道管理条例》《合肥市二次供水管理办法》等9部地方性法规规章立法工作。推行法规规章立法草案公开征求意见及反馈制度、立法项目草案专家咨询论证制度，开展立法调研20余次。推行行政执法三项制度，制定《合肥市行政执法数据公开办法》。加强“两法衔接”，移送案件275件。开展重点领域行政执法案卷评查，制定群众公议员考核办法，开展公议134场、243件。推广证明事项告知承诺制，审核1861项政务服务事项、4788项

2020年12月4日，民法典专列启动仪式现场 （市司法局／供）

申请材料。协调行政执法争议13件。法制监督平台全年运行各类事项1万余条，实行行政执法行为全覆盖、流程化智能监督。围绕疫情防控、高质量发展等重点工作，审查市委市政府文件190件。依法合规处理招商引资、国土规划、国资审定、历史遗留问题处置等涉法事务610余件。强化文件监管，审查部门文件137件、登记编号135件，报备市政府规章和规范性文件27件，备案审查县级政府规范性文件60件。完成规范性文件定期清理和涉及《民法典》规范性文件等专项清理。全年完成137个新设基层受理点授牌及培训工作，实现基层受理点市域范围全覆盖。全年收到行政复议申请418件、受理363件、审结307件，准期结案率100%，直接纠错率44.6%，综合纠错率52.4%。规范开展行政复议决定书网上公开，全年公开文书1000余份。

【维护社会安全】 2020年，合肥市司法系统抓好维护安全稳定各项工作，开展监所管理和队伍建设大整顿活动，义城监狱实现21年无罪犯脱逃；市戒毒所深化拓展戒毒基本模式，实现19年“六无”。加强疫情防控期间社区矫正监管，4800余名矫正对象未出现脱漏管。宣传贯彻社区矫正法，市县两级社区矫正委员会实现全覆盖，清理有关制度、规定，做好旧规新法工作衔接。推动人民参与促进法治创新发展，推进市域社会治理示范市创建，2020年市司法局群众安全感满意度提高6个位次。全市人民调解组织成功调解矛盾纠纷80270件，联合市财政局出台《合肥市人民调解员补贴经费管理办法》。强化安置帮教衔接管控，完成远程探视1100余次。完成新一届人民监督员选任。深化扫黑除恶专项斗争，召开推进会，印发工作要点，充分发挥“第二战场”作用，开展“六清”行动专题督导。

【公共法律服务】 2020年，市司法局召开普法领导小组会议，开展“谁执法谁普法”专项督查，完成全市“七五”普法终期实地评估验收。开展“法律六进”巡讲点讲活动，围绕《宪法》《民法典》等巡讲30余场，开通民法典地铁宣传专列，举办第五届合肥市法治漫画故事微视频作品征集活动。加强律师工作，推进刑事辩护全覆盖试点，完成新一届市政府法律顾问选聘，做好省直律师事务所移交接管，联合市工商联开展民营企业“法治体检”活动，深化“合肥律师52公益行”活动，持续加强律师行业协会建设，发布《合肥律师行业社会责任报告》。推动《全面推进公共法律服务体系建设的实施意见》出台，法律援助民生工程受理案件1.1万余件。实施刑事案件审查起诉阶段认罪认罚从宽法律援助，办理案件800余件。加强司法鉴定、公证行业监管，公证卷宗质量评查全省第一。制定《关于完善仲裁制度提高仲裁公信力的贯彻意见》《网络仲裁电子书面审理仲裁规则》、修订《合肥仲裁委员会仲裁规则》。启动全市司法所建设提档升级三年行动。司法行政专网全面覆盖，信息系统协同应用、网络安全防护能力进一步提升。深化12348安徽法网管理应用，开设法律服务店铺473家，开通率100%；上架法律服务产品2206件。建成国家统一法律职业资格考试远程巡查系统，完成2020年国家统一法律职业资格考试客观题考试组织实施工作。

【防控疫情应对汛情】 2020年，合肥市司法系统服务防疫抗洪大局，市义城监狱、戒毒所实施封闭管理，确保监所绝对安全。为全市统筹推进疫情防控和经济社会发展的20多件政策文稿以及重大行政决策事项合法性审查，对10多件涉疫咨询依法答复。联合政法各单位出台保障复工复产9条措施，组建疫情防控法律服务团、商事调解团，开展战疫情护稳定化解攻坚。编印《新冠肺炎疫情防控法律知识问答》，发布14期《新冠肺炎防控法律指引》。完成在肥14所监所湖北籍、北京籍刑释解戒人员临时安置任务。联合政法各单位出台《关于依法严厉打击九类违法犯罪行为切实维护防汛救灾期间社会治安秩序的通告》，组织开展《中华人民共和国防洪法》等专项普法宣传。

（夏　韵）

仲　裁

【概况】 2020年，合肥仲裁委员会受理案件1367件，涉案标的37.54亿元，同比分别上涨31.25%、0.64%。仲裁受案领域扩大，新出现网络直播、电子商务、车辆代购协议等类型案件。全年办结案件1123件，案件平均办结时间同比缩短40.87天。合肥仲裁委融入区域发展提升公信力，入选安徽省2020年度公共法律服务十大事件。

【仲裁服务】 自2020年4月7日起合肥仲裁委持续推出面向社会公众的“合肥仲裁公益云讲堂”。全

2020 年 11 月 27 日，合肥仲裁委员会举行“2020 年度合肥仲裁委仲裁员廉政教育培训会” （市仲裁委／供）

年推出五期，总计二十节课程，吸引一万多人次观看直播学习。

2020 年，合肥仲裁委快速化解纠纷，在疫情防控允许的情况下，推进线下开庭、现场鉴定、外地送达等工作；加快信息化工作，开展网上专家论证研讨、线上合议以及通过电话微信等渠道进行庭前、庭后的调解等。疫情暴发期间，仲裁委处理的建设工程施工合同纠纷入选司法部《复工复产案例》。

【仲裁宣传】 2020 年，《法治日报》《合肥日报》、法治安徽网、合肥在线等媒体平台先后 16 次报道合肥仲裁委在疫期的工作创新及先进党员事迹。开通官方微信公众号，截至年底发布文章 126 次，定期推送仲裁案例、工作动态、法律常识等相关内容。制作宣传片及廉政宣传片，让社会大众了解仲裁，扩大合肥仲裁社会认知度。

【提升办案质量】 2020 年，合肥仲裁委把案件质量作为仲裁工作的重中之重。全年未有一起被撤销案件。

完善仲裁员退出机制，新增聘仲裁员 38 名，解聘仲裁员 16 名。实行集体讨论审批制度，落实办案秘书初核和部长、副秘书长、秘书长三级审批制度。必要时以秘书处名义提请论证研讨，确保疑难复杂案件公正、专业处理。

防控虚假仲裁。为避免虚假仲裁案件的裁决书、调解书的出台，组织大学教授、资深法官、优秀律师等就仲裁各个环节把控展开研讨。对“手拉手”来的，特别是对被申请人欠外债较多的虚假仲裁重灾区案件，加大审查力度。处理套路贷、高利贷等社会热点纠纷，先将案件当事人基本信息和案情向相应公安机关查询，在没有不良反馈后，再进行正常的仲裁程序。

加强案件程序的监督管理，细化对立案服务、仲裁员管理、办案秘书管理、鉴定机构管理等节点控制，并确定责任人定期督促案件进程，定期检查卷宗，并由专人每周对延期案件进行统计、汇总、上报、督查。办案秘书每个月办案件数、质量与每月绩效紧密关联，仲裁员办案质量、效率与仲裁员报酬以及是否续聘直接挂钩。

【信息化建设】 2020 年，合肥仲裁委继续推进“互联网＋仲裁”的信息化建设。在硬件方面打造智能庭审系统，升级语音设备，提高庭审效率。在进出口处设置安防系统，强化机房门禁，打造安全防火墙。在软件方面，根据仲裁的特点量身打造案件管理系统和综合管理系统。为提高仲裁效率和效果，启动互联网仲裁服务，设置律师服务、仲裁业务信息管理、移动仲裁服务、送达管理、鉴定机构管理等子功能模块。新冠疫情期间，与中国政法大学联合举办三次在线培训，利用网络技术和 5G 设施，近 400 名分布在全国各地的仲裁员及秘书处全体工作人员在线参加培训。

（张万杏）

责任编辑：鲍　甄

改革开放

综 述

【概况】 2020年，合肥市委全面深化改革委员会深入学习贯彻习近平总书记关于全面深化改革的重要讲话精神，全面落实中央及省委改革决策部署，坚持稳中求进工作总基调，围绕做好“六稳”工作、落实“六保”任务，充分发挥改革的突破和先导作用，为聚力打造“五高地一示范”、推动合肥高质量发展赋能增效。全年召开3次市委深改委会议，审议通过13份改革方案文件，部署安排的105项年度改革任务全部完成，形成67项制度性成果。《人民日报》、新华社、《法制日报》、人民网等中央主要媒体先后围绕科技创新、基层治理、商事制度、对外开放、营商环境等多方面开展专题宣传报道。全年累计编发《市委改革工作简报》28期，合肥市深化街道体制改革提升基层治理效能等3篇信息获《安徽改革情况》刊载。

2020年，合肥市持续优化营商环境。实施创优营商环境攻坚年行动，推进流程再造等四项攻坚，新登记市场主体20万户。创新推出“7×24小时政务服务地图”“最多跑一次”实现率、企业开办一日办结率、个人事项全程网办率均达100%。获得电力并联审批平台试运行，审批时限缩减90%以上。入选企业家幸福感最强城市。

安徽自贸试验区合肥片区建设全面启动，累计签约入驻项目超200个、总投资突破1000亿元。入选国家服务贸易创新发展试点城市、国家进口贸易促进创新示范区、国家数字服务出口基地。中欧班列开行568列、净增200列，居长三角第2、全国第8位。跨境电商综合试验区实现交易额同比增长43%，合肥经济技术开发区综合保税区进出口80亿美元以上、同比增长超12%。新桥机场进境肉类指定监管场地获批。

【改革督察】 2020年，合肥市全面深化改革委员会办公室坚持真督实察，聚焦重点任务、关键环节，筛选工商联所属商会改革、预算绩效管理、农村公路管理养护体制改革、综合行政执法改革、新时代文明实践中心、建设《中国共产党政法工作条例》贯彻落实情况、排污许可制改革、党建引领城市基层治理及监察职能向基层延伸等9项改革任务作为市委深改委年度重点督察项目，对督察中发现的问题及时反馈整改，及时解决制约改革纵深推进的困难问题。严控总量频次，对县（市）区改革推进情况开展全面督察调研，选择肥东、瑶海等6地进行实地督察，切实传导改革压力，推动改革进度。

（魏　玮）

牵动性改革

【概况】 2020年，合肥市聚焦需要市委深改委层面研究部署、在体制机制上有突破创新的重要改革，发挥纲举目张作用，盯紧抓实“完善创新驱动体制机制”“构建创新型现代产业体系”“健全开放合作体制机制”“创优‘四最’营商环境”“深化城市建设管理体制改革”“健全城乡融合发展体制机制”“完善重大疫情防控体制机制”等7个方面35项改革任务，以重点改革“一子落”推动发展“满盘活”。

【助力国家科技自立自强】 2020年，合肥市围绕产业链部署创新链，加快建设具有国际影响力的创新高地。健全完善服务保障机制，合肥国家实验室成为全国首批并第一个挂牌，类脑实验室基本建成，离子医学中心试运营。构建“政产学研用金”六位一体的创新成果转化机制，4月30日，安徽科技大市场正式揭牌；8月5日，“中国（合肥）知识产权保护中心”获批建设，

2020年安徽创新馆促成科技成果转化项目金额超500亿元。完善科技创新投入机制，设立科学中心专项基金、市级自然科学基金，全社会研发投入突破300亿元。推动重大科技基础设施"沿途下蛋""九章""嫦娥钢""托珠单抗"等重大原始创新成果不断涌现，国内首个以量子计算为特色的双创平台，推动量子计算从"实验室"跑步进入"产业化"，8项成果获国家科学技术奖，189项成果获安徽科学技术奖。实施国家高新企业三年倍增行动，新增国家高新企业789家、创历史新高。

【构建创新型现代产业体系】 2020年，合肥市聚力打好产业基础高级化和产业链现代化攻坚战，推进全国重要的先进制造业高地建设。探索实施"链长制"，12个重点产业链分别明确1位市领导担任"链长"，编制"两图四表"（即全景图、分布图，总体情况表、重点企业汇总表、重点项目汇总表、创新平台汇总表），按"图"招商引资、对"表"补链强链，"芯屏汽合""急终生智"成为现象级产业地标，形成1个两千亿产业、3个千亿（准千亿）产业、1个千亿企业、2个五百亿企业。围绕企业和人才关注的稳岗安居问题，9月30日，出台支持重点产业发展"人才政策7条"。建立健全企业上市挂牌后备资源培育机制、政策激励机制和协调服务机制，新增上市公司12家、居省会城市第2，其中科创板7家、居省会城市第1名。

【增创开放合作竞争优势】 2020年，合肥市高标准推进大通道、大平台、大环境建设。9月24日，安徽自贸试验区合肥片区正式揭牌，落实复制推广、首批改革创新事项、首批赋权事项、首批重点推进项目4个清单，成功获批国家全面深化服务贸易创新发展试点城市、进口贸易促进创新示范区，跨境电商综合试验区发展迅速，成为同时拥有上述4个国家级开放品牌的4个省会城市之一。完善优化开放平台运行体制机制，中欧班列开行568列，居全国城市第8位。深度融入长三角一体化发展，共建物联网等5个G60科创走廊合作园区，组建合肥都市圈工业产业（链）联盟，与长三角41个城市实现"一网通办"。

【创优营商环境攻坚年行动】 2020年，合肥市对标国际一流标准，持续打造市场化、法治化、国际化的营商环境，政务服务环境居全国城市第3位。深化"一网一门一次"改革，214项办理事项入驻全科综合窗口，推出"7×24小时政务服务地图"。深化商事制度改革，企业办事审批时限压缩90%以上，"最多跑一次"改革目标基本实现，企业开办实现"一日办结"。

【提升城市规划建设水平】 2020年，合肥市优化完善城市建设管理体制机制，建立完善重点片区建设市级统筹管理机制，实行"市级领导领衔+主管部门、辖区政府、建设单位协同"分级调度，骆岗中央公园规划编制形成"1+3+N"的规划成果，东部新中心、大科学装置集中区、新桥科技创新示范区、运河新城等片区加快推进。完善公共交通服务体系，轨道交通实现"四线运营、九线在建"，9月2日，合肥获批国家公交都市建设示范城市。建成数字城管市县一体化平台和市级停车综合管理平台。在国家地下综合管廊试点绩效终期评价中，合肥排名第一位。实现全国文明城市"三连冠"。

【全面推进乡村振兴】 2020年，合肥市推动城乡要素双向自由流动、平等交换，出台抓好"三农"领域重点工作确保如期实现全面小康实施意见等文件，粮食、生猪、蔬菜等生产保持稳定。实施壮大村集体经济"百村示范、千村提升"工程，全市经济强村达318个、增长231%。出台加强和改进乡村治理的实施方案等文件，完善乡村治理体系。

【完善重大疫情防控体制机制】 2020年，合肥市坚持问题导向，用制度建设补短板、堵漏洞、强弱项，筑牢疫情防控安全防线。坚持人民至上、生命至上，落实"四早四集中""三防三查""八严八控"等举措，用32天实现新增确诊归零，用47天实现在院病例清零。健全常态化疫情防控机制，外防输入、内防反弹，发布"两节"疫情防控20条，实施人、物同防，全覆盖备案检查冷链企业，闭环管理国际航班入境人员。建立与城市发展相适应的公共卫生服务人员编制体系，成立市卫生健康信息管理中心。

（魏　玮）

重点领域改革

【概况】 2020年，合肥市强化全局观念和系统思维，聚焦影响治理效能的突出矛盾、制约高质量发展的突出障碍、人民群众反映强烈的突出问题，统筹推进经济、统筹城乡、行政、文化、社会、民主、生态文明及党的建设等8大领域改革，着力抓重点、补短板、强弱项，推出一批见效快、落点准的改革举措，持续破解群众“急难愁盼”问题，全面加强改革的系统性、整体性、协同性。

【经济体制改革】 2020年，合肥市围绕推动有效市场和有为政府更好结合，在激发市场主体活力、发展总部经济、国资国企等方面加大改革力度。实施“123+10”行动，建立经济运行、产业链、大建设“123”调度常态化机制，算着干，现场看，盯着办。修订出台推动经济高质量发展政策，重点推出企业上台阶激励、支持本地建筑企业发展、共享员工等28条激发市场主体活力改革举措，全年新增市场主体超20万户、总数超110万户，联保科技公司成为全市首个千亿企业。出台招商引资大项目政策审定暂行办法，蔚来中国总部、大众安徽、神州数码信创总部和生产基地、中国宝武（安徽）总部等一批项目落户合肥。教育、科技和交通领域市以下财政事权与支出责任划分改革完成，预算绩效管理改革全面推进。国有资本运营公司试点正式启动，6.1万国有企业退休人员移交社会管理。获批建设线上经济创新发展试验区，入选首批国家数字服务出口基地。

【统筹城乡发展体制改革】 2020年，合肥市围绕加快推进农业农村现代化，开展集体产权制度、人居环境整治等方面改革。出台互联网农业支持政策，农村产品网络销售91亿元、增长25%。制定村庄规划编制技术导则，建成环巢湖75个中心村污水处理设施，农村改厕5.4万户，“一站两体系”管护机制在全省推广。印发深化农村公路管理养护体制改革实施意见，完成农村公路建设1200千米。全面完成农村土地承包经营权确权登记颁证、农村集体产权制度改革。长丰县、肥西县纳入全省首批农村闲置宅基地和闲置住宅盘活利用试点示范县。

【行政体制改革】 2020年，合肥市围绕推进简政放权、放管结合和转变政府职能，深化政府权责清单、部门联合监管等改革。建立清单即时调整与年度集中调整相结合的动态调整机制。254个部门纳入“双随机、一公开”监管范畴，“一单两库”100%建立。合肥职业技术学院、合肥幼儿师范高等专科学校纳入编制周转池试点范围。全市57家生产经营类事业单位改革全面完成。

【文化体制改革】 2020年，合肥市围绕增强人民群众的文化获得感幸福感，统筹推进文化管理体制、公共文化服务体系、媒体融合发展等领域改革任务。坚持管人管事管资产管导向相统一，探索市属文化企业管理体制改革，做到导向不能改、阵地不能丢、业绩不能减。坚持瘦身强体、融合发展，出台推进媒体融合发展实施方案及扶持办法，5县（市）融媒体中心通过省级验收。在全省率先上线“学习强国”市级平台。制定网络综合治理改革实施方案，构建市级网络“1+4+X”的综合执法机制。大力弘扬社会主义核心价值观，10人当选“中国好人”、39人当选“安徽好人”。

【社会体制改革】 2020年，合肥市围绕保障和改善民生、确保社会和谐稳定，在社会事业、公共服务、社会治理等方面推出一批改革举措。推进义务教育优质均衡发展，实施名校办分校、名校托管、集团办学，首设四个普通高中教育集团，新建改扩建中小学幼儿园193个，幼儿园公办率、普惠率分别达51%、84%。强力实施“十不得”“六严禁”，让中小学生快乐学习、健康成长。扩大优质医疗供给，开展“瑶海—市二院”紧密型医联体试点，长丰县、巢湖市被列入全省第二批紧密型县域医共体建设县，公办医院医疗服务实现“一码通”，医保支付方式改革持续深化。创新举措破解群众急难愁盼问题，完成五里墩立交桥等8处较大拥堵点治理，市区道路沿线免费停车时间由15分钟延长到30分钟。印发房地产市场调控长效机制建设试点方案和评价考核暂行办法，成立市住房租赁发展股份有限公司。出台创建全国市域社会治理现代化试点城市工作方案，试点建立“无案社区工作站”，群众进京、到省访分别下降65%和53%。

【民主法制领域改革】 2020年，合肥市围绕坚持党的领导、人民当家作主、依法治市有机统一，做好重点领域立法、政协协商制度完善等工作。制定并施行《合肥市生活垃圾分类管理条例》《合肥市文明行为促进条例》《合肥市河道管理条例》。完善人民政协专门协商机构制度，出台新时代加强和改进人民政协工作的实施意见。加强党外知识分子联谊会平台载体建设，组建5个专委会，成立新的社会阶层人士联谊会。推进法治合肥建设，获评全国“七五”普法中期先进城市。

【生态文明体制改革】 2020年，合肥市围绕建设美丽合肥，加快环巢湖生态保护修复、排污许可等方面体制机制创新。编制完成全市“三线一单”文本和生态环境准入清单。完善巢湖流域综合治理体制机制，启动实施巢湖碧水、安澜、富民“三大工程”和点源、线源、面源、内源“四源同治”，加快实施环巢湖十大湿地保护与修复，巢湖水质稳定在Ⅳ类。探索实施“河湖长+排长+警长+民间河长+检察长”治水新模式，深化拓展南淝河等重点河流生态补偿机制，全市15个国考断面水质100%达标。率先推进环巢湖地区、肥西县2个省级林长制改革示范先行区和10个市级示范先行区建设，建立“林长+检察长”工作机制。成功申办第十四届中国国际园林博览会。

【党的建设制度和纪检监察体制改革】 2020年，合肥市围绕推进新时代党的建设新的伟大工程，不断完善党建引领基层治理、激励担当作为、监察职能向基层延伸等方面制度。深化党建引领城市基层治理，完成社区工作者“四级十二档”岗位等级核定并兑现相应薪酬待遇，全省城市基层党建工作推进会在合肥召开。出台进一步加强村党组织书记队伍建设激励担当作为的意见，从村“两委”正职定向考录公务员14人，着眼换届储备村干部人选2105人。完善担当作为激励机制，对抗疫、防汛救灾表现优秀的92名干部提拔重用或晋升职级。制定乡镇（街道）监察室工作办法、进一步发挥村（社区）党组织纪检委员作用指导意见，基层纪检监察体制改革深入推进。

（魏 玮）

招商引资

【概况】 2020年，合肥市完成招商引资总量同比增长10.5%，其中工业到位资金同比增长10.4%；外资同比增长6%；省外亿元以上项目综合考核位居全省前列。新开工（运营）大项目140个，新签约重点项目1164个，协议总投资3875.7亿元；其中100亿元以上项目7个，50—100亿元项目4个，10—50亿元项目69个。蔚来汽车中国总部、朗科智能研发总部、佰才邦华东（第二）总部等91家总部类项目落户。欧菲光光学光电（合肥）产业基地落户巢湖、协鑫全球单体最大光伏组件项目落户肥东、露笑科技第三代功率半导体产业园落户长丰。

【招商机制】 2020年，合肥市出台《合肥市招商引资大项目政策审定暂行办法》，通过建立一整套政策审议、审批以及跟踪督查等运行机制，推进招大引强工作落实。编印《合肥市重点产业招商指南》，列出重点招商目标企业和对接平台，提供产业招商路线图。优化《合肥市招商引资考核办法》，以项目为核心，科学合理设置考核指标，激发各地招商工作。修订《合肥市招商引资大项目政策导则》，增加新经济、新业态内容，推动招大引强。

【项目签约】 2020年，省市领导带队赴重点区域开展招商，高密度会见企业客商，高频次对接洽谈项目，推动一批重大项目签约落地。合肥市直相关部门在项目土地供给、资金保障、项目建设、市场对接等方面提供支持和保障，对25个大项目实施“一事一议”政策审议；推动合肥市产业投资控股（集团）公司与市县联合组建市产业投资促进基金，促进国有资本与战略性新兴产业对接，自2020年首期10亿元基金组建设立以来，重点跟进64个项目，并完成对有感科技、鼎材科技、升腾半导体等11个项目投资决策，完成投资1.91亿元，带动投资28.6亿元。

【招商推介】 2020年，合肥市应对常态化疫情防控工作，“线上+线下”招商同步推进。先后举办合

2020年10月29日，康宁DPF签约落户新站开发区 （新站高新区／供）

肥市重大产业项目集中（云）签约、中国隐形独角兽500强大会、世界制造业大会江淮线上经济论坛、2020世界显示产业大会、海峡两岸半导体产业论坛、中国半导体材料创新发展大会、中国半导体设备年会等会议会展活动，并通过“云展览”“云论坛”“云洽谈”展示合肥产业发展态势，提升合肥美誉度和产业界影响力，增强企业投资信心，开展项目合作。在年初疫情期间，组织“合肥市重大产业项目集中（云）签约”活动。

2020年6月17日，合肥市援助施特拉尔松德市抗疫物资运抵该市
（市外办／供）

【招商网络】 2020年，合肥市推进县干招商工作，完成全市第五批县干招商小组组建和6家市属国有企业招商小组组建工作；县干招商小组拜访客商692批次、接待客商701批次，摸排各类项目线索823条。与42家招商顾问开展合作委托招商，前四批委托招商对象提供有效招商线索220条，签约（落户）项目26个，总投资额294.15亿元。组织商会企业组团来合肥市考察，推进项目对接合作。全年全市新引进异地徽商企业投资项目66个，到位资金132.7亿元。

（汤　波）

对外交往

【概况】 2020年，受全球新冠肺炎疫情影响，合肥市因公出国（境）全部搁置，线下外事交流活动整体陷入停滞状态。为应对疫情带来的冲击，合肥市转变对外交往工作思路，用视频会议等线上手段与友城交流，邀请外国驻华领事机构、在华外商等来合肥市洽谈合作，做到疫情期间“防疫不见面、交往不断线”。

【国际防疫合作】 2020年，合肥市政府外事办公室（以下简称“市外办”）发挥友城外联优势，向日本、英国、俄罗斯等11个国家的19个友城去函寻求防疫物资援助。其中，日本久留米市从市储备品中紧急调取口罩、医用防护服、医用护目镜等抗疫物资支援合肥市。合肥市荣誉市民、德国友城奥斯纳布吕克市奚伟德教授向合肥市捐赠1万欧元抗疫资金用于疫情防控。在本地疫情缓和后，合肥市响应全国友协号召，向西班牙友城莱里达市捐赠口罩等防疫物资，该市市长米克尔·普约专门拍摄感谢视频，并向合肥市邮赠市旗表达谢意。合肥市还陆续向日本久留米市、德国友城施特拉尔松德市、埃塞俄比亚卫生部、斯里兰卡及塞拉利昂友城弗里敦市进行物资捐赠，中华人民共和国驻塞拉利昂大使馆、驻日本福冈总领馆以及有关国家驻华使领馆对合肥市援助工作表示肯定和感谢。疫情期间，合肥市联系友好城市萨马拉市所属省州萨马拉州参加安徽省与俄罗斯伏尔加河沿岸联邦区共同举办的新冠疫情防控视频会议，践行“人类命运共同体”理念。

【友好交流】 2020年，线上交流成为市外办对外友好交往的主旋律。8月，俄罗斯下诺夫哥罗德市城市日活动在线上举行，合肥市市长凌云参加该市友城市长视频会议，对该市建立799周年表示祝贺，并期待两市可以加强友好往来，深化交流合作。10月，合肥市与下诺夫哥罗德市的国际明信片交流小组通过视频连线方式同步举办明信片联名活动，双方互递祝福，深化民间交往。市外办还与市文联、市教育局等单位派员线上参加下诺夫哥罗德市举办的第八届国际民间艺术节“大师的秘密”、国际青年手机电影节等活动。应邀参加在俄罗斯喀山市举办的2020金砖国家友好城市暨地方政府合作论坛视频会议，围绕可持续发展、新冠疫情下维持城市正常运转，智慧城市发展等议题发出“合肥声音”。

【外宾来访】 2020年，省委常委、市委书记虞爱华先后与瑞穗银行（中国）有限公司董事长菅原正幸、宜家（中国）投资有限公司总裁史

2020 年 11 月 10 日，安徽省海外领事保护进开发区宣传活动在经开区智能科技园举行（市外办／供）

蒂芬、康宁大中华区总裁李放等进行工作会商，市委副书记、市长凌云先后与日本尼普洛（中国）投资有限公司董事长兼总经理西迫英之、东盟八国驻沪领事机构代表团、芬兰驻沪总领事何郎明、农交会使领馆代表团、法国驻沪总领事纪博伟等洽谈合作。全年，市外办参与接待各类团组 21 批 169 人次，包括跨国公司来访 5 批 36 人次，使领馆官员及商会代表来访 9 批 71 人次，媒体、专家等其他团组来访 7 批 62 人次。

【涉外服务管理】 2020 年，合肥市有 130 家企业 2943 人申请邀请函和商务签证便利，其中 1098 名外籍技术人员入境。市外办牵头组织 6 架次（韩国 4 架次，日本 2 架次）企业包机，保障涉外企业复工复产。举办 2020 合肥市英语风采大赛、2020 年全市外事干部培训会。在新站高新技术产业开发区举办外向型企业APEC商旅卡推介会，支持全市优质企业“走出去”，参与全球竞争与开放发展。全年为全市 7 家企业申办 12 张 APEC 商旅卡。加强外事归口管理，推进合肥市涉外礼宾制度建设，印发实施《关于进一步规范我市涉外礼宾工作的若干意见》。扩大预防性领保宣传，提升合肥市公民境外安全出行意识与能力。在蜀山区美虹社区开展“领保宣传进社区”活动，在合肥经济技术开发区举办“海外领事保护进开发区”活动，合肥经济技术开发区、合肥高新技术产业开发区及包河经济开发区成功入选安徽省首批“领事保护基层联络点”。修订完善《合肥市涉外突发事件应急预案》，新增公共卫生领域有关内容。12 月，市政府与省外办签署结对共建协议书，从“共搭开放平台”“共享外事资源”等七个方面开展外事工作结对共建。

（吴　凡）

对外贸易

【概况】 2020 年，面对新冠肺炎疫情冲击和复杂的国际形势，合肥市商务局贯彻落实中央、省市“六稳六保”工作要求，稳住外贸基本盘，全市进出口总额再创历史新高。全市实现进出口总额 374.87 亿美元，同比增长 16.4%，高于全国增速 14.9 个百分点、高于全省增速 2.8 个百分点，占全省比重 48%。全市进出口总量、增速在全国省会城市均位列第 8 位，比上年分别前进 1 位、2 位；在长三角城市分别排名第 10 位、第 6 位，分别比上年前进 2 位、5 位。在出口方面，推动产贸合作，搭建合作平台，全年帮助 39 家企业获得防疫物资出口资格。疫情期间，笔记本电脑、冰箱等消费电子企业扩大出口，满足国际市场在线上办公、线上教育等“宅经济”的需求。在进口方面，做好外籍人员来华邀请转报工作，保障重点项目设备的进口安装调试及产业链供应链，推动全市关键设备进口超 30 亿美元。11 月，合肥经济技术开发区获批国家进口贸易促进创新示范区。

【外贸主体培育】 2020 年，市商务局与各县（市）区、开发区分级对接，做好全市进出口企业的包保服务，推动外贸主体培育工作。全年全市进出口实绩企业超3100家，其中进出口过亿美元企业 44 家。

【开拓国际国内市场】 2020 年，市商务局组织全市企事业单位参与第三届中国国际进口博览会，累计意向成交额占到全省一半。组织企业参加第 127 届、128 届线上广交会，2020 年全市对欧盟、美国、东盟等前五大贸易伙伴及“一带一路”沿线国家（地区）进出口均保持增长态势。在鼓励企业拓展国际市场的同时，支持适销对路的出口产品开拓国内市场，帮助适销对路的企业与阿里巴巴 1688 等线上平台及百大合家福、淮河路步行街等线下实体合作，推动出口产品转内销。

【跨境电子商务】 2020年，市商务局推进中国（合肥）跨境电子商务综合试验区建设，全市实现跨境电商交易额13.21亿美元，同比增长45.6%。跨境电商保税进口（1210模式）和零售出口（9610模式）业务规模逆势上涨，实现清关单量约231.7万票，同比增长109.1%；交易货值约4.13亿元，同比增长92.4%。新招引润美佳业、五层龙、贝果、易海囤等一批跨境电商保税进口企业落户合肥，考拉海购、雅娜购、孩子王等重点跨境电商项目实现增长。9月，安徽省跨境电商创新服务中心揭牌启用，与来自海内外近30家客商签订入驻协议。12月，合肥市开通“9610+中欧班列”业务，开辟跨境电商零售出口业务新路径。

【外贸载体建设】 2020年，合肥水运港完成集装箱吞吐量37.1万个标箱，同比增长0.3%；合肥中欧班列全年发运568列，同比增长35.2%；合肥空港进境指定监管场地进口生鲜约847吨。合肥经济技术开发区综合保税区实现进出口86.35亿美元，同比增长20.9%；合肥综合保税区实现进出口13.46亿美元，同比增长24.4%；合肥空港保税物流中心（B型）实现进出口7593.8万美元。

（朱　俐）

对外经济合作

【概况】 2020年，合肥市紧抓“一带一路”建设机遇，夯实基础工作，推进对外合作，提高合肥地区企业“走出去”的质量。截至年底，全市拥有73户外经资质企业，累计签订对外经济合作合同额259.9亿美元，完成营业额263.4亿美元，外派出国劳务人员11万人；全市累计对外投资企业456家，实际对外投资总额26亿美元，业务遍及津巴布韦、阿尔及利亚以及莫桑比克等100多个国家和地区，主要涉及采矿、生产制造、新能源、生物医药等行业。

【融入“一带一路”建设】 2020年，合肥市加强对“一带一路”建设项目的动态跟踪，加大对“一带一路”国家法律、投资环境及境外安全风险防范培训，组织线上线下培训12期，近300户企业参加，提升全市对外投资合作企业风险防范水平及从业人员业务能力。全年全市投资“一带一路”国家项目22个（其中增资项目1个），总投资5.66亿美元、同比增长176%，占当年新批境外投资总额的73%；中方协议投资额5.64亿美元，同比增长178%；实际投资额1.46亿美元，同比增长121.7%，占当年全市总量39%。截至年底，合肥市外经企业在“一带一路”沿线柬埔寨、印度尼西亚、泰国等33个国家投资121个项目，累计总投资15.39亿美元。

【重点项目跟踪服务】 2020年，合肥市建立“走出去”风险防范机制和应急处置机制，对合肥市企业“走出去”在谈和在建的合同额1000万美元以上对外承包工程项目和投资额500万美元以上对外投资项目实行重点跟踪服务。新签10个合同额过5000万美元的项目，累计新签合同额18.3亿美元，占全市总数的79.5%。中铁四局集团有限公司在莫桑比克新签的20000套住房建设工程，合同额达9.69亿美元，占全市43%，是合肥市2020年新签的最大的对外承包工程项目。

【外派劳务服务】 2020年，合肥市商务局对全市近100户重点走出去企业进行排查，并走访23户外派劳务企业，加强企业人员信息动态管理，主动履行报备手续，做到员工排查到位、内部防控和防控物资管理到位。组织全市对外劳务企业和对外承包工程开展外派劳务合同备案及境外风险防范培训，帮助企业提高合法合规经营能力。开展出国劳务宣传下乡活动，为出国务工人员提供咨询和指导，发放无纺布宣传袋500个，出国劳务指导手册2000份，其余宣传册2000份。实地开展对外劳务企业安全防范及农民工工资支付等相关工作检查，引导企业进行安全风险防范和应急事件应对处置，规范合同文本，及时缴纳备用金。全年全市外派劳务5473人，占全省86%；年末在外人数7041人，占全省57%。

（朱俐）

中国（安徽）自由贸易试验区合肥片区

【概况】 2020年8月30日，国务院印发中国（安徽）自由贸易试验区总体方案；9月24日，中国（安徽）自由贸易试验区与合肥、芜湖、蚌埠三个片区同时揭牌。合肥片区总面积64.95平方千米（占

中国（安徽）自由贸易试验区合肥片区　（合肥经开区管委会／供）

安徽自贸试验区 119.86 平方千米的 54.2%），包含合肥经济技术开发区（29.85 平方千米，其中经开区综保区 1.4 平方千米）、合肥高新技术产业开发区（31.43 平方千米）、蜀山区（3.67 平方千米）。中国（安徽）自由贸易试验区合肥片区位于合肥市蜀山区范围内，四至范围：东至皖山路、长江西路、玉蕾路（拟更名，现名千丈路）、田埠西路、雪霁路、井岗路、玉蕾路、大别山路、铁笛路、畅园路、长江西路、创新大道、彩虹东路高压廊道、永和路高压廊道、燕子河路、彩虹东路高压廊道、杨林路、浮山路、望江西路、杨林路、云竹路、芦花路（拟更名，现名杜鹃路）、集贤路、书箱路、芙蓉路、翠微路、叠嶂路、繁华大道、松谷路、翠微路、金寨南路、芙蓉路、叠嶂路、创业园路、金寨南路、青翠路、佛掌路、芙蓉路、天都路、西堤顶西路（拟命名）、习友南路、繁华大道、天都路、锦绣大道、玉屏路、紫蓬路、智慧园路（暂命名）、锦绣大道、南艳湖环湖路（暂命名）、习友南路、观海路、海恒街、宿松路、观海路、天海路（拟命名）、繁华大道、坝南路、坝下路、宿松路、繁华大道、十五里河、观海路、合安高速、锦绣大道、宿松路、巢桥路、习友南路、紫蓬路、清潭路、紫云路、玉屏路、云谷路、佛掌路、云海路、宿松路。南至杭埠河大道、派河、高压廊道、蓬莱路、云谷路、高压廊道、派河、青龙潭路、方兴大道、高压廊道、云谷路、高压廊道、蓬莱路、方兴大道、天都路、紫云路、佛掌路、石门路、莲花路、繁华大道、金寨南路、石门路、翡翠路、繁华大道、九龙路、三创园路（暂命名）、合九铁路廊道、铭传路、集贤路、宁西路、高压廊道、杭埠路、未命名支路、天佛山路、蜀山大道（原路牌习友路）、创新大道、燕子河路、石莲南路、高压廊道、习友路、长宁大道、天仙河路、高压廊道、石莲南路、明珠路（原路牌明珠大道）、长宁大道、宁西路。西至方兴大道、铭传路、将军岭北路、习友路、鸡鸣山路、望江西路、火龙地路、云飞路、方兴大道、望江西路、高压廊道、云飞路、长宁大道、望江西路、彩虹中路、彩虹东路高压廊道、彩虹中路、石莲北路、长江西路、双塘路、大别山路、天堂寨路、湖光西路、机场高速、大别山路、鸡鸣山路、师姑墩南路、侯店路、大别山路、将军岭北路。北至白莲岩路高压廊道、机场高速、响洪甸路、天堂寨路、龙河口路、长宁大道、仙女湖路（拟命名）、创新大道、湖光东路、铁笛路、玉蕾路（拟命名）、宝月路、渡仙桥路、激水路（暂命名）、振兴路、天狮路。

2020 年，合肥片区比照省里，成立以市委主要领导为第一组长、市政府主要领导为组长的合肥片区建设工作领导小组，下设办公室及 9 个专项工作组。专项工作组包括营商环境、投资、贸易、科技、产业、金融、国家重大战略、法制保障和联动区建设等。对接省委编办，推动成立中国（安徽）自由贸易试验区合肥片区管理委员会。根据省总体方案，分别制订片区《建设实施方案》和《工作推进方案（2020 年）》。

【战略定位】 2020 年，中国（安徽）自由贸易试验区合肥片区以制度创新为核心，以可复制可推广为基本要求，全面落实中央关于深入实施创新驱动发展、推动长三角区域一体化发展战略等要求，发挥在“一带一路”和长江经济带发展中作用，带动江淮、辐射全省，打造具有全球影响力的综合性国家科学中心和产业创新中心引领区。重点发展高端制造、集成电路、人工智能、新型显示、量子信息、科技金融、跨境电商、节能环保、服务贸易、生命健康等十大产业。经过三至五年改革探索，在建设科技创新策源地、促进科技创新和实体经济融合发展、推进先进制造业和战略性新兴产业集聚发展等方面形成更多有国际竞争力的制度创新成果，基本实现贸易投资便利、创新活跃强劲、高端产业集聚、金融服务完善、监管安全高效、辐射带动作用突出，成为国内国际双循环的重要支撑点。

【功能布局】 2020年，中国（安徽）自由贸易试验区合肥片区合肥经济技术开发区区块以国家先进制造业和现代服务业融合发展示范区建设为依托，发挥先进制造业和战略性新兴产业集聚优势，利用综合保税区、派河国际物流园等开放平台功能，在支持高端制造业发展、促进投资贸易便利化、推进科技与产业融合等方面开展体制机制创新，重点发展集成电路与智能终端、新能源汽车、生物医药、高端装备制造、人工智能与公共安全等主导产业，打造世界级先进制造业集聚区、产业创新引领区、对外开放样板区。合肥高新技术产业开发区区块以合肥综合性国家科学中心核心区建设为依托，发挥科技创新资源和新经济产业集聚优势，在科技创新策源地、成果转移转化、科技金融服务、未来产业培育、营商环境优化等方面开展体制机制创新，重点发展人工智能、集成电路、量子信息、生命健康、软件信息、光伏新能源、网络信息安全、现代服务业等主导产业，建设科技创新策源地、新兴产业动力源、开放合作强磁场，打造具有世界影响力的“中国声谷、量子中心”。蜀山区块以中国（合肥）跨境电子商务综合试验区核心区为依托，发挥现代服务业集聚优势，在贸易监管服务体系、培育发展贸易新业态新模式、中小企业发展等方面开展体制机制创新，重点发展节能环保、数字经济、电子商务、工业设计等主导产业，打造具有全国重要影响力的“中国环境谷、数字新园区”。

【建设进展】 2020年，合肥市梳理“利用大数据平台推送产业政策机制”“人工智能+企业画像的企业评价新体系”等首批改革创新事项清单43项；提出“创业投资企业备案”“外国人来华工作许可”“技术合同认定登记”等首批赋权需求清单74项；在总结国家集中复制推广的143项改革试点经验复制推广清单中，合肥市复制推广112项。统筹举办多场重大活动，全片区、多领域、高频次营造浓厚建设氛围。9月27日，蜀山区块举办“跨境电商总部基地暨创新服务中心启用仪式”，加快推进跨境电商B2B直接出口（9710）和出口海外仓（9810）业务；9月30日，省内第一家专门服务自贸试验区的金融分支机构——中国农业银行合肥自贸试验区支行揭牌运行；9月30日，高新区块举办“首批改革创新举措启动仪式”，发布自贸区服务专窗、新经济应用场景、人才综合服务平台等改革创新举措；10月9日，经开区块举办“首批项目签约暨蔚来中国总部启用仪式”，首批23个项目总投资达240亿元签约入驻，蔚来中国总部正式启用。10月17日，合肥片区高新区块举办“首批项目签约仪式”，总投资308.8亿元的80个项目签约入驻，主要集中在智能制造、生命健康、新一代信息技术等战略性新兴产业领域；11月5日，中国（安徽）自贸试验区推介会在上海国际会议中心举行，合肥片区进行现场推介活动，并现场签约10个总投资超140亿元的项目。

（朱　俐）

区域合作

【合肥都市圈建设】 合肥都市圈既是国家规划布局的长三角城市群五大都市圈之一，又是省委省政府部署安排的“一圈五区”发展布局的重要组成部分。“十三五”以来，合肥都市圈经过两次扩容升级，由合肥、淮南、滁州、六安、桐城五市，增加马鞍山、芜湖和蚌埠后扩全八市，总面积6.35万平方千米，占全省45.4%。2020年，合肥都市圈实现生产总值24499.9亿元、财政收入3490.1亿元，分别占全省63.3%和61.4%。

交通共联。2020年，统筹推动合肥都市圈轨道一体化规划建设纳入安徽省推进交通强国试点工作，商合杭和合安高铁通车运营，开工建设合肥与芜湖、桐城高铁互通，及合新高铁、巢马城际铁路，推进合宁高铁、合武高铁、合新六城际铁路等前期工作。合肥市完善“一环八线”高等级公路网，由合肥出发的高速公路覆盖都市圈内所有市、县，建设德上高速合枞段、岳武高速东延无岳段，开工建设合六叶高速改扩建、合六南通道等。合肥新桥国际机场总体规划修编方案获批，推进改扩建工程前期工作，开工建设肥东白龙通用机场。

产业共兴。2020年，都市圈工业产业（链）联盟成立，圈内各市186家主导产业企业成为首批联盟成员。滁州市新江玻璃与合肥海尔以及六安市玻璃制造企业合作共建产供销合作链，安凯客车与明天氢能公司合作研发的全省首批氢燃料电池城市客车在六安市公交线路投入运行，合力（六安）高端铸件及深加工研发制造项目签约。合肥与寿县、霍邱、定远、桐城、和县、湾沚区等都市圈9个县（区）签订合作协议，新建供肥蔬菜基地项目42个。

科创共建。2020年，合肥都市圈支持圈内城市合作共建科创平台，推进中科大智慧城市院（芜湖）、中科大技术转移蚌埠中心、淮南新能源研究中心、合工大滁州市传感产业技术院等项目，安徽工业技术创新院六安院揭牌。建设安徽创新馆成果转化信息服务平台和线下服务中心，引进科技服务机构，为都市圈科技企业提供成果发布、产权交易、专利申报等服务。举办2020年安徽省“抓创新、抗疫情、促六稳”科技成果发布暨线上交易会，展示宣传圈内城市企业科技抗疫成果40余件。

环境共治。2020年，合肥市落实大别山区水环境生态补偿机制，联合六安市每月开展水质联合监测。开展南淝河流域水环境问题排查整治专项行动，建立流域环境问题排查、整治、督导常态化机制。加强与巢湖流域5市联合巡查执法，推进数据共享和统一发布。推进滁河、杭埠河等跨界河流水污染防治，联合六安市定期开展丰乐河、杭埠河流域联合监测和现场巡查。

开放共推。2020年，合肥市加快合六经济走廊、合淮产业走廊建设，联手推进基础设施共联、园区合作共建、公共服务共享等重点领域建设，合肥高新区霍邱现代产业园成为全省首批长三角省际产业合作示范园区。中国（安徽）自由贸易试验区获批，启动合肥、芜湖、蚌埠三个片区建设。合肥中欧班列开辟“合新欧+滁州”“合新欧+芜湖”等都市圈城际定向班列，开通“江淮号”“奇瑞号”“马钢号”等定制专列，全年为都市圈城市出口发运1.8万标箱、货值2.73亿美元。

服务共享。2020年，合肥市联合都市圈其他城市构筑新冠肺炎联防联控网，协查重点人员信息近万人次。合肥市传染病院承担来自六安、滁州等城市新冠肺炎重症患者救治工作，治愈率达100%。“五一”前夕编制十条合肥都市圈精品旅游线路，有序恢复圈内旅游市场。庐江县、肥西县、舒城县与桐城市联合主办文旅资源联合推介会，成立“山水四城 诗画皖中”文化旅游发展联盟。先后在杭州、南京和北京举行2020合肥文化旅游推介会，联动都市圈旅游宣传工作。圈内滁州、蚌埠、六安霍山等市（县）先后到合肥推介文旅资源。合肥一中与合肥五十中分别同霍邱一中、寿蜀新桥分校开展“线上形式”合作，分享“线上教学”课程资源。春节前组织25家企业在霍邱县、寿县举办4场“招工引匠”活动，提供就业岗位2200余个。与淮南、六安等市建立“疫情防控期间企业用工信息发布”联动机制，异地同步发布100多家重点企业用工信息。举办第四届合肥都市圈十佳HR经理人评选。开通连接合肥城区和寿县新桥国际产业园的808路公交线路。

【与皖北结对合作】 2020年，合肥市落实省委、省政府推动皖北地区高质量发展若干意见的决策部署，推进与阜阳市以及寿县、霍邱县（下称“一市两县”）合作事项。在全省2019年度皖北结对合作共建园区目标考核中，合肥市蝉联市级园区援建方第一，庐阳区、蜀山区分列县域园区援建方第一和第二。阜阳合肥现代产业园区、合肥高新区霍邱现代产业园列入全省首批长三角省际产业合作示范园区。

园区共建。阜阳合肥现代产业园区（下称“阜合园”）于2011年12月经省政府批复设立，规划面积30平方千米。合肥市每年支持资金2亿元，在岗援建干部11人。2020年，阜合园实现经营收入143.4亿元，同比增长4.3%；财政收入5.9亿元，增长6.4%；进出口总额3587万美元，增长35.4%；省外亿元以上招商引资到位资金21.3亿元。新增规模以上工业企业6家。

寿县蜀山现代产业园区（下称“寿蜀园”）于2012年7月经省政府批复设立，规划面积12.8平方千米。合肥市蜀山区每年支持资金3000万元，在岗援建干部16人。2020年，寿蜀园实现经营收入

阜合园区复旦科技园 （刘洪良／摄）

39.6亿元，同比增长64.5%；财政收入2.2亿元，同比增长10%；进出口总额955.3万美元，同比增长25.5%；完成固定资产投资48.4亿元，同比增长25.4%；省外亿元以上招商引资到位资金44.1亿元，同比增长26.4%。新增规模以上工业企业10家。

临泉庐阳产业园区（下称“临庐园”）于2014年9月经省政府批准设立，规划面积15平方千米。合肥市庐阳区每年支持资金5000万元，在岗援建干部13人。2020年，临庐园实现经营收入20.3亿元，同比增长10.4%；工业总产值5.12亿元，同比增长39.1%；省外亿元以上招商引资到位资金4.72亿元。

合肥高新区霍邱现代产业园（下称“霍高园”）于2016年7月经省政府批复设立，规划面积28.79平方千米。合肥高新区每年支持资金3000万元，在岗援建干部5人。2020年，霍高园实现经营收入14.6亿元，同比增长46.2%；财政收入3063万元，同比增长118.5%；进出口总额1837万美元，同比增长169%；完成固定资产投资6.84亿元，同比增长49.4%；省外亿元以上招商引资到位资金3亿元，同比增长63%。新增规模以上工业企业5家。

基础设施建设。2020年，阜合园全长11千米双向十车道的合肥大道全线通车；总投资7.5亿元的复旦科技园开园运行。完善合肥至寿县区域内基础设施，船涨路、育才路、黄楼路建成通车。开通合肥市汽车西站枢纽站至寿蜀园区的808路快速公交线路，增加399路公交站台数量、延长营运时间。合肥燃气新桥分公司新发展居民用户3989户，工商用户9户，完成中压管网建设22.47千米，累计建成管网总长97.71千米。

产业合作。2020年，寿县八公山豆制品、汉邦日化、蓝讯电子、金诚车辆等8家企业加入合肥都市圈工业产业(链)联盟。合肥市与“一市两县”实施供肥蔬菜基地合作共建项目22个，支持资金350万元，建设露地蔬菜236公顷、设施钢架大棚蔬菜60公顷、连栋大棚45000平方米，年供肥蔬菜6200吨。寿县、霍邱县30余家企业来肥免费参加合肥农产品对接会，两县优质产品直供合肥百大周谷堆市场。

科教合作。合肥市科技局指导寿县合创新材、汇生包装、艾普塑料、柯林医疗等17家企业通过国家高新技术企业认定，县域高新技术企业数达到29家。霍邱县安徽星鑫化工科技有限公司与安徽职业技术学院签订产学研协议，提升企业创新能力。合肥十中托管颍上二中，通过阜阳市教育教学质量评估验收，落实省级示范高中同等政策待遇。合肥一中与霍邱一中探索线上教学合作，安排教师赴霍邱一中进行现场授课。合肥学院安排皖西经济技术学校5名教师参加企业实践活动，指导学科和名师工作坊建设。肥东县援助霍邱县216万元用于改善学校办学条件，资助贫困学生40名。蜀山区召开“蜀山—寿县名师工作室建设交流会”，并赴寿县炎刘学区、八公山乡大泉小学等地开展4次送培送教活动。

人才交流。2020年，合肥市、县（区）组织部门先后派出和接收87人次，与“一市两县” 加强干部人才交流。合肥、阜阳两地利用“2+N”招聘会平台，组织开展县域帮扶就业扶贫专场招聘会，筛选出78家企业共1497个岗位提供给帮扶地区贫困劳动者。春节前，组织25户重点企业，赴霍邱县、寿县开展4场现场“招工引匠”劳务对接活动，提供就业岗位2200多个，服务两地劳动者900多人次。收集全市范围内100余家企业的用工需求信息，编印《2020版合肥市重点企业春节用工需求信息口袋书》，现场派发3000多本。企业复工期间开展“接您上岗”活动，开出专车接送寿县返岗困难员工返岗。

医疗合作。2020年，合肥市卫健委先后4次组织霍邱县、寿县40名医务人员参加都市圈医疗培训活动，市妇幼保健院专家团队每周一次定期到寿县妇幼保健院坐诊。蜀山区在寿县茶庵镇、炎刘镇开展大型专家义诊和送药下乡活动，肥东县卫健委组织专家赴霍邱县开展大型义诊活动。省妇幼保健院变医疗扶贫为合作共建，整体托管临泉县妇幼保健院。

文旅合作。2020年，市文化和旅游局打造合肥至寿县、霍邱研学游、一日游、二日游线路。组织寿县参加合肥赴杭州、南京文旅推介会。协助寿县在巢湖市三瓜公社举办乡村旅游提质升级培训班。组织专家学者开设讲座，免费对寿县、霍邱县等地导游开放学习。

（张卫东）

长三角一体化

【概况】 2010年，合肥市正式加入长三角城市经济协调会。2018年11月5日，习近平总书记在首届中国国际进口博览会上宣布，支持长江三角洲区域一体化发展并上升为国家战略。2019年12月，中共中央国务院印发《长江三角洲区域一体化发展规划纲要》，上海、浙江、江苏、安徽三省一市41个城市，全部纳入长三角一体化范畴。2020年8月，习近平总书记在合肥主持召开扎实推进长三角一体化发展座谈会并发表重要讲话，强调坚持目标导向、问题导向相统一，紧扣一体化和高质量两个关键词抓好重点工作，真抓实干、埋头苦干，推动长三角一体化发展不断取得成效。合肥市紧扣“一体化”和“高质量”发展要求，落实《长江三角洲区域一体化发展规划纲要》及《安徽省实施长江三角洲区域一体化发展规划纲要行动计划》，推进全市经济社会全面融入长三角一体化发展。

【完善体制机制】 2020年，合肥市对照国家《规划纲要》，完善“规划纲要—行动计划—推进方案—重大项目”的工作链条，印发《合肥市推动长三角区域一体化发展2020年工作要点》，明确年度推进的27项重点工作、54项重点项目，逐项落实责任单位和协同单位，开展季度调度，推动任务落实。争取三省一市研究支持合肥市重点合作事项，落实三省一市主要领导座谈会议定事项。参加长三角城市经济协调会第二十次全体会议，策划举办市长圆桌访谈活动和合肥环境产业协同创新分论坛活动。与对接G60科创走廊联席办沟通，牵头落实年度任务和专题会商机制，联合发布《关于支持长三角G60科创走廊以头部企业为引领推动产业链跨区域协同合作的实施意见》。启动合肥都市圈“十四五”规划编制，加快与长三角都市圈联动发展。

【产业协同发展】 2020年，合肥市聚焦“芯屏器合”，提升产业链和供应链水平，蔚来中国总部、欧菲光光学光电产业基地等项目签约落户。开展长三角“感存算一体化”战略合作，在物联网领域建设上先试先行。G60科创走廊金融科技合作园区、科技成果转移转化示范基地挂牌运行，组建环境产业技术创新联盟。推动合肥上海产业园和包河经开区成功申报全省重点支持建设的省际合作示范园区，合杭梦想小镇开园运行。加快合肥国际金融服务后台基地提升工程、长三角科技金融载体建设，中国银联合肥支付创新产业基地项目进入建设阶段。

【基础设施联通】 2020年，合肥市构建立体交通网络，商合杭、合安高铁全线通车，沿江高铁等前期加快推进，实现1小时到南京，2小时到武汉、上海，3小时到杭州和郑州，4小时到北京和福州，形成合肥高铁当日往返通勤圈。推进明巢高速、德上高速合枞段、岳武高速东延无岳段等项目，谋划建设外绕城高速，优化“一环八射多联”路网结构。新桥机场总体规划修编获批，航站区二期预可研通过审查。开工建设肥东白龙、肥西官亭通用机场。合肥港总体规划获批，引江济淮项目建设加快推进。

【生态环境治理】 2020年，合肥市加快推进环巢湖生态环境保护与修复工程和环湖十大湿地建设，巢湖15个国考断面水质全部达标，巢湖水质稳定在Ⅳ类以上。参与区域大气污染联防联控，细颗粒物（PM2.5）、可吸入颗粒物（PM10）浓度分别为36、58微克/立方米，空气质量优良率85%，提高14.6个百分点。成功申办第十四届中国国际园博会，启动建设骆岗中央公园。依托长三角G60科创走廊环境产业示范园区、环境产业技术创新联盟，开展标准制定推广、新产品新技术推介、融资需求对接。与六安市开展杭埠河联合巡查，探索推进跨区域生态补偿机制。

【对外开放合作】 2020年，中国（安徽）自由贸易试验区揭牌，合肥市制订合肥片区建设《实施方案》，提升投资贸易便利化，新签约项目200余个。推进服务贸易试点市、跨境电商综试区、进口贸易示范区。全面提升“四港三区一平台”功能，推进合肥水运港与宁波舟山港、上海港铁海联运、江海联运，合肥至上海中转时效缩短一半；中欧班列开行568列、净增200列，位居全国第八。举办世界制造业大会、世界显示产业大会等国际性展会。

【公共服务共享】 2020年，合肥市引进长三角优质教育、医疗资源，与复旦大学附属儿童医院合作建设国家区域儿童医疗中心。长三角41个城市实现医保“一卡通”，建立长三角城市预约挂号和远程医疗共享通道。实现长三角跨区域个人社保关系转出、社保卡申请、个人信息查询及打印等“一次不用跑”。提升政务服务“一网通办”服务水平，实现与长三角20个城市、35项企业服务事项和42项个人服务事项“一网通办”，办理异地营业执照约400份。落实《长三角应用场景开放合肥倡议》，实现长三角“健康码”互认和9城市轨道交通 “扫码过闸、一码通行”。参与长三角企业融资服务平台（“信易贷”平台）建设，归集税务、社保等18个部门近2亿条数据，上线金融产品66个。

（翟晓文）

海关

【概况】 中华人民共和国庐州海关（以下简称“庐州海关”）于2018年12月14日经海关总署批复设立，2019年12月11日开关，承担合肥市四区1市4县（不含新桥机场）进出口货物（物品）监管、征税、缉私、出入境检验检疫、统计等工作。2020年，合肥市货物贸易进出口总值2597.2亿元人民币，同比增长16.9%；其中，出口1580.7亿元，同比增长13.4%；进口1016.5亿元，同比增长22.7%。监管进出口货值1147.6亿元；审核报关单20.1万份，税收入库 74.0亿元；监管邮递物品771.1万件；签发征免税证明8488份，减免两税合计7.6亿元。实际监管中欧班列 484列，4.6万标箱，货值约123.8亿元，增速、发运量位列全国第一方阵。监管邮递物品、信刷品947万件。

【支持企业复工复产】 2020年，庐州海关运用“互联网+海关”，推行不见面办理企业资质备案1991家。取消内销征税联系单，核准21家企业集中内销资质，扶持企业“两个市场、两种资源”同时发力。疫情期间，中欧班列打通五大通道，加密班次，开行专列，定制监管方案，实施预约查验，做到查验“零等待”、通关“零延时”、企业“零跑动”、运行“无阻碍”；指导班列通过“国际贸易单一窗口”自主选择报关地，“提前申报”“两步申报”，舱单归并，免到现场查验，压缩通关时间；开启“班列+运邮、班列+保税入仓、班列+跨境电商出口”等模式；联手宁波、上海港开行“铁海”等多式多程联运、集拼集运，全年班列开行568班次，位居全国第八。为辖区集成电路企业减免税款3.07亿元，同比增长2.8倍，办理汇总征税及征税要素保证保险担保共计1.42亿元。

【跨境电商服务】 2020年，庐州海关探索跨境电商9610出口业务，安装全流程自动化分拣流水线，实现海关对跨境邮递物品监管从“人工—纸质—粗放”向“智能—电子—集约”的转变，形成进出境邮递物品智慧监管模式，提升日常处理能力，出口流水线达到年处理量3000万件，实现每周7 x 24小时智能监管；编制《网购保税业务指南》，制定业务流程、应急预案，大促销期间24小时值班，确保企业清单申报及包裹出区的时效性；全年放行清单221.8万份，进口货值3.85亿元，征税3793.9万元，同比分别增长98.3%、80.6%、80.1%。坚持跨境电商进、出双向发展，优化监管模式，实现一般出口总单监管通关，由以往每个小包运单逐票申报运抵信息和离境信息，优化为仅对到货的总运单报送一次运抵信息和离境信息，降低通关成本，增加企业通关满意度和获得感。

【产业发展服务】 2020年，庐州海关服务“一带一路”发展，围绕“芯屏器合”等重点项目，做好相关企业信用等级的培育和认证工作。上线实施产地证“智慧审签”，提高签证质量和签证效率，扩大受惠覆盖面，助力辖区企业享受进口国关税优惠。落实《合肥海关支持综保区发展11条措施》，对长鑫集成电路、京东方光电科技公司等免税额前十名企业提供免税、归类咨询辅导，进口前预审核，原材料、零配件快速查验通关。帮助合肥通富微电子有限公司、合肥丰创光罩有限公司等企业完成一般认证，帮助康宁汽车玻璃系统（合肥）有限公司、合肥信农马达有限公司等企业完成高级认证。

（江　啸）

中欧班列

【概况】 2014年6月26日，合肥市开通首趟通往中亚地区的合肥中欧班列。2015年1月，铁海联运（合肥—宁波）运行。2015年6月26日，开通合肥—汉堡国际货运班列。2016年11月20日，开通汉堡—合肥中欧回程班列。2017年，由市产业投资控股（集团）有限公司组建合肥国际内陆港发展有限公司，2018年，合肥国际内陆港发展有限公司接手运营合肥中欧班列。2020年，合肥市响应“一带一路”倡议，贯彻长三角一体化发展战略，推动中欧班列高质量发展，为全省进出口企业提供开放通道，促进全省开放型经济发展。截至2020年末，中欧班列累计发运超过1300列，服务600余家省内企业，实现全省16个地市全覆盖。

2020年，合肥国际内陆港发展有限公司围绕“打造国家级中欧班列集结中心”的发展定位，践行“立足合肥、服务安徽、辐射长三角”的总体思路，坚持“以运带贸、以贸促运、运贸一体”的经营策略，争创陆港型国家物流枢纽、国家多式联运示范工程、国家中欧班列集

2020年7月9日，合肥中欧班列首趟中亚回程抵达合肥　（钱传军／摄）

结中心示范工程等国家号项目。创新“坐商变行商”模式，组织业务团队主动对接省内重点园区、企业，提供“站到站”“门到门”全流程服务，实施“合肥中欧班列+”战略，先后与阜阳、芜湖、宣城等省内兄弟城市开展合作。谋划建设合肥国际陆港项目，实现海关、场站开放、国际贸易、陆港型物流枢纽等“四位一体”发展。围绕货运代理、国际贸易、物流仓储、供应链金融等业务板块，加强全生态产业链延伸拓展。与德国铁路、俄罗斯铁路、哈萨克斯坦铁路、波兰国家铁路等合作，2020年新开辟乌兹别克斯坦至合肥中亚回程线路，合肥至荷兰蒂尔堡、合肥至法国杜尔日、合肥至乌克兰基辅等中欧去程线路。

【业务开展】 2020年，合肥中欧班列发运568列，同比增长35.2%。携手宁波港、上海港，铁海联运班列全年发运突破1.4万个集装箱（40英尺），同比增长15.46%。单列货值超千万美元，满载率保持100%，货值、货重、满载率等指标保持全国前列。开行至今累计开通国际线路36条，点对点直达的11个国家，36个国际节点城市。实现合肥与德国汉堡、波兰罗兹、白俄罗斯明斯克、芬兰赫尔辛基、俄罗斯沃罗腾斯克等城市之间陆上铁路运输的互联互通。为省内各地市，特别是合肥都市圈城市企业提供“站到站”“门到门”全流程服务，当年开行“江淮号”“奇瑞号”“美的号”“美菱号”“惠而浦号”“康宁号”等企业定制专列163列，累计服务省内600余家企业，覆盖全省16个地市。疫情期间，合肥中欧班列保持合肥—汉堡、合肥—赫尔辛基等线路常态化运行，并新增合肥—俄罗斯叶卡捷琳堡、合肥—沃尔西诺两条新线路，累计发运防疫物资200余批次，包括运送防护服、口罩、呼吸机等防疫物资，运送物资总重达1200余吨，物资件数超过1亿件。

（朱　俐）

责任编辑：徐仙春

科 技

综 述

【概况】 2020年，合肥市科技创新主要指标保持稳步增长，高新技术产业总产值、增加值分别增长18.8%、16.7%，增速创近五年新高；吸纳输出技术合同交易总额达572.13亿元，同比增长20.5%，稳定实现市科技成果转化“进”大于“出”；国家科技型中小企业首次突破2500户，同比增长63%；新增国家高新技术企业789户，创历年新高，总数达3328户。国家实验室建设工作取得进展，合肥大基因中心揭牌启动，合肥离子医学中心建成运行，中国（合肥）知识产权保护中心正式成立。新增院士工作站9家、海外人才工作站5家、省级国际科技合作基地11家，13名在肥工作外国专家入选省“外专百人计划”，在肥服务“两院”院士达135人。合肥入选“魅力中国——外籍人才眼中最具吸引力的中国城市”榜单第六位，位列“全球城市基础前沿研究监测指数”前20位、全球科研城市榜前20强。

【合肥综合性国家科学中心建设】 2020年，合肥市推进“1+4+11+N”科技创新平台体系布局，打造具有重要影响力的科技创新策源地。量子创新院1号科研楼竣工交付，合肥综合性国家科学中心能源、人工智能研究院正式运行，大健康研究院揭牌，环境研究院启动组建。全市规划布局大科学装置达11个，全超导托卡马克等3大装置性能不断提升，聚变堆主机关键系统综合研究设施、未来网络试验设施（合肥分中心）加快建设，推进高精度地基授时系统（合肥一级核心站）、雷电防护设施建设前期工作，争取合肥先进光源等4大装置纳入国家重大科技基础设施“十四五”规划。加快布局一批“国字号”交叉前沿研究平台，类脑智能技术及应用国家工程实验室运行顺利，中国科学院临床研究医院落户合肥，推进天地一体化信息网络合肥中心等一批重大创新平台建设。市财政累计投入资金约150亿元，用于支持科学中心重点项目建设，组建合肥综合性国家科学中心建设专项基金，规划总面积约19.2平方千米大科学装置集中区，基本完成专项规划及城市设计工作。

合肥科学岛鸟瞰 （叶华龙/摄）

【安徽省“抓创新、抗疫情、促六稳”科技成果发布暨线上交易会】 2020年4月30日，2020年安徽省“抓创新、抗疫情、促六稳”科技成果发布暨线上交易会（以下简称“线上交易会”）在安徽创新馆成功举办。线上交易会由合肥市人民政府、省科技厅、省卫生健康委、省发展改革委等单位共同主办，中国科学技术大学、中国科学院合肥物质科学研究院、中国电子科技集团公司第三十八研究所、合肥滨湖科学城管委会等单位协办，合肥市科学技术局、安徽创新馆、安徽省科技成果转化中心等单位承办。

线上交易会围绕“打赢疫情防控科技战、助推创新发展新跨越”主线，以“线上为主、线下为辅”，由开幕式（成果发布、项目签约、揭牌仪式、领导讲话等）、网上成果展示、线上对接路演、“大健康”创新线上论坛等活动组成，并利用5G直播、云签约、网上展厅、线上路演等线上方式展现活动内容。集中展览全省大健康领域特别是安徽省疫情防控中涌现的科技成果244项，集中（云）签约31个项目，发布300余项重大成果。

线上交易会活动当天，中国科学院领导在北京视频连线并发表讲话，有关高校和科研院所，部分科技型企业、医疗服务机构、金融投资机构、科技中介服务机构等100多名嘉宾参加开幕式。近2万人通过现场网络同步视频直播观看线上交易会。

（葛　晗）

重大科研成果

【概况】 2020年，合肥市每万人发明专利拥有量超过34件，技术合同交易额580亿元、增长22.4%。“九章”量子计算机、高吸能合金（“嫦娥钢”）、质子放射治疗系统（“质子刀”）、针对白细胞介素6（IL-6）受体的重组人源化单克隆抗体（“托珠单抗”）、“量子显微镜”等一批重大创新成果相继问世。智飞龙科马在国内率先启动重组亚单位疫苗III期临床试验。

【世界前沿领先技术成果】 2020年8月初，中国科学院合肥物质科学研究院（以下简称“中科院合肥研究院”）等离子体物理研究所在自主发展聚变工程技术方面，建成射频负离子束源样机，实现射频负离子束源稳定可重复的105秒强流负离子束引出，负离子引出束流密度达到153A/m2，使中国成为国际上少数掌握该核心技术的国家。

11月8日，中国科学技术大学教授陈秀雄、王兵发表在《微分几何学杂志》上的关于高维凯勒里奇流收敛性的论文，率先解决哈密尔顿—田猜想和偏零阶估计猜想。

中国科学技术大学潘建伟、陆朝阳等与中科院上海微系统所、国家并行计算机工程技术研究中心合作，构建76个光子的量子计算原型机“九章”，实现具有实用前景的“高斯玻色取样”任务的快速求解。根据现有理论，该量子计算系统处理高斯玻色取样的速度比目前最快的超级计算机“富岳”快100万亿倍，等效速度比2019年谷歌发布的53个超导比特量子计算原型机“悬铃木”快100亿倍。相关成果12月4日在线发表于《科学》杂志，实现量子优越性里程碑。

12月16日，中科院合肥研究院科学家自主研制的最紧凑型超导回旋质子治疗系统加速器顺利引出200兆电子伏特（MeV）的质子束流，实现高能量级超导回旋加速器技术的关键突破，标志着国产最紧凑型超导回旋质子加速器研制成功。聚变堆主机关键系统综合研究设施CRAFT项目实现稳定可重复的百秒量级强流负离子束引出等。

【参与国家科技专项】 2020年9月底，中科院合肥研究院健康与医学技术研究所刘青松研究员、刘静研究员药学团队开发出针对B细胞性非霍奇金淋巴瘤的新一代高选择性、高活性BTK激酶抑制剂CHMFL-BTK-85，该研究获得“重大新药创制”国家科技重大专项、国家自然科学基金、博士后基金特别资助、中科院前沿科学重点研究计划等项目的支持。合肥工业大学参与国家“氢能基础设施爆炸泄压机理与关键技术装置”研究。4月24日，安徽智飞龙科马生物制药有限公司研发的重组结核杆菌融合蛋白（EC）获得国家药监局批准上市；11月18日，该公司和中科院微生物所联合研制的“重组新型冠状病毒疫苗（CHO细胞）”在湖南省湘潭市湘潭县开始国内部分的III期临床试验，下旬在乌兹别克斯坦开始III期临床试验。

【填补国内空白的技术成果】 2020年，合肥通用机械研究院研制的“除菌毒空气净化机”、清华大学合肥公共安全研究院的“燃气管网智能风险防控技术研究与系统开发”、博微太赫兹的“基于二维稀疏阵的主动式毫米波高分辨实时成像技术”等填补国内空白。中国科学技术大学陈秀雄教授团队的“微分几何学两大核心猜想20多年后终获证”与潘建伟院士团队的“‘九章’量子计算机问世引发世界关注”同时入选“2020年国内十大科技进展”。

【落地转化的科技成果】 2020年，合肥本源量子计算科技有限责任公司研制成功国内首个超导量子计算机“悟源”，维信诺合肥第6代柔性AMOLED线成功点亮，安徽东超科技有限公司利用可交互空中成像技术研制的全球首台空气成像无接触电梯按钮终端成功投入使用。

创新平台

【概况】 2020年，合肥市构建高能级创新平台体系。布局重大战略平台。瞄准信息、能源、健康、环境等前沿领域，初步构建形成综合性国家科学中心“1+4+11+N”创新平台体系，打造服务全域的战略科技力量。国家实验室建设取得决定性进展，1号科研楼竣工交付。能源、环境、大健康、人工智能研究院组建运行。聚变堆主机关键系统、未来网络试验设施等大科学装置加快建设，先进光源、大气环境模拟系统和强光磁集成实验设施有序开展预研，大科学装置集中区初具规模。

打造协同创新平台。按照“协同创新、政府引导、市场运作”原则，积极引进国内外高校科研院所科技资源，建设新型协同创新平台。累计与中科大、中科院、清华、北航、哈工大、天大、北外等院所，共建26个高水平协同创新平台，其中建成8个，在建或正在施工12个，签约6个。发挥平台科技资源集聚和整合功能，加快孵化科技型企业，推动科技成果转化。

建设企业创新平台。以行业领军企业为主体，组建首批市级技术创新中心10家，新增获批省技术创新中心2家，截至2020年底，全市累计组建各级技术创新中心18家，国家级企业技术中心总数54家，居省会城市首位。建设创新创业孵化载体，新增国家级众创空间2家，截至2020年底，合肥市累计组建国家级众创空间和客气孵化器36家。以企业为主体组建首批19家市级科技特派员工作站，新增省级特派员工作站7家，全市累计建设各级科技特派员工作站56家。

合肥智能科技园　（王世保／摄）

【未来网合肥中心正式开通】 2020年12月13日，在合肥召开的第三届 IEEE 信息中心网络国际学术会议（HotICN 2020）上，中国科学技术大学主导研制的“国家未来网络试验设施合肥分中心”正式开通。未来网络试验设施是中国在通信与信息领域第一项国家重大科技基础设施建设项目，也是国家“十二五”期间设立的16个重大基础设施之一。中国科大作为未来网络试验设施合肥分中心的承建单位，合肥分中心的开通意味着首个未来智能科学与技术试验装置正式落地和启用，标志着国家未来网络试验设施正式具备智能网络试验服务能力，为中国智能网络创新成果跨越“成熟度壁垒”提供可复现、可测量、可验证的创新环境。

（葛　晗）

G60科创走廊建设

【概况】 自2018年加入G60科创走廊以来，合肥市主动作为，以“创新政策、资源共享、园区建设、成果转化”为具体抓手，推进G60科创走廊建设，服从服务国家战略。在科技资源共享方面，推广“G60科创云平台”，邀请2000余家企事业单位注册使用该平台并反馈用户体验，不断优化科创云平台功能；修订本地自主创新政策，对租用纳入G60科创走廊城市开放共享的仪器设备的单位、科技成果转移转化示范基地给予补助，支持本地企事业单位与G60科创走廊城市的高校、科研院所、技术领先企业开展产学研合作，并择优补助。面向人工智能、集成电路、生物医药、高端装备等先进制造业产业领域，摸排重大科技项目并上报G60联席办。在打造市场化法治化国际化营商环境方面，以地方标准形式，发布《长三角G60科创走廊“一网通办”专窗管理规范》，完成九城市间证照“一体受理、一体办证”，全域89个县级以上行政服务中心实现“一网通办”专窗全覆盖。

截至2020年底，合肥市拥有物联网、生物医药、环境产业、金融科技、科技成果转化小镇等5家G60挂牌园区，园区内产业集聚初具规模。

【合作园区基地建设】 2020年3月，肥东县长临河科创小镇被授予“长三角G60科创走廊科技成果转移转化示范基地（合肥）”，基地规划范围约12平方千米；6月，长三角G60科创走廊联席会议办公室批复同意合肥庐阳区创建“长三角G60科创走廊金融科技产业合作示范园区”。

【科技和产业合作】 2020年5月11日，在第二届长三角G60科创走廊科技成果线上拍卖会上，合肥市4个项目参与拍卖，拍卖金额4898万元，占整场拍卖会总金额35%。6月18日，中国商飞·长三角G60科创走廊产业链合作大会在上海松江召开，合肥江航飞机装备股份有限公司列入商飞合格供应商，安徽未来表面技术有限公司等一批企业作为首批重点培养对象。

【人才交流合作】 2020年10月29日，第三届长三角G60科创走廊人才峰会在合肥召开，会上，九城市有关领导共同为第二批人才培育服务基地揭牌，集中发布人才政策和高层次紧缺人才需求信息，长三角G60科创走廊九城市共同签订《人才联合培训合作协议》《技能人才合作共建协议》《人力资源产业园联盟章程》。

（葛　晗）

高新技术产业

【概况】 2020年，合肥市有1536家企业被认定为国家高新技术企业，国家高新技术企业总量由2019年的2539户增加到3328户，净增789户，总量和增量均达历史新高。从高新技术企业涉及的技术领域分布看，合肥市高新技术企业中电子信息、先进制造与自动化、高技术服务类企业数量位居前三位，分别有1084户、835户、605户，分别占全市高新技术企业总量的32.6%、25.1%和18.2%。

2020年，合肥市高新技术产业增加值同比增长16.7%，高新技术产业总产值同比增长18.8%，分别比2019年增加5.2和11个百分点。

【新能源汽车产业】 2020年，蔚来中国总部落户合肥，建设包括总部管理、研发、销售、供应链等实体架构；大众汽车增持江淮大众股份至75%并更名为大众汽车（安徽）有限公司，大众（安徽）公司研发中心竣工落成。2020年，全市推广新能源汽车6.5万辆，约占全国总销量的4.8%；累计推广总量超29万辆，约占全国总量的5%。

【人工智能产业】 2020年，“中国声谷”入驻企业1024户，实现营业收入1060亿元。全市智能语音产业规模突破130亿元，占全国产业总产值的44.2%。

【量子产业】 2020年，合肥市量子通信、量子计算、量子精密测量等领域企业加快发展。其中，国盾量子公司在科创板成功上市，成为国内量子通信领域首家A股上市企业。本源量子公司先后发布国内首款量子计算机操作系统“本源司南”、自主研发的超导量子计算机“悟源”等成果产品。

（葛　晗）

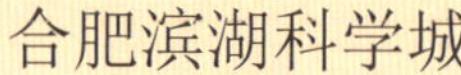

合肥滨湖科学城

【概况】 合肥滨湖科学城规划面积102平方千米核心区、491平方千米规划区、1465平方千米统筹协调区，包括肥东、肥西2县和包

蔚来中国总部　（王世保/摄）

河、蜀山、庐阳3区的部分区域，覆盖3个国家级开发区（合肥高新技术产业开发区、合肥经济技术开发区、合肥出口加工区）和合肥空港、肥东、肥西、包河、蜀山5个省级开发区。2018年10月9日，滨湖科学城管理委员会（滨湖新区筹备工作委员会）正式揭牌成立，作为省政府派出机构，委托合肥市管理，负责组织领导、统筹协调滨湖科学城规划建设和国家级滨湖新区创建筹备工作。管委会下设8个内设机构，负责管理安徽创新馆、滨投公司。

合肥滨湖科学城以“四个新高地”为目标愿景，打造高质量发展新高地，聚力建设具有国际竞争力的战略性新兴产业、先进制造业、现代服务业、现代农业“四个产业集群”；打造科技创新新高地，聚力建设国家实验室核心区、大科学装置集中区、教育科研集聚区、产学研用创新成果孵化加速转化区“四个先行区”；打造现代城市建设新高地，聚力建设现代化的道路交通体系、绿色空间体系、公共服务体系、智慧治理体系“四个体系”；打造内陆改革开放新高地，聚力建设与合肥都市圈、南京都市圈、长三角城市群、长江经济带一体联动的“四个联动带”。

2020年，科学城管委会紧扣打造“四个新高地”目标愿景，以创建国家级科学城为动力，以基本建成合肥综合性国家科学中心框架体系为重点，克难攻坚，开拓创新，完成省市安排部署的各项工作任务。

【“滨湖创新指数”发布】 2020年1月10日，滨湖创新指数发布会在安徽创新馆3号馆全球路演大厅举行。会上由长城战略咨询发布《滨湖创新指数报告2019》，以“新科学+新城”视角，构建原始创新引领力、成果转化驱动力、经济发展变革力、城市环境竞争力、开放合作影响力“五力指数”，为滨湖科学城创新驱动发展和高质量发展提供决策支撑。

【骆岗生态公园规划建设】 骆岗生态公园是省市集中力量、集聚资源、集成推进的重大项目，规划范围为原骆岗机场及周边区域，包含包河大道以西，锦绣大道以北，合安高速以东，绕城高速以南，总面积约15.3平方千米。在总体要求上，贯彻落实省委“1333”要求，即：坚持“1个面向”，面向现代化；注重“3个突出”，突出生态、突出科技、突出人文；贯穿“三绿要求”，连通活水“绿系”、构建生态“绿心”、打造活动“绿地”；实现“三大目标”，打造“安徽之窗、省会之心、城市之肺”。2020年8月习近平总书记视察安徽期间对公园规划建设给予肯定。

编制规划体系。省委书记李锦斌先后2次主持召开省委专题会听取公园规划方案汇报；市委书记虞爱华先后4次召开市委专题会听取公园规划方案汇报，亲自率队赴住建部汇报公园和园博园规划建设情况，住建部主要领导肯定规划方案，并提出“四新三引领”希望（新理念、新机制、新技术、新方式，引领中国、引领世界、引领未来）。2020年，公园“1+4+N”规划成果体系成型。

重点工程建设。滨湖科学城管理委员会建立每半月市直部门、每周指挥部、每日指挥部办公室“三级调度”机制，推进项目建设。2020年，相继开工建设美丹家园（安置区）、大连路、庐州大道、花园大道，推进锦绣湖公园、滨湖国际科学交流中心、园博园前期工作。

招商引资。重点围绕人工智能、大数据、5G技术、线上经济等重点产业进行招商，先后对接华润区域总部、阿里巴巴、神州数码、招商局集团区域总部、华云总部、高端医疗器械等10多个重点项目。其中，神州数码项目于11月25日完成战略框架协议签订。

创新公园管理运营。坚持公园规划、建设、管理、运营一体化，从规划建设之初就考虑运营管理问题，市滨投公司和区滨投集团合作组建科学城城市空间运营管理公司，实现组织架构、职能职责、人员配备“三到位”，承担园博园城市更新片区规划设计建设和公园市场化运营管理任务。

【安徽创新馆建设】 2020年8月，习近平总书记在安徽考察期间参观安徽创新馆服务管理中心（以下简称“安徽创新馆”），对安徽在推进科技创新和发展战略性新兴产业上取得积极进展表示肯定。他指出，安徽要加快融入长三角一体化发展，实现跨越式发展，关键靠创新。进夯实创新基础，加快科技成果转化，加快培育新兴产业，锲而不舍、久久为功。

安徽创新馆坚持以“政产学研用金”科技成果转化体系建设为核心，强化科技成果展示、知识产权交易、成果转移转化等主体功能作用，2020年接待国内外团组近1200批，社会各界参观6万多人次，举办2020年安徽省“抓创新、抗疫情、促六稳”科技成果发布暨线上交易会等60余场成果转化活动。聚力推进“政策+公司+基金+平台+项目+基地”六大建设任务，着力打造线上线下双向互动、省市

安徽创新馆 （王世保／摄）

县三级覆盖、有效连接长三角的安徽科技大市场。

2020年在抓好科技成果“展示推广”基础上，完成习近平总书记考察安徽创新馆接待服务工作，讲好安徽创新故事。以聚焦科技成果“转化交易”为核心，协调省市政府出台关于支持安徽科技大市场建设的4条专项政策，拟定《安徽省关于加快安徽科技大市场建设若干政策》《合肥市关于加快安徽科技大市场建设若干政策》，争取政策支持。突出“体制创新”关键，着力推进专业化市场化运营。组建安徽科技大市场建设运营有限责任公司，委托运营安徽科技大市场。吸纳部分长三角知名科创投资基金，促成股权投资项目44个，金额2.2亿元。引入12家知名科技服务平台线上入驻、13家知名科技服务机构线下入驻，中国（合肥）知识产权保护中心入驻建设，全省唯一的国家技术转移人才培训基地获批。建立科技成果转化项目开放合作机制。坚持头部企业与安徽省知名高校及研究机构、初创企业联动发展思路，合作组建中瑞生物免疫技术创新中心、复旦大学纳米介孔材料研究中心、吉林大学安徽创新中心。与太库科技共建人工智能独角兽创新中心，上海够快云库、上海环应科技、武汉虹识科技等3家高科技企业入驻孵化。建立成果转化项目加速落地机制。按照“前店后坊”模式，抢抓省、市融入长三角一体化高质量发展机遇，借鉴南京、宁波、成都等先进经验，规划建设安徽科技大市场科技成果转移转化基地，推动建设“科技成果+市场需求+科技金融+产业基地”全链条成果转化机制。

【大科学装置集中区建设】 大科学装置集中区规划定位为中国最美科研圣地，是合肥综合性国家科学中心建设项目的重要组团之一。2020年，科学城管委会坚持“科技、安全、生态、国际化”指导思想，推进大科学装置集中区规划建设。

聚变堆主机关键系统综合研究设施项目是合肥综合性国家科学中心首个获批建设的国家大科学装置，正在建成国际磁约束聚变领域参数最高、功能最完备的综合性研究平台。该项目用地面积约40公顷，有14栋单体，总建筑面积约13.89万平方米，建设内容主要包括科研办公及配套设施、科研实验厂房、支撑系统（包括特殊用电、特殊用水）等共用配套工程。聚变堆主机关键系统综合研究设施项目于2019年11月开工建设，工期近2年。

【城市建设“三年行动计划”】 2020年，滨湖科学城管理委员会实施原滨湖新区85平方千米功能完善和品质提升“三年行动计划”，建立从2020—2022年滚动实施项目库，项目库分为精品道路整治、拆迁安置小区提升改造、党群服务中心建设等10大类。概算总投资126.3亿元，其中，2020年完成安置房、道路和中小学校及幼儿园项目建设投资10.7亿元。

【滨投公司转型升级】 合肥市滨湖新区建设投资有限公司（以下简称“滨投公司”）由市国资委出资组建，公司注册资本20亿元，是滨湖科学城的唯一投资建设平台。主要负责合肥滨湖科学城（合肥滨湖新区）内基础设施和公益性项目建设、管理，产业园区投资、建设和运营，大科学装置集中区建设等。

2020年滨投公司按照开发建设、国资管理、金融服务、产业发展“四大板块”，坚持整改领悟、回归本源、发展腾飞“三步走”，推进公司转型升级。

打造产业发展的加速器。依托安徽科技大市场建设运营有限责任公司，以“前店后坊”模式，集聚高端人才和产业，形成良好创新生态。围绕公司自建项目，推进云谷创新园、乐业公寓、徽尚广场、金融科技大厦等市场化创新平台建设，完成投资7.5亿元。打造开发建设的助推器。全面参与骆岗生态公园、大科学装置集中区以及原滨湖新区85平方千米功能完善和品质提升“三年行动计划”重点项目建设，全年完成中山路初中等241

万平方米房建、方兴大道高架等33千米道路、金斗公园（五期）等18万平方米景观建设任务。打造金融服务的催化器。对接兴泰集团，筹划设立合肥滨湖科学城投资发展母基金。发起设立规模10亿元的科学城投资发展基金。打造国资管理的稳增器。盘活要素大市场、地税局办税大厅等低效闲置资产5634.87平方米。

（汪 丽）

地 震

【概况】 2020年，合肥市在省政府防震减灾目标管理绩效考核中位列一类市第一名。合肥市地震局被安徽省地震局评为“2020年度全省市级防震减灾工作综合考核先进单位”，长丰县应急管理局、肥西县应急管理局被评为“2020年度全省县级防震减灾工作综合考核先进单位”，瑶海区应急管理局、合肥高新技术产业开发区应急管理局被评为“2020年度全省县级防震减灾工作综合考核优秀单位”。

【贯彻落实防震减灾法律法规】 2020年10月10日，合肥市召开防震减灾工作领导小组会议，学习贯彻习近平总书记关于防灾减灾救灾工作重要讲话精神，传达2020年全国和安徽省防震减灾工作有关会议精神，总结回顾2019年以来合肥市防震减灾工作开展情况，督查推动2020年度全市防震减灾重点工作和目标任务落实。

11月，在《合肥市防震减灾条例》颁布实施五周年之际，合肥市地震局组织开展法治宣传教育系列活动：联合各县（市）区政府部署乡镇、街道开展防震减灾法治宣传活动，利用政府网站、街道社区宣传栏、商业广场电子显示屏开展《合肥市防震减灾条例》宣传教育；结合业务培训，组织全市地震系统干部职工学习《合肥市防震减灾条例》和防震减灾法律法规；利用“合肥防震减灾”微信公众号推出两期法治宣传教育有奖答题互动活动，千余名网友通过互动答题提升防震减灾法治意识。

【合肥地震活断层探测项目】 2020年，市地震局推进《合肥市地震活动断层探测与地震危险性分析项目》成果在城市规划建设、防灾减灾等领域应用，指导开展有关风险防范工作，发挥其经济社会效益。

【地震监测会商和震情应对】 2020年1月1日至2020年12月31日，合肥市发生M≥0.0级以上地震8次，其中0～0.9级地震3次，1.0～1.9级地震4次，2.0级以上地震1次，最大为2020年2月4日肥东县M2.9级地震。

市地震局落实震情跟踪应对及省市联动工作责任书的目标任务，先后制定下发《2020年度合肥市震情监视跟踪工作方案》《合肥市地震局2020年全国“两会”地震安全保障服务实施方案》《十九届五中全会和2020年国庆、中秋“两节”合肥市地震局地震安全保障服务实施方案》等文件，做好“两会”、中高考和汛情期间等特殊时段地震安全保障工作。应对2月4日肥东县2.9级地震震情和4月23日庐江县1.6级地震震后舆情，落实震情跟踪举措和应急处置工作。强化宏、微观异常核实工作，全年核实排除5起宏观异常和2起微观异常。9月，举办全市防震减灾“三网一员”暨地震应急“第一响应人”培训班。

依托市、县地震监测台网，按时收集、报送、分析监测数据，按时开展周、月、年中和年度会商，加强震情短临跟踪及会商研判，向省地震局提交会商意见和研究报告。8月13日和12月16日，市地震局分别组织召开2020年中和2021年度全市地震趋势会商会。开展全市地下流体观测台网观测数据质量普查。

配合省地震局做好国家地震烈

2020年度合肥市M≥0.0级地震目录

序号	时间	纬度（°N）	经度（°E）	震级(M)	深度（km）	地点
1	2020-01-11	31.01	117.30	0.5	8	安徽庐江
2	2020-02-04	31.93	117.63	2.9	7	安徽肥东
3	2020-03-13	31.77	117.51	0.9	10	安徽肥东
4	2020-03-14	32.02	117.39	1.5	6	安徽肥东
5	2020-04-17	31.39	117.31	1.1	9	安徽庐江
6	2020-04-23	31.33	117.47	1.6	10	安徽庐江
7	2020-06-14	31.66	117.04	0.0	9	安徽肥西
8	2020-11-14	31.40	117.31	1.7	8	安徽庐江

度速报和预警项目在合肥市的站点建设工作，全市建成9个地震预警项目基本站和1个紧急信息预警终端，覆盖各县（市）区，“地震烈度速报与预警网”框架基本构成。重视地震科技创新，配合中国地震局、安徽省地震局、中国科技大学、清华大学合肥公共安全研究院等，联合开展“重大地震灾害风险评估与情景构建——合肥试点”研究项目。

【依法行政】 2020年，市地震局推进工程建设领域审批制度改革，助力“四最”营商环境建设，优化整合窗口服务，将建设工程抗震设防、联合竣工验收审批项目纳入全市工程建设审批平台系统，提高“互联网+”政务服务质量。研究制定《合肥市区域性地震安全性评价工作实施办法（暂行）》和《合肥市地震安全性评价市场信用分级分类管理办法（试行）》，加强事前事中监管。全年核定建设项目抗震设防要求53项，参加竣工联合验收174项，区域性地震安全性评价备案1项。

4月、7月和10月，市地震局召开专题会议，部署开展建设工程地震安全普查统计、现场检查和对部分卫生院中小学校（幼儿园）校舍建筑进行地震安全复核。

【农村民居建设抗震设防指导服务】 2020年，合肥市把“加强农村民居和乡村公共设施抗震设防指导和管理，提供抗震技术服务”纳入《合肥市2020年度防震减灾工作目标考核细则》对各县（市）区防震减灾目标考核，指导县（市）区开展农村民居和乡村公共设施抗震设防指导和管理工作。

10月27日，市地震局联合市城乡建设局在长丰县杜集镇邱集社区举办“全市第五期农村建筑工匠抗震业务培训班”，来自长丰县各乡镇60多名建筑工匠代表和地震群测群防信息员参加培训。

【完善地震应急体系】 2020年9月28日，市地震局举办全市地震系统应急响应演练暨流动观测业务培训。应急演练环节按照模拟庐江县庐城镇发生3.0级地震为背景，模拟地震发生后，市县地震部门启动地震应急预案，市县地震现场工作队到达震中现场开展工作，流动地震监测组联合搭建应急指挥平台和地震监测流动台，通过无人机开展现场灾情核实。

11月3日，市地震局、市应急管理局联合印发《合肥市应急管理局 合肥市地震局关于建立防震减灾 抗震救灾协同联动工作机制的通知》，加强“全灾种、大应急”新形势下的防震减灾和抗震救灾工作，明确市地震部门和应急管理部门任务分工，厘清“防”与“救”两个阶段的职责边界，建立健全规范、有序、高效的协同联动工作机制，确保地震“防”与“救”工作有效衔接，提升全市防范应对地震灾害风险能力。

【防震减灾科普宣传】 2020年5月，合肥市第五个“防震减灾宣传演练月”期间，市地震局围绕“纪念汶川地震十二周年”主题，组织开展一系列防震减灾宣传演练和培训活动，分别是：5月12日，合肥高新区防灾减灾应急科普动漫APP正式上线，该APP起到“指端体验、云端科普”寓教于乐的科普宣传效果。5月13日—14日，市委宣传部、市地震局、市应急局、市人防办、市科协在市政务中心阳光大厅联合举办“纪念汶川地震12周年、《合肥市防震减灾条例》颁布施行5周年——合肥市防震减灾科普宣传展”活动。5·12期间，合肥电视台《安全合肥》栏目组用时一周，以合肥市防震减灾科普宣传展、合肥市地震监测中心、合肥市野生动物园宏观观测点、减隔震技术运用——合肥市168中学体育馆为切入点，系统采访拍摄市防震减灾工作，在合肥电视台新闻频道播出。5月—11月，市地震局利用“合肥防震减灾”微信公众号开展

2020年7月28日，地震科普研学活动在市地震科普馆举行 （市地震局/供）

“扫码答题赢话费”“看龙宝动漫、学地震知识”“防震减灾互动有礼”“防震减灾云观展”等活动，“扫码答题赢话费”活动共设6期，参与人数近万人，累计答题传播3万余人次。市防震减灾科普教育馆在严格落实疫情防控措施前提下，全年接待30个团体、60批次近3000人次参观。举办第六届“合肥防震减灾”摄影大赛和各级各类防震减灾科普大讲堂。联合著名漫画家韩一民先生创作防震减灾科普系列漫画30余幅，用于科普宣传册制作、科普宣传展览及网络科普宣传。11月2日，市地震局在《安徽商报》刊登专版，回顾近年来合肥市防震减灾工作取得的成绩和荣誉，宣传防震减灾工作。市地震局专门开发“合肥防震减灾”纪念版地铁公交卡、宣传纪念版优盘各等特色防震减灾科普作品用于科普宣传活动。

合肥市第五个“防震减灾宣传演练月”期间，市地震系统组织开展防震减灾科普宣传活动40余场次，举办各类防震减灾科普大讲堂近千场次，发放适合不同群体阅读的地震科普知识宣传册20000余份，发放创意宣传品近万份。

【防震减灾示范创建】 2020年，市地震局联合市城乡建设局、市美丽乡村建设领导小组办公室、市科协等部门，继续指导各县（市）区、开发区开展防震减灾科普示范学校、教育基地、地震安全农居创建工作，全年新创建10所安徽省防震减灾科普示范学校、1个安徽省防震减灾科普教育基地、1个合肥市防震减灾科普教育基地、7个合肥市防震减灾示范乡镇（街道）、4个合肥市地震安全农居示范村（点）。

（许 树）

气 象

【概况】 2020年，合肥市在省政府气象防灾减灾考核中获全省第一。合肥市气象局、巢湖市气象局获评“第六届全国文明单位”。市气象局机关党总支获评“安徽省防汛救灾先进集体”“全国气象部门先进基层党组织”。市气象局被安徽省气象局评为“2020年度全省气象部门综合考评优秀达标单位”，《构建“五维一体”融合新模式，力促合肥气象事业高质量发展》入选中国气象局党建创新案例汇编，被评为全省气象部门创新工作。

【气象现代化建设】 2020年，合肥市政府办公室出台《关于加快推进合肥气象事业高质量发展大力提升气象服务保障能力的实施意见》，明确15项重点任务、4大保障措施。完成《合肥市十四五气象事业发展规划》初稿。合肥市气象监测预警与科学研究中心（合肥气象科技园）项目完成初步方案设计。合肥现代农业气象示范基地项目基本完成。肥西、肥东气象灾害监测预警中心完成主体建设。合肥市气象灾害监测预警二期工程完成。市气象局落实省政府关于加强道路交通安全气象能力建设要求，完成9套高速公路和2套高架桥道面状况气象监测设备安装。酸雨、辐射、天气现象等智能观测设备投入业务运行。合肥、巢湖国家基本气象站获得中国气象局“五十年气象站”认定。

【气候预报】 2020年合肥市延伸期天气预报预测达到40天，巢湖流域面雨量预报精细化到11个子流域。市气象局预报业务综合质量全省第三，预警信号发布准确率、及时性位列全省前茅，暴雨预警提前量高于全省平均水平。

【防灾减灾】 2020年11月6日，合肥市政府印发《合肥市气象灾害应急预案》。建立重大灾害性天气红色预警手机短信全网发布机制，“12379”预警气象服务实现一键式发布。市级主流媒体同步转载传播气象预警信息。与应急、自然资源、生态环境、卫生健康等部门强化合作关系，丰富地质灾害、空气质量、健康指数、森林防火等服务产品。

【气象服务】 2020年，合肥市面对“梅雨期最长，梅雨量最大、暴雨日数最多”的百年未遇汛情，首次同时启动四个一级响应和暴雨红色预警手机全网发布，省市协同联合开展巢湖流域面雨量实况监测和预报服务、巢湖风浪观测和各圩区三小时精细化预报，为2200名巡堤人员提供个性化气象预警信息和防雷安全知识，与主流媒体反复滚动发布天气预报预警，服务1500万人次，为党委政府“把方向、稳全局”提供科学决策依据。作为全省唯一市级疫情防控指挥部成员单位，主动履职，编发《疫情防控气象专报》数10期。全年开展飞机、地面立体人工增雨作业39次，助力合肥市细颗粒物（ $PM_{2.5}$ ）、可吸入颗粒物（ PM_{10} ）连续7年双下降。做好小麦赤霉病防治气象服务，发布精确到乡镇的专题材料20期、短信2.6万人次。全年发布农业情报、专题材料180余期，为农业生产和粮食安全贡献气象力量。完成合肥“中国气候宜居城市”申报，完成“两会”、春运、中高考等气象服务保障任务，全力做好城市内涝、大雾团雾、高架桥道路结冰等气象保障服务。

【**科普宣传**】 2020年，市气象局在3·23世界气象日、5月全国科技周、5·12防灾减灾日、9月全国科普日等重要时间节点，举办气象科普线上线下宣传活动，合肥气象科普馆全年接待各类观众3000余人。联合市科技馆举办科普云课堂“趣观气象之制造天气”，活动历时12天，参与制作人数千余人，收到作品128件，活动期间主题浏览量达34.3万，话题讨论数、转发数、评论数、点赞数均创新高，并作为省内唯一代表参与全国优秀气象科普活动展示。巢湖市、长丰县气象局分获全国和全省气象科普教育基地。1部科普作品获第十一届全国气象科普作品竞赛三等奖。

【**主要气候事件**】 2020年，合肥市降水异常偏多，尤其是梅雨期出现9轮强降水过程，巢湖流域水位超历史最高，发生历史罕见的严重洪涝灾害，综合考虑全年气候要素、极端气候事件及其灾害影响，属于“差”的气候年景。

1月雨雪不断，雨雪日数破纪录。2020年1月，合肥市雨雪天气过程不断，呈现雨雪量大、雨雪日数多的特征。1月，合肥市降水量99毫米，较常年同期异常偏多1.3倍，为有完整气象记录同期第四多。平均雨雪日数18天，较常年同期偏多9天，为有完整气象记录同期最多。

冬季气温显著偏高，为历史第二暖冬。2019-2020年，合肥市冬季平均气温6.1℃，较常年同期显著偏高1.9℃，为有完整气象记录以来第二高。根据《暖冬等级》（GB/T 21983—2020），2019—2020年冬季，合肥市各县（市）区均达暖冬等级，除合肥市区为弱暖冬外，其他地区均达强暖冬等级。

高温出现早，5月最高气温破极值。5月3—4日，合肥市出现高温天气（日最高气温≥35.0℃），3日，最高气温34.3～38.2℃，其中肥西38.2℃、合肥37.3℃、长丰37.0℃，当日最高气温均为有完整气象记录以来同期最高。

超长梅雨刷新多项纪录。2020年，合肥市梅雨期天气气候异常，梅雨期之长、暴雨日数之多、累计雨量之大、覆盖范围之广、梅雨强度之强，均为有完整气象记录以来第一位。合肥市6月10日入梅，8月1日出梅，梅雨期长52天，为有完整气象记录以来最长梅雨期。平均降雨量916毫米，为常年梅雨量的3.7倍，突破气象记录历史极值。合肥市降水量超过1000毫米的面积占15.2%，500～1000毫米占82.2%，250～500毫米占2.6%，梅雨强度为有完整气象记录以来第一位。梅雨期合肥市为全国最大降水量中心之一，巢湖流域降水量为同期第一。暴雨日数和日降水量创极值，庐江、巢湖、长丰暴雨日数均为有完整气象记录以来同期第一多。

7月平均气温、降水量、日照均破纪录。气温异常低，7月合肥市平均气温25.3℃，为历史同期最低，平均高温日数仅0.5天，为1988年以来最少，极端最高气温普遍在36℃以下，其中长丰、肥西、庐江整月未出现高温，为近60年来首次。降水异常多，7月降水量502.5毫米，异常偏多近1.7倍，降水日数22天，异常偏多10天，为有完整气象记录以来同期最多。日照时数异常少，仅80小时，异常偏少7成，为有完整气象记录以来同期最少。

年末寒潮横扫，降温雨雪齐登场。2020年12月28日夜里到30日，合肥市出现年内最强寒潮天气过程，并伴有雨雪和大风天气，呈现降温幅度大、极端气温低、雨雪范围广和阵风风力强等特点，积雪和道路结冰明显，出现较严重的冻害，对交通运输、设施农业、城市运行及居民生活等产生不利影响。

（吴大慧　柏　颖）

责任编辑：贾南田

教　育

综　述

【概况】　2020年，合肥市有高等教育学校数58所，在校生774493人（其中：全日制在校生646412人、非全日制在校生128081人），教职工41707人，专任教师28638人。中等及中等以下各级各类普通学校（含幼儿园）2146所，其中中等职业学校53所、普通高中100所、初中240所、小学481所、幼儿园1266所、特教学校6所，有在校生1444976人，教职工113370人，专任教师89652人。

2020年，全市财政用于教育支出197.54亿元，同比增加3.49亿元，增长1.8%。全市新建、改扩、建中小学幼儿园项目193个（其中中小学97个、幼儿园96个），建成116个。市属学校公益性项目22个，其中：当年完工项目5个、新开工项目10个、推进前期工作项目7个。

【疫情防控】　2020年，面对新冠肺炎疫情，教育系统把守护师生生命安全和身体健康放在第一位，打响疫情防控总体战、阻击战。全面落实“停课不停教、停课不停学”工作，制定开学工作方案等“三案九制”，逐人摸排师生员工健康状况和活动轨迹，落实晨午检制度、“日报告、零报告”制度。统筹教学安排，组织线上教学，完成627节录课任务，建立健全“县（市）区统筹、学校组织实施、班级线上管理、家长线下管理”的工作机制。关爱防疫阻击战一线人员子女、农村留守儿童等特殊群体。制定“一人一案”，确保疫情防控期间86名不具备条件的学生线上学习。强化常态防控。组织6批次120余万中小学生春季学期陆续返校复课，动态调整校园防疫措施，开展疫情防控“回头看”，对县（市）区学校常态化疫情防控措施落实情况进行专项督查，督促落实发热学生跟踪和核酸检测等各项要求。开展中小学疫情防控长效机制建立专项调研并形成调研报告。强化疫情应急处置，编印《合肥市教育系统疫情防控常态化下应对秋冬季学校突发新冠肺炎疫情处置预案》。

2020年3月2日，合肥市中小学开启“线上开学日”　（张大岗/摄）

【教师队伍建设】　2020年，合肥市教育局开展“师德师风巩固深化年”系列活动，开展第四届“庐州最美教师”、合肥市第四届师德楷模、师德先进个人、师德建设先进集体评选命名工作。录制2020年合肥市最美教师先进事迹报告视频，通过微信公众号、教育云平台等网络媒体推介。加大在职教师有偿补课等违反师德行为查处力度，查处违反师德师风问题23人，其中：通报批评17人、降低岗位等级5人、解除劳动合同关系3人、开除党籍公职1人。

出台实施中小学教师“县管校聘”管理改革指导意见，督促指导各地全面推进。采取教师支教、教育集团或学区内轮岗、共享教师、教师走教等形式，促进教师资源的均衡配置，包河区“艺体教师共享”做法成为全国典型。完成3280名新任教师公开招聘和56名公费师范生录用安置工作，做好市属学校8名人才引进工作，指导县（市）完成36名“全科型”乡村教师定向培养招生录取工作。

盘活干部队伍资源。提拔交流重用市属学校校级干部10名（其中：县处级6名，科级4名）；提拔局机关和直属事业单位正科级干部3名、副科级干部5名。完成第三批市属学校年轻干部挂职锻炼工作，选调市属学校12名年轻干部在局机关、市属学校、长三角地区等挂职锻炼。完成局机关和市属学校领导班子和领导干部“三案一单”材料审核报送工作。

开展教师培训工作。完成26个“国培计划”项目、29个“省培”项目，组织实施51个市级专项集中培训项目，安排6个全员培训项目，全年7万多位教师参加市级及以上各类培训。实施首批合肥市名校（园）长领航工程，新建第二批15个名校（园）长工作室，通过“1+6+N”的模式，打造学习研究共同体。继续依托20个市级教师培训基地实施“5+7+N”模式的综合制培训，培训种子教师1600人，开展菜单式送培送教144场，开发500多个微视频课程资源，供教师在线学习。开发30个微能力点微视频案例，建成微能力点考评系统。实施教师信息技术应有能力提升工程2.0，遴选庐阳区、肥西县、巢湖市参加省级试点，7所普通高中开展市级试点。

2020年6月11日，合肥市第七中学一位同学正在体验科大讯飞的VR情景教学（张大岗/摄）

【校外培训机构整治】 2020年，市教育局推进校外培训机构整治，规范校外培训机构办学行为。开展为期半年的“六严禁”（即严禁聘用无资质的教师从事教学培训活动；严禁侮辱、歧视、体罚或变相体罚学员；严禁选用、试用未经备案的教材教辅或境外教材教辅；严禁开展“幼小衔接”“小升初”“初升高”或“非零起点”培训；严禁学科类培训出现“超纲教学”“提前教学”“强化应试”等行为；严禁组织中小学生学科类等级考试、竞赛及进行排名）专项治理行动，排查中小学生文化知识类校外培训机构968所（含备案教学点），其中聘用无资质教师从事教学活动的机构1所，选用、试用未经备案的教材教辅或境外教材教辅的机构5所，开展学科类培训存在“超纲教学”“提前教学”“强化应试”问题的机构1所，无证办学机构44所，存在退费纠纷未及时处理等其他类问题的机构40所。各县（市）区在排查出上述问题后，均下达限期整改通知。截至2020年底，91所存在问题的校外培训机构100%完成整改，其中44所无证办学的校外培训机构关停取缔。

【教育信息化】 2020年，市教育局落实《合肥市智慧学校建设实施规划（2019—2022年）》，明确智慧学校建设内容、分年度任务和八大重点工程。举办合肥市教育云平台暨智慧学校建设与应用现场会，完成89所乡村中小学智慧学校建设任务。截至2020年底，全市建成智慧学校432所，占全市中小学的51.7%，建设智慧课堂2541个班级。建设数据仓库，完成900余万条业务数据接入。依托数据，开展学生饮食健康、学生体质健康、入学压力预测、办学条件、师资发展性评价、精准资助和智慧课堂等7个方面的大数据应用分析。

【教育民生】 2020年全市投入义务教育保障机制经费92264.37万元，其中：补助义务教育阶段学校公用经费66720.5万元，惠及学生83.88万人；免费发放国家课程教科书和市级财政承担的免费作业本10890.82万元；补助义务教育阶段家庭经济困难学生39899人，发放补助2540.05万元；校舍维修改造项目完工199个，完成改造面积

28.77万平方米，完成投资12113万元。全市学前教育促进工程实际到位资金70779万元，完成幼儿园建设项目50所，完工率100%。完成12709名贫困幼儿资助，完成率195.7%。完成教师培训1557人次，完成率166.3%。

【教育营商环境】 2020年，市教育局优化教育营商环境。加强政务服务“线上线下融合”，推广网上办件，结合“证照分离”改革要求，压减审批要件和环节，网上33项政务服务事项平均申请材料为1.73个、办结承诺时限平均为1.69天。推进“皖事通办”和“互联网+监管”平台的应用工作。市教育局窗口在市效能办开展的“社会评窗口”活动中被评为“群众满意窗口”，并获得市政府“政务服务先进窗口”表彰。

【教育督导】 2020年，市教育局强化督政工作，推动政府依法履职，落实教育优先发展战略，开展2019年度县（市）区党政领导干部履行教育职责督导考核市级复核，完成省政府对市政府履行教育职责考核评价。健全教育督导评估制度，统筹“一站式”督导检查评估，推进县域义务教育发展优质均衡发展督导评估和县域学前教育普及普惠督导评估创建，开展县级党政领导干部履行教育职责督导考核、中小学幼儿园责任督学挂牌督导、幼儿园办园行为督导评估，开展疫情防控等20多次专项督导，10余次下发督办通报。

【教育宣传】 2020年，国家级主要媒体刊发合肥教育发展经验143篇，省、市级媒体刊发1500余篇。市教育局出台《合肥市教育系统新闻宣传工作制度》《合肥市教育系统信息发布制度》。在“合肥市教育局发布”微信公众号推送各类信息近2000条，构建立体政务新媒体体系，营造教育改革发展良好宣传舆论氛围。“合肥市教育局发布”被评为“2020年度合肥市十大政务微信”和“2020年度合肥市十大政务微博”。合肥教育在全国的影响力得到提升。在《安徽画报》编印《奋力书写时代发展答卷——合肥市“十三五”教育发展成就特辑》，在《合肥日报》开展“十三五”合肥教育发展成就巡视，在合肥电视台开设“庐师风尚”栏目，全方位展示教育改革发展亮点，提升教育美誉度。组织开展合肥市第八届“爱国主义电影进校园”暨“走进新时代 开启新征程”主题电影观后感征文大赛颁奖典礼，传承红色经典文化。组织参加安徽省第四届校园读书创作活动，市教育局获评“优秀组织奖”，联合开展全市优秀“思政微课堂”“思政星教师”竞赛，推进思政课改革创新。

【教育改革】 2020年，市教育局紧扣教育“一体化”和“高质量”主题，完成《合肥教育现代化2035》《加快推进合肥教育现代化实施方案》《合肥市“十四五”教育事业发展规划》编制工作，启动合肥市公共教育基本公共服务标准化专项试点，出台《加快推进合肥教育现代化实施方案（2020—2022年）》。市政府办公室印发《合肥市中小学生课后服务工作实施方案》，2020年“课后三点半服务”被市政府列入为民办实事项目。推进午餐工程，主城区午餐服务工程提供率为99.6%，四县一市午餐服务工程提供率达65%，为全市44万中小学生提供午餐服务；全市338所中小学开展课后服务，39.3万中小学生接受课后服务。2020年县（市）区中小学生三点半课后服务预算达5204万元。

推进教育“放管服”改革，完成教育部门公共服务清单、中介服务清单和市属学校公共服务清单建设。依托“互联网+政务服务”，推进政务服事项全程网办。完成市属学校章程制定，在全市教育系统推行法律顾问制度，提升学校依法管理、科学管理和民主管理水平。

【校园安全】 2020年，市教育局按照“党政同责、一岗双责、齐抓共管”要求落实安全工作责任。加强中小学幼儿园安全风险防控体系建设，以国家安全发展示范城市创建和平安合肥建设为契机，加强校园安全管理，常态化开展“四不两直”暗查暗访，发现并督促整改一大批安全隐患。组织开展进村入校防溺水宣讲活动186场，现场参与学生6.3万多名。强化校园食品卫生监管。强化制度建设，印发《合肥市校园食品安全守护行动方案（2020—2022年）》《关于进一步落实主体责任强化校园食品安全管理的通知》《合肥市学校幼儿园食堂食品安全主体责任清单等2个清单》《合肥市中小学校应急救护培训工作实施方案》。强化部门协作，召开2020年合肥市中小学幼儿园传染病防控与食品安全教育、市场监管、卫生健康市级联席会议。开展专项培训，分别开展春季学期、秋季学期学校食品安全与传染病（新冠肺炎疫情）防控专题培训，培训343人次。开展联合督查，春季学期联合市场监管局、卫健委分6批次对157所中小学幼儿园传染病（新冠肺炎疫情）防控与食品安全进行督查；秋季学校对52所中小学幼儿园传染病（新冠肺炎疫情）防控与食品安全进行督查并行文通报。全年学校食堂明厨亮灶率达到100%，学校食堂互联网+明厨亮灶覆盖率82.06%。全年全市中小学幼儿园未发生重大突发公共卫生事件。

（石红星）

学前教育

【概况】 2020年，合肥市有幼儿园1266所，在园幼儿324760人，教职工36572人，专任教师19030人，幼师比为17.07：1。学前教育毛入园率为99.96%，公办率为51.34%，普惠率为84.17%。

【纾困解难】 2020年，为应对疫情带给民办幼儿园困难，合肥市提前拨付2020年春季市级学前教育补贴类奖补资金临时用于疫情期间幼儿园人员工资等支出周转，市区兑付奖补资金6500万元。加大民办幼儿园信贷支持，由市政府指定合肥市兴泰集团担保，开发首款民办幼教、托育机构复工复产金融产品“幼教贷”，由市、区财政给予当年贷款同期基准利率利息金额的70%予以补贴，截至年底，“幼教贷”放款54户，资金达3837万元。

【公办园增加工程】 2020年，合肥市实施“新建一批、扩建一批、转换一批、补充一批”措施，多渠道增加公办园学位资源，提高公办园占比。全市建成幼儿园63所，新增学位2.4万个，采取扩建改建幼儿园、转换幼儿园性质、配备园车扩大乡镇公办幼儿园服务半径等形式，提高公办幼儿园学位供给水平。

【无证幼儿园治理】 2020年，市教育局推进城镇小区配套幼儿园治理工作，全市155所治理任务全部完成。加大无证幼儿园治理力度，取缔无证园143所，提升办证67所。通过“准入一批、整改一批、整合一批、取缔一批”，将无证幼儿园全部纳入监管范围，明确每一所无证园的治理类型和时刻表，并结合国家县域学前教育普及普惠督导评估验收工作，推进治理任务。

2020年9月30日，安庆路幼儿园教育集团桃蹊分园孩子们在做游戏

（市教育局/供）

【提高保教质量】 2020年，市教育局鼓励优质资源集团化发展，实行“名园+”办园模式，全市公办幼儿教育集团40余个，涵盖公办幼儿园236所。推进幼儿园“小学化”专项治理。幼儿园“明厨亮灶”及信息化工程实现全覆盖。幼儿教师全员培训分类指导工作机制全面建立，推进幼儿教师专业成长，全年培训幼儿教师达1.9万人次。49所幼儿园通过合肥市一类和特一类幼儿园评估验收。

（石红星）

义务教育

【概况】 2020年，合肥市有小学481所，在校生572838人，教职工28059人，专任教师32613人，生师比为17.56：1。初中240所（其中初级中学150所，九年一贯制90所），在校生265184人，教职工22576人，专任教师21293人，生师比为12.45：1。全市小学、初中适龄人口毛入学率为109.65%、112.1%，九年义务教育巩固率为117.77%。

【集团化办学】 2020年，合肥市现有义务教育阶段教育集团164个，其中城区教育集团54个，覆盖176所学校（校区），占城区公办义务教育学校74.58%；四县一市城镇类教育集团36个，覆盖

2020年12月28日，全市普通高中集团化办学现场会暨签约揭牌活动在长丰县举行 （孔根龙／摄）

90所县城学校，占县城公办学校53.57%；乡镇中心校类教育集团74个，覆盖337个村小和教学点，覆盖率100%。该年，市教育局出台《进一步加强全市中小学集团化办学的指导意见》，指导各教育集团建立规划共商、资源共享、人才交流、队伍培养等机制，明确各成员校权利义务，实现统一领导、统一管理、统一师资、统一研训、统一资源、统一考核等“六统一”。完善集团总校和成员校干部双向交流、教师轮岗交流制度，力争交流教师比例不低于15%，学科带头人、骨干教师等交流比例不低于8%。2020年，全市教育集团内部交流干部、教师超过1800人，其中中层以上干部和区级以上骨干教师占20%左右。

【义务教育城乡一体化】 2020年，市教育局贯彻合肥市政府《关于统筹推进城乡义务教育一体化改革发展的实施意见》，加强乡村小规模学校建设，实现乡镇寄宿制学校全覆盖，推进城乡义务教育优质均衡发展。召开新优质学校工作推进会，聘任8位专家为第六批新优质学校创建专家。完成五批203所义务教育新优质学校创建工作任务，认定第三批义务教育“新优质学校”，开展第六批新优质创建试点学校评估认定和第四批新优质学校创建试点中期督评。

【规范学校办学行为】 为规范学校办学行为及教师职业道德行为，减轻学生课业负担，2020年10月26日，市教育局出台《合肥市中小学办学行为“十不得”》，规定：不得以任何方式公布学生考试成绩和排名；不得以学生考试成绩为依据分班和排座位；不得随意占用体育、艺术、综合实践等课程；不得超过规定布置过量课后作业；不得占用学生休息时间集体补课；不得侮辱、歧视、体罚或者变相体罚学生；不得举行周考、月考等超过规定次数的统一考试；不得组织或者参与任何形式的有偿家教；不得因学生学业问题羞辱其家长；不得要求学生家长批改作业。向全市中小学校发布倡议书。组建10个督查组对153所中小学校开展暗访调研或实地督导。委托第三方机构对35所义务教育热点学校开展“学生课业负担”专项监测，监测结果拟内部通报，倒逼“十不得”落实。

【思想政治理论课改革】 2020年，市教育局成立合肥市深化新时代学校思想政治理论课改革创新工作领导小组，贯彻落实《中共中央办公厅、国务院办公厅关于深化新时代学校思想政治理论课改革创新的若干意见》，探索符合合肥实际、富有合肥特色的大中小幼思政课一体化建设模式，逐步实现市区联动、区校协作、校际协同、校社互动的大中小幼思政课一体化发展格局。开展思政课教学衔接教研，推进新时代思政课改革创新。

【促进德智体美劳全面发展】 2020年，市教育局开展以爱国主义和疫情防控为主要内容的“开学第一课”，践行社会主义核心价值观，开展“扣好人生第一粒扣子”实践活动。组织中小学生文化艺术展演、阳光体育竞技、校园足球、校园篮球活动以及高中阶段学校学生军训工作。组织开展中小学生体质健康标准及儿童青少年近视防控市级抽查复核工作，认定41所合肥市儿童青少年近视防控示范学校、26所合肥市学生体质健康监测示范学校。创建第二批13所心理健康教育特色学校，开设39个心理健康教育微课讲座，制作心理健康指南9个《防疫时刻》视频。举办第五届班主任基本功大赛，2名班主任获长三角大赛一等奖。继续推进“名班主任工作室”工作，通报表扬99名优秀班主任。落实《中小学德育工作指南》，合肥七中德育工作入选教育部首批典型案例。

【素质教育】 2020年，市教育局统筹全市222 个学校少年宫、7个青少年活动中心、49个中小学生校外素质教育基地、33个研学实践基地等校内外资源，开展研学旅行、劳动教育、志愿服务等实践活动。推进合肥市中小学“美丽校园”创建，公布第一批95所项目库学校和96所重点项目学校。开展合肥市第十届中学生辩论赛、中小学社团线上展示、第23届全国推广普通话宣传周、第二届中华经典诵写讲大赛、第十五届普通话大赛、合肥市中小学师生书法大赛、“云间诗词行”（高中）——G60科创走廊九城联赛等系列活动，搭建学生活动平台，促进学生全面成长。推进家校共育，印发进一步加强全市中小学幼儿园家长学校建设的意见，启动市级家长学校信息化平台建设。推进家庭教育理论和实践研究。加强素质教育基地管理，发挥社会资源在发展素质教育中的作用。推进馆校合作，规范青少年活动中心管理与使用。加强中小学研学旅行（工业游）课程和基地建设。健全学生志愿服务组织协调机制。开展国防教育特色学校和示范学校创建，强化学生国防教育和军事训练。推进全市语言文字督导评估、普通话基本普及县域验收以及学校语言文字达标建设工作。

（石红星）

普通高中教育

【概况】 2020年，合肥市有普通高中100所，招生55922人，在校生164443人，其中：公办59所110738人、民办41所53705人；市区41所，招生26206人，在校生74292人，校均1812人；四县一市59所，招生29716人，在校生90151人，校均1528人。教职工20591人，专任教师12204人，其中：市区教职工8099人，专任教师5245人，四县一市教职工12492人，专任教师6959人。生师比为13.47：1。

【集团化办学改革】 2020年8月，合肥市出台《推进普通高中集团化办学实施意见》，启动“普通高中集团化办学”改革，推进全市优质普通高中资源共建共享，解决区域间优质资源分布不平衡、校际教育质量发展不充分等矛盾，扩充优质普通高中资源、加速普通高中高质量发展。12月，第一批合肥市第一中学教育集团、合肥市第六中学教育集团、合肥市第八中学教育集团、合肥一六八中学教育集团正式挂牌。

【育人方式改革】 2020年，合肥市获批普通高中新课程新教材实施国家级示范区，合肥一中、六中、八中为示范校。完成三年发展规划编制，召开推进会、研讨会，开展基于学科核心素养单元教学的课堂研究，督促各普通高中编制学校规划和系列工作文件。

（石红星）

中等职业教育

【概况】 2020年，合肥市有中等职业学校52所，在校生115919人，教职工5279人，专任教师4233人。生师比为27.38：1；双师型教师1430人。高中阶段毛入学率为132.78%。

【技能大赛】 2020年1月11日-12日，合肥市举办2020年中等职业学校技能大赛。参加全省中职学校技能大赛，金牌总数及团体总分居全省第一，在全国职业技能大赛中合肥市学生获得1个一等奖、2个二等奖、2个三等奖。合肥市在全国职业学校教师教学能力大赛中获得2个二等奖、2个三等奖。

【国家级产教融合型城市试点】

2020年11月12日，合肥市中职学校学生参加技能大赛 （市教育局/供）

2020年，合肥市开启国家级产教融合型城市试点建设工作，首批国家5000万元专项资金投入产教融合试点建设之中。组织企业申报省级产教融合型培育企业，截至年底，全市有56家企业成为安徽省产教融合型培育企业。制定《合肥市建设国家产教融合型城市2020年工作要点》，启动市级产教融合型企业评定和2020年国家重点支持产教融合实训基地项目建设。确定合肥市职业教育支撑产教融合型城市建设研究课题，推荐9个领域方向的45个课题为省级课题。

【“1+X”证书试点】 2020年，合肥市继续推进“1+X”证书试点工作，22所职业院校参加“1+X”证书制度试点，有四批108个专业列入教育部“1+X”证书试点。总结现代学徒制试点经验，持续推广现代学徒制人才培养模式。全市9所学校成为省级现代学徒制试点单位，2所学校成为国家级现代学徒制试点单位。校企合作现代学徒制试点专业62个，共同开发课程74门，共同开发教材52种。

（石红星）

普通高等教育

【概况】 2020年，合肥市有高等院校58所。其中：公办41所、民办17所（含4所民办独立学院）；本科院校19所（大学7所、学院8所、独立学院4所），高职高专院校35所（高等职业学院33所，高等专科学校2所），成人高校4所。在校生774493人，教职工41707人，专任教师28638人。在校研究生60242人（培养研究生院校9所，其中：在校博士研究生10834人，在校硕士研究生49408人）；在校普通本专科生586170人（含独立学院和成人高校普通本专科生）；成人本专科生127953人（其中：4所成人高校成人本专科生12749人，普通高校成人本专科生115204人）。全市54所全日制高校教职工40675人，专任教师28111人；4所非全日制成人高校教职工1032人，专任教师527人。全市另有军事院校2所（不在教育事业统计范围内）：国防科技大学电子对抗学院和陆军炮兵防空兵学院。

【高等教育创建】 2020年，合肥市结合合肥综合性国家科学中心“2+8+N+3”创新体系建设和长三角一体化发展战略，支持中国科学技术大学、合肥工业大学、安徽大学等省部属高校“双一流”建设。推动合肥学院更名为“合肥大学”和中德教育合作示范基地建设，合肥幼儿师范高等专科学校和合肥职业技术学院在各自的类型和定位上办出特色，争创国家优质特色校和地方应用型技能型高水平大学。持续推动安徽大学江淮学院转设为合肥市属公办本科高校，开展安徽大学江淮学院新校区选址等建设工作。落实产教融合试点市相关工作，协助市属高校推进产教融合重大项目。做好安徽汽车职业技术学院（安徽汽车工业技师学院）移交工作。举行第六届中国国际“互联网+”大学生创新创业大赛选拔赛暨安徽省“互联网+”大学生创新创业大赛。拓展高等教育交流合作的渠道，推进与清华大学、北京航空航天大学、北京外国语大学、天津大学等国内知名高校的合作，通过中德教育合作示范基地扩大国际合作教育的规模，提升合肥市高校对外开放合作的水平。

（石红星）

高等院校选介

【中国科学技术大学】 中国科学技术大学（以下简称“中国科大”）1958年9月创建于北京，1970年迁至安徽合肥，是中国科学院所属的一所以前沿科学和高新技术为主，兼有医学、特色文科的综合性全国重点大学。

2020年，中国科大有29个学院（含6个科教融合共建学院）、35个系，设有研究生院，生命科学与医学部、信息与智能学部，以及苏州高等研究院、上海研究院、北京研究院、先进技术研究院、中国科大附属第一医院（安徽省立医院）等。有29个一级学科博士学位授权点，8个一级学科硕士学位授权点，15个专业学位授权点，有数学、物理学、力学、天文学、生物科学、化学6个国家理科基础科学研究和教学人才培养基地及1个国家生命科学与技术人才培养基地。建有国家同步辐射实验室、合肥微尺度物质科学国家研究中心、火灾科学国家重点实验室、核探测与核电子学国家重点实验室、类脑智能技术及应用国家工程实验室、语音及语言信息处理国家工程实验室、热安全技术国家地方联合工程研究中心、大尺度火灾国际联合研究中心、量子信息与量子科技前沿协同创新中心、国家高性能计算中心（合肥）、安徽蒙城地球物理国家野外科学观测研究站等11个国

中科大建设中的量子实验室 （市重点局／供）

家级科研机构、4个国家重大科技基础设施和73个院省部级重点科研机构。

2020年，中国科大深化“三全育人”综合改革，推动育人体系协调发展。推动马克思主义学院实体化建设，推进马克思主义理论学科建设。深化思想政治理论课改革创新，加强以习近平新时代中国特色社会主义思想为核心内容的思政课课程群建设，发挥“一院一课”示范带动作用，促进思政课程和课程思政同向同行，形成协同效应。完善“六有”大学生培养方案，实施“一流本科教育质量提升计划”行动纲领，设立本科生院，成立4个本科生书院，打造具有中国科大特色的本科生书院，营造“教师乐教、学生乐学、教学相长”的氛围。推进研究生教育“德创”领军人才培养计划，加强科教融合学院、所系结合研究生培养基地建设，新建能源科学与技术学院、稀土学院。以“金课”（课程）、“金牌”（赛事）、“金奖”（项目）为牵引，打造富有科大特色的创新创业教育体系。

2020年，学校招收本科生1905人、博士生2331人、硕士生6642人。在校本科生7515人、硕士研究生15706人、博士研究生7750人。全年累计授予博士学位1441人、硕士学位3157人（科学硕士学位934人、专业硕士学位2223人）、学士学位1793人。2020届毕业生平均年终就业率为94.9%，其中，博士为96.9%、硕士为96.9%、本科为89.9%（国内外深造率为73.0%）。

按照“扶优扶需扶特扶新”的发展理念和“11+6+1”的学科布局，重点建设18个学科，立足推动6—8个学科成为世界前列、8—10个学科进入世界一流行列。加快基础学科“率先一流”建设，推动物理、化学、材料等高峰学科率先进入世界前列。推进科大“新医学”“新工科”“特色文科”建设，加快生命科学与医学部、信息与智能学部建设。在“双一流”建设周期总结中，评估专家组高度肯定学校“双一流”建设工作，一致认为全面达成预期建设目标。

截至2020年12月，学校有教学与科研人员2621人，其中教授817人（含相当专业技术职务人员）、副教授903人（含相当专业技术职务人员）。各类高层次人才不重复统计496人，占固定教师总数的37%，占比39.9%。“四青”人才（青年千人、青年拔尖、长江青年、国家优青）不重复统计299人，占高层次人才总数60%，优秀青年人才比重大幅提升。注重师德引领和榜样示范，涌现出“全国创新争先奖章”获得者俞书宏院士、“全国先进工作者”俞汉青教授、“全国抗击新冠肺炎疫情先进个人”魏海明教授、徐晓玲教授等一批先进典型。

2020年，中国科大坚持“四个面向”，健全卓越科技创新体系，全面参与国家实验室、合肥综合性国家科学中心建设，牵头或参与建设合肥综合性国家科学中心人工智能研究院、大健康研究院、能源研究院及中国科学院临床研究医院（合肥），推进合肥先进光源预研、未来网络试验设施（合肥分中心）等重大科技基础设施建设。重大原创性科技成果不断涌现，学校以第一作者／通讯作者单位在国际顶尖学术期刊Nature、Science、Cell发表14篇成果，“微分几何学两大核心猜想20多年后终获证”“‘九章’量子计算机问世引发世界关注”2项成果入选2020年国内十大科技新闻。在中国科学院凝练总结的59项“率先行动”计划第一阶段重大科技成果及标志性进展中，中国科大的光量子计算、大尺度光量子信息处理和亚纳米分辨的单分子光谱成像以及“托珠单抗+常规治疗”的新冠肺炎诊疗方案等7项研究成果入选，是全院入选最多的单位。

2020年，中国科大融入长三角一体化发展，建强上海研究院，推进苏州高等研究院规划与建设，提升我校服务长三角一体化发展的能力。推进先进技术研究院法定机构建设试点，获批“高等学校科技成果转化和技术转移基地”“国家知识产权示范高校”，入选全国首批“赋予科研人员职务科技成果所有权或长期使用权试点单位”，构建“立足合肥、覆盖安徽、辐射全国”的科技成果转移转化体系。

坚持“科研国际化带动人才培养国际化”的战略，加快国际学院实体化建设，逐渐形成人才培养、师资引进、课程建设、国际宣传、科研国际合作五位一体的“大外事”格局，提升学校国际化水平。整合全校国际交流和合作资源，设立USTC Fellowship，拓展学生国际交流渠道和国际视野。经国务院、中国科学院正式批准，学校获批一定的出访来访外事审批权。推进国际化师资队伍建设，国际师资人数达513人，其中2人获首届“合肥市友谊奖”。2020年留学生申请总人数较2019年增长20%、申请国别增加10个，生源毕业自本国前十高校比例超过95%。

（何 婧）

【合肥工业大学】 合肥工业大学是教育部直属全国重点大学，教育部、工信部和安徽省政府共建高校，国防科工局与教育部共建高校。学校创建于1945年，1960年被中共中央批准为全国重点大学。2005年成为国家“211工程”重点建设高校，2009年成为国家“985工程”优势学科创新平台建设高校，2017年进入国家“双一流”建设高校行列。2020年，学校有4个校区、20个学院、99个本科专业，有一级学科博士学位授权16个、博士专业学位授权点2个；硕士学位授权一级学科38个、专业学位授予权19种；有（联合）国家重点实验室（培育）和国家工程实验室各1个、教育部重点实验室1个、教育部工程研究中心5个、国家地方联合工程研究中心3个、国家地方联合工程实验室和国家国际科技合作基地各1个。有本科生32672人、全日制硕士研究生8193人、非全日制硕士研究生2322人、博士研究生1418人、留学生312人。有专任教师2293人，具有高级职称的占教师总数62.4%。

2020年，本科招生8200人，毕业生就业率为92.06%。实施“第二课堂成绩单”制度，推进本科教学工作审核评估整改，使用“雨课堂”等智慧教学工具。全年设立校级教学质量与教学改革工程项目85项，申报省级质量工程项目74项，新增校外实践教学基地25家。推荐省级教学成果奖（本科）15项、重大教学成就奖1项。着力打造大数据中心、机器人中心和人工智能创新中心，创新创业教育工作跻身全国第一方阵。立项国家级创新创业训练计划100项、省级358项、校级669项。在各类学科竞赛中获省部级三等以上奖项1886项，其中国际级奖75项、国家级奖525项、省部级奖1286项。

开展“双一流”建设中期自评，完成中期建设目标任务，推进学位论文质量提升工程。完成学位授权点动态调整和部分硕士一级学科的专项评估工作，通过学位授权点合格评估抽评。制定研究生导师业务条件，强化导师动态、分类管理。修订2019版学术型研究生培养方案，全面实施延期毕业全日制硕士生及非全日制硕士生的学位论文100%盲审、博士学位论文5位专家盲审制度。实行非全日制专业学位研究生的校院两级管理和校企联合培养，首次实施非全日制研究生就业派遣。积极清退超期博士研究生。录取全日制硕士研究生2798人、非全日制硕士研究生767人、博士研究生302人。

2020年，获批国家自然科学基金项目140项、国家社科基金项目7项、教育部人文社科项目10项。获批国家重点研发计划项目31项，其中主持项目2项、主持课题7项，首次获批主持国家重点研发计划项目1项。承担各级智库项目近40项。以第一署名单位发表SCI论文和SSCI论文1965篇，ESI全球排名上升至1248位。获批授权专利757项（其中发明专利授权518项），各类科技奖励57项，其中安徽省科学技术奖励一等奖7项、国家科学技术进步奖1项。获批省重点研

合工大翡翠校区 （合工大/供）

究与开发计划项目11项，新增省部级以上人文社科计划类项目205项。学校社科联被评为安徽省“三项课题”研究先进单位，5项研究成果入选“三项课题”优秀研究成果。“合工大模式”进入升级版，建立校内虚拟平台+区域创新平台，打造“创新平台+成果转化+科技金融+产业化孵化”的创新链融合一体化平台。

深化师德建设长效机制，选树先进典型人物事迹；持续完善人事管理制度，继续实施学校师资队伍博士化工程；完善聘期考核和薪酬分配，健全校院两级考核体系和科研评价导向。学校高层次人才队伍建设取得新突破，1人入选国家“万人计划”科技创新领军人才项目，2人通过教育部“长江学者奖励计划”（其中特聘教授1人，青年学者1人），2人获批国家杰出青年科学基金资助，4人获批国家优秀青年科学基金资助。全职引进正高级人才15人，其中黄山学者5人。柔性引进各类高层次人才12人。

与波兰华沙大学等国外高水平大学开展校际合作、学生联合培养和国际合作办学。接待国（境）外高校团组268个，来访专家、学者437人次。派出校级团组5个，因公临时出国（境）团组117个，派出师生员工275人次。获批2019年科技部外国文教专家项目经费531万元，港澳台项目经费40万元。聘请33人次中长期外籍教师和中外合作办学项目外籍教师来校授课，日本籍专家任福继教授获2019年度中国政府友谊奖。招收政府奖学金等来华留学生31人，毕业留学生52人。成功举办“第十三届大学生徽文化研习营”和“第三届中华传统文化研习营”活动。

（姚　娴）

安徽大学磬苑校区　　（安徽大学/供）

【安徽大学】 安徽大学是国家“双一流”建设高校，安徽省与教育部共建高校、与国家国防科技工业局共建高校，安徽省属重点综合性大学。作为安徽现代高等教育的开端，学校创建于1928年当时省会安庆市。1958年9月16日，毛泽东同志亲笔为学校题写校名。1997年12月学校正式成为国家“211工程”重点大学。2020年，学校有4个校区和1个大学科技园，入选首批“全国文明校园”、首批国家语言文字推广基地、全国深化创新创业教育改革示范高校、全国毕业生就业典型经验高校、教育部实施“卓越法律人才培养计划”首批高校、外交部选拔录用公务员定点高校。

截至2020年12月，学校有教职工3000余人，其中专任教师2100余人、副高以上专业技术职务者1100余人；双聘院士4名，全职教师中累计入选“万人计划”“杰青”“优青”等国家级人才项目20余人次、省级重点人才项目60余人次、享受国务院和省政府特殊津贴专家150余人次、省学术技术带头人和后备人选130余人。2020年，接收具有博士学位教师223人，同比增长68.9%，人数和增幅均为全省高校第一；15人和1个团队入选省“百人计划”等省级人才项目，入选数居省属高校第一。

在校全日制本科生24700余人、硕士和博士研究生8200余人。拥有国家级一流本科专业建设点38个（位居全国地方高校并列第1）、国家级一流本科课程14门（位居全国高校第12）。设有2个国家级大学生校外实践教育基地和19个示范实习、实训中心或校企合作实践教育基地，建有4个国家级和8个省级实验教学（实训）示范中心、5个省级虚拟仿真实验教学中心。当年，揭牌成立安徽大学纽约石溪学院，杨振宁担任名誉院长并题写院名，实现安徽省首个本科层次中外合作办学机构开局。

学校先后建成以国家地方联合工程实验室、国家级“2011协同创新中心”分中心、教育部人文社科重点研究基地、教育部重点实验室、安徽省技术创新中心、安徽省重点实验室、教育部工程研究中心、国际联合研究中心、教育部国别和区域研究中心为主的科研平台，其中国家级科研平台10个、省级科研平台33个。2020年，建成极端条件下材料制备与物性测试、微纳加工和球差电镜结构表征等世界一流的材料科学综合研究平台；牵头申建“十四五”国家重大科技基础设施“强光磁集成实验设施”，获批建设“信息材料与智能感知”安徽省实验室；建设集成电路先进材料与技术研究设施，获得省“三重一创”2亿元专项支持；引入中国兵器工业某所提供的光刻、薄膜制备等四英寸晶圆生产设备，共建嵌入式“产教融合示范基地”。

2020年，学校有理学、工学、文学、历史学、哲学、经济学、法学、管理学、教育学、艺术学等10大学科门类，有2个国家级重点学科、25个省级重点学科；有4个学科进入ESI全球前1%，其中材料科学ESI全球排名达前5.05‰。着力建设物质科学与信息技术研究院、徽学与中国传统文化研究院、创新发展战略研究院以及与合肥市共建绿色产业技术创新研究院，带动各学科交叉创新发展，促进科技成果产业化。获评教育部人文社科优秀成果一等奖1项、二等奖和三等奖各2项，位居全省第1、全国第56；省科学技术奖18项，其中自然科学一等奖、科技进步一等奖各1项。

学校是国家公布的华文教育基地和接收政府奖学金留学生的高校之一，建有“111计划”学科引智基地2个，与美、英、德、日等国家和地区的147所高校和科研机构建立交流合作关系，与智利圣托马斯大学、乌克兰哈尔科夫大学、阿塞拜疆巴库大学、白俄罗斯布列斯特国立大学合作建立4所孔子学院，其中智利圣托马斯大学孔子学院先后4次入选“全球先进孔子学院”，被评为“全球示范孔子学院”。2020年，接收留学生566人，学历生占比达74.4%，其中本科生同比增长79.1%；与德国汉诺威大学共建安徽大学莱布尼兹材料科学联合研究中心；获批科技部“高端外国专家引进计划”3项、国际中文教育重点资助项目1项（全省唯一）；经国务院批准，被授予一定的出访来访外事审批权；入选首批安徽省国际交流合作基地。

（吴伟升）

【合肥学院】 合肥学院是一所在“改革中诞生、开放中成长、创新中发展”的省市共建、以市为主的全日制、公办本科院校。其前身是创办于1980年的合肥联合大学。1985年，安徽省人民政府和德国下萨克森州政府签署按照“德国应用科学大学办学模式，共建一所示范性应用型本科院校”的协议，合肥学院（原合肥联合大学）成为德方在中国重点援建的两所示范性应用型高校之一。2002年3月，经教育部批准，原合肥联合大学和合肥教育学院、合肥师范学校合并组建合肥学院。2018年，学校全面进入省内一本招生，2019年，更名“合肥大学”正式列入教育部“十三五”高等学校设置规划，2020年12月，学校大学更名材料经省委省政府上报教育部。

2020年，学校全日制在校生约15000人。有教职工总数1147人，其中专任教师996人，学校有博士学位教师321人，具有高级专业技术职称教师433人，常年为校服务外籍教师16人。学校占地面积99.72公顷，校舍建筑面积68.9万平方米，教学仪器设备总值3.67亿元。学校有16个教学单位（其中，11个二级学院），设置本科专业72个，其中，国家级、省级一流本科专业建设点26个。国家级特色专业5个、国家级“卓越工程师教育培养计划”专业4个、国家本科专业综合改革试点专业1个、教育部批准的对外合作办学专业3个，国家大学生校外实践教学基地3个。

2020年，研究生年招生规模首次达到300人。调整新增2个硕士点，获省教育厅公示上报10个。在省属高校中位居第一，学科门类从工学拓展到理学、文学、经济学、教育学、管理学。申报“环境科学与工程”“计算机科学与技术”“材料科学与工程”“集成电路科学与工程”4个省级高峰培育学科。新增国家级一流专业建设点1个，省

合肥学院图书馆 （合肥学院／供）

级一流专业建设点10个、国家级一流课程3个，小学教育专业通过教育部2020年师范类专业认证（二级），自动化、机械设计制造及其自动化、通信工程、软件工程4个专业工程认证申请获受理。

出台《合肥学院“三全育人”综合改革建设方案》等文件，实施思政课教学法改革，举办首届学校课程思政大赛。实施“三全育人”十大工程，探索构建覆盖全员、贯穿全程、齐抓共管的育人工作格局。生源质量稳步提高，本科生理工类、文史类投档线分别高出我省一本实际控制线22分、13分。学校在省属高校第一个开展线下校园招聘，毕业生就业率达92%，位居省属高校前列。首届“双元制”大陆班学生毕业，优质就业，《中国教育报》头版以《二次转型再出发，合肥学院探索国际双元制高等教育——培养善创新的卓越工程师》为题作专题总结报道。“中德‘双元制’高等教育应用型人才培养基地建设及示范项目”获工信部2020年制造业与互联网融合发展试点示范项目立项。作为全国创新创业典型经验高校，2020年学校获市级以上奖项483项，其中国际级3项，国家级118项，省级356项。在第十二届“挑战杯”中国大学生创业计划竞赛中，1件作品获全国金奖，是本届挑战杯安徽省入围国赛的唯一金奖。学生心理健康教育工作持续加强，7个学院建立了二级心理工作站。体育艺术俱乐部改革探索成效明显，在落实“五育并举”中发挥积极作用。

制定《合肥学院引进高层次人才首聘期考核管理办法（试行）》等文件，加强师德师风建设和人才管理考核工作。全年引进博士56人，创历史新高。认定“双能型”教师556人、各类高层次人才60人，组织赴政府机关、企事业挂职锻炼7人，获批高校优秀拔尖人才培育项目15人，组建120人专兼职结合的校内外创新创业导师队伍，聘请校内外硕士研究生导师359人。4名教师获评市“金牌职工”，1名教师获评市“三八红旗手”。

依托41个产学研合作平台和14个科技创新团队，为地方政府科学决策和经济发展提供智力支撑。巢湖研究院“数字巢湖”建设为巢湖治理提供技术支持和智库服务，在2020年巢湖防汛中发挥作用。房地产研究中心完成《合肥市住房租赁市场基础性研究及发展规划编制（2020-2022年）》等项目，为房地产政策制定提供决策依据。首次举办全省产学研合作对接会，签约6个研发平台和15个产学研合作项目。与合肥市数字资源局、合肥市轨道交通集团公司等签订全面合作协议，加快集成电路、数字经济、轨道交通三个现代产业学院建设。新增“安徽省智慧交通大数据分析与应用工程实验室”“中国特色社会主义理论体系研究基地（合肥学院）”两个省级科研平台。获省级科学技术奖5项，科研与服务地方经费突破亿元大关，达1.11亿元。

学校是全国首批通过教育部来华留学生教育质量认证的高校。成立国际教育学院，加强国际学生的招生和教学管理。举办第十三届中德应用型高等教育研讨会、安徽省第十三届“顺天乡杯”韩国语演讲大赛、韩国顺天乡大学第五届“合肥学院杯”汉语演讲大赛，在线举办第21届中国国际教育年会第三届应用型高校国际合作研讨会。国际合作和孔子学院管理体制机制不断健全。中德教育合作示范基地建设稳步推进，被选为安徽省首批国际交流合作基地。成立中德教育合作示范基金。同德国、韩国等72所大学建立友好合作关系。

（张伟颀）

【合肥职业技术学院】 合肥职业技术学院是经省政府批准、教育部备案的具有高等学历教育招生资格的公办全日制普通高等职业院校。成立于2002年，是合肥市唯一一所市属综合性高职院校，是国家“创新发展行动计划”优质专科高等职业院校和安徽省首批地方技能型高水平大学建设单位。2020年，学校有合肥汇心湖校区、巢湖鼓山校区和合肥金寨路双创园区，总占地面积84公顷，建筑面积50.25万平方米，固定资产28亿元。全日制在校生19262人，非全日制学历教育在校生7000余人。学校获评“安徽省线上教学示范高校”、安徽省地方技能型高水平大学评估A档，成为安徽省地方技能型高水平大学联盟（G33＋）牵头单位和教育部首批职业院校校长培训培育基地（安徽省唯一），入选教育部“智能制造领域中外人文交流人才培养基地项目”。

学校成立人才聘任、教学指导等五个专门委员会，不断完善“党委领导、校长负责、教授治学、民主管理”的现代大学制度体系。2020年，学校有教职工726名，其中专任教师572人，教授53人，副高以上职称教师197人，“双师型”教师资格251人，校内外兼职教师约200名；拥有纸质图书80余万册，电子图书36TB，纸质中外文期刊650余种，电子期刊14000余种；有校内实验实训室216个，校外实习实训基地148个，教学用计算机4000余台。当年教

2020年9月，合肥职业技术学院与合肥师范学院首批联合培养本科生开学
（杨 璨/摄）

师在安徽省高等职业院校教学能力大赛中获奖7项，其中：二等奖4项、三等奖3项；邵一江教授获批省政府特殊津贴，2名教师获批省拔尖人才项目，5名教师获优先青年人才计划项目资助，4名老师获国内访学项目资助；启动“双百工程”计划（即在“十四五”期间实施百名博士、百名教授培养工程）；组织各级各类培训近600人次。

学校以三年制高等职业教育为主，同时开设广播电视大学教育、初中起点五年制高职教育和联合培养本科教育，2020年有医学院、汽车应用与轨道交通学院、机电工程学院、继续教育学院等十二个二级学院，医药卫生类、财经商贸类、装备制造类、电子信息类、经贸旅游类、食品药品与粮食类、土木建筑类等七大专业群，53个招生专业，其中护理、医学检验技术、汽车检测与维修技术专业为中央财政支持建设专业，汽车检测与维修技术、工程造价、护理、会计专业为国家级骨干专业，会计、助产、药学、工程造价、电子商务、模具设计与制造、建筑工程技术等专业为安徽省改革试点与特色专业；学校是教育部批准的首批“智能制造领域中外人文交流人才培养基地”，教育部和卫建委批准的“承担护理专业领域技能型紧缺人才培训基地”、教育部批准的“NIT人才培养基地”、安徽省计算机系统高技能人才培训基地、安徽省机动车维修从业人员从业资格考试考点、安徽省安全生产资格考试考点、安徽省大客车驾驶专业首批试点学校。学校建有安徽国家职业能力培训中心、国家职业技能鉴定站等机构；启动本科层次职业教育试点，与合肥师范学院联合办学首批试点四个专业；实施思想政治工作质量提升工程，构建“十大育人”体系；在省教育厅“双基”标准化建设评定中，获评“示范教研室”7个、“教学示范课”18门；作为安徽省首批内部质量保证体系教学诊断与改进复核院校之一，工作得到省教育厅专家组的肯定；开展“1+X”证书制度试点工作，学校获得37个“1+X”证书试点，居全国职业院校前列。截至2020年底，取得X证书人数达到1096人；毕业生就业率达到95%，在合肥区域就业1595人，就业率达到50%；2020年，学校承办第十五届全国大学生智能汽车竞赛安徽赛区暨安徽省第十三届大学生智能汽车竞赛，获一等奖4项、二等奖6项、三等奖3项、优秀奖1项；在第一届全国职业技能大赛（安徽赛区情况）一等奖1项、二等奖2项；在安徽省高职院校技能大赛获一等奖2项、二等奖5项、三等奖13项；在第六届安徽省“互联网+”大学生创新创业大赛中获得1金8银20铜，在第六届中国国际“互联网+”大学生创新创业大赛中获得国赛1铜。

学校以“省内标杆、国内一流”为建设目标，服务于合肥市经济和社会发展。合肥汇心湖校区主要围绕合肥市支柱产业、战略新兴产业打造专业群，建设涵盖机电、信息、经贸旅游、轨道交通、艺术、设计等六大专业群，打造一批在全国有较大影响的特色品牌专业。巢湖鼓山校区结合巢湖市区域发展定位，以发展学院传统优势医学相关类专业为目标，保留生物、建筑、汽车等专业，拓展医学相关类的专业领域，打造健康产业人才培养基地。金寨路双创园以提升学生创新创业能力为目标，提供专业实习实训，服务地方经济发展，打造成合肥市高科技职业院校产业园。2020年，学校与国轩高科、大陆马牌轮胎（中国）、特斯拉等企业签订校企合作协议。与合肥市轨道交通集团有限公司共建合肥轨道交通企业大学和省级轨道交通校企合作示范基地；申报专利12项，实现14项专利转化，收益近8万元；与安徽巢湖经济开发区、巢湖市政府共建的就业创业和人才服务中心正式运行，为大学生和社会人员就业创业搭建平台。成功申报5个合肥市创新型教学团队和1个产学研联盟，向巢湖市科技局推荐17名科技特派员。

学校有中外合作办学项目3个，在读学生166人。智能制造领域中外人文交流人才培养基地项目获教育部审批立项，成为中国教育国际交流协会会员单位、安徽省外国留学生教育管理学会团体会员，成为“鲁班工坊建设联盟”会员单位，并与华为公司申报巴基斯坦鲁班工坊项目（2021—2023）。

（王文迪）

【合肥幼儿师范高等专科学校】 合肥幼儿师范高等专科学校始建于1980年11月15日，前身为合肥幼儿师范学校，1992年获省教育厅批准成为“安徽省幼儿师资培训中心”，2011年获教育部批准升格成为安徽省第一所独立设置的幼儿师范高等专科学校。学林路校区，占地28.47公顷；在建的梅冲湖新校区占地28.33公顷。2020年，有全日制在校生近七千名。学校入选首批国家级职业教育教师教学创新团队立项建设单位，获得国家级教学成果二等奖，获评安徽省“高职发展标杆校”。2020年，学校获批安徽省“线上教学示范高校”“课程思政建设先行高校”以及“‘双基’建设示范高校”，获评安徽省第十二届文明单位、合肥市第三届文明校园，在高水平大学建设全省中期检查中获得一类A档的成绩。

2020年，学校有教职工342人，其中：具备硕士及以上学位的教师占专任教师总数70%以上，副高以上职称超40%，拥有安徽省模范教师、省市优秀教师、高校“教学名师”“教坛新秀”、合肥市优秀教育工作者、专业技术拔尖人才、学科带头人、骨干教师50余人，省级教学团队、名师工作室4个。招聘教师22名，1人获批合肥市政府特殊津贴，2人入选安徽省“国培计划”专家库，1人获评“安徽省卓越教学名师”，1人获批省级教学名师，2人获批省级教坛新秀。

学校开设16个专业，其中，学前教育、特殊教育、美术教育3个专业为国家级骨干专业，早期教育、艺术教育等4个专业为省级特色专业。获批“大数据技术与应用”“老年服务与管理”两个新专业。与安徽师范大学联合培养顺利招收204名学前教育本科生。2020年获省级以上职业院校技能大赛奖项15个，其中省级一等奖6个、二等奖3个、三等奖6个；获“第十一届安徽省高等学校师范生教学技能竞赛优秀组织奖”，获“第六届合肥市大学生辩论赛高职组冠军”，在第11届安徽省“百所高校百万大学生”科普创意创新大赛中获得唯一的特等奖和一个一等奖。

2020年，学校开展“鹤琴讲坛”19场；教师发表论文70余篇，其中一类论文7篇，二类论文4篇，新编、修订教材和著作11本；获得专利1项。获省级线上教学成果特等奖1项。成功申报各级各类课题128项，其中到账经费项目16项，纵向课题4项，横向课题12项，总合同金额195.75万元，到账经费118.55万元。“三全育人理念下的高职学前教育专业心理育人的实践创新研究”和“基于大数据的团队资源共享共用的机制研究”2个项目获教育部立项。

学校与上海思博职业技术学院、徐州幼专和金华职业技术学院共同牵头发起成立长三角高职院校学前教育联盟的倡议，得到三省一市46所有学前教育专业的高职院校的积极响应，联盟成立会议于11月15日在合肥召开。

学校与英国奇切斯特大学合作举办的英语教育专业首届招生报到48人；与韩国又松信息大学合作的学前教育专业首届招生报到36人；与韩国汉拿大学合作举办的音乐教育专业继续招生，在校生人数达69人。为应对新冠肺炎疫情，探索线上教学模式，坚持为留学生开设网课，保障学生的正常学习。与印尼、泰国、乌克兰等“一带一路”国家的机构和院校开展合作。联合台湾元培医事科技大学、贵州遵义医科大学举办“皖黔台地域文化线上交流会”，开创学校后疫情时代与台湾交流的新模式，得到省市台办的认可并将学校线上交流的做法在省内推广借鉴。

合肥幼教集团开办园数达到30所，拥有教师1000余人，招收学生万余名。2020年上半年，合肥幼教集团实验幼儿园、高新一幼等5所幼儿园分别通过合肥市特一类、市一类幼儿园评估验收。参加第五届全国信息技术与幼儿教育融合创新展示培训活动，获一等奖1人，二等奖13人。幼专附属小学（天水路小学）取得丰硕成果，建成“一宫二室三基地”合作办学体系，被评为全国青少年校园足球特色学校和百姓身边好学校，与幼专合作成功申报安徽省校企合作示范企业。幼教师资培训稳步推进。2020年完成培训9247人次，获得国培计划省级优秀案例2项，获评安徽省继续教育工作先进单位。

（孔德洁）

责任编辑：崔建军

工 业

综 述

【概况】 2020年，合肥市工业经济呈现快速企稳、加速上扬的发展态势，工业以20%左右的占比，对全市当年地区生产总值（GDP）增长做出45%的贡献。全市规模以上工业成功实现半年“负转正”，当年实现增加值同比增长8.3%，高于全国、全省5.5和2.3个百分点，增幅位列中部省会第一位、全省地级市第二位、全国省会城市第三位、长三角地区主要城市第三位。全年工业投资降幅5.1%；工业用电量同比增长2%，12月制造业采购经济指数为53.6%，站稳扩张区间。从综合主要匹配指标看，全市工业经济当年运行基本面平稳向好。

全市2088户规模以上工业企业当年实现营业收入8388.1亿元，同比增长12.1%，较上年提高7个百分点；规模以上企业全年实现利润403.4亿元，同比增长24%，高于全国19.9个百分点。全市工业当年实现税收268.3亿元，同比增长3.2%，高于全省0.6个百分点，占全市税收比重达21.8%。

【抗击新冠疫情】 2020年疫情期间，合肥市工业战线重点抓好工业企业疫情防控和防疫物资增产保供工作，防护用品、医疗器械核心环节企业率先开工，并带动产业链上下游协同复工复产，全市工业战线建立口罩机、熔喷布、新型纳米阻隔材料等防疫紧缺物资的生产能力。应急响应期间，全市累计生产防护服300万件、隔离衣900万件、口罩1亿个，产能分别增长90、172、1500倍，实现从十分缺乏到紧平衡、再到供应充足的转变，贡献全省援鄂近7成防疫物资。

疫情期间，全市家电、电子信息、汽车等优势行业率先实现复工复产，链式带动“龙头+配套”企业同步复产。全市规模以上工业企业用一个月时间复工率从25%提升至99%。复工复产企业普遍建立企业疫情防控机制，制定疫情防控工作方案和应急处置方案，建立职工健康状况台账，并向主管部门备案，严防严控疫情扩散风险。疫情期间，全市未发生一起因复工复产被感染情况。

【产业集聚】 2020年，联宝电子公司成为合肥工业史上首个年产值实现千亿元的企业，也是全省首个单体规模实现超千亿元的工业企业。江汽集团、合肥京东方在肥企业、长安汽车、阳光电源当年实现产值规模上新台阶。新增合肥中烟、晶澳太阳能、美的洗衣机、华凌股份等4家实现产值逾百亿元的企业。长鑫存储自主研发的国产动态存储芯片实现量产，京东方液晶显示屏出货面积实现全球领先，维信诺六代柔性显示生产线建成点亮，蔚来中国总部全年实现产量突破4.4万辆，智飞龙科马新冠疫苗启动Ⅲ期临床试验，彩虹玻璃溢流法G8.5+基板玻璃量产面市，欣奕

联宝电子公司 （张大岗／摄）

华研发的国产OLED真空蒸镀机正式投入市场，阳光电源中标国内单体最大光储融合项目，云塔科技推出国际领先的5G宽带滤波器芯片等。7个项目进入国家工业和信息化部“新一代人工智能产业创新重点任务入围揭榜名单”，新增15户国家“专精特新”小巨人企业，科大讯飞、阳光电源、中建材（合肥）、万力轮胎获“第六届中国工业大奖”。

【制造转型】 2020年，合肥市新型制造升级步伐加快。推广智能制造，联合利华合肥工业园获评全球制造业领域“灯塔工厂”，为全省首家；4个项目获评2020年省“5G+工业互联网”十大创新应用；新通过“两化”贯标认证企业151家，培育4个国家级新型信息消费示范项目，16家工厂、174个车间参与2020年智能工厂和数字化车间培育。绿色制造示范，创建国家级绿色工厂2户、绿色设计产品34款，2户企业中标国家工信部2020年绿色制造系统解决方案供应商、2户企业获批工业产品绿色设计示范企业。创新制造引领，新增33户省级企业技术中心、23户工业设计中心、3户制造业创新中心，新认定省“首台套”装备70个、首版次软件50项、首批次新材料产品12种，分别占全省的32%、65%、30%。新增省级新产品54个、信息消费创新产品166个。新基建加快建设，市经济和信息化局（以下简称“市经信局”）提请市政府印发5G基础设施、5G产业规划，完成国际互联网数据专用通道申报方案编制。新建设5G基站8088个，实现主城区、县域城区核心区域室外5G网络连续覆盖、重点区域深度覆盖。

【结构优化】 2020年，合肥市六大主导产业实现增加值同比增长12%，高于全市3.7个百分点。其中平板显示及电子信息、汽车及零部件、光伏及新能源等三个产业实现增加值同比分别增长25.9%、25.1%和29.4%，对全市工业经济增长贡献率高达98.9%。全市战略性新兴产业当年实现产值占全市工业的55.5%，同比提高3.8个百分点；实现产值增长18.2%，高于全市工业8.1个百分点，其中，新一代信息技术等4个产业产值均实现两位数增长；全市高新技术产业实现增加值增长16.7%，高于全市工业8.4个百分点，其中，高技术制造业增长19.2%，高于全国12.1个百分点；制造业出口交货值增长24.4%；制造业实现利润376.36亿元，同比增长24.7%。

“十三五”期间，全市战略性新兴产业产值实现年均增长13.9%，贡献率由41.4%提高到95.6%。先进制造业城市发展指数居全国第14位，成功入选“中国制造2025”试点示范城市、工业稳增长和转型升级成效明显市等，实现规模以上工业增加值能耗较“十二五”末下降29.5%，其中当年下降6.4%，“十三五”目标下降18%，降幅明显高于全国、全省平均水平。集成电路复合增长率国内领先，同时拥有存储、驱动芯片2个方向12英寸生产线；新型显示实现“从砂子到整机”的全产业链布局，液晶面板出货面积约占全球10%；智能语音及人工智能形

各县（市）区、开发区工业运行及投资情况表

县区		经开区	高新区	新站高新区	安巢经开区	肥东县	肥西县	长丰县	庐江县	巢湖市	瑶海区	庐阳区	蜀山区	包河区	合计
工业运行	预期目标	9.0	9.0	8.5	10.0	8.5	8.5	9.0	8.5	8.0	2.0	3.0	5.0	3.5	8.0
	全年实绩	9.3	9.3	11.8	0.6	6.3	8.7	10.5	1.9	-3.6	1.4	5.1	9.5	2.6	8.3
工业投资	预期目标	2.0	9.0	7.0	25.0	16.0	10.0	8.0	10.0	8.0	2.0	2.0	0.0	2.0	7.0
	全年实绩	4.0	-19.2	-17.9	-67.8	30.0	10.8	-6.9	7.9	13.2	7.3	16.5	-29.3	8.1	-5.1
技改投资	预期目标	9.0	9.0	2.0	30.0	13.0	9.0	8.0	20.0	8.0	2.0	2.0	0.0	2.0	5.0
	全年实绩	12.1	15.1	-22.4	65.4	30.5	15.2	-6.0	129.3	41.4	369.6	14.7	-38.5	36.4	5.5

成贯通智能语音与人工智能核心技术、研发平台、终端产品、行业应用等完整产业链条，拥有全球最大规模的人工智能公有云之一；光伏构建“产业 + 应用”两端引领的发展链条，主要产品综合出货量突破50GW，装机规模居全国省会城市之首，点亮“光伏第一城”。全市家电“四大件”年产量连续10余年居全国领先地位，生产的冰箱、洗衣机占据国内1/4规模，智能化、高端化产品占比提升；汽车加速向新能源和智能网联汽车转型，实现智能网联汽车道路测试规范化运营，产业跻身“千亿产业”。

【区域均衡发展】 2020年，合肥市高新技术产业开发区、合肥经济技术开发区、合肥新站高新技术产业开发区工业增加值实现增速均超9%，对全市增长贡献达64%，庐江县、巢湖经济开发区实现正增长，长丰县规模以上工业增速居五县（市）第一，肥西县3项指标均达预期。合肥经济技术开发区、巢湖市、肥东县抓好长鑫、欧菲光、海辰药业等项目服务保障，工业投资和技改投资均超额完成年度预期目标。

【技改投资】 2020年，合肥市工业技改投资增长5.5%，较上年加快1.8个百分点，快于工业投资增速10.6个百分点，占工业投资的51%，较上年提高5.1个百分点，分别拉动工业投资、全市投资增长2.5和0.6个百分点。在维信诺、长鑫、晶合等超百亿元大项目的拉动下，全市当年高技术制造业投资同比增长8.9%，分别高于制造业、工业投资增速17.9和14个百分点，占工业投资的比重达55.3%，同比提高7.1个百分点，拉动工业投资增长4.3个百分点。其中，计算机及办公设备制造业增长1.29倍，电子及通信设备制造业增长8.8%。全市战略性新兴产业当年投资占全市投资的比重达26%，较上年提高1个百分点；完成投资增长9.3%，快于全市投资增速4.6个百分点，拉动全市投资增长2.3个百分点；其中，受彩虹液晶玻璃基板建设工程、联宝新增年产1000万台套智能产品等大项目带动，新一代电子信息技术产业投资增长27.2%；在滨湖国际会展中心二期工程、合肥市中心图书馆等大项目拉动下，数字创意产业投资增长55.3%。

【项目建设】 2020年，合肥市长鑫存储项目获国家集成电路“大基金”“核高基”等专项支持，如期达成4万片/月产能，搭载其19纳米DRAM存储芯片产品上市销售；晶合月产能达到3万片，在手机面板驱动芯片代工领域市场实现占有率全球第一。京东方三条线满产满销，彩虹玻璃溢流法G8.5+基板玻璃量产面市；欣奕华研发的国产OLED真空蒸镀机正式投入市场；视涯推出全球最大最高清硅基OLED显示屏。蔚来中国总部正式启用，单月交付记录屡破新高，年交付量突破4.4万辆；大众汽车（安徽）正式揭牌、大众集团投资控股国轩高科。“中国声谷”实现营收超千亿、入园企业超千家“双千”目标，国家智能语音制造业创新中心和中国软件名园建设初显规模；省信创适配中心正式挂牌。光伏产业由一季度下降8.8%转为增长29.4%，阳光电源连续第三年逆变器出货量全球第一，中标国内单体最大光储融合项目。通威、晶澳等重点企业利润、市值创历史新高。生物医药实现突破，智飞龙科马重组新型冠状病毒疫苗完成Ⅲ期临床试验。合肥市第三次获评“中国家电产业基地”。

（彭雨森）

主导产业

【概况】 2020年，合肥市六大主导产业实现增加值增长12%，高于全市3.7个百分点，占全市工业比重达67.7%，对全市工业增长贡献率达95%。六大主导产业整体呈现“三高两中一负”发展态势，即平板显示及电子信息、汽车及零部件、光伏及新能源三大产业分别增长25.9%、25.1%和29.4%，装备制造业、食品及农副产品加工业分别增长5.9%和2%，家电产业下降11.5%。

【平板显示及电子信息产业】 2020年，合肥市笔记本、平板电脑等电子产品国内外需求爆发式增长，平板显示及电子信息产业产业连续10个月增长超20%，累计增长25.9%，对全市增长贡献率达63.3%。

从平板显示看，全市新型显示产业集群实现“从沙子到整机”的全产业链布局，汇聚京东方、维信诺、康宁、视涯科技等多家龙头企业以及法液空、空气化工、江丰电子、三利谱、欣奕华、彩虹、清溢光电等上下游配套企业。集群从业企业逾100户，其中重点企业47户，累计完成投资超1700亿元，维信诺当年点亮投产；彩虹玻璃溢流法G8.5+基板玻璃量产面市；建成三条TFT-LCD量产线、一座打印OLED技术平台、一条柔性 AMOLED 六代线、一座硅基 OLED 微显示器件工厂，面板出货量约占全国 1/7，形成以 TFT-LCD 为主导，OLED 加快发展壮大，微显示、Micro/Mini LED、激光显示等跟踪布局的产业格局。

从集成电路产业看，全市集成电路产业聚集各类企业近 300 余家，当年销售收入亿元以上企业达 25 家，汇聚长鑫存储、晶合集成、杰发科技、联发科技、通富微电等龙头企业，获批国家"芯火"双创基地，获批全国首个海峡两岸集成电路产业合作试验区，长鑫存储如期达成 4 万片 / 月产能，搭载其 19 纳米 DRAM 存储芯片产品上市销售；晶合晶圆产值增长 1.6 倍，其手机面板驱动芯片代工领域市场占有率位居全球第一；全市集成电路形成从设计、制造、封装、测试、材料、设备等环节的垂直一体化产业链，成为全国集成电路产业发展最快、成效最显著的城市之一，年复合增长率居全国前列。

从智能终端产业看，合肥市高端笔记本电脑、智能可穿戴等智能终端生产实现快速增长。合肥联宝当年实现产值过千亿元，成为全球消费电子制造领域的领跑者。智能可穿戴设备企业华米科技成功赴美上市，小米手环系列、AMAZFIT 智能手表、米动健康手环等智能穿戴创新产品受到全球消费者的青睐，累计出货量超 1 亿只，成为全球最大的可穿戴设备企业。

蔚来汽车生产线 （张大岗 / 摄）

【汽车及零部件产业】 2020 年，合肥市拥有汽车产业规模以上企业 300 余家，其中整车企业 5 家（完整资质企业 4 家，整车非独立法人企业 1 家），改装车生产企业 11 家，省汽车产业基地 6 家，形成涵盖整车、关键零部件、应用、配套的完整产业链。合肥市规划建设汽车零部件产业 5 大园区，主要包括江淮汽车城以及包河、桃花、岗集、同大汽车工业园，分布在全市主城区的南、西南、西、西北四个方向，连成一片，形成环城汽车产业带。截至年底，进驻园区的汽车零部件企业达 500 多家，涵盖燃油车发动机、变速箱、车桥、轮胎、座椅，以及新能源汽车电池、电机、电控，智能网联汽车高精度地图、激光雷达、毫米波雷达、ADAS、RSU、OBU 等新型零部件。2020 年，江汽实现重卡、轻卡产量分别达 5.4 万辆和 21.3 万辆，同比分别增长 44.7% 和 12.6%；蔚来汽车全年产量超过 4.4 万辆，增长 1.2 倍；长安 CS75Plus 产量突破 25 万辆，增长 74.3%。

全市新能源和智能网联汽车产业当年拥有江淮、蔚来、大众（安徽）、安凯、长安、奇瑞（巢湖）、国轩高科、华霆动力、巨一电机、道一电机、锐能科技、贵博新能源等龙头企业，覆盖乘用车、客车、物流车等车型，电池、电机、电控等核心零部件发展迅速，形成传统车企转型的新能源汽车企业、合资合作企业、造车新势力企业三大阵营；构建以江淮汽车为代表的新能源乘用车生产企业集群，以安凯客车为代表的新能源客车生产企业集群，以国轩高科等为代表的动力电池及系统企业集群，以巨一自动化为代表的电机及控制系统生产企业和以国网电力、普天新能源、江淮和行约车为代表的充电设施建设运营服务企业集群；构建涵盖整车、关键零部件（电池、电机、电控、雷达、摄像头、域控制器等）、应用（公交、物流、出行服务等）、配套（充电基础设施、电池回收、

新能源汽车暨智能网联汽车产业总体情况

企业概况			产值（亿元）	产值同比增速	在建重点项目		省级以上创新平台数
企业数量	规上企业数	重点企业数			数量	总投资（亿元）	
120	59	63	410	26.5%	33	438.28	49

示范运行等）的完整产业链。在车规级安全的蜂窝电池技术、车规级百万公里长寿命技术等领域有重大突破，形成一批核心技术，如江淮汽车蜂窝电池技术有效解决三元锂电池安全控制问题和热失控产业难题“三合一”静音高效电驱动技术，解决电机啸叫问题；智能刹车系统（eBooster ）技术与供方联合开发，解决全生命周期的制动踏板一致性及7层次的制动安全冗余，突破国外垄断，大幅降低产品成本；国轩高科研制三元电池单体能量密度突破302wh/kg，单体能量密度达到200 wh/kg的磷酸铁锂电池进入小批量生产阶段，建成产能35.8万辆，在建产能12万辆。

【光伏及新能源产业】 2020年，合肥市光伏及新能源产业实现增加值增速29.4%，对全市增长贡献率达14.7%，贡献居六大主导产业第3位。44户重点企业销售收入达450亿元。电池片、组件、逆变器等主要产品实现出货量超过45GW，同比增长32.4%。其中，太阳能电池产量突破1800万千瓦，同比增长73%，占全国比重达11.8%；光伏装机容量当年达2.45GW，同比增长11.4%。

从产业生态看，全市构建以阳光电源（逆变器）、晶澳太阳能（组件）、通威太阳能（电池片、组件）为龙头，光伏玻璃、储能、光伏电站系统工程等配套企业为支撑的产业格局。全市产业链企业有90余户，其中当年实现销售超亿元企业19户，从业人员达1.37万人。

从创新能力看，全市当年推动龙头企业与高校、科研院所开展产学研合作，加强研发和技改投入，促进创新链与产业链融合，24户重点企业研发投入逾15.7亿元，占销售收入4%；7户企业列入国家工业和信息化部光伏制造行业规范条件；拥有省级以上创新平台19个。

从重点企业看，阳光电源股份有限公司生产的光伏逆变器、风能变流器、储能系统等产品国际领先。截至年底，光伏逆变器出货达48GW，设备全球累计装机量突破160GW，成为全球首家突破“亿”千瓦的逆变器企业。合肥晶澳太阳能科技有限公司在全球拥有12个生产基地，产品遍布100多个国家和地区，主导产品为单晶和多晶系列高效组件，实现产品出货量达6.5GW。通威太阳能合肥基地包含通威太阳能（合肥）有限公司及通威太阳能（安徽）有限公司，主营太阳能电池片和组件生产，拥有光伏电池片产能近7GW（单晶3.6+多晶3.3）、组件2GW，员工近4000人。阳光电源、通威太阳能、晶澳太阳能分别以19、21、27的排名进入当年省民营企业百强榜单。

【装备制造业】 2020年，合肥市拥有装备制造产业规模以上企业770余家，有合力叉车、日立建机（合肥）、江淮重工、阳光电源、美亚光电、合锻智能、欣奕华等细分行业龙头企业。在工业车辆、机器视觉、工业机器人等方面具有比较优势。

从重点企业看，合力叉车实现产量增长38.5%，合力股份主要经济指标连续第30年位居中国工业车辆行业首位，其集装箱起重机、重型正面吊等产品居全国领先，46t重装叉车为全球最大吨位叉车。美亚光电、泰禾光电等企业色选机占国内色选机市场85%以上份额，形成集聚效应；欣奕华洁净搬运机器人在国内细分市场占有率逾70%；合锻智能是中国最大的液压机设备制造企业，生产的大型、专用、数控液压机在国内名列第一；长源液压公司主要产品涵盖液压系统的动力、控制和执行三个环节，是国内少数具有完整液压系统元件研发生产能力的企业之一。

从创新能力看，全市拥有中国科学技术大学先进技术研究院、中国科学院合肥智能机械研究所等省级以上创新平台24家，合力叉车、巨一科技、美亚光电等20家重点监测企业当年获发明专利1156项，实用新型专利3400余项。合力叉车申报专利598项，获授权专利539项，其中发明专利81项，公司还主持制定2项国际标准，制修订国家等标准7项、企业标准34项。美亚光电推出大米全景品质分析仪2.0、人工智能茶叶分拣机器人、口内扫描仪、封口漏油检测机等创新产品。欣奕华推出全球最大的G10.5代玻璃搬运机器人及相关系列洁净搬运机器人等创新产品。

从重点项目看，美亚光电行业首座智能工厂正式投产。日立大型结构件涂装线、欣奕华G2.5OLED蒸镀系统等20余项重点项目建成

2020年高端装备产业链总体情况表

企业概况		产值（亿元）	产值同比增速（%）	重点项目		省级以上创新平台数
规上企业数	重点企业数			数量	总投资（亿元）	
约770	26	842	约5.2	43	202.73	24

投产，全市装备制造产业当年在建重大项目有38个。

【家电产业】 2020年，合肥市家电产业实现增加值同比下降11.5%，实现四大家电产量同比下降10.4%，下拉全市规模以上工业14个百分点；合肥格力下降29.8%，海尔系5家企业下降32.3%；美的洗衣机增长30.3%，华凌股份增长21.6%，长虹美菱增长9%。

从产业规模看，全市实现“四大件”产量连续第10年居全国城市首位，实现单项产量连续第2年突破1000万台；“合肥造”白电产品占国内1/4市场份额；智能家电产品占全部家电产品比重超3成。冰箱、洗衣机整机产能均达2000万台，电视机、空调机整机产能均达1500万台套；核心零部件压缩机、电机产能均突破3000万台。“龙头企业—大项目—产业链—产业集群”的发展模式成熟，白色家电本地平均配套率约为70%，核心配套率约为75%。

从产品转型看，全市实现美菱大冰箱、海尔大冰箱、晶弘多门冰箱、格力高端空调等高端产品产量均超3成，惠而浦、海尔、TCL、美的等企业推出智能家电产品，全市智能电视占彩电产量近3成。合肥经济技术开发区、合肥高新技术产业开发区智能白色家电，肥东经济开发区智能小家电及数码，肥西经济开发区智能家电及零部件等智能家电产业集群初具规模。智能家居产业在关键技术、产业形态和商业模式等方面成熟起来。荣事达、海尔、美的推出智能家居体系。华米公司以产品为出发点，打造生态闭环，切入智能家居细分领域，从智能硬件、连接平台等构建智慧家庭体系。截至年底，195款产品（系统）通过国家智能家电（家居）评价认证，总数居全国第一。

从生产效率看，合肥海尔、美菱、惠而浦、格力、美的洗衣机、TCL、京东方视讯等企业新建或实施智能工厂技改项目；合肥华凌、格力、惠科金扬、凌达压缩机、美芝压缩机等企业实施整车间技改项目。实施智能化改造后，企业平均产值、利润、税金、生产效率分别提升23.3%、25.9%、33.7%、32.7%，产品研发周期缩短24.9%，单位产品能耗降低27.7%。

【食品及农副产品加工业】 2020年，合肥市食品及农副产品加工业形成农产品加工、食品制造、饮料制造及烟草加工四大门类。聚集伊利、统一、太古可口可乐、现代牧业、旺旺、正大等国内外知名品牌，以及洽洽食品、新希望白帝乳业、燕之坊、丰大、真心食品、燕庄油脂、青松食品、海神黄酒等当地国内知名品牌；拥有规模以上食品及农副产品加工业企业166家，全年主营业务收入413亿元，同比增长2%，工业增加值增速2%。

从产业布局看，全市构建“一心、七区”空间布局，构建中国合肥安全食品研发中心，建设肥东县经济开发区食品工业园区、合肥巢湖经济开发区中国合肥安全食品产业示范园区、长丰双凤食品加工园区、合肥经济技术开发区食品加工集中区、合肥高新技术产业开发区种子加工集中区、巢湖市环巢湖农产品加工集中区和庐江县农副产品加工集中区等7个食品及农副产品加工业集聚园区。形成重点企业和产业园区竞相发展、相互促进的格局，全市规模以上食品及农副产品加工企业入园率逾80%，其中，肥东县经济开发区食品工业园和合肥经济技术开发区食品工业园实现产值超百亿元。

从创新能力看，青松食品获省级工业设计中心认证，安徽省纽斯康生物工程有限公司等3家企业获市级工业设计中心认证；洽洽食品、燕之坊等14家企业被认定为省级企业技术中心，大富食品、王仁和米线等12家企业被认定为市级企业技术中心；洽洽食品、燕庄油脂等5家企业获评国家农产品加工技术研发专业中心。

（彭雨森）

转型升级与结构调整

【新型制造】 2020年，合肥市在智能生产模式方面，建成16家智能工厂，174个数字化车间，累计建成117家智能工厂、1107个数字化车间；联合利华合肥工业园获评全球制造业领域“灯塔工厂”，为全省首家；4个项目获评2020年省“5G+工业互联网”十大创新应用；新通过“两化”贯标认证企业151家，培育4个国家级新型信息消费示范项目。在服务型制造方面，新增19户省级服务型制造示范企业，7个省级服务型制造示范平台，9家企业入选国家级服务型制造示范企业、项目及平台；有61家企业入选省服务型制造示范企业及平台。示范企业聚焦供应链管理、产品全生命周期管理等领域。示范平台涉足生产设备、专用工具、生产线等制造资源的共享制造平台。在新业态方面，发布智能网联汽车道路测试管理实施细则，向13家企业颁发37张全省首批道路测试牌照，率先发布全省首个智能网联汽车道路测试管理规范。批复国家工业和信息化部五所、中关村、合肥工业大学等国内一流机构联合设立合肥市智能网联汽车创新中心，提升创新策源能力，规划开通塘西河 4.4 千米测试示范线、大众海恒社区示范运营测试线（该项目为大众集团在中国首个自动驾驶出行服务项目），年内开放测试路段 77 千米；会同包河区招引星云互联、大唐高鸿等优质企业。

【创新发展】 2020 年，合肥市新增市级、省级企业技术中心分别为 93 户、33 户，国家级、省级技术创新示范企业均新增 3 家，省级、市级工业设计中心分别新增 23 户、58 户，新增 3 家省级制造业创新中心。截至年底，全市有各类技术中心、工程（技术）研究中心等研发机构总数逾 1400 家，制造业研发机构数、研发投入额、研发人员数等占全市总量 70%，建成 54 个国家级企业技术中心、8 家国家级工业设计中心，数量居全国省会城市第一。拥有 16 家省级制造业创新中心，研发方向由动力电池、精密铸造、光伏、网联汽车扩大到智能家电、智能化园区物流装备、工业烟气脱硝等领域，累计拥有专利 3424 项，制定标准 172 项，开发技术项目 520 项。

“十三五”期间，全市规模以上制造业研发经费占营业收入比重升至 2.4%，高于目标近 1 倍，制造业研发机构数、研发人员数、授权专利量占全市总量七成，国家级企业技术中心、工业设计中心总数均居全国省会城市前三。

【绿色发展】 2020 年，京东方显示、伊利乳业 2 户企业围绕用地集约化、原料无害化、生产洁净化、废物资源化、能源低碳化加大绿色化改造，成功获批成为国家级绿色工厂。合肥市当年建成绿色工厂 8 户（国家级 2 户、省级 6 户），开发绿色设计产品 34 款，合凯电气等 2 户企业中标成为国家工业和信息化部绿色制造系统解决方案供应商，长虹美菱等 2 户企业获评工业产品绿色设计示范企业；有 2 户企业主动开展落后产能淘汰，淘汰水泥（粉磨）产能 65 万吨、纺织产能 4925 吨；有 27 户企业参加国家工信部工业节能诊断，建成市级节水型企业 20 户、省级节水型企业 6 户，完成四项列入省《2020 年工业企业自愿性清洁生产项目导向计划》的清洁生产改造项目建设，可源头减少有毒有害溶剂 3200 吨，减排 COD、二氧化硫、挥发性有机物等污染物约 400 吨。全市当年有 5 户企业被列入国家鼓励发展的重大环保技术装备目录，有 9 款产品获评国家工信部“能效之星”产品装备；32 项先进技术和 50 款装备产品入选省工业节能环保“五个一百”推荐目录。

“十三五”以来，全市累计实施 42 个市级节能绿色诊断，组织实施26个重点清洁生产改造项目，淘汰水泥行业（含粉磨）落后产能 48.06 万吨、印染行业 2175.6 万米、造纸行业 5.12 万吨。每年可源头减少挥发性有机溶剂及有毒有害溶剂、油漆、油墨等使用约 4800 吨，减少二氧化硫、氮氧化物、挥发性有机物等污染物排放约 1780 吨。截至 2020 年底，全市绿色设计产品 34 款，有 169 种产品入选国家级绿色设计产品，有 14 户企业跻身“绿色工厂”，拥有绿色供应链示范企业 3 家。强化日常节能监察工作，确保单位工业增加值能耗下降达序时进度；鼓励企业开展节水型企业建设、节水技术改造、水效提升行动等，提高工业领域水资源利用效率，初步构建更可持续、更加节约的绿色发展体系。

【结构优化】 2020 年，合肥市战略性新兴产业增加值增长 16.4%，高于全市工业 8.1 个百分点，对全市规模以上工业贡献率达 95.6%，占全市工业比重达 51.6%。其中，光伏及新能源、新一代信息技术、新能源汽车三大产业分别增长 38.6%、27.9% 和 20.3%。

“十三五”期间，全市规模以上工业年均增速达 9.5%，民营经济年均增速超 15%，技改投资年均增速达 11.2%，新兴产业、高技术制造业增加值占全市工业比重分别由 2015 年末的 31.0%、16.9%，提升到 2020 年的 51.6%、28.1%。

（彭雨森）

减轻企业负担

【减税降费】 2020 年，合肥市落实国家 7 批 28 项税费优惠政策，累计新增减税降费 230.91 亿元，其中，当年出台的支持疫情防控和经济社会发展税费优惠政策新增减税降费 160 亿元。

全市当年制定《合肥市关于阶段性减免企业社会保险费的实施细则》《关于阶段性减征职工基本医疗保险费的通知》等文件，明确企业养老、工伤、失业、职工医疗等社会保险费减免政策的执行范围及期限，规范缓缴申请程序，及时梳理全市自 2020 年 2 月入库 5.3 万户企业的 13.18 亿元社会保险费缴费，形成征收清册，人社部门根据要求直接办理退费；及时将中小微企业养老、工伤和失业三项社会保险单位缴费部分免征期限延长至12月底，将大型企业减免政策延长至6月底。

合肥市税务机关当年面向全市各类市场主体落实减税降费230.91亿元（其中，减税77.4亿元，社保费和非税收入减免153.5亿元）；并主动服务重大项目建设和“专精特新”企业发展，累计办理增值税留抵退税86.5亿元，支持项目建设和企业转型升级发展。

合肥市当年做好阶段性“减、免、缓”相关工作。全年减征社保费112.98亿元，惠及9.39万家参保单位，18家单位缓缴1.46亿元。开展失业保险援企稳岗“护航行动”，开启中小微企业失业保险费返还“免报直发”，执行百分百返还比例。全年有60392户企业享受失业保险费返还政策，补贴金额6.11亿元，惠及职工145.65万人，较2019年增长933.58%，返还率达85.4%；人社部门创业载体减免房租695.17万元。

【降低制度性交易成本】 2020年，合肥市制定《保证金财务管理办法》，规范涉企保证金，严格审查招标文件中投标保证金和履约保证金的收取标准、缴纳账户、缴纳方式等内容。免收政府采购项目2万元以下投标保证金。明确投标人可选择银行保函、担保机构担保、保证保险等非现金形式提交保证金。实行保证金退还“T+1”制度，当日提交申请，次日办结。通过向进场交易代理机构和业主单位发出催办函，在各相关网站发布保证金清退通知等方式开展保证金清理工作，减少企业资金占用。优化公共资源交易程序，出台《关于进一步优化公共资源交易程序有关事项的通知》，在工程建设项目招标领域实施“容缺受理”制度。全年98%以上的政府采购和工程建设招投标项目实现网上全流程招投标。制定《关于政府采购促进中小企业发展有关事项的通知》，对中小微企业产品参与投标政府采购项目分别给予3%、6%的扣除优惠。出台《合肥市工程建设项目招标人负面行为清单》《合肥市政府采购负面清单》，将“将国家行政机关或授权机构非强制的资质、资格、认证、目录等作为资格条件、招标文件中规定的各项技术标准含有倾向或者排斥潜在投标人的其他内容”等内容列入负面清单内容，保障中小企业公平参与公共资源交易活动。

【降低要素成本】 2020年，合肥市在疫情期间先后出台《关于运用价格政策降低疫情防控期间企业生产经营成本的通知》《关于阶段性降低企业用电成本支持企业复工复产的通知》《关于阶段性降低涉农企业生产经营成本等有关事项的通知》《关于阶段性降低非居民用气成本支持企业复工复产的通知》《关于延长阶段性降低企业用电成本政策的通知》等文件，支持企业复工复产。在供水方面，市供水集团对所有开立水表户号的非居民经营类用户执行下调水价的优惠政策，基本水价下调幅度10%，截至11月30日，市供水集团为68874户非居民经营类用户办理价格优惠和违约金减免426.63万元，全年累计办理价格优惠和违约金减免逾800万元。在供电方面，除高耗能行业用户外，执行工商业及其他电价的电力用户，电费统一按原到户电价水平的95%结算，降低企业用电成本约6.17亿元；完成直接交易电量143.70亿千瓦时，降低企业用电成本8.87亿元，合计降低企业用电成本15.12亿元。在用气方面，2月22日—3月31日提前恢复非居民天然气淡季价格，降低企业用气成本约2200万元；2—4月中小微工业企业、涉农企业在原价格基础上用气价格下调10%，降低企业用气成本约4200万元，合计降低企业用气成本约6400万元。在供热方面，热电集团减免12095户按面积计费用户的延长费，计240.098万元，另为减免4户未全面复工复产企业3100吨蒸汽保底量，减免费用80.6万元。

【规范涉企收费】 2020年，合肥市动态调整、梳理、汇总、编制《合肥市市级涉企收费清单（2020年）》。经过6年调整，全市市级涉企收费清单由99项收费减少至55项，减幅达44.4%。其中：行政事业性收费由34项减至15项；政府性基金由14项减至11项；行政审批服务前置收费由44项减至22项。与安徽省2020年省级涉企清单90项收费相比，减少35项，减少达38.9%。减免、降低部分行政事业性收费和政府性基金，明确疫情期间教育收费。主要有：免收与新型冠状病毒相关的防控用品收费、医疗器械注册费等；阶段性降低港口收费和减免复工复产企业的特种设备检验检测费等；明确疫情防控期间教育收费政策。

【纾困解难】 2020年，合肥市税务部门针对企业融资难问题，推进“银税互动”优化升级，将受惠范围扩大至M级企业，全市1.38万户次中小微企业获“税融通”贷款107.94亿元。围绕缓解企业资金压力，推行线上快速受理，全市9846户次企业批准缓缴税款达47.27亿元。

【优化服务】 2020年，合肥市税务部门开展“便民办税春风行动”，实施“非接触式”办税，对逾95%的主要税费服务事项实现网上办理。其中，对出口退（免）税实行“无纸化”线上申报，退税到账周期缩短至2个工作日，全年为全市3972户出口企业办理退（免）税122.12亿元，规模居中西部省会城市前列。

（彭雨森 蔡 敏 许 浒）

世界制造业大会

【概况】 2020年9月12日，世界制造业大会江淮线上经济论坛开幕式暨主旨论坛在合肥举行。安徽省委书记、省人大常委会主任李锦斌致辞。省委副书记、省长李国英主持开幕式。德国前总统、全球中小企业联盟全球主席克里斯蒂安·武尔夫，国家工业和信息化部党组书记、部长肖亚庆，阿里巴巴集团董事局主席兼首席执行官张勇发来视频致辞。韩国驻华大使张夏成，国家商务部党组成员、副部长兼国际贸易谈判副代表王受文分别致辞。省政协主席张昌尔，省委常委，省人大常委会、省政府、省政协负责人出席。省委常委、合肥市委书记虞爱华，市领导凌云、汪卫东、韩冰、王文松等出席开幕式或相关活动。此届大会论坛以“线上经济赋能高质量发展”为主题，由安徽省人民政府主办，省商务厅等省直有关部门、合肥市人民政府，联合上海东浩兰生（集团）有限公司、中国经济信息社、新华网、阿里巴巴集团、全球中小企业联盟上海代表处等共同承办。首次采用云端办会模式，主会场与16个省辖市分会场视频连线，并通过互联网全程直播，采取线上线下相结合方式，共同打造世界制造业发展的高端交流平台、形象展示平台和开放合作平台。长三角一体化发展、央企、民企、外企、港澳侨企、台企等60个合作项目现场签约。合肥市有14个重大项目在大会主会场现场签约，合肥分会场同步签约项目18个。

【大会成果】 2020年9月12日，世界制造业大会江淮线上经济论坛集中签约项目678个、投资总额6178亿元。其中合肥市签约111个项目，总投资额1509亿元。大会还举办长三角一体化发展论坛、数字政府建设论坛、“5G+工业互联网”高峰论坛、云上徽商论坛、数字新智造论坛、大数据驱动的新材料产业开发论坛、智慧旅游论坛等平行论坛；先后发布《长三角制造业协同发展报告》《长三角地区电子证照互认应用合作共识》《数据赋能政府治理评价及安徽省发展研究报告》《安徽省5G+工业互联网十大创新应用》《工业互联网和智能制造研究白皮书》《徽商发展报告2020》以及“2020创新力徽商”和“皖事通办·一源五端”等相关成果。

（彭雨森 高 敏）

2020年9月12日，世界制造业大会江淮线上经济论坛签约仪式

（张大岗/摄）

2020世界显示产业大会

【概况】 2020年11月20—21日，由国家工业和信息化部和安徽省人民政府共同主办，合肥市人民政府、安徽省经济和信息化厅、中国电子信息产业发展研究院联合承办的“2020世界显示产业大会”在合肥举办。该届大会以“显示：让世界更精彩 让生活更美好”为主题，大会采取线上线下相结合的模式，举办开幕式、主论坛、新技术新产品展示发布、8场分论坛、项目签约以及参观交流等一系列活动，有京东方、三星、HTC、维信诺等20家中外显示产业知名企业携带最新技术和产品参展，重点展示新型显示领域前沿技术、创新产品和革新应用，引领显示产业发展的新风向；来自全球10多个国家和地区的近百位嘉宾进行演讲交流，超

过1000家企业和机构的2000余名嘉宾参加大会，50多家媒体的逾100名记者现场报道大会，境内外近200家媒体参与大会宣传报道，500余万人次观看视频直播。新华社连续刊发“中国愿与世界共享显示产业蛋糕”“显示行业的‘黑科技’”和“我国显示产业开启新征程”等多篇从不同角度对创新成果展示、显示产业全球合作等进行现场报道和深度解读。

开幕式上，国家工业和信息化部党组书记、部长肖亚庆，韩国驻华大使张夏成均作视频致辞，安徽省委书记、省人大常委会主任李锦斌宣布大会开幕，省委副书记、省长李国英以及国家工业和信息化部副部长王志军致辞，省委常委，省人大常委会、省政府、省政协负责同志出席。省委常委、合肥市委书记，市委副书记、合肥市长等分别出席并参加大会相关活动；长三角三省一市联合签署《共同推进长三角新型显示产业一体化高质量发展战略合作协议》；全球五大行业协会发起《新型显示行业加强全球合作倡议》，呼吁全球新型显示行业加强交流合作，努力抗击新冠肺炎疫情的影响，实现协同创新，共谋发展，合作共赢，共同推动新型显示行业高质量发展。

【主题活动】 会议期间，围绕平板显示产业的产业链以及各类技术方向，举办主论坛、院士讲坛、显示产业链新变革论坛、OLED产业协同创新论坛、Micro-LED发展趋势论坛、激光显示产业生态合作论坛、新型显示与医疗健康融合发展论坛、柔性显示创新应用论坛、长三角新型显示产业发展峰会等各类专业论坛活动。相关企业近千余专业观众现场聆听专家学者、企业高管精彩演讲，分享产业发展心得。中国科学院欧阳钟灿院士、郑有炓院士、支志明院士，中国工程院彭寿院士、倪光南院士，美国国家科学院、美国国家工程院、美国艺术与科学学院约翰·罗杰斯院士等6位国内外院士、近百位行业知名专家在大会上发表演讲，探讨行业发展新趋势。京东方、三星、TCL华星光电、维信诺、友达光电、天马等全球六大面板厂商高分享头部企业经验。德国默克、美国应用材料，北京集创北方科技，三利谱光电科技等显示产业链上下游企业高管先后在论坛上发表演讲，为推动产业协同发展寻求新突破。

【大会成果】 此次大会集中签约维信诺系列项目、合丰泰超薄柔性玻璃基板项目、长信科技高端显示模组项目等31个项目，涉及OLED、Mini-LED、显示器件等产业链环节，总投资额将近750亿元。其中，合肥市签约项目13个，总投资超620亿元，约占83%，助力安徽省、合肥市实现新型显示全产业链布局。

（彭雨森　高　敏）

责任编辑：田　文

民营经济

综 述

【概况】 2020年，合肥市民营经济实现正增长，实现增加值突破5000亿元，占地区生产总值（GDP）的53.3%；其中，1—11月，全市1789户规模以上小微工业企业增加值增长0.1%，实现负转正，11月份，小微企业增加值增长15.3%，达年内最高点，高于上年同期8.3个百分点，有940户企业产值同比实现增长，增长面超五成，达52.5%。1—11月，全市456家省级“专精特新”企业实现企稳回升，营业收入同比增长16.1%，平均利润率11.2%，比规模以上工业企业分别高8.9、1.2个百分点。

全市民营企业当年在疫情期间，拓展线上经济，发展宅经济，催生以直播带货为代表的新经济形态，并通过共享用工、发展新地摊经济、以店铺养铺、以铺养人方式发展经济。传统行业民营企业组建成立长三角企业家联盟等商会组织。合肥市民营经济领域商会协会组织利用各自平台，为抗疫做贡献，效果良好。

截至年底，合肥市新登记各类市场主体23.05万户，实有市场主体总数达113.89万户；私营企业实有总数46.2万户，个体工商户63.3万户，同比分别增长14.5%、14.7%；全市诞生全市首家千亿级民营企业——联宝电子；全市全年培育国家级“小巨人”企业19户、国家级小微基地3户。在2020年度全省民营企业百强排序中，合肥市79家企业入围，103次上榜，上榜次数较2019年增加9次，其中营收百强企业39家，制造业综合百强企业26家，服务百强企业38家。

【产业发展】 2020年，合肥市民营经济主要集中在二、三产业。在第二产业，民营工业企业涵盖35个行业大类。其中，涉及电气机械和器材制造业、非金属矿物制品业、橡胶和塑料制品业、汽车制造业、计算机通信和其他电子设备制造业、通用设备制造业、金属制品业以及专用设备制造业八个行业的企业数超百户。在第三产业，民营经济是服务业主力军，特别是在移动支付、共享单车、电子商务等新经济新业态，民营企业独占鳌头。全市民营企业顺应互联网、电子商务等新经济发展热潮，成为“三新”经济的弄潮儿。以合肥（蜀山）国际电子商务产业园为代表的五大电商园区初具规模，以菜菜电子商务为代表的当地民营电商企业异军突起。全市规模以上战略性新兴服务业、现代物流业等新兴服务业企业，绝大多数都是民营企业。

通过高强度的投资，全市一批具有代表性的民营企业发展迅速，拉动整个行业快速成长。光伏产业是民营经济蓬勃发展的代表性产业，也是全市六大主导产业之一，属于全市产业链的企业逾百户，其中民营企业占逾90%；成功构建以通威太阳能（电池片）、晶澳太阳

中国声谷 （郭如琦／摄）

能（组件）、阳光电源（逆变器）为龙头，其他重点企业为支撑的产业格局，形成从玻璃基板—电池片—组件—逆变器—储能电池—发电工程等较完整的产业链。软件和信息技术服务业是全市经济领域中增长最快、渗透性最强、最具活力的行业之一，也是二三产融合发展的代表性产业。除继远软件、航天信息、科大国创等几家国企以外，都是民企。全市当年民营经济成为经济社会发展中最富活力、最具潜力、最有创造力的力量，在保障经济社会发展中发挥着举足轻重的作用，贡献的经济总量超5成，纳税和吸纳就业人数均超7成，技术创新比重超8成，市场主体数占比超9成。

（彭雨森　黄冬文）

营商环境

【概况】 2020年，合肥市政府对民营经济加强政策引导扶持，先后制定《关于应对新型冠状病毒感染的肺炎疫情鼓励中小企业的若干发展意见》（以下简称“惠企十二条”）、《关于应对新冠肺炎疫情支持商贸业稳定发展的实施意见》（以下简称“惠商12条”）、《关于新冠肺炎疫情期间支持涉农企业平稳健康发展保障农产品供应的实施意见》(以下简称“惠农十二条”)，实施“123+10”行动，出台《合肥市做好“六稳”“六保”抓细抓实经济发展工作专项方案》等各类支持企业发展政策措施。截至年底，为企业直接或间接减负161亿元。健全市领导包保民营企业制度，出台《全市领导干部联系重点民营企业工作方案》及《市领导联系重点民营企业名单》。创新启动重点产业链“链长制”，在全省率先启动重点产业链“链长制”，围绕产业链“延链、补链、强链”，梳理出集成电路、新型显示、创意文化、网络与信息安全、生物医药、节能环保、智能家电、新能源汽车暨智能网联汽车、光伏及新能源、高端装备及新材料、人工智能、量子信息等12条重点产业链，由市委市政府相关负责同志担任产业链“链长”，统筹推进产业链发展。推行和实施“链长制”，助推合肥创新产业“链”往高端蝶变。开展“创优营商环境攻坚年”行动，制定《合肥市“创优营商环境攻坚年”行动实施方案》；开展“四送一服”双千工程。优化审批服务流程，全市平均承诺事项压缩至2个工作日以内，平均申报材料减少到2个以下；企业开办实现设立登记、刻制公章、申领发票、申领税控设备、银行预约开户、社保登记、住房公积金开户“一网通办”“一日办结”；深化“一网一门一次”改革，全市政务服务事项“一网通办”比例达97.2%，个人事项全程网办率100%，行政许可全程网办逾98%，“只进一扇门”比例达100%；建成“7×24小时”政务服务地图，实现掌上“随时办”。

【政策扶持】 2020年，合肥市根据新修订的《合肥市促进民营经济发展条例》，修订出台《合肥市促进民营经济发展条例实施细则》，从民营企业项目落地、扩大生产、品牌建设、技术创新、技术改造、用人用工等方面给予支持，促进民营经济健康发展。疫情期间，出台“惠企十二条”，并组织兑现。全年为企业直接或间接减负资金160.96亿元，其中：财政奖补资金7.45亿元（省级财政1100万元、市级财政7.34亿元）、税费减免资金118.58亿元（社保费减免112.98亿元、税收减免9000万元、房租减免4.47亿元、降低生产要素成本2300万元）、税收缓缴资金34.93亿元。

及时修订出台2020年高质量发展政策实施细则及操作规程，并通过专项宣传贯彻会、政策汇编、网站、微信等方式，全方位开展政策解读和宣传贯彻，编印下发政策汇编2500册，结合省市“四送一服”“三抓三保”专项行动等活动，进园赴企为企业精准提供政策帮扶。全年执行合肥市先进制造业发展政策资金5批次5.80亿元，惠及近千户企业，超预算完成资金兑现工作。组织完成制造强省、数字经济政策申报及资金拨付工作，争取472个项目3.45亿元。开展2018年度、2019年度紧缺人才资助续发审核以及2020年度新增紧缺人才资助申报审核工作，为8256名符合条件的紧缺人才发放生活资助近1.83亿元（其中市级财政承担9165.05万元）。

2020年，合肥市鼓励企业创新创业，支持企业发挥创新主体作用。支持民营企业创建“一室一中心”等各类创新平台，全年新获批国家企业技术中心4家，省级工程研究中心19家、工程实验室13家和产业创新中心5家。建成市级以上企业技术中心793户、工业设计中心469户。推进企业技术改造，结合合肥市“芯屏汽合”“集终生智”等重点产业发展，近三年摸排亿元技改项目474个，总投

2020 年 9 月 29 日，CCB 建融家园高新运营服务中心在南岗公寓举行揭牌仪式
（合肥高新区管委会／供）

资 4083 亿元，开展六批次 1121 个技改项目入库，总投资 816.8 亿元，同时连续三年推荐 502 个亿元重点技改项目纳入省级投资导向计划。培育优质创新企业梯队，合肥市 2020 年申报认定高新技术企业 1790 家，成功认定高新技术企业 1536 户，其中八成是民营企业。出台《关于进一步吸引优秀人才支持重点产业发展的若干政策（试行）》《加快集成电路产业人才队伍发展若干政策》等，全市当年新增符合新落户人才租房补贴发放条件的各类人才 11360 人，累计兑现人才专项政策资金 2.89 亿元，支持对象绝大多数来自民营企业。

【减轻企业负担】 2020 年，合肥市落实各项税费优惠政策，落实支持疫情防控“六税两费”十二项税收优惠政策、高新技术企业减按 15%税率征收企业所得税、研发费用加计扣除、减免个体工商户和民营企业小规模纳税人增值税政策以及房产税和城镇土地使用税困难减免政策等各项政策。全年为企业减免税收、降低社会保险费、降低用能成本、减免房租等 363.62 亿元。降低企业用工成本，为 9.4 万户企业减免社保费用 112.98 亿元，17 户大型企业每月缓缴社保费 3109 万元；为 5265 户小微企业发放新增岗位补贴 2803.25 万元，为 676 户小微企业发放社保补贴 996.5 万元；为 1411 户企业发放一次性稳定就业补贴 3.98 亿元。降低企业用能成本，贯彻落实水电气价优惠政策，分别降低企业用水、用气、用电成本约 800 万元、6400 万元、15.12 亿元。

【破解融资难题】 2020 年，合肥财政局出台《支持人行加大涉农、小微企业和民营企业信贷投放的意见》，设立 1 亿元贷款风险补偿资金，引导地方法人银行争取央行再贷款，加大对涉农、小微企业和民营企业信贷投放；执行“小微工业企业贷款贴息”的奖补政策，对推介的优质小微工业企业，根据其上年度实际发生的流动资金贷款利息，按银行同期基准利率给予最高 50% 贴息；为 293 户企业兑现“小微工业企业贷款贴息”政策资金 7599.27 万元；向在肥金融和担保机构集中推介有融资需求的优质小微工业企业 1091 户；为 16 家担保机构兑现小微企业融资担保业务降费奖补资金 4584.18 万元；推进各类财政金融产品运行，引导金融机构加大对普惠式中小微企业的信贷投放。

市经信局当年开展三批省级“专精特新”企业专项转贷款合作融资需求摸排，收集到有融资需求的省级“专精特新”企业 73 户次，融资需求总额超 13.2 亿元，向徽商银行、合肥科技农业商业银行、中国建设银行、中国银行、中国工商银行等合作金融机构推介，完成授信约 126 户次，授信总额超 12.4 亿元；推荐 31 个项目获安徽省中小企业（专精特新）发展基金母基金 8.8 亿元股权支持；推荐安徽中科光电色选机械有限公司等 4 户企业成功在安徽省股权托管交易中心“专精特新板”挂牌。市工商联系统与中国建设银行合肥市系统联合开展战略合作，通过金融服务“网格化”，民企融资“一站式”的方式，打造市工商联与建行合肥分行、县区级工商联与建行二级行县支行、商协会与建行具体网点和专属客户经理的三级网格化合作模式。截至年底，收到融资信息 756 户，投放 435 户 12.27 亿元，分别占全省 30.0%、35.1% 和 27.7%。

【中小企业服务体系建设】 2020 年，合肥市出台《合肥市中小企业公共服务示范平台认定和管理办法》，全市当年推荐 2 户平台申报

2020年6月15日，领航企业家高峰论坛在高新区召开

（合肥高新区管委会／供）

国家中小企业公共服务示范平台；10户平台申报安徽省中小企业公共服务示范平台，有8户平台成功获评。截至年底，全市累计培育国家级中小企业公共服务示范平台6户、省级平台30户、市级平台42户。全市小微企业“1+13+X”公共服务平台网络当年实现与12个县（市）区窗口平台和10家行业技术专业化平台的互联互通、新增视频直播、运营政策服务等板块，并升级法律及企业信用查询服务系统。截至年底，核心枢纽平台聚集服务机构1019家，累计开展200人以上大型主题活动11场、线下主题活动70余场，服务中小企业1.2万余家次，网站累计发布服务信息超1.45万条，累计注册企业超2.4万家，累计访问量超260万人次。核心枢纽平台和高新担保公司联合打造的“订单无忧贷”产品，通过融资规划服务，帮助企业解决融资贷款4.2亿元。

【“四送一服”专项行动】 2020年，合肥市制定出台《合肥市“四送一服”双千工程领导小组关于印发奋力推进全年经济社会发展目标任务完成“四送一服”专项行动方案》，各县（市）区、开发区，市直各单位根据各自区划、职能等，制定专项行动细化方案，在当地区域和领域内开展集中活动。全年开展3次精准帮扶企业复工复产的专项行动、“三包三抓”集中月行动和“四送一服”集中月专项行动等。集中活动期间，全市举办政策宣讲会833场次，其中线下504场次，参与企业达14387家，发放政策清单16173本；线上329场次，参与企业达28758家，累计推动政策落地资金9.71亿元；召开“四送一服”要素对接会203场次，参与企业5299家，通过开展“千名行长进万企”活动解决资金8.16亿元，以及开展“四进一促”专项行动、“高校毕业生就业创业推进行动”“禁捕退捕渔民安置保障百日攻坚行动”等，推动高校毕业生、退捕渔民、农民工、退役军人、受灾群众等重点群体13321人实现就业，帮助企业解决融资53.31亿元、土地近35.1公顷、用工15249人，解决达成产学研合作协议涉及金额215.74万元；走访调研企业16273户次、省级重点项目526个，推动新开工重点项目37个，涉及投入资金162.68亿元；收集、解决问题1175个，其中调研现场回复或解决问题数量966个，项目建设问题71个，办理企业反映问题1930个（督办解决反映强烈、久拖未决重难点问题2个）。

【亲清政商关系构建】 2020年，合肥市加强经管人才培育培训，重点开展生物医药、中小微企业标准化、经济管理干部素质能力提升、工业设计、新时代企业家综合能力提升等5个专题培训，安排各类培训17期，培训机关干部、企业中高层管理人员累计1400人次。

做好行业协会工作。市机械行业协会、市首席信息官协会、市质量管理协会获评“十佳”协会；市物联网产业协会、市工业设计协会当选2019年“优秀商协会”；市机械行业协会会长当选2019年“十佳商协会会长”。14家协会向三元村投入扶贫资金近10万元。

发挥市民营经济领导小组办公室职能，修订出台《民营经济发展条例实施细则》，出台营造更好发展环境支持民营企业改革发展实施意见，构建适宜民营经济发展的法制、政策和市场环境，在省政府民营经济年度考核中获评优秀。弘扬企业家精神，推荐53位企业家获评省、市级民营企业家，2户企业入选全国民企五百强，新增国家“专精特新”小巨人企业15户。制订《全市领导干部联系重点民营企业工作方案》及《市领导联系重点民营企业名单》，建立32位市领导包保

96户民企的对口联系机制，对企业反映问题实行派单销号、限时督办、立即解决，全年市领导累计走访包保企业317次，解决问题69个。

疫情期间，合肥市成立10个复工复产指导帮扶小组，进驻重点企业持续做好生产要素保障，夯实企业复工复产信心，累计解决物料供应、生产配套、用工、要素增容、许可资质、物流等问题100余项，协调用工近3000人。

合肥华升泵阀股份有限公司PP环管轴流泵产品 （合肥华升泵阀公司／供）

【清理拖欠账款】 2020年，合肥市开展清理拖欠民营企业中小企业账款工作。截至年底，全市无分歧欠款清偿完毕，全市政府部门和大型国有企业（含地方政府平台公司）拖欠民营企业中小企业账款总额近1.98亿元，偿还逾1.96亿元，剩余欠款80.96万元（剩余欠款均为存在分歧账款），偿还进度为99.59%。

（彭雨森 黄冬文）

“专精特新”企业选介

【概况】 2020年，合肥市组织国内一流咨询机构开展“专精特新”转型升级对标诊断，对企业发展和战略转型提出解决方案，起草《合肥市“专精特新”中小企业认定管理办法》，认定460户市级专精特新中小企业，梯次打造国家、省、市“专精特新”队伍。辅导中小企业申报国家“小巨人”、省“专精特新”冠军企业，全年新增芯碁微电子、华升泵阀、芯瑞达科技、合凯电气、星波通信、华信电动、国盾量子、科拜耳新材料、华米信息、恒大江海、博一流体、海特微波、金星机电、康尔信电力、劲旅环境等15户国家“专精特新”小巨人企业，新增16户省级“专精特新”冠军企业，多次向金融机构推荐“专精特新”企业，有6户企业登陆省“专精特新板”。

【合肥华升泵阀股份有限公司】 合肥华升泵阀股份有限公司成立于2000年，是国家知识产权优势企业、国家服务型制造示范企业。2020年，该公司被国家工信部认定为国家专精特新“小巨人”企业，主营化工流体机械产业化和技术创新，以高端工业泵的研制、智慧运维、石化设备巡检机器人为主要研究方向，先后获中石化集团科学技术进步奖三等奖、教育部科学技术进步奖二等奖、中国机械工业科学技术奖二等奖。年产各类泵阀产品逾3000台套，主要产品：环管轴流泵、加氢沸腾泵、GSB高速泵、HJM隔膜计量泵、JQB高剪切泵、液力透平能量回收装置、HF旋转下料阀、HX小流量泵、高温热媒泵、高温化工流程泵、大型化工底搅拌及密封系统等定型机泵产品，在化工泵国产化处于国内第一梯队。2020年，该公司实现营业收入1.45亿元，生产的沸腾泵、环管轴流泵国内市场占有率分别达85%、80%。

【劲旅环境科技股份有限公司】 劲旅环境科技股份有限公司成立于2002年，是国家高新技术企业、国家级智能制造示范企业。2020

劲旅环境科技股份有限公司 （劲旅环境科技公司／供）

合肥芯碁微电子装备股份有限公司 （合肥芯碁微电子公司／供）

年，该公司被国家工信部认定为专精特新“小巨人”企业，主营产品主要有垂直式垃圾压缩设备、吊装车＋深埋桶模式套组、智能吊装式垃圾车、路面养护车等，其中吊装式垃圾车装备国际、国内市场占有率分别达34%、58%，实现营业收入3.25亿元。2014、2019年两次获安徽省科学技术奖三等奖。

【合肥芯碁微电子装备股份有限公司】 合肥芯碁微电子装备股份有限公司成立于2015年，是一家拥有完整自主知识产权、专业致力于泛半导体领域、高阶PCB制版领域的直写光刻装备直接成像设备研发、生产和销售的高新技术企业。2020年，该公司被国家工信部认定为专精特新“小巨人”企业，研发的光刻进度500nm及以上的直写光刻设备技术水平在国内领先，实现营业收入3.1亿元。

【合肥科拜耳新材料有限公司】 合肥科拜耳新材料有限公司成立于2010年，是国家高新技术企业、科技部科技型中小企业创新基金支持的科技企业。2020年，该公司被国家工信部认定为专精特新“小巨人”企业，专注于开发与加工塑料色母、改性材料和功能性新材料，是国内功能性色母料及新型改性材料领域的领军企业，实现营业收入2.01亿元。

（彭雨森 黄冬文）

责任编辑：田 文

信息产业与信息化

综 述

【概况】 2020年，合肥市获批建设线上经济创新发展试验区，入选首批国家数字服务出口基地。

合肥市数据资源局印发《合肥市数据资源局关于促进数据基础能力提升的意见》和《政务数据资源共享开放管理办法》，开展数据资源质量、共享、开放第三方评估，从体制机制上确保数据资源“汇治用”工作成效。基本实现政务数据100%、经济和社会数据60%的汇聚目标。推进人口库、法人库、地理信息等基础数据库和“营商环境”“智慧社区”“金融赋能”专题数据库建设，完成248类3539万套电子证照制证，并在皖事通上线电子身份证等32类常用电子证照。

截至年底，合肥市大数据平台汇集数据量突破307亿条；有123家单位通过大数据平台申请有条件共享资源1273类计2754次。

【数据基础设施建设】 2020年，市数据资源局牵头组织完成“雪亮”工程、新一代政务云平台、合肥“交通超脑”示范工程、社会综合服务平台、数字化城管二期等项目竣工验收和应用推广，启动建设城市智能运营平台、智能交通三期、合肥先进计算中心信息化工程、合肥智慧社区等。“城市中台”成为全市政务数据能力供给中心，推进建设城市智能运营平台交通优化、城市安全、环境保护、经济运行、综合态势主题应用，搭建的合肥智慧社区融合平台实现为基层社区工作者减负，智慧平安小区数据采集和系统接入实现规范化、标准化和可持续运营。

【数据安全保障】 2020年，市数据资源局构建网络及数据安全保障体系，开展网络安全宣传周活动。市数据资源平台安全体系建设项目完成设备部署和态势感知系统平台，开始试运行。上线安徽省首个区块链数据需求管理平台，依靠区块链技术实现从提出数据需求、明确数据责任到完成数据共享的全流程管理。

（方晴晴）

数字经济发展

【数字经济试验区建设】 2020年，市数据资源局坚持“试点先行、多区联动”的整体发展格局，指导包河区、蜀山区开展各类数字经济创新试验，评定合肥高新区、庐阳区为第二批数字经济试点区域。合肥市、包河区被省经济和信息化厅评为发展数字经济成效明显地区。

【数字产业化及产业数字化】 2020年，合肥市数字经济规模超过4000亿元，新型显示器件、集成电路和人工智能3个产业集群入选国家第一批战新产业集群。获批国家新一代人工智能创新发展试验区，智能语音及人工智能产业集群集聚企业超1024家，实现营收1068亿元。累计培育82家智能工厂和723家数字化车间。以大数据为支撑的医疗健康、旅游、物流、电商、金融等新型服务业发展雏形显现。

【大数据企业认定】 2020年，合肥市新增大数据企业267家，复审通过105家，全市大数据企业存量达741家。2017年以来累计完成政策奖补资金超8000万元。召开2020中国（合肥）数字经济创新峰会，发布《合肥市数字经济产业发展白皮书（2020年）》。

【战略合作】 2020年，合肥市联

合中国科学院合肥物质科学研究院，加快合肥智慧农业协同创新研究院、智慧农业装备与技术产业园、环巢湖智慧农业实验示范基地建设。推动合肥市政府与阿里巴巴集团、蚂蚁集团签署战略合作协议，统筹全市各单位与阿里围绕数字经济、数字治理、数字生活等新兴领域开展全领域、全方位深化合作。

（方晴晴）

合肥城市大脑　（市数据资源局／供）

智慧城市建设

【智慧城市建设三年行动计划】 2020年，市数据资源局以全市智慧基础设施建设为基础，夯实网、云、物联感知端三项设施，加快建设“城市大脑”城市中台，为城市各类应用和平台提供数据共享交换、数据治理、人工智能和部门协同等能力。《合肥市新型智慧城市建设三年行动计划（2018—2020年）》通过验收，取得成果。行动计划确定的24项核心指标中22项完成情况达到预期，完成率超90%，城市数字化、智能化、智慧化水平得到提升。

【城市大脑建设】 2020年，市数据资源局探索利用数据“强政、惠民、兴业”。初步构建“新一代政务云+城市中台+智慧应用”的“城市大脑”中枢支撑体系，为具体业务应用提供统一标准化数据能力服务。政务云为30家市直单位提供政务云服务，“城市中台”提供在用信息能力服务1200个，支撑不动产登记、公积金提取等各类政务服务和便民服务“一网通办”等事项。不动产登记、转移、抵押等业务从原来的15日办结缩短至一般业务3日办结、部分业务即时办结，其中80%环节均可实现线上办理。“城市中台”根据公积金中心实际应用场景生产29个信息能力，总调用量150万余次，助力实现95%业务线上办。上线短短半年多获线上业务办理好评数264万，政务服务网“好差评”公示市直单位评价排名第一，老百姓在家就能完成公积金相关业务办理。

【数字化社会治理】 2020年，市数据资源局建成“互联网+政务服务”平台，形成上联省级、覆盖全市、整体联动、一网办理的“互联网+政务服务”体系，市场主体全生命周期监管和信用信息共享初见成效，实现法人信用信息100%全覆盖。提升城市建设管理水平，建成城市规划“多规合一”平台，全市规划实现“一张图”管理。数字城管建成全移动业务系统，处理城市管理问题超27万件。加强生态环保监测与协同监管，重点污染源自动监测覆盖率达100%。建成“交通超脑”，日均接入互联网路况数据1.5亿条，交通畅通出行。社会治安综合治理主题库基本建成，支撑社会治安综合治理各项应用的开展。应急管理实现制度化、规范化、信息化、专业化、社会化。推进食品药品追溯监管体系建设，实现6大类10个品种食品及食用农产品试点范围企业追溯覆盖率100%。

【数据惠民】 2020年，合肥市基本形成广覆盖、多渠道、智能化、个性化的惠民服务体系，让民众共享更多数字红利。市数据资源局完善“皖事通·合肥通”掌上服务平台，上线高频应用330多项，基本实现社会服务“统一入口、统一身份认证、统一支付”和“社会服务零距离、市民办事一网通”。统筹推进智慧社区建设，建成4个试点社区、50个试点小区。推动社区治安治理创新，建成1457个智慧平安小区。建成居民健康卡平台，实现远程医疗和智能诊断社区卫生服务中心和乡镇卫生院全覆盖。建成教育云平台，全市超过50%中小学完成智慧学校建设。建成综合养老服务平台、家政服务综合信息平台等民生保障系统。完成交通一卡通全国互联互通建设工作，交通出行和公共服务领域移动支付实现全覆盖。全市停车信息实现共享，启用长三角首个市级智慧停车系统。

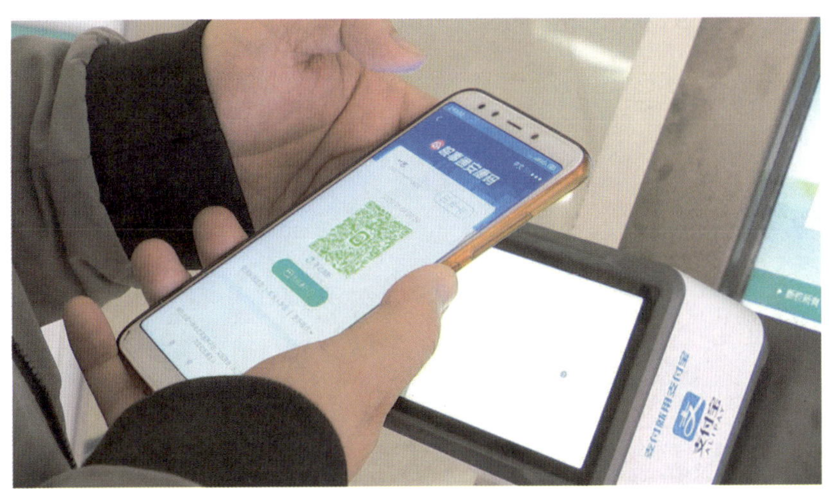
2020年11月4日，市民在市政务大厅进行安康码取号 （市数据资源局/供）

【数据赋能金融】 2020年，合肥“城市中台”根据实际业务需求情况，融合治理3.2亿条政务数据，建设标准化的金融主题数据库，生产12个信息能力，供试点银行测试调用。建设银行“合肥快贷”于11月底上线进行测试，改变传统信贷业务依赖人工的申报模式，整个贷款流程从以前至少10天减少为3分钟内办结；打通金融服务“最后一公里”，可服务超过10万户合肥当地小微企业；企业贷款获得率比以前提高40%，推动缓解中小微企业融资难题。

【“安康码”推广】 截至2020年底，全市申领“安康码”人数突破1080万人，开通各类检查核验点8.98万个，全方位实现扫码核验和轨迹查询。加快建设安康码市级综合服务平台，丰富“安康码+”应用场景，推广赋码生活服务模式。

（方晴晴）

无线电管理

【概况】 2020年，安徽省无线电管理委员会办公室合肥管理处（以下简称“合肥无线电管理处”）拥有各类无线电监测固定站、小型站、民航站17个，移动监测车4辆，压制车1辆，升空平台监测系统1套，搬移站1套，考试无线电监测与压制系统2套，组建功能先进、覆盖全市的无线电监测网。该处当年在省经济和信息化厅对全省无线电管理派出机构进行的年度综合考核中获评“先进单位”。

【战疫抗洪】 2020年疫情防控期间，合肥无线电管理处做好用频设台保障工作，为公众移动通信、民航机场、轨道交通、广电部门等抗疫重点单位办理频率台（站）行政许可事项，办理无线电台（站）4894个。开展保护监测，查明并消除民航通讯紧急干扰2起，保障航班起降和防疫物资运输安全。服务复工复产，通过视频抽检、邮寄送检等方式，完成国家工业和信息化部无线电管理局下达的对辖区内9家单位、10种型号的无线电发射设备型号核准现场检查抽样任务。参加省教育厅对各学校组织的疫情防控期间复学督查工作。支援抗洪抢险，对接合肥市防汛指挥部，协调做好对讲机、中继台等无线通讯设备库存备份，为防汛工作提供无线电应急通信服务。

【服务5G建设】 2020年，合肥无线电管理处组织召开3次专题协调会议，协调完成省委办公厅、安广网络、合肥有线、各县融媒体中心等9家单位35个卫星地球站与5G基站的干扰问题，协调解决134个（“保护清单”内104个，“保护清单”外30个）卫星地球站的技术改造，干扰协调率100%。排查5G干扰，查处5G相关干扰案件6起，解决60余个5G基站干扰问题。巩固5G建设成果，组织人员前往省广播电视台播控中心实地勘察，现场查看技术改造情况。召集广电播出部门、设备供应商和移动运营商召开专题座谈会，沟通确认数据校验、设备维保、器材备份事项，保障5G基站和广播电视卫星地球站兼容共存，互不干扰。截至年底，合肥地区“两表一单”登记建成5G基站6720个，5G基站造成的干扰基本消除。

【频率台站管理】 2020年，合肥无线电管理处办理频率许可等事项11项、台站行政审批事项5672个，核发、换发电台执照5086个。加强数据管理，开展频率台（站）使用规范化管理专项行动，校验修正频率数据40项，补录台站数据120项。落实销售管理，对无线电发射设备生产和销售市场开展监督检查，落实无线电发射设备销售备案制度，完成7个经营主体、92个无线电发射设备的销售备案审核工作。依法征收费用，通过微信工作群联络指导，结合非税缴费系统开展网上收费，实现“一次都不跑”缴费，全市征收无线电频率占用费95.4万元。

【依法行政】 2020年，合肥无线电管理处开展各类检查26次，检查各类无线电台（站）42台，实施行政处罚3起，依法没收无线电设备3台（套）。实施无线电管理“双随机一公开”抽查。对5家企业开展检查，现场核查无线电频率使用、无线电台（站）设置使用、无线电发射设备销售备案三类事项，督促相关单位完成对照整改工作。打击无线电违法行为，对查处“黑广播”过程中发现的涉嫌违法犯罪相关案件做好线索移送，配合司法机关对5名在合肥市架设“黑广播”扰乱通信秩序的人员进行立案查处。

【维护电波秩序】 2020年，合肥无线电管理处实施无线电监测超过2.7万小时，排查各类不明信号241个。排查轨道交通、民航、公众移动通信等各类无线电干扰20起。保障重点部门用频安全，查明省委办公厅、民航机场雷达等重要部门紧急干扰。打击非法设台，全年监测定位“黑广播”21处。完成考试保障任务，参加普通高校全国统一招生、国家以及省公务员招录、法律职业资格等各类重要考试无线电监测保障任务24次，在考试保障中发现并及时阻断利用无线电设备作弊行为2起。

（汪全君）

通信业

【合肥电信】 2020年，合肥电信分公司规模收入同比增长4.58%，全面完成收入预算目标，收入份额较上年底提升0.23PP。收入利润率完成34.5%，较上年提升。全年累计移动用户份额30.29%，较上年提升1.24PP。新兴业务增长，其中DICT收入同比增长34.9%；IDC同比增长26.7%；云收入同比增长62.5%；物联网同比增长98.0%，云探全量项目竞标项目份额21.4%，项目金额份额17.3%。云探运营商三方竞标份额，其中项目份额62.9%。在此基础上，分公司全面保障合肥市重大项目的云签约和云视频，防疫期间为850所学校、100多万户学生提供在线课程学习。OLT机房、BBU集中点实现零阻断。实现全国首家5G+MEC智慧商业项目落户合肥等。全年完成网络保障，开通省军区到各防汛一线部队应急电路22条，保障防汛指挥部、4个重点圩区通信。完成扶贫攻坚各项任务，其中优惠套餐惠及约2.5万户贫困人口，完成365个贫困村光端口建设，284所乡村中小学宽带免费提速至200M。认领孵化推广优秀微创新成果42个。创新开展“党建+扶贫”活动，累计投入165.8万元。

2020年4月，合肥电信公司进行5G基站建设 （市数据资源局/供）

该公司当年连续第五次获评“全国文明单位”，连续第七次获评“安徽省文明单位”，被中国电信安徽公司授予脱贫攻坚“组织创新奖”。

经营服务。2020年，合肥电信分公司新增四朵云大单，现实同比增长104%。签署5G战略合作协议近百家，场景落地近百个。物联网业务新增放号全省排名第二。打造安全标杆项目，拓展多条安全专线，完成年目标的114.8%，全省排名第四。开展园区企业上云攻坚，拓展收费云主机超千核，园区收入同比增长超过6%。光网客房目标完成率111.3%，全省排名第六。拓展岸香咖啡、谊品生鲜、省车检协会等连锁大单，实现年增收入超百万元。多个核心厅店实现连锁化，百家四级厅实现标准化运营。成立全省首个智家公司，建成全国首家全场景沉浸式智慧营业厅。打造数字化支局，全省首家5G+MEC智慧综合体。提升门店数字化能力，其中数字化达标门店完成率114%，居全省第二。电子渠道独立销售重点业务发展成为全省排名第一。组织总经理直播、公益助农、直播带货等省市重大宣传、营销事件计78场，单场最高观看15.5万人次，累积观看量30万人次。聚焦新建小区和洼地小区攻坚，宽带渗透率由年初34.42%提升到37.12%，低渗小区摘帽率全省靠前。全面深化以客户为中心的服务理念，完善服务体系，提升服务品质，实现客户感知和服务能力的双提升。其中装维服务互联网好评率达 99.9%，实体渠道满意率达96.5%，政企（校园）交付满意率达98.8%，关键人专属装维满意率达99.4%。重点产品保障有力，其中5G网络覆盖优良率达97.6%，旗舰店设置专区、专席13个。智家交付满意率达96.3%，全省排名第一。四季度宽带综合领先度同比提升5.5，10分修复率达86.5%，网络质量排名第一。云网专线开通及时率达99.5%。

网络运营建设。2020年，合肥电信分公司全面夯实云网基础底座，助推云网快速融合。其中5G网络建设实现市区、县城以上连续覆盖，建成一环路、滨湖精品网络示范区。SA商用保障，12月完成SA全面切换，集团拉网测评获优秀。完成78处5G自建站谈点，长江路自建示范区成为全省标杆。合肥电信光网能力实现城域网出口带宽增容15%，光覆盖率超99%，端口利用率提升至61%。云资源能力得到提升，其中对祁门路局实施升级改造，接近数据中心标准。全年实现三级以上重要网络故障零发生。完成52场次重要通信保障任务。聚焦政企关键人感知，成立高端专属团队。构建云运营服务体系，打造云数据中心。网络安全实现零事件。城域网内分光、镜像现场与台账一致率达100%，IP地址实现精细化管理，100%实名制；历时120天，140人次参与，完成“HW2020”。聚焦网络强国、网信安全等9项重点工作任务，形成三个清单，党委会每月进行研究部署、跟踪问效，践行“对国之大者要心中有数”，坚决做到“两个维护”。发挥各基层党组织48支党员突击队和24支“云改数转”青年突击队作用，其中351名党员及青年骨干参加攻坚克难。

（刘　芳）

【合肥联通】 2020年，中国联通合肥市分公司（以下简称“合肥联通”），获评“安徽省文明单位”“合肥市直机关先进党组织”“合肥市和谐劳动关系企业”“世界制造业大会筹办工作先进集体”“合肥市青年文明号”等。疫情期间，合肥联通在一周时间完成通管局大数据平台建设，在通信保障、大数据采集应用、云视频、热成像人体测温、社区管理等方面助力复工复产复学，协助防疫指挥中心搭建市——区（县）应急视频会议系统，得到社会各界的肯定和点赞。

网络建设。截至2020年底，合肥联通开通运行3000余个宏站，室分100余处，实现合肥主城区、县城、地铁线5G全覆盖；重点推进4G全量共建共享，发挥网络资源互补优势，加快2.1G频率重耕，提升投资效能，节约运营成本，提高用户感知，与合肥电信分公司共建共享实现一张4G精品网。建设L900、L1800网络，完善网络打底和盲补，及时解决鑫晟光电20号楼、合肥市第三人民医院、滨湖人保二期、维信诺、新华学院、合肥技师学院新校区等91处市场急需站点。配合携号转网服务，以携号转网服务为契机，提升服务品质，把服务群众同满足需求相结合，从用户角度出发，确保用户“携得了、转得快、用得好”，以诚心、匠心让客户更加安心、舒心。推进信息普遍服务和网络扶贫，合肥宽带资源覆盖3000余小区，实现光网改造和千村覆盖700余个。

5G发展。2020年，合肥联通、合肥电信率先携手在安徽省内开展5G200M 载波聚合试点工作。该次试点工作通过聚合电信3400MHz ～ 3500MHz 和联通3500MHz ～ 3600MHz 载波的方式完成5G示范站开通。下行峰值速率超2.7Gbps，刷新安徽省内5G下载速率纪录，为客户提供覆盖翻倍、速率翻倍、宽带翻倍的5G匠心网络服务。

合肥联通贯彻落实“互联网＋”行动、“数字江淮”“智慧安徽”等重要决策部署，推进5G与垂直行业深度融合，赋能行业的数字化转型，通过构建“一朵云（工业行业云）+两张网（5G工业内网和工业外网）+三个平台（工业边缘云平台+装备联网平台+产业集群平台）”产品能力和应用生态体系，打造一批标杆示范项目，助力合肥打造全国5G产业发展和5G创新应用高地。

智慧合作生态。2020年，合肥联通实现首个5G文旅互动应用项目落地，开启安徽省首个博物馆网络互动直播。4天时间完成市生态环境局监控48个点的开通。完成安徽国际茶产业博览会、G60科创走廊9城市建设推进大会、火爆云端的“火锅之约”等建维联动和保障。与合肥农行共同打造的全省首家全覆盖“5G智慧银行”正式亮相滨湖。与合肥美的洗衣机有限公司、惠而浦（中国）股份有限公司等签署战略合作框架协议，实行强强联合，打造新一代“5G+智能工厂”。助力安徽首条自动驾驶5G示范线开通并迎来首批体验乘客。推动行业生态建设，实行共商共建共创。

（王　萌）

【合肥移动】 2020年，中国移动通信集团安徽有限公司合肥分公司（以下简称“合肥移动”）实现收入50.46亿元；5G用户超134万户，宽带用户168万户，累计服务移动通信客户约645万户；手机客户满意度领先值3.42、家宽客户满意度领先值1.35，客户满意度行业领先。2002年至2020年累计上缴中央和地方税收超过80亿元，给社会直接和间接创造就业机会1万余个。合肥移动当年获评“合肥企业50强”和“合肥服务企业20强”，在中国移动集团评比中获全国“5G十大标杆城市”。

网络建设。2020年，合肥移动推进5G网络布局建设，开通5G站点3300个，实现市区和县城城区连续覆盖，部分重点区域深度覆盖。率先在新桥国际机场高速公路、合肥地铁3号线全面覆盖5G网络，与合肥地铁5号线南段正式运营同步开通5G网络。在国家工信部和中国移动集团组织的5G网络路测中，合肥移动5G网络整体指标位居全国领先水平。强化4G信号弱覆盖补点，开通FDD 1800M站点340个，开通商合杭、合安九高铁站点296个，4G基站累计超过1.3万个，4/5G下行平均速率近900Mbps。推进“光纤到户”工程，住宅小区全部完成改造，城镇小区全面覆盖，有线宽带用户净增19.7万户，企业宽带新增5.4万条，完成8.8万户千兆宽带改造，300M以上宽带用户占比达23%。

信息化应用。2020年，合肥移动推动5G融入千行百业、服务社会大众，与各级政府和龙头客户建立战略合作关系，在智慧城市、智慧交通、智慧医疗、智能制造、智慧教育、智慧商业等方面取得突破，拓展5G行业应用项目21个，打造包河区塘西河5G车联网、庐阳区5G智慧社区、万象城全省首个5G智慧商业体等示范项目。启用中国移动（合肥）云谷路数据中心、中国移动（合肥）华阳路数据中心，建成机架521个，累计帮助近300家企业成功上云，使用云主机近900台，实现各行业万物互联382万个。

履行社会责任。2020年，合肥移动落实“三个保障”，助力打赢抗疫防汛保卫战。通信保障方面，保障定点医院、隔离酒店区域、重要政府部门等场所通信畅通，完成家庭宽带和互联网电视安装11.8万单，助力“停工不停学”。服务保障方面，为4500余名防疫抗疫人员提供免停机服务，累计发送8000万条入境防控提醒公益短信，通过云MAS、云视讯、云家园等产品助力全市疫情防控和复工复产，工作人员坚守12345市长热线，保证市民与政府沟通桥梁畅通。防控保障方面，购置并发放口罩等防疫物资22.5万件，保障一线营业窗口和通信工程复工复产。面对历史罕见特大汛情，合肥移动累计抢通基站500余站次，紧急拆除基站52站次，避免国有资产损失逾1000万元，整个汛期防汛重点区域实现通信“零阻断”。

助力打赢精准脱贫攻坚战。合肥移动开展农村弱覆盖整治专项工作，全年投入近2亿元，建设乡村基站500余个，建设拉远基站300余个，解决农村弱覆盖200多处，实现全市所有行政村移动4G网络、光纤宽带全覆盖。

打赢信息安全阻击战。合肥移动落实“断卡”行动工作要求，强化入网、过户等关键环节的人证一致性核验，定期开展稽核检查。配合打击电信网络新型违法犯罪行为，对于涉嫌诈骗骚扰的被举报号码开展同期同类入网号码反查和处置，推动线上渠道异常订购号卡的订单拦截，封堵关停“钓鱼网站”并清理网上虚假有害信息，协助市反电诈中心处理预警拦截警情6818起。

（方柳建）

责任编辑：田　文

农业农村

综　述

【概况】 2020年，合肥市克服宏观经济形势波动和百年不遇的新冠肺炎疫情和洪涝灾害等因素影响，农业农村发展保持“稳中有进、稳中提质、稳中增效”态势。全市粮食种植面积52.34万公顷，同比增加30公顷；粮食总产量288.95万吨，同比减少4.1%。畜产品总产量62.97万吨，占全省的10.21%；年末生猪存栏64.7万头，出栏126.5万头，是全省唯一的生猪存、出栏稳产保供目标“双完成”的地级市。水产品总产量22.7万吨，同比增长0.91%。全市粮油、畜禽、乳品、水产品、饲料、蔬菜水果等6个产业实现规模化集群式发展。推进乡村振兴“五个一批”（即谋划一批、规划设计一批、入库一批、在建一批、竣工一批）项目建设，项目总数251个、总投资548.51亿元，完成投资49.03亿元。全市农村居民人均可支配收入24282元，居全省第3位，分别高于全省、全国7662元、7151元，同比增长8.1%。城乡居民收入比继续缩小为1.99：1，比上年缩小0.03，低于全国（2.56：1）和全省（2.37：1）城乡收入比。

在2020年度全省农业农村24项专项工作延伸绩效管理综合评价中，合肥市获全省第一名。合肥市创建成为2020年度“全国平安农机示范市”。

【产业结构调整】 2020年，合肥市围绕构建与省会城市发展相协调互动的“环湖、沿岸、岭上”特色产业布局，建立“岗瓜圩藕、蔬果并进、山岭茶竹、特色鲜明、种养并举、高产高效、集群发展”的现代农业发展格局。全市财政安排“三农”领域各类资金149.31亿元。争取政府专项债券12.66亿元，同比增加1.57亿元。全市农林牧渔业总产值现价增速6%。新增高标准农田1.19万公顷，粮食等主要农作物耕种收综合机械化率为83.9%，全年粮食种植面积增加30公顷。推进合肥“智慧农业谷”建设，35个农业行业首席专家工作室覆盖10个县（市）区和开发区，带动130个生产基地。

农业经济由注重一产步入三产融合新阶段，推进全产业链建设，实施“农业产业化六大行动”和农产品加工“五个一”工程（即发展一批农产品加工强县〈市〉区，建设一批农产品加工强园，打造一批农产品加工领军企业，引进一批知名大型农产品加工企业，培育一批有影响力的农产品品牌），健全粮食、油脂等十大农产品加工产业体

2020年9月24日，游客畅游巢湖市尖山湖花海　　（张大岗/摄）

系，农产品加工业成为带动农业提质增效的主导产业，农产品加工业规模以上企业发展到329家。

面对疫情，合肥市发布实施“涉农企业平稳健康发展保障农产品供应政策十二条”，在疫情防控关键阶段稳产保供惠民生。面对汛情，投入农业生产恢复资金1亿元，实施农作物补改种面积3.73万公顷，实现应补尽补；畜牧业恢复100%；池塘养殖和虾稻生产面积恢复100%；农田水利设施恢复进度100%。推进农产品产销对接、“农旅结合”和现代农业示范区建设，农产品电子商务、农业物联网、休闲农业、现代种业等新型业态成为新的增长点。全市规模以上农产品加工业企业产值增长3.7%。利用农业物联网的农业企业超过200家，农村产品网络销售额突破100亿元，同比增长25%。推介55条休闲农业精品旅游线路，全市年接待游客4063万人次，休闲农业营业收入40亿元。中国安徽名优农产品暨农业产业化交易会合肥市项目签约额48.37亿元。中国（合肥）龙虾节首次走进上海开展推介。

推进“互联网+”农产品出村进城，农村产品网络销售额101.73亿元，同比增长25.68%。创建休闲农业示范点，全市累计认定市级示范点109个。规划建设55条休闲农业精品旅游线路，涵盖200多个休闲旅游精品景点。

【经营机制转变】 2020年，合肥市围绕提升农业产业化经营水平，推进“突出龙头、合作带动、农民主体、新生力量、主体多元”五个建设，构建立体式复合型现代农业经营体系。市级以上农业龙头企业发展到675家，高新技术企业66家，国家级企业技术中心8家。全市新增家庭农场1230家、农民合作社130家，市级以上示范产业化联合体123家，培育农业社会化服务组织1030家，农业经营主体呈现多主体联合、跨界融合和提升发展的新态势。

全市112个贫困村全部达到省级发展标准，累计建成特色产业扶贫园区项目111个，新型农业经营主体带动贫困户26017户，开展自种自养贫困户18517户，24个“一村一品”贫困村主导产业产值占全村农业总产值的比重超过30%。

2020年10月16日，中国安徽名优农产品暨农业产业化交易会在滨湖会展中心举行 （市农业农村局/供）

【农产品质量安全】 2020年，合肥市新增“三品一标”（即无公害农产品、绿色食品、有机农产品、农产品地理标志）83个，其中无公害农产品43个、绿色食品30个、有机农产品9个、农产品地理标志1个。全市有效“三品一标”总数为738个，其中无公害农产品185家354个、绿色食品109家227个、有机农产品64家145个、实施农业农村部农产品地理标志登记12个。市本级完成例行抽检10338批次，其中蔬菜瓜果5339批次、畜禽产品4011批次、水产品988批次，总体合格率99.8%。

全年推荐申报制定市级地方标准54个、省级地方标准14个。累计制定修订农业地方标准210余项，其中省级以上标准38项。创建市级以上标准化生产示范基地（区）402个，其中省级以上90个。

推进追溯体系建设，全市入驻国家农产品质量安全追溯平台主体2315家、省追溯平台主体2018家。

实施靶向监管，开展农产品质量安全专项整治“利剑”行动。市、县两级农业主管部门组织执法人员4430人次，检查农产品生产和农资生产经营企业（户）4216个，立案查处违法违规经营行为65起，罚没款30余万元，责令整改28起。

试行食用农产品合格证制度，实施食用农产品合格证生产主体2133个，开具食用农产品合格证13.2万张，部门印制发放合格证3.26万张，附带合格证上市的农产品4.08万吨。

2020 年 11 月 12 日，秸博会合肥展区　　（市农业农村局／供）

【改革创新】 2020 年，合肥市统筹农业农村生产力和生产关系两方面改革，推进农村土地制度、农业经营体系、农业经营方式、农业科技体制、农村集体产权制度、农村金融服务、财政扶持机制、特色种养业扶贫发展机制、美丽乡村建管机制、城乡融合发展机制等“十改”联动。全市农村土地承包经营权确权登记颁证全面完成，发放经营权证书 96.98 万户。农村集体产权制度改革全面完成，量化集体资产 39.98 亿元。

在全市建立农村宅基地管理服务工作常态化调度机制。完成贯彻落实政策宣传培训、宅基地审批办事指南制定、审批统计分析、市县乡三级机构、村级协管员队伍建设等五个方面基础工作。建立审查报批一站式服务、并联审核审查、“四到场”监管、违法用地建房日常巡查报告、综合执法等五项工作机制。开展农村闲置宅基地和闲置住宅盘活利用试点示范，长丰县、肥西县入选全省首批示范县。

全市 1505 个村居全部完成农村集体产权制度改革，组建村居（股份）经济合作社 1505 个，确定集体成员 4850830 人，量化集体资产 44.29 亿元。

截至年末，全市实施农村“三变”改革（即资源变股权、资金变股金、农民变股民）的村居 1185 个，占总数的 78.7%。实施“三变”项目 1336 个，入股集体土地 4319 公顷，房产 740215 平方米，其他资产 32770 万元。有 957 个村居获得收益，其中村集体收益 14148 万元、农户收益 4261 万元。

全市经营性收入 50 万元以上的经济强村增至 318 个，占总数的 27%，同比提高 18 个百分点，集体经济空壳村和薄弱村全部消除。

全年培育市级家庭农场 100 个，省级示范家庭农场 12 个；市级示范农民合作社 20 个，省级示范农民合作社 9 个，国家级示范农民合作社 5 个。全市发展以托管服务为主的农业生产性服务组织 575 个。将种养殖大户纳入新型农业经营主体培育计划，逐步引导全市 5000 多个种养殖大户注册成为新型农业经营主体，促进规范化管理。开展国家、省、市、县四级示范创建活动，每年评选一批国家、省、市、县级示范家庭农场、示范农民合作社，以示范带动全市家庭农场、农民合作社提质升级。近三年连续对国家、县、市、省级示范家庭农场给予 2—20 万元发展资金奖补，总奖补资金超过 4000 万元，扶持家庭农场发展壮大。长丰县实施中央财政支持农业生产托管项目 3333.33 公顷，并基本完成。

（吴延华）

种植业

【概况】 2020 年，合肥市粮食种植面积 52.34 万公顷，同比增加 30 公顷；秋粮因特大洪涝受灾 12.37 万公顷，占秋粮播种面积的 33%；粮食总产量 288.95 万吨，同比减少 4.1%。建设 50 个优质粮油绿色生产基地，总面积 4.2 万公顷。

2020 年，粮食安全被纳入市政府对各县（市）区、开发区目标管理绩效考核。市农业农村局和各县（市）区紧抓小麦赤霉病防控、绿色 + 优质水稻项目、救灾和灾后农业生产、秋种等关键工作，发布主推技术 55 项，到位率 100%。全市建立 17 个 5000 亩以上省级优质专用水稻单品种规模化种植示范片，辐射面积超过 10 万公顷。长丰县优质专用小麦生产面积 1.81 万公顷，其中订单面积 9747 公顷，占 53.8%。

【高标准农田建设】 2020 年，

合肥市完成2019年度高标准农田1.36万公顷（含高效节水灌溉2533.33公顷），建成2020年度高标准农田8000公顷，合计建成高标准农田2.16万公顷。完成2019年度农田水利“最后一公里”建设项目1.47万公顷；分解落实2020年度治理任务1.86万公顷，完成农田水利“最后一公里”治理任务3.12万公顷。

在此过程中，合肥市推进“四个结合”，即：结合脱贫攻坚涉及3个贫困村、995户贫困户，面积1073.33公顷；结合现代农业发展面积966.67公顷；结合耕地占补平衡面积56.55公顷；结合人居环境改善9个村，实施规模建设，建设万亩示范片1个，面积733.33公顷；千亩示范片10个，面积2733.33公顷。支持各类新型农业经营主体建设高标准农田项目3个，面积86公顷，总投资256.13万元。

2020年4月，智慧农业无人机在长丰县实施田间管理 （市数据资源局/供）

【“菜篮子”市长负责制】 2020年，合肥市蔬菜及食用菌播种面积9.05万公顷，同比增长7.1%；总产量229.07万吨，同比增长5.47%。

实施奖补政策，采取“大专项+任务清单”管理模式，分解落实2450万元项目资金，新建连栋大棚36万平方米，钢架大棚18.67公顷。加强合作共建，与六安市金寨县等11个县（市）开展供给合肥蔬菜基地合作共建，安排800万元奖补资金，新增供给合肥蔬菜基地551.74公顷，供给蔬菜29011.12吨。

【农机化发展】 2020年，合肥市新增农机动力8.78万千瓦，总动力增至503.78万千瓦，其中有拖拉机1.56万台、联合收割机1.49万台，分别比上年增加837台、723台，农机装备结构持续优化。全市主要农作物综合机械化率83.84%，同比上升1个百分点。

推进粮食生产全程机械化示范创建，推进14个全程农事服务中心建设，完成深翻项目2.12万公顷，注销变型拖拉机（以下简称“变拖”）4552台，全市“变拖”保有量下降到9667台。推进农机购置补贴全面敞开，落实购机补贴资金7509万元，超过省分配合肥市补贴资金900万余元，受益2349户，补贴机具4508台（套）。

【农业科技】 2020年，合肥市开展新品种、新技术、新模式应用试点和推广，通过建立基地或示范区（片），引进种质资源224个，应用面积4.48万公顷；培育新品种72个，应用面积3.9万公顷；推广新技术70项、新模式23项，推广应用面积11.29万公顷。

完成3年建设50个农业行业首席专家工作室目标，吸引中国科学技术大学、中国科学院合肥物质科学研究院、安徽农业大学、安徽省农业科学院以及涉农企业和农业技术推广系统等单位的692名专家学者（首席50人、岗位专家263人、技术骨干379人），其中大学大院大所人员240人、首席专家32人，分别占总数的35%、64%。建立生产示范基地130个，建立企业技术中心61个。制定“148”培训计划（即3年培育农业技术骨干不少于1000人、培训农民不少于4万人、辐射带动农户8万户以上），各工作室分县、分区域、分行业开展技术培训、现场观摩等形式培训480多场次，培训农民3.5万人次，辐射带动农户6万户以上，带出技术骨干700余人，农业行业生产经营人员的科技水平得到提升。

（吴延华）

养殖业

【概况】 2020年，合肥市畜禽养殖业总产值128.67亿元，畜禽产品总产量62.97万吨，占全省的

10.21%；其中，肉类产量32.79万吨，禽蛋产量23.52万吨，牛奶产量6.66万吨。年末生猪存栏64.7万头，超额完成省政府下达的年度任务(59.4万头)，出栏126.5万头，是全省唯一的生猪存、出栏稳产保供目标“双完成”的地级市。家禽饲养量1.57亿只，长期位居全省前列，禽肉产量22万吨，占全省的12.15%。受消费回升拉动、养殖基础趋稳、政策激励推动等利好因素影响，年内畜产品总产量自一季度末起克服新冠肺炎疫情、巢湖流域汛情影响，实现恢复性增长。新创建部省级畜禽养殖标准化示范场4家。

全年水产品产量22.7万吨，同比增长0.91%，继续保持市场供应稳定。渔业总产值171亿元，渔业经济持续领跑全省。新创建国家级水产健康养殖示范场9家，水产健康养殖示范面积占91%。推进虾稻产业“3115”战略，全市虾稻综合种养面积增至5.37万公顷，新增1.73万公顷。新创虾稻国家级示范区1个，总数增至5个。全市百亩以上规模基地1685个、千亩示范片31个，超万亩的乡镇18个，虾稻产业从业人员近6万人，形成“三产消费带动、二产加工提升、一产种养融合”的虾稻产业新格局。

全市畜禽粪污综合利用率95.75%，畜禽规模养殖场（小区）粪污处理设施装备配套率99.07%，346家大型畜禽规模养殖场（小区）粪污处理设施装备配套率达100%。

【动物疫病防控】 2020年，合肥市加强非洲猪瘟防控，落实屠宰企业主体责任和凭证入场制度，严禁屠宰无检疫证明和免疫标识等生猪。执行屠宰环节生猪调运申报管理制度，实施生猪运输车辆动态备案管理332台，开展生猪收贩运单位和个人基础信息登记备案65户。落实非洲猪瘟防控生物安全措施，督促生猪规模养殖场和种猪场完善出猪台、消毒站等生物安全设施。

按照“六统一六不漏”工作要求，实施重大动物疫病强制免疫。加强区域联防联控，以乡镇为单位逐村推进，对全市存栏畜禽实施集中免疫，对自免规模养殖场加强防疫监督，922名村级防疫员划片包干、责任到人，持续规范防疫行为，做到“边登记、边免疫、边发证”，确保防控工作“无死角、无空白、无隐患”。全面完成春、秋两季集中免疫工作，群体免疫密度超过90%，口蹄疫春（秋）季集中免疫抗体合格率86.22%，高致病性禽流感春（秋）季集中免疫抗体合格率97.63%。

2020年5月31日，第19届中国·合肥龙虾节开幕 （市农业农村局／供）

【渔业资源养护】 2020年，合肥市组织开展渔业增殖放流活动3次，投放各类净水鱼苗956.8万尾，救助野生大鲵3条。加强增殖放流供苗单位、苗种种质、苗种质量和苗种数量监管，建立健全苗种供应招标、苗种质量监督检验、放流现场公证公示和项目督察等制度。

实施长江流域禁捕退捕。全市2209户、3464艘渔船按程序拆解回收，5638名渔民全部安置到位。加强渔政监督管理，打击“电、毒、炸”等非法捕捞行为，推进涉渔“三无”船舶、“绝户网”等违规渔具清理取缔、拆解销毁工作。累计出动执法人员1046人次，出动执法车辆298辆次，出动执法船艇104艘次，发放各类宣传材料3373份，组织开展集中公开拆解销毁活动19次。

（吴延华）

农业产业化

【概况】 2020年，合肥市粮油、畜禽、乳品、水产品、饲料、蔬菜水果等6个产业实现规模化集群式发展。规模以上农产品加工业产值增长3.7%，总值占全省10%，增长率和全省占比均居第三位。新增1

个超10亿元企业和1个超100亿元企业。农业招商引资302亿元。

新增市级以上产业化龙头企业65家，累计227家；其中国家级9家、省级95家，市级以上示范产业化联合体123家（其中省级45家）；形成以市级为基础、省级为骨干、国家级为引领的三级农业产业化龙头企业集群。推进伊利乳业3个奶源基地建设。全市有上市涉农企业5家，在全国和区域性股权交易市场挂牌企业78家。全年安排市级财政奖补资金2100万元，省级产业化发展项目资金1200万元，设立融资担保基金等财政金融产品，累计发放担保贷款87笔，金额26650万元，解决中小农业企业缺乏抵押物的融资难题。

【农产品加工】 2020年，合肥市实施农产品加工“五个一批”工程建设。优先发展一批农产品加工强县，优先重点扶持入围省20强县的长丰县、合肥高新技术产业开发区，将农产品加工业列为县域经济发展的重要支柱产业。建设一批农产品加工强园。支持龙头企业和科研机构建设运营农业产业园，长丰县双凤永迪科技产业园打造农产品加工业孵化器，园区年加工产值突破8亿元。打造一批全国同行业农产品加工领军企业，落实“百亿元企业”培育计划，重点打造2家成长性好、规模位居前列的农产品加工企业。洽洽食品股份有限公司在合肥市发展碧根果种植基地约6666.67公顷；合肥伊利乳业有限责任公司加工产值达42亿元。

完善“谋划一批、推介一批、引进一批、建设一批、储备一批”工作机制，引进益海嘉里、江苏立华等国际、国内知名企业到合肥市投资新建农产品加工项目。培育一批有全国乃至国际影响力的农产品品牌，截至年末，全市有农业类中国驰名商标25个，安徽省著名商标210个，注册商标超过1.5万个。长丰草莓、合肥龙虾、巢湖市中埠番茄、庐江县杨柳荸荠、肥东县杭椒被认定为安徽特色农产品优势区；长丰草莓、巢湖坝镇都督茗茶成为中国农业品牌目录农产品区域公用品牌，长丰草莓品牌价值超过75亿元。长丰草莓、合肥龙虾、大圩葡萄等12个农产品实施农业农村部农产品地理标志登记。

【长三角绿色农产品生产加工供应基地建设】 2020年，合肥市落实省“158”行动计划，加快建设长三角绿色农产品生产加工供应基地。深化合肥都市圈蔬菜基地合作共建，都市圈合作共建县全部完成建设规划，建设面积551.74公顷，供给合肥蔬菜29011.12吨，拨付奖补资金796万元。

加强政策支持。推进涉农资金统筹整合，重点支持长三角绿色农产品生产加工供应基地建设。建立市级乡村振兴投资基金，优先支持基地建设中重大项目、重大工程，支持农产品加工企业开展技术改造。第一批8家省级长三角绿色农产品生产加工供应基地中有6家获奖补597万元。

遴选示范基地。长丰草莓入选全省首批“一县一业（特）”全产业链示范创建县（市），8家基地入选全省首批长三角绿色农产品生产加工供应示范基地，5家企业被确定为“158”行动农产品加工重点企业。

谋划项目储备。将长三角绿色农产品生产加工供应基地作为2020年“三农”领域补短板储备项目申报的重点，申报“三农”补短板储备项目35个，计划投资16.12亿元，其中申请中央资金4.07亿元。

对接项目资金。全年引进沪苏浙区域农业招商项目21个，投资额34.61亿元，其中亿元以上项目20个。

（吴延华）

2020年5月16日，长丰县立华股份年出栏30万头楼房式生猪项目开工仪式
（市农业农村局/供）

乡村振兴

【概况】 2020年，合肥市推进乡村振兴“五个一批”项目建设。蜀山区将军岭综合带动项目和庐江县民宿带动项目作为首批市级参与投资的乡村振兴项目基础类项目完工并投入使用，产业类项目有序推进。全市1237个行政村17571个村庄初步分类成果形成，列入省级村庄规划编制试点8个，占全省50%。87个乡镇实现生活垃圾治理全域市场化。全市累计改厕31.06万户。

【农村人居环境提升】 合肥市将改善农村人居环境摆在全面推进乡村振兴战略的突出位置，作为实施乡村建设行动的重要内容。坚持因地制宜，按照一、二类县的要求和标准，分类推进农村“厕所革命”，做到工程化设计、施工、验收和运行维护。2020年全市完成69712户改厕，一类县无害化卫厕普及率均超过90%（肥东县95.5%、肥西县98.2%、巢湖市96.1%、蜀山区90.03%）；二类县卫厕普及率均超过88%（庐江县88.4%、长丰县92.2%）。制定实施农村改厕管护“一站两体系”工作规范，即乡镇建立农村改厕管护服务站；按照市场化运作模式构建厕具维修服务体系、粪污清掏及资源化利用服务体系。有改厕任务的乡镇“一站两体系”全部建成。一类县和庐江县（管护机制示范县）、长丰县结合县情实际，均建立改厕长效管护模式，肥东县农村改厕智能化管护平台建成运行。全市农村改厕管护“一站两体系”常态化运行，实现改厕乡镇、改厕村、改厕户“三个全覆盖”，全市农村改厕管护“一站两体系”经验在全省推广。

2020年，肥东县古城镇松王社区人居环境提升工程基本完工　（杨　理／摄）

【美丽乡村建设】 2020年，合肥市实施美丽乡村建设，统筹推进规划、产业、生态、环境、民生、管理和服务建设。2019年度93个中心村通过省级验收并居全省前列，2020年76个省市级中心村基本建成。全市建成美丽乡村606个，其中530个通过省、市验收，市委、市政府2012年确定的“到2020年，实现规划布点中心村全部达到美丽乡村要求”目标如期实现。

组建市美丽乡村建设暨一体化推进农村垃圾污水厕所专项整改工作领导小组，由市委、市政府主要负责人担任组长。专门成立1个工作督查组和农村垃圾治理、农村生活污水治理、农村改厕3个工作指导组，形成领导小组定方案、议大事，督查组定重点、抓督查，指导组定标准、抓落实，分工负责、协同联动的推进机制。各县（市）区也参照构建类似体制机制，形成全市上下“一盘棋”合力推进的工作格局。

加大资金投入力度，“十三五”期间市级安排美丽乡村建设专项资金59880万元，县（市）相应安排美丽乡村建设暨“三大革命”专项资金。加强涉农资金整合，统筹地方政府债券资金支持美丽乡村建设。

发挥村民理事会、村务监督委员会等自治组织作用，建立自下而上的民主决策机制，在申报、规划、建设和管护等环节，通过村民自选、自建、自管、自用等方式，发挥农民主体作用，保障农民决策权、参与权和监督权。

将美丽乡村建设、农村环境“三大革命”与农村脱贫攻坚等重点工作同部署、同督查、同调度，实行“一周一督查、一周一通报”，对督查中发现的问题，督促限期整改，层层传导压力，推进工作落实。完善市、县、乡（镇）三级考核机制，以考核压实责任、提升水平。

（吴延华）

水　务

【概况】　合肥市是全国重点防洪城市之一。截至2020年末，全市汇水面积50平方千米以上的河流82条，常年水面面积10 平方千米以上的自然湖泊4个，大、中、小型水库752座，塘坝9.58万口，大、中、小型泵站1034座，万亩以上灌区61处，万亩以上圩口25个。市域江淮分水岭以南为长江流域，面积8824平方千米；以北为淮河流域，面积2606平方千米。长江流域主要有巢湖、黄陂湖、南淝河、店埠河、丰乐河、派河、滁河等河湖，其中巢湖流域面积为13486平方千米，正常水面760平方千米；淮河流域主要有瓦埠湖、高塘湖、东淝河、庄墓河、池河等河湖。

2020年，合肥市水务局遴选16名专家组建水旱灾害防御技术专家库，为全市防汛抢险提供技术支撑。汛期先后派出水利专家40余名，协助处置全市317处较大险情。把巢湖安澜作为核心任务，综合施策，全面战胜百年未遇的特大汛情。坚持依法治水、科学治水，夯实农业农村水利基础，加强水资源保护，推行和完善河长制，持续提升河湖工程建设和工程管理水平。农田水利骨干工程基本齐备，形成具有一定规模的蓄水、提水、引水、防洪、除涝、供水等水利基础设施工程网络。

全市重大水利工程质量监督抽查实现全覆盖，自全省水利建设质量考核工作开展以来，合肥市连续7年获A级等次。肥西县被水利部确定为第一批深化小型水库管理体制改革样板县。

【防汛抗洪】　2020年，巢湖流域汛期连续遭遇9轮强降雨，雨情水情汛情多项数据连创历史极值。整个梅雨期长达52天，较常年偏多31天，平均降雨916毫米，为常年的3.7倍。巢湖中庙站最高水位达13.43米，超历史最高水位0.63米，连续16天超历史最高水位，巢湖汛情百年未遇。

合肥市加强巢湖防汛综合调度，把最大限度降低巢湖水位作为打赢巢湖保卫战的核心目标，综合采取“上拦、下排、边分、固堤”措施，确保巢湖安澜。上拦：对巢湖闸以上入湖河流逐一测算分析，研究制定具体拦截措施，尽可能减少入湖流量。协调省水利厅调度关闭杭埠河上游的龙河口水库泄洪，发挥董铺、大房郢水库错峰蓄洪作用，缓解南淝河及巢湖防洪压力。下排：畅通排水通道，抢抓时间窗口向长江抢排，调控裕溪闸、铜城闸，争取牛屯河高水位排洪。主汛期累计向长江抢排洪水70.5亿立方米。边分：全面摸排环湖分洪圩口情况，测算分洪规模、时机、区域等，提前做好人员撤离等工作，能蓄全蓄、能蓄快蓄、能蓄满蓄，分流入湖洪水。全市累计主动启用或漫破圩口186个，其中万亩以下圩口177个、万亩以上圩口9个，蓄洪18.4亿立方米，相当于常年整个巢湖水量。固堤：全面查找环巢湖堤防薄弱环节，构筑防洪子堤，做好应急抢险和防风浪准备，滚动式、拉网式、全天候不间断巡堤查险。加固巢湖堤防135千米，其中加筑子堤45.2千米。

2020年7月，滁河干渠风光带　　（骆先洋/摄）

经过78天拼搏，巢湖水位退至警戒水位以下，防汛抗洪抢险最终夺取全面胜利，实现“四个没有”（即重大人员伤亡事件没有发生，巢湖大堤等重要堤防没有损毁，国家重要基础设施没有受到冲击，经济社会发展重点工作没有受到影响）目标任务。

【河湖工程建设和管理】　2020年，合肥市实施巢湖环湖防洪治理工程，全年完成投资4.06亿元，工程基本建设完成。推进实施滁河防洪治理工程（新增项目）、龙河口引水工程、巢湖市长江供水工程、二十埠河引水工程、江淮畅通水网

工程前期工作。完成2019年开工的2个中小河流治理项目，新开工1个中小河流治理项目，庐江县潮湖塘、界墩、西虎塘3座小型水库项目开工，形象进度完成100%。杭埠河治理工程开工建设。

推进河湖乱占、乱采、乱堆、乱建等突出问题整治（简称“清四乱”），对设立河（湖）长的河湖“清四乱”点位清理整治情况进行全面排查，发现14处问题并全部整改到位。推进河湖管理范围、水利工程管理与保护范围划定，推进河湖岸线保护与利用规划、湖泊保护规划编制。加强水库安全管理，制定水库安全鉴定计划，开展拟降等与报废水库调查工作，上报水利部已降等报废水库28座。落实水库大坝安全政府责任人、主管部门责任人和管理单位责任人等三个责任人制度，定期开展小型水库安全运行督查暗访，完成水利部督查暗访小水库发现问题整改工作，小型水库安全运行状况有所改善。

2020年，巢湖市夏阁河清洁小流域治理成效　（赵　晶／摄）

【水土保持】 2020年，合肥市继续将水土保持工作纳入目标管理绩效考核，印发《2020年全市水土保持工作要点》，将水土保持工作纳入立项批复文件加以明确要求，并将水土保持纳入合肥市大建设项目并联审批环节，避免未批先建。

市水务局根据省下达合肥市2020年度水土保持生态建设任务，分解下达至各县（市），每个县（市）重点预防保护面积各为4平方千米，总面积20平方千米。实施小流域治理、矿山修复、植树绿化、湿地保护等15个项目，为保护当地水土资源、改善人居环境保驾护航。截至年末，审批水土保持方案135个，自主验收备案5个；各县（市）建设任务全部完成，总投资4.8亿元，实际完成水土流失预防保护面积31.75 平方千米，超额完成目标任务。

【水资源管理】 2020年，合肥市达到水资源双控指标要求。全市用水总量30.96亿立方米，低于省下达的“十三五”末控制目标32.42亿立方米；万元地区生产总值（GDP）用水量和万元工业增加值用水量降幅较2015年分别大于32%和42.7%，满足降幅控制指标。

取水许可审批规范，取水许可证合法有效。水资源费按标准足额征收。市水务局全年新发、换发327张取水电子证照，电子证照转化率100%。督促、协调265户用水直报单位通过水利部用水统计调查直报系统按时上报用水总量。对不符合要求的地下水水井进行封闭，全年封闭地下水井14口。

加大节水载体建设力度，完成6家省级节水型企业创建，完成庐江县水务局等4家水利行业节水机关创建，完成46家市级节水型公共机构创建，市直节水型公共机构创建比例达100%。

完成瑶海区、庐阳区、巢湖市、肥东县、肥西县、庐江县县域节水型社会创建工作，实现县域节水型社会全覆盖。

推进节水型高校建设。中国科学技术大学、安徽三联学院和安徽新华学院三所高校获评省级节水型高校。

【河（湖）长制】 2020年，合肥市印发《2020年度河湖长制工作要点》，推进河湖长制从有名到有实。截至年末，全市设各级河长4005名、湖长180名；其中市级总河长2名、副总河长3名、河长13名，县级总河长23名、副总河长43名、河长152名，乡级总河长220名、副总河长300名、河长970名，村级河长2279名；市级湖长2名、县级湖长11名、乡级湖长41名、村级湖长126名。成立由市委、市政府主要负责人任组长的河湖长制工作领导小组，根据人事变动，调整南淝河、派河、杭埠河、双桥河、淠河总干渠及滁河干渠市级河长。

印发《合肥市河长制暗访巡查排名办法》，制定《合肥市河道管理条例》，在全省率先将河湖长制管理制度和规范整章纳入地方立法。在全国首创“四乱四水一牌一整改”（即乱占、乱采、乱堆、乱建，水多、水少、水脏、水浑，河长公示牌、问题整改率）第三方暗访督查，逐月分县区和河流两个层面赋分，先后在《合肥晚报》公布排名14批次。建立以“污染指数（SPI）”为支撑的调度机制，由水质靠后河流的市级协助单位和县级河长检讨式发言，倒逼责任落实。

全年全市15个国考断面水质均值均达到年度考核要求；巢湖水质得到改善，东半湖、西半湖和全湖平均水质均为Ⅳ类；与上年同期相比，全湖主要污染物浓度下降。河长瞿贤宝被评为全国“十大最美河湖卫士”，双桥河从“龙须沟”转变为“幸福河”，并成功创建“省级示范河湖”。

制定实施《合肥市“河湖长+检察长”工作机制》，在全国首创“河湖长+排长+民间河长+警长+检察长”五长治河模式，将每一条河流治理责任到人。

2020年11月27日，兆河河长制整治专项行动启动会在庐江县召开

（施骁勇／摄）

【依法行政】 2020年，合肥市深化水务行政审批制度改革，调整权力清单、责任清单和公共服务清单。以3月22日“世界水日”和12月4日“国家宪法日”为契机，开展水法宣传活动。全市水政执法人员巡查河道2.4万千米，巡查水域面积930平方千米，出动巡查人员3690人次。巡查发现问题245个，现场制止违法行为为180次。集中开展“白石天河碧水保卫战”“兆河河长制工作整治”专项行动，发现、移交、查处、整治非法取水、乱占岸线等水事违法行为26起，专项行动成效明显，实现水质全年达标。严打水事违法行为，全年追缴水土保持补偿费1553.97万元，查处案件22起，罚款44万元。

（陈　伟　张顺志）

责任编辑：储茂仁

商贸服务业

综　述

【概况】 2020年，合肥市商务局（以下简称“市商务局”）统筹做好疫情防控和经济社会发展，发放亿元消费券、开展促消费活动等多举措促进消费回暖。全年全市社会消费品零售总额4513.76亿元，同比增长3.1%，较一季度提升17.9个百分点，增速在全省位居第4位、较2019年前进11位，高于全国7个百分点、高于全省0.5个百分点；总量居全国省会城市第8位、比上年前进6位，居长三角城市第5位、比上年前进4位。

【疫情期间复工复产】 2020年，市商务局帮助企业克服疫情影响、有序复工复产，制定《合肥市商贸流通企业复工复业工作指引》，出台相关政策，推动商贸服务业转型升级，健全完善商业设施，培育壮大市场主体，着力打造便民服务体系，促进互联网与商贸服务业融合，以电子商务、会展产业、服务外包为代表的新兴产业快速发展，现代商贸流通体系建设取得成效，消费市场规模持续提升。

3月12日，合肥市发布《关于应对新冠肺炎疫情支持商贸业稳定发展的实施意见》，在保供应、降成本、激活力、稳外贸等方面，出台12条政策措施，鼓励商贸企业保障供应、降低商贸企业运营成本、激发商贸企业活力，提振企业发展信心。4月底通过“支付宝”平台，向市民发放消费券。市级财政投入约1亿元资金，县（市）区、开发区各安排不低于1000万元的财政资金，参与活动的餐饮企业按不低于1：2进行配套，汽车行业在市场价的基础上按不低于1：2进行配套，百货零售和家用电器按不低于1：1进行配套，形成政府与企业叠加效应，最大限度释放消费潜力，直接带动餐饮、百货、家电及汽车消费超30亿元。

市商务局以淮河路步行街申创国家步行街改造提升试点工作为引领，持续推进省级、市级特色商业街区建设。出台《合肥市特色商业街认定办法》，新认定吾福印巷、美好荟美好商业街、南翔·茶里水街等3条市级特色商业街，截至2020年底，全市获评市级以上的特色商业街区49条，其中获评省级以上的特色商业街区19条（含获国家级的商业街区3条）。

市商务局组织合肥地区商贸企业开展“皖美汽车云端GO”线上促销活动，举办2020安徽国际汽车展览会十一车展，接待群众约36.3万人，销售量超1.34万辆，销售额约24亿元，比上届增长30%。2020年，限上汽车商品零售额同比增长5.9%，高于2019年16个百分点，特别是下半年以来，限额以上汽车商品零售额连续6个月

2020年，合肥经济技术开发区中环城鸟瞰　　（合肥经开区／供）

保持两位数增长。

（市商务局办公室）

电子商务

【概况】 2020年，合肥市实现网上零售额975.6亿元，同比增长7.4%，其中实物商品网上零售额815.98亿元，同比增长22.6%，实物商品网上零售额占全省的比重为38.4%，网络消费总体规模扩大。

2020年，全市限额以上企业实现网上商品零售额313.82亿元，同比增长45.9%，占限上消费品零售额比重为15.6%，占比高于全省3.1个百分点。

2020年，市商务局组织本土重点电商企业、园区参与国家、省级示范创建工作，培育一批在行业有影响力的龙头企业。合肥荣电实业股份有限公司被商务部认定为第二批数字商务企业，也是本次安徽省唯一入选的企业。截至年底，全市新培育1家省级电子商务示范园区、4家省级电子商务示范企业。全市11家企业获评年网络销售额超1000万元农村电商企业，22个品牌获评年网络销售额超100万元农村电商品牌。

推进电商直播等项目取得进展，“快手合肥创新发展中心”“阿里巴巴安徽直播基地”等重点电商项目先后落地。依托技术支持与平台优势，以直播和短视频制作为媒介，联动区域经济形态数字化发展，推进区域特色产业数字化发展。支持合肥荣电、安徽白马、三瓜公社、安广集团等重点企业，依托行业发展优势，联合产业上下游企业抱团打造直播电商基地，加快电商直播IP赋能，先后建成“合肥网红直播城”“安徽短视频直播基地”“三瓜公社电商直播基地”“安徽融媒体云播基地”等具有代表性的电商直播基地。

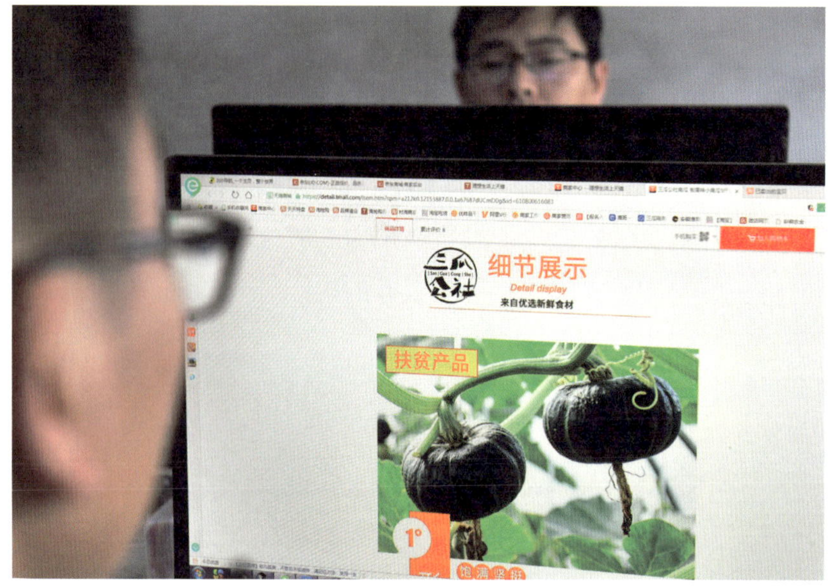

2020年4月21日，安巢开发区三瓜公社员工正在制作扶贫农产品线上销售网页

（张大岗/摄）

按照“政府搭台、企业唱戏、群众参与”的思路，先后开展“皖美好物云端GO——惠聚安徽·暖心电商消费节合肥主题日活动”“皖美家电·云端购”等活动，联合京东开展“合肥市城市直播季”“金秋收获季·扶贫日”电商直播等系列活动。发挥上下联动作用，指导各县（市）区、开发区联合区域内重点企业和商场，抢抓节日热点，打造线上消费专区、开展专题活动，如：蜀山区与网红主播联合开展蜀山区“66电商直播节”，庐阳区与阿里联合开展“直播淮河路”，借助“庐阳欢乐购”与百大、银泰、苏宁等企业开展线上线下活动等。全年全市商务系统组织开展140余场电商直播活动，营造电商促消费良好氛围，拉动消费回暖取得成效。

【农村电商发展】 2020年，市商务局聚焦农村产品上行、服务优化、利益联结等重点，推动电商兴农。指导各县（市）结合工作实际，搭建县级电子商务公共服务平台、兴农扶贫电商平台、微信小程序等多形式电商平台，吸引本土电商经营主体入驻。持续开展农特产品摸排，促进本地优质农产品开展上行。

2020年，全市农村产品网销额突破100亿元，累计实现101.73亿元，同比增长25.7%，其中四县一市实现农村产品网销额69.14亿元，同比增长37.3%。全市有省级农村电子商务示范县3个、示范镇16个、示范村60个。

（市商务局办公室）

会展业

【概况】 2020年，合肥市会展业克服新冠肺炎疫情影响冲击，寻找会展产业危中之机。9月份恢复办展以来，全年后4个月举办展会约

102场，展览面积约104万平方米，均达到2019年全年的一半。2020年，合肥市连续第四年入选“中国最具竞争力会展城市”并位居前列。

【会展产业复工复展】 2020年疫情爆发初期，市商务局召开会展企业座谈会，听取企业复工相关诉求，协调各方助力会展业复工复业。全市12家主要会展主办企业于3月初实现全部复工复业，复工率100%。根据《国务院应对新型冠状病毒感染肺炎疫情联防联控机制关于做好新冠肺炎疫情常态化防控工作的指导意见》及省市有关文件精神，经多轮协调市政府、市防疫指挥部、市公安局、两大专业展馆运营方，于9月份恢复各项展会活动。

2020年，合肥场馆运营商开展场馆修缮改造工作，加强员工培训，提升展会承载能力。中国（安徽）国际糖酒食品交易会通过全球展览业协会（UFI）认证，其主办方安徽中贸展览有限公司正式成为UFI会员单位，这是安徽省首个展览项目获得UFI展览项目认证，也是首个安徽省会展企业获得UFI会员认证。

【会展举办模式创新】 2020年，合肥市成功主办“合肥品牌展会云直播”活动，采取线上直播和线下展销相结合的形式，精选安徽美达、高博中贸、安徽中设、安徽车商4家合肥本土会展企业旗下的品牌展会——安团家博会、安徽糖酒展、安徽文旅博览会、安徽汽车展，开展现场直播带货活动，组织30多家参展商现场展销。启动仪式后，各会展企业举行为期两天的后续直播活动。会展企业利用网络技术，策划线上展会，安徽美达会展还专门成立直播公司，成功举办线上建材展、茶博会、糖酒会、旅游商品展等展会。

【承办线上江淮论坛活动】 2020年的世界制造业大会暂停举办，改为线上举办“江淮线上经济论坛暨‘六百’企业合作对接活动”，围绕“六稳”“六保”工作要求，以“数字江淮”建设为抓手，运用线上线下相结合方式，打造线上经济赋能高质量发展的全新平台。合肥市利用世界制造业大会江淮线上经济论坛平台，开展招商引资活动。本次大会签约项目111个，总投资额1509亿元，其中超百亿元项目3个。开幕式上，合肥市组织14个重大项目在省大会主会场现场签约，合肥分会场同步签约项目18个。

（市商务局办公室）

安徽国际会展中心　　（合肥经开区／供）

服务外包

【概况】 2020年，合肥市有服务外包企业680家，从业人员25.6万人；全市服务外包接包执行额39.3亿美元，同比增长25%；其中离岸执行额8.6亿美元，同比增长39.7%。

【优化产业结构】 2020年全市执行金额超千万美元企业71家，过亿美元企业12家，分别较2019年增加18家和3家。累计通过CMM/CMMI3级以上企业50家，ISO2000国际认证的企业42家；科大国创、皖信人力等5家企业获评“2020中国服务外包百强企业”。

2020年，全市有5个省级服务外包示范园区，聚集全市70%以上的外包企业和80%以上的外包业务。其中合肥高新技术产业开发区服务外包合同执行额占全市比重达54%，在信息技术服务、人工智能、集成电路设计等方面形成集聚发展态势，该区获批国家数字服务出口基地。

【服务外包业务】 2020年，合肥市承接80个国家和地区的离岸服务外包业务，其中超千万美元的国家和地区12个。新加坡、香港、美国为合肥市前三的发包来源国（地区），执行额合计占全市离岸服务外包总额的60%。“一带一路”沿线国家业务快速增长，与“一带一路”沿线32个国家（地区）保持服务外包业务往来，承接服务外包执行额4.6亿美元，同比增长61.7%。

全市信息技术外包（ITO）、业务流程外包（BPO）和知识流程外包(KPO)呈现出均衡发展的态势，在总执行额中占比分别为35.6%、31%、33.3%。其中工程设计、大数据服务、工业设计为主的知识流程外包服务（KPO）业务同比增长48.8%。集成电路和电子电路设计业务执行额达2194万美元，同比增长15.2%。

全市服务外包产业新增从业人员2.02万人，其中大学（含大专）以上学历1.57万人，占新增从业人数的77.7%。截至2020年底，全市服务外包从业人员中大学（含大专）以上学历19.9万人，占从业人员总数77.7%，成为合肥市高学历人才集聚的新产业。

（市商务局办公室）

2020年9月16日，合肥市与莆田市签订粮食产销协作框架协议

（市发改委／供）

粮油流通

【概况】 2020年，合肥市实施粮安战略，落实“六保”任务，守住粮食安全底线。通过加强监测预警、及时组织复工复产、充实储备库存，确保全市粮油市场供给充裕、价格平稳。疫情防控期间全市成品粮油储备库存达到20天的市场供应量。新增1000吨市级（小包装）大豆油储备计划并落实到位。在全省率先完成《粮食突发事件应急预案》修订、印发工作，增强预案的科学性、针对性和可操作性。保障军粮供应，完成汛期在合肥抗洪部队军粮应急保障任务。合肥市军粮区域性配送中心项目开工建设。合肥市粮食系统在2020年度全省粮食安全省长责任制考核中获优秀等次第一名。

【粮食收购】 2020年，合肥市粮油系统关注收购舆情，营造良好社会氛围。采取预约收购、绿色通道、错峰收购等方式，守住农民“种粮卖得出”的底线。全社会累计收购小麦30.9万吨，同比增长11.6%，其中最低价收购14.4万吨，同比增长38.5%。受粮价上涨影响，秋粮上市后市场化收购活跃，全社会累计收购稻谷80.3万吨，市场化收购量占总收购量90%以上，形成主体多元、渠道多样、优粮优价的市场化收购新格局。

【粮食储备】 2020年，合肥市粮油系统根据城市和人口发展现状向市政府申请新增2万吨市储粮计划并获批准。结合2020年粮食市场行情上涨的有利因素，择机轮出9892吨2018年产市级储备稻谷。既保证储备粮安全，又降低储备成本，形成科学规范、灵活高效的储备粮吞吐轮换经营模式。借鉴浙江湖州优粮优储轮换经验，首次实施“优粮优储”轮换试点工作，储备轮换实现“负差价”，在提高市储粮优质品率的同时实现种粮农民增收、中标加工企业增效、财政减负“三方共赢”的成效。将市储粮的日常检查纳入“双随机、一公开”监管中，实行定期检查和随机抽查相结合。建立市级粮食监督检查专家智库，提高发现问题、查处问题能力，确保市储粮数量真实、质量完好。

【仓储设施】 2020年，合肥市开展仓储规范化管理提升年活动。全年新建及拟建仓库49万吨，累计投资6亿元。投资3617万元整修库容库貌、更换设施设备、实施库内装修整治等。规范仓储管理，全年评定星级粮库59个，其中推荐5星级5个、4星级6个；评定3星级24个、2星级20个、1星级3个。170名保检员参加职业技能竞赛，提升仓储管理人员专业素质。

【粮食产业】 2020年，合肥市实现粮油加工业产值407亿元，位列全省前列。持续推进“优质粮食工程”，加快推进4个粮油质检体系建设项目。全市15个“中国好粮油”示范企业建设全部完成。8家粮油企业获“安徽好粮油”称号，

9个粮油产品被评为“安徽好粮油产品”。肥东县、巢湖市被纳入全国放心粮油供应网络建设试点示范县。依托高质量发展政策，申请900万元专项资金，支持“两项工程”和“优质粮食工程”建设，全市放心粮油、主食厨房网点建设分别累计达354个和270个。先后2次组织6家企业申报省级粮食产业化财政专项资金388万元。疫情期间协助16家粮食企业申请银行预贷款4.5亿元，帮助企业渡难关。探索政银担合作模式，为12家粮食企业申请融资1.6亿元。

（李祖祺）

2020年11月，合肥市庐江县笏山供销合作社 （刁永丽/摄）

供销合作

【概况】 合肥市供销合作社联合社属政府直属参公管理事业单位，是市政府领导下的全市供销合作社的联合组织，主要职责是：指导全市供销合作社系统组织建设，建立和完善农业社会化服务体系，为“三农”提供综合服务；推进全市供销系统综合改革；负责管理、运营本级社有资产，确保资产保值增值，对直属单位行使出资人的职能；牵头全市再生资源回收利用体系建设，负责再生资源回收行业管理等，牵头全市农药废弃包装物回收处置体系建设，助力美好乡村建设和城市绿色发展等。

2020年，全市供销社系统新建基层社18个、改造薄弱基层社8个，累计建成专业合作社340个，获评全国百强县级社2家、标杆基层社3家、示范农民专业社5家，获评省社级示范村级社6家、标杆基层社5家、示范农民专业社3家，形成全市一盘棋的工作格局。

2020年，全市供销社系统全年实现销售总额327.78亿元，同比增长30.38%；利润总额4.69亿元，同比增长30.06%；所有者权益25.09亿元，同比增长22.02%；资产总额42.96亿元，同比增长13.42%，居全省第一方阵，在全省供销社系统综合业绩考核中获一等奖。

【为农服务】 2020年，全市供销合作社系统推动农业生产社会化全程服务，全年销售农资43.29亿元、农产品166.37亿元，同比分别增长49.99%和26.93%；实现农产品市场交易额69.82亿元，同比增长35.32%；流转、托管土地面积3.01万公顷，统防统治、配方施肥面积3.03万公顷，农机服务面积0.83万公顷，实现农产品电子商务销售额6.32亿元，实现农业生产服务收入6.13亿元。

系统推进为农服务流通体系建设，实施“申报公开化、管理制度化、建设规范化”要求，实现事前、事中、事后闭环管理，发挥政策资金的杠杆作用，引导建设有示范引领带动作用的精品项目。全系统“2019年至2021年项目滚动储备库”储备项目85个。2020年度新建省级“新网工程”项目3个，市级“新网工程”项目10个。

【金融惠农】 2020年，合肥市供销合作社系统开展支农金融服务，以“惠农贷”金融产品为抓手为全市涉农企业及农民提供信贷服务。自“惠农贷”业务开展以来，累计发放贷款5415万元，惠及种植、养殖、加工和服务等各类农业经营主体102户，带动农户逾万人，带动实现产值5.66亿。

【特色农产业发展】 2020年，合肥市供销合作社系统继续因地制宜打造一批茶业、草莓、苗木、蚕桑等专业合作社，打响“白云春毫”茶叶、长丰草莓、金桥粉丝、金牛蚕桑、曙光中药材等一批地方特色农产品品牌。在2020第十三届安徽国际茶产业博览会上，获全省首届十大最美茶旅线路、首届长三角茗茶评比五星奖项、评茶员技能大赛职工全能一等奖等多个奖项。

2020 年 8 月 28 日，第十三届安徽国际茶产业博览会合肥展馆

（江国恩／摄）

【再生资源回收】 2020 年，合肥市供销合作社系统建立“规划先行、政策支撑、目标考核、三级联动”建设模式，规范市场秩序和经营环境，全市建成 20 个标准化再生资源回收站点和 6 个乡镇分拣中心，完成年度建设任务。累计建成规范性回收站点 435 个、分拣中心 96 个、循环经济产业园区 1 个，主城区建成示范性回收亭 41 个。全年全系统实现再生资源年销售额 62.85 亿元。

【农药废弃包装物回收处置】 2020 年，合肥市供销合作社系统持续推进全市农药废弃包装物回收处置工作，推行农业绿色生产方式，减少和控制农业面源污染。截至 2020 年底，全市建立“市场运作、财政奖补、属地管理、专业化处置”工作机制，确立“两制度、一公告、一流程”回收制度。全市建立镇村两级回收站（点）498 个；回收废弃农药瓶（袋）9940.7 万个，回收废旧地膜 739.72 吨，全部进行专业无害化处置，解决农村白色污染问题，改善农村人居环境。

（刁永丽）

烟草专卖

【概况】 合肥市烟草专卖局（公司）（以下简称“市烟草专卖局”）实行“统一领导、垂直管理、专卖专营”的管理体制，接受安徽省烟草专卖局和合肥市委、市政府双重领导，以安徽省烟草专卖局领导为主，实行企业化运作，主要承担全市境内的卷烟批发销售和烟草市场专卖管理等职能，下辖 9 个直属单位，服务对象包括卷烟工业企业、全市 3.3 万卷烟零售商户和广大卷烟消费者。2020 年，销售卷烟 28.18 万箱，实现税利 34.97 亿元。市烟草专卖局被评为“第十二届安徽省文明单位”。

【市场监管】 2020 年，市烟草专卖局实施“智能数采、深度研判、精准打击、联合作战”的“云端”打击模式。强化信息化建设，开展情报收集、检索，建立涉案数据库；明确市、县两级稽查队伍工作职责，组织开展云网 2020、夏季夜间市场清理、“金秋利剑”等专项整治行动和年底市场监管攻坚战。全市累计查获各类涉烟案件 2445 起，同比增长 5%。其中，完成国标网络案件 8 起，省标网络案件 2 起。查获违法卷烟 2222 万支，同比增长 9.3%，其中查获和物流寄递违法卷烟 1330 万支，占全省查获量比重 57%；全市查获总案值 2229 万元。

建立完善烟草公安打击涉烟刑事案件专项机制、烟邮专项协作机制，参与区域间市场监管联盟、打假互动协作、大要案协作机制。设立大要案件奖励基金，出台烟草专卖管理办案经费管理办法，加强网络案件办理进度考核。推进稽查支队实体化运作落地，督导各单位网络案件办案进度、参与协助基层办案。

【扶贫助困】 2020 年，市烟草专卖局向困难员工家庭捐款 2.54 万元；向夏季洪灾受灾群众捐款 1.45 万元，捐赠物品 0.15 万元，捐赠各类衣服 1073 件；向 9 户贫困户捐款捐物 0.64 万元；慰问肥东县企业困难职工捐款 0.74 万元。向庐江县捐款 0.67 万元、肥东县捐款 0.73 万元，支持全县疫情防控工作；为巢湖市沿河村遭受洪涝灾害的困难群众捐赠扶贫救灾专款 4 万元。给长丰县“六一儿童节、教师节”慰问活动捐赠 0.6 万元；向庐江县郭河镇乡村学校少年宫捐赠 0.5 万元美术、体育等用品。

2020 年 7 月 1 日，合肥市蜀山区烟草专卖局（营销部）在公益活动中细心为市民讲解真假烟识别技巧（汪月香／摄）

结对帮扶巢湖市夏阁沿河村、大庙村党建活动室 4.8 万元、便民大厅建设 4.8 万元。

（千 操）

燃油销售

【概况】 中国石油天然气股份有限公司安徽合肥销售分公司（以下简称“中石油合肥分公司”）托管安徽合肥中油顺达利石油有限公司、巢湖中油金丝柳石油有限责任公司两家控股公司，托管控股公司合肥长江石油有限责任公司下属广德路油气合建站、东陈岗加油站、南天加油站，有并表加油站 91 座，其中在营运加油站 88 座，分布在合肥市区和四县一市。2020 年，中石油合肥分公司实现销售总量近 49 万吨，市场占有率 35%。

2020 年，中国石化销售股份有限公司安徽合肥石油分公司（以下简称“中国石化合肥分公司”）在合肥市区及市辖四县一市有加油（气）站 161 座、易捷便利店 159 座，所辖肥西油库、巢湖油库年吞吐量 334 万吨，担负合肥、巢湖、六安部分地区等地成品油供应任务。全年销售成品油再超百万吨。

【油品营销】 2020 年，中石油合肥分公司突出市场导向，通过强化客户维护、精准营销、深挖市场潜力、提供增值服务等四项措施，完成直批销量任务。针对合肥市重大项目集中开工、引江济淮工程等项目，安排专人落实跟踪，率先尝试打破区域市场开发限制，客户经理凭个人能力自由开发新客户。零售市场以效益为目标，以“稳价”为基础，采取汽油到位价、柴油适当促销的策略，抓高质量营销。紧贴市场运行，“提汽稳柴”营销理念贯彻始终。精选可营销站点，利用线上线下多种宣传渠道、短期高折扣营销、隐形促销等多种方式。拓展非油业务，提升非油销售能力。通过销售奖励、每周“喜报”的方式，鼓励员工参与销售。在综合汽服项目上，以站外汽服合作的形式实现汽服业务发展。

中国石化合肥分公司以客户为中心开展各项营销活动，创建“一”起来嗨营销品牌，充值送礼，与中国工商银行、徽商银行等大型企业合作，开展充值优惠活动。在抗击疫情期间，推广“一键加油”等无接触式支付方式，减少人员接触，让客户安全放心消费。通过挖掘内部潜力，做好客户服务，对高标号汽油销售站点进行梳理，优化加油枪布局，提高对各加油岛前车位利用率，减少加油站排队现象。农忙季节合理调度资源，油品优先供应到市辖四县，在加油站开辟绿色通道，保障农机随到随加，设立惠农加油站，农机加油给予优惠，增派小油罐车直接送油到田间地头，确保农业用油。继续开展加油站服务功能，在原有综合服务平台建设的基础上寻找非油合作新业态，疫情期间，为解决客户和农户的后顾之忧，开通“安心购菜”业务，加强与地方企业的合作，打造地方特色商品专营店，开展汽车销售业务。挖掘网络和客户优势，增强线上线下互动，满足客户多元化需要，随着 5G 时代的到来，打造智能供应、智能运营和智能消费的线上线下一体化平台。开展“美丽星期一”活动，做好加油站标准化建设工作。利用周一对加油站进行卫生大扫除，开展物品定置整治活动，为客户营造温馨舒适、环境整洁的消费环境。继续开展“神秘客户”制度，加强对加油站服务的监督，每月邀请第三方机构对加油站进行暗查，对服务质量倒数的加油站从重处罚。定期开展媒体开发日、公众开放日活动，邀请媒体和社会人士进油库或

2020年3月5日，中石油合肥分公司组织机关女员工到加油站开展疫情防控志愿服务，为战"疫"贡献巾帼力量 （杨 蕾/摄）

加油站参观，了解中石化，聘请名行风监督员对工作建言献策，改进工作方法，通过公众监督提高服务质量。强化客户投诉处理。在加油站醒目位置张贴监督电话，每周对加油站的服务进行点评，落实专人对客户投诉情况进行登记、处理、反馈，加强对"12345"政府服务直通车的管理和维护，对发生每一起投诉，及时给予反馈实行投诉处理闭环管理。推出各类公益活动。在加油站设置爱心驿站，为环卫工人送温暖。24小时为环卫工人提供免费茶水、绿豆汤、加热饭菜、小药箱等服务，有效解决环卫工人饮水、避暑、休息等难题。

（彭怡平 丁贞荣）

盐 业

【概况】 2020年，合肥市盐业有限公司（以下简称"市盐业公司"）全年累计销售食盐57500吨，其中小包装食盐销售32300吨，截至年底，全市库存盐品总量为5600吨，其中小包装食盐3400吨，大包装盐2200吨。

2020年，市盐业公司响应号召为抗疫捐款8880元，为病患孤儿捐款9990元，参加安徽省直单位定点帮扶成果展暨全省优质特色扶贫产品展示展销会，购买新疆和田地区皮山县特色农产品。

【市场管理】 2020年初，新冠疫情期间，市盐业公司成立疫情防控工作领导小组，启动《合肥市盐业公司食盐供应应急预案》，保证食盐市场有效供应和价格稳定，满足市民正常用盐需求，组织资源，足额安排食盐储备，提高应对食盐市场异常波动的能力，防止发生食盐抢购；与地方政府主动对接，接受任务，调运食盐10961吨，销售食盐10192吨，确保食盐市场供应，展现国企担当责任，受到社会好评，取得抗疫保供战的胜利。

（合肥市盐业有限公司）

责任编辑：鲍 甄

交通邮政

综 述

【概况】 2020年，面对疫情汛情的双重冲击，合肥市交通系统实现交通固定资产投资逆势增长（全年完成投资121.31亿元，同比增长31.77%）、公路客货运周转量增速全省第一（同比增长3.86%）。

【抗疫抗洪】 2020年，合肥市交通运输局（以下简称“市交通局”）面对疫情建立健全全系统防控组织体系，组织公路、水路、航空、铁路疫情防控网，严防境外疫情输入。按照“一断三不断”“三不一优先”要求，落实防控物资运输绿色通道和免费政策，建立交通运输应急保障队伍，保障运输通畅，护航企业复工复产。全年向武汉运送援建人员3363人次、各类防疫应急物资8580吨；转运援鄂医疗人员返皖1362人、外籍人员入境2095人次；开展农民工返岗包车1362台次，运送人员33011人次。面对汛情，全市交通运输系统启动防汛Ⅰ级应急响应机制，保通保畅保安全，出动人员1.76万人次、机械设备及车辆6329台次，调运防汛物资2820吨，抢通保畅公路1018条1282千米，确保水退路通。推进灾后重建工作，实施公路灾毁恢复重建工程，683千米灾后重建项目开工329千米，完工210千米。

【交通规划】 2020年，市交通局启动交通强国战略试点，《合肥港总体规划（2035年）》获部省批复，《兆西河通江一级航道规划》通过市规委会审查，《合肥市交通基础设施国土空间控制规划（2019—2030）》《合肥市高速公路系统规划》《合肥都市圈区域交通一体化规划》编制完成，《“十四五”交通运输发展规划》完成中期成果。

【基础设施建设】 2020年，市交通局开工建设合肥市首条自建高速公路（明巢高速），合肥绕城高速南淝河路互通和G3京台高速郭河互通及蜀山互通收费区扩建项目完工，推进德上、岳武、合六叶等高速项目建设，实施144千米高速公路、11个互通立交等项目前期工作。国省干线公路建设全市铺开，全年建设里程达259千米，S260新合蚌路肥东段、S231庐桐路、G346巢庐路建成通车，推进G329合相路、S366合六南通道、G206合淮路吴山至南岗段等工程建设，同步实施G330国省干线文明示范公路创建93.6千米。启动引江济淮桥梁建设，推进裕溪一线船闸扩能工程、危化品码头迁建工作。

【运输保障】 2020年，受疫情影响，合肥市完成公路客运量3355万人次、旅客周转量28.56亿人千米，同比分别下降49.58%、50.18%；公交和轨道交通分别完成客运量3.24亿人次、1.95亿人次，同比分别下降41.97%、增长8.49%。轨道5号线南段开通运营，轨道交通实现“4线联运、9线在建”。全面巩固城乡公交一体化成果，全市具备条件的建制村全部实现通硬化路、通客车。新改建公交站亭2291座，公共出行条件得到改善，合肥市被交通运输部评为“国家公交都市建设示范城市”。完成公路货运量3.92亿吨、货运周转量363.6亿吨千米，同比分别增长3.71%、4.75%；完成港口吞吐量3611.5万吨、集装箱吞吐量37.07万标箱，同比分别下降31.7%、4.0%；完成铁路货运量274.7万吨，同比增长19.12%。合肥中欧班列发运568列，同比增长35.2%，居全国第八位、长三角地区第二位。邮政行业发展迅速，全年完成业务总量207.82亿元，同比增长38.73%，合肥市再获评“中国快递示范城市”。

【行业管理】 2020年，市交通局推进综合行政执法改革，《合肥市深化交通运输综合行政执法改革实施方案》获市委市政府批准，合肥市交通运输综合行政执法支队挂牌成立。推进“放管服”改革，提升

2020年9月30日，市交通运输综合行政执法支队成立 （市交通局/供）

政务服务质效，164个政务服务事项实现“全程网办”，6类交通运输电子证照在长三角地区实现互认应用。持续开展道路客运市场各类专项整治行动，全年行政立案4812起。实行共享单车市场总量控制，出台《合肥市共享单车服务质量考核办法（试行）》，行业管理取得成效。强化超限治理能力，县（市）专职路警联合治超队伍组建成立，市联网治超管理系统二期开工建设。全年查处超限车辆6641台次、源头单位27户、非法改装车辆358台次，吊销从业资格证252本、车辆道路运输证333本。推进安全生产专项整治三年行动，建立问题隐患和制度措施“两个清单”，排查整改安全隐患2242处。开展长江（合肥）经济带船舶和港口污染防治专项整治，完成中央环保督察反馈意见整改任务，建成7个小型大气标准监测站，完成311艘100—400总吨运输船舶生活污水防污改造。

【平安交通】 2020年，市交通局组织安全督查检查1497次，排查整改安全隐患2242处，下达隐患整改通知书442份，投入隐患整改资金817.8万。查扣非法营运车辆1125台、非法班线车辆63台、异地营运出租汽车62台，查处其他道路运输违法经营行为1545起，罚款1445.88万元。开展巡航7759航次，检查船舶29190艘，实施行政处罚1229例，罚款507.5万元。

（张黎明 仇 垲 严从林 霍雨佳 宋博荃）

公路建设与管理

【概况】 截至2020年底，合肥市国省干线公路36条，总里程1811千米（其中一级公路756千米），包括G206、G312、G329、G330、G346等5条国道，计529千米；省道31条，计1282千米。

2020年，合肥市实施国省干线建设项目19个，新改建公路259千米，全年完成投资额33.2亿元。其中：建成通车项目5个72.31千米，分别为：G346巢庐路（盛桥至庐城段）、S260新合蚌路肥东段、S231庐桐路、S311乌曹路一期、长丰县S327蒙城北路至老合淮路（金梅路、江汽大道）。持续推进项目3个61.45千米，分别为：G329合相路（塘林至双枣段）、S319军二路（泉水至黄姑）、肥东县S232汤池大道。新开工项目11个125.25千米，分别为：G206吴山至滁河干渠段、G329合相路（护城至大张段）、G329合相路（小普至定远段）、G329西大路（柘皋段）、G329西大路（庙岗段）、G329柘皋至夏阁段、S260新合蚌路（新站区段）、S366合六南通道、S351盛同路（盛桥至白山段）、S311乌曹路二期、肥东县S227岱河路至魏武路。

【国省干线公路养护】 2020年，合肥市实施国省干线公路养护项目15个，养护维修总里程79.19千

2020年11月13日，省道319线军二路（泉水至黄姑段）改建工程现场 （市交通局/供）

米，总投资2.46亿元，其中路面修复与预防养护项目10个，公路桥梁安全防护项目1个（31座）；桥梁预防养护项目1个（54座）；桥梁修复养护项目1个（2座）；灾害防治工程2个。截至2020年底，庐江S330湖铁路、G346上安线、肥西G330洞合线、S230蒿紫路、G206威汕线、巢湖S218巢高路路面修复工程以及桥梁安全防护项目、桥梁修复项目、肥东S104合宣路路面修复工程、桥梁预防养护项目、G329舟鲁线、S451襄庐路灾害防治工程、S102合阜路路面修复工程完工；推进长丰县S230蒿紫路、巢湖市S104合宣路路面修复工程。

【农村公路建设与管理】 2020年，市交通局“提标扩面”实施农村道路项目建设，完成农村道路项目总里程1200千米，完成投资约30亿元。“十三五”以来，实施农村道路建设项目1.23万千米（含民生工程建设项目5046千米），完成投资约200亿元；全市所有乡镇通达二级公路，所有行政村（农村社区）和较大自然村（20户以上）通达四级或四级以上水泥（沥青）路、且具备双车通行条件。

“四好农村路”建设。推进农村公路高质量发展，“四好农村路”建设纳入省、市2020年度民生工程。肥东县被省交通运输厅、农业农村厅、扶贫办命名为安徽省“四好农村路”示范县；肥东县马店路，肥西县柿树至界河路，庐江县汤池至柯坦路，长丰县桃花大道至陈圩公路、义井路等5条路被省交通运输厅认定为农村公路品质示范路。

农村公路管理。推进农村公路三级“路长制”工作，四县一市、73个乡镇以及1146个建制村设立路长，县、乡两级均成立路长办公室，招募407名乡村道路专管员，县乡两级完善乡村公路养护管理规章制度，建制村均制定相应的村规民约。市、县两级对全市农村公路开展监督检查1100余次，巡查里程累计2.3万千米，依法查处违法超限车辆826台，卸载超限吨位2.12万吨，罚款1148.6万元；集中开展法制宣传活动3次，悬挂宣传条幅130多条，散发法律法规手册及宣传单3200余份，设置咨询台12处，出动宣传车辆130多次。

农村公路养护。完成农村公路养护工程520.38千米，累计投资约2.43亿元，除在建道路外，对全市农村公路实施全面日常养护，累计投入日常养护资金约0.72亿元；完成农村公路安全生命防护工程924.9千米，总投资约0.83亿元。

【高速公路建设】 2020年，合肥市域高速公路总里程479.74千米，有12个路段、32个出入口、10个服务区和8个枢纽。

续建工程：G3W德州至上饶高速公路合肥—枞阳段（合肥境内42.4千米）、G42S上海至武汉高速公路无为—岳西段（合肥境内62.5千米）、S09明光—巢湖高速公路合肥段50.254千米，进行规模化施工。G40（G42）合六叶高速公路合肥至大顾店段改扩建工程，合肥市域内38.5千米，将全线由4车道扩容为8车道高速公路，进行规模化施工。

前期工作项目：S14合肥至周口高速公路滁州至合肥至寿县（保义）段（即沪陕高速复线）高速公路主线86千米及S1411［S14与G40（G42）］连接线14千米，完成设计招标、路线方案确定工作。S11巢黄高速公路巢湖至无为（石涧）段（合肥境内23.9千米）完成设计招标工作。S32宣城至商城高速公路合肥至霍山至皖豫界限段、无为至巢湖段（合肥境内分别为8.74千米、7.62千米）完成设计招标工作。

（张黎明　仇　垲　严从林　霍雨佳　宋博荃）

公路运输与管理

【概况】 2020年，受疫情影响，合肥市全年完成公路运输客运量0.34亿人，旅客周转量28.56亿人/千米，同比分别下降49.58%，50.18%。市交通局开展旅游客运记分考核、城市公交服务质量考核、轨道交通运营安全检查、客运行业安全生产标准化建设等工作。按照“同线同向进同站、顺向发班，减少旅客出城时间”的原则，推动站场资源调整，关停旅游汽车站，对西站中心站、客运总站进站车辆进行调整，缓解市区交通拥堵，提升行业服务水平。

全市城市公交和轨道交通分别完成客运量3.24亿人次、1.95亿人次。轨道5号线南段开通运营，轨道交通实现“4线联运、9线在建”。巩固城乡公交一体化成果，全市具备条件的建制村全部实现通硬化路、通客车。

全市完成货运量3.92亿吨，货物周转量363.60亿吨千米，同比分别增长3.71%，4.75%。严格危险货物运输市场准入，强化车辆动态监管及安全隐患排查，危货运输安全生产风险持续降低。强化治超抄告后续处理，严格落实“一超

2020 年合肥市底农村公路里程到达数明细表

表 1: 单位：千米

县市	行政等级	合计	技术等级					路面类型			
			一级	二级	三级	四级	等外	沥青砼	水泥	沥青碎石	未铺装
合肥市	总计	18908.76	69.53	915.94	2525.56	15397.82	0.00	4250.22	14658.18		
	县道	2431.36	67.62	684.22	1291.00	388.51		1989.80	441.56		
	乡道	5271.15	1.91	107.32	909.54	4252.38		1410.29	3801.96		
	村道	11206.25	0.00	124.39	325.02	10756.93		849.08	10415.72		
肥东县	合计	3769.73	15.94	217.32	480.47	3056.00		821.24	2948.49		
	县道	651.31	15.94	179.05	251.25	205.08		498.70	152.61		
	乡道	938.22		16.06	121.00	801.16		165.78	772.45		
	村道	2180.19		22.21	108.22	2049.76		156.76	2023.43		
肥西县	合计	3179.92		15.87	533.66	2630.39		553.07	2626.86		
	县道	406.05		15.87	317.32	72.86		251.88	154.17		
	乡道	899.12			173.48	725.64		221.60	677.52		
	村道	1874.76			42.86	1831.90		79.58	1795.17		
长丰县	合计	3696.17	31.92	345.18	432.47	2886.70		915.04	2781.13		
	县道	495.21	30.01	299.12	144.93	21.15		426.20	69.02		
	乡道	1282.41	1.91	35.62	232.73	1012.15		346.67	935.74		
	村道	1918.55		10.45	54.81	1853.39		142.18	1776.37		
庐江县	合计	4700.45	21.67	138.00	505.24	4035.53		952.81	3747.65		
	县道	420.42	21.67	62.24	296.85	39.66		407.90	12.51		
	乡道	1268.81		52.84	169.91	1046.06		353.38	915.43		
	村道	3011.22		22.93	38.48	2949.81		191.52	2819.70		
巢湖市	合计	2382.13	0.00	73.68	377.90	1930.55		451.58	1930.55		
	县道	358.90		70.88	262.41	25.61		333.29	25.61		
	乡道	510.80		2.80	115.49	392.51		118.29	392.51		
	村道	1512.43				1512.43			1512.43		
瑶海区（含新站区）	合计										
	县道										
	乡道										
	村道										
庐阳区	合计	207.74		37.73	6.50	163.51		93.87	113.87		
	县道	37.73		37.73				37.73			
	乡道	56.14			6.50	49.64		56.14			
	村道	113.87				113.87			113.87		
蜀山区	合计	406.34		71.52	73.16	261.65		134.47	271.51		
	县道	24.76		2.71	4.84	17.22		2.62	22.14		
	乡道	60.61			6.79	53.82		33.97	26.29		
	村道	320.97		68.81	61.54	190.62		97.88	223.09		
包河区	合计	215.31			58.56	156.75		170.58	44.73		
	县道										
	乡道	58.56			58.56						
	村道	156.75				156.75		170.58	44.73		
高新区	合计										
	县道										
	乡道										
	村道										
经开区	合计	293.85	0.00	16.63	39.09	238.13		135.41	158.44		
	县道	36.97		16.63	13.40	6.94		31.47	5.50		
	乡道	174.33			6.57	167.76		92.30	82.03		
	村道	82.55			19.12	63.43		10.58	71.97		
安巢经开区	合计	57.12			18.51	38.61		22.16	34.96		
	县道										
	乡道	22.16			18.51	3.65		22.16			
	村道	34.96				34.96			34.96		

四罚”，全年吊销违法违规超载货运车辆《道路运输证》255本。

【出租汽车管理】 2020年，市交通局深化巡游出租汽车行业改革、推进纯电动车推广应用，网约车行业保持稳定发展态势，全年新许可平台10家，发放从业资格证8898人本、车辆许可证7650本。截至年底，累计许可平台41家、62202人取得巡游或网约车从业资格、24447台车辆取得许可。合肥市网约车许可进度、订单双证合规率继续位居全国中心城市前列。

【机动车维修(检测)管理】 2020年，全市有汽车综合性能检测站23家、一类维修企业115家、二类维修企业259家。市交通局按照三类许可取消、一二类许可改备案的简政放权新要求，落实道路运输车辆技术管理规定，强化行业事中事后监管和行业诚信体系建设，推进绿色维修试点、货运车辆检验检测改革、机动车维修电子健康档案、“汽车维修质量服务月”等工作，组织参加各类维修技能竞赛，行业整体服务水平实现提升。

【驾驶员培训管理】 2020年，合肥市区（不含四县一市）有驾校74所，其中7所驾校停业，13所驾校暂停招生，54所驾校正常运营。74所驾校有教练场地123处、教练车3225台，年培训能力为23.2万人。受疫情影响，2020年实际培训人数8.75万人，同比下降33%。市交通局适应考训改革和行业管理顶层政策的变化，在行业服务管理模式上求新谋变，推进考训系统对接，推广计时培训，强化培训过程动态监管，从严治理违规行为，驾培行业管理水平和培训质量实现提高。

【市场监管】 2020年，市交通局坚持“标本兼治、部门联动，区域协作、打管并举”的工作思路，保持行政执法的高压态势，多次组织开展非法客运、异地营运出租汽车、旅游客运市场、新桥机场道路运输市场、网约车市场等专项整治行动，道路运输市场稳定发展。全年立案行政案件2892起，其中非法客运1222起，本地出租汽车违章案件1031起，外地出租汽车异地营运53起，客运违章案件91起，营运车辆不按规定检测案件158起，驾培违章案件251起，货运违章案件86起。坚持以打促规，强化网约车行业监管，治理违规派单等不合规经营行为，全年对网约车平台立案396起。

（张黎明 仇 垲 严从林 霍雨佳 宋博荃）

内河航运与管理

【概况】 2020年，合肥市完成港口吞吐量3611.5万吨，同比下降31.7%；完成集装箱吞吐量37.07万标箱，同比下降4%；完成水运建设投资36.8亿元（其中引江济淮水运部分完成投资32.2亿元），较2019年增加5.8倍。截至2020年底，全市航道总里程704千米，其中通航里程478千米，四级以上高等级航道里程220千米；规划港口岸线总长35.97千米，利用岸线11.7千米，码头46座、泊位122个（其中千吨级泊位74个），年综合通过能力5700万吨、60万标箱；拥有港口码头经营企业（人）31家，其中港口危险品企业6家；拥有水路运输（服务）企业71家，在册营运货船1931艘、297万净载重吨，客船85艘、1524客位。

【港口航道建设】 2020年，《合肥港总体规划（2035年）》获得交通运输部和安徽省人民政府联合批准。完成兆西河通江一级航道预可行性研究及有关专题研究。完成大兴集危化品码头搬迁规划选址；裕溪一线船闸扩容改造工程按计划正在建设；开工建设合肥派河国际物流园港区（合肥外贸综合码头工程）项目一期工程、巢城港区二期工程。安徽中港港口公司综合物流码头、店埠河冷板项目配套码头工程、中国物流合肥基地店埠河水陆联运综合码头工程建成并投入运营；马家渡航行锚地工程、合裕线散兵支线航道维护工程完工，通过竣工验收并投入使用。

【内河航运】 2020年，合肥市内河航运完成货运量7432万吨，同比增长19.31%，货物周转量3031753万吨·千米，同比增长13.12%。旅客运输量完成34万人，同比减少12.82%；旅客周转量199万人·千米，同比下降13.1%。完善全市港航企业信用“红黑名单”评审工作，全年17家港航企业列为红名单。

【港口航道管理】 2020年，巢湖港务公司等6家码头32套岸电设施改造全部完成并投入使用，完成年度建设任务；根据《合肥市大气污染防治科技支撑实施方案（2019—2021年）》要求，合肥市7个港口大气小型标准监测站全部建设完成；开展码头地面冲洗水、初期雨水收集处理设施建设，

2020年，合肥港南淝河港区三汊河作业区 （市交通局/供）

合肥集装箱码头、大兴集危险品码头、巢湖港务码头、巢湖中粮码头、巢湖港务钓鱼台码头、巢湖欣达码头及中石油钓鱼加油船等7家码头按要求完成码头地面冲洗水、初期雨水收集处理设施的建设整改。

【船舶船员检验管理】 2020年，市交通局完成船舶检验发证2874艘次，营运检验船舶2256艘次，船舶登记3139件次；完成新版船舶最低安全配员证书换发721件；完成船员有效违法记分891例；对451艘长期从事合肥港辖区内运输的400吨以下的货运船舶加装生活污水装置，基本达到全覆盖。截至年底，全市注册内河船员11689人，二类、三类持证船员5109人，备案内河船员服务机构9家，内河船员培训机构1家。

【水上交通安全】 2020年，市交通局编制《合肥市危化品船舶安全监督规定》，撤销4道渡口，全市在册渡口14道、渡船14艘；以“平安交通三年攻坚行动”为主线，开展船舶证照、超载、船舶配员、防污染等系列专项行动，全年出动执法人员2.6万人次，排查整改一般隐患和问题668项；处罚各类违法行为1303例。发布预警信息92次，处置突发事件112起，应急救助18起（其中救助船舶15艘次，救助人员49人次），水上交通安全形势保持稳定。

（戴玉麟）

铁路建设与运营

【合肥火车站】 2020年，中国铁路上海局集团有限公司合肥站管辖合肥站、合肥南站、蜀山东站、肥东站、全椒站、合肥北城站、无为站、长临河站、巢湖东站、长安集站、金寨站、南分路站、独山站、巢北站、天堂寨站、黄庵站、墩义堂站、柘皋站、罗岗线路所、合肥南线路所、合九线路所、胡庄线路所、大力寺线路所及铁欣公司，有职工992人，截至年底连续安全生产4976天，实现第十三个安全年。受疫情影响，2020年合肥站完成运输收入38亿元，恢复到2019年的68.4%，旅客发送3256万人，恢复到2019年的67.5%。

【合肥货运中心】 2020年，合肥货运中心与合肥市政府、合肥国际内陆港发展有限公司以及相关企业对接，加强中欧班列运输组织，先后开行“康宁号”“江淮号”“奇瑞号”“美的号”“美菱号”等多个去向、不同品类的定制专列，产品包括冰箱、冰柜、轿车、液晶显示屏、光伏逆变器等，开行线路累计增至33条直达10个国家35个节点城市。11月12日，合肥中欧班列第500列发车仪式在合肥北站物流基地举行，全年合肥中欧班列累计开行568列，同比增长54.4%。合肥货运中心响应国家运输结构调整规划，主动承接“公转铁”“水转铁”等运输结构调整任务，推进国际箱、标准箱和特种箱集装箱运输，联手宁波港、芦潮港、北仑港，打造铁海联运货运品牌。2020年铁海联运集装箱发送突破3万国际标准箱单位（TEU），敞顶特种箱发送量达0.32万TEU，全年集装箱发送14.52万TEU。“公转铁”项目运量367万吨。

【合肥车务段】 2020年，合肥车务段管辖正线运营里程913.8千米，58个车站、3个线路所，其中淮南线运营里程195.3千米，15个车站、2个线路所；合九线运营里程272.4千米、安庆支线41.2千米，23个车站；宁西线运营里程122.1千米，6个车站、1个线路所；庐铜线运营里程107.7千米，6个车站。全年旅客发送完成817.76万人，计划完成率114.1%。京港高铁合安段12月22日正式开通运营，北起合肥市，向南经肥西、舒城、庐江、桐城、怀宁等市县，终至安庆市，线路全长163千米，设计时速350千米，设7座车站。各站融入地方文化特色，其中肥西、舒城东、庐江西、桐城东、桐城南站5个车站均实施“验检合一”的模式。

【合肥工务段】 2020年，合肥工务段推进“五位一体”标准化规范化建设，修订49个部门、249个岗位安全生产责任制，建立1段+12个科室+11类车间+26类班组考评标准体系，修订作业指导书13本193项。以双重预防机制防风险、除隐患，先后开展安全隐患大排查大整治、普铁外部环境整治等11项专项整治活动，处置各类水害49处。全年先后精调和接管合杭、合安高铁、水淮疏解线，介入和精调宁西及合九外绕线，介入、精调、接管新线数量创历史新高。完成宁安客专达速整治，实施设备大维修改造，开展暑期设备和站专线设备专项整治、防洪及隧道隐患排查整治、标准化站场及“双优”设备创建等活动。全年完成桥涵大修16项、路基及防洪整治工程29项，拓展外委市场，完成其他业务收入1.8亿元，利润1500余万元。全年完成科研课题计划申报5项，结题验收1项，获集团公司科技进步奖、成果奖各1项，征集QC成果14篇、合理化建议210条。

（江　深　张暮雨　戴茂征）

合肥站2020年主要指标完成情况表

表2:

项目	计量单位	预期值	实际完成	完成率（%）	上年完成	比上年增减（±%）
运输收入	亿元	33.2	38	114.4	55.6	-31.6
旅客发送	万人	2841	3256	114.6	4827	-32.5

合肥货运中心2020年度主要指标完成情况

表3:

项目	计量单位	预期值	实绩	完成（%）	上年完成	比上年增减（±%）
运输总收入	万元	82900	91446.18	110.3	78903.49	15.9
货运收入	万元	73700	79762.59	108.2	69751.74	14.4
装车数	车	131760	138773	105.3	123206	12.6
卸车数	车	383000	451406	117.9	408309	10.6
发送吨	万吨	592	606.88	102.5	557	9.0

合肥车务段2020年主要经营指标完成情况表

表4:

项目	计量单位	预期值	实绩	完成（%）	上年实绩	比上年增减（±%）
旅客发送量	万人	717	817.76	114.1%	1231.6	-33.6%
客运收入	万元	70000	79800	114.0%	111900	-28.6%
旅客票价人均收入率	元		93.6		87.5	+6.9%
中时	小时	3.2	3.2	100%	3.2	0
停时	小时	19.7	19.7	100%	19.7	0
每办理辆数调车及运转直接费支出	元/辆	2.36	1.58	149%	2.37	+33%
普铁运输人日均换算列车次数	次/人	12.11	12.24	101%	12.33	-0.7
单位换算办理车辆数综合能耗	公斤标煤/千辆	477.00	322.59	68%	478.59	-32%

航空运输与管理

【概况】 2020年，合肥机场完成旅客吞吐量859.4万人次，同比下降30.0%，货邮吞吐量87505.6吨，同比增长0.5%，运输航班74391架次，同比下降21.4%，合肥机场客运恢复率高出全国机场平均6.6个百分点，旅客吞吐量排名上升两位。自2月4日起陆续恢复并保持合肥—深圳、河内、芝加哥3条定期全货机航班的稳定运行，新增合肥至北京大兴全货机航班，引进两家物流集成商设立转运中心。全年保障“客改货”航班116班，保障出口防疫物资6433.6吨，为稳定全省供应链和畅通防疫物资运输通道提供支撑。

【航空安全保障】 2020年，合肥机场安全管理体系建设持续改进，“三基”建设成果持续巩固。集团公司在民航华东管理局航空安全责任年度考核中再获最高评级优秀等次。合肥机场以高分通过“平安民航”建设考核，名列华东地区第二名。合肥机场以80.25%的高符合率通过局方航空安保审计，全年放行正常率达92.09%，同比提高5.1个百分点。开展安全专项整治三年行动和企业法定自查，责任区鸟击同比下降56%。阳光半岛4栋超高建筑物完成拆降。完成机场应急救援综合预案及20个专项预案修编，制定隐患治理制度并完成内部审核。完成危险品安全管理体系和危险品货物航空运输信用管理体系试点建设及行业验收。

【基础设施建设】 2020年，合肥机场推进机场改扩建工程前期工作，完成项目可研报告编制和上报，抓住政策“窗口期”，完成专项债申报和航站区土地预审工作。新建二期货运站工程竣工验收，完成投资约8926万元。机坪改扩建项目开展不停航施工，完成投资约1.1亿元。

【东航安徽分公司】 2020年，东航安徽分公司执管A320（空客320）飞机19架，在合肥、重庆、长春三地分别投放13架、5架和1架运力，平均飞机在册日利用率5.89小时。载运率70.03%，客座率74.12%，安全飞行4.57万小时/2.00万架次。完成运输飞行时间4.56万小时，总周转量3.17亿吨千米，旅客运输量229.13万人次，货邮运输量1.64万吨。其中，合肥地区始发航班旅客运输量77.40万人次，货邮运输量0.60万吨。

【航线】 2020年，东航安徽分公司执飞航线66条（其中合肥出港的航线共38条），国内航线61条，国际航线5条。国内航线（包括港澳地区航线和两岸定期航班）有：合肥—台北、合肥—香港、上海—香港、合肥—北京、合肥—西安、合肥—西宁、合肥—银川、合肥—榆林、合肥—兰州、合肥—上海、合肥—厦门、合肥—青岛、合肥—成都、合肥—重庆、合肥—昆明、合肥—广州、合肥—桂林、合肥—三亚、合肥—海口、合肥—乌鲁木齐、合肥—大连、合肥—呼和浩特、合肥—鄂尔多斯、合肥—南宁、合肥—威海、合肥—烟台、合肥—和田、合肥—汕头、合肥—哈尔滨、合肥—长春、合肥—长白山、合肥—满洲里、合肥—博鳌、合肥—太原、合肥—湛江、合肥—珠海、合肥—遵义、上海—天津、上海—厦门、上海—南昌、上海—福州、上海—烟台、上海—三亚、上海—深圳、上海—长沙、上海—桂林、上海—珠海、上海—南宁、上海—沈阳、上海—长春、上海—大连、上海—哈尔滨、上海—昆明、上海—成都、上海—重庆、上海—西安、上海—兰州、重庆—昆明、重庆—太原、重庆—北京、重庆—黄山；国际航线有：上海—曼谷、上海—清迈、上海—济州、合肥—曼谷、合肥—甲米。

合肥新桥国际机场 （吴小黎/摄）

【安全生产】 2020年，东航安徽分公司全面落实安全生产责任，持续加强安全体系建设，通过强化系统管控，完善安全管理制度，增强安全保障能力，确保分公司良好的安全生产态势。全年未发生事故征候及以上不安全事件，保证飞行、空防、航空地面安全和地面安全，实现安全飞行36周年、2020安全年以及飞行、机务系统“连续10年以上无事故征候”记录。

【合肥空港经济示范区建设】 2020年，合肥空港经济示范区内开工新建或改造道路17条、总长约38.4千米，十字型路网骨架形成。启动区两纵两横四条道路及长岗安置片区内部道路建成通车。依托新桥机场供水泵站建成启动区75千米主供水管网。开工建设110千伏空港变和空港供水泵站工程。建成天然气管道70千米。建成长岗、高刘污水处理厂，建成污水管网77千米、雨水管网80千米、电力排管49千米、10千伏公网线37千米、变电站及开闭所9个、燃气调压站1个、供水泵站1个。

（管大龙 唐经纬 李春山）

城市公共交通

【概况】 2020年，合肥市推进公交优先发展战略，加大政策和资金扶持力度，发展城市公共交通。截至年底，市区公交车辆数6314台（折合8094.1标台），运营线路285条，运营线路总长4710.5千米，线网总长1989.2千米。全年公交运营里程达2.17亿千米，累计完成客运量3.246亿人次，日均客运量88.69万人次。全市有公交保养场12个，首末站240个，停靠站5699个，停保场总面积约62.8万平方米，首末站总面积达到66.071万平方米，公交车进场率达100%。建成公交专用道17条，中心城区公交站点500米半径覆盖面积覆盖率达100%。

【国家公交都市建设示范城市】 2013年11月，合肥市成功入选国家“公交都市”建设示范工程第二批创建城市，并提出建成“以轨道交通和快速公交为骨架、常规公交为主体、慢行交通系统为末端衔接”的城市公共交通客运体系，构建设施完善、管理规范、服务优质、保障有力的国内一流公交都市。围绕创建目标，合肥市组织编写《合肥市公交都市创建实施方案（2014—2018）》，以“政策规划先行、公共交通线网完善、公交一体化整合”等十大工程为抓手，推进公交都市创建工作。经过5年多时间的努力，合肥公交都市各项创建目标均实现。2020年9月，合肥市被交通运输部正式授予“国家公交都市建设示范城市”。

2020年8月，合肥公交集团北城停保场启用 （李克武／摄）

【公交线路拓展及线网优化】 2020年，合肥市结合轨道施工、公交专用道和枢纽场站建设、实施城乡一体化等，拓展优化公交线网布局。全年新开公交线路21条，线路总长增加95.9千米，线网总长增加95.6千米，其中新开城乡线路3条，加强肥东、长丰等区域与市区的公共交通联络；新开微循环线3条，实现微循环公交服务规模化；新开直达快线1条，满足四里河片区居民快速出行需求；新开城际公交线路1条，实现寿县蜀山现代产业园至客运西站的连通，加速合肥都市圈和合淮一体化建设、城乡公交一体化进程。优化调整公交线路171条次，促进与轨道交通网的融合。开通定制公交线路22条，为疫情下的高校复学、企业复工以及日常区域间长距离快速出行提供服务。截至2020年底，合肥市快速公交线路8条、干线公交线路60条、支线公交线路113条、微循环线14条、夜间线7条、旅游线路1条、城乡公交线路16条、特色线路37条、定制公交线路72条，辐射范围东至肥东桥头集镇、西至肥西金桥乡、南至肥西花岗镇、北至长丰下塘镇，多元化公交线网体系逐步建立。

【公交基础设施建设】 2020年，合肥市将公交站牌亭新建改建列入市政府“20件为民办实事项目”，截至2020年底，全市新改建成公交站亭2291座，改善乘客候车条件，提升城市形象；推进停保场建设，安徽省首座多层立体公交停保场肥东停保场于5月20日开工建设；北城停保场完成收尾工程并投入使用。加快首末站点建设，完成望铜站、撮镇中岗站等站点的建设工作，新增站点面积约1.2万平方米。推进第三批充电桩建设，完成市苗圃等13处262座第三批充电桩的建设。

【智能公交建设】 2020年，合肥市完成城市公共交通智能化应用示范工程（智能公交三期）项目建设，构建“一个中心三大平台”（即城市公共交通数据资源中心，城市公共交通企业运营智能调度平台、乘客出行信息服务平台和城市公共交通行业监管平台）。配合公交票价改革完成电子支付系统改造，实现公交移动支付全覆盖和交通“一卡通”全国互联互通，为广大乘客提供高效便捷的出行服务。陆续推出合肥智慧公交APP、小程序、如e巴士和公众号等，完成合肥通APP公交查询功能接入，开展对外公交数据资源共享，拓展公交信息服务范围，深化应用效果，提高信息便

2020 年 10 月 14 日，新桥机场运政执法人员对网约车证件进行检查

（谯　雯／摄）

民水平。

【巡游出租汽车疫情防控】 合肥市自 2020 年 1 月 23 日起全面启动出租汽车行业疫情防控工作，开展车辆集中消毒。在火车站、高铁南站、新桥机场等地累计设立 35 个集中消毒点，累计购买消毒水 10.25 吨、口罩 185000 只、防护服 480 套、手套 19800 副，先后组织 210 多名工作人员参与消毒。累计消毒车辆 1341806 台次。贯彻“六稳”“六保”工作落实，化解矛盾纠纷，先后 4 次牵头指导各巡游车公司分阶段减免 1 月 24 日至 5 月疫情期间的车辆承包费和委托服务管理费，累计减免约 1.1 亿元，减轻驾驶员负担。保障市场经营秩序，先后 4 次采取约谈各平台公司，打击非法网约车、非法营运等违规经营行为，维护市场秩序。督促企业防控落实主体责任，做好常态化防控工作，全面落实疫情防控要求。

【网约车监管】 2020 年，合肥市许可滴滴、首汽等网约车平台公司（以下简称“网约车”）41 家，24447 台车辆取得许可，59202 人取得巡游或网约车从业资格。市交通和公安部门探索建立网约车市场联合监管机制，定期对网约车平台公司开展安全专项检查，排查整改安全风险隐患和薄弱环节。自 2018 年 5 月底开始，对违规从事网约车经营的车辆和违规派单的平台公司实行“一案双查”。“一案双查”以来累计立案 2067 起，行政处罚 1656 万元。全年对平台立案 396 起。建立常态化约谈机制，清理不合规车辆。自网约车许可实施后，采取分散或集中方式，约谈滴滴、美团打车等多家平台，要求各平台依法合规经营，清理不合规车辆和人员。截至 2020 年底，累计清理约 9 万辆不合规车辆。

【轨道交通 5 号线南段开通】 2020 年 12 月 26 日，合肥市轨道交通 5 号线工程南段开通初期运营。轨道交通 5 号线工程南段为合肥市轨道交通第二轮建设规划中的线路，南起贵阳路，途径云南路、云谷路、上海路、花园大道、繁华大道，北至祁门路，设地下车站 20 座、停车场 1 座、主变电所 1 座、35 千伏电源开闭所 1 座，控制中心设置在 1 号线珠江路车辆段，与 1、2、3、4 号线共用，线路全长 25.2 千米（含 U 型槽）。轨道交通 5 号线工程南段于 2017 年 5 月 20 日开工建设，历时 3 年半。截至 2020 年底，全市开通运营轨道交通 1、2、3 号线及 5 号线南段共 4 条线路，运营里程 112.5 千米，运营车站 95 座。

【服务质量】 2020 年，合肥轨道秉承“五心”服务理念为乘客提供优质服务，全年线网安全运送乘客 19507.43 万人次，其中 12 月 31 日，线网客流突破记录，达 123.02 万人次。全年日均客运量为 53.3 万人次，其中 1 号线日均 16.9 万人次，2 号线日均 21.73 万人次，3 号线日均 14.62 万人次，5 号线南段日均 2.87 万人次。全年线网累计开行列车 373853 列次，列车运行图兑现率 100%，列车正点率 99.98%，公共交通客运分摊率占比提升到 37.68%。列车服务可靠度达 320.91 万车千米／件，同比增长 35%，服务质量稳步提升，有效乘客投诉率降至 0.27 次／百万人次；合肥轨道 APP 注册用户突破 335 万，二维码过闸乘客比例持续走高，日最高达 49.04%。

2020 年，市公交集团树立“一切以乘客为中心”的服务理念，实施“双星工程”，推进“正能量积分制”，加强现场和网监稽查，规范稽查行为，提升公交服务品质，保障安全行车。截至 2020 年底，星级驾驶员、星级线路挂星率分别达 96.0%、48.3%。乘客满意度年均得分 93.36 分，效能建设获得第三名的历史最好成绩。持续选树劳动模范，打造品牌线路、品牌班组和职工技术创新工作室，B3路驾驶员夏力被授予“全国劳动模范”称号，109路“敬老爱老线”获评全国交通系统“传播力文化品牌”，119路“双拥线”获评“全国城市公交优秀文化品牌”，“查道勇创新工作室”再次被合肥市认定为“查道勇蓝领创新工作室”。

【共享单车企业服务质量考核】 2020年，市交通局为规范共享单车企业运营行为，促进行业持续健康发展，根据交通运输部等十部委《关于鼓励和规范互联网租赁自行车发展的指导意见》《合肥市人民政府办公厅关于鼓励和规范互联网租赁自行车发展的实施意见》以及有关法律法规，会同市城管局、公安局于5月13日联合印发《合肥市共享单车服务质量考核办法（试行）》，开启全市共享单车企业服务质量考核工作。

（石泽霖）

邮 政

【概况】 2020年，合肥市邮政行业业务收入完成90.88亿元，同比增长19.31%，占全省比重33.20%；业务总量累计完成207.82亿元，占全省比重34.16%，同比增长38.73%。快递服务公众满意度位列长三角城市第一名。

2020年，合肥市邮政管理局（以下简称“市邮政局”）坚持行业大宣传的工作理念，持续壮大正能量、激发新活力。举办行业民法典专题讲座、新闻宣传摄影培训。德邦、顺丰、申通等企业参与行业宣传。极兔快递员“献爱心捐献骨髓续生命”、庐江申通快递员“派件途中勇救人”等事迹被多家媒体报道。邮政机要通信局通信室、申通、圆通获评“全国邮政行业先进集体”，邮区中心局获评“全国交通运输系统抗击新冠肺炎疫情先进集体”，行业多人获评“全国青年岗位能手”“安徽省五一劳动奖章”“最美快递员”全国50强，以及“安徽省抗击新冠肺炎疫情先进个人”。4人获评“合肥市五一劳动奖章”，顺丰章陈、杨光利等5人被评为市交通运输行业优秀“战疫青年”。

【行业风险管控】 2020年，市邮政局开展全市邮政快递业安全隐患排查和三项制度专项整治，推进系统治理、依法治理，加强执法联动、双向出击、内外共治，适用《反恐法》处理严重危害寄递安全行为，督促协助公安部门跨境追查，治安拘留非法寄件人。完善企业安全管理员责任体系，坚持执行安全生产季度例会制度、安全短信制度、寄递安全“每周一课”制度，推行“安全生产天天讲”活动。全市实名收寄率保持在99.69%以上，全省排名前三。分县区联合多部门召开旺季服务保障协调会，提前协调院校等集中服务区域配合保障，稳妥化解末端矛盾，加强预案部署和预警处置。在京东合肥亚洲一号园区成功举办全市邮政快递业消防应急演练。完成全年重大活动、重要时段和旺季高峰寄递安保任务。全行业无重大安全生产事故，寄递渠道运行平稳畅通。

【快递进村】 2020年，市邮政局坚持政策引领，搭载“四好农村路”建设，推动“快递进村”纳入市、县级政策体系统筹。多次开展建制村实地调研，赴四县一市召开对接推进会，组织企业代表考察学习，结合本地实际形成“合肥方案”，出台《合肥市邮政快递业服务“乡村振兴”战略实施意见》和《合肥市“快递进村”三年行动方案》，肥东县、肥西县相继出台支持“快递进村”政策文件，乡镇邮政快递公共处理中心纳入交通综合运输服务站统一规划，截至年底有4处建成投用，实现“多站合一”。快递服务覆盖986个行政村，覆盖率达72%。

【环保治理】 2020年，市邮政局在省内率先设立“推动绿色生态发展”奖补项目，率先联合市发改委、商务局，启动全市邮政快递业绿色发展示范典型创建工作，开展联合验收。完成国家局“9792”和合肥邮政快递业绿色发展升级目标“98196”目标任务，行业“瘦身胶带”封装比例达到96%，电商快件不再二次包装率达到90%，循环中转袋使用实现100%全覆盖，符合标准的包装材料应用比例达90%，全市有803个邮政快递网点设置包装废弃物回收装置。

【关爱工程】 2020年，国家邮政局马军胜局长、刘君副局长相继三次来肥视察，省市领导两次慰问合肥快递小哥。全面启动“暖蜂行动”，协同各方关心关爱快递小哥，协调行业2名快递基层代表首次参加合肥市新春团拜会。联系市总工会、团市委深入企业开展高温、旺季慰问快递员活动，发放各类慰问金6万元，提供各类咨询服务200人次，关爱活动覆盖从业青年1.2万人。邮政、顺丰、申通、中通、德邦、极兔、丹鸟等业内企业都分别开展快递员关爱活动。贯彻“人才强邮”

战略，落实快递员职业技能补贴政策，协调财政补贴176万元，支持中通、圆通、韵达等7个快递企业组织快递员岗前及在岗培训1500人次。引导快递从业人员参加职称评审，提升专业化、技能化水平。联合多部门举办2020年合肥市邮政快递业职业技能大赛，11支队伍参与，竞赛结果出现多品牌上榜的局面。

【行业发展】 2020年，市邮政局推动邮政业“十四五”规划及邮政快递设施规划列入市级规划体系。推动市政府出台《合肥市新一轮创建“中国快递示范城市”实施方案（2020—2022年）》，配合推动《合肥市交通运输领域财政事权和支出责任划分改革实施方案》在省内较早出台。协调顺丰集团与合肥市政府签署合作协议，总协议投资金额近30亿元。推动《合肥市城镇老旧小区改造提升工作实施意见》将智能信包箱、智能快件箱纳入市城镇老旧小区“基础类改造”项目。

推动行业再次纳入市政府高质量发展经济政策支持体系。率先推动将行业纳入合肥市《应对疫情影响加大对个体工商户扶持力度若干措施》《保市场主体促进扩大经营规模有关政策》支持范畴。指导行业协会与科技农村商业银行签订战略合作协议，邮政快递业获金融授信1亿元，为行业发展注入动能。全年全市邮政快递企业享受各种税费减免近1.2亿元。行业相关发展建设任务纳入市新型基础设施建设、乡村振兴战略规划、长三角区域一体化发展、线上经济创新发展试验区等多个实施方案，为行业转型升级、提质增效提供支持。

联合市经信局出台《关于促进合肥市快递业与制造业深度融合发展的意见》。推动“洽洽食品”和“中科美菱”2处“快递服务制造业示范点”建设。联合市商务局印发《推进电子商务与快递物流协同发展工作通知》，做好“双品网购节”服务保障工作。推进“快递出海”工程，牵线搭桥实现邮政（合肥—汉堡）中欧班列成功首发试运，安徽邮政与合肥产投集团签署战略合作协议，中欧班列与邮政合作实现常态化。顺丰在合肥第二条全货机航线（合肥—北京）顺利启航，区域性航空货运枢纽建设取得新进展。

做好申诉处理工作，加强对消费者投诉和企业处理情况监督。全年通过“12305”邮政快递业申诉电话和申诉网络处理消费者申诉2670件，全市快递服务申诉量同比下降47.77%，百万件申诉率为1.64件，中通、韵达、京东、百世四个品牌连续第二年获评市快递服务质量管理优秀品牌。

【行业治理】 *持续优化营商环境。* 2020年，市邮政局落实“双随机一公开”监管，规范事中事后监管。深化“放管服”改革，做好快递业务经营许可管理工作，完成19家企业集中延续换证工作，完成服务站企业（菜鸟驿站）、智能快件箱企业（近邻宝）两项新型许可实地核查任务，探索建立快递企业“云检查”制度，在线指导企业许可申请。开展快递末端服务违规收费清理整顿，加强快递“刷单”问题排查整治。

提升邮政服务水平。 做好中央及省委23个巡视专用邮政信箱寄递服务保障。指导督促机要局依规做好新搬迁场地工作，协调为机要投递车辆更换增发全车队、全路段、全天候特别通行证。加强特邀监督员队伍建设，实现县区全覆盖，合肥市监督员分获全省特邀监督员评选一、二、三等奖。全年新增邮政普遍网点2个，代办邮政局所减少22.5%。完成全市县（区）邮政公司和普服网点“分等分级”监管年度综合考评，全市62个邮政普服网点考评实现升级，邮政普遍服务呈现“向A等看齐，向标杆看齐”新局面。邮政公司持续拓展丰富综合平台服务项目，建成税邮、警邮、警医邮一站式自助体检合作网点165个，新建校园邮政综合服务中心24处。

增强监管力量支撑。 推动合肥市邮政业安全中心正式批复成立，增加5名事业编制，核定人员增至15名。县区邮政管理局落实属地安全管理任务，承担就近服务企业工作，在复工复产和旺季服务期间发挥协调保障作用。

凝聚行业共建力量。 指导行业协会完善体制机制建设，参与制定行业发展规划和相关扶持政策，实现规范化运行，在加强行业服务形象展示，推进行业文明建设、开展职业技能大赛、组织关联行业对接交流、协助推动“两进一出”等工作中，发挥政企间桥梁纽带作用。

（李　姝）

责任编辑：王尚先

自然资源和规划

综 述

【概况】 2020年，合肥市自然资源和规划系统依托“互联网+政务服务”，利用安徽省政务服务网、合肥市建设项目审批管理系统等平台，推行“网上办、掌上办、预约办”并提供证照免费邮寄服务，有98项政务服务事项实现可提供不见面审批、全程网办服务，全程网办率98%，个人事项和行政许可事项100%实现全程网办。政务服务窗口受理各类审批业务4064件，发放各类审批证照文书3861件，配合办理并联审批267件。办理建筑工程（单体）规划许可申请事项3742个，核发《建设工程规划许可证》3742份，市区内发证总面积约3778.18万平方米。

【改革发展】 2020年，合肥市自然资源和规划局（以下简称“市自规局”）提升不动产登记效能，开展“四减一办”提升行动，推行“网上办理，不见面办理，24小时不打烊”。率先在全省试点“交房即发证”。对全市涉及的审批事项全方位梳理，计141项，涉及19个部门、6类市政公用服务设施及相关中介服务机构，按照“减放并转调”原则，取消22个事项，合并5个事项，调整审批时序25个事项，总计确定保留90个事项（其中涉及政府投资房屋建筑类建设项目计70个事项、政府投资线性工程类项目67个事项、一般社会投资项目66个事项、工业项目58个事项）。按照《安徽省人民政府办公厅关于加强工作协同提高建设用地审查报批效能的通知》等文件规定，对用地组卷、审批等流程进行系统梳理，打造省市县一体化审批平台，审批时限由原先承诺的20个工作日缩减至10个工作日，告别30多年的人工审核模式。研究出台《合肥市村级留用地管理实施办法(试行)》，在符合土地利用总体规划、城乡规划和用途管制政策的前提下，留用地可以用于工业、商业（含民宿）、文旅等经营性用途，但严禁用于房地产开发。

【法治建设】 2020年，市自规局贯彻法治宣传、法治建设和依法行政各项部署，以制度化、规范化为目标，全面推进法治政府建设。落实党政主要负责人法治建设第一责任人责任，带头履行法治建设组织、推动和实践。公开普法责任清单13项，组织开展“6.25”、微视频便民普法、农村乱占耕地建房“八不准”等系列普法宣传活动。邀请相关专家学者进行《民法典》、新《土地管理法》等专题学法辅导。加强制度建设，出台应对疫情相关用地保障、土地出让合同履行等政策措施，建立规范性文件制定“三统一”和动态清理制度，出台规范性文件2件，清理49件，废止4件。完成对市土委会会议纪要合法性审查10次，发挥法律顾问作用，出具土地规划业务法律意见书6份。推进行政执法三项制度，实行执法全过程留痕可回溯。规范行政处罚裁量权适用，组织开展行政处罚案件审查会9次，召开听证会7次。推进复议应诉工作，化解行政争议，出台《加强和改进行政复议应诉工作的通知》，办理行政复议案件12件，被复议案件43件，行政诉讼案件92件，仲裁案件1件，民事诉讼案件2件。

【自然资源调查监测和确权登记】 2020年，市自规局推进“三调”（即第三次全国国土调查）工作，形成“三调”成果，8个县（市）区一次性通过国家核查，全部达到错误率低于1%的规定要求。完成2018年度变更调查图斑的外业调查及举证工作。评估2016至2019年度合肥市地理国情监测工作。全市累计颁发不动产权证书证明98.54万本，受理登记业务77万件，涉及抵押金额5892.90亿元。开展房地

合肥滨湖国家森林公园 （张大岗／摄）

产领域历史遗留“难办证”问题专项治理，治理总数15.11万套。

【自然资源开发利用】 2020年，市自规局深化利用集体建设用地建设租赁住房试点，盘活用地17.56公顷，建设房屋3937套，总建筑面积33.77万平方米。印发实施《合肥市自然资源和规划局关于发挥自然资源支撑保障作用促进全市经济高质量发展的实施意见》；加快居住用地供应节奏，降低热点区域居住用地最高限价，全年成交经营性用地128宗，面积884.47公顷，成交总价853.70亿元；实施“限地价、限房价”政策，土地拍卖执行“举牌应价＋摇号”方式，调控区域内没有出现新“地王”，实现“稳地价、稳房价、稳预期”；加强利用集体建设用地建设租赁住房试点工作，完成全年建设2000套目标任务；深化土地节约集约利用，蜀山区获得中央66.66公顷新增用地指标奖励；完成《合肥市2019年度建设用地节约集约利用整体评价》。提请合肥市人民政府办公室印发《关于做好新冠肺炎疫情防控期间相关用地保障服务工作的通知》，做好服务保障，缓解企业困难，降低疫情影响。

（陈 亮）

城乡规划

【概况】 2020年，市自规局推进国土空间总体规划编制，完成合肥市国土空间总体规划初步成果、全市国土空间开发保护现状评估、国土空间规划“现状一张图”及“法定规划拼合一张图”、23个专题专项研究、合肥市生态保护红线评估和自然保护地整合优化成果上报，初步完成城区划定、城市体检评估、城镇开发边界试划。推进全市各级国土空间总体规划体系建立，各县（市）完成国土空间规划初步成果，完成各区、开发区分区规划大纲以及部分行业规划大纲。发挥村庄规划引领作用，完成规划区以外全部1166个行政村的分类。8个行政村纳入省级村庄规划试点。《合肥市总体城市设计》形成初步成果。《南淝河两岸景观空间总体规划》通过专家评审，并形成初步成果。提高控规编制质量，组织完成9个批次、74个地块控规的编制与报批，总用地面积2733公顷；落实和新增幼儿园、中小学44所，党群服务中心11个。会同相关部门做好市博物馆、安徽大学江淮学院新校区、市野生动物园、民航安徽空管合肥区域管制中心等重大项目选址工作。完成第一批16处历史建筑确定和挂牌工作。完成合肥市及各县（市）国土空间规划初步成果、各区和开发区分区规划大纲以及部分行业规划大纲。

【国土空间用途管制】 2020年，市自规局上报项目447个，面积2926.66公顷。获批项目353个，6880公顷，引江济淮、商合杭高铁、合安高铁等重大项目得到保障。完成新桥国际机场航站区、飞行区及工作区扩建工程、轨道S1线（合肥市段）等永久基本农田占用和补划方案。全市供地3680公顷，其中出让经营性土地602.24公顷（包括居住用地516.66公顷），总价573.51亿元。开展存量土地清理，清理批而未供土地686.66公顷、闲置土地1680公顷，分别超目标62%和339%，完成省厅清理任务，获得配置指标1180公顷。进行“旱改水”工作，新增水田368.8公顷。

【国土空间生态修复】 2020年，市自规局落实2019年矿山地质环境治理与修复计划，完成2019年度全市矿山生态治理任务。印发《合肥市绿色矿山建设工作方案》，编制2019年度矿山治理计划。承担派河副河长职责，派河水质均值为Ⅳ类，达到考核目标要求。加强汛期巡查、巡中排查、汛后核查，连续16年未因地质灾害造成人员伤亡。

（陈 亮）

肥东县新农村景色 （市自然资源局/供）

自然资源监管

【概况】 2020年，市自规局严守耕地保护红线，建立完善四级耕地保护目标责任制，完成耕地保护目标任务和基本农田保护任务。推进永久基本农田核实整改及永久基本农田储备区划定工作。完成土地整治项目812个，新增耕地3260公顷。

推进“多测合一”工作。建成“数字合肥”地理空间框架并建立动态更新机制。持续推进测绘行政审批和公共服务事项改革，行政事项全部纳入窗口办理并实现全网办不见面，申请材料和承诺时限得到缩减。开展全覆盖排查整治“问题地图”、测绘地理信息质量“双随机”监督检查回头看专项行动。

【自然资源执法】 2020年，市自规局开展违建别墅问题清查整治，37宗违建别墅通过省级验收。推进农村乱占耕地建房清理整治，初步摸排完成下发的53526个问题线索，强力开展督查。推进例行督察和卫片执法反馈问题整改，土地例行督察“挂账”问题（限期整改类）整改到位5个，面积1.28公顷；剩余1个纳入违建别墅清理统一整改。2019年耕地保护督察整改问题（限期整改类）通过南京局、省厅验收227个，面积325.09公顷。

【地质勘查与灾害防治】 2020年，市自规局将“人民至上、生命至上”的理念贯彻落实到地质灾害防御工作的各项工作举措中。严守乡(镇)、村组监测预警的第一道防线，筑牢群策群防基层防御“堡垒”，严守县、乡、村一体责任包保第二道防线，筑牢属地管理、分级负责的阵地“堡垒”，严守市级统一督导、指挥调度、科学研判的第三道防线，筑牢市县联动的指挥部“堡垒”， 严守应急处置的第四道防线，筑牢灾险情核查救援的善后“堡垒”。全市地质灾害成功实现连续18年“0”人员伤亡目标，获得“合肥市防汛救灾突出贡献先进集体”表彰。

【矿业权管理】 2020年，市自规局实行矿权管理数字化，动态监测制度化，建立健全采矿权数据库。实行非煤矿山半年监测制度，建立生产矿山动态监测数据库，随时掌握每个生产矿山的生产动态，重点监管有可能发生越界的矿山企业，杜绝越界开采行为。全面完成2019 年长江经济带生态环境警示片披露的巢湖国家级风景名胜区内需要退出的5家采矿权的关闭工作。出台《合肥市自然保护地内矿业权分类退出实施方案》，对全市自然保护地内的已有矿业权进行全面清理，依法分类有序处置。开展露天矿山综合整治。全市列入综合整治计划的矿山21个，2020年完成整治的16个，计划关闭退出矿山5个（巢湖市）。

（陈　亮）

土地储备

【概况】 2020年，市土地储备中心对内挖潜、对外盘活，在收储空间、补偿方式、污染防治上求突破，注重发挥制度化建设和规划计划引领作用，使土地储备计划与大建设计划、房屋征迁计划、供应计划全面对接，实现“四大计划”同步编制、同步调整、同步实施。围绕稳增长、促改革、调结构、惠民生、防风险要求，推进“大合肥、大储备”的发展战略。贯彻落实市政府调控房地产市场的决策部署，加强协作配合，安排供地计划，优先保障安居工程项目用地需要，提供土地要素保障科技创新项目建设，优化城市空间布局。

【土地收储】 2020年，市土地储备中心收购土地92宗621.56公顷，收购成本106.64亿元，完成全年目标任务的186.47%。其中，收购市本级83宗539.35公顷，收购成本98.40亿元。完成企事业单位收储23宗141.02公顷，涉及收储成本40.2亿元。利用土地收储平台，助推城区转型升级、土地整合利用、区域综合开发，获得民生、环境和综合效益最大化。结合老城区规划调整，收购庐阳产业园工业企业土地6宗35.53公顷，收购成本10.53亿元；利用土地收储实现轨道交通土地资源复合利用，加强轨道交通场站综合开发建设，完成4号线上盖物业收购工作；在总结“十五里河片区”开发经验的基础上，推进淝河片区、东部新中心、运河新城等片区收储项目，打造区域经济发展新引擎。

【土地出让】 2020年，市土地储备中心上市储备土地77宗499.16公顷，完成全年目标任务的124.79%；成交总价480.50亿，完成全年目标任务的160.16%。其中，市本级上市土地68宗430.44公顷，成交总价408.68亿元。

【项目改造】 2020年，市土地储备中心以算好经济、土地、民生“三本账”为着力点，确保城中村危旧小区改造出成效。针对部分城中村和危旧小区改造项目实施周期过长、拆迁扫尾推进缓慢等问题，结合大调研活动，赴四个城区进行调研，掌握项目实际情况。根据前期摸底情况，确定年度计划完结项目，制定项目进程表，按月调度改造项目进展情况，与市直相关部门和各区政府对接，解决项目推进过程中存在的问题。全年改造项目完成搬迁169.03万平方米，新开工安置房82.06万平方米，上市土地56.21公顷，土地出让收入55.56亿元，投入改造资金35.6亿元，完成33个改造项目的拆迁、安置、上市和成本结算工作。其中，新启动实施10个城中村危旧房改造项目，完成搬迁116.59万平方米，新开工安置房11.53万平方米，投入改造资金12.91亿元。2012年以来，全市实施181个城中村和危旧小区搬迁改造，总占地面积4538.67公顷，惠及10.57万户31.05万人。截至2020年底，投入资金399.57亿元，完成房屋搬迁2032.74万平方米，建设安置房1144.33万平方米，上市经营性用地918.27公顷。

（王　华）

责任编辑：王尚先

城乡建设与管理

综 述

【概况】 2020年，面对疫情、汛情严重冲击，合肥市城乡建设系统迎难而上，广泛开展复工复产包保服务，完善预研、土地、规划、拆迁等要素保障，主动将涉及项目复(开)工的审批事项送到生产一线，推动建设项目尽早形成实物投资量。合肥市大建设投资二季度实现同比“负转正”，全年完成621亿元，同比增长8.8%，超额完成目标任务。

【城乡建设】 2020年，合肥市强化城市路网建设，建成裕溪路高架东延、畅通北二环西段、怀宁路下穿天鹅湖隧道等一批城市快速路，长江东路改造实现机动车道放行，畅通北二环东段、畅通二环南段、淮海大道等重点项目开工建设。实施打通断头路3年行动计划，煤场路西段、唐模路等6个项目完工通车，20个项目开工建设。实施小街巷改造3年行动计划，朱小郢南路、站塘北路等21个项目完成改造。治理五里墩北上桥口等8处拥堵点，建成公共停车泊位8436个，充电设施8566个。做好重大项目预研储备，开展合淮路等6条道路预研和城市地下空间、交通出行环境等课题研究。全面开展农村住房安全隐患大排查，完成526户农村危房改造任务，其中建档立卡贫困户105户。

【市政公用事业】 2020年，合肥市加快市政公用事业发展。大官塘水厂通水运行，环巢湖天然气高压管线完成敷设58.5千米，新能热电联产项目热源工程开工建设，城市生命线二期供热专项完成验收。精细化养护市政设施，完成118千米燃气铸铁管网改造，维修沥青路面8万平方米，对71千米市政道路、60座桥梁开展探测检测，整治病害窨井8082座。

【城市排水】 2020年，合肥市城市排水工作取得成效。南淝河国考断面实现全年稳定达标，水质稳中向好。南淝河水环境项目完工27项，投资136.4亿元。建成蔡田铺污水处理厂三期，完成塘西河再生水厂、北涝圩污水处理厂提标改造，新增污水能力13万吨/日。完成姚南、姚北等5座污水泵站改造，新增17处一体化应急污水处理设施，加快塘西河再生水厂、北涝圩污水处理厂提标改造。完成南淝河干支流清淤141.3千米，中游初雨污染控制工程、清三冲初雨调蓄工

2020年7月19日，长江路桥桥墩被洪水淹没，合肥市首次采用重车压载方式确保桥梁安全 (殷 俊/摄)

程建成通水。全年新建、改建排水管网 667.12 千米，其中污水管网 262.49 千米。排查出的 4919 个雨污混接点全面完成整治，分类整治大排水户 2000 余户，从严管控建筑工地排水行为。

【城市防洪】 2020 年，合肥市城乡建设局坚持提前预防与战时动员相结合，汛前清疏雨水管网 3000 余千米，检修泵站机电设备 3300 余台次，完成 10 处重点积涝点整治。修编《合肥市城市防洪应急预案》，组建市、区应急处置队伍 270 支约 1.1 万人，成立防汛应急专家组，筹备各类应急设备、巡查车辆 1200 余台，储购编织袋 17 万余条、彩布条 2 万多米，黄沙、碎石等 2000 余立方。汛情期间落实 24 小时值班和领导带班制度，对建成区 135 座下穿桥以及 330 余处低洼地段开展定人定岗值守，对南淝河大堤开展 24 小时巡堤查险，妥善处置多起局部积水、管涌等险情。出动巡堤人员 5.9 万余人次，应急抢险人员 2 万余人次，车辆设备 8000 余台次，66 座排涝泵站累计排涝 4400 余万立方米，确保城市不发生严重内涝，排水设施运行安全平稳，人民生命财产安全得到保障。

（白　羽）

轨道交通

【概况】 2020 年，合肥轨道公司落实中央、省、市“六稳”“六保”各项部署，抓前期、推建设、重服务，5 号线南段开通初期运营，第三期建设规划项目全部开工，在建线路进度加快，1—3 号线安全平稳运营，全年投资完成 169.9 亿元，同比增长 56%，完成“十三五”目标任务。

【轨道建设】 2020 年，合肥轨道 5 号线南段按期开通运营，北段实现所有车站主体结构围护结构封闭。4 号线西段车站全部封顶，盾构区间贯通 11 条单线区间，实现全线（36 条）洞通，附属工程完成 17 座出入口和 11 组风亭封顶，右线实现短轨通；东段车站封顶 5 座，实现全线车站（13 座）封顶，盾构区间贯通 11 条单线区间，附属工程完成 9 座出入口和 7 组风亭封顶，铺轨、机电等系统专业按计划进场开工建设。1 号线三期盾构区间贯通 4 条，附属工程完成 4 座出入口和 3 组风亭封顶。第三期建设规划项目全部完成招标和开工，其中 2、3 号线延长线实现基坑见底。

【轨道运营】 2020 年，合肥轨道公司全年运送乘客 1.95 亿人次，占全市公共交通客运量比重的 37.68%；日均客流量 53.3 万人次，同比增长 8.19%；单日最高客流量达到 123.02 万人次；列车运行图兑现率 100%，列车正点率 99.98%。网络运营服务指标完成情况良好，运营安全质量水平稳步提高，网络运营安全全面受控。

12 月 26 日，轨道交通 5 号线南段正式开通进入初期运营阶段，轨道交通线网运营总里程达 112.5 千米，形成“四线运营，多线在建”的新格局。轨道交通 5 号线南段起于滨湖新区云南路与贵阳路交口，止于包河区庐州大道与祁门路交口，线路全长 25.2 千米，设车站 20 座，连接滨湖新区、省行政中心、包河工业园、合肥南站等客流集散区，是合肥市轨道交通线网重要组成部分，对优化城市格局、提升城市能级、带动城市发展具有重要意义。

【轨道交通规划】 2020 年 3 月 17

2020 年合肥市轨道交通运营图

日，国家发展改革委批复《安徽省合肥市城市轨道交通第三期建设规划（2020—2025）》。2、3、4 号线延长线、6 号线一期工可研报告、初步设计获省发改委批复；7 号线一期、8 号线一期先行段工和初步设计获省发改委批复。9 月 29 日合肥市举行第三期轨道交通建设项目开工动员会，轨道交通 2 号线东延线、3 号线南延线正式开工建设。10 月 31 日，合肥市轨道交通 4 号线南延线、6 号线一期开工建设，11 月 30 日，合肥市轨道交通 7 号线一期、8 号线一期开工建设，合肥轨道第三期建设规划实现 180 天同年获批同年开工。

（王华聪）

2020 年 6 月 9 日，合肥畅通二环北环西段全线通行 （杨 理／摄）

重点工程建设管理

【概况】 2020 年，市重点工程管理局（以下简称“市重点局”）贯彻“六稳”要求，落实“六保”任务，统筹做好疫情防控和重点工程建设复工复产工作，全年承建项目 123 项，道路长度 83 千米，房建总面积 545 万平方米，概算投资 611 亿元。其中完工项目 41 项，建成道路长度 45 千米，房建面积 163 万平方米，实际完成投资近 91 亿元，完成年度目标任务。其中，量子创新院合肥国家实验室如期挂牌、全市最长湖底隧道文忠路下穿少荃湖工程全线完工通车、安徽省最大特殊教育中心合肥特殊教育中心北校区完工并投入使用、安徽省最大专业技术学校合肥技师学院新校区投入使用。

【市政路桥建设】 2020 年，市重点局负责的郎溪路高架、裕溪路高架东延工程全线贯通，实现牵手互通；繁华大道与集贤路互通立交全线贯通；兴业大道、习友路、采石路等道路放行，城市路网得到完善。

畅通二环北环西段放行通车，中段与东段工程桥梁工程稳步推进；畅通二环西南环工程有序推进。

引江济淮（将军岭路、铭传路、新桥大道）三座跨河特大桥开展桥梁结构施工。祁门路、广德路、习友路、天津路、合作化南路等一批市政道路如期开工。

【重大场馆建设】 2020 年，市重点局负责的作为省科技创新“一号工程”、合肥综合性国家科学中心核心项目之一的量子科技创新研究院 1 号科研楼竣工投用。中国科学技术大学高新园区一期、滨湖会展中心二期、市科技馆（自然博物馆）、合肥先进计算中心、医学前沿科学和计算智能前沿技术研究中心、地球和空间科学前沿研究中心等项目有序推进。

【公益性用房建设】 2020 年，市重点局负责的安徽合肥技师学院、合肥特殊教育中心北校区、黄麓师范学校改扩建工程二标段、合肥老年大学新校区（老干部活动分中心）、青少年综合实践基地、合肥一六八中学陶冲湖校区二期、合肥市第三中学新建综合艺术楼及校园环境整体提升、市三院门诊医技楼、市一院门急诊住院综合楼项目等完工并投入使用。

安徽公安职业学院整体搬迁、合肥学院设计创意产业和建筑与交通工程实验实训平台、市公共卫生管理中心、市二院老年护理院等项目进行室内外装饰及安装施工。

合肥学院大学生活动中心及游泳馆项目封顶；为民服务用房、市残疾人托养中心、边防检查站执勤业务用房、市综治信访中心（综合服务体）、市中心图书馆、市青少年活动中心、市妇女儿童活动中心、市智慧养老中心、六中新校区、合肥市妇幼保健院和口腔医院滨湖分院建设项目、市第三人民医院新区、市中医院项目等一批公益性项目建设持续推进。

【重点工程】 繁华大道集贤路互通立交。该立交分为地上5层，地下1层，繁华大道主线采用双向6车道，跨越合安九铁路，连接九龙路与杭埠路，长1.9千米；8条立交匝道交错环绕，总长约2.7千米；南北向集贤路主线双向8车道下穿繁华大道；容成路向西延伸，下穿现状、规划铁路与集贤路相接实现互通。

畅通二环西段（西二环—合武铁路）。该项目全长约5千米，规划为城市快速路。新建高架桥4.5千米，全线设置4组上下匝道，在四里河路、大房郢路各设置2组上下匝道；怀宁路节点预留东向南匝道、四里河路节点预留北向东匝道；人行天桥1座；以及配套改造原北二环地面道路、排水、交通工程、限高架、照明、绿化等附属工程。2020年该工程主线桥完工。

引江济淮（合肥段）3座市政桥梁工程一标段。位于高新区境内，包括铭传路与铭传路桥，全长约3.19千米，道路约长2.58千米，铭传路桥长610米。铭传路为规划城市主干道，西起规划铭传路与规划将军岭路交口，东至规划铭传路与现状方兴大道交口。道路规划宽度60米，道路由西向东，为双向六车道，主道设计速度60公里/小时，辅路设计速度40公里/小时。铭传路桥主桥长340米，主跨长240米，主桥采用中承式钢管混凝土拱桥，桥面总宽56.8米，分两幅设置，单幅桥面宽27.3米，桥面布置双向8车道，两侧布置非机动车道与人行道。引桥采用预应力混凝土箱梁，单幅桥宽22.5米。铭传路桥桥下通航的航道等级为II级。

引江济淮（合肥段）3座市政桥梁工程二标段。新桥大道（派河大道-望江西路）段，定位为南北向交通干线。路线起点位于桥梁南岸桥头，向北跨江淮运河，上跨习友路，与八卦泉路和酒香泉路定向交叉，路线终点位于望江西路，顺接新桥大道北段（望江西路—长江西路），项目全长约1.22千米，其中桥梁长约717米。新桥大道桥为引江济淮工程跨越河道的特大市政桥梁，桥梁位于江淮沟通段航道处。

引江济淮（合肥段）3座市政桥梁工程第三标段。将军岭路桥为引江济淮工程跨越规划将军岭路的特大型桥梁，将军岭路道路定位为城市快速路，是跨越引江济淮的重要节点工程。主桥长280米，造型上这是一座独塔不对称斜拉桥。主桥桥梁整幅布置，桥上设置8车道，汽车荷载等级为城市-A级。

中国科学院量子信息与量子科技创新研究院1号科研楼项目。该项目位于高新区望江西路与石莲南路交口西南角，地下一层、地上十层，总建筑面积约25.2万平方米，其中地上17.5万平方米，地下7.7万平方米。于2020年9月20日成功挂牌合肥国家实验室，12月28日正式竣工验收。

（刘燕燕）

城市管理

【概况】 2020年，合肥市数字城管市县一体化平台建成运行，覆盖范围1065平方千米。全年立案各类城市管理问题131.1万件，结案130.9万件，总结案率99.85%。

龙泉山垃圾处理场全年处理生活垃圾189万吨，日均5163吨。其中，填埋57.4万吨，焚烧131.6万吨，无害化处理率达100%，焚烧利用率达69.6%，焚烧发电约5.5亿度。达标处理垃圾渗滤液65.1万吨。

《合肥市生活垃圾分类管理条例》成为首部地方性法规，同步推进垃圾分类专项执法检查，垃圾分类工作纳入法治化轨道。市区1444家公共机构、316所中小学带头实施垃圾分类。同步开展垃圾分类设施配置和氛围营造的小区达2470个，175万余户居民参与垃圾分类。生活垃圾回收利用率达35%以上。全市建成垃圾分类集中投放站点1500余个，3000余名志愿者、督导人员实行桶边值守，督促居民定时、定点、规范投放。更换垃圾分类标识5万余个。适时增配厨余垃圾专运车辆。推进垃圾中转站分类、分批改造。

处理能力600吨/日的蜀山小庙项目主厂房结构施工基本完成，餐饮厨余生产线设备安装完毕，启动投料调试工作。处理能力800吨/日的肥西项目进行主体工程施工。处理能力3000吨/日的龙泉山项目主厂房结构施工完成，进入设备安装阶段。处理能力2000吨/日的肥西项目建成投产。完成处理能力600吨/日渗滤液浓缩液蒸发项目、供电线路改造工程、新建应急调节池工程。解决困扰多年的治“水”难题，成功应对百年未遇的汛期冲击。生态修复项目开工建设。

【精细化管理】 2020年，市城市管理局强化市容立面管理。完成户外广告安全生产管理专项整治，排查、整改安全隐患143处。并联办理大型户外广告设置申请10项，楼宇招牌和工地临时围挡广告50

2020年6月，合肥经开区芙蓉社区"红领巾宣讲团"参观垃圾分类体验中心，学习垃圾分类知识活动 （市城管局／供）

项。完成"文博会""农交会"等20个重要会展、活动氛围营造任务，及17项文明创建宣传任务。强化道路清扫保洁。出台道路清扫保洁技术导则和作业规范。完成全市7397万平方米道路、街巷的测算和分级。市区道路保洁提标范围扩大，招标一个，纳入一段。推广"冲、洗、扫、洒、保"联合立体作业，机械化清扫率提升至93%。结合季节性特征，开展夏季、秋冬环卫专项行动，清扫落叶、清理积存垃圾，摸排693处环卫问题区域，整改率达96.7%。强化街面秩序管理。实现全市主次干道和背街小巷管理全覆盖。错时监管，延时服务，强化夜间、凌晨、上下班高峰等时段街面管控。对全市早餐车及194处摊群点、684处西瓜临时销售点科学规划、定点定时、规范管理。强化渣土运输管理。发放9.4万张运输证，有效运输204天，437家建筑工地、5320台新型环保渣土车外运渣土4258万立方米。执行工地出入口建设标准，245处工地通过达标验收。开展专项整治，全年查处违规运输渣土车2595车次，行政处罚渣土运输企业275家、工地48处。

【为民服务】 2020年，市城市管理局整治共享单车无序停放。全年新增共享单车停放点位4379处。督促共享单车企业履行社会责任，加强日常运维。开展专项整治，突出长江路、政务区等重点路段、重点区域，累计清理废旧共享单车近2万辆。强化机动车停车场管理。建成市级停车综合管理平台，登记备案停车场583家，泊位18.7万个。建立完善停车诱导系统，向市民提供实时动态停车信息。探索推广共享停车。开展文明养犬专项行动。进行全覆盖、高频次宣传，抓好小区、公园、广场等重点区域，通过曝光、劝导等多种手段，严管遛狗不牵绳、狗粪不清理等违规行为，提升文明程度，改善人居环境。查处违法建设。仅11月、12月，拆违50.7万平方米。强化农村生活垃圾治理。完善农村生活垃圾管理体系，农村生活垃圾治理实现全覆盖。全市87个乡镇生活垃圾治理全域市场化，收集生活垃圾100.63万吨，无害化处理率达100%。统筹做好疫情期间农村生活垃圾治理。汛情过后，开展农村生活垃圾集中清理和环境消杀。

【管理创新】 2020年，市城市管理局强化法规制度保障。推动《合肥市市容和环境卫生管理条例》《合肥市户外广告和招牌设置管理办法》《合肥市生活垃圾分类管理条例》及时修订、出台、实施。抢抓长三角一体化发展战略机遇，对标杭州、南京，加大投入、提高标准、强化措施，打造4个示范街区、15条示范道路，以率先突破带动整体提升。强化正面宣传引导。依托党报党刊等主流媒体，打造《城管在身边》《城管会客厅》《城管零距离》等宣传平台，夯实微信、微博等宣传阵地，建立新闻发布和舆情应对机制，主动回应城市管理热点、难点问题，城市管理舆论环境持续向好。强化行业自身建设。深入开展深化"三个以案"警示教育，驰而不息狠抓效能建设和党风廉政建设。扎实推进"强、转、树"三年行动。落实一线工作法、721工作法，开展城管志愿服务活动。加强教育培训，组织岗位练兵，强化能力建设，全面推行行政执法"三项制度"，推动城管执法规范化建设，打造行政执法星级中队。强化全民共建共享。落实市容环境卫生责任区制度。做好城管执法案件群众公议。律师驻队深度融入城管执法。完善人大代表、政协委员参与城市管理工作机制。通过"12319"城管热线、"文明合肥"微信公众号、市民通APP，构建全民参与、多元共治新格局。

（霍　炯）

电力供应

【概况】 2020年，国网合肥供电公司（以下简称“合肥公司”）承担着全市约1.14万平方千米、456万户电力客户的供电任务。全年累计完成售电量361.9亿千瓦时，同比增长2.4%；电网最大负荷845.2万千瓦，再创历史新高，同比增长7.79%。合肥公司、肥西公司获评“全国文明单位”，巢湖、长丰、庐江公司获评第十二届“安徽省文明单位”，合肥公司、长丰公司获评“全国安康杯竞赛优胜单位”。

合肥电网处于安徽省网南北3条500千伏跨江输电通道的中通道核心位置，是连接东西通道的重要枢纽。截至2020年底，合肥市境内4座500千伏变电站、总容量1000万千伏安，220千伏变电站37座，主变73台、容量1374万千伏安；110千伏变电站118座，主变239台、容量1233.25万千伏安；35千伏变电站87座，主变162台、容量148.38万千伏安。35千伏及以上输电线路6394.70千米，其中电缆519千米；10（20）千伏线路2.57万千米。合肥城区主网以500千伏为主网架、220千伏南北双环网、110千伏辐射互联的坚强网架结构得到完善。

2020年10月22日，合肥供电公司员工加快合安高铁配套电力线路

（李　岩/摄）

【电网建设】 2020年，合肥公司谋划形成适应合肥高质量发展的“十四五”电网规划成果，发布1个总报告、10个分区域报告和2个专题报告，市区500千伏中心变程获评国家电网公司“百佳工程”。做好轨道交通、引江济淮等政府重大工程保障，启动主配网杆线迁改工程499项。推动建立全市电网规划建设三级调度机制，促成将三年规划建设项目土地指标问题纳入协调清单。

【客户服务】 2020年，合肥公司保障全市定点医疗机构等353家抗疫重点单位可靠供电，瑶海供电服务中心党支部获国家电网公司党组通报表彰。做好抗洪抢险及灾后居民返乡用电保障工作，累计投入抢修人员5390人次，启动灾后电网重建项目154项，1个集体、2名个人获评安徽省防汛救灾先进。做好“六稳”“六保”服务工作。在全省率先推进24个大中型电网项目全面复工，发布27期企业复工复产电力指数分析报告。落实国家降电价要求，降低客户用电成本约6.89亿元、惠及电力客户20.2万余户。助力打赢三大攻坚战再创佳绩。建成15项电网扶贫项目，及时足额支付光伏扶贫资金，完成安庆原水电供区电网建设帮扶。推进服务污染防治工作，完成替代电量供电可靠率提升0.031个百分点。构建现代服务体系，“国网安徽电力”微信公众号、支付宝生活号覆盖低压用户突破230万，线上办电率达99.7%。包河营业厅成功转型升级为“全业务、一站式、智能化”供电营业厅。重新组建三支客户经理队伍，初步实现差异化、精准化服务。

（万　顺）

燃气供应

【概况】 2020年，合肥燃气集团有限公司（以下简称“燃气集团”）实现天然气供应9.89亿立方米，同比增长3.78%，保持逆势上涨态势；主营业务收入30.28亿元，连续两年突破30亿元大关，受疫情影响，增速相对放缓，同比增长0.68%；新发展居民用户8.4万户、非居民用户474户表；建成管网总长7000多千米。

2020年，燃气集团连续3年在市委综合考核中获得“优秀”等次，以第一名获评2019年度市国资系统安全先进单位，以第一名获评2019年度全市公用企事业单位效能建设考评优秀单位，以第一名被授予群众满意窗口称号，并蝉联2019年度12345政府服务热线优秀成员单位，通过五星级燃气服务认证复审。燃气集团一线职工陈巨安被授予安徽省五一劳动奖章、获评合肥市劳动模范，高川被授予安徽省五一劳动奖章、获评首届合肥工匠，宗洪博、刘飞获评合肥市劳动模范。

【市场发展】 2020年，燃气集团按照“目标不变、任务不减”要求，加快推进各项生产经营工作，主要经营指标和发展数据保持逆势上涨的态势。全年在市区内发展居民用户84012户，其中，新建商品房56162户、拆迁恢复20240户、老旧小区7610户，同比增加2720户；发展非居民用户474户表，其中，工业172户表、非工业302户表。庐江、寿县市场发展居民用户合计18196户，同比增加5416户；发展非居民用户合计106户表，同比增加45户表。增值业务呈现规模效应，同比增长92.94%。面对疫情冲击，多措并举推动“瓶改管”用户发展，获得庐江县白湖农场区域经营权，利用庐巢段与无为市场签订首个外部市场天然气销售及运输合同，利用合六线、庐马线与六安、金寨、铜陵、池州等地市场达成初步合作意向。

【燃气保供】 2020年入冬后，燃气集团单日最大供气量达到575万立方米，最高口供气缺口扩大至136万立方米，连续8天供气量突破500万立方米，均创历史极值。2020年全年采购液化天然气（LNG）应急气源1.97万吨，其中12月单月采购量1.22万吨、占全年的62%，高峰期日均采购量约35车LNG，供气紧张形势直逼2017年冬季。燃气集团提前谋划，合理调度，通过争取上游合同量，减少指标压减，协调“南气北上”资源串换，多方采购气源，保障全市的安全稳定供气。以天然气高压管线建设为抓手，加快推进环巢湖庐巢段项目、合巢段项目、合肥都市圈合六线项目、庐马线项目、环城高压项目、罗集门站改扩建等工程建设，助力燃气保供能力提升。

【燃气安全服务】 2020年，燃气集团消除安全隐患，把“疫情之危”变为“改造之机”。完成三年计划内道路管网整治85.4千米，小区管网整治225千米，箱涵整治25处，完成三年计划全部任务。对未列入三年改造计划，但经评估未来可能存在隐患的管网，一并进行整改。加大安检频次，全年累计安检305万户，同比增长130万户；组织开展应急演练101次，参与人数2027人次。全年受理12345市长热线电话直办972起，转办937起；蓝焰热线全年受理用户来电57.7万户次，网络派单12.5万户次，增值业务转办率100%。通过增值业务的开展，为10.36万户家庭提供可靠的人身和财产保障，为2.38万户家庭提供上门维保及改移管服务，为用户更换不锈钢波纹管13.29万根，消除户内安全隐患。多措并举创优营商环境，把“柔性服务”变为“硬核指标”，持续动态创新优化全市营商环境。

（钱　阳　汤增朋）

2020年12月，为补充合肥市区天然气供应缺口，合肥燃气集团大力采购LNG应急气源，昼夜不停进行卸车气化作业　（合肥燃气集团/供）

自来水供应

【概况】 2020年，合肥市供水服务面积650平方千米（不含乡镇供水服务面积），直径75毫米以上供水管网长度8991.24千米（其中合肥市区7725.43千米）。日供水能力251万立方米，全年最高日供水量198.4万立方米（9月7日）。管网漏损率10.72%，同比下降1.2个百分点。受疫情影响，供水量、售水量较2019年同期呈下降态势，供用水结构继续保持良好，售水量降幅小于供水量降幅。

2020年，合肥市供水集团获评全国“安康杯”竞赛优胜单位（蝉联），单位职工获评全国“安康杯”竞赛优秀个人。获评安徽省第十二届文明单位、安徽省劳动关系和谐企业、安徽省五四红旗团委、安徽省放心消费示范单位、安徽省纳税A级单位、安徽省服务百强企业、安徽省企业管理现代化创新成果一等奖，思想政治工作成功入选首届安徽省思想政治工作创新案例。连续3年在市委综合考核中获得“优秀”等次，蝉联12345政府服务热线优秀成员单位、合肥服务业企业20强、数字化城市管理工作企事业单位考核第一名，15名员工获评“合肥市五一劳动奖章”“合肥市金牌职工”，多名供水“工匠”参加全国、省、市劳动技能竞赛。

【重点工程建设】 2020年，市供水集团坚持工程建设“抓细节、建精品”，实现重点工程建设“4项第一次”：第一次建成全市最深的取水泵房——60万立方米/日、地下17米的磨墩取水泵站一次性调试投产；第一次建成全市最长DN1800原水管——磨墩泵站至八水厂30.4千米原水管一次性送水投产；第一次建成全流程集常规处理、深度处理、污泥干化于一体的水厂——八水厂一次性投产并网，也是全省首个标准化水厂；第一次建成全市最长、难度极大的DN1800供水顶管工程——潜山路1.8千米原水管道并网运行。

全年推进22项重点供水工程项目，完成投资13.29亿元。其中，八水厂一期工程11月1日投产并网，规模20万立方米/日，全市日供水规模从231万立方米提升至251万立方米，城市西南区域及17万户肥西城乡居民用水得到保障。高新加压泵站改扩建工程竣工投产，释放三水厂产能，经开区、高新区夏季高峰供水压力得到缓解，产生效能相当于新建一座规模水厂。磨墩取水泵站一次性调试投产，多渠道解决全市供水水源，实现水资源多元优化配置，为未来将龙河口水库优质原水输送至合肥提供基础条件。四、五水厂原水管道完成施工，四、五水厂原水日保障能力由55万立方米提升至70万立方米，城市原水供应能力得到升级。董铺水源厂原水管改造完成，夏季高峰供水压力得到缓解。506工程一、二标段实现保障长鑫电子一期生产需求目标。为配合市政道路、轨道交通及城市发展建设，先后承接实施519项市政及小区供水管网工程，优化城市供水管网及配套设施建设。

【水质管控】 2020年，市供水集团在省内首推水质分级管理，实行水质一、二、三级分级管控，提一保二。建立重大工艺调整分级管控机制，明确制水工艺调整流程及审核权限，促进制水生产规范化、制度化、标准化。规范在线仪表设备校准、验收、标识化管理，提升水质监测效率。446台水质监测仪24小时同步在线，提供有效监测数据1200万余条，指导制水生产和管网运行。全年出厂水和管网水一级水质达标率分别为93.74%、73.52%，实现水质管控提质升级。

【漏损控制】 2020年，市供水集团完成三级分区建设，加强三级计量分区水量统计分析，开展流量计校核和管网边界复查工作。首次实行分区计量考核，建成分区计量管理平台，量化分区计量考核指标，明确管理责任。提升检漏查漏水平，开展检漏考核管理，全年发现并修复漏点1502处。完善科学调度，联合运用供水调度指挥平台和分区计量平台，优化管网运行压力，降低物理漏损。全年漏损率降为10.72%（修正值5.39%），实现国务院“水十条”中关于漏损管控相关标准。

【效能建设】 2020年，市供水集团推进“统建统管”。对新建小区供水设施由供水集团统一建设、统一管理，解决用水“最后一公里”。全年签订151个代建项目，同比增长49%。签订市政供水管道代建合同115份，同比增长64%，实现市政管网代建全覆盖。优化营商环境。实现开发企业接水“一网通办、集成服务”。申请资料从3项简化为1项。工商户办理时限由14个工作日缩短到2个工作日（有外线的4个工作日）。破解低压区供水难题，实施东方大道DN800供水工程，解决磨店片区长期水压偏低问题。建成四水厂DN1200应急供水管道，释放四水厂产能，实现滨湖新区就地供水。加强供水设施改造移交，实施总表供水小区改造、二次供水泵房移交，累计接管二次供水泵房1468个。在全省首次推进超高层泵房改造移交。做好老旧小区供水改造，全年受理老旧小区供水改造项目60个，完成出户改造5465户。提升用户用水体验，全面升级微信营业厅，实现15项常用供水业务“一键通办”。完成支付宝直连、预存、代扣功能开通及营收系统扣款功能调整。综合服务效能得到提升，用户获得感、幸福感、安全感逐年增强。统筹城乡供水一体化。完成高刘及巢湖13个乡镇小水厂接管工作。关注城乡地区供水现状、发展动态及存在问题，提高乡镇水厂管理水平。

【防汛保供】 2020年，面对汛情，市供水集团完成设备巡保、汛期抢

2020年7月23日，市自来水公司开展防汛保供工作 （合肥自来水公司／供）

修、生产保三大任务，集中资源统筹合肥、巢湖两地供水保障，在做好合肥供水保障同时，保障巢湖供水安澜。在受灾后，实现恢复巢湖二水厂供水，并启动受灾修复工作，保障巢湖40万居民用水。应对雨雪冰冻灾害天气，抓早抓好各项预防和处置措施，确保供水形势安全、稳定。承担社会责任，向市红十字会账户捐款人民币100万元，专项用于庐江县灾后重建工作。

（吴　强）

热电供应

【概况】 2020年，合肥热电集团有限公司（以下简称“合肥热电”）售汽量373.46万吨（因疫情影响1-7月售汽量减少24.85万吨）；年蒸汽供应量近464.65万吨；发电5.54亿千瓦时，发电标煤耗248.2克／千瓦时；有各类发电机组14台套，装机容量174兆瓦；综合热损17.11%。建成各类管网长度15.64千米，各类管网总长度达568.28千米。服务工商企业403家，居民小区199个，居民用户近12万户，供热面积达2500万平方米，供热范围覆盖合肥市主城区和三大开发区。

2020年，合肥热电先后获评“全国基层职工互助保障优秀单位”“12345 政府服务热线 优秀成员单位”“合肥市效能建设考评第二名（2019年）”“合肥市2019年城市窨井设施工作考核第二名”“安徽省放心消费示范单位”“合肥市百强高新技术企业”“2019年度市国资系统安全生产先进单位”，并通过“国家高新技术企业”认定，成功跨入省级文明单位、省级诚信示范企业、省级企业技术中心等行列。“冷暖小管家”服务精品品牌获评“全国工人先锋号”“合肥市先进集体”“合肥市星级班组”“合肥市‘三八红旗手’”“合肥市劳模（职工）创新工作室”等。班组等方面，获评“合肥市示范班组”“合肥市星级班组”“合肥市青年文明号”等。

【业务开展】 2020年，合肥热电实施“32111”（即金源、新能、东方3个自有热源，皖能合肥发电有限公司、合肥联合发电有限公司2个合作外部热源，安徽科恩新能源有限公司1个新能源版块，居民个体用热需求1个终端消费领域，污泥处理1个环保再生利用行业）发展战略。根据现有负荷开发优质用户，依托自有热源和皖能合肥发电有限公司、合肥联合发电有限公司两大电厂热源，加大对滨湖科学城和“四岗”（即空港、合钢、骆岗、三十岗）区域、庐阳经济开发区、北城新区、双凤开发区、肥西县、肥东县、长丰县、庐江县的市场拓展力度，开展新能源市场调研和开发。推进下塘产业园、寿蜀产业园、空港经济示范区、包河工业区、运河新城和肥西医院等用能项目，实施园区集中供热合作。与恒大新能源汽车、国轩电池、安徽中医药大学附属医院等客户签订用热意向协议，推进省立滨湖医院配套能源站建设工程、骆岗生态公园商务区区域能源项目、养老小镇、运河新城、合肥通航通用机场等项目。推广“合热”天然气壁挂炉业务，满足居民个性化用热需求，逐步形成既满足城市工商业蒸汽用能需求，又兼顾城市居民生活采暖、制冷需求的“合肥模式”。

【客户服务】 2020年，合肥热电以“冷暖小管家”服务精品品牌为载体，优化“一站式”服务流程，主动缩短业务办理时间，由原先的12个工作日缩短至4个工作日，用实际行动践行贴心服务的承诺。梳理12345市长热线投诉情况，下发《关于加强12345市长热线投诉管理的通知》，将12345市长热线有效投诉件纳入月度绩效考核，提高服务水平和服务质量。连续11年践行“看天供暖（冷）”承诺，夏季集中制冷提前18天启动，推迟8天结束。2020—2021年采暖季供暖提前12天启动，推迟6天结束。坚持新冠肺炎疫情防控与供热保障两手抓，供热不停、服务不减、标准不降，确保居民小区、工商业用户制冷、供暖需求的同时，保障医院、医疗物资生产企业等疫情防控一线用户用热，延长供暖时间，发挥城市公益公用类企业的责任担当。创新服务举措，组织“冷暖小管家”服务进小区活动，将开通、咨询、维修等“一站式服务”送到千家万户；连续多年开展中、高考“爱心送考”志愿活动，以实际行动践行“冷暖小管家 心系你我他”服务理念。

【安全生产】 2020年，合肥热电坚持将安全之锤砸在点上，落到实处。签订《安全生产目标责任书》，做到守土有责、守土负责、守土尽责；采取各单位自查、“四不两直”（即不发通知、不打招呼、不听汇报、不用陪同、直奔基层、直插现场）日常检查、夜查，领导班子节假日督查、单位互查等方式，对热源类、工程类、综合类等单位开展安全检查；做好隐患排查、监测预警、应急处置等各项防汛工作，落实领导带班制度和24小时值班制度，领导班子下沉一线，靠前指挥。

围绕“消除事故隐患，筑牢安全防线”主题，开展全国第19个“安全生产月”活动，通过安全知识竞赛、安全主题演讲，参加合肥市“安全生产月”宣传咨询日活动等方式，引导全体员工学安全、比安全、懂安全，时刻树牢安全生产理念，提高事故处理能力。

全年开展“厂用电中断”“危化品泄漏”“防汛减灾”“有限空间作业人员窒息”“反恐维稳”“电气设备着火处理”“高温中暑”等应急演练136场，危化品液氨泄漏自动喷淋装置获得国家知识产权局颁发实用新型专利。

组织“ABCD隐患再排查”活动，全年排查出各类隐患72项，其中“B类”隐患3项、“C类”隐患43项、“D类”隐患26项，并即时整改，消除安全隐患。

【节能环保】 2020年，合肥热电把握能源行业转型升级机遇期，推动能源市场开放和产业升级，优化供热能源结构，构建以地下热能为主、煤炭为辅、天然气为补充的多能互补供热新格局、拓展污泥处置业务及扩大可再生能源应用范围，促进传统供暖企业转型升级为能源环保企业。

合肥滨湖科学城区域能源项目是长三角地区单体最大的以地源热泵为主力能源的区域能源系统，是合肥市“电能替代”重点示范项目之一，该项目3号能源站建成投运，完成2020—2021年度供能，重点用户覆盖安徽创新馆、科大金融学院、佳源广场、宝文广场等。与骆岗生态公园、安徽省立医院老年康复中心、合肥新桥机场二期等项目洽谈，为城市经济发展提供绿色清洁能源。

将执行的《火电厂大气污染物排放标准》中特殊排放限值（SO2≤50mg/Nm3、NOx≤100mg/Nm3、粉尘≤20mg/Nm3）提高到超低排放标准（SO2≤35mg/Nm3、NOx≤50mg/Nm3、粉尘≤10mg/Nm3），2020年合肥热电热源厂各项污染物排放数据均稳定达标。

响应国家环保政策，研究污泥稳定化、无害化和资源化处理新技术、新工艺，为污泥再利用开拓发展市场。建成东方污泥干化深改项目，总投资约1.5亿元。推进安徽科元环境处置项目，总投资约12亿元。

【工程建设】 2020年，合肥热电面对新冠肺炎疫情带来的机遇和挑战，分别从市政设施、老旧小区改造及配套基础设施、物资储备、公共卫生等四个方面梳理谋划24个重点项目，总投资约86亿元。合肥热电铁路专用线项目11月30日开通运行，开通后每年转运煤炭量约80万吨，提前释放合肥市18千米铁路专用线货运能力；7月28日正式开工建设新能热电联产项目一期B标段工程，总投资约4.44亿元，重点向安徽省科技创新“一号工程”量子信息与量子科技创新研究院提供用热保障；年底开工建设大科学装置集中区配套供热工程，总投资约1.1亿元，重点保障大科学装置集中区用热。推进空港经济开发区寿县片区集中供热项目、合肥热电集团供热基础设施提升改造项目、东方污泥干化深改项目等一大批项目。

（王丽君）

责任编辑：王尚先

建筑与房地产

住房与房产管理

【概况】 2020年，合肥市继续全面推进房地产市场平稳健康发展长效机制试点城市及其住房租赁试点城市、政府购买公租房运营管理服务试点城市、中央财政支持住房租赁市场发展试点城市、全国老旧小区改造提升试点城市、完善住房保障体系试点等六项国家试点工作。全年商品房销售面积1486.1万平方米，同比增长12.4%，居全省前列。棚改安置房基本建成2.15万套、既有住宅加装电梯174部，老旧小区改造103个，惠及10.8万人，棚户区改造工作获国务院激励表彰，老旧小区改造群众满意度位列全省第一。调整市区2020年度公共租赁住房准入条件，降低低收入以下家庭准入标准。对全市住房租赁企业实施信用考评，提高租赁奖补标准。出台多项政策，培育租赁市场，推进租赁试点。指导物业企业防洪抗疫，获评全省建设系统抗击新冠肺炎疫情先进集体。商品房预售许可审批实行“随报随批”，开发资质审批“当日办结、一次领证”。取消商品房网签备案单和网签备案盖章，实现“网签即备案”。深化“放管服”改革，放开房产测绘市场。

【住房保障】 2020年，合肥市提前超额完成年度棚户区改造目标任务。棚改安置房新开工目标任务25340套，基本建成目标任务16865套。截至当年9月底，全市新开工棚改安置房25645套，占目标任务的101.2%；全市基本建成棚改安置房21565套，完成率127.87%。

坚持实物补贴与租赁补贴并举。市住房保障和房产管理局（以下简称“市房产局”）对2019年底摇号的第557号至1929号，1373户家庭进行递补配租；对2020年市区最低收入和低收入住房困难家庭318户公租房选房顺序公开摇号。按应保尽保要求，向市区813户户籍家庭，2320户新就业及外来务工人员发放租房补贴近530万元。向11360位新落户人才发放租房补贴超过1亿元。公租房保障能力提升，印发《关于公布合肥市市区公共租赁住房准入条件的通知》，调整市区2020年度公共租赁住房准入条件，降低低收入以下家庭准入标准，城镇低收入家庭生活标准线为市政府公布的最低生活保障标准的2倍；城镇较低收入家庭生活保障标准线为申请家庭人均可支配收入不高于24890元/年、2074元/月；城镇中等偏下收入生活保障标准线为申请家庭人均可支配收入不高于33187元/年、2766元/月。

合肥经济技术开发区南庄苑 （合肥经开区/供）

完善住房保障体系试点。市房产局根据住建部《完善住房保障体系工作试点方案》要求，结合合肥市实际，制定《合肥市完善住房保障体系工作试点方案》。确定试点项目，对照企事业单位利用自有土地建设租赁住房意愿和住建部完善住房保障体系试点工作要求，筛选确定新材料企业、创新性企业和国有企业以及建行实施改建的4个有代表性项目作为政策性租赁住房试点项目。10月10日，联合建设银行安徽省分行举行银企合作对接活动，建设银行与12家住房租赁企业分别签订合作协议、授信协议和贷款协议，提供贷款期限3—25年，利率4.25%左右，约160亿元贷款支持发展租赁住房。

【房地产市场】 2020年，合肥市房地产市场经历年初遇冷、年中稳固、年末回暖的发展曲线。全年商品住宅销售备案面积1316.71万平方米（114127套），同比增长22.57%，全市二手住宅成交总面积783.31万平方米（83344套），同比增长6.67%。新建商品住宅销售价格指数同比为2.06%，二手住宅销售价格指数同比为3.29%，均稳定在参考区间。市场供需总体平衡。截至年底，全市结转可售商品住宅库存面积800.21万平方米，按过去一年的月平均成交量计算，全市商品住宅库存去化周期约为7.29个月，处在合理范围。首套刚需仍为市场主体。全年市区首套房备案量占比为76.33%，同比下降2.75个百分点，自住性需求仍构成市场交易的主体。

长效机制建设。结合疫情防控和房地产市场运行情况，市房产局制定房地产市场调控评价考核暂行办法和长效机制建设2020年试点工作方案，综合确定调控目标和总体思路，以年度方案指导全年工作，以调控目标考量调控成效。完善房价地价联动机制，7月，通过公开招标的方式引入第三方评估机制，确定3家评估公司，建立商品住宅用地周边房价评估服务定点单位库，提高拟出让地块周边房价测算科学性，以房价控地价，全年累计测算出35宗拟出让地块最高限价。完善房价备案会商机制，会同市发改委每月召开价格会商会议，专题会商月度房地产项目定价调价事宜，支持装配式项目发展，探索以出让地块整体项目控制销售均价、合理确定楼层差价等备案政策，完善房价备案政策。

房地产市场监测研判。多渠道收集数据，加强与市直有关部门信息联通，建立房地产横向数据采集机制，确保每月数据定期汇集。多途径调研市场，增加月度走访调研频率，特别是遇到节日、市场波动等重要时间节点，加大现场走访次数，了解市场一线动态。举行房地产企业月度交流会、金融机构座谈会，倾听企业对市场发展的意见建议。通过第三方发放市场调研问卷，掌握购房群众、开发企业市场预期。高频率监测分析，联手合肥学院房地产研究所，按月度、季度、年度撰写房地产市场监测分析报告，研判市场走势。

【住房租赁】 2020年，作为住房租赁试点城市和首批中央财政支持住房租赁市场发展试点城市，合肥市编订住房租赁市场未来三年规划及基础性研究，印发20项措施发展和规范住房租赁市场，完善住房租赁配套政策，发挥国有企业引领作用，拓宽房源筹集渠道，扩大政府租赁平台影响，基本形成住房租赁市场。

出台住房租赁配套制度。创新财政奖补方式，构建全面财政支持政策体系。市房产局、市财政局于5月联合出台《合肥市支持住房租赁市场发展中央专项资金管理办法》，通过注入项目资本金、财政奖补、贷款贴息、担保费补贴等四种方式，促进全市住房租赁市场发展。是年，向全市40家企业、3105户房东发放住房租赁奖补资金325.77万，审核发放2019年度第一批中央财政专项资金2.65亿元。支持商办厂房改建为租赁房。8月，会同市城建局、市自规局出台《关于非住宅改建为租赁住房工作的通知》，明确非住宅改建为租赁住房的具体实施办法，为商改租项目提供明确规程。建立住房租赁市场信用体系。出台《合肥市住房租赁企业信用信息管理办法（试行）》，将全市住房租赁企业分为6个信用等级，引导住房租赁企业规范发展。通过国有企业整体集中新建、开发企业配建自持、非住宅改建和成套住宅改造等多种渠道，增加租赁住房供应。全年累计新增租赁住房约5万套/间。

强化住房租赁行业监管。启动并完成合肥住房租赁交易监管服务平台二期项目建设。升级后的平台具备房源核验、信息发布、合同签订、在线备案、财政奖补、市场监管、信用评价等一系列功能。截至2020年底，租赁平台房源核验成功量增长到25万套，同比增长98.4%；合同备案量增长到11.2万套，同比增长103.6%；入网企业增长到513家，同比增长25.4%；注册用户增长到19.4万人，同比增长173.2%。强化房屋中介机构管理。先后对220余家住房租赁企业租赁合同网签备案工作开展“全覆盖”集中专项检查活动。联合市公安局、市市场管理局开展住房租赁企业联合检查，排查重点企业22家，发现存在经营风险的企业10家，现场对9家公司下达联合执法监督文书。约谈6家住房租赁企业负责人，对6家住房租赁企业的不良行为进行信用扣分，将22家高风险住房租赁企业推送给相关部门建议依法依规处理。

【物业管理】 2020年，合肥市符合成立条件的284家物业服务企业全部成立党组织，暂不具备条件的，成立联合党组织或选派党建指导员。全市有311个城市社区建立住宅小区“三位一体”议事协调机制，全市登记在册的“三位一体”议事协调机制有效运作典型55个，业委会规范化建设典型41个，物业企业优质服务典型84个，其中培育成效三类合一的典型30个。全市31家物业服务企业入选物业服务企业综合实力500强，8家物业服务企业获评“物业服务品牌价值和领先企业”，上榜数量位列全国第四。

【老旧小区环境整治】 2020年，合肥市将老旧小区基础类改造项目的财政补助资金标准由300元/每平方米提高到400元/每平方米，同时将财政补助资金覆盖到四县一市，市与四县一市财政按3:7分担。全年完成老旧小区改造103个，总建筑面积219余万平方米，涉及810栋、2.47万户、投资6.5亿元。取消加装电梯“一票否决”，开工建设既有住宅加装电梯174部，建成使用电梯32部，开展施工142部，通过方案审查待开工电梯25部。

完善老旧小区改造配套政策。编制《合肥市城镇老旧小区改造提升技术导则》《合肥市既有住宅加装电梯技术导则》等制度文件实现刚性约束，规范市场运行。制定印发《合肥市城镇老旧小区改造提升工作实施意见》，修改完善《合肥市既有住宅加装电梯工作实施意见》。

编制五年改造规划。编制《合肥市2021—2025年城镇老旧小区改造专项规划》，在未来五年内，全市拟改造提升老旧小区改造提升项目882个，总建筑面积2674.38万平方米，涉及9148栋，285053户，惠及866035人。

【房产行政审批与交易管理】 2020年，合肥市累计受理商品房预售许可1500件，白蚁防治协议2624件，房地产开发资质审批810件。全年完成商品房预售面积1139.87万平方米（同比下降14.2%），其中住宅790.16万平方米（同比下降14.8%），67393套；商业60.88万平方米；办公95.81万平方米；储藏室和地下车库193.02万平方米。完成商品房买卖合同网签备案审核10.01万户，办理合同变更、调价、车位配比与增购、自用房核减等业务2898件，办理附条件销售房672套，开发企业资质设定712件。全年完成楼盘表发布1500幢，建面1180万平方米；办理商品住房限购查询6.5万户。办理存量房合同网签69871份，建筑面积648.72万平方米；办理存量住房限购查询30095户；办理存量房交易资金托管业务39945户，总托管金额494.14亿元。

房屋交易管理。落实“互联网+政务服务”工作要求，取消商品房网签备案单和网签备案盖章，完成“网签即备案”工作目标。引入人脸识别功能，商品房合同变更抵押金额和付款方式等业务实现不见面办理。加强与商业银行、公积金中心等部门信息共享，实现商品房网签备案信息实时互通。推行“不见面办理”“预约办”“错时办理”等服务新举措，精减业务收件，优化办理流程，压缩办结时限，存量房网签服务和限购查询工作实现即时办结。增设托管服务网点，优化布局，方便群众，截至年底全市存量房资金托管网点已达70余个。

房屋测绘业务。执行测量规范和“二级检查一级验收”制度，采取质量抽查、原件核查、现场勘查等方式对测绘成果的适用性、面积测算依据和方法进行审核。深化“放管服”改革，落实“多测合一”相关工作要求，优化房屋面积管理职能，推动房产测绘市场放开。全年完成房产测绘业务4657件，建筑面积4098.08万平方米。

【房地产开发监管】 2020年，合肥市强化房地产行业监管，通过预售许可项目施工形象进度核实、房地产开发项目统计报表报送、项目手册执行情况审核、《商品房买卖合同》格式条款审核、商品房交付“两书”发放、“三个必查”工作制度等多项业务手段，对全市房地产建设项目进行多方位监管、全过程管控。全年累计对合肥瑞钰置业有限公司“卓锦园”等549家（次）商品房项目进行巡查。对合肥梁锦企业管理咨询有限公司（“听悦湾”项目）等31家开发企业下发《限期整改通知书》。对安徽南翔汽车智慧新城投资有限公司（“南翔汽车智慧新城”项目）等6家开发企业予以信用考评扣分处理。

商品房预售资金监管。全年开立监管账户806个，取消监管账户636个，进款总额约1338亿元，监管账户余额约336元。核准拨付重点监管资金248亿元；核准拨付一般资金924亿元；拨付农民工工资12.5亿元；为93家企业办理分类监管业务，拨付资金50.5亿元。

助力房产企业复工达产。出台《关于应对新冠肺炎疫情影响做好房地产行业复工复产保障服务的若干意见》，从拿地开工、建设、预售等多方面，支持企业复工复产。制定《合肥市住房保障和房产管理局房地产领域建设工程复工复产包保方案》，成立促进房地产领域复

工达产专项服务包保工作领导组，分四个服务包保小组负责对全市规模以上的房地产开发企业复工达产及正常运行情况开展专项包保。

【信访矛盾化解】 2020年，市房产局受理省信访信息化业务平台、省住建厅信访办、市委督查室、市委网信办、12345政府服务直通车等各级部门、各类平台交办转办的信访投诉件10472件，其中12345政府服务直通车投诉咨询件9813件，省住建厅、市信访局、市委督查室交办的督办件、信访件和来信来访件659件，办结率和按期答复率均为100%。

房调委工作。2020年，接待调解咨询600多次、群众900多人，通过访调对接、诉调对接等途径，登记人民调解案件323件，对符合调解条件的案件开展调解工作163件（其中有3件不予受理），其中成功化解101件，引导涉事企业和个人私下协商成功71件，化解成功率超过50%，累计化解合同和经济纠纷金额约1842.64万元，涉及房屋价值1.94亿元。

信访专班工作。联合市信访局制定《2020年合肥市房地产领域信访突出问题处置工作专班实施方案》，明确职责分工、工作制度、工作步骤和工作要求。全年累计梳理出房地产领域信访突出问题50件，化解26件，11件基本化解或部分化解，3件取得进展，突出问题矛盾化解取得成效的占比达到80%，累计为群众办理商品房、安置房、集资房不动产权证31883本。

【房地产信息化建设】 2020年，市房产局对商品房预售许可系统升级改造，实现预售许可业务的全流程线上办理。开发建设企业资质审批系统，对接安徽政务网，完成企业信息、企业资质、企业人员数据转换。开发合肥市商品住房销售现场开放申报系统，实现售楼部开放线上申请、线上审查，建立“网上售楼部”，提供“网上看房”的便民入口。升级改造商品房网签备案系统，实现抵押金额、付款方式业务不见面办理。完成个人住房信息系统的建设和项目验收，梳理不动产登记、抵押、查封等业务中的个人住房信息数据68万余条，并转化表结构，为房产业务提供基础数据。配合市不动产中心推进房产交易登记不见面办理，在存量房网签合同接口中加入共有人查询功能，并向市不动产中心移交老登记系统拍照数据。

【人才公寓建设】 2020年，开工建设合肥市市区规划的11个人才公寓项目，总用地面积45.53公顷，规划总建筑面积125万平方米，总户数7266套，其中产权型5515套，租赁型1751套。截至年底，结构封顶66栋约4600套，合肥经济技术开发区人才公寓北区（年华里）具备交付条件，合肥高新技术产业开发区人才公寓（擢秀园）、蜀山区人才公寓（鸿博园）、经开区南区人才公寓（睿庭）、滨湖乐业公寓、国际人才公寓C区等项目进入后期收尾阶段。出台《合肥市人才公寓建设运营管理暂行办法》。5月12日市委组织部、市房产局、市人社局联合印发《合肥市人才公寓租售管理细则（试行）》，为人才公寓建设运营、租售工作提供政策支持。

【房屋安全】 2020年，合肥市区归集物业专项维修资金9.20亿元、10.72万户，维修资金增值收益3.09亿元；核准维修资金申报使用项目309个，预算维修金额3046.88万元，受益业主2.16万户；审核决算申报项目232个，决算金额1316.58万元；审批拨付维修资金1574.80万元，同比增长97.68%。全年接收新建房屋白蚁预防工程项目2805个，建筑面积2487.12万平方米，完成年度计划的248.71%。房屋白蚁预防工程竣工项目2371个，建筑面积2208.41万平方米，完成年度计划的220.84%。

房屋维修资金管理。2020年，市房产局优化维修资金使用审批程序，审批时间由5个工作日压缩为3个工作日。修改《物业专项维修资金使用管理规程》部分条款，调整外墙、屋顶渗漏维修申报使用维修资金的查勘方式。组建维修资金使用项目第三方审价机构库，促进维修资金规范使用。扩大物业专项维修资金使用面，将维修资金使用拓展到屋顶外墙、电梯、单元门可视对讲、安全监控设施、上下水管道、消防设施、小区道路等物业共用部位、共用设施设备的维修和更新改造。

房屋安全鉴定。全年受理委托完成175个项目房屋安全鉴定业务，涉及房屋618幢、建筑面积133.76万平方米。完成申请维修资金修缮屋面及外墙渗漏查勘项目114个，涉及72个小区的467幢房屋、建筑面积64.96万平方米。

白蚁防治。市房产局在刘铭传故居安装智能型白蚁实时监测装置70套，在包公祠新增智能型监控装置126套。在包公墓（园）维护智能型白蚁实时监测装置82套，在安徽农业大学勤政楼维护智能型白蚁实时监测装置43套。出版《合肥白蚁》专著，从专业视角阐述合肥白蚁防治40年来的研究成果和

实践成效。举办合肥白蚁防治主题展，以合肥市白蚁防治研究所新出版图书《合肥白蚁》为载体，向社会大众普及白蚁知识，展现合肥市白蚁防治工作措施和成效。

（祝敏敏）

建筑业

【概况】 2020年，合肥市完成建筑业总产值4465.9亿元，同比增长9.5%，增加值占全市GDP比重超过15%。出台《关于促进合肥市建筑业高质量发展实施意见》，从优化企业资质结构、营造规范有序市场环境等10个方面为行业转型升级指明方向。市城乡建设局着力帮扶企业发展，组建资质升级企业“潜力库”“重点班”，累计帮扶500余家建筑业企业晋升总承包一、二级资质，提升本地企业开拓外地市场能力。完善行业信用评价体系，强化评价结果在招投标、资金奖补、评优评先等方面的综合运用。开展“行业清源”行动，打击各类行业乱象。农民工实名制管理全面落实。

组建11个专班分组分片帮扶196家本地重点企业，解决企业各类生产经营、项目推进、资质升级等问题140余个。3次召开项企对接会，帮扶合肥市施工企业签约开发项目5个，合同金额8.6亿元，达成意向约10亿元。3次召开银企对接会，累计帮扶合肥市11家企业实现供应链融资贷款、债券融资、银行承兑、履约担保、投标保函等约5亿元。督促262家企业列入政府统计名单，邀请专家开展9次统计业务培训会，总计参加培训1200余人次。

【“行业清源”行动】 2020年，市城乡建设局全覆盖开展建筑市场综合执法检查，打击各类行业乱象，铲除黑恶势力滋生土壤。全年做出行政处罚52起，建议罚款230余万元，一批“挂证”失信企业和人员被列入“黑名单”。落实农民工实名制管理，“治欠保支”取得成效。动态核查企业资质，责令81家企业限期整改。开展海砂专项整治和砂浆“禁现”执法巡查。完善行业信用评价体系。拟定《合肥市施工总承包企业信用评价标准》，设置13个板块62个评价指标，评价功能嵌入“合肥市工程建设云平台”。全年公布2批信用评价结果，对3600余家建筑业企业实行信用分级，并强化评价结果在招投标、奖励政策、评优评先、“双随机”检查、资质升级等方面应用。建立一支稳定的征信队伍，市城乡建设局及13县（市）区、开发区建设主管部门均设置信息采集员，负责采集录入日常监管中产生的信用信息。

巩固工程建设项目审批制度改革成果。审批时限由最长110个工作日压缩到80个工作日以内，13个县（市）区、开发区审批系统全面上线。推进不见面审批，依托“互联网+政务服务”，开展网上办理、结果寄达等“零接触”业务，为疫情防控提供支持。

【绿色低碳发展】 2020年，合肥市新建建筑节能设计、施工标准执行率均达100%，绿色建筑竣工面积1721万平方米，占比达83.5%，可再生能源建筑应用达793万平方米。推进绿色生态城市综合试点，滨湖区域能源项目完成投资4.2亿元，冰蓄能、分布式能源、地源热泵等系统投入使用，向安徽创新馆等5个项目约35万平方米提供服务。完成公共建筑能效提升改造项目28个、76.7万平方米，年节电约2400万千瓦时。推广绿色建材应用，新型墙材总产量39.3亿标砖，应用比例100%，15家企业获绿色建材星级证书。开展节水型城市创建，制定非居民用水超定额累进加价制度。

【装配式建筑】 2020年，合肥市新开工装配式建筑面积662万平方米，占比达16.3%。市城乡建设局印发《合肥市装配式建筑装配率计算方法（2020版）》《合肥市装配式建筑应用技术系列手册》，指导全市装配式建筑各环节应用。开展部品部件生产质量“双随机”检查，组织省级示范项目观摩会。9月举办合肥市装配式建筑职业技能竞赛，全市装配式构件厂和在建项目近百人参加。合肥市鸿路钢构等建筑部品部件驰援武汉“火神山医院”建设，中宝机械装配式建筑生产线出口海外。

（白　羽）

住房公积金管理

【概况】 2020年，合肥市住房公积金管理中心（以下简称“中心”）全年（不含省直分中心，下同）归集住房公积金179.79亿元，完成年度目标任务的112.37%；新开户单位5096户，完成年度目标任务的169.87%；提取住房公积金124.09亿元，完成年度目标任务的115.44%；发放个人住房

合肥经济技术开发区百乐门商圈 （合肥经开区／供）

贷款123.02亿元，完成年度目标任务的129.22%；回收贷款本金47.85亿元，完成年度目标任务的118.15%；实现增值收益5.59亿元，完成年度目标任务的115.66%。

2020年，中心获评安徽省第十二届文明单位、合肥市依法行政示范单位、全市效能建设考评优秀单位、全市政务公开工作先进单位等；机关党委获评市级党组织“好”等次，业务服务处获评合肥市巾帼文明岗，铁路分中心获评第五批全省住房城乡建设系统学雷锋示范点和合肥市三八红旗集体。

【制度建设】 2020年，中心加大对无房租房群体的支持力度，出台《关于调增合肥市职工租住商品住房提取住房公积金限额的通知》，将租房提取限额分别提高到12000元和24000元。全年租房提取超过8.4万人，提取金额8.23亿元，占提取总额的6.63%。6月，出台《关于规范住房公积金贷款审批时限规定的通知》，对各类型住房公积金贷款的各环节审批时间进行明确，提高审批效率。7月，出台《关于调整年度基数执行时间的通知》，将年度基数调整执行时间调整为自然年度时间，保障广大缴存职工的合法权益。8月，出台《关于完善合肥市住房公积金贷款政策的通知》，将贷款最长期限调整为30年，缓解贷款职工的还款压力。

【公众服务改革】 2020年，中心贯彻落实公积金领域“放管服”改革，单位开户事项接入企业开办“一网通办”平台，实现公积金单位开户“秒办”。压缩住房公积金纳费时间、精简住房公积金缴费证明材料，企业全年办理时间压缩至2.2小时以内，优于全国平均水平。减少异地户口离职职工提取要件、取消市辖区内租赁自住住房提取要件和住房公积金汇缴转账等要件，优化业务办理流程、减证便民。推出批量业务上门服务、特殊群体上门服务、周末志愿者服务等，探索个性化服务需求。全年组织四次大型志愿者服务活动，走进楼盘现场，累计服务580余户贷款职工。

【信息化建设】 2020年9月，中心信息化综合服务平台建设通过专家组评审验收。11月，在官网接入长三角“一网通办”平台，线下开通“一网通办”“跨省通办”专窗，实现长三角区域公积金业务线上线下通办，减少职工在长三角区域各城市间往返；至年底，中心全部实现住房公积金单位登记开户等8项业务跨省通办。当年，中心实现41项业务全程网办（含省市政务规定的29项业务），通过与市数据资源局、公安、民政、房产等部门数据共享，41项业务中偿还公积金贷款、租房提取、离退休提取等18项业务实现无要件办理，全部机控。网上提取业务量持续攀升，至年底网上提取业务占比近50%，全年网上提取业务总量超1/3。

【风险防范】 2020年，中心加强对受委托银行、担保公司、12329热线的过程监管和考核，将委托管理调整为协议管理，通过月例会、季总结、半年分析会等形式，强化序时进度监管，修订《合肥市住房公积金委托业务考核办法》，明确相关业务处室和分中心、管理部作为考核主体的职责，规范各类手续费的支付标准。出台《合肥市住房公积金资金竞争性存放和竞争性办理存量公转商贴息贷款实施细则（试行）》，规范住房公积金资金存放和竞争性办理存量公转商贴息贷款的管理。

防范资金流动性风险，维持住房公积金资金供求平衡，保障资金安全运行，加强资金调度，出台《合肥市住房公积金资金流动性风险预警管理办法（试行）》，逐月在官网公布个贷率。完善、健全中心内部法规制度，夯实法治工作基础。加大依法行政及法治政府建设力度，加大普法及依法治理工作，出台《2020年度依法行政和法治政府建设工作计划》。完善中心法规制度体系，加大规范性文件清理力度，做好规范性文件“三统一”工作。加大合法性审查力度。编制中心权责清单、公共服务事项和中介服务事项清单等。

（李维薇）

责任编辑：王尚先

生态建设与环境保护

综 述

【概况】 “十三五”时期，合肥市生态环境局（以下简称“市环境局”）开播合肥环保进行时627期，组织新闻发布（通气会）10场次，连续5年获评中国环境报年度宣传工作先进单位。引导公众践行绿色生活，全市创建省级生态文明示范县1个，“绿色社区”省级2家、市级46家，“绿色家庭”省级8户、市级100户，“绿色学校”省级6所，省级“中小学生环境教育实践基地”1个，市级“生态环境教育基地”32个，环保设施开放单位7家。

2020年，合肥市完成环境保护“十三五”规划目标任务，约束性指标全部实现，取得坚决打好污染防治攻坚战的阶段性胜利，实现全市生态环境质量总体改善，增添全面建成小康社会的成色和绿色底色。

【推进经济发展】 2020年，市环境局贯彻“六稳”“六保”决策部署，加大对企业帮扶指导力度，关口前移，主动服务大科学装置、轨道交通等重点项目。落实环评审批正面清单，对22个大类、50个小类建设项目实行豁免审批；对环境影响可控、受疫情影响较大的社会事业与服务业等17大类44小类行业项目，实施环评“告知承诺制”审批。制定出台监督执法正面清单，将598家企业（项目）纳入监督执法正面清单，依法减免处罚18次，服务企业3558家次。推进排污许可“一证式”监管改革，全年核发排污许可证934张，排污登记11882家，限期改正106家，逐步实现固定污染源排放“按证监管”，获评固定污染源排污许可全覆盖工作全国先进集体。推动合肥市“三线一单”（即生态保护红线、环境质量底线、资源利用上线和生态环境准入清单）编制，确保空间管控合理合规，为经济社会发展争取空间。组织开展两轮环评单位现场检查和环评文件技术复核，全市环评文本质量得到提升。

【生态环境问题整改】 2020年，市环境局强化调度督导，压实整改责任，向相关责任单位下发警示函、督办函44份，与市检察院建立问题整改沟通对接机制，完成省第二生态环境保护督察组进驻合肥市期间的协调保障工作。截至2020年底，2017年中央环保督察反馈问题全部上报完成，销号54个；2018年中央生态环保督察“回头

2020年7月，肥西县三河镇丰乐河入湖口湿地 （周 杰/摄）

看”反馈问题完成14个，销号10个；2018年省环保督察反馈问题销号69个；环保督察转办信访件销号2776件；长江经济带国家警示片披露问题销号1个；长江经济带专题片披露问题销号5个；大起底“N”类5批次清单问题完成200个，销号199个；全国人大执法检查发现问题销号4个；省生态环境厅突出环境问题“回头看”反馈的9个问题全部销号，一批突出生态环境问题得到解决。

【垂直管理改革】 2020年，市环境局印发《合肥市生态环境机构监测监察执法垂直管理制度改革实施方案》《合肥市深化生态环境保护综合行政执法改革实施方案》《合肥市生态环境机构监测监察执法垂直管理制度改革划转移交人员工作方案》，13个县级生态环境机构全部挂牌，完成9个县（市）区生态环境机构人员档案上划审核、财务资产划转工作，上划市环境监测中心站人员编制57名。整合环境保护和国土资源、农业、水务、林业园林等部门相关污染防治、生态保护执法职责职能，组建市及县（市）区生态环境保护综合行政执法队伍，支队和13个县（市）区执法大队全部挂牌。强化乡镇（街道）生态环境保护工作机构建设，全市155个乡镇（街道、大社区、园区）配置专职环保工作人员783人。

【环境质量】 2020年，合肥市空气质量保持“双降一升”。全市细颗粒物（$PM_{2.5}$）平均浓度为36微克/立方米，比2015年下降42.4%，可吸入颗粒物（PM_{10}）平均浓度为58微克/立方米，比2015年下降33.1%，均为有监测记录以来最低值，实现连续7年“双下降”；空气质量优良率首次达到85%，较2015年提升13个百分点，重度及以上污染天数首次清零，较2015年减少16天；二氧化硫、氮氧化物提前一年完成“十三五”减排任务，单位GDP二氧化碳排放强度较2015年下降27.9%，超额完成“十三五”目标任务，合肥市被生态环境部评为2019年度全国空气质量改善十佳城市。

【水污染防治考核】 2020年，合肥市原劣V类河流南淝河、派河、十五里河、双桥河水质分别改善至V类、Ⅳ类、Ⅲ类、Ⅲ类，杭埠河等清水河流水质均值均达到Ⅲ类及以上标准，国考断面水质优良率由60%上升至73.3%，劣V类水体比例由26.7%实现清零，超额完成水环境质量和重点水污染物减排约束性指标，水污染防治考核排名由“十二五”全省倒数跃升至全省第一。巢湖综合治理取得成效，15个国考断面水质全面达标，巢湖东、西半湖和全湖水质达到Ⅳ类，西半湖、全湖水质较2015年上升一个类别，主要污染物氨氮、总磷、化学需氧量浓度较2015年分别降低68%、35%、14%，创1979年有监测记录以来最好水平。

【土壤生态环境守护】 2020年，市环境局完成全市农用地和建设用地详查，基本完成耕地土壤污染状况详查及耕地土壤环境质量类别划分，整治完成500个建制村环境，受污染耕地安全利用率达到94%，污染地块安全利用率为100%。开展“清废行动”，危险废物环境监管能力、利用处置能力和环境风险防范能力实现提升，危险废物利用处置率达100%，危险废物规范化管理抽查考核连续2年全省第一。

2020年，市土地储备中心加强土壤污染防治，实施源头管控，拟收储的疑似污染土地环境调查评估实现全覆盖。完成杏花印务、合晶电子等22宗143.8公顷土地收储前污染状况调查备案。加大对水

2020年6月，蜀山四季花海 （应作平/摄）

环境治理项目的支持力度，通过土地储备平台加大投入，完成龚大塘鸭林冲、五里庙等涉河城中村74.32公顷改造搬迁。推进收储土地土壤修复治理相关工作，组织开展好马合钢、红四方地块的土壤污染治理工作。马合钢地块全面完成场地土壤环境状况调查工作，分块风险评估报告与分块修复技术方案编制通过专家评审。合肥市原红四方化肥厂地块土壤污染修复主体工程全部完成，该原址场地治理修复项目工程成功入选“2020年生态环境创新工程百佳案例”。

（魏　健）

污染防治

【概况】 2020年，合肥市全面推进系统治理，实施蓝天碧水净土三大保卫战，环境改善实现历史性突破。攻坚挥发性有机化合物（VOCs）治理，蓝天保卫战实现收官，多次获生态环境部通报表扬。开展南淝河流域整治、白石天河流域整治和农村生活污水处理设施整治3个专项行动，碧水攻坚战取得显著。推进重点污染地块修复，开展土壤污染状况详查，启动危险废物专项整治3年行动等，净土持久战稳步推进。

【蓝天保卫战】 2020年，市环境局协同推进臭氧和细颗粒物防治，攻坚VOCs治理，6—8月全市空气质量优良率连续3个月100%，6-9月空气质量优良天数及同比变幅在全国重点区域及苏皖鲁豫交界地区95个城市中排第四名，超额25天完成国家下达的空气质量优良天数提升任务，多次获生态环境部通报表扬。攻坚秋冬季大气污染防治，2019-2020年秋冬季空气质量改善幅度在长三角区域41个城市中排第二名。针对庐阳经开区企业异味扰民问题，开展现场检查，发现问题企业65家。针对合肥经济技术开发区、合肥高新技术产业开发区和肥西县三角地带异味扰民问题，开展两次突击夜查，启动为期两个月的区域异味污染防治专项行动，查处环境违法案件92件，震慑企业环境违法行为。全年全域全员开展秸秆禁烧攻坚行动，利用秸秆禁烧远程视频监控系统，226个高清热感摄像头24小时不间断监控着火点，2020年全市通报“零火点”，打赢秸秆禁烧翻身仗。

【碧水攻坚战】 2020年，市环境局继续开展南淝河流域整治专项行动，解决996个流域突出水环境问题，南淝河施口国考断面全年达标，主要污染物氨氮、总磷、化学需氧量浓度均值较2015年分别下降74%、57%和14%，“母亲河”焕发新容颜。开展白石天河流域整治专项行动，全方位、地毯式排查问题，每晚召开碰头会，梳理排查发现的问题，每日通过电视台、政府官网报道专项行动进展，扭转白石天河连续超标态势，探索出清水河流水质管理的方法和路径。开展农村生活污水处理设施整治专项行动，检查65座乡镇政府驻地污水处理厂和491村级污水处理设施，覆盖全市所有乡镇政府和833个中心村，农村生活污水处理设施正常运行率从2019年初的36%提高至95%。完成120个建制村环境整治，在全省率先出台农村生活污水处理设施建设管理工作指南，获省生态环境厅转发推广。实施地表水断面生态补偿，2020年获得省级水环境生态补偿资金3000万元，位列全省第一。强化饮用水源环境保护，县级以上饮用水水源地水质全面达标。

【净土持久战】 2020年，市环境局完成南七叉车厂地块修复，中盐红四方祁门路地块修复主体工程完工，推进马合钢、氯碱等重点污染地块修复工作。开展土壤污染状况详查，完成304家纳入重点行业企业名录库企业的信息采集、33家现场采样。排查整治32家涉镉等重金属重点行业企业，2020年重点行业重点重金属污染物排放量比2013年减少10%。启动危险废物专项整治3年行动，推进尾矿库污染防治，全市18家尾矿库按照“一库一策”完成治理。实施“绿盾2020”行动，完成27个问题点位整改，守护全市23个自然保护地。开展核与辐射安全五个“全覆盖”专项行动，全年未发生辐射安全事故，废旧放射源处置率100%。

（魏　健）

环境监管

【概况】 2020年，市环境局把握新一轮信息技术变革和数字化发展趋势，加快布局环境监测“新基建”，全市安装264家重点污染源在线监测设备1597台（套），建成大气环境在线监控点22个、乡镇（街道）大气小型标准站121个、微观空气监测站277个、水质自动标准站42个、南淝河水质微型站23个、固定式机动车排放遥感监测点17个、重型柴油车OBD远程在线监控设备安装2420辆、年销售额5000吨以上加油站安装油气回收在线监控安装38家，构建起“天地空”一体化监测网络。建设合肥市生态环境大数据平台，建成机动车尾气监管信息平台，初步建成生态环境数据资源中心，生态环境业务信息化支撑能力得到提升。

【监管执法】 2020年，市环境局保持执法高压态势，打击环境违法行为，全市生态环境系统实施行政处罚案件336件，处罚金额2866.18万，实施配套措施案件461件，全市配套案件总数位列全省第一、全国前列。开展“双随机、一公开”监管，全市检查企业2029家次，其中使用科技手段开展非现场执法1650家次，发现并查处违法问题数149次。成立全省首个市级“环保+检察”联合监测实验室，实现生态环境保护的专业支撑、检察机关的执法监督双向互动。紧盯化学品、危险废物、尾矿库等环境高风险领域，防范“黑天鹅”“灰犀牛”事件，组织全面排查易燃易爆化学品、反应性特征危险废物等环境隐患，排查省级以上开发区、化工聚集区19个，排查企业1968家，对风险源实施精准防控。深层次开展环境执法大练兵，成功举办市级污染源自动监控执法技能专项比武，获得2020年全省污染源自动监控执法技能专项比武一等奖。

（魏　健）

巢湖治理

【概况】 “十三五”以来，在巢湖流域经济总量快速发展、城镇人口快速增长的压力下，巢湖治理取得阶段性成效，国控断面考核全面达标，生物多样性逐渐恢复，湿地面积恢复较快，蓝藻水华得到遏制。生态环境部对合肥市巢湖流域水污染防治考核结果呈现逐步好转态势，国控断面年度水质达到考核要求比例由2012年（11个国考断面，仅3个通过考核）的27.3%提高到2020年（15个国考断面，全部通过考核）的100%。巢湖水质得到改善。2020年，巢湖水质创1979年有监测记录以来最好水平。1—8月全湖平均水质为Ⅲ类，为近20年来最好水质；1—11月，巢湖水质为Ⅳ类，氨氮、化学需氧量、总磷主要污染指标比上年分别下降41.19%、0.55%、21.13%；全年巢湖东半湖、西半湖和全湖平均水质均为Ⅳ类。全湖主要污染物氨氮、总磷浓度分别为0.1毫克每升（mg/L）、0.066毫克每升（mg/L），同比分别下降41.2%和15.4%。入湖河流水质持续提升。丰乐河、杭埠河、柘皋河、兆河清水河流水质保持优良。全面消除劣Ⅴ类，南淝河水质由劣Ⅴ类好转为Ⅴ类；十五里河、派河水质保持Ⅲ类和Ⅳ类，均优于国家考核要求。出湖水质保持优良。巢湖湖水平均每年通过裕溪河流入长江约30亿立方米，其入长江前的国控断面裕溪口，近年来一直稳定保持Ⅱ类，对长江干流的环境效益为正贡献，为长江经济带生态保护做出合肥贡献。防洪保安能力实现提升。2016年特大洪水（中庙站最高水位12.77米）淹没面积66平方千米，仅相当于1991年（中庙站最高水位12.80米）淹没面积555平方千米的12%，综合减灾效益达400亿元以上。2020年特大洪水（中庙站最高水位13.43米），淹没面积347平方千米（含主动分洪、蓄洪），相当于1991年的63%。蓝藻发生程度呈下降趋势。2020年，巢湖湖区监测到蓝藻水华50次，同比减少27次；蓝藻水华累积发生面积为3015平方千米，同比减少732平方千米；4月—10月，巢湖水华累计面积同比下降19.6%，全湖、西半湖藻密度分别下降16.1%、21.3%。沿湖湿地生态环境改善。来巢湖湿地停留过冬的候鸟增多，各种珍稀水鸟在此越冬栖息或迁徙途中补给，素有鸟界“大熊猫”之称的东方白鹳，连续三年成群飞临巢湖湿地。生态旅游效益得到发挥。以防洪保安为基础的155千米环巢湖观光大道建成，将周边湿地、历史人文景点和特色古镇、美丽乡村，串联成一道美丽风景，吸引游人纷至沓来，巢湖的生态效益、休闲功能、审美功能得到初步展现。水污染防治体系初步建立。安徽省巢湖管理局（以下简称“巢管局”）和市环湖办坚持工程与研究并举，探索流域治理模式和集成关键技术，推进环巢湖生态保护修复工程建设，开展点源治理、面源防治及内源削减等多项措施，巢湖综合治理初步形成点、线、面相结合的水污染防治体系。

【全流域水污染防治】 2020年，巢管局坚持点线面结合、内外源统筹，着力构建全流域、全方位、全过程的水污染防治体系。“点源”治理。全面排查巢湖流域一级保护区内18家自建污水处理设施餐饮企业，根据采样结果，对水质不合格餐饮店要求辖区予以关停，对2家涉嫌违法偷排餐饮店立案处理。在巢湖流域内跨市界和合肥市域内跨县界的一、二级支流设立43个水质监测站点和27个水量监测站点，开展水质水量实时监测，在裕溪河、白石天河等重点流域开展153次水质水量加密监测，在环巢湖岸边重点观测区布设33个视频监控点，利用卫星遥感技术定期开展跟踪监测，完成13个水资源监测站建设，水陆空一体化监测网络基本建成。开展巢湖水质监测与巡查工作，组织完成59次巢湖湖区及主要环湖河流32个点位27个监测项目的地表水环境质量监测工作，上报监测数据5万多个。

“线源”防治。对2019年度12条主要出、入湖河流的43个考核断面的水质达标及水污染浓度削减情况进行考核，制定省级巢湖湖（河）长制2020年度考核办法和禁捕退捕工作专项考核办法。对杭埠河、丰乐河、白石天河等重要的清水河流开展常态化巡查，对民主河、朱槽沟河等水质不稳定支流开展明察暗访，对兆河、裕溪河等跨界河流加强调度，召开8次杭埠河等流域水质达标联合调度会议。开展河湖巡查暗访58次，下发巡查反馈函、督查通报、预警函等42份。

“面源”削减。巩固炯炀河面源污染网格化精细化试点成功经验，启动炯炀河流域氮磷控制示范工程项目，结合各类片区特点开展小流域治理，力求形成可复制可推广的示范治理经验。开展城市面源污染防治试点调查研究，完成包河区十五里河流域、合肥市老城区杏花公园、罍街商业区以及杭埠镇等不同类型的城市面源污染防治调查工作。

“内源”减负。履行巢湖禁捕退捕领导小组办公室职责，配合各级政府完成注销3464艘有证渔船和5638名退捕渔民妥善安置工作，取缔拆解5200余艘“三无”船舶。设立巢湖水域护渔员公益性岗位，建立人防技防相结合的监管模式。全面落实封湖禁渔工作，打击非法捕捞行为，全年累计出动车(船、艇)2052次，渔政执法人员5215人次，清理渔具3716条，对湖区查处非法捕捞案159起。

做好蓝藻巡查和监测工作。组织制定蓝藻防控预案，牵头组织沿湖各县市区蓝藻防控工作年度考核。开展蓝藻巡查和应急防控监测工作，指导和协调各地开展蓝藻应急防控工作。启动巢湖生态清淤试点工程建设前期工作。

【抗洪抢险】 2020年，面对梅雨期、梅雨期降雨量、巢湖水位、巢湖蓄水量“四个超历史极值”的考验，巢管局汛前提前腾空巢湖底水，腾出有效库容13.89亿立方米，增加巢湖蓄洪能力。6月11日提前开启“七闸一站”排洪，6月25日巢湖洪水外排入江最大流量达1285立方米/秒，至7月5日巢湖中庙水位仍控制在10.55米。抓住洪峰间隙和高低水位差，新桥闸、裕溪闸寻机排洪，最大流量分别达715立方米/秒和1090立方米/秒；铜城闸7月28日起开启排洪，最大流量达630立方米/秒；巢湖闸全开外排，最大流量达1340立方米/秒；特别是7月5日长江高水位顶托，凤凰颈排灌站成为唯一开机外排出口。至9月11日巢湖水位下降至警戒水位10.5米以下，巢湖抗洪救灾保卫战取得全胜。全年排洪入江128.64亿立方米，相当于排出正常水位下6个巢湖水量，其中排出巢湖洪水88.66亿立方米，东大圩进洪闸开闸蓄洪2.64亿立方米。先后派出9个专家组奔赴抗洪一线，指导防汛和抢险工作，处理险情150余处。局应急抢险队派出蛙人摸探和管涌探测11批次，探测出渗漏点111处；出动冲锋舟(橡皮艇)64艘次，转移群众145人。巢湖闸管理处副主任周翔、凤凰颈排灌站管理处分别被省、市表彰为防汛救灾突出贡献个人和集体，巢管局防汛抗洪抢险工作数十次被中央、省、市电视台等媒体报道。

【“1+N”规划体系落实】 2020年，巢管局开展以《巢湖治理绿色发展总体规划》为龙头的，集各类涉巢规划而形成的“1+N”综合性规划体系实施情况专项督查，推进规划任务落地、规划目标落实。编制《巢湖流域水环境一级保护区治理与保护规划》初稿，落实一级保护区项目审查工作，把关一级保护区建设项目前期审查，受理并办结一级保护区建设类项目行政审查及来函25件。

【亚行项目实施】 2020年，巢管局完成亚行贷款项目前期项目全部工程和报账任务，进入完工报告编制阶段；中调项目除巢湖东坝四站和舒城河道治理两个项目合同包外，其他部分全部完工，并进入竣工验收和审计阶段；谋划巢湖水环境综合治理亚行二期项目。当年完成亚行总报账任务达2.3亿美元，占总贷款金额的92%，其中2020年度，亚行项目完成投资约4亿人民币，实施报账3.469亿人民币。

【环保督察整改】 2020年，巢管局完成牵头的中央环保督察反馈巢湖水环境33个问题整改，全部销号。以环保整改督查和巡查为抓手，细化巢湖综合治理攻坚战2020年目标任务、时序安排和责任落实，定期开展督查、评估和考核。截至2020年底，省定39项任务完成16项，基本完成5项，持续推进14项，因生态红线等问题调整4项；市定68项任务完成48项，基本完成11项，持续推进9项。

（刘　芳）

【环巢湖生态保护与修复工程】 2020年，市环湖办推进环巢湖生态保护与修复三期、四期工程，实施五期工程，开工建设六期工程。全年完成投资30.48亿元，同比增长32.2%（2019年完成投资23.05亿元）。截至2020年底，完成白石天河、兆河、马槽河流域农村生活污水收集处理一、二期工程，白湖监狱污水处理厂，巢湖市烔炀河湿地建设工程等28个项目建设；推进十五里河流域治理一期工程1标段，肥东县十八联圩湿地修复工程，双桥河初期雨水调蓄工程等68个项目；开展派河河口蓝藻防控与生态修复工程、巢湖生态清淤试点工程等26个项目项目前期工作。

按月统计项目进展，全年开展36次现场调度，解决项目推进过程中的问题。全年召开项目方案专家审查会69次，对项目实施的必要性、可行性和经济性进行评审；召开项目协调会65次，发挥市直行业主管部指导门作用，合力推进环巢湖治理项目前期工作；坚持问题导向，谋划储备小流域治理、矿山修复、村镇污水处理及生态湿地建设等78个项目。推进重点项目，十五里河流域治理一期工程、十八联圩湿地修复三期工程被列为省委、省政府贯彻落实习近平总书记考察安徽重要讲话指示精神的重要举措，全年完成投资6.97亿元，超额完成建设任务；坚持行蓄洪功能和生态保护功能的定位，推进十八联圩湿地修复工程，全年召开工程推进会、技术讨论会、市直部门协调会45次，累计开展湿地修复面积804.67公顷。在庐江县白石天河、兆河等流域开展农村污水收集处理工程试点，一、二期工程完工并投入运行，涉及15个镇（园区）75个行政村，共铺设主、支管网532千米，日处理污水3300吨；推进三期工程建设，涉及14个镇86个行政村，设计日处理规模5132吨。创新标准体系，编写、出台《环巢湖地区污染源调查、监测与分析技术导则（试行）》，为项目设计聚焦水质改善瞄准靶向。加强与英国水文生态研究中心、美国五大湖研究机构、日本琵琶湖研究组织、中科院南京地湖所牵头的国家水专项巢湖课题组、厦门大学牵头的海峡两岸环境生态联盟等合作，发挥专家咨询作用，构筑政产学研技术创新联盟，组织12次技术交流会，探讨、引进水污染治理的新理念、新技术、新成果予以储备，并将成熟的技术协调应用于工程设计中。

（曹　禹）

林业和园林

【概况】 2020年，合肥市完成植树造林6666.67公顷；新增绿色长廊2113千米；绿化面积超过1000万平方米，完成投资16.03亿元；推进第十四届中国（合肥）国际园林博览会筹办工作；创建国际湿地城市，完成申报材料和申报视频英文版制作等并递交，协助开展国际湿地城市创建现状与对策课题研究。

【林长制改革】 2020年，合肥市坚持示范引领，印发《合肥市建设省级林长制改革示范区先行区实施方案》《林长制改革示范区示范项目建设计划》，推进17个市县两

巢湖芦溪湿地　　（曹永霞/摄）

级林长制改革示范区项目、2个省级林长制改革示范先行区和10个市级示范先行区建设，以改革创新点为突破，探索林业保护发展新机制。实施209个林长制重点项目三年建设任务，完成新建提升项目192个，总投资100余亿，累计新增绿化面积7200公顷，提升绿化面积2.45万公顷。建立健全“五绿”并进机制，完善古树名木保护责任林长制度，重点优化江淮分水岭等生态区域林木结构，推进气象+森林防火机制建立等。完善林长制“五个一”服务平台和护林组织体系建设，组建护林组织1527个，落实护林员3969名。建立健全林长制项目推进、综合考核、督查巡查机制，建立林长工作提示单、巡林记录单、督查整改清单、问题整改反馈清单机制，压实林长巡林反馈问题整改落实工作。市县级林长巡林569次，解决问题166件。召开市、县级林长会议45次，因职务或岗位变动调换市、县级林长89人次。合肥植物园、巢南林场、官亭国家生态公园等林长制重点项目提品提质。加强司法连接，建立合肥市“林长+检察长”工作机制，推进涉林案件办理和生态补偿落实。启动合肥市“十四五”林业园林发展规划编制工作。

2020年7月，陶冲湖公园 （徐 锋/摄）

【国土绿化】 2020年，合肥市完成人工造林6666.67公顷，超额完成省、市下达年度造林目标任务。实施森林质量提升工程，完成封山育林333.33公顷、退化林修复1426.67公顷、森林抚育10080公顷。发展林下经济2万余公顷，年产值10亿元。开展“四旁四边四创”行动（即推进国土绿化向农村宅旁、路旁、水旁、村旁“四旁”延伸，向道路河流两边、城镇村庄周边、单位周边、景区周边“四边”拓展，广泛开展创建森林城市、森林城镇、森林村庄和森林长廊示范路段“四创”活动），全市创建6个省级森林城镇、58个省级森林村庄，肥东县顺利通过省级森林城市验收。建设乡村道路绿色长廊3424千米，完成四旁四边四创成片造林966.67公顷。通过国家森林城市动态监测。

【园林绿化】 2020年，合肥市计划新增改造提升园林绿化面积1000万平方米。全年完成绿化面积1165.74万平方米（其中新增941.81万平方米，提升223.93万平方米），完成投资20.04亿元。“十大公园”项目完工5个，凤凰湖公园、石台路公园、金斗公园五期、三十岗郊野公园按照序时进度推进；全市完工小公园、小游园项目74个；建成绿道82.3千米。

【湿地保护修复】 2020年，合肥市推进环巢湖十大湿地建设。合肥巢湖湖滨、派河口2个湿地完成保护修复任务，三河湿地完成生态恢复并通过国家湿地公园验收。完成十八联圩湿地一期修复226.67公顷，二期完成工程量58%，三期完成施工工程招标；半岛湿地一期工程完成总工程量88%，二期工程进场施工；马尾河湿地、栖凤洲湿地完成工程量90%；槐林湿地完成工程量43%，柘皋河湿地完成工程量67%、玉带河湿地完成工程量74%。

【森林资源保护】 2020年，合肥市按照国家和省统一部署开展2019年森林督查工作，全市立案163起，其中行政案件161宗，刑事案件2宗，行政罚款384.3946万元，党政问责人数2人次。省级挂牌督办案件按期办结并销号。2019年全市累计采伐林木蓄积89779.08立方米，发放采伐许可证788件，其中占限额采伐54922.74立方米。开展天然林和公益林区划成果核实，推进自然保护地整合优化工作。落实国家、省及市有关新冠肺炎疫情期间涉及陆生野生动物管控工作各项部署，规范野生动物人工繁育审核审批。

【合肥苗木交易大会】 2020年，合肥市成功举办2020合肥苗交会暨省第八届花博会，交易会采用线上、线下同展方式。实现线下展出规模达8.5万平方米，展出品种

2020年11月27日，合肥苗交会开幕式　　（市林园局/供）

2600多个，线下展馆观赏采购的市民约5.8万人次，线上和现场销售额达6200万元。荷兰、美国、比利时、日本、厄瓜多尔等11个国家和地区、国内27个省（自治区、直辖市）的1178家苗木花卉企业入驻合肥苗交会官网平台。仅11月27日至29日三天，云上苗交会累计参观人数超120万人次。全市4个林业重点招商引资项目开展现场集中签约，签约额合计达11亿元，本次苗交会促成132个林业招商项目入驻合肥，涉及金额达30余亿元。

【第十四届中国国际园林博览会】 2020年3月，国家住房城乡建设部办公厅印发《关于公布第十三届和第十四中国国际园林博览会承办城市的通知》，确定合肥市为第十四届中国国际园林博览会（简称园博会）承办城市。6月11日，合肥市印发《第十四届中国（合肥）国际园林博览会筹办工作方案》，成立筹办工作指挥部，下设办公室、用地保障组、规划建设组、邀展招商组、宣传工作组、财政审计组、综合保障组等“一办六组”。

（卢梦云）

农业生态建设

【概况】 2020年，合肥市农业生态建设实现新突破，资源利用由粗放低效步入“用、治、保”一体的新阶段。坚持“调、退、减、治、转、保”综合施策，突出药肥减量、生态循环、综合利用、土地整理并重，推进环湖、沿山岭和水源保护地等重点区域农业生态环境治理。全域开展午秋两季农作物秸秆禁烧和综合利用，秸秆综合利用率92.6%。畜禽粪污综合利用率及粪污设施装备配套率分别为95.75%和99.07%，大型规模养殖场粪污设施装备配套率达100%。环巢湖绿色生态种植模式推广3333.33公顷。

【农田生态环境治理】 2020年，合肥市推进化肥减量使用。加强耕地质量监测，全市建成上报耕地质量长期监测点156个，超过基准数78个；其中国家级监测点4个，省级监测点36个，市县级监测点116个，基本形成覆盖全市主要耕作制度、主要农作物、主要土壤类型的耕地质量监测网络。优化科学施肥，全市培育科学施肥社会化服务组织18个，推广测土配方施肥技术面积61.07万公顷次，施用配方肥面积47.08万公顷次；耕地质量保护与提升技术覆盖率92.5%，主要农作物肥料利用率40.2%。开展有机肥替代，全市施用有机肥34.95万吨，施用有机肥面积10万公顷次，实施秸秆速腐还田技术面积48.87万公顷次。

推进农药减量化使用。全市建立27个测报基点，其中市、县共建共管测报点16个，形成市、县及乡镇测报网络体系，预报准确率达95%以上。建立水稻、小麦、油菜等重大病虫草统防统治与绿色防控融合示范区74个，示范区核心面积5713.33公顷，减少化学农药使用量31.47吨，绿色防控技术到位率超过90%，防控效果超过95%，化学农药使用较非示范区减少33.1%，防治成本平均降低27.7%，危害损失率控制在4%以内。

提高秸秆综合利用水平。农作物秸秆综合利用率92.6%，产业化利用量占利用总量的42.8%，能源化、原料化利用量占利用总量的35.1%。新增农机专业服务组织52个，实施“秸秆还田+秋季耕地深翻”作业2.12万公顷，全市秸秆还田利用量127.85万吨。全市制作有机肥利用农作物秸秆约2万吨，饲料化利用秸秆9.84万吨，基料化利用5.47万吨，生物质发电、固化成型燃料及户用燃料等能源化利用秸秆67.52万吨，原料化利用秸秆10.96万吨。

（吴延华）

责任编辑：王尚先

财政 税务

财 政

【概况】 2020年，合肥市财政部门加强预算绩效管理，深化财政重点改革，重要工作目标完成均超预期。合肥市财政管理工作真抓实干成效明显再次获国务院督查激励，市财政局蝉联市委综合考核和市政府目标管理绩效考核“优秀”等次，先后获得安徽省文明单位、全市高质量发展贡献奖等奖项，成为入选城市领域基层党建工作“领航”计划省级培育库的唯一一家市直单位，被中央组织部纳入公务员绩效管理试点单位，成为安徽省唯一一家直接联系单位。

2020年在大规模减税降费情况下，合肥市财税部门深化综合治税，依法合规组织收入。全市一般公共预算收入762.9亿元，完成预算的100.5%，增长2.3%，增幅高于全省1.3个百分点，地方收入总量居全国省会城市第9位。一般公共预算支出1164.8亿元，完成预算的99.7%，增长3.8%。

2020年，合肥市财政全年争取上级转移支付335亿元，比上年增长27.6%。其中争取省财政分配中央特殊转移支付和抗疫特别国债50.3亿元，列各市首位，减税降费和疫情影响得到抵减。资金直达基层，直接支付至最终收款人，下达速度较正常转移支付提前20天以上，支出进度位列全省第一。在全省首创“政府专项债+银行贷款”组合融资方式支持轨道交通建设，置换轨道超额资本金71亿元，争取银行贷款授信438亿元。

全年发行政府债券326.4亿元，其中专项债券262亿元，占全省17.5%，较上年增加169亿元，增长1.8倍。债券资金用于轨道交通、公共卫生、棚户区改造、基础设施建设等重大项目占比83.7%。工作中通过清单式管理加强督办调度，并出台全省首个地方政府专项债券管理暂行办法，对专项债券进行全流程监管。2020年底全市政府债务率为62.2%，债务风险总体安全可控。

【减税降费】 2020年，合肥市全年新增减税降费230.9亿元，占全省减税降费总额约三分之一。其中减免近9万户中小微企业社会保险费113亿元，减免5.4万户小微企业和个体工商户增值税9亿元，办理疫情防控重点保障物资生产企业留抵退税和企业所得税减免5.4亿元。此外，办理先进制造业及其他增值税留抵退税超过63亿元，激发市场主体活力。

【保障防疫抗灾】 2020年，合肥市统筹疫情防控资金10.1亿元，足额保障防控物资采购，全额承担新冠患者自付费用并及时发放一线医护人员工作补助，支持疫情防控

2020年6月5日，省财政厅调研组赴庐阳区、长丰县调研积极财政政策落地工作 （市财政局/供）

科技攻关和市滨湖医院、市二院感染病区等项目建设。

全年，市财政统筹52.8亿元支持防汛救灾和灾后重建，其中争取上级救灾资金19.9亿元，占全省分配总量的28.6%。制定财政支持灾后重建方案和补偿补助办法，支持县（市）做好灾后“五抢（即抢播、抢种、抢管、抢收、抢修）”和“四启动一建设”（即启动水毁设施修复、启动灾后农业生产恢复、启动受灾农民和农业经营大户政策支持、启动防止因灾致贫返贫巩固脱贫攻坚成果、建设谋划推动城乡重大水利工程基础设施）恢复工作。累计发放灾后补偿、补助资金12.5亿元，覆盖36.9万名受灾群众和2890户企业，补偿补助资金发放做到“零差错”“零信访”。

【厉行节约】 2020年，市委市政府联合出台厉行节约力保重点支出实施方案，明确重点任务并实行清单管理，市直部门贯彻落实。相关举措在省直部门和各地市推广。

全市市直100个预算部门全部制定支出清单，明确部门禁止类、压缩类和严控类支出事项。市财政局牵头对市本级一般性支出预算压减5%，预算执行中“三公”经费和非急需非刚性支出再压减50%，会议、培训、差旅费等再压减15%。全年收回因疫情汛情影响调整支出计划的项目资金、完工项目结余资金等56.1亿元。支持优化政府投资建设计划，调整资金需求约95.8亿元。追加安排防汛救灾、基础设施建设等支出74.3亿元，全年各项重点支出需求全部得到保障。

【预算绩效管理】 2020年，合肥市在全省率先建立财政支出政策全周期绩效管理机制，建成“全方位、全过程、全覆盖”的预算绩效管理体系，获得省委全面深化改革委员会督察肯定。创新建立重大项目和政策事前绩效评估机制，2021年预算编制中对56个项目开展事前绩效评估，经评审后取消项目12个，核减资金37.1亿元，核减率56.6%。对绩效目标实现程度和预算执行进度进行“双监控”，2020年市本级2123个项目和100个部门整体支出绩效目标全面实施绩效监控，根据疫情影响、政策变化等情况调整255个项目绩效目标。绩效评价发现问题全部限期整改，推进部门强化管理，完善制度规范，财政支出整体效益得到提升。

2020年，合肥市完成教育、科技、交通等重点领域财政事权与支出责任划分改革，明晰市与县、区财政支出责任，促进相关领域提高基本公共服务供给效率和水平。在完善基本支出标准基础上，分类制定项目支出标准，创新制定专科医院、职业教育、质检、生态环保、排水等五类公共服务领域专项资产配置标准，提高预算安排精准性和财政资金使用绩效。

【财政管理】 2020年，合肥市将财政资金分配和使用全部纳入制度监管体系，加强部门预算执行日常监督，强化业务流程管理和风险控制，国库集中支付全年动态监控支付记录38.5万笔，涉及资金967.2亿元。支持人大全面开展联网监督，常态化开展市直单位财务检查，持续推进预决算、绩效、债务、专项资金等信息公开，审计发现问题全部督促部门整改到位，推动财政资金管理精细化，使用规范、透明。

【推动经济发展措施】 2020年，合肥市在全市范围内开展推动经济高质量发展政策绩效评价，市财政全年投入政策资金119亿元助力复工复产和经济高质量发展，比上年增长36.7%。

制定应对疫情专项财政政策。合肥市出台“惠企12条”“涉农12条”“商贸12条”促消费等阶段性财政支持政策，累计投入2.7亿元助力各行业复工复产。补助公交、轨道等国有公益企业17.3亿

2020年11月28日，省委常委、常务副省长邓向阳来肥调研督察全面实施预算绩效管理工作，查看长安汽车整车二期项目 （市财政局／供）

元，保障企业正常提供公共民生服务。支持科技创新。全年投入24.3亿元支持综合性国家科学中心重大项目建设，投入6.9亿元保障市校协同创新平台加快建设，设立科学中心专项基金、市级科学基金，对国家高新技术企业予以奖补。扶持重大项目发展。市财政围绕重点产业链和重大产业项目加大财政扶持力度，支持25个重大招商项目35.9亿元，带动项目当年实现投资超过194亿元、产值超过3000亿元、缴纳税收61.9亿元。支持集成电路重点项目8.3亿元，助力“卡脖子”工程研发和投产。投入3000万元奖励企业超产，撬动净增产值超700亿元。注重点面结合带动。聚焦人工智能、软件和集成电路、新能源汽车等重点产业及领域，投入21.7亿元。其中投入5.5亿元支持中国声谷提升集聚效应，吸引入园企业超千户，年营业收入首次突破千亿元。通过先进制造业、服务业、文化产业等行业政策降低成本、助力融资和激励创优。其中：补助218个固定资产及技改投资项目2.4亿元，直接撬动企业投资74.4亿元。设立1亿元贷款风险补偿资金，支持地方法人银行向5667户企业投放贷款70.2亿元。设立3000万元技改贷资金风险池，撬动银行按10倍放大提供低成本融资支持。投入上市激励1.3亿元，引导12户企业成功首发上市。投入4.6亿元支持国际内陆港、航空港、水运港等开放平台发展。

【城乡建设保障】 2020年，合肥市财政多渠道筹集大建设资金642.4亿元，同比增长7.6%。其中：轨道交通全年建设投入157亿元，同比增长11%，保障9条轨道线同时建设。重点路桥投入184.1亿元，并成功发行合肥市首个铁路项目政府专项债用于地方出资。滨湖科学城投入56.2亿元，保障新区开发建设步入快车道。引江济淮工程投入39.4亿元，保障项目征迁和移民安置等推进。投入20.9亿元用于老旧小区改造、拥堵点治理、慢行系统、公共停车场建设等，支持城市功能与品质提升。投入42.3亿元对县级“三达标一美丽”（即万亩圩口达标、大中型灌区达标、中小水库达标和美丽河流建设）水利建设工程及土地复垦项目进行补助，支持董大水库水源地保护整治和灾后修复重建。农村公路投入15.2亿元，支持新改建农村公路1200千米。

【基本民生保障】 2020年，合肥市民生支出超过997亿元，占一般公共预算支出的85.6%，就业、教育、养老社保、医疗卫生支出分别为24.3亿元、197.5亿元、59.5亿元和130.7亿元，同比分别增长47.2%、1.8%、28.2%和72.4%。扶贫资金投入17.3亿元，同比增长11.2%，市级专项扶贫资金全部提前下达，建立“负面清单”，开展全程动态监控，严格公开公示和常态化督查，绩效管理获全省“优秀”。财政部门牵头实施的省定31项民生工程投入134.3亿元，年度目标全部完成。20项为民办实事投入14.8亿元。

【基层运转保障】 2020年，合肥市财政对县（市）区转移支付404.2亿元（含中央和省转移支付），较上年增加83.7亿元，同比增长26.1%，占县（市）区财力的30.7%，基层保障能力和基本公共服务均等化水平得到提升。其中民生类转移支付100.8亿元、产业发展类77.5亿元、农林水和生态环境治理类61亿元、均衡性转移支付72.6亿元、抗疫特别国债29.2亿元、基础设施建设类18.4亿元。

（陈利丽）

税 务

【概况】 2020年，国家税务总局合肥市税务局（以下简称“市税务局”）坚持依法征收、应收尽收，统筹推进疫情防控和服务经济社会发展，全市税收收入总体保持平稳。全年累计完成税费收入1404.55亿元，同比下降7.2%。其中，税收收入1105.93亿元，同比下降2.7%。

2020年，市税务局及系统3家单位继续保留“全国文明单位”称号，市税务局机关及13个县（市）区税务局均获评“第12届安徽省文明单位”。

2020年，市税务局结对帮扶的建档立卡贫困村全部出列、贫困户全部脱贫，董瑞宜同志获“全国脱贫攻坚先进个人”称号。先后成立20个抗疫、防汛等党员先锋队，237名党员志愿者下沉社区联防联控，超过100名党员奋战防汛一线。

【减税降费】 2020年，市税务局落实线上包保责任制，建立税费优惠网格化宣传辅导模式，服务纳税人累计达25.9万户。全年新增减税降费230.9亿元，其中：2020年出台的支持疫情防控和经济社会发展税费优惠政策新增减税降费160亿元；2019年年中出台政策在2020年翘尾新增减税降费70.9

亿元。

【依法治税】 2020年，市税务局规范税收执法行为，推进“两法衔接”，完善权责清单编制，落实“三项制度”。实施《长江三角洲区域申报发票类税务违法行为行政处罚裁量基准》和《长江三角洲区域税务轻微违法行为“首违不罚”清单》。

【支持复工复产】 2020年，市税务局按照中央“六稳”“六保”工作要求，推进“银税互动”优化升级，受惠范围扩大至M级企业，全市1.38万户次中小微企业获“税融通”贷款107.94亿元。推行线上快速受理，全市9846户次企业批准缓缴税款达47.27亿元。落实退税率下调政策，推行“无纸化”申报，退税到账周期仅4个工作日，缓解出口企业资金压力，全年为3972户企业办理出口退（免）税122.12亿元，规模居中西部省会城市前列。主动服务重大项目建设和“专精特新”企业发展，累计办理增值税留抵退税86.5亿元，蔚来汽车公司向税务部门发来致信感谢。依托“全国纳税人供应链查询平台”，支持本地企业与湖北企业达成交易及意向290户，涉及金额超过80亿元。

【税制改革】 2020年，市税务局完成新《个人所得税法》实施后首次汇算清缴，成功为49.68万人办理退税2.66亿元。做好上线开具和接收增值税电子专用发票各项准备，12月21日实现按期上线。推进财产和行为税合并申报改革，12月1日试点后，当月征期通过合并申报11.9万户次，占比70.7%。

【税种管理】 2020年，市税务局开展增值税发票风险快速反应专项工作，超过80%高风险纳税人领开发票被实时阻断。完善企业所得税数据管理平台，持续提高风险扫描精准度。制定成品油消费税管理工作指引，开展专项核查，取消255户成品油经销企业标识。深化税收共治，推进数据共享，依托市政府综合治税平台等系统，月均交换信息数据超过300万条。加强与市自然资源和规划、生态环境等部门信息交换，开展申报数据比对复核，夯实契税、耕地占用税管理基础。

【纳税服务】 2020年，市税务局开展“便民办税春风行动”，实施“非接触式”办税，推进市纳税服务智能语音咨询平台项目建设，95%以上主要税费服务事项实现网上办理。优化办税流程，推行“延期办”“容缺办”“豁免办”等服务，扩大即办类事项比例，将自然人股权转计涉税业务全部调整为受理即办事项，注销纳税人受理即办占比达95.5%。集成办税事项，落实企业开办涉税事项“五减”，实现一套资料、一窗受理、一次提交、一次办结。围绕纳税人个性化需求，扩大发票领用、代开“网上申请、邮寄配送”覆盖面，全年邮寄纸质发票1900余万份，发放电子发票5400余万份，发票网上及自助领用比例达84.5%。推广“合税通”税企服务平台，分类开展精准辅导，线上服务企业33.85万户。设立大企业税收服务联络员，面向大型商超连锁企业编制个性化服务手册。优化升级网上不动产登记系统，全流程电子化，相关税费“一卡清”。完善企业社保费登记、退费流程，拓宽灵活就业人员缴费方式。

【征收管理】 2020年，市税务局落实支持服务长三角一体化发展“16+10”政策措施。优化涉税事项分类清单，梳理确认全市各级重点税源企业5500余户。推进税收风险管理试点，优化分类分级管理机制，重构岗责体系，减少流转层级，缩短管理流程。建立涉税违法犯罪情报研判联合工作机制，做好扫黑除恶专项斗争，聚焦打击“假企业”“假出口”“假申报”涉税违法犯罪。

（蔡　敏）

责任编辑：鲍　甄

金 融

综 述

【概况】 2020年，合肥市把握“服务实体经济、深化金融改革、防控金融风险”三大主线，做好“六稳”工作，全面落实“六保”任务，金融业呈现“四高一优一稳”态势，即：金融业增加值、存贷款增速、直接融资、新增上市公司数量均创新高。全年实现金融业增加值970.26亿元，同比增长7.7%，占GDP比重为9.66%，均创历史新高，对经济增长贡献率达14.5%；实现金融业税收166.83亿元，占财政收入11.64%，同比上升0.6个百分点，金融业成为合肥市经济发展支柱产业之一。

【信贷投放】 2020年，合肥市利用国家实施灵活适度的货币政策机遇，用好再贷款、再贴现等政策工具，推动信贷投放“量增价减”。截至2020年末，全市人民币存贷款余额（含省本部）37630.18亿元，同比增长12.44%，高于2019年3.56个百分点，为近四年历史最高水平；全市人民币存、贷款余额（含省本部）分别为19524.38亿元、18105.79亿元，同比分别增长9.77%、15.48%；新增存贷比139.69%，分别高于全省、全国平均水平8.69个、39.79个百分点。2020年全市新增人民币存贷款4163.65亿元，为近四年历史最高水平，其中：新增贷款2426.57亿元，是2019年的1.48倍。

【专项贷款】 截至2020年末，全市小微企业贷款余额4341.48亿元，同比增长21.77%，高于全省平均增速3.69个百分点，高于各项贷款平均增速6.29个百分点；制造业贷款、涉农贷款余额分别为1891.93、1079.77亿元，同比分别增长17.25%、25.73%，分别高于各项贷款平均增速1.77个、10.25个百分点。开展金融扶贫工作，全年新增扶贫小额信贷投放3.1亿元。专项制定加强小微企业金融支持“17条措施”，为小微企业续航加力。据不完全统计，全市银行机构投放疫情防控领域贷款191.71亿元。引导地方类金融机构通过降低融资成本、续保续贷、延期减息等多项措施帮扶企业，累计帮扶受困企业2000余户，涉及金额近50亿元。

【融资资本市场扩容】 2020年，合肥市金融工作围绕产业集聚和升级，开展“金融+资本”对接活动，引导实体经济对接各类资本要素，发挥多层次资本市场在推进全市调结构、转方式、促升级中的引领带动作用。全市新增直接融资3931.39亿元，同比上升21.99%，占全省比重66.07%；新增报证监会（交易所）待审企业14家、安徽证监局辅导备案企业17家。全市新增上市公司12家，居全国省会城市第2位；其中新增科创板上市公司7家，居全国省会城市之首。截至2020年末，全市有境内外上市公司63家，其中境内上市公司58家，排名全国省会城市第7位；新三板挂牌企业81家；省股权托管交易中心挂牌企业1537家，其中科创板挂牌企业1087家。全市上市挂牌工作获安徽省人民政府通报表扬。翰博高新入选新三板精选层并获批公开发行股票，系全国首批，融资额达4.8亿元；久易农业等14家企业入选新三板创新层、占全省总数的41.18%。截至2020年末，新三板挂牌企业81家。

【普惠金融】 2020年，合肥市金融业根据实体经济的融资需求特点，持续扩大和创新金融产品，设立的续贷过桥资金、税融通等各类财政金融产品累计为近2.4万户次中小微企业提供资金支持逾650亿元。引导全市政府性担保机构压降费率至1%以下，压降企业融资综合成本。截至2020年末，全市新型政银担业务新增放款142.83亿元、在保余额138.17亿元，本年新增、在保均居全省首位。提供直达性金融服务，组建“金融辅导队”，制定金融辅导队专项行动方案，构建市县联动的“1+13+X”工作体系，建立工业园区企业、重点项目融资协调推进机制，选聘全市银行、证券、基金、担保等18家金融机构负责人担任专家组，深入工业园区宣传惠企政策，打通金融服务“最后一公里”。全年开展各类政银企对接活动61场，为企业提供金融服务。

【金融改革】 2020年，合肥市金融业推进金融科技融合发展，争创科创金融改革试验区，探索构建广渠道、多层次、全覆盖、可持续的科创金融服务体系。形成《上海市人民政府 江苏省人民政府 浙江省人民政府 安徽省人民政府关于支持长三角区域建设科创金融改革试验区的请示》，并由一市三省联合上报国务院。探索开展自贸区金融创新，组织召开合肥片区建设座谈会、金融政策宣介会、合肥片区科技金融创新峰会等，推进合肥片区金融领域建设，帮助企业用足用活用好自贸区各项金融政策，鼓励银行业金融机构强化业务模式创新。截至2020年底，全市成立6家自贸试验区特色支行。建设党建引领信用村平台，引导鼓励金融机构创新金融产品和服务，服务脱贫攻坚和乡村振兴。截至2020年12月末，庐江县2个试点乡镇中24个村被评定为信用村，占比 96%；评定信用户25927户，发放农户信用贷款1619户、4.02亿元。

【金融风险化解】 2020年，合肥市金融业锚定“防风险、护稳定、守安全”工作目标，织密金融风险“监测网”、构建金融安全“防火墙”。提升金融监管效力，严守地方金融组织监管红线，全年统筹完成全市融资担保、小额贷款、典当、融资租赁、商业保理公司等五类机构年度抽查检查、年审、清理规范等工作，净化行业发展环境。持续开展非法集资防范处置，全年成功化解非法集资陈案20起；按下互联网金融点对点借贷平台（P2P）网贷行业“停止键”，推动全市53家P2P平台实现全部停标，早于全国7个月清零；部署开展金融放贷领域突出问题专项整治；推进交易场所清理，推动安徽文交所增资升级为省级交易平台，打响全省各类交易场所整合第一枪；打赢地方金融领域扫黑除恶专项斗争收官战，获省扫黑除恶专项斗争领导小组表彰为全省扫黑除恶专项斗争先进单位。

（合肥市地方金融监督管理局）

2020年10月20日，安徽省外汇管理便利化政策措施暨自贸区合肥片区金融政策宣介会在市政务中心召开 （刘 畅/摄）

银行业和保险业

【概况】 中国银行保险监督管理委员会安徽监管局（以下简称“安徽银保监局”）作为中国银行保险监督管理委员会的派出机构，由原中国银行业监督管理委员会安徽监管局和原中国保险监督管理委员会安徽监管局合并成立，于2018年12月17日正式挂牌。安徽银保监局依法依规独立对安徽辖内银行业保险业实行统一监督管理，对有关银行业、保险业机构及其业务范围实行准入管理，审查高级管理人员任职资格；对有关银行业、保险业机构实行现场检查和非现场监管，开展风险与合规评估，保护金融消费者合法权益，依法查处违法违规行为；统计有关数据和信息，跟踪、监测、预测辖内银行业、保险业运行情况；指导地方金融监管部门相关业务工作开展。2020年，安徽银保监局下辖16个银保监分局。其中，具体承担合肥市区银行业保险业监管工作，授权巢湖银保监分局对合肥“四县一市”（长丰县、肥东县、肥西县、庐江县、巢湖市）银行业和保险业实行统一监督管理。

滨湖金融小镇 （叶玉庭／摄）

【银行业】 2020年末，合肥市银行业资产余额2.89万亿元，负债余额2.77万亿元。其中，各项存款余额1.59万亿元，比年初增加881.12亿元，增长5.88%，存款余额占全省比重为30.64%；各项贷款余额1.64万亿元，比年初增加1700.37亿元，增长11.59%，贷款余额占全省比重为36.44%。

【保险业】 2020年，合肥市保险业累计实现原保险保费收入393.09亿元，同比增长11.90%，保费收入占全省比重为28.01%；赔付支出117.94亿元，同比增长22.93%；累计提供风险保障48.47万亿元，同比增长85.77%。

【银保监管】 2020年，安徽银行业和保险业强化金融服务，支持地方经济社会发展。合肥市银行信贷、保险保费收入增速分别高于同期经济增速7.29和7.6个百分点。建立制造业专项信贷支持机制，制造业贷款全年增长278.34亿元，同比增长17.25%，增速高于全省0.78个百分点。研究出台统筹做好金融支持疫情防控与企业生产民生保障17条措施，落实临时性延期还本付息政策，推动银行保险机构向实体经济合理让利，推进应急贷款和应急融资，合肥市累计投放资金3.7亿元，惠及企业110户。开展点面结合、综合施策，优化信贷结构，扩大信用贷款、首贷、无还本续贷规模，推动小微企业金融服务增量扩面、降本提质。2020年末，全市小微企业贷款余额4324.78亿元，较年初增长21.2%。加大“三农”领域信贷支持，制定疫情期间农业保险操作实施细则，加大夏粮收购和秋粮种植支持力度。2020年末，涉农贷款余额1921.01亿元，较年初增长13.71%。规范扶贫小额信贷管理，全市扶贫小额信贷余额3.32亿元，支持建档立卡贫困户0.92万户。做好重大洪涝灾害理赔服务，合肥地区农业保险赔款4.9亿元。大病保险累计向6.34万人次赔付3.06亿元。基本医保经办项目累计报销884.07万人次，共计45.34亿元。

【科技服务】 2020年，安徽银行业和保险业推进合肥银行业保险业一体化建设，支持出台加快融入长三角一体化发展36条举措和自贸区两项制度。围绕合肥创新优势，指导银行保险机构在合肥高新技术产业开发区等科创聚集区设立科技特色分支机构，提供金融服务，全市设立科技型特色支行10余家、科技保险支公司3家。健全科技金融服务体系，提升金融服务效率，改善区域营商环境，为数字化、网络化、智能化加速发展提供金融动力。推动国家开发银行安徽省分行出台支持新型显示行业和集成电路发展的专项政策，聚焦京东方等重点企业，建立支持全产业链发展的“合肥模式”，相关授信额度超500亿元；指导人保财险安徽省分公司先后推出19款科技保险专属产品和15款知识产权保险产品，为科技企业提供综合性风险保障。

【风险监管】 2020年，安徽银行业和保险业组织不良贷款真实性检查，夯实风险底数，督促提高资产分类准确性。全市银行业不良贷款余额158.97亿元，不良贷款率0.84%，低于全省平均水平0.64个百分点。加大不良贷款处置力度，全年全市处置不良贷款192.93亿元。运用债权人委员会等机制，配合市政府推动企业存量债务重组。推动地方政府隐性债务化解，重点防控房地产贷款违规和集中度风险。2020年末，全市房地产贷款余额6081.04亿元，同比增长11.57%，贷款增速放缓，低于全省水平0.75个百分点。推进P2P网络借贷风险出清，全市网贷机构全部退出，网贷风险压缩，推进存量业务有序出清。组织开展银行业保险业市场乱象整治“回头看”，开展人身险、财产险举报投诉综合治理，规范银行业保险业市场秩序。

（中国银行保险监督管理委员会安徽监管局）

证券业

【概况】 中国证券监督管理委员会安徽监管局（以下简称“安徽证监局”）是中国证监会的派出机构，

前身为安徽省证券管理办公室，成立于1995年。1998年，划归中国证监会垂直领导，改名为“中国证监会合肥证券监管特派员办事处”。2004年3月1日，正式更名为“中国证券监督管理委员会安徽监管局”。主要职责为：对安徽辖区有关市场主体实施日常监管；防范和处置辖区有关市场风险；对证券期货违法违规行为实施调查、做出行政处罚；证券期货投资者教育和保护；法律、行政法规规定和中国证监会授权的其他职责。

【监管执法】 2020年，安徽证监局以公司治理为基础，强化公司规范运作督导对上市公司开展监管，以信息披露监管为核心，开展定期报告监管。全年开展21家次“双随机”和募集资金、商誉减值、业绩变脸等各类检查，同比增长15.3%；对2家上市公司涉嫌信息披露违法违规问题实施稽查，对涉及财务造假的7名当事人做出行政处罚及市场禁入决定。围绕机构监管方面，召开2次机构风控联席会议，举办多场合规管理等专题培训，通报典型违规案例，督导机构加强内部问责督导和制度机制建设，700多家机构、18000余人参训。加强期货居间人监管，指导行业协会加强自律引导，规范无序拼返佣行为，清理居间人超过2000人次，居间人投诉举报下降。全年对8家机构、1名从业人员采取行政监管措施，查办2起证券从业人员违法买卖股票普通案件。对5家新三板及相关人员采取行政监管措施，查处非法发行及代持股票、资金占用等违法行为，净化市场秩序。开展审计评估机构监管，抓住关键领域、关键环节、关键少数，强化全链条监管。全年对审计评估中介机构采取行政监管措施17家（人）次，创近年来新高，首次对1家中介机构开展立案调查。

【风险防控】 2020年，安徽证监局强化金融监管协作，推进金融委办公室地方协调机制（安徽省）建设，协同金融委地方协调机制成员单位制定印发股票质押和债券违约风险任务分工方案。全面摸排、“一司一策”精准制定风险化解处置方案，牵头组成联合督导组赴相关地市现场督导，与地方政府、企业负责人、控股股东等面对面进行沟通。全年化解风险类上市公司10家、股票质押风险上市公司7家，截至2020年底风险上市公司比例在全国处于较低水平。成功解除配天投资14余亿元的可交债违约事项，化解中静新华6亿元债券回售风险，推动违约金额51余亿元的国购投资进入司法重整。盯防布控涉“系”“集团化”私募，对“歌斐系”等7家私募基金采取监管措施，立案稽查2家“长城系”私募基金，私募市场秩序实现好转。坚持“零容忍”，贯彻新证券法，惩处华信国际等一批大案要案，采取行政监管措施35份次，市场“三公”原则得到贯彻。

【保护投资者合法权益】 2020年，安徽证监局推进投资者教育纳入国民教育体系，指导辖区证券机构、投教基地联合大中小学编写教学手册、开展课程合作、举办演讲比赛，合作院校达120余所，投入经费3000余万元。落实与投服中心座谈推动机制，与合肥中院座谈就诉调对接达成共识。完善投资者教育基地建设和功能，集中建成3家国家级投教基地，设立55家“投资者之家”“投资者联络站”，6家投教基地线上线下参观投资者达520余万人。联合宣传部门、金融机构、媒体平台，统筹线上线下多种渠道方式，组织开展“3·15国际消费者权益日”“5·15全国投资者保护宣传日”、世界投资者周等一系列宣传活动，承办开展“股东来了”活动，安徽片区注册答题44万人，答题次数1.1亿次，均位于四大片区第二名。编写《投资者保护知识速查手册》，投保宣传覆盖面显著扩大，全年接收投资者各类诉求事项450件，办结435件，妥善处理多起集中投诉举报事件。

（中国证券监督管理委员会安徽监管局办公室）

责任编辑：鲍 甄

经济监督与管理

市场监督

【概况】 2020年，合肥市市场监督管理局（以下简称“市市场监管局”）紧扣“推进高质量监管、助力高质量发展”主题，践行“守住底线、创优环境、规范竞争、提升质量、促进发展”基本思路，投入“大战大考”，全力服务“六稳六保”，统筹推进疫情防控和服务发展。优化营商环境，完善力保“市场主体基本盘”的体制机制。加强知识首要保护运用，知识产权创造实现量质齐升，知识产权运用效益显现。获评全国市场监管系统抗击疫情“先进集体”。

【优化营商环境】 2020年，市市场监管局推进商事登记制度再优化。企业设立登记“智能审批”实现全域覆盖，注销登记实现“一网服务、集成办理”，拓展电子营业执照的应用场景，实施119项行政审批流程再精简、材料可容缺、项目大合并。全年新登记市场主体230466户，注销吊销95268户，年底保有量达113万户，超额完成年度目标任务。“智能审批”新模式入选全国十大“智慧监管”典型创新案例，得到国家市场监管总局领导的批示肯定。推进部门联合抽查。市县两级市场监管部门完成随机抽查任务1951批次、抽查企业18919户；开展部门联合抽查723批次、抽查企业3344户；强化涉企信息的归集公示、共享应用和信用修复，归集许可、处罚信息775910条，列入经营异常名录企业52346户次、严重违法失信企业名单3324户次，通过移出和撤下方式实施信用修复26477户次。在巢湖市开展企业信用风险分类试点，探索信用监管“合肥模式”。夯实常态化疫情防控。先后为18家企业开辟审批备案绿色通道；印发加强疫情市场监管10条措施、支持企业复工复产促进经济社会发展8条意见、扶持个体工商户发展18条政策。累计为2280家单位检校计量器具119887台件、红外测温仪8690件，免收费用达772万元。在全省率先推行使用“餐饮安全码”，并与“安康码”二码合一。抓好进口冷链食品监管工作，在全省率先实行进口冷链食品进货报备管理。因表现突出，获全国市场监管系统抗击疫情“先进集体”称号。

【知识产权运用保护】 2020年，合肥市新增专利授权41054件，全省占比34.3%；新增商标申请81701件，全省占比26.9%；商标注册52062件，全省占比29.8%。截至年底，全市有效发明专利3.27万件；每万人口发明专利拥有量39.35件，同比增长22.8%。有效商标注册量达23.29万件；每万户市场主体注册商标拥有量2044.81件。新增专利授权量，商标申请量、注册量、有效发明专利量、有效商标注册量、驰名商标拥有量等指标均位于全省第一。合肥市当年获批成为第四批国家知识产权运营服务体系建设重点城市。市政府出台《合肥市知识产权运营服务体系建设实施方案（2020—2023年）》，并配套《市知识产权运营服务体系建设专项资金管理办法》，构建规范化、市场化的“一核一中心多平台”的知识产权运营服务体系；拟定《合肥市知识产权金融风险补偿基金管理办法》；建立合肥市知识产权运营服务平台（知识产权大数据平台），集全市知识产权创造、运用、保护、管理、服务一体化，提升知识产权示范城市整体管理水平。全面加强知识产权保护。国家知识产权局当年批复建设中国（合肥）知识产权保护中心，面向合肥市新一代信息技术产业和高端装备制造产业开展知识产权快速协同保护工作。市委、市政府印发《合肥市关于强化知识产权保护的实施意见》，明确知识产权保护30条具体举措，全面加强知识产权保护，优化创新环境和营商环境。实施高价值专利培育计划，查处知识产权侵权纠纷案件898起，罚没款615

万元，知识产权行政保护绩效考核位列全国第4。

【质量发展】 2020年，市市场监管局坚持创新驱动、品牌引领，通过完善机制，夯实质量强市建设根基。新增3项中国标准创新贡献奖，个人奖和项目奖总数位列全省第一；推进“百城千业万企”对标达标提升行动，主导编制发布64个对标技术方案，552家企业发布816个对标结果；庐阳区三孝口街道办事处、合肥市儿童福利院获批成为“服务业标准化”试点，服务业标准化示范项目数量和规模在全省位居第一。牵头制定和印发《国家检验检测高技术服务业集聚区合肥园区建设实施方案》，开展对检验检测机构的监督检查和随机抽查，立案调查6家、责令改正118家。开展质量创建。传播企业管理理念和质量文化，做大做强《合肥质量故事》集中宣传窗口，成为“质量创城”的重要宣传阵地。恢复并开展市政府质量奖评选，评定并公示3家正奖、5家提名奖。拨出专项经费1280万元，对12家企业（组织）给予一次性奖补，“合肥市落实奖励政策”的新闻稿件被《中国质量报》头版头条登载。质量工作成绩突出，获省政府通报表扬激励。

【竞争执法】 2020年，市市场监管局提升监管效能，加大查处力度，着力维护市场秩序，护航经济发展。开展打击非法制售口罩等专项行动，查获各类口罩95万余只，立案查处案件389起，罚没款674万元，移送公安机关处理7起，庐阳区市场监管局查办的马韶晨网络违法销售口罩案，成为参选长三角十大网络协查典型案例；组织2020年“元旦春节”打假行动，立案查处案件1140起，罚没款1595万元，移送司法机关处理11起，被省市场监管局评定为“两节”市场打假专项行动先进单位；开展“十年禁渔”专项行动，建立四项制度，落实“四无”要求，变更注销经营主体36家、撤除店招店牌311个、整改菜单799份，查处非法捕捞渔获物案件74起，案件数量位居全省第一，两起案例入选国家市场监管总局典型案例。维护公平竞争。全年审查增量政策措施125件、废止1件、修订7件，合肥市公平竞争审查制度落实情况在全省专题会议上做经验交流；保持打传高压态势，会同公安机关破获“中贝古宝”网络传销大案，抓获涉案人员50人，采取刑事措施16人，涉案资金3.9亿元；开展公用企业不正当竞争行为专项查处，5起案件入选省市场监管局典型案例；监督检查药店商超、转供电、职业高校、房地产价格收费行为，立案查处44起，罚没款860万元；强化广告监管，加大互联网广告违法行为打击力度，查处各类违法广告案件372起，罚没款298万元。在全省系统创新性建立实施“六项清单”机制，通过准入审批“可容缺”、容错首违“免处罚”、信用扶持“快修复”，为市场主体发展、营商环境优化提供支持，效果良好。

2020年2月，疫情期间，执法人员在零售药房检查 （市市场监管局／供）

【重点监管】 2020年，市市场监管局实施校园食品守护、餐饮质量安全、农村食品治理、进口冷链食品等9项监管执法行动，覆盖生产、流通和餐饮各环节；加大力度、加密频次，全年食品抽检量每千人6.38批次，达到全国一线城市水平。在全省创新开展抽检备份食品的爱心慈善捐助，国家市场监管总局官网予以专题报道；统筹智慧监管，中央厨房、集体用餐配送单位、各类学校“明厨亮灶”覆盖率100%。开展“你送我检”活动，在省市场监管局组织的食用农产品快检技能大赛中，合肥市分获专业组、个人赛一等奖。创新使用“餐饮安全码”，推行“公筷公勺”。在58家企业先行试点食品安全信息追溯系统，探索共建长三角信息化平台；食品安全创建工作完善体制机制、拓展宣传渠道、强化主体责任，群众知晓度、满意率攀升。

实施药品“春风”行动、医疗

器械“清网”行动、化妆品“线上净网线下清源”、中药饮片质量等系列专项执法，全年查处药械化案件133起，其中大要案件18起；加大疫情防控期间药品质量、经营行为等监管力度，研发“信息系统”，落实“实名登记”制，累计检查药品批发企业、零售企业、医疗机构26023家次，抽查药品9327批次；出台《关于进一步推进和鼓励仿制药质量和疗效一致性评价工作的意见》，对2家企业的5个品种兑现奖补资金2700万元，一致性评价工作进度位列全省第一。

落实落细“一单四制”，突击突出“日常检查”，全年检查电梯、起重机械、压力管道、场内专用机动车辆等使用单位5853家，下达监察指令书1328份，立案查处152起，罚没款376万元；开展特种设备安全技术检查和电梯维保质量抽查；开展口罩等防疫物资质量专项整治提升行动，组织重点工业产品质量监督抽查，抽查样品1784组，合格率达93.61%。

（刘　畅）

审　计

【概况】 2020年，合肥市审计局市本级审计和延伸审计单位684个，移送处理事项19件，问责181人次，推动被审计单位建立健全规章制度126项。

市审计局当年被评为第六届“全国文明单位”，一个审计项目被表彰为2020年全国审计机关优秀审计项目，三个审计项目被评为2020年全省优秀审计项目；连续第5年获市委综合考核“好”等次，多次获市政府目标管理考核优秀责任单位；获评安徽省第十二届文明单位等20项市厅级以上表彰。

【推进审计全覆盖】 2020年，市审计局实现审计制度保障全覆盖。提请市委审计委员会印发《关于深入推进审计全覆盖的实施意见》《关于推进科技强审建设的实施意见（试行）》等制度，推动工作常态长效开展。审计领域对象实现全覆盖，制定中长期审计项目滚动计划和审计项目动态库，建立完善审计对象动态数据库，对管理、分配公共资金、国有资产、国有资源的单位进行全面摸底了解并实行动态管理，全面覆盖全市一级预算单位、党政领导干部和企事业单位负责人、各类专项资金。重点内容实现全覆盖。聚焦重大项目、民生领域、权力运行和资源环保，注重将公共资金筹集、管理、分配、使用过程中遵守国家法律法规等情况作为审计重点。深化财政联网审计，推进审计与财政、社保、政府投资等数据集中的重要行业和领域的信息系统连接，在线跟踪大额资金、重大项目建设、重点资产管理等情况，筛查问题疑点，推进有重点、有步骤、有深度、有成效的审计全覆盖。

【审计成果转化】 2020年，市审计局利用审计推进形成监督和反腐合力。强化人大对审计整改监督工作机制，审计整改情况纳入市政府目标考核内容和督查任务，把审计与监督执纪、惩治腐败有机结合起来，加强审计机关和纪检监察机关、巡察、组织人事等部门的协作，健全信息共享、案件移送协调会商、审计结果运用、审计发现问题整改督查机制。强化审计整改刚性执行，把审计与整改问责有机结合起来，建立完善监管部门、主管部门参与的联合督促整改工作机制和整改清单“销号”制度。在审计机关内部，实行审计项目计划、执行、审理、整改工作“四分离”制度，健全“建立台账、专人跟踪、逐项督改，清单销号、专文报告”工作机制，对跟踪审计中发现的问题实行边审计、边督改，确保“真整改、有实效”。加强审计成果的综合分析研究，对审计发现的问题进行梳理、归纳、分析，向市委、市政府提交审计专报（信息），提出解决问题的意见和建议。全年有100余篇问题建议类信息、13多篇次审计专报被市委办公室、市政府办公室采用；向市委审计委员会报送审计工作报告、专报等27篇次，市委主要领导批示7篇次。

【审计管理】 2020年，市审计局注重加强审计项目审计组织方式“两统筹”，针对同一个（类）被审计单位开展的政策跟踪、预算执行、经济责任审计等项目，实行一次进点、统筹实施，实现“一审多项”“一审多果”“一果多用”。压紧压实“审核、复核、审理、审议、审定”五级控制审计质量管控链条，创新开展方案、现场、结果及跟踪审理，推进项目审理工作与现场实施同开展、审计程序规范与审计质量双提升。打造大数据审计，建立数据分析团队，推进审计数据中心应用，依托市数据交换共享平台，建立数据获取渠道，可按需共享全市数据信息和相关资料；推进数据分析、建筑信息模型（BIM）、无人机等技术运用，多篇大数据案例被审计署推介。

【政策跟踪审计】 2020年，市审计局紧扣“六稳”“六保”工作任务落实，以资金保障、项目落地和任务推进为抓手，对减免返还社保费、缓征住房公积金、金融服务实体经济、稳就业、稳投资、保基本民生、保基层运转等政策开展跟踪审计，开展疫情防控资金和捐赠款物专项审计，推动政策落地见效。对全市建设综合性国家科学中心打造创新之都相关人才政策执行情况进行专项审计调查，促进人才政策体系完善和落实。

【预算执行审计】 2020年，市审计局组织实施市财政局组织2019年度市本级预算执行和其他财政收支情况审计，重点关注支出预算总量与结构、财政转移支付、政府债务和财政收入等，推动深化财税领域相关改革。审计监督对市级项目全面覆盖，对量子创新院等15个重点项目开展跟踪审计，完成891个单项工程的价款结算审计工作。围绕社保、医疗、教育等民生热点开展审计，连续第三年组织开展灾后水利薄弱环节治理建设项目跟踪审计，开展灾后重建专项审计，促进民生工程惠民政策落实到位。

【脱贫攻坚审计】 2020年，市审计局组织开展长丰县、庐江县健康扶贫情况审计调查等项目。统筹推进疫情防控和脱贫攻坚，印发市审计局《关于贯彻落实审计署扎实做好脱贫攻坚决战决胜阶段扶贫审计工作意见的通知》《关于服务脱贫攻坚强化审计监督的意见》《进一步加强扶贫审计促进精准扶贫精准脱贫政策落实实施办法》，健全完善审计监督制度机制，有目标、有重点地开展扶贫审计。开展审计情况“回头看”，对审计中发现的共性问题，推动建立健全扶贫资金管理相关制度，完善监督机制，使扶贫资金管理更加规范，发挥更大经济和社会效益。

【自然资源资产审计】 2020年，市审计机关安排领导干部自然资源资产离任（任中）审计项目18个，涉及领导干部29人；制定《合肥市领导干部自然资源资产离任审计操作规程（试行）》。组织实施农村人居环境整治专项资金审计调查，聚焦农村垃圾及污水治理、农村“厕所革命”、农业生产废弃物回收处置等方面的突出“短板”，以政策、资金和项目为主线，查出农村人居环境政策机制不健全等5个方面29个问题。

【经济责任审计】 2020年，市审计局构建经济责任审计立体防控体系，实现对市管干部、市级部门和单位内管干部以及村级组织负责人审计的全面覆盖。市本级安排领导干部经济责任审计项目24个；联合市纪委（监委）、市委组织部印发《合肥市经济责任审计问题责任界定实施办法》。

【内部审计】 2020年，市审计局首次将市本级23家单位118个内部审计项目纳入全市年度审计项目计划；对89家市直相关单位、4家市属开发区和25家市国资委重点监管企业内审工作开展情况进行检查。注重提升内审工作能力，印发《合肥市内部审计工作指南（试行）》，组织开展优秀内部审计项目评审，举办全市内部审计工作会议暨业务培训。开展审计科研课题研究，参与省审计学会和内审协会重点科研课题研究并中标完成多项课题的研究撰写。

（陈国虎）

统　计

【概况】 2020年，合肥市统计局参与第七次全国人口普查，完成农业、工业、建筑业、服务业、投资、能源、人口、就业、科技、文化、基本单位等年、定报统计工作，以及各产业统计调查和专项调查任务。

在新冠肺炎防疫期间，市统计局抽调3名业务骨干，牵头成立市新型冠状病毒感染的肺炎疫情防控应急指挥部办公室数据分析组，发挥统计专长，负责全国、全省、全市以及省会、长三角疫情数据的搜集加工整理，形成分析报告；分类梳理伴行人员及湖北（武汉）来肥人员管控情况，堵塞来（返）肥人员管理漏洞，分析各类人员3.5万余人，撰写《疫情简析》6篇，其中1篇呈送省委省政府主要领导，编发《排查情况专报》11期、《湖北流入合肥电话用户排查情况专报》61期。

市统计局2020年被评为效能建设优秀单位、政务公开工作先进单位、市本级预算管理工作先进单位，获评合肥市文明单位，连续第16年被评为市政府目标管理绩效考核优秀单位。

【参与第七次全国人口普查】 2020年，市统计局把人口普查工作被列入当年市政府重点工作，坚持“谋划从早、推动从紧、落实从严”工作导向，市县乡三级联动，全市13个县区、155个乡镇（街道、园区）组建人口普查办公室，1805个村居成立人口普查小组，选聘培训普查员和普查指导员4.7万名，序时完成综合试点、户口整顿、边界标绘、两员选聘、专题调研、业务培训、摸底登记、督查指导、入户登记等工作。全市划分普查区1805个、普查小区3.9万余个，标绘建筑物62万多个，完成541.7万户短表和35.3万户长表登记，核查处理103.6万条比对复查问题，国家事后质量抽查组对合肥市人普工作给予肯定。

【专项调查】 2020年，市统计局针对热点问题开展重点监测调查和专项调研，在全市范围内开展新冠肺炎疫情对经济影响、特色小镇、现代花卉苗木、现代设施农业、产业链发展、医药企业研发、物流业降本增效、互联网文化企业发展以及国有企业研发人员、非公人才等10余项专项调查，反映政策成效，了解行业发展情况。

【基层基础建设】 2020年，市统计局把提高数据质量和基层基础建设作为统计工作的生命线，在全市范围开展统计业务培训1800余人次，规范督导300多人完成国家局在线学习，组织642人参加全国统计专业技术资格考试，开设“统计大讲堂”，召开各县区、各专业相关业务培训会，组织新增“五上”企业开展业务培训，规范统计基础工作，提高源头数据质量。推进统计“双随机”抽查工作，实现县区全覆盖，实地查看统计基层基础规范化建设工作，包括统计机构和人员、业务工作制度、工作条件、资料建立和管理、工作保障等。先后印发《合肥市统计基层基础资料档案化管理工作制度（试行）》《合肥市统计基层基础规范化建设检查方案》，明确统计基层基础建设标准，推进基层基础资料档案化检查，并将检查结果运用到数据评估。每月组织各专业开展联合互查，按月通报一套表联网直报企业和投资项目数据质量情况。

【统计服务】 2020年，市统计局拓展统计服务领域和空间。开展“统计服务千企”行动，印发《关于开展统计服务千企行动的通知》，开展“服务千企”活动120余次，服务企业1254家，发放《工业统计填报指南》《限额以上批零住餐企业统计实务30问》《建设领域统计填报指南》等统计业务应知应会宣传折页3000余份。推深做实“一网一门一次”改革，实现“互联网+政务”全程网办，开展统计信息咨询服务，进驻政务服务大厅提供统计资料服务，精简材料、简化流程，推进7×24小时不打烊政务服务“随时办”。整合统计数据资源，加强资源共享，截至年底，汇集共享资源超500万条。为市人大预算联网系统平台报送数据，涵盖合肥市及省会城市分季度主要经济指标，满足人大代表查阅需求。提供丰富统计产品，编印《数说“十三五”奋进新合肥》《合肥市国民经济统计资料提要》《合肥统计月报》《横向经济运行动态》《合肥工业综合月报》《合肥能源消耗监测月报》《合肥市金融月报》《省内（省会、长三角、全国30个重点）城市主要经济指标快报》《送阅材料》《重点耗能企业能耗专报》等统计产品10余种；发布《合肥市2019年国民经济和社会发展统计公报》《合肥市2019年度人力资源和社会保障事业发展统计公报》《2019年合肥市人口变动抽样调查主要数据公报》；编印市十六届人大三次会议参阅材料《聚力同心共绘新蓝图 冲刺收官奠定新起点》。举办经济形势新闻发布会，解读全市经济运行情况，传播经济社会发展正能量，并通过“合肥市人民政府发布”微信公众号等新媒体平台同步发布。

【调研分析】 2020年，市统计局落实落细《统计分析能力提升行动计划》，围绕“六稳”“六保”、高质量发展、疫情对经济影响等方面，加强分析研究，完成各类统计经济信息300余篇，撰写统计分析、送阅材料、调研报告等140篇。其中25篇获省市领导批示，28篇被《新华网》《安徽省人民政府网》《安徽省情省力》《中安在线》《合

2020年11月27日，全市统计系统第四期“统计大讲堂”举办
（市统计局/供）

肥日报》等媒体刊载；5篇入选市社科界第十届学术年会，1篇获省社科联优秀调研成果二等奖；7篇入选安徽省统计系统分析大赛，并包揽地市组一等奖（3个），二、三等奖（各2个），获奖数居全省第一。

【考核评价】 2020年，市统计局贯彻省政府下发的《安徽省县域经济高质量发展考核评价办法》，完成2019年县域考核数据整理和报送工作，全市多地考核结果排名靠前；参与市级季度考核方案的制定和完善，协助督查目标办开展经济运行考核季度测算，协助开展年度目标管理绩效考核，并参与现场评审。派员参加全市疫情防控专项考核。做好合肥市经济技术开发区参加商务部考核、长丰等5个省级开发区参加省商务厅考核相关资料审核工作。制定并印发《2020年统计工作目标管理绩效考核细则》和《2020年部门统计工作目标管理绩效考核细则》。

【统计法治】 2020年，市统计局推动国家统计督促整改工作，获省领导批示表扬。市及13个县区先后成立"依法治统工作领导小组"，常态化加强对依法治统工作的领导。利用多种形式开展普法宣传，制定《2020年全市统计法制工作要点》和《2020年合肥市统计法制宣传教育工作计划》，推进统计法律法规进党校、进社区、进企业、进课堂活动，市县两级均将统计法律法规全面纳入党校主体班必修课，并开展"12·8"统计法宣传广场日活动，营造学法普法氛围。落实行政执法"三项制度"，加大统计违法案件的查处和曝光力度，全市全年执法检查企业298户，处罚企业16户，协助国家统计局和省统计局查处企业68户，公示统计违法企业16户，下发警示案例选编650份。加大统计法宣传，引导涉外调查机构依法开展涉外调查，省市联合成立涉外专项执法检查组，检查涉外调查企业4户。推进统计信用建设，加强信用知识宣传，印发《合肥市统计局2020年社会信用体系建设工作方案》，完成16家统计上严重失信企业信用修复工作，从信用中国平台移除。实施领导干部违规干预统计工作记录和考核制度，向市委考核办提供统计一票否决有关情况，对统计造假违纪违法"零容忍"。

【信息化建设】 2020年，市统计局优化信息系统及网络环境，增强安全防范意识，保证一套表联网直报平台高效平稳运行，严控统计专网和VPN的接入，杜绝各种敏感和错误信息的网络传播。做好机房和设备管理，对在用设备、系统进行登记，定期修改网络密码，加强口令强度，封堵网络漏洞，防范各种统计网络风险。该局在确保自身视频会议系统及音响系统正常使用的同时，指导县区进行视频会议系统的调配试用，帮助解决技术问题。落实《安徽省统计局办公室关于举办2020年全省统计系统数据处理业务技能大赛的通知》，组织参赛人员认真学习，积极参赛，提高数据处理能力。

【改革创新】 2020年，市统计局实施地区生产总值（GDP）统一核算改革，在全市范围加大GDP统一核算业务培训力度，完善GDP统一核算联席会议制度，定期会商、研判、共享相关基础数据。开展自然资源资产负债表编制省级试点工作，强化组织领导、协调配合和调度督促，为全省自然资源资产负债表编制探索路径、积累经验。研究制定《合肥市运用现代信息技术改进统计数据生产方式试点工作实施方案》，并在瑶海区都市科技产业园选取13家不同类型企业进行试点。探索引进社会资源，培育和推动全省首家统计服务外包公司在蜀山区成立，弥补基层基础短板。

（丁 涛 任凤娟）

民生调查

【概况】 2020年，国家统计局合肥调查队（以下简称"合肥调查队"）推动调查改革和创新发展，做好资政服务，着力发挥调查信息、咨询、监督职能，先后获评第六届全国文明单位、第十二届安徽省文明单位、2019年全市效能建设考核优秀单位等。

制定《合肥调查队执法人员管理办法（试行）》，强化统计执法队伍建设；通过领导干部带头学法用法、编制统计法律法规知识手册、统计执法人员执法技能培训、调查对象统计法律宣讲、关键时间节点活动宣传、创新法治宣传方法等多种方式，强化统计法治宣教；编制信用体系建设工作要点，建立《合肥调查队统计从业人员统计信用档案管理办法（试行）》和《合肥调查队企业统计信用管理办法（试行）》，推进信用体系建设；全年采用双随机抽查办法抽取30个单位进行现场执法检查，覆盖所有调查专业，加强执法检查力度；对地方政府委托的专项调查项目，严格履行报批手续，全年报批7个地方调查项目，做好地方调查项目管理。

做好资政服务。在疫情防控关键期、经济发展恢复期，开展企业复工复产、金融支持、稳定用工就业、重要商品保供等各类专题调研，并做好民生经济指标解读。全年撰写信息分析近300篇。其中，市两办采编百余篇次，省两办采编近30篇次。该队当年在市政府考评的一类单位中位列第八，在驻肥单位中位列第二。充实载体，服务社会各界。每季度编印《合肥民生调查》手册，呈市主要领导和市直有关部门参阅；与市统计局联名发布合肥市国民经济和社会发展统计公报、联合编印《合肥统计年鉴》《合肥市国民经济统计资料提要》；配合宣传部编印《2020年文化产业概览》。

【城乡一体化住户调查】 2020年，合肥调查队在全市范围内抽选样本1390户（其中电子记账户1052户，电子记账户占比为75.7%），以日记账和问卷方式收集城乡居民家庭人口、就业、社会保障、住房、耐用消费品、收入、支出等生活状况调查资料。全年在全市范围内开展样本轮换工作，对参与替换的小区实地走访，审核相关资料，确保住户调查数据平稳过渡；完善调查员工作责任制度、数据反馈制度、数据评估制度、调查员访户制度等，推进住户调查工作制度化、规范化和常态化；做好基层培训，举办以规范基层基础工作流程、统计法规、调查方法、技巧及操作程序等为主要内容的培训20余次；通过调查员现场审核、区级数据初审、市级督导员数据联审、数据录入审核、报表汇总审核、队领导终审等方式，层层严控数据质量；按时完成每季度分省和分市县数据的录入、审核、上报，并收集财政、税收、社会消费品零售额、GDP等数据作为评估依据；完善大额数据监测，规范统一数据评估办法，把握分省数据与分市县数据、收支数据与地区生产总值、劳动工资、收入与消费数据等相关指标的协调性；在国家统计局安徽调查总队有关数据反馈后，向市目标办和有关部门提供数据信息，做好居民人均可支配收入的发布和解读。

【脱贫攻坚普查(调查)】 2020年，合肥调查队与市扶贫办等20余家市直单位联合成立合肥市脱贫攻坚普查领导小组，办公室设在该队。合肥市脱贫攻坚普查（调查）工作分两阶段进行。第一阶段，对国家级贫困县和国家抽中的4个非重点县进行全面普查，合肥市长丰县被国家确定为全面普查县；第二阶段，对省级贫困县和有脱贫攻坚任务的县（市、区）进行抽样调查，合肥市巢湖市、庐江县、肥东县、肥西县位列其中。全市普查（调查）登记约30831户，其中长丰县全面普查22102户，其他四县（市）省级抽样调查累计8729户。合肥调查队和市扶贫办及相关部门完成全市脱贫攻坚普查（调查）工作。

【流通和消费价格调查】 2020年，合肥调查队在合肥市区范围内，按照定点、定人、定时直接调查的“三定一直”原则，由采价员手持电子终端（PDA），在农贸市场、超市、大型商场、服务网点等358个价格调查点对1499个消费、零售及基本生活费用规格品，直接采集实际成交价格。全年做好规格品轮换选取工作，从规格品设置、数据补录和指数试算三环节保障新一轮基期消费者物价指数（CPI）数据质量；针对规格品缺失或代表性不强的情况开展规格品的替换与估算工作；结合日常数据审核记录情况，开展采价督查，全面核查甄别所有网点规格品的代表性和价格真实性，选取新年度规格品和采价点。定期接受合肥电视台财经频道月度采访，分析解读月度、季度、半年度合肥CPI运行特点，以满足市民对CPI数据的关注。

【工业生产者价格调查】 2020年，合肥调查队做好工业生产者价格联网直报工作，完成全市434家企业619个出厂产品、433家企业714个购进产品价格月度监测工作，客观反映全市工业生产者出厂价格和购进价格变动趋势及幅度。出台《合肥市工业生产者价格调查企业统计员管理办法（试行）》，修订操作规程、基层培训、走访、数据质量审核、数据评估等制度办法。加强企业信息管理，定期核实完善调查企业名录库，对经营不善或生产不稳定的企业重点关注及时调整。开展企业培训，全年分9批次对13个县（市）区工价企业开展工业生产者价格调查暨新基期权数专项调查培训，做到工价样本企业培训全覆盖。完成基期轮换工作，开展398家企业的工业企业分类销售及购进结构调查。严格数据审核，重点对环比超界、质量调整、长期价格不变、重要行业规格品进行数据质量查询。实地走访企业，核查企业原始资料及台账，了解生产经营情况，听取企业对所属行业市场及产品价格变动因素的分析，全年走访34家企业。

【房地产价格调查】 2020年，合肥调查队利用市房地产管理部门的网签数据按月收集整理全市区新建住宅和二手住宅销售价格、面积、金额等相关基础资料并计算价格指数。每月通过调查问卷的形式，对报告月新批预售楼盘、成交面积或成交金额排名前10的楼盘以及10个以上有代表性的房地产经纪机构进行调查。通过座谈、实地走访等方式，调研房地产企业对价格及市场走势预判、相关政策出台前后房市变化等活情况。协调合肥市住房保障和房产管理局，完成房价新基期权数调查工作。推进房价调查方法改革，完成二手住宅指数编制方法按板块划分试点。因地制宜组织培训，全年举办10场房价专业培训，对57名重点企业和经纪填报人员集中指导。实时观测房市变化，更新《土拍汇总台账》等台账记录，记录住宅用地楼面地价、开盘价格、占地面积等信息，为研判房地产价格走势提供依据。

【采购经理调查】 2020年，合肥调查队开展以合肥市291家制造业企业为样本的制造业采购经理指数（PMI）调查、编制、分析工作，完成国家统计局及国家统计局安徽调查总队布置的采购经理调查任务。每月报送合肥制造业PMI专报，做好数据解读，反映全市制造业运行状况以及六大支柱产业和重点行业的指标变化情况，为地方党政领导进行经济管理决策和企业生产经营提供参考依据。在编制过程中及时优化调查样本结构，提高调查样本的代表性，计算季节因子，对指数进行季节调整，完善相关方法，提高PMI指数计算的科学性。

【新设立小微企业和个体户跟踪调查】 2020年，合肥调查队开展新设立小微企业和个体户跟踪调查，调查样本合计623家。截至年底，样本存续情况：经营单位142家、停业单位131家、筹建单位13家、关闭单位90家、破产单位2家、搬迁单位56家、被兼并2家、失联单位187家。调查坚持多管齐下，既利用互联网大数据平台又通过街道社区等基层机构来实现对企业的连续跟踪，采集验证审核数据后上传国家统计局联网直报平台。

【月度劳动力调查】 2020年，合肥调查队对全市辖区内40个抽中样本点的640户样本（含家庭户和集体户）组织实施全国月度劳动力调查；每月在规定时间内，调查员手持电子终端(PDA)现场入户调查，并按时上传数据至国家统计局直报平台。以提高月度劳动力调查工作数据质量为目标，聚焦方法制度、数据采集、规范流程，从修订完善制度、依法依规调查、创新培训模式、形式多样宣传、抓两访严审评、做好后勤保障六方面入手，在样本核实、入户调查、陪访督查、审核查询、电话核查各环节做到全过程、全方位、全覆盖，确保合肥市劳动力调查数据真实、及时、准确、完整。

【农民工市民化进程动态监测】 2020年，合肥调查队通过随机抽样和调查员手持电子终端（PDA）入户访问调查，定期收集农民工在输入地的就业生活相关信息，反映农民工就业创业、劳动保障权益落实、城镇基本公共社会服务均等化、城镇落户以及社会融合等情况，监测在新型城镇化建设中农民工现状、变化及与输入地城镇居民的一致性，为制定农民工政策、加强和改善农民工服务工作提供可靠依据。全年对合肥市农民工市民化进程在7个县区开展监测调查，涉及27个调查小区，累计抽样住宅数1165户，实际完成摸底调查890户，问卷调查405户。调查员在访问调查结束后通过PDA直接将原始调查数据上传国家统计局数据处理平台。

【专项调查】 2020年，合肥调查队围绕服务发展和民生，承接地方党委政府及相关部门委托的各项专项调查任务。开发新的移动调查系统，组织开展14项专项调查。其中国家统计局安徽调查总队布置的专项调查任务4项，分别为：安徽省居民阅读状况调查、全国社会心态调查、安徽省打击传销情况社会公众知晓度调查和安徽省公民生态环境行为调查。承接地方政府委托的各项调查9项，分别为：合肥市城市管理测评调查（月度开展）、合肥市公交乘客满意度调查（季度开展）、合肥市文明城市创建重点工作月测评（含未成年人思想道德建设测评）、合肥市文明城市创建重点工作（四县一市、安巢经开区）月测评、肥东县农村卫生改厕群众满意度调查、合肥市生态文明建设公众满意度调查、合肥市“菜篮子”工程满意度民意调查、合肥市食品安全满意度民意调查和合肥市效能测评。

（沈弋淙）

国有资产监督与管理

【概况】 合肥市国有资产监督管理委员会（以下简称“市国资委”）成立于2007年7月，为市政府直属特设机构，受市政府委托代表其履行国有企业出资人职责，专司国有资产监管，负责国有企业党的建设，对经市政府授权的国有企业的国有资产实施监督管理。2020年，市国资委所属重点监管企业有25户，其中投资运营类（商业二类）9户，分别为建投集团、产投集团、兴泰控股、滨投公司、文旅集团、引江投资、合肥通航、工业科技、交投控股；充分竞争类（商业一类）7户，分别为百大集团、丰乐种业、合肥城建、国风塑业、科技银行、合肥城改、合肥客运；公益公用类9户，分别为燃气集团、供水集团、热电集团、公交集团、轨道集团、报业集团、文广集团、交易集团、大数据，全面布局产业发展、民生保障、城市建设三大战线。

截至2020年底，市属企业资产总额达7739.79亿元，净资产2783.39亿元，较“十二五”末分别增长81.8%和63.7%，全市监管企业资产总量突破7000亿元，拥有资产规模100亿元以上企业20家。当年实现营业收入418.07亿元，同比增长12%；实现利润总额76.98亿元，同比同口径增长12.9%；上交税费47.21亿元，同比增长36.1%；营收、利润分别增长12%、12.9%。

【“六稳”“六保”工作】 2020年，市国资委服务保障全市疫情防控体系，确保全市米袋子、菜篮子、水气热、公交地铁平稳运行。成立6个保障工作组，督促企业将蔬菜等生活必需品由“一日一配”的配送频率调整至“24小时响应”，全面提升商超生活、消杀等物资储备保供能力。支持疫情防控各项优惠政策，减免3119户中小微企业国有房产房租1.12亿元，免收通行费近1.03亿元，降低企业水气成本2933万元，累计降低社会运行成本2.44亿元。设立总规模10亿元的纾困基金，助力民营企业发展。

【资本布局】 2020年，市国资委投入战略性新兴产业项目资金513.8亿元，推进优质项目落地。引入启迪新基建和新总部项目，蔚来中国总部落户并启用，完成对造车新势力威马汽车10亿元投资，开始建设欧菲光光学光电产业基地项目厂房工程。精准管控确保投资项目有序运营，安徽省首条全柔AMOLED生产线维信诺项目点亮；晶合营收逆势上扬，项目产能达2.7万片/月，实现产品良率超95%；COF卷带项目一期实现量产，二期产品制程能力达4.2kk；长鑫项目实现4万片月产能，中国声谷达成“千家企业、千亿产值”目标；中欧班列逆势上扬发运突破500列，长鑫、晶合等优质国企迈上上市轨道。

【国资监管】 2020年，市国资委加强制度建设，制定出台国有企业交易监督管理办法及其实施意见、资产损失财务核销工作规则、工资总额管理办法，修订完善企业负责人经营业绩考核办法，形成具有合肥特色的国资监管和改革“1+48”政策制度体系。推进职能转变，下放审批事项。优化监管方式，开展国资监管“制度执行年”活动，结合《关于加强国资监管事项事中事后监督的意见（试行）》，根据实际扩大事中事后事项监督范围，推动186个议定事项全部落实到位，13项制度得到规范执行到位。入选国务院国资委首批4家地方国资国企在线监管系统建设试点单位，系统建设方案通过专家评审。

【国企改革】 2020年，市国资委加强顶层设计，编制形成国资国企“十四五”规划初稿。一批重点领域改革事项实现破题，在文旅集团探索开展国有资本运营公司改革试点，实行《市属企业实行职业经理人制度试点工作方案》，有6.1万名国有企业退休人员实现社会化管理，国有企业“三供一业”分离移交工作全面完成。坚持市场化方向，以存量引增量的混合所有制改革取得成果，组建蔚来中国（合肥）、合客爱巴士等混合所有制企业。改革国有企业工资决定机制，印发市属企业工资总额管理办法及其实施细则。

2020年5月17日，省委常委、省委宣传部部长、市委书记虞爱华（左二）现场办公研究长鑫项目推进事项 （刘 伟/摄）

【民生保障】 2020年，市国资委保障城市扩容带来的各项民生需求，提升供水、燃气、热电、公交等民生服务保障水平，守护好水气热等城市“生命线”。投入290亿元推动天鹅湖下穿隧道、引江济淮、通用机场、轨道交通、综合管廊、充电桩、七水厂、滨湖会展中心二期等城市扩容重点项目建设。决战决胜脱贫攻坚，组织12户市属国有企业主动认领认捐扶贫项目12个，合计认领认捐金额39.62万元；开展消费扶贫活动，13户市属国有企业1.25万人次参加抗疫消费扶贫，累计购买抗疫扶贫消费券371.15万元；开通合肥轨道“消费扶贫号”主题专列，累计带货销售759.17万元。21户市属企业捐赠2610万元助力庐江灾后重建。

【防范化解风险】 2020年，市国资委落实国企资产负债约束措施。以全面预算管理为抓手，对各企业资产负债率及负债预算水平进行压降调控，做到事前管控；主动对标各行业资产负债率，实行动态监测，做到事中监督；将资产负债率纳入企业考核指标，形成管理闭环，做到事后评价。降低债务风险，面对企业生产经营、项目建设资金紧缺的现状，指导企业多方筹措资金，组织监管企业申报政府专项债和中央预算内资金。

（钟龙飞）

公共资源交易监督和管理

【概况】 2020年，合肥市公共资源交易监督管理局（以下简称“市公管局”）立足全市，服务全省，并按照融入长三角、等高对接沪宁杭的思路，完善制度规则，加强交易监管执法，提升平台服务功能，保障省、市重点项目快速推进，提高资源配置效率和效益，最大限度减少疫情影响，抓实抓细“六稳”“六保”任务，成交金额3722.26亿元，同比增长6.63%，助力全市经济高质量发展。

在省级项目交易方面，完成省级项目标段3904个，同比增长4.13%；成交金额691.26亿元，同比增长40.69%。节约和增值资金146.99亿元，节约和增值率达17.54%。包括省医药、省产权在内省级项目全年成交金额1116.03亿元，占交易总额的29.98%。其中：省级住建项目成交金额34.2亿元，同比增长185%，节约资金9.66亿元，节约率22.02%；省级政府采购成交金额46.67亿元，同比减少5.39%，节约资金8.42亿元，节约率15.28%；省级交通项目成交金额342.6亿元，同比增长232.78%，节约资金84.14亿元，节约率19.72%；省级水利项目成交金额84.43亿元，同比减少36.18%，节约资金11.4亿元，节约率11.9%；省级铁路工程成交金额75.62亿元，同比增长856.01%，节约资金14.56亿元，节约率16.15%；省级农垦项目成交金额4.17亿元，同比减少88.69%，节约资金0.59亿元，节约率12.39%；省级教育项目成交金额0.84亿元，节约资金0.3亿元，节约率26.32%；省级卫生项目成交金额0.69亿元，节约资金0.07亿元，节约率9.21%；省级其他项目成交金额56.14亿元，同比大幅增加；省级土地增减挂钩节余指标有偿调剂成交金额45.89亿元，同比增长8.08%。省医药平台项目成交金额409.8亿元，同比增长4.01%；省级产权项目成交金额14.97亿元，同比下降43.47%。

该局当年完成全市项目标段18951个；成交金额累计2580.23亿元，同比增加0.8%。其中：建设工程成交金额1870.3亿元，同比增加24.65%，节约资金807.45亿元，节约率30.15%；政府采购成交金额122.94亿元，同比增加3.33%，节约资金13.43亿元，节约率9.85%；产权交易成交金额28.94亿元，同比减少43.84%，增值11.39亿元，增值率64.65%；土地交易成交金额548.81亿元，同比减少35.71%，增值95.12亿元，

2020年8月5日，合肥市公管委第一次会议在市政务中心召开 （许 阳/摄）

增值率20.97%；“徽采商城”成交金额26亿元，同比增长23.99%；PPP项目成交金额9.28亿元。

2020年，“徽采商城”完成订单20.04万笔，成交金额26亿元，同比增长23.99%。其中，合肥市[含县（市）区、国企]成交金额7.19亿元，省直单位成交金额1.73亿元，外地市成交金额17.08亿元。

该局当年完成社会进场（含异地进场）项目标段440个，同比减少81%，成交金额210.39亿元，同比增长136%，节约资金47.37亿元，节约率19.64%；全面保障轨道交通、引江济淮、环巢湖治理、科学城、中央公园、园博园、大科学装置、中科院量子研究院等省市重点及民生项目招标。

该局当年获评“中国科学院量子信息与量子科技创新研究院、合肥轨道交通第三期规划项目建设工作成绩突出单位”“2020年预算绩效管理工作优秀单位”。安徽合肥公共资源交易中心获评“2020年度全国公共资源交易平台整合先进单位”“2020年度全国十佳公共资源交易中心（省级）”“2020年度全国公共资源交易科技成果大赛二等奖”“安徽省公共资源交易2020年度优秀单位”“2020年度招标信息公开阳光运行榜样单位”。

2020年12月30日，市公管局根据常态化疫情防控要求采取视频会议形式召开2020年全市公共资源交易第三次工作例会（武文静/摄）

【交易制度体系构建】 2020年，市公管局构建以新的《合肥市公共资源交易管理条例》为核心、配套实施细则及30项制度的交易制度体系，促进交易依法有序、科学高效开展；制定工程建设、政府采购负面清单，梳理出95项禁止设置条款，防止交易文件“量身定做”；编制房建市政、交通、水利、政府采购4类53个交易文件范本，强化范本的刚性约束，范本使用率100%；修订并发布工程建设及货物服务项目评标办法实施导则，优化形成两大类10余种评标办法，引导项目提高评标质量；修订市场竞争主体不良行为处理办法及认定标准等，构建交易市场主体信用评价制度体系。

【项目交易优化】 2020年，市公管局开展标前论证。复杂项目邀请专家研讨，对全市紧急、特殊、重大项目集中调度，化解交易过程风险。疫情期间，畅通“绿色通道”，实行项目受理“一表制”，加快项目交易，呈现“场地等项目”的局面。实行“容缺受理”。结合“放管服”改革要求，创新实行建设工程项目招标“容缺受理”，优化交易流程。通过“互联网+”，实行进场项目“网上登记、网上受理”，交易“云上走”，全流程电子化率达97%；实行交易全程见证。研发全程见证系统，对进场交易项目实行视频见证、文件数据见证，将评委签名与评标报告叠合，实现不可更改；建立交易过程社会监督员“一对一”现场监管，对参评专家实行“一标一评”，提升评审质效，全年扣分处理291名专家。

【监管方式创新】 2020年，市公管局开展标后履约检查，实现交易市场和履约市场“两场联动”，强化招标人主体责任。全年检查轨道交通、市政道路、拆迁安置点、校园建设、水环境治理等领域112个重点和民生工程，项目总金额266.79亿元；开展“信易+”的守信激励，修复7家受行政处罚企业信用，助力复工复产；开展招投标市场失信联合惩戒，将市人社局、住建局等行业主管部门对中标人履约情况评价纳入资格评审；加大“双随机、一公开”监督检查力度，对投标人实施分级分类管理，随机抽查10家企业29个项目；依法查处并公开违法违规行为，全年处理投诉举报等案件357件，对符合立案条件应立案的投诉、举报件立案率均达100%，处理违法违规企业133家，行政处罚企业9家，罚款金额256.42万元，投标人违法违规行为同比下降36.36%；建立代理机构名录系统，对代理机构进场交易全过程进行信用评价。

【市场净化】 2020年，市公管局畅通投诉渠道，实现交易投诉“网上办理”，加快涉诉事项办理；落实涉诉事项“六分离”闭环案件处理机制，立案率、一次性办结率、定案准确率等关键指标保持较高水平；建立疑难案件专家论证制度，邀请行业主管和法律界专家论证案件难点，确保案件办理公平、准确；推进“扫黑除恶”，抓涉黑涉恶问题、大案要案查处，与公安、纪检、扫黑办建立联动机制，震慑黑恶势力。全年移送涉黑涉恶线索29个；探索形成“互联网+联动联办”智慧高效的监管新模式，打击工程建设领域串通投标。为公安提供涉案项目数据、档案调阅162批次，涉及202个项目。

【平台服务功能提升】 2020年，市公管局交易平台挂牌市政务服务中心公共资源交易办事大厅，作为政府服务窗口，正式纳入市政务服务管理局管理和考核范围，交易平台服务事项实现“一站式办理”，让市场主体“少跑腿”。设立网上办事大厅、在线客服，实现招标事项“一网通办”；公共资源交易热线提供便民咨询、答疑等服务；推进“标准化+公共资源交易”，在服务规范、电子政务等8个层次建立标准体系，发挥平台服务示范效应。各项标准在市辖各县（市）推广应用。参与编制的《公共资源拍卖中心运行服务规范》国家标准正式发布。优化营商环境，取消注册资本、资产总额等规模条件限制，免收政府投资项目政府采购文件工本费，取消200万以下政府采购项目投标保证金、“徽采商城”供应商履约保证金，保证金退还实行“T+1”制度，联合13家银行推行“政采贷”破解中小企业“融资难”“融资贵”，给予小型和微型企业产品投标价格6%—10%折扣，放低交易门槛、精简交易流程、下放交易限额，助力民营企业、中小微企业稳步发展。

【信息化建设】 2020年，市公管局对接优质采、安兆采等4套电子交易系统，实现招标人自主选择代理机构和交易系统；制定远程异地评标操作规程，首次统一规范远程异地评标工作规则和技术保障，实现与江苏、广东、新疆、湖北、长沙等地实体项目远程异地评标；加快数字证书、电子签章全省互认，合肥、阜阳、淮北、铜陵、宿州五市共建的安徽（区域）交易服务系统交易主体近11万家，对招标资料实行“容缺受理”，一次性告知、“一表制”完成；打造“专家+智慧”的新型评审模式，“智慧交易”系统创国内先河，于1月上线，并列入当年度政府工作目标任务，全年辅助评审项目3836个，辅助评标准确率达86%。在第九批商城供应商公开征集时辅助评审1485家投标人，准确率达90.87%；挖掘数据“富矿”，建立大数据分析系统，精准定位交易异常，智慧预警交易风险，为公安分析围串标提供数据支持，推进“智慧监管”；省内12地市建设的共享“徽采商城”全年完成订单数20.04万笔，成交金额26亿元，重点保障抗疫物资、中高考考场空调采购。

（市公管局办公室）

责任编辑：田　文

应急管理

综 述

【概况】 2020年，合肥市应急管理局（以下简称“市应急局”）面对战疫与抗洪连续作战，统筹推进安全与发展，应急与重建双向发力，全市应急管理形势保持稳定向好态势，生产安全事故起数、死亡人数连续第4年实现“双下降”。全市当年发生各类生产安全事故367起，死亡360人，同比分别下降14.7%、1.6%。其中：道路运输事故223起，死亡222人；工贸事故42起，死亡40人；建设施工事故81起，死亡76人；金属非金属矿山事故3起，死亡3人；铁路交通事故1起，死亡1人；渔业船舶事故1起，死亡1人；化工事故2起，死亡3人；其他事故14起，死亡14人。发生3起较大事故（其中1起为非生产经营类道路交通安全责任事故）。因洪涝灾害造成4县1市和瑶海区、合肥经济技术开发区、安徽巢湖经济开发区等8个地区不同程度受灾，受灾人口95.1万人，农作物受灾面积16.39万公顷、成灾面积11.9万公顷、绝收6.2万公顷，直接经济损失149.4亿元。

【应急体系建设】 2020年，合肥市推进应急管理机构改革，在市县两级、四大开发区设立应急管理局，启动试点推进乡镇应急管理机构建设。市应急局执行领导带班、24小时应急值守制度，畅通突发事件、重要紧急信息渠道，与120急救中心、市公安局警令部、交警指挥中心、市消防救援支队指挥中心建立信息共享机制，规范突发事件信息报告处置流程。将城市防洪应急指挥系统、秸秆焚烧视频监控系统、地质灾害监测预警系统、水文信息系统接入市应急指挥平台可视化指挥调度系统，多渠道、多方面掌握全市灾害应对工作情况。协调相关部门发布雷雨大风、大雾、暴雨、高温、地质灾害等预警信息156次。制定新一轮市政府专项预案编修计划，涉及29个部门的67部专项预案评估、修订、编制，发布《合肥市自然灾害应急预案》《合肥市防范化解自然灾害重大风险工作方案》。组织编制《合肥市应急救援队伍建设规划》，出台《合肥市应急救援力量建设财政专项资金管理办法》，加强矿山救护、危化救援、水域救援、森林防火、防汛抗旱等专业救援队伍建设。完成合肥市水上应急救援队转隶工作，于1月由市公安局水上分局管理转隶至市应急局管理。建立军队参与抢险救灾应急联动机制，出台《合肥市应急管理局合肥警备区关于协调对接军队执行抢险救灾任务的实施办法》，与合肥警备区建立信息共享、定期会商等机制。推进社会救援力量建设，制定支持引导社会力量参与应急工作的相关规定，明确社会力量参与救援工作的重点范围和主要任务，从装备、场地、资金等多方面加大对社会救援力量的扶持，鼓励社会救援力量参与救援行动。编制《合肥市应急物资储备专项规划》《合肥市应急物资储备基础标准》，

2020年4月10日，全市应急管理工作暨市安委会第一次全体会议在市政务中心召开 （市应急局/供）

2020年12月4日，合肥市矿山事故综合演练在位于庐江县的铜冠矿业公司举行
（市应急局/供）

建立3大类16小类，涵盖应急管理、消防救援等25个市直部门，囊括火灾、防汛、危化事故等47个常见灾种的应急物资储备标准，规范指导全市应急物资储备。

（胡瑛珏）

安全生产监管

【概况】 2020年，市应急局建立健全《合肥市应急管理局行政处罚管理制度》《合肥市应急管理局行政执法公示制度》《合肥市应急管理局行政执法全过程记录制度》等制度，落实重大执法决定法制审核制度，规范安全生产行政处罚行为，做到执法信息公开透明、执法全过程留痕、执法决定合法有效。深化安全生产"执法年"活动，在全市应急管理系统推进"利剑3号"执法行动，采取"双随机、一公开"执法方式，加大安全生产监管执法力度，督促企业强化安全风险管控。全市各级应急管理部门累计开展执法检查2496次，实施行政处罚311次，罚款532万元。

【安全专项整治】 2020年，市应急局部署开展全市安全生产集中整治行动、安全生产隐患"大排查、大整治"专项行动和安全生产专项整治"三年行动"，结合阶段性安全生产特点，狠抓复工复产、汛期安全专项整治，排查整治事故隐患。全市全年排查整治各类隐患9.5万项，其中重大隐患98项。在危险化学品领域，开展2轮危化品重点县专家指导服务，推进硝酸铵专项排查治理、非法违法"小化工"专项整治工作，加大危化品安防监测系统建设，实现对危化企业"一张图"监管；在烟花爆竹领域，严格经营安全条件，随机抽查烟花爆竹经营户83家，吊销烟花爆竹零售经营许可证29家，暂扣13家，责令限时整改隐患41家。在非煤矿山领域，细化完善尾矿库安全责任体系，明确尾矿库市县两级行政负责人、企业技术负责人和巡坝负责人的责任。市财政拨付资金3000万元，搬迁费按照60%补助，推进庐江县钟山尾矿库"头顶库"隐患整治；在工贸领域，推进企业安全标准化建设，全市1472家规上企业、542家小微企业通过达标验收。加大有限空间中毒窒息事故宣传力度，组织各类宣讲活动12场次，参加单位1800余家。

【安全发展示范城市创建】 2020年，市应急局落实《合肥市推进城市安全发展实施意见》，专班推进创建工作。将47项创建指标细化成158项具体创建项目，实行清单化管理。坚持科技赋能城市安全运行管理，市财政两期投入资金10多亿元，率先建成"城市生命线安全运行监测系统"，实现城区人口密集区和高风险区域监测全覆盖。开展城市安全风险辨识与评估，梳理确定1060个城市安全风险点，组织编制城市安全风险评估报告和风险辨识清单，建立城市安全风险管理信息平台，实现对城市安全风险的实时监控。严格安全生产禁限政策，规划建设循环经济园和化工集中区，新建化工项目入园率100%。

【安全宣传教育】 2020年，市应急局制作安全生产公益微视频《生命至上 安全第一》《安全合肥 你我共创 你我共享》，在全市各类生产经营单位和公共场所的电子显示屏循环播出。与合肥市广播电视台联合制作播出《安全合肥》节目29期，普及应急管理、防灾减灾救灾和安全生产知识，助力全社会提高安全防范意识、提升应急避险能力。围绕"消除事故隐患，筑牢安全防线"主题，开展"安全生产月"活动，首次开设"安全生产大家谈"云课堂，首次举办线上"安全宣传咨询日"活动。依托"合肥应急"微信公众号，开展习近平总书记关于应急管理、防灾减灾救灾和安全生产重要论述"每日一学"和"安全达人"有奖知识竞赛。举办百名水警千名志愿者进村入校防溺水宣讲、安全生产大宣讲、全市生产安全事故单位警示教育培训班等，推进安全宣传“五进”。加强宣传教育基地建设，全市建成安全生产主题公园（广场）21个、文化长廊42个、科普体验馆27个、警示教育基地5个。树立“培训不到位就是重大安全隐患”意识，加强安全生产培训考试全过程监管，全年培训考核企业负责人1.2万人、安全管理人员2.1万人、特种作业人员6万人，考核通过率60%，以严格考核提高培训质量，从源头上防止“三违”行为。

【安全举报奖励】 2020年，市应急局修订《合肥市安全生产举报奖励办法》，明确“统一受理、部门负责、依法核查、据实奖励”基本工作原则，奖励标准最低确定为500元，最高提升至30万元。通过创新工作机制、扩大受理范围、提高奖励额度等，激发全社会举报生产安全事故、安全生产事故隐患和安全生产非法违法行为的积极性，发挥群众举报对安全生产工作的促进作用。全市全年受理安全生产举报投诉1718起。其中，安徽省应急厅转办1652起，市本级12350接报66起。向26个举报属实的举报人发放举报奖励资金5.7万元。

（胡瑛珏）

防汛抗旱

【概况】 2020年，合肥市连续遭遇九轮强降雨，雨情水情汛情多项数据超历史极值，巢湖流域防汛形势百年未遇。梅雨期长超历史极值，6月10日入梅，8月1日出梅，前后52天，较常年偏多31天；梅雨期降雨量超历史极值，入梅以来平均降雨916毫米，为常年3.7倍；巢湖水位超历史极值，中庙站最高水位达13.43米，超实测历史最高水位0.63米；巢湖蓄水量超历史极值，巢湖最大蓄水量近60亿方，相当于常年蓄水量近3倍。合肥市首次同时启动防汛抢险、城市防洪和灾害救助3个Ⅰ级响应，第一次宣布进入紧急防汛期。

2020年全市汛情灾情的特点：一是梅雨历时长，降雨强度大。6月10日入梅，较常年偏早11天，为2012年以来最早；8月1日出梅，偏晚20天；梅雨期长52天，超过历史平均31天，为历史最长。梅雨期全市出现9轮强降水，平均降雨量916毫米，为常年梅雨量的3.7倍。暴雨日数和日降水量创极值，梅雨期暴雨日数庐江8天、巢湖7天和长丰6天，均为历史第一多；单日降雨量政务区252毫米，肥西县高店215毫米，庐江县白湖362毫米、沙溪353毫米，均突破有区域自动气象站记录以来日降水量历史极值。二是水位破极值，持续时间长。6月25日，巢湖水位涨至警戒水位10.50米；7月19日，巢湖水位涨至保证水位12.50米后，仍呈持续上涨趋势，继而连破1991年最高水位、百年一遇设计水位，于7月22日达2020年汛期最高水位13.43米，巢湖、滁河流域均发生超历史特大洪水，巢湖水位于8月7日降至保证水位12.50米，9月11日降至警戒水位10.5米。巢湖在超保证水位以上连续运行19天，在警戒水位以上运行78天。三是受灾范围广，灾情特别重。全市8个县（市）区受灾，洪涝淹没面积347 平方千米，受灾人口95.1万人，转移安置群众23.9万人，农作物受灾面积16.4万公顷，受灾情影响企业583户，累计19条道路45处受阻，损坏房屋10.47万间，直接经济损失149.4亿元，其中水利损失15.42亿元。

【防汛准备】 2020年，合肥市全面落实防汛抗旱责任制，及时调整市领导防汛抗旱责任分工，明确防汛抗旱和城市防洪工作分工，落实全市大中型水库、蓄滞洪区防汛行政责任人。开展汛前检查，成立5个督导检查组，深入各县（市）区开展汛前检查，督促落实防汛安全责任，加强大中型水库、中小河流

2020年6月22日，市应急局开展防汛检查　　（市应急局/供）

和水利设施隐患排查整治。修订应急预案，完善防汛抗旱组织指挥体系，明确成员单位职责分工，调整细化各类灾情的应急响应措施，为防汛抗洪救灾工作提供基本遵循。做好防汛抗洪抢险应急保障准备，采购补充151万元的防汛物资，督促各地落实社会代储机制，备足防汛机械物料，全市储备各类防汛物资价值2200余万元，其中市本级储备物资价值约660万元。组建6支340人的防汛抢险专业队伍，落实1.2万人的群众性巡堤查险队伍，开展培训演练27场次、3000多人参加。

【责任落实】 2020年，合肥市于6月23日上午9时启动市防汛Ⅳ级应急响应后，分别于6月26日、7月16日、7月18日逐级将防汛应急响应提升至Ⅰ级，全市防汛进入关键阶段。健全指挥体系。紧急成立市防汛抗洪抢险应急指挥部，建立书记、市长双指挥长制，8名市委常委及副市长任副指挥长，相关单位负责同志任成员。指挥部下设办公室，从市直相关单位抽调精干人员，成立预测预报、水利工程调度、抢险救援等10个工作组，明确责任分工，强化统筹协同，做到从最险处着手、往最好处努力，有力有序有效指挥防汛抗洪抢险工作。坚持靠前指挥。自7月18日，市防指不分昼夜，不间断分析形势、研判会商、研究对策、调度安排，召开市委常委会会议、市政府党组会议、指挥部会议或专题会议10多次，市委市政府主要负责同志先后主持召开20多次汛情会商会、调度会，深入一线督导检查，现场指挥抢险、群众转移工作；分管负责同志坚持第一时间、第一现场，做到第一应对、第一响应，用精准高效的指挥调度，保障人民群众生命财产安全。突出一线督导。按照战时思维、战时标准、战时状态、战时纪律要求，派出市级负责同志带队的5个督导组，市纪委监委派出4支工作组深入一线执纪，督促防指、应急、水务、交通、城建、房产、公安等各部门落实责任，各县（市）区党政负责人靠前指挥、包保负责，形成全市思想高度统一、指挥运转高效的防汛合力。

【指挥调度】 2020年，合肥市强化汛情预测预警，由每天3次预报加密为每3小时精细化预报、由巢湖点上预报扩大为巢湖流域面上预报。发挥专家作用，听取专家意见，常态化组织气象、水文、水务等进行深入会商，分析研判雨情水情险情。强化系统、底线思维，及时调整战略重心，统筹“巢湖大堤保卫战、巢湖外围保卫战”两大战场：面对18日突破历史极值的强降雨，启动防汛应急Ⅰ级响应，做好预案、队伍、物资、圩区分蓄洪等准备，全面巩固河湖堤防，主动启用十八联圩，缓解城市防涝压力。面对19日后巢湖水位达百年一遇，把保人民生命安全、保巢湖大堤安全、保高铁等基础设施运行安全、保重点城镇安全作为重中之重，抓大放小、有保有弃，确定4个必保圩口，相继启动9个万亩圩口，中小圩口做到能用尽用。25日12时，宣布巢湖流域相关地区进入紧急防汛期，集中兵力抓好突出险工险段、重点部位防守，严防死守巢湖大堤安全、严防死守必保圩口安全。重点实施“上拦、下排、边分、固堤”四项举措，确保巢湖安澜。在“上拦”上，强化上游河湖、水库运行调度和沟通对接，尽全力降低巢湖进湖水量，7月22日起龙河口水库停止泄洪，7月26日董铺水库、大房郢水库停止泄洪。在“下排”上，关注长江水位变化，精准调度巢湖闸、兆河闸、凤凰颈站等，开启铜城闸，争取牛屯河泄洪，抢抓时间窗口，最大限度向长江抢排。7月27日，首开兆河分洪先河，4道涵闸分洪总流量达150立方米每秒。7月28日，调度巢湖管理局铜城闸开闸泄洪，从最小50个流量逐渐放大到660个流量。入梅以来，累计对江抢排洪水40.5亿方。在“边分”上，在保证安全前提下，能蓄全蓄、能蓄快蓄、能蓄满蓄，全力将湖水留在外围，最大限度减轻巢湖大堤压力。7月19日13时，启用肥东十八联圩（2860公顷）蓄洪；7月23日，启用巢湖沿河联圩（近1047公顷）、肥西滨湖联圩（约1773公顷）分洪；7月26日10时，启用肥西蒋口河联圩（2493公顷）分洪；7月27日13时，启用庐江县白湖镇裴岗联圩（2000公顷大圩）分洪。全市累计主动启用或漫破圩口186个，其中万亩以下圩口177个，万亩以上圩口9个，蓄洪18.4亿立方米，相当于近1个常年巢湖水量、近6个濛洼蓄水量、近127个西湖水量。在“固堤”上，提前预置抢险救援力量和各类物资，强化巡堤查险排险，坚持领导带班，加强人员培训和24小时值守，做到“有人有灯有棚、在岗在干在行”，每公里巡堤不少于60人，范围延伸至堤脚30-50米，及时清除背坡杂草，落实防消浪措施，分层分级处置隐患。全市累计处置险情317处（堤防314处、水库3处），加固巢湖堤防135千米，其中加筑子堤45.2千米。

【应急保障】 2020年，合肥市紧急动员集结党员干部群众、解放军和武警官兵、社会志愿者等深入防汛救灾一线，累计参加抗洪抢险人员153.3万人次，上堤巡查干群84.2万人次。通过省防指、省军区调配武警、军队院校、东部战区等部队官兵8000余名，累计出动8.7万人次参加抢险救灾。快速协调市水上救援队、矿山救援队、危化救援队、蓝天救援队等45支政府和社会专业救援力量，排查处置渗漏、塌方、滑坡、管涌等险情，协助圩区内群众转移。在物资调配方面，全力筹集防汛救灾物资，确保防汛物资备得足、调得动、运得出、用得上。全市累计出动各类机械设备、舟艇5.4万台次，投入砂石料212.9万立方米、编织袋584.7万条、花（帆）雨布68.4万平方米、土工布3万平方米、木材4.1万根。在技术支撑方面，邀请国家、省气象局专家增援巢湖流域防汛抗洪气象服务，省气象局紧急派出5个专家组，调拨8套应急移动气象站开展风浪预报；市防指组建16个防汛抢险专家组，指导县（市）区处置险情。

（胡瑛珏）

防灾减灾救灾

【概况】 2019—2020年度，合肥市下拨冬春救助资金4241万元，救助120205人次，下拨过冬棉被22650床。所有救灾款物发放均确保公开、公平、公正，按照“户报、村评、乡审、县批”程序，必须有“两委”（即村党支部委员会和村民委员会）研究记录、发放清册和公示记录。2020年7月，合肥市遭受百年不遇洪涝灾害侵袭，8个县（市）区、开发区不同程度受灾，道路阻断、农田被淹、房屋倒损、群众生产生活受到严重影响。市应急局紧急转移受灾群众239494人，启动安置点集中安置群众36456名；下拨帐篷500顶、折叠床9898张、各类被褥28265床、睡袋600个、草席1000张，解决转移安置群众临时生活需求；动员对口支援灾区，截至12月，为庐江县筹集捐赠资金1亿余元。坚持“细致、高效、托底”工作要求，印发《2020年水毁群众住房重建（修缮）实施方案》，明确重建（修缮）责任和目标。全市全年完成重建任务853户、维修加固任务4733户。

【救灾物资储备】 2020年，市应急局出台《关于做好救灾应急物资协议储备工作的指导意见》，建立救灾物资协议储备联席会议制度，完善应急物资储备制度。市减灾办明确市经信局、市发改委、市商务局、市市场监管局、市民政局协议储备救灾应急物资的种类、目录、数量，全市依托企业协议储备5000余万元救灾物资，其中各类药品医疗器械2000万元、矿泉水12万瓶、方便面8.1万桶、米面油4500吨、生猪3万头、冻猪肉300吨、食盐2吨。监督全市救灾物资及省级代储物资管理单位做好救灾物资日常管理，做好随时组织灾后物资调拨准备，全市储备棉被23069床、空调被77741床、折叠床12602张、帐篷900顶、草席500床。

【综合减灾示范社区创建】 2020年，市应急局印发《关于开展2020年综合减灾示范社区创建工作的通知》，严格创建标准。通过前期组织业务培训，中期开展督导、收集困难建议、积极协调沟通，后期县级自查、交叉互查、市级综合评分、省级抽查等举措，成功创建国家级综合减灾示范社区12个、省级综合减灾示范社区19个。

【防灾减灾宣传】 2020年，市应急局开展线上线下系列防灾减灾宣传活动。5月12日，向全市市民发送防灾减灾公益短信；依托“合肥应急”微信公众号，开展“512防灾减灾有奖竞答”活动；在天珑广场进行“5·12防灾减灾日”宣传；5月21日，以“提升基层应急能力，筑牢防灾减灾救灾的人民防线” 为主题，开展防灾减灾知识竞赛；制作播放“2020年合肥市5·12全国防灾减灾日”公益宣传片。活动期间，全市开展防灾减

2020年5月21日，合肥市“提升基层应急能力，筑牢防灾减灾救灾的人民防线”防灾减灾知识竞赛现场

（市应急局/供）

灾知识宣传活动200余场、防灾减灾演练40余场，3.5万名群众参与。

【森林防火】 2020年，合肥市委、市政府完成合肥市和13个县（市）区、开发区森林草原防灭火指挥部调整成立工作，并出台《合肥市森林草原防灭火指挥部工作规则》。市森防指办出台《合肥市森林草原防灭火指挥部办公室工作规则》，召开指挥部调整后首次森防指办公室联席会议；修订《合肥市森林火灾应急预案》，制作“合肥市森林资源和消防队伍分布图”，提升森林火灾处置力量调度和辅助决策能力；赴芜湖市协调会商毗林区防火联防联治工作，协助合肥供电公司完成林区、山区输配电线路廊道内非法种植超高植物隐患整改11处；开展野外火源专项整治行动、森林防火集中宣传月活动和打击森林草原违法用火行为专项行动；秋冬防火季，全市出动2008人次开展林区督查巡查，发现和制止违法用火行为144起。

（胡瑛珏）

应急救援

【概况】 2020年，合肥市有1支综合性消防救援队、33支政府专业应急救援队、34支企业救援队、8支社会应急救援队，涵盖火灾、地震、水上、危险化学品、矿山、燃气、供水、供电等领域。市财政当年投入市危险化学品应急救援队装备经费216.78万元，投入市水上应急救援队装备经费353.28万元。12月2日至4日，市应急局首次举办合肥市应急救援力量专题培训。12月4日，市应急局联合庐江县人民政府，组织公安、消防、交通、卫健、环境、气象等部门及多支专业救援队伍开展合肥市矿山事故综合演练。

【应急救援处置】 2020年，市应急局参与协调相关单位成功处置“1·8”长丰县下塘镇8人死亡交通事故、“2·16”柴油罐车侧翻泄漏事故、“3·4”肥东循环经济园内尾气回收塔爆炸事故、“4·14”输电线路铁塔倒塌伤人事故、“4·28”宝业家纺广场火灾事故、“6·19”京台高速乙醇罐车泄漏事故、“6·28”引江济淮工程龙门塔吊倒塌事故、“8·15日”鑫陆物流园简易仓库火灾事故、“9·25”安徽久易农业有限公司反应釜底部阀门泄漏起火事故、“12·9”合六叶高速多点多车相碰事故、“12·17”庐江县汤池镇甲醇罐车侧翻泄漏事故、“12·15”新合富力润滑油厂房火灾事故。牵头组织水电气热、通信、医疗、消防等部门做好世界制造业大会、农交会等大型活动应急保障工作23次，巩固完善大型活动应急保障机制和工作模式。

【生产安全事故调查处理】 2020年，市应急局加大生产安全事故调查处理力度，对各县（市）区政府组织调查的每起事故实施挂牌督办，进行“一案双查”，既查明事故单位的主体责任，也查明属地政府的监管责任。全市立案调查各类生产安全事故146起，罚款2799.32万元，对184家单位、216名责任人进行责任追究，其中追究刑事责任13人，党纪政纪处分31人。

（胡瑛珏）

消防救援

【概况】 2020年，合肥市消防救援支队编制为副总队级单位，属一类支队，实有干部260人，消防员517人，另有政府专职消防员758人。机关设办公室、指挥中心、作战训练处（特种灾害救援处）、信息通信处、组织教育处（机关党委）、人事处、队务处、纪检督察处、防火监督处、法制与社会消防工作处、火调技术处、新闻宣传处、后勤装备处、财务处、战勤保障处等15个处室，另设灭火救援指挥部、政治部。支队下辖15个大队、1个应急通信与车辆勤务站和36个消防救援站。

市消防救援支队坚持“人民至上、生命至上”发展思维，抓牢队伍、火灾、疫情“三个关键”，实现队伍内部与火灾防控双稳定。该队全年受理各类报警11892起，出动警力117895人次，出动车辆12387台次，抢救被困人员4484人，疏散被困人员7070人，抢救财产价值1.0064亿元。其中，火灾扑救1923起，抢险救援1597起，社会救助8304起，其他出动68起。接警出动、火灾扑救、社会救助同比分别下降24.8%、13.7%、28.9%，抢险救援同比上升0.92%。完成习近平总书记视察安徽期间消防安全保卫等重大安保任务30件；先后参与处置消杀涉疫场所203处，消杀面积达100万平方米；成功打赢“4·28”宝业广场火灾、“6·1”增援舒城家具城火灾、“8·15”新站鑫路达物流园火灾以及防疫消杀、抗洪抢

2020 年 12 月 24 日，合肥市消防救援支队对全市人员密集场所开展突击检查（朱小妹／摄）

险等攻坚硬仗。该队陈陆同志获评“中国消防忠诚卫士”，入选感动中国“十大人物”。

【安全防火】 2020 年，市消防救援支队推动实施市消委会要求的“实体化”运作方式，发挥议事协调作用，完成 31 处区域性火灾隐患、11 处存在较大隐患工业园区、184 个存在突出问题的住宅小区以及 15 处省、市、县政府挂牌重大火灾隐患整改工作。推行“消防监督员 + 消防文员 + 责任区消防站”地毯式检查模式，运用“合肥掌上消防”APP 同步录入方式，打造“大数据 + 网格化 + 铁脚板”的基层火灾防控机制。系统开展打通“生命通道”、电动车违规停放、“三合一”、沿街门店违规住人“地毯式”排查等专项治理。全市检查单位 34090 家（次），填发责令改正通知书 10095 份，累计排查各类小场所 1.87 万家，发现“三合一”违规住人场所 1823 处，清理违规住人 3428 人，督促 2196 个住宅小区、高层公共建筑完成消防车道划线，拆除占用消防车道、防火间距等违章建筑 175 处计 4.45 万平方米。

【灭火救援】2020 年，市消防救援队按照“1 台执勤车编组 +1 名监督员”和“处室包干辖区大队”的合成工作模式，对 1303 个住宅小区、3318 家重点单位的内部水源、消防通道等进行排查、熟悉与演练；开展综合管廊事故、大跨度厂房、人员密集场所、危化品（成品油库）、轨道交通等 5 大类较大规模随机实战演练 10 余次，完成全省大型化工火灾灭火救援暨火场供水综合演练。建立车辆事故救援、潜水、危化品槽车处置、重型机械 4 个轮训基地；与安徽新华学院、合肥职业技术学院联合开设消防专业课程。按照“1+4+4”的战略定位在全市部署构建“1 个中心、4 个特勤站、4 个战保分队”的相互协同作战架构；划分“四大片区”，搭建“五级指挥模式”，将 7 座微型消防站纳入全市调度，开启联勤联动联训新机制。年内 30 分钟内火灾处置完毕率达 99.2%，保障灭早灭小、速战速决的能力提升。“4.28”宝业家纺火灾中支队快速、专业、高效处置，受到省消防救援总队和市政府通报表彰。当年成功处置防汛抗洪抢险救援行动 303 次，跨省市增援 1 起，营救被困群众 2372 人，疏散被困群众 4441 人。

【服务群众】 2020 年，市消防救援支队落实“放管服”措施，在全市范围内创新开展“让人民满意、建忠诚队伍”实践活动，出台《便民服务八项措施》，落实法律文书遗失补办和消防行政许可“四事”“五办”。通过“随时办、随地办、网上办、上门办、邮寄办”，做好服务人民群众的暖心事；通过提升火灾隐患举报投诉满意度、信访工作满意度、119 处警满意率，化解人民群众的堵心事；通过提高火灾隐患整改率、消防站点覆盖率、警情险情处置效率，处置人民群众的揪心事；通过开展爱民助困、宣传教育、业务培训，竭力办好人民群众的贴心事。连续第 4 年委托第三方民调机构开展人民群众消防安全感、满意度调查，形成调查报告；依托第三方评议、执法回访、接处警回访、96119 核查“四项调查模式”，提升消防为民服务水平，在国家应急管理部消防救灾局开展的消防营商环境民意调查中，该支队排名居全省第 2 位。

（吴琼玫）

疫情防控

【概况】 2020 年，市应急局综合全市新冠肺炎疫情危害性和传播规律特点，主动担当，向市委市政府领导建议，突破部门职能界限，从联防联控、全域作战角度建立各部门协调配合的工作模式，将市疫情防控应急指挥部办公室设在市应急局应急指挥中心。编制完成合肥市疫情防控应急预案，起草合肥市疫情防控工作方案，经市委同意后以市委市政府文件下发，成立市疫情防控工作领导小组，设立市领导小组办公室（同为市疫情防控应急指挥部办公室），办公室设在市应急管理局应急指挥中心，实行24小时不间断实体运转。明确各地各部门防疫任务和责任，建立跨部门的应急响应机制，强化协调配合和各环节的有效衔接，开启具有合肥特色的指挥体系，形成疫情防控工作合力。市应急局担任应急值守组和物资保障组组长单位，主要负责人担任指挥部办公室副主任。该局成立四个暗访组深入肥东县店埠镇、肥西县丰乐镇、严店乡苏小社区等22个乡镇（街道）、社区，抽查疫情防控措施、群众宣传教育等情况。

【应急指挥运转机制】 2020年，市疫情防控应急指挥部办公室进驻市应急局应急指挥中心后，市应急局靠前指挥，协调市直各部门，按照应急方案职责分工合理调配人员，科学分组，快速形成高效、顺畅的运行机制。牵头制定《合肥市疫情防控应急指挥部办公室工作制度》，安排配齐办公设备，设置集中办公人员严控严管区域，严格人员出入管理。局主要负责人从1月24日（除夕）开始每天“常驻”指挥部办公室，市应急局分管应急指挥、物资保障负责人和20名专门工作同志在指挥部办公室全天候集中办公，承担指挥部办公室应急值守、信息接报、综合协调、文电收发、物资保障、技术支撑等工作，形成“工作组+应急局”的运转机制。加强与各部门、各单位之间的协调联动和指挥调度，妥善协调“三无小区”疫情防控、医疗废弃物无害化处置原料保供、中铁三局援建雷神山医院人员返肥安置、复产复工人员返肥等多项急难工作。

【科技支撑】 2020年，市应急局编制信息化、智能化的防控网，完善由视频监控系统、视频会议系统和辅助决策系统组成的疫情防控应急指挥平台，形成统一指挥、上下联动、迅速高效的疫情防控工作格局。依托覆盖全市高速高架、主次干道、机场车站、住宅小区等公共场所的7.4万个视频监控，对疫情防控点位进行实时抽查，对发现的问题和不足及时督查督办、救偏补弊。紧急开发全新的视频会议系统，随时保障指挥部召开的各类远程会商会议，强化疫情形势下的指挥调度。完善辅助决策系统，将疫情、病情、商情、舆情、社情情况实时图文并茂地全方位展示，实现挂图作战、数据分析，发挥疫情防控“智慧”力量。

【防疫物资保障体系】 2020年，由市应急局牵头，建立市发改委、市财政局、市经信局、市市场监管局等单位参与的保障体系，坚持“区别对待、先保重点”原则，突出“三个到位”统筹做好防控物资保障工作。

物资筹集到位。市应急局通过委托企业代工代购、外地和国外采购、自主网购、动员社会捐赠等方式，多渠道筹集物资。1月24日，该局于24小时内，采购第一批45台固定式测温仪和1000台手持式测温仪，并及时在机场、火车站、合肥南站和市区9个汽车客运站安装到位，筑起全市公共场所疫情防控的第一道防线。加强跟踪协调服务，帮助解决物资企业生产和调运中的困难和问题，确保生产不停顿、供应不掉链、市场不断供。截至年底，累计筹集医用N95口罩74357只、医用外科口罩42.36万只、一次性普通口罩1699.03万只（含市民网上预约1173.4万只）、防护服59279件、隔离衣59080件、固定测温仪154台、手持测温仪2592支、医用手套10.44万双、护目镜14750副、医用面罩15780副、医用隔离眼罩300副、一次性医用鞋套2.8万双、一次性医用帽子1万顶、各类消杀用品61162瓶。

重点保障到位。该局全面摸清各地各单位以及各行业防护物资保障需求，特别是主要医院医护物资需求，优先保障重点单位特别是医疗机构一线救治和日常防护物资需求，确保诊疗救治正常开展和一线医务人员及患者生命安全。关注机场、火车站、汽车站、公交轨道交通、农贸市场、大型商超等人流量较大的行业单位，保障一线工作人员防护需要。2月14日至16日，全市雨雪寒潮天气期间，紧急调拨150顶救灾帐篷全力支援疫情防控工作。截至年底，累计下拨医用N95口罩13639只、医用外科口罩22.99万只、一次性普通口罩1567万只（含市民网上预约1173.4万只）、防护服28803件、隔离衣53250件、固定测温仪136台、手持测温仪1751支、医用手套7.6万双、护目镜6656副、医用面罩2025副、医用隔离眼罩300副、一次性医用鞋套7965双、各类消杀用品44253瓶。

分配规范到位。市应急局制定印发《物资管理调配制度》《接收捐赠工作方案》《防控应急物资管理办法（暂行）》，规范疫情防控应急物资收储、管理和发放程序，提高应急物资使用效益。

（胡瑛珏）

责任编辑：田 文

文化旅游传媒

文化事业

【概况】 2020年，合肥市文旅系统坚持以习近平新时代中国特色社会主义思想为指导，做好全市文旅系统疫情防控和复工复业，完善公共服务体系，丰富优质产品供给，提质文旅产业，彰显文旅宣传效应。成功举办第11届中国曲艺牡丹奖全国曲艺大赛（合肥赛区）、双文广场“全面小康”经典歌曲交响音乐会，组织市第七届非遗技艺大赛完成“送戏进万村”演出1481场，公益电影放映1.61万场，合肥市中心图书馆主体工程封顶，市博物馆项目立项，卫立煌故居建成开放。文旅发展迈上新台阶。

【疫情防控和复工复业】 2020年，疫情发生后，市文旅系统对文旅场所暂停开放、文旅活动延期举办、文旅企业暂停经营，竖起阻断病毒传播的“防火墙”。组织文旅执法人员每日巡查，落实防控措施，织牢疫情防控的“安全网”。各级文旅部门领导带头，全年节假日深入一线督查检查，选派党员干部下沉社区一线，锻造文旅防控的“战斗队”。分别制定6类场所复工复业防控指南，出台文化和旅游业稳定发展“10条政策”，发放文旅消费券1000万元，担起文旅复工复业的“主心骨”。落实各级惠企政策，协调解决实际问题，妥善化解信访维稳矛盾，主动做好文旅企业发展的“贴心人”。当年“五一”和“十一”等节庆期间，全市文旅行业平安有序、健康运行。

【公共服务】 2020年，合肥市中心图书馆主体工程封顶，市博物馆项目立项，卫立煌故居建成开放。建成城市阅读空间110多个，全年接待读者692万人次、外借图书137万册次、举办各类活动7013场，在全国形成引领优势。在15个站点开展乡镇（街道）综合文化站转型升级试点，推动基层公共文化服务提质增效。省评选2020年优秀乡村春晚，合肥市入选4场，数量位居第一。推进村级综合性文化服务中心建设，建成率98%。渡江战役纪念馆（安徽名人馆）和肥东县博物馆获评国家二级博物馆。市少儿图书馆获评“2020全国少年儿童阅读年”系列活动星级组织单位。赖少其艺术馆成为2020年全国美术馆馆藏精品展出季活动入选单位。市应急广播系统建设总体规划、市本级可行性研究报告通过专家论证。建设旅游厕所39个。完成“送戏进万村”演出1481场，公益电影放映1.61万场。巢湖市文化市场综合执法大队、肥西县金穗数字电影放映有限责任公司获评第八届全国服务农民、服务基层文化建设先进集体。

【文旅活动】 2020年，合肥市文化和旅游局(以下简称“市文旅局”)成功举办第11届中国曲艺牡丹奖全国曲艺大赛（合肥赛区）、双文

2020年12月5日，合肥市第七届非遗技艺大赛走进罍街 （市文旅局／供）

广场“全面小康”经典歌曲交响音乐会，组织市第七届非遗技艺大赛，开展全民文化活动季展演、合肥市乡镇文艺调演。市文旅局获曲艺牡丹奖全国曲艺大赛突出贡献奖。精心打造现代庐剧《红颜》，长丰创排的庐剧现代戏《马郢计划》入选全省脱贫攻坚题材优秀剧目。完成第七批市级非物质文化遗产名录评定。庐江矾矿成功入选第四批国家工业遗产。民间文学《包公故事》成为合肥市第5个国家级非遗。

（李娅娅）

文化产业和文化市场管理

【文旅产业】 2020年，合肥市修订文化产业政策，2019年第二批事后奖补兑现到位，2020年借转补和2020年贷款贴息及第一批事后奖补同步推进。市文旅局选择13个城市阅读空间开展夜间文化消费试点。参加省夜间文旅消费品牌评选，合肥市罍街、金大地·1912街区入选省“十佳夜游街区”、三孝口共享书店入选“十佳夜读空间”、合肥市H B亚洲美食星空里酒馆、午言休闲餐饮入选“十佳深夜食堂”。合肥市成功入选第一批国家文化和旅游消费试点城市。加强文化产业项目调度，新开工项目19个，在建项目63个，储备项目24个。加大旅游产业扶贫，投入6000万元，支持6个旅游产业扶贫项目，旅游产业扶贫项目成为全市产业扶贫的亮点工程。对肥西县柿树岗乡周楼村实施定点帮扶，村集体经济收入由3年前10万元增至2020年140多万元，成为全市经济强村。

【监管服务】 2020年，合肥市完成市级文化市场综合行政执法改革。安徽中国青年旅行社等4家单位获评省旅游服务质量标杆单位。市文旅局推荐的参赛选手王莉获省旅游服务质量故事演讲大赛、吴康睿获省导游大赛冠军。在省文化市场综合执法岗位练兵技能竞赛中，合肥市揽获全省网络案件办理一等奖等5项奖项。市文旅局加强文旅市场监管，深化“扫黄打非”五大专项行动，严格广播电视安全播出。执法支队出动执法人员11130人次，检查实体经营单位4891家次，核查、处理举报94件，立案查处行政案件24件，收缴涉嫌非法出版物约6.35万册（份），“翔天净网”监管平台拦截、屏蔽非法网站、网上有害信息17.6万余次（条）。

2020年11月13日，合肥市成功举办乡镇文艺调演决赛暨安徽省乡村春晚选拔赛（市文旅局／供）

【文旅宣传】 2020年，合肥市创建市级33家研学游基地、8家工业游基地、9家科教游基地。开展农家乐转型升级，发展精品民宿，培育特色旅游村镇，长丰马郢社区、庐江长冲村创建成为全国乡村旅游重点村，新增AAAA级旅游景区创建单位2家、AAA级旅游景区创建单位11家、省级度假区1家、星级农家乐5家。参加2020年中国特色旅游商品大赛获3枚金牌2枚银牌3枚铜牌，2020中国旅游商品大赛获银奖。市文旅局围绕“人文养心、山水养情、生活养趣、创新养梦”，精心策划，主动出击，带上好节目、好项目、好产品，赴杭州、南京、北京等城市开展旅游宣传推介。组织“中四角”北京联合文旅宣传推介，举办首届“环湖四季美、驾游中四角”活动，承办第三届中国国际旅游景区装备博览会。连续推出采摘、精品民宿、夜宴游打卡点等春游、夏嬉、秋品、冬享专题宣传品，组织网红打卡点、合肥最美家宴评选，推出4类旅游线路36条。开设合肥文旅微信公众号、“马蜂窝”攻略账号，委托第三方运营，提升微博、抖音内容品质。通过一系列线上线下集中宣传，“美丽合肥、养人之城”的旅游品牌形象更加鲜明。

（李娅娅）

广播电视

2020年11月22日，合肥市群星少儿合唱团表演 （市文旅局/供）

【新闻宣传】 2020年，合肥广播电视台（市文广集团）（以下简称“合肥广电”）坚持主阵地必唱主旋律。做好重点主题宣传，始终把学习宣传贯彻党的十九届五中全会精神和习近平总书记考察安徽重要指示讲话精神作为头等大事，推出《深入学习贯彻党的十九届五中全会精神》《总书记来到我们身边》《牢记嘱托 奋勇前行》等专栏。围绕市委市政府中心工作，开设“聚力打造‘五高地一示范’”“决战决胜脱贫攻坚”“抓‘六保’促‘六稳’育新机 开新局”等重大专栏，以“走转改”为令，从“时度效”着力，创“真新实”样本，采写出一批新闻佳品、精品。

坚持真有战必见真担当。面对战“疫”、战汛、战高温的接续考验，电视台新闻主力军及时、准确、全方位报道一线的主流声音。疫情期间，推出《合肥防控第一线》《疫情防控专家访谈》等专栏，策划实施《凝聚起合肥战“疫”的强大力量》等系列报道，联系援鄂医务工作者董芹芹制作《董芹芹抗疫日记》，传播权威信息，凝聚防控信心。疫情得到控制后，按照合肥市委市政府的工作部署，精准推进全市复工复产新闻宣传，特别是在“五一”期间，合肥综合广播与长三角10家城市台联手推出“春工唤作五月风”特别节目，在10家城市电台及网络电台、多个互联网平台联播。防汛期间，抽调精干力量组成10支小分队驻守在全市主要防汛抗洪点，24小时跟踪报道汛情变化和防汛抗洪抢险工作，运用全媒体手段不间断推出抗洪抢险救灾和重建工作的报道。合肥新闻频道创办全省第一档航拍类电视节目《航拍战汛》，全景式记录合肥抗洪救灾的重大胜利，被人民网等央媒采用播出，展示宣传合肥抗洪抢险救灾的担当作为。

坚持好内容必上大平台。加强与中央主要媒体和省台的沟通对接，以“学习强国”平台为重点拓展新的发稿渠道，外宣工作始终位居全省前列。2020年在中央电视台发稿97篇，其中在央视《新闻联播》发稿28篇；在安徽电视台《安徽新闻联播》及《新安夜空》发稿399篇；在央广及央广网发稿180篇；在安徽人民广播电台发稿199篇；在安徽人民广播电台《中国安徽之声》发稿61篇；在新华社发稿50篇；在人民网发稿336篇，在学习强国平台发稿超过1200篇，推介和宣传合肥，树立合肥良好的对外形象。

【媒体融合】 2020年，合肥广电整合优质资源，组建“政前方”“徽常派”等47个融媒体工作室，依托工作室模式推动管理扁平化、功能集成化、生产集约化、产品全媒化。主动链接大平台，将宣传内容覆盖到移动端，利用微博、微信、今日头条、抖音、视频号等移动端，扩大新闻传播的覆盖面和到达率。全台在各新媒体头部平台打造出初具规模的账号近40个，全网粉丝量超过5200万，累计获点赞数10亿以上。合肥发布多次获澎湃新闻政务指数月榜省会和副省级城市宣传榜第一名；疫情期间，合肥综合广播在尼尔森发布的“全国广播媒体融媒传播影响力总榜TOP10”中，位居全国市级新闻广播融媒传播短视频平台第一名。立足广电自身优势，遵循新媒体传播规律，通过个性化制作、可视化呈现、互动化传播，产生不少点击量超百万的爆款产品。其中，和央广网合作的短视频《来了！最新版徽风皖韵》，被央视频做全球疫情栏目头条刊发，全网阅读量超过5000万，省委网信办要求全省一类二类新闻网站全部转载。短视频《坚守，一座城市的温暖和希望》被新华社客户端采用并通过官方海媒对外宣传推介。全年在台、网、微、抖各平台直播数量超过1000场。特别是在10月23日，实施“云赏文博100小时+融媒大直播”活动，20多个融媒体工作室在100小时内接力直播，打破过往的“融而不合”，打造一场货真价实的“线性直播与短视频、各类垂直主题直播”有机融合的融媒直播作品，技术实力得到检验，新媒体队伍得到锻炼。

【战疫防汛】 2020年新冠疫情发生后，合肥广电180多名党员主动请缨参加前线采访报道。1月27日，在疫情防控最早期，党员记者邢旻等冒着被感染的风险走进安医大四附院发热门诊，视频报道《隔离不隔爱》被新华社等中央媒体编发转载，在全国引起较大反响。广大党员干部职工响应上级号召，参与疫情防控的各项工作，15位合肥广电人主动请战，下沉社区协助小区战疫；捐款表达爱心，全台捐款84326元支持疫情防控，捐款25800元对口支援庐江县灾后重建。9月29日晚，以学习贯彻习近平考察安徽重要讲话精神和战疫战汛为主题，推出“致敬中国力量”朗读音乐会，朗诵音乐会首次通过央视频、有戏安徽等网络平台进行直播，观看超过115万人次。由于在战疫、抗洪工作中表现出色。合肥广电党委被评为“合肥市先进党组织”，直属第六党支部被评为安徽省先进党组织、安徽省抗洪救灾先进集体，邢旻同志评为安徽省优秀共产党员、安徽省抗击新冠肺炎疫情先进个人。根据合肥市委市政府“停课不停学”的要求，合肥广播电视台加急完成“线上教学”播出平台搭建，安排合肥生活频道、财经频道、教育法制频道、故事休闲频道四套高清频道，协助市教育部门推出教学直播课程。自3月2日至5月24日，每天电视播出时长超过1600分钟，并通过新辟的教学网和微信公众号同步直播，为小初高除毕业班外的十个年级段提供教学服务。除电视频道外，合肥广播电视台仅网络直播端口平均每天有60万人次的访问量，直播平均同时在线人数超过5万人，回看平均同时在线人数超过2万，最高峰值达到同时在线12万人，疫情期间的线上教学工作得到安全有序开展。

【有线电视】 2020年，合肥广电配合市政府老旧小区改造项目，对老旧小区有线电视管网系统进行综合整治翻新。结合有线电视网络技术现状，推进前端信号的优化整合和C-DOCSIS的组网改造，累计采购CMC9700台，开通在线8500余台，C-DOCSIS接入系统网络建设基本完毕，具备逐步向FTTH（光纤到户）过渡条件。通过持之以恒的网络改造建设，在基础设施能力方面，建成一个稳定可靠、保密性强、覆盖范围广的光缆传输网络，拥有市政管道1700管程千米，主干光缆段长10300千米；在数据承载能力方面，通过对城域网的升级优化，完成IPV6的改造，实现核心路由器—汇聚层—接入层的万兆互联，可为合肥市信息化建设提供功能强大、运行可靠的基础承载网络平台。2020年，合肥有线电视宽带网络有限公司通过高新技术企业复审工作。公司科研经费归集超1100万元，“智慧广电智能生态业务系统（一期）”“智慧广电高速智能网络系统及应用方案研究（一期）”等4个项目有序开展，“基于IP推流平台的异构点播网络互备系统”项目获安徽省广播影视科技创新二等奖，取得“合肥有线资讯合肥管理系统”等4个软件著作权，科研能力得到提升。做好频道落地运营，直播频道上线9套CCTV特色高清频道和8套特色标清频道，数字网内共传输166套电视节目及19套广播。丰富高清交互平台内容建设，与合肥广播电视大学联合开发上线“电视大学”专区，以老年开放大学为重点内容，将线下老年大学相关课程搬上电视荧幕，“电大教育”专区与原有的“国安广视”“文广互动”“爱奇艺TV”“孝乐神州”等互动平台相互补充，丰富有线电视互动内容资源库。

【演艺文化】 2020年，合肥演艺股份有限公司及下属三院团发挥文艺轻骑兵的特长，围绕疫情防控，创作曲艺快板《白衣战士英雄赞》、相声《有“疫”有情》、舞蹈《坚

2020年11月22日，“文化繁星 圆梦小康” 2020合肥市第八届全民文化活动季优秀节目展演 （市文旅局/供）

信爱会赢》《平安武汉》、歌曲《我很好》《爱的桥梁》等抗疫主题的文艺作品，并制作成视频节目通过抖音、快手、QQ音乐、央视频等新媒体大力传播，以文艺的形式助力疫情阻击战。合肥广电参与承办第十七届“走向文明”文艺下基层巡演、第十三届“庐州放歌”文艺下基层巡演、第九届“炫动的音符”音乐会巡演、第七届合肥市基层文艺调演、合肥市第五届“玉兰杯”戏曲大赛暨展演活动、“送戏进万村”等各类文化惠民演出活动，丰富市民精神文化生活。因受疫情影响，全年完成各类演出活动约250多场。

保护非遗文化，推进庐剧创新传承。合肥广电坚持在新剧目创作上不断探索，在传统剧目继承上寻求创新，2020年完成大型庐剧《等不到今生等来世》《东门破》修改、打磨、复排。作为“红色三部曲”的收官之作——庐剧电影《啊！妈妈》受邀参加第十届北京国际电影节的戏曲电影展映、第五届戏曲电影线上论坛暨展映等活动，受到庐剧戏迷和影迷的关注。注重非遗阵地建设。组建段婷婷“戏曲工作室”，加强人才队伍建设，依托“安徽名人馆”戏曲专场演出，面向普通百姓和游客组织演出，自2016年元月以来，成功演出百余场，为非遗戏曲庐剧的传承发展奠定观众基础。

（黄　亮）

报　纸

【概况】 2020年，合肥报业传媒集团（以下简称“集团”）围绕市委市政府中心工作，坚持社会效益优先、社会效益与经济效益相统一，发展、党建等各项工作稳健有序。集团获中国报业协会主办的“不忘初心、砥砺前行，推动报业融合发展”党建征文一等奖；《合肥日报》获评“2020最具公信力地市党报”；《合肥晚报》获评市防汛救灾突出贡献集体；合肥在线获评市抗击新冠肺炎疫情突出贡献集体；在2020年举行的2019年度安徽新闻奖评选中，集团获得一等奖8件、二等奖9件、三等奖21件，获奖总数在省内地市中继续保持第一地位。

【意识形态管理】 2020年，集团完成合肥市重大新闻宣传任务和市委市政府交办的相关工作。全年接收、传达并监督落实省、市委宣传部门的新闻提示、工作要求500余项，没有出现政治差错。集团将意识形态工作纳入党委议事日程，集团党委会每半年至少研究一次意识形态工作，每半年向上级作一次专题报告，并纳入内部党建考核。执行新闻“三审制”，对各报网值班在岗情况、三审制度落实情况等进行抽查、通报，并接受上级意识形态专项督查。引入态势感知设备，对网络攻击进行监控防范，开展网络安全应急演练，全年未发生网络安全事故。

【舆论引导】 2020年，集团所属各媒体弘扬主旋律、传播正能量。在抗击疫情、防汛抗洪等突发事件面前经受住考验；在脱贫攻坚、“六稳六保”、习近平总书记在安徽考察、打造“五高地一示范”等各项重大宣传上不断创新，推出众多优秀报道。多篇稿件获得省委宣传部、市委主要领导的肯定和中央媒体的转载。如《合肥日报》的“八个最”系列深度报道，全面及时准确地反映合肥市众志成城、万众一心抗击疫情的举措，得到市委主要领导的肯定；《合肥晚报》关于安徽援鄂医疗团队故事的报道和海报被新华社总社选用，点击率超过10万；合肥报业全媒体采访中心策划采写的深度综述《特别报道——科技战疫 合肥力量》，被人民网安徽频道、《光明日报》等转发，得到省、市

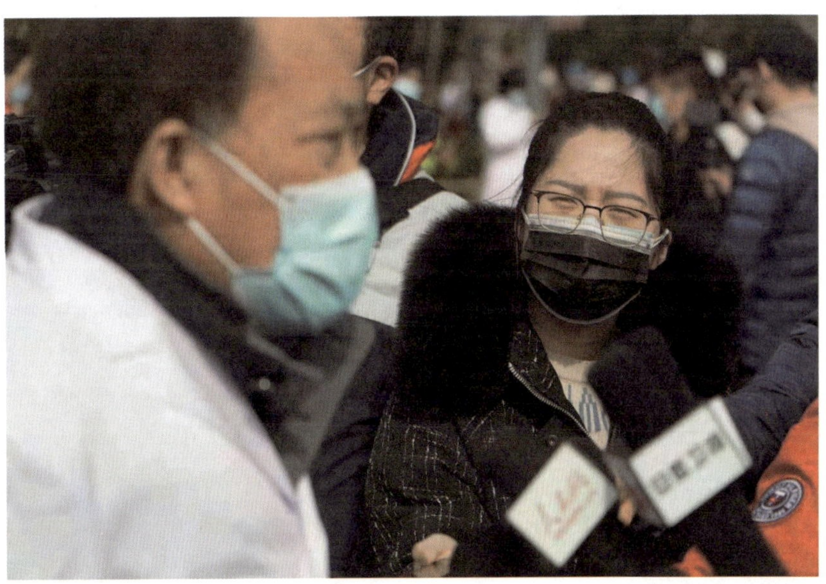

合肥晚报记者、市抗击新冠肺炎疫情突出贡献个人唐萌同志在一线采访

（合肥报业集团／供）

领导转发点赞；“ZAKER 合肥”推出战“疫”专题，滚动发稿，日均点击量 42 万，最高的一篇点击量达 82 万；《江淮晨报》抖音千万阅读量达 50 条，微信阅读量百万 + 的两条、50 万 + 的 10 条；疫情发生后前两个月，集团各类新媒体每天阅读量超 5000 万。在重大、突发、热点问题上，集团各媒体坚持放大正面声音、引导社会舆论。防汛抗洪期间，采编人员策划推出聚焦合肥防汛抗洪的优秀作品。对一些热点新闻，及时给予深度解析，如围绕合肥“链长制”的创新做法，推出的“合肥十二产业链”被市委宣传部作为市属媒体重点策划推进。合肥在线“皖中评”栏目做好敏感和突发事件的舆论引导，获得市有关部门赞扬，该系列作品在各平台累计阅读量已逾 2000 万。集团所属各媒体按照市委宣传部和其他相关部门要求的刊发频次，全年刊登各类公益广告 500 多个版面。全年刊发“榜样”“道德模范在身边”等公益报道 6000 余篇，开展公益活动 20 余次。

【出版管理】 2020 年，集团贯彻“三审制”，定期召开采编例会，加强对采编工作和相关活动的统筹协调。规范新闻从业人员网上发布微信、微博等行为，并对网络账号加强监管。全年集团各媒体无一例虚假违法广告，未有因“三俗”现象被通报。全年受到省《新闻阅评》（共 96 期）表扬 30 次，市《新闻阅评》（共 10 期）表扬 4 次。落实保密工作责任制，出台《合肥报业传媒集团保密工作管理制度（2020 年修订版）》，全年无失、泄密情况。在编校质量上，各媒体坚守政治责任，差错率低于万分之三，《合肥日报》连续七年获评全国报纸印刷质量最高级别——精品级报纸。执行媒体负责人请销假制度、休刊和重大选题刊播报备制度，并通过有奖纠错、热线电话、网络举报等形式，及时反馈、解决读者反映的办报、订报中的合理诉求。

【融合发展】 2020 年，集团围绕“融合发展、瘦身强体”，结合实际出台《加快推进合肥报业传媒集团媒体深度融合发展的实施方案》，并逐项落实，《合肥地铁报》于 2020 年 11 月停刊。集团全面搭建全媒体传播体系，筑牢主流舆论阵地。“ZAKER 合肥”安徽地区总用户达 420 万，合肥本地用户数超百万，“ZAKER 直播”年均直播近 300 场，每场观看人数平均近 60 万，在全国 23 家 ZAKER 合作伙伴中位列第一。原创直播栏目“萌娃学堂”趣味国学单场最高观看人数超 170 万。“合肥晚报 +”小程序是省内第一款同时具有时政信息发布、在线电台直播、在线视频直播、在线教育节目资质的微信小程序。《合肥晚报》音频栏目“合晚 Radio”作为安徽省首个人工智能音频，获得“天猫精灵语音头条”2020 年度 AI 内容先锋奖。《合肥晚报》《江淮晨报》微信阅读量一直位居全省各类媒体前三名、纸媒前两名。《合肥晚报》官方抖音号粉丝量 670 万，居安徽地区总粉丝数、综合排名“双第一”，一度跻身全国媒体抖音号日榜第 4 名，高于众多中央媒体，进入 2020 年抖音官方传播力排行榜全国十强。

（历笑然）

责任编辑：崔建军

卫生健康

综 述

【概况】 2020年，合肥市卫生健康系统全力打赢新冠肺炎防控阻击战，推进“健康合肥”建设，完成“十三五”规划目标，连续4年（2016—2019年度）获全省人口和计划生育目标考核第一名。连续4年（2017—2020年度）健康脱贫考核位列全省第一方阵。合肥市第7次获评全国无偿献血先进市，被授予安徽省紧密型城市医疗联合体建设试点市（2020年）。

截至2020年末，全市有医疗卫生机构3498家，每千常住人口拥有床位8.29张、拥有执业（助理）医师3.57人、拥有注册护士4.44人（以2019年末常住人口数计算），较“十二五”末分别增长57.78%、53.22%、56.48%、54.68%。基本公共卫生服务补助标准提高至74元。市民人均期望寿命79.75岁，比2019年末增加3.19岁；孕产妇死亡率8.02/10万、同比下降5.85个十万分点，婴儿死亡率2.71‰，同比下降2.18个千分点，5岁以下儿童死亡率3.64‰、同比下降2.74个千分点。

【人口均衡发展】 2020年，合肥市出生人口7.93万人，人口出生率10.03‰，符合政策生育率95.62%；围产儿严重出生缺陷发生率7.4/万，同比下降0.92个万分点，连续4年获全省人口和计划生育目标考核第一名。人口计生“奖、优、扶、补、医”利益导向政策体系日益完善，计生家庭发展能力增强。

【综合医改】 2020年，合肥市分级诊疗制度成熟。紧密型城市医联体建设试点全面开展，紧密型县域医共体建设实现全覆盖，基层诊疗服务占比65%的目标基本实现。

现代医院管理制度形成。党委领导下的院长负责制得到落实，市属10家公立医院中有9家实行党政分设；全面落实政府办医责任，累计化解市属公立医院债务9.64亿元，市财政对市属公立医院补偿基数由2017年8200万元提高到2020年2.38亿元，增加1.9倍。

推进医保支付方式改革。作为省政府确定的医保管理体制改革试点市，合肥市在全国率先完成医保管理体制改革，整合三大基本医保、大病保险、生育保险、医疗救助、疾病应急救治、医疗价格、药械采购等行政职能，实行统一归口管理；加快推进支付方式改革，成功获批按疾病诊断相关分组（DRG）付费国家试点城市；在全国率先出台城乡居民高血压、糖尿病门诊用药保障实施方案，创新异地就医管理和备案措施。

药品供应保障。落实药品采购“两票制”和药品、高值医用耗材网上采购；开展药品、耗材集中带量采购，以量换价，药品打包总体让利15%；创新推动国家谈判药政策落地，建立医院和药店供应国家谈判药品和抗癌药品双通道机制；建立短缺药品信息直报平台，及时收集信息、遴选替代药品，保障群众用药需求。

医疗卫生行业综合监管制度建立。合肥市卫生健康委员会（以下简称“市卫健委”）对全市各级医疗机构开展日常监督检查，监管覆盖率100%。累计对医疗机构及医务人员作出不良执业行为记分6602次，位列全省第一，立案违法案件960件，吊销医疗机构执业许可证（或诊疗科目）1件，吊销医师执业证书5件。

健康合肥

【概况】 2020年，市卫健委编制完成《健康合肥行动实施方案》，通过19个专项行动，针对重要健康危险因素、重点人群和重大疾病落实干预措施。启动编制《合肥市“十四五”卫生健康服务体系规划》。开展健康小镇建设，成功创建全省首批健康小镇3个。开展爱国卫生运动，改善人居环境，引导群众自觉养成健康文明生活方式，肥西县成功创建国家级卫生县城，庐阳区通过省级卫生城区复审。

围绕“减盐、减油、减糖”开展示范食堂、健康餐厅和营养健康学校创建活动。开发设计“健康小吉”动漫形象，并制作一系列“小吉话健康”动漫视频；推动落实《合肥市国民营养计划（2018—2030年）》，举办2020年全民营养周暨“5·20”中国学生营养日活动，累计开展健康营养知识“三进”活动204场次，受众44761人次；强化食品安全风险监测，增加地方特色食品监测内容；加强食品安全企业标准审核及备案监测，备案通过率达69.9%；开展食品安全国家标准法律知识宣传培训，举办培训班3期，发放宣传材料500余份。

【健康产业发展】 2020年，市卫健委先后出台《关于促进健康产业发展的实施意见》《合肥市加快推进健康养老服务业发展实施办法》《合肥市培育新动能促进产业转型升级推动经济高质量发展若干政策实施细则》，健全完善健康产业支持政策，培育一批大健康产业发展重点项目和具有竞争力的骨干企业。

疾病防控

【概况】 2020年，市卫健委加强重大传染病防控，全市传染病报告率和报告及时率均≥95%，网络直报覆盖率100%，全市甲乙类法定传染病发病率控制在230.00/10万；累计建成艾滋病（HIV）检测点106个，查阳性率由2.2%提高到5.0%；肺结核发病率由58/10万下降到50/10万。

慢性病及地方病防治取得成效，全市创建国家级慢病综合防控示范区3个，地方病防治专项三年攻坚行动通过省终期评估，全市连续9年未出现本地感染疟疾病例，全市消除碘缺乏病状态，未出现新发地方性克汀病例，市卫健委获省寄生虫病防治大赛团体二等奖；所有流行县达到血吸虫病消除标准，提前实现消除疟疾工作目标。生活饮用水达标率95%以上，连续数年受到全省通报表彰。

2020年，市卫健委开展职业健康体检337273人次，上报职业病83例；职业病危害项目申报企业2431家；开展职业健康基本工作要求与评估，评估企业1641家；评选表彰职业健康工作示范单位59家；开展职业病防治周宣传活动，宣讲咨询148场次，受众12万余人；开展3类企业职业健康危害专项治理，并组织执法检查，检查企业1414家（次），发现问题3153项，下达执法文书314份，立案42起，罚款418.6万，关闭4家，纳入黑名单管理1家。

【推进全国社会心理服务体系建设试点】 2020年，市卫健委加强心理健康干预，全市建成精神卫生医疗机构10家，开设精神（心理）科的医院3家，综合医院开设精神（心理）门诊6家；年均投入资金1300余万元，救助严重精神障碍患者万余人次，获全省首届精神卫生防治技能竞赛团体一等奖。

中医药事业

【概况】 2020年，市卫健委推动基层中医药服务全覆盖。累计投入1420.8万元建设标准化中医馆157个，占基层医疗卫生服务机构总数的97%；全市有三级中医院1个、二甲中医院2个、在创二甲中医院1个，100%的社区卫生服务中心和乡镇卫生院提供6类以上中医药服

2020年2月21日，安徽中医药大学第一附属医院中药房药剂师们正在进行配药 （张大岗/摄）

务，100%的社区卫生服务站和70%的村卫生室提供4类中医药服务；全市100%的社区卫生服务中心、乡镇卫生院、社区卫生服务站和村卫生室能够提供中医药服务。

【基层中医诊疗环境】 2020年，市卫健委以创促建、开展中医医联体医共体等举措，提升基层中医药服务能力。累计投入38.3亿元建设、改善市、县两级中医院，建设床位3980张，建有国家级名中医工作室4个，省级名中医工作室2个；拥有全国基层中医药工作先进单位5个、全国综合医院（妇幼保健院）中医药工作示范单位6个；有江淮名医（中医）1名、省级名中医（基层名中医）19名、市级基层名中医5名；累计培训市级基层中医药适宜技术273人，通过中医专长医师资格考核52人，培养一批临床实用型中医药人才。

【中医药健康文化建设】 2020年，市卫健委累计宣传服务12万人次；壮大中医药健康服务，建成中医药健康旅游基地3家；发挥中医药在疫情防控中的优势作用，中医药参与救治率98.3%。

（王韵馨）

抗击新冠肺炎疫情

【概况】 2020年，疫情发生后，合肥市委市政府贯彻中央和省委决策部署，坚持“两手抓，两手硬”，因时因势完善调整政策措施，科学研判阶段工作重点，实现疫情防控和经济社会发展“双胜利”。1月22日，合肥市确诊首例新冠肺炎患者。1月24日18：00，合肥市启动突发公共卫生事件一级响应，用30天实现新增确诊病例归零、47天实现在院病例清零，全面控制疫情蔓延。全市累计报告确诊病例174例。其中，累计治愈出院173例，死亡1例，治愈率达到99.4%。自3月8日起，在院病例实现“清零”。累计医学观察密切接触者5126人（不含转外地管理413人）。疫情暴发后，全市87名医护人员援鄂抗疫，5.1万名医护人员和疾控等公共卫生人员奋战在疫情防控一线。

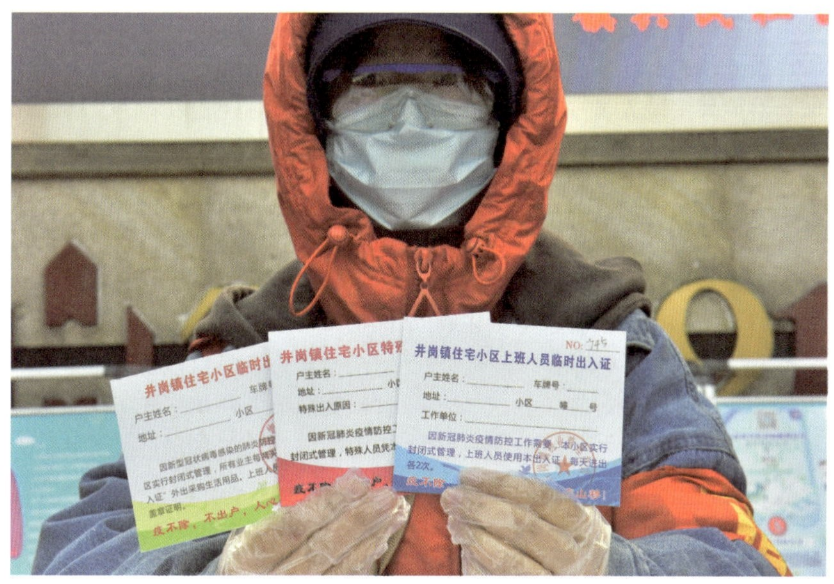

2020年2月23日，蜀山区辖区小区工作人员为居民办理“三色”出入卡

（蜀山区史志室／供）

合肥市的抗疫历程，大体分为五个阶段。1月14—28日为迅速应对阶段，成立市新型冠状病毒感染的肺炎疫情防控应急指挥部，采取加强防疫准备、取消聚集性活动、关停娱乐场所、暂停客运班线等措施，防止疫情蔓延。同时打击哄抬物价行为，稳定市场供应。

1月29日至2月12日为全力遏制阶段。全市新冠肺炎确诊病例快速增加，市委、市政府落实省政府“三防三查三加强”的工作部署，全力救治确诊病例，全面进行人员排查，全面实施小区封闭式管理，全力遏制疫情传播。

2月13—21日为有效控制阶段。全市新增确诊病例数得到有效控制，疫情形势总体平稳，每日新增病例控制在5个以内（含5个）。2月21日，根据安徽省卫生健康委发布的疫情通报，合肥市报告最后一例确诊病例，疫情防控取得阶段性成效。根据疫情防控形势发展，市委、市政府明确下一步工作重点，推动统筹疫情防控和复工复产工作同步进行。

2月22日至3月8日为巩固成效阶段。全市本土疫情传播基本阻断，2月22日之后，无新增确诊病例，在院治疗新冠肺炎患者数字“清零”。市委、市政府调整应急响应级别，继续做好本土和境外来肥人员疫情防控工作，巩固疫情防控成效，有序推进企业复工复产，加快恢复居民生活秩序，确保疫情防控和复工复业“两手抓、两不误”。

3月9日之后为常态化防控阶段。全市疫情防控形势积极向好，全市各区（县）退居疫情低风险区域，解除小区封闭式管理，分类分级推动复工复产，逐渐开放公共场所，做好学生开学复课工作。同时加紧对境外来肥人员登记排查，严防境外疫情输入。合肥市疫情防控工作转入常态化。

病例清零后，坚持精准施策，统筹疫情防控和经济社会发展：强化疫情监测和信息报告，全市建成核酸检测机构59个，应急检测能力提升至每天12万人次；扩大“应检尽检”核酸检测范围、增加定期检测频次，全年累计开展核酸检测和抗体检测突破160万人次。强化“人、物”同防，全面排查进口冷链，累计检测标本9.1万份；妥善落实13批国际航班2270名入境人员闭环管理。强化院感防控，坚持院长抓院感，规范设置30家发热门诊和77个基层医疗机构发热哨点诊室，严格发热病人闭环管理要求。强化应急处置，针对多起零星聚集性疫情，排查来肥返肥人员，落实健康管理和核酸检测3万余人次。

【抗疫工作领导机构】 2020年1月4日，市政府就要求持续关注武汉不明肺炎发展情况。1月17日，明确市滨湖医院、市二院、市传染病院等作为新型冠状病毒感染的肺炎定点医院，要求市疾控中心随时启动送检样本的检测和报告工作。1月21日，合肥市发现首例疑似病例，当日即成立市疫情防控应急指挥部。1月27日，合肥市成立由市委书记、市长任组长，11位市级领导任副组长，相关市直部门、单位、县（区）、开发区主要负责人为成员的新型冠状病毒感染肺炎疫情防控领导小组，设立领导小组办公室（指挥部办公室），并下设10个工作组，成立13个包保督导组，督导全市疫情防控工作。各县（区）根据各自具体情况成立相应的领导机构和组织。初步构建集中领导、统一调度、上下联动、横向协同的、符合合肥市情的疫情防控应急指挥体系。结合合肥市疫情发展和防控工作的阶段性特征，合肥市疫情防控应急指挥体系通过工作组、成员单位的动态调整得以不断优化和完善。

自1月22日合肥市出现确诊首例新冠肺炎患者，至3月下旬合肥市服务业复工复业，市委书记、市长深入医院、社区、机场、超市、企业、学校等防疫一线30多次。各级领导靠前指挥，准确掌握疫情防控动态，现场听取相关专家意见、及时作出决策部署。

【防疫运行机制】 2020年新冠疫情发生后，合肥市建立健全防疫运行制度机制。

综合协调调度。专门设立合肥市疫情防控领导小组办公室，市领导小组办公室同为市疫情防控指挥部办公室，负责落实市领导小组和疫情防控指挥部的决策部署，承担综合协调和调度工作。自1月29日至4月17日，领导小组办公室（指挥部办公室）发布《疫情防控工作简报》114期，《市防指办每日工作小结》76期，印发合疫防指文件35份，印发合疫防指办文件118份，发布《合肥市新型冠状病毒感染的肺炎疫情防控指挥部通告》32期。

组织机构动态调整。1月27日，市疫情防控领导小组成立后，随着疫情防控和复工复产工作的形势变化和实际需要，1月29日，市疫情防控领导小组增补领导小组副组长人员，增补国资、信访、政务等为成员单位；2月10日，指挥部办公室增设政策研判组、数据分析组、平台支撑组、应急值守组、农村疫情组，指挥部办公室下设工作组达到15个；2月20日，指挥部办公室增设复工复产组。2月23日，指挥部办公室增设监管场所组；3月6日，指挥部办公室增设合肥出入境边防检查站、合肥新桥机场海关（筹）为疫情防控成员单位。3月12日，针对境外输入风险的不断增加，指挥部办公室增设外事工作组，工作组达到19个。

领导小组会议制度。市疫情领导小组进一步强化会议制度在指挥调度、分析研判、快速部署中的作用。领导小组组长视情召开新冠肺炎疫情防控工作会议，研判疫情防控形势，决策重大事项。副组长视情组织相关成员单位召开具体专项工作会议。自合肥市确诊首例新冠肺炎患者，至3月下旬合肥市服务业复工复业、中小学复课，由市委书记、市长亲自主持的疫情防控工作领导小组会议、办公会议、专题会议等达30多次。

疫情防控指挥部实体运行模式。自市疫情防控领导小组成立，同时成立由市政府秘书长任第一主任，卫健委、应急局、公安局、宣传部、纪委等部门主要领导任副主任的指挥部办公室。指挥部坚持采用实体运行和24小时不间断的运转模式。市疫情防控指挥部办公室负责人实行轮值负责制，每天负责召开疫情防控工作会商会，重点成员单位安排专人驻市应急指挥中心现场开展工作，负责第一时间落实领导小组工作部署。专门设立应急值守组，24小时不间断的接受咨询、投诉、建议，及时协调数据核查统计、社会捐赠事宜等工作。

【资源保障】 2020年新冠疫情发生后，合肥市统筹做好物资供应保障。坚持扩大供应和统筹调配协同并重。一方面扩大供应，通过优化审批、完善配套、分类指导等措施，推进相关企业复工复产，通过改进生产工艺、新上生产线、扩建厂房、鼓励同类企业及时转产等方式，扩大生产能力，增加防护物资有效供给。另一方面，通过采购、捐赠、调剂等各种渠道，加强N95口罩、医用防护服等特别紧缺医用物资的统一调拨，统筹解决企业口罩、消杀产品、手持测温仪等防护物资需求问题，推行“网上预约+定点投放”等供销模式，优化投放程序。1月23日，市应急局受领应急物资采购任务后，至2月2日，通过委托企业代工代购、外地采购、自主网购、海外代购等方式，争取物资渠道，落实一次性口罩28.1万只、防护服430件、隔离衣1.04万件、各种类型固定测温仪134台、手持测温仪1820只、医用手套6000副、各类消杀用品2.6万瓶。

坚持队伍建设与制度设计协同并重。针对疫情防控工作中的物资保障需求，市疫情防控指挥部专门成立由市应急局牵头，市发改委、市农业农村局、市财政局、市卫健委等10家单位为成员的物资保障组，2月8日，市疫情防控指挥部根据复工复产的防疫需要，成立外购物资专门小组。市疫情防控指挥部先后制定、发布《合肥市新型冠状病毒感染肺炎疫情防控应急物资管理办法（暂行）》《合肥市疫情防控期间接受捐赠工作方案》《关于做好市民购买口罩相关工作的通知》《关于疫情防控期间保障医疗供给的通知》《合肥市疫情防控应急指挥部办公室关于确保“菜篮子”产品供应和农业生产资料正常流通的通知》等具体工作方案，保障医疗物资、生活物资的供应。在“菜篮子”商品供应方面，严格落实“菜篮子”行政首长负责制、引导相关企业有效复产、保障“菜篮子”产品流通、打击市场违法行为等一系列措施。其中，合家福全市83家超市门店早上8点到晚上8点营业，并将“蔬菜一天一配”模式调整为“24小时响应”。

【宣传机制】 2020年新冠疫情发生后，合肥市拟定市疫情防控新闻中心有关新闻发布制度，制定全市抗击疫情主题宣传报道方案，发布合肥市疫情防控权威信息，回应公众关切、提振市民信心、凝聚社会共识，保障疫情防控的信息发布和舆论引导。

疫情防控信息发布。合肥市卫健委自1月21日，在官方网站建立新型冠状病毒肺炎疫情防控工作信息发布专栏，及时发布合肥市新型冠状病毒感染肺炎疑似、确诊病例数据，发布疫情防控动态和医疗防护知识。合肥市疫情防控应急指挥部办公室于1月27日、1月29日、2月9日、2月15日、2月24日召开新闻发布，分别就情防控工作、生活必需品保障相关情况、鼓励中小企业持续发展“暖企惠企”政策12条措施、机关党员干部下沉基层一线值守企业复工和安全防护等，权威发布相关信息，及时回应社会关切。

新闻媒体发声。自2月2日至4月17日，市属各媒体发稿逾6.13万篇，中央和省级媒体刊发我市宣传稿件逾2.25万篇。报道中央、省、市各级防疫决策部署和相关政策，讲述战“疫”一线医护人员、基层干部、社区工作者、志愿者等先进典型事迹，准确传递疫情防控知识、“菜篮子”商品供应等重要民生信息，引导感染病例、防疫物资、健康科普等方面的社会舆情事件。

社会宣传。线上线下宣传相互配合，保障信息发布覆盖到社区、乡村的各个角落。截至3月14日，动用电子屏5428个、大喇叭9710个、广播5961个、流动广播车3285辆，制作宣传横幅52035个、公告牌7454个、海报361120个，发放一封信4141440封。针对企业复工复产，通过发放《企业复工宣传手册》《企业员工倡议书》、悬挂横幅、走访登记、微信群通知等多种方式，向全市28374家复工企业、168332人开展社会宣传。发

2020年5月20日，52对“战疫夫妻”举行集体婚礼 （张大岗／摄）

布“抗疫有我 合肥必胜”倡议书，向全市人民发出倡议，引导树立众志成城、共抗病毒的坚定信心。

文艺宣传。合肥报业全媒体采访中心原创歌词、记者演唱，制作MV《父亲的战“疫”日记》，合肥广播电视台制作MV《我们是“90后”》，合肥市著名作家、诗人创作的诗歌朗诵《感动春天》，知名漫画家创作的漫画《庐阳区“六个起来”硬核机制全力防控疫情蔓延你知道吗？》等文艺作品，生动讲述战“疫”一线工作人员的辛苦和付出，以及广大市民对战“疫”胜利的期待和信心。

【法治保障体系】 2020年新冠疫情发生后，合肥市严格依法依规，做好法治宣传教育，加大执法力度，为护航合肥市民安全健康、合肥经济社会稳定发展提供保障。

依法开展疫情防控工作。依据《中华人民共和国突发事件应对法》《中华人民共和国传染病防治法》等法律法规，市疫情防控指挥部制定《合肥市新型冠状病毒感染肺炎疫情防控工作方案》；依据《突发公共卫生事件应急条例》等相关法律法规，实施对传染病病人和疑似传染病病人采取就地隔离、就地观察、就地治疗等医学处置措施；制定并发布《关于依法科学精准抓实抓细新冠肺炎疫情防控工作的通知》，对疫情防控中交通管控、人员管控、重点区域管控、社区封闭管理等工作的依法依规开展提出明确要求和规范指导。

开展疫情防控期间的法制宣传。市公安局专门出台《封闭小区法制宣传》《医疗场所法制宣传》和《集中隔离点法制宣传》三类宣传提示。合肥市律协联合市普法办以现行法律法规及政策为依据，印刷《合肥市律师行业新型冠状病毒肺炎疫情防控法律意见指引汇编》，通过线下发放、线上扫描阅读等方式，引导广大干部群众深入了解疫情防控工作有关法律法规，促进疫情防控工作依法有序开展。合肥市律师行业专门成立疫情防控法律服务团，重点加强对《中华人民共和国传染病防治法》《突发公共卫生事件应急条例》等相关法律法规的宣传，并以公众号法律宣传、电话、邮件、微信、QQ等线上服务为主，向社会发布与应对疫情相关的各类法律知识和建议。

强化疫情防控中的执法力度。疫情防控期间，市卫健委着力加强医疗废弃物管理和卫生健康监督执法，常态化的进行各类公共场所和卫生医疗机构的巡查。疫情防控初期，日巡查公共场所600多家，医疗机构200多家。市生态环境局统筹安排疫情防控和污染防治工作。市市场监管局出动执法人员对各县（区）31个集中隔离点开展全市防疫集中隔离点食品安全检查，对疫情防控期间产品质量进行市级专项监督抽查工作。自疫情防控指挥部成立至3月底，市交通局累计出动执法人员5558人次，检查车辆6642车次。全市公安机关每日常态化投入1000余名警力，确保涉疫重点部位及周边秩序良好。市疫情防控指挥部办公室专门设置督查督办组，强化监督检查。截至4月16日，督查督办组累计收到防指转办的投诉件4401件，累计办结4397件，办结率99.9%。

（合肥市人民政府办公室）

互联网+医疗健康

【概况】 2020年，市卫健委加快推进国家健康医疗大数据中部中心建设，18个重点项目集中开工，集聚企业超400家。正县级的合肥市卫生健康信息中心获批准成立，核定编制21名。初步建成全人口数据库、电子病历数据库和电子健康档案数据库。

“智医助理”覆盖全市基层医疗卫生机构，全市61家社区服务中心（乡镇卫生院）和153家社区服务站全部上线基层卫生信息系统，1280个村卫生室上线合理用药管理信息系统；推动智能语音、人工智能辅助诊疗等技术在医疗卫生系统的应用，相继在5家市属医院上线门诊语音电子病历、辅助诊疗机器人等系统。

【电子健康码推广】 2020年，市卫健委推动运用信息手段助力诊疗，上线合肥电子健康码，实现居民就医服务“一码通”，医保缴费支付“一码付”，告别“一院一卡”，合肥市民可以通过健康合肥APP、官方公众号、支付宝生活号实现就医全流程应用，包括线上预约、挂号、就诊、缴费支付、检验检查、取药、报告单、亲情账号、健康科普等功能。截至2020年底，全市申领1444164张，使用人次8562370次，结算金额达到4.72亿元。

（王韵馨）

责任编辑：赵永军

体 育

2020 年 12 月 18 日，第五届全国智力运动会签约仪式在市政务中心举行

（市体育局/供）

综 述

【概况】 2020 年，合肥市体育系统统筹推进疫情防控和体育工作，聚焦群众需求，提升全民健身公共服务水平；聚焦可持续发展，提升竞技体育、青少年体育综合实力；聚焦复工复产，提升体育产业发展质量；聚焦科学规范，提升体育治理能力，完成年度各项工作任务。“十三五”时期合肥市全民健身实现新发展，竞技体育与青少年体育取得新成绩，体育产业迈出新步伐，体育设施完成新布局，改革创新取得新突破，体育交往展示新形象，基层体育事业开创新局面。其中，合肥市申报成为全国 21 个社会足球场地设施建设专项行动重点推进城市之一，建设社会足球场地 135 块，2020 年成功举办安徽省足球三级联赛总决赛、合肥市甲、乙级足球联赛、首届“丰乐杯”全国青少年足球精英锦标赛等赛事。

【社团组织】 2020 年，市体育局支持协会健康发展，通过购买服务等方式，将二级社会体育指导员培训、省市县三级联赛、百城千村健身气功展示等一系列群众体育活动交由市乒乓球协会、市网球协会、市社会体育指导员协会等社会组织举办，在市十二运会的举办过程中，有 27 家市级体育社会组织积极参与多项赛事的举办。新成立合肥市极限运动协会、合肥市举重运动协会、合肥市舞龙舞狮协会、合肥市大洪拳研究会 4 个市级体育单项协会。

【国民体质监测】 2020 年，市体育局以“五进”活动为抓手，在肥东县、肥西县、蜀山区、包河区等全市各地开展 20 场国民体质监测五进活动，完成市级 5000 余份监测样本数据采集和工作，指导各县级监测站完成 8000 余份监测样本数据采集，中心作用得到发挥。

在全国第五次国民体质监测和全民健身活动状况调查两项全国性抽样调查工作中，市中心作为两个调查队伍的主力，在全市 8 个县、区、开发区的 43 个抽样点完成 3264 份国民体质监测抽样样本和 572 份活动状况调查问卷，完成工作任务。

【第五届全国智力运动会承办协议签约】 2020 年 12 月 18 日，国家体育总局棋牌运动管理中心与安徽省体育局、合肥市人民政府在合肥政务中心进行第五届全国智力运动会承办协议签约。安徽省体育局副局长王大军、合肥市人民政府副市长路军、国家体育总局棋牌运动管理中心综合发展部主任杨采奕签署承办协议书。国家体育总局棋牌运动管理中心主任、党委书记、中国棋院院长朱国平、凌云市长见证签约。

9月26日，2020南岗骑游大会开幕　　（蜀山区史志室／供）

群众体育

【概况】 2020年，市体育局成功举办第60届元旦越野赛在巢湖岸边，2万名合肥市民以全民健身的方式共同奔向崭新的2020年。疫情发生后，组织居家健身指导、线上公益跑、“云跑合马”夺取“双胜利”等线上活动。疫情防控进入常态化后，在做好疫情防控工作的前提下，先后主承办百城千村健身气功展示、省暨合肥市全民健身进家庭、第12个全民健身日、全国啦啦操联赛（合肥站）、省暨合肥市健身气功交流展示、示范晨晚练点交流展示大赛、环巢湖自行车赛等小型多样、人群聚集较少的体育赛事活动，全年举办千人规模市级群体活动12项次，指导举办瑶海区第二届特殊奥林匹克运动会、高新区篮球赛、包河区健身气功功法展示活动等体育活动。

翡翠湖体育公园　　（吴小黎／摄）

【公共体育场地设施】 2020年，市体育局坚持便民惠民原则，投入资金7000余万元，将全民健身场地建设纳入市政府为民办实事事项，高标准完成150个全民健身苑、16个笼式多功能健身场（足球场）、10个三人制篮球场、7个乡镇全民健身广场和20个社区体育俱乐部建设；利用1500万元体育强市资金，做好市、县（市）区共建的4个体育公园和1个特色体育小镇体育器材配建任务；组织实施并完成环城公园、杏花公园的体育器材升级改造；推进社会足球场地设施建设，新增社会足球场地54块，超额完成“十三五”建设任务。为推动二代健身器材使用，提高场地设施建设智能化，在全民健身苑、笼式多功能健身场、三人制篮球场等常规项目中将原有的一代路径器材更换为二代器材，提升广大健身群众的体验感和获得感。

【社会体育指导员】 2020年，市体育局委托市社会体育指导员协会、市健身气功协会和市国际象棋协会等社会组织完善社会体育指导员培训体系，完成748二级社会体育指导员培训社会体育指导员任务，并承担省级送教上门100名一级社会体育指导员培训任务。指导各县（市）区、开发区培训、认证2178名三级社会体育指导员，并按照要求对所认证的社会体育指导员数据进行归档整理，数据确保准确翔实。截至2020年底，全市各级社会体育指导员人数达到21731名，占比达总人口数的万分之二十六点五。

体育产业

【概况】 2020年，市体育局开展促进体育消费试点申报工作，应对新冠肺炎疫情对体育产业的影响，促进体育消费潜力释放。8月25日，国家体育总局下发通知，正式确定合肥市、南京市、长沙市、南昌市等40座城市为首批全国体育消费试点城市，本次试点周期为2020—2022年。

通过努力，全市体育产品和服务供给不断丰富，体育设施覆盖城乡、功能健全，体育产业发展对体育消费拉动作用显现，人均体育消费持续增长。

【体育彩票】 2020年3月16日安徽体彩复市销售后，合肥市加强销售门店防疫工作，制定完善的防疫措施，没有出现一起安全事故；加强销售门店扶持政策，通过发放防疫用品、补助防疫资金、出台游戏玩法奖励政策等，贯彻“全玩法、全渠道、全价值链”理念，做好即开、大乐透、七星彩等玩法的研究与营销，加强网点建设，逐步提升门店质量和形象，发展社会便利连锁渠道，拓展月销量5万元以上渠道，市场逐步回暖，6月，基本恢复到2019年同期水平。2020年，全市体育彩票总销量19.57亿元，排名全省第一，占全省体彩总销量的29.87%，占全市彩票份额的61.09%。在做好销售的同时，组织开展公益联盟慰问支援湖北抗疫医护人员、绿色环保登山活动、慰问环卫工人、援助重病体彩业主等公益活动，受到社会各界的关注与好评。

【安徽省体育产业示范基地】 2020年，市体育局根据《安徽省体育产业基地认定和管理办法（试行）》《安徽省省级体育旅游产业基地评定办法》和《健康安徽体育惠民工程121行动计划》规定，经安徽省体育局认定，合肥市新增安徽波动体育文化发展有限公司、合肥高新区德仁阳光青少年羽毛球俱乐部、体育智谷等3个省级体育产业示范基地。

重要赛事

【市第十二届运动会】 合肥市第十二届运动会于2020年10月8日开赛，经过46天的激烈角逐，于11月22日完成全部赛事活动，有来自全市13个县（市）区、开发区和市直机关组成的14个代表团11600多名运动员共同参赛，直接参与赛事活动人数15000余人、间接参与人数达到30万人。

该次运动会突出“全民健身、全民健康、全民幸福”理念，根据合肥市全民健身开展状况，在项目人群方面第一次划分群体部和青少部两个部别，分设群体、青少普及类，群体展示类，群体体验类和青少竞技类分五大类别68个大项557个小项，为设项最多、分类最细的一届市运会。为体现全民性、提高市运会参与面，在参加资格设置上较之往届降低门槛。只要在合肥生活、工作、学习一年以上或取得居住证的均可报名参加，并首次将外籍人士纳入市运会参赛人群，首次设立市直机关代表团，丰富市运会参赛人群。

市十二运会举办过程中，按照“外防输入、内防反弹”的常态化防控策略，坚持“预防为主、突出重点、安全第一”的防控原则，落实国家、省、市各项防控措施，做好市十二运会的疫情防控和安全保障工作，实现“疫情防控零失误、参赛人员零感染”，守住合肥的“防疫重阵地”。

【参加安徽省第五届全民健身运动会】 安徽省第五届全民健身运动

2020年10月8日，合肥市第十二届运动会开幕　（市体育局／供）

2020年10月24—26日，合肥市第十二届运动会青少年部排球比赛在巢湖市体育馆举行 （巢湖市史志室／供）

会于2020年10月19日在滁州市开幕，本届运动会设33个竞赛项目和1个展演项目。为全面做好省五健会的参赛工作，经报市政府同意，合肥市成立由市委常委、副市长王文松为团长的高规格代表团，选派343人参加30个大项175个小项的比赛角逐。最终，本市代表团获得团体和个人83金、57银、41铜的成绩，在金牌总数、奖牌总数均位居全省首位，获评优秀组织奖和体育道德风尚奖，取得运动成绩和精神文明的双丰收。

【参加安徽省青少年锦标赛】 合肥市组队参加2020年安徽省青少年锦标赛，有2052名运动员参加24大项比赛，获得305项第一名。

【合肥马拉松赛】 根据国际田联发布的2020年度马拉松赛事日历显示，合肥马拉松赛正式获得国际田联“金标”马拉松赛事称号。在4月7日由人民网主办的“2020中国马拉松风云会”上，合肥马拉松赛入选“2019年最具影响力马拉松赛事排行榜”TOP100第17位。为做好疫情防控，2020年合肥市采取线上、线下相结合的方式举办2020合肥马拉松赛，线下赛严格执行新冠肺炎疫情防控要求，于2020年11月8日在滨湖国家森林公园举办，比赛规模控制在1000人以内，采取定向邀请在肥跑团的方式，让合肥本地跑友参加比赛。线上赛于11月7日至11月9日举行，规模为10000人，各地的跑友在此期间，借助自有的跑步APP进行“云合马”，并通过合肥马拉松官方微信公众号完成报名、上传成绩、获取完赛电子证书等相关流程。

（石　峰）

责任编辑：赵永军

脱贫攻坚

综 述

【概况】 合肥市的肥东县、肥西县、长丰县、庐江县、巢湖市均为有扶贫开发任务的省定非重点贫困县，无国家级和省级重点贫困县。2014 年，全市建档立卡贫困人口 10.6 万户、21.56 万人，贫困人口数居全省地级市第 6 位；贫困发生率 4.8%，居全省第 11 位；建档立卡贫困村 112 个，占全市行政村的 11%，居全省第 9 位。至 2020 年，全市脱贫攻坚战取得全面胜利，112 个贫困村全部出列，现行标准下 21.56 万农村贫困人口全部脱贫，完成消除绝对贫困任务。

2016 年，全市 112 个贫困村全部出列；至 2020 年 11 月，贫困户全部实现高质量脱贫，所有脱贫不稳定户、边缘易致贫户消除返贫致贫风险。2013—2020 年，全市资助困难学生 15.37 万人次，住院兜底保障 15.95 万人次，改造贫困户危房 7860 户，实现所有行政村全部接通自来水，贫困户“两不愁三保障”（即不愁吃、不愁穿，义务教育、基本医疗、住房安全有保障）发生根本变化。

2014—2020 年，贫困群众年人均纯收入从 2720 元增长到 13130 元，增长 4.83 倍。

截至 2020 年底，全市农村生产生活条件得到改善，实现村村通硬化路、饮安全水、居生态村，电力、电信全部到村到户，村村建有图书室、文化站、医务室。肥西县创建成为“四好农村路”（即建好、管好、护好、运营好）全国示范县。有 53 个贫困村中心村建成美丽乡村。

发挥省会城市优势，全市坚持城乡融合发展思路，形成“渔稻丰、草莓红，岭上花木美；山茶香、葡萄甜，巢湖风光好”优势特色产业，“岭湖辉映”产业格局基本形成。光伏扶贫、资产收益扶贫、电商扶贫、旅游扶贫得到发展，农村经济活力和发展后劲持续提升。

农村贫困人口发展能力实现增强。112 个贫困村全部建有扶贫产业园，6.3 万名贫困群众通过培训走向就业创业道路。坚持志智双扶，激发脱贫内生动力，涌现出以全国脱贫攻坚奋进奖获得者崔兴文为代表的一批脱贫先进典型。

贫困村治理能力得到增强。2014—2020 年，贫困村平均集体经济收入从 1.19 万元增长到 51.34 万元，增长 43 倍。67 个贫困村成为经济强村。112 个扶贫工作队驻村入户，4 万多名党员干部结对帮扶，党群干群关系得到改善，贫困地区基层组织得到加强，党在农村的执政基础得到巩固。

2020 年 9 月 20 日，庐江县中国农民丰收节扶贫农产品展销区

（市农业农村局/供）

【决战决胜脱贫攻坚】 截至2020年11月末，合肥市剩余9户29人全部脱贫，脱贫不稳定户32户88人、边缘易致贫户777户2079人全部消除返贫致贫风险。

压实脱贫攻坚政治责任。市委、市政府、市扶贫开发领导小组累计召开脱贫攻坚工作研究、学习会议39次。履行“市县抓落实”脱贫攻坚责任制，对有扶贫开发任务的12个县（市）区和开发区、52个市直单位、85个乡镇（街道、园区）开展脱贫攻坚成效评价。

克服疫情灾情影响。至3月末，全市实现涉贫龙头企业复工复产、贫困人口务工就业、贫困家庭子女线上教育、扶贫农产品销售问题清零。2020年特大洪涝灾害导致全市贫困户6853户16932人、边缘户39户117人受灾。市扶贫开发领导小组印发《关于着力解决因灾返贫致贫问题切实巩固脱贫攻坚成果的实施意见》。市人大、市政协组织开展“千名代表委员访万户”活动，按照“全域覆盖、逐户走访、一个不漏”的要求，对全市所有受灾贫困户逐户走访核查，确保各项帮扶措施落实到位。全市扶贫系统开展“察灾情、访民生、助脱贫”专题活动，确保不发生因灾致贫返贫。市扶贫专项资金招标节余部分全部用于贫困救灾，市本级拨付补助资金3700万元，对贫困户受灾损失实行兜底补齐。全市受灾贫困户“两不愁三保障”及饮水安全问题得到解决，生产生活秩序和农村人居环境基本恢复。

抓好问题整改清零。市委、市政府坚决扛起中央脱贫攻坚专项巡视“回头看”反馈问题和成效考核反馈问题整改主体责任，市委常委会专题部署调度整改工作，成立中央脱贫攻坚专项巡视“回头看”反馈问题合肥市整改工作领导小组，市委、市政府主要负责人任双组长，抽调专人组建专班集中办公。坚持市、县（市）、乡镇、村四级联动，对反馈问题建立问题、责任、进度、效果“四项清单”，落实定期报告、逐月调度制度，所有问题全部整改到位，并建章立制、长效管理。

落实落细脱贫攻坚政策措施。落实各类扶贫资金17.84亿元，其中市本级10.34亿元，同比增加1.01亿元、增长10.88%。“三保障”及饮水安全全面巩固。全市建档立卡家庭经济困难学生资助资金全部及时发放，发放6082.9万元，资助学生4.95万人次，全市无因贫因疫因灾辍学失学现象。贫困人口医疗合规费用报销比93.3%，家庭医生签约率87%。贫困户危房改造实现应改尽改，农村安全饮水巩固提升工程全面完成。产业扶贫提质增效。产业到户覆盖率87.9%，新建资产收益扶贫项目51个，村级光伏收益用于公益性岗位占95.42%。新增扶贫小额贷款7838户、31028.33万元。建成旅游扶贫村17个。就业扶贫稳岗拓岗。新建扶贫驿站（车间）4个、基地9个，开发公益岗位3449个。2020年外出务工贫困劳动力7.53万人，比2019年外出务工人数增长14.49%。推进消费扶贫。在全国创新开通首列地铁“消费扶贫”号专列，累计销售扶贫产品约1000万元。全年认定扶贫产品1212个，开设消费扶贫专区61个，建成消费扶贫地方馆12个、消费扶贫企业馆22个、扶贫专柜1164台。社保兜底持续提标。农村居民最低生活保障标准提高到户／月／人均646元，农村特困基本生活保障标准提高到每人每年10078元。加强“双基”建设。完成农村道路畅通工程101千米，整治贫困村和贫困人口较多的非贫困村72个，改善农村人居环境。

巩固脱贫攻坚成果。市扶贫开发领导小组印发《关于开展动态监测落实帮扶政策建立健全防止返贫长效机制的通知》，加强监测预警和救助帮扶，对脱贫不稳定户、边缘易致贫户落实针对性帮扶措施。持续开展脱贫人口分类管理，消除返贫致贫风险。抓好无脱贫攻坚任务的4个城区18户45人困难群体帮扶工作。完成国家脱贫攻坚普查和省级脱贫攻坚调查工作。长丰县作为全省4个全面普查非重点贫困县之一，面访户21184户，占比96.84%，面访率位居4县之首。

深化大扶贫格局。推进县域结对帮扶，累计投入专项帮扶资金1.51亿元，赴被帮扶县投资和采购农产品6.94亿元。开展“百企帮百村”行动，221家民营企业投入帮扶资金6613万元。推进“青春助力脱贫攻坚”“巾帼助力脱贫攻坚”“爱心助残脱贫”等社会扶贫工程，接受社会各界捐款捐物折合人民币176.6万元。利用“扶贫济困慈善基金”86万元，帮扶救济受新冠肺炎疫情影响的边缘易致贫户156户、受灾严重的贫困户274户。

【资金项目管理】 2020年，合肥市落实扶贫资金17.84亿元，同比增长7.9%。其中，专项扶贫资金17.26亿元（中央0.4亿元、省级0.52亿元、市级10.34亿元、县级6亿元）；市本级预算安排专项扶贫资金10.34亿元，占全市专项扶贫资金的59.91%，同比增加1.02亿元、增长10.88%。市县两级清理收回用于脱贫攻坚的财政存量资金0.51亿元。

落实扶贫项目资金绩效管理和脱贫攻坚负面清单等要求，对疑似存在绿化、亮化等各类景观项目进行及时调整，保障全市专项扶贫资金分配、使用的合理性和规范性。

编制完成2020—2021年县级项目库，累计入库项目1795个，资金需求39.42亿元。加强对扶贫资金和项目的监督管理，明确扶贫项目储备、项目立项和审批、项目公告公示和备案、项目实施和验收、资产后续管理等规范，实行扶贫资金和项目全流程管理，提高全市扶贫项目管理规范化、制度化、科学化水平。开展资产收益扶贫项目和扶贫经营性资产管理全覆盖核查，规范资产收益扶贫项目建后资产运营管理，探索建立扶贫经营性资产持续经营的长效机制。

执行扶贫资金使用公开、公示制度。落实“两个一律”（即省市县扶贫资金分配结果一律公开，乡村两级扶贫项目安排和资金使用情况一律公告公示）公告公示要求，在严把资金安排关、拨付关基础上，加快项目推进，项目资金实行周调度，着力提高资金支出进度。

落实年度资金结转结余要求。2019年及2019年以前年度市本级扶贫专项资金均全部支出完毕，无结余结转。2020年度实际支出16.88亿元，支出进度97.8%，超过省定92%的要求。

【脱贫攻坚督查】 2020年，合肥市创新方式加强脱贫攻坚督查，坚持问题导向，将发现问题、整改问题贯穿督查工作全过程，始终紧盯目标任务，紧盯问题短板，紧盯时间节点，紧盯整改落实，确保问题改彻底、改到位。在完成整改基础上，注重建章立制，全市调整完善建档立卡贫困人口综合医疗保障、特色种养业产业扶贫、规范基层基础、项目管理等系列政策制度。

市扶贫开发工作办公室对承担脱贫攻坚任务的85个乡镇（街道、园区）开展全覆盖暗访，印发5期暗访通报，约谈2名相关部门负责人。在责任主体上，从“抓县（市）”向“抓镇村”转变；在暗访内容上，从“全面查”向“重点查”转变；在分析研判上，从“单一查看”向“相互印证”转变；在跟进督导上，从“重反馈”向“重整改”转变。

建立健全“督查暗访—反馈问题—回头看—下发督办通知—约谈”闭环调度机制。对暗访发现的问题，形成暗访情况通报，要求各地限期整改并报送整改报告。适时开展“回头看”，对整改不积极、不扎实、成效不明显的地方和5家市直部门单位，责令限期重新整改并通报全市，对有关单位主要负责人进行约谈。

由5个市直部门牵头、其他市直部门协助，分别包保专题督导5县（市），加强工作指导、政策宣传，发现问题促进整改。

聚焦产业、就业、资金项目、小额信贷、光伏、县域结对帮扶等重点工作，实行通报制，对存在的问题做到“三点明”：点明地区、点明差距、点明要求，督办通报抄送市扶贫开发领导小组双组长。

对调度和督办后相关重点工作仍无进展或在全省排名靠后的县（市），报市政府主要负责人同意，由市扶贫开发领导小组负责人对相关县（市）政府主要负责人进行约谈。年内对问题整改、小额信贷、资金项目等工作滞后的县（市）、乡镇进行约谈警告。

（黄成鹏　张义飞　朱婷婷）

行业扶贫

【概况】 2020年，合肥市落实学生资助政策，全市建档立卡家庭经济困难学生资助资金全部及时发放。当年资助学生49758人次，发放资金6116.08万元。落实贫困人口综合保障政策。坚持保基本、兜底线原则，执行全省统一的贫困人口综合医疗保障政策和贫困人口先诊疗后付费“一站式”结算政策，贫困人口参保率100%。完成年初省里下达的贫困户危房改造任务，做到应改全改。

【教育扶贫】 2020年，合肥市做好疑似失学辍学儿童劝返复学工作，突出重度残疾儿童送教上门，全面落实义务教育控辍保学任务，落实“一户一案、一生一策”动态监测机制，全市未出现因病因残辍学失学现象。

抓好疫情防控和汛情期间教育扶贫。对全市28101名贫困户学生家庭防疫情况进行摸排，解决909名贫困户家庭学生线上学习保障难题。恢复汛后教育教学秩序，重点做好庐江县9所、肥西县1所受汛灾影响开学贫困户学生分流工作，各级各类学校正常开学。全市无因疫因灾辍学失学现象。

2020年，合肥市实现贫困家庭学生资助全覆盖、义务教育控辍保学有保障，全面阻断贫困代际传递。印发2020年合肥市教育扶贫工作要点，统筹教育扶贫年度工作开展。截至12月底，全市建档立卡家庭经济困难学生资助资金全部发放到位，全年发放各级各类学生资助资金34651.61万元，资助学生165509人，其中发放建档立卡家庭困难学生资助资金5540.58万元，资助学生32527人。市教育局着力做好疑似失学辍学儿童劝返复学工作，突出重度残疾儿童送教上门，落实义务教育控辍保学任务，落实“一户一案、一生一策”动态监测机制。牵头做好市脱贫攻坚包保肥西县暗访督查组工作。加大对肥东县马湖乡创业村对口帮扶工作，印发《合肥市教育局驻肥东县马湖乡创业村帮扶工作三年发展规划》，夯实驻村第一书记职责，认领创业村扶贫项目，提升帮扶成效。

（石红星）

【健康扶贫】 2020年，合肥市贫困人口看病就医费用保持在合理范围。全市贫困人口健康脱贫兜底保障累计兜底保障17477人次，兜底资金累计支付605万元，医疗合规费用实际报销比例92.9%；贫困人口慢性病补充医疗保障待遇享受282797次，补充保障金额1229.32万元，实际报销比例95.2%，贫困人口看病就医费用保持在合理范围。

规范贫困人口家庭医生签约服务。落实贫困人口“应签尽签”，贫困户家庭医生签约率87%。注重履约服务实效，重点加强对已签约贫困人口中高血压、糖尿病、结核病等慢病患者规范管理与健康服务。

全面实施分类救治和分级诊疗。引导贫困户通过定点诊疗、基层首诊和分级转诊方式就医，县域内就诊率91.4%。对30种大病患者由救治医院制定专属诊疗方案，一人一案，落实救治措施。全市贫困人口患34种大病人数为15777人，全部开展救治。

加强贫困人口疾病防控。2020年贫困家庭新生儿疾病免费筛查1742人，妇女“两癌”免费筛查4820人，6—24个月婴幼儿营养包发放2555人，高血压规范管理47153人，糖尿病规范管理13785人，结核病累计救治329人，通过有效干预和疾病防控举措，从源头上减少贫困人口多发病、慢，性病的发生。

完善贫困人口“一站式”结算工作。在省、市、县、乡四级定点医疗机构，全面实现贫困人口门诊和住院医疗费用“一站式服务、一窗口办理、一单制结算”。

2020年，合肥市构建贫困人口“三保障一兜底一补充”的综合医保政策体系，优化医疗服务，开通贫困人口先诊疗后付费一站式结算系统，开辟就医绿色通道，设置健康病房，实施大病专项救治，提升医疗卫生服务能力，着力解决贫困人口看病就医问题。全市全面消除村卫生室和村医“空白点”，贫困人口小病不出村，基本医保个人缴费部分由财政全额代缴，保证贫困人口100%参保，大病得到及时救治，慢病得到有效管理，家庭医生签约实现“应签尽签”，因病致贫、返贫户得到稳定脱贫，无因病返贫现象发生。合肥市健康脱贫工作连续三年考核位列全省第一方阵。

（王韵馨）

【住房安全保障】 2020年，合肥市完成年初省里下达的贫困户危房改造任务105户，落实动态排查整改，做到应改全改。特大汛情发生后，经住建部门鉴定的全市受灾贫困群众危房总数373户， 其中，C类危房267户、D类危房106户。制定贫困户等四类人群灾后房屋重建和修缮标准，重建每户补助3万元，修缮每户补助1万元。至11月末，因灾导致的贫困户危房改造任务全部完工。

【社保兜底】 2020年，合肥市农村居民最低生活保障标准由602元/月提高到646元/月，农村特困基本生活保障标准提高到每人每年10078元。开展低保对象、特困人员全面排查、动态管理，重点关注因疫因灾贫困户及边缘户，实行应纳尽纳，解决因灾致贫返贫问题。

【“双基”建设】 2020年，合肥市实施农村道路畅通工程扶贫项目101千米，市级补助资金1.2亿元。全面完成农村饮水安全巩固提升工程，全面解决建档立卡贫困人口农村饮水安全问题。完成72个贫困村或部分贫困人口较多的非贫困村的环境治理，农村人居环境得到改善。合肥地区农网供电可靠率为99.931%，综合电压合格率99.992%，户均容量3.23千伏安/户，“两率一户”指标满足国家要求。

（黄成鹏 张义飞 朱婷婷）

【就业扶贫】 2020年，合肥市加大公益岗位开发力度。设置公益岗位（含光伏收益设置的公益岗位）10264个，吸纳贫困劳动者9136人就业。

开展贫困家庭大学毕业生就业帮扶。梳理完善2020届全市建档立卡贫困大学毕业生902名相关信息，组织实施“一人一档案、一人一措施、一对一联系”帮扶行动，实现就业566人，升学、备考、入伍共317人，就业帮扶率100%。

开展技能脱贫培训。全市组织技能脱贫培训1472人，完成任务率245.33%，培训合格率100%，累计发放补贴资金252.34万元。

2020年2月，巢湖市年晟茶叶扶贫产业园 （市农业农村局/供）

落实技能脱贫千校行动计划，健全就读技工院校的贫困家庭学生免学费、助学金等资助政策，为贫困家庭学生发放生活交通补助，鼓励技工院校免除书本费、住宿费等，让贫困家庭学生接受全免费的技工教育。

【金融扶贫】 2020年，合肥市保持政策连续性、稳定性，规范推广“一自三合”模式（即户贷户用自我发展、户贷户用合伙发展、户贷社管合作发展、户贷社管合营发展等模式），做到“能贷尽贷”，严防信贷逾期风险。坚持“户贷户用户还”原则，严格落实疫情期间续贷、延期、展期等政策，支持符合条件的贫困户通过扶贫小额贷款发展生产，全年新发放扶贫小额贷款7658户3.05亿元。全市扶贫小额贷款风险补偿金余额9375亿元，未发生一笔风险补偿金代偿情况，存量“户贷企用”小额信贷全部清收。全市落实金融扶贫贴息1355.43万元，解决贫困户发展生产资金短缺问题，加快贫困户脱贫致富步伐。

（黄成鹏 张义飞 朱婷婷）

【水利扶贫】 2020年，合肥市加大农村水利基础设施投入，以实施“水库、灌区、圩口达标，河流美丽”和灾后水利薄弱环节治理为抓手，以巩固提升贫困村建后小型水利工程管护水平、促进乡村振兴为目标，完成2.54亿元水利扶贫资金项目建设。2020年度农村饮水安全巩固提升工程完成投资1.84亿元，实施20处巩固提升工程，为23.8万人接通自来水（其中贫困人口4978人），至年末基本实现农村自来水全覆盖。

持续推动《合肥市加强农村饮水安全工程长效管理机制建设实施方案》落地生效，坚持“政府主导、公益属性、城乡统筹、强化管理”的原则，落实农村饮水安全管理“三个责任”（即地方人民政府的主体责任、供水单位的运行管理责任、水行政主管等部门的行业监管责任）和县级农村饮水工程“三项制度”（即运行管理机构、运行管理办法和运行管理经费等制度），压实各相关部门职责。

加强监督考核，开展水利行业脱贫攻坚专项督导，履行“包保”责任，全年进行26次脱贫攻坚专项督查，对督查发现的问题立行立改，限时整改到位。加大农村饮水安全工程运行维护资金投入，全年投入维修养护资金1006.2万元，各县（市）按照年度资金使用实施方案开展工程运行维护工作。

（陈 伟 张顺志）

专项扶贫

【概况】 2020年，合肥市累计建成特色产业扶贫园区112个，新型农业经营主体带动贫困户28892户，自种自养贫困户18517户；建成旅游扶贫村17个。新建扶贫驿站（车间）4个、招募扶贫基地9家；外出务工贫困劳动力7.53万人，同比增长14.49%。支持符合条件的贫困户通过扶贫小额贷款发展生产。

【产业扶贫】 开展资产收益扶贫。2020年，全市投入资产收益扶贫资金1.79亿元，较上年同期增加7558万元、同比增长73.25%；新实施资产收益扶贫项目51个，带动贫困村22个、建档立卡贫困户14102人。新建资产收益扶贫项目累计产生收益1118.78万元，其中，贫困村收益208.96万元、村均增收9.5万元，贫困人口收益909.82万元，人均增收645.17元，直接收益率6.26%。

推进复工复产。鼓励企业和扶贫车间复工复产后吸纳贫困人口就业，3 月底实现全部复工复产。全市 150 家扶贫龙头企业吸纳贫困人口 1739 人就业，占比 36.87%；16 家就业扶贫车间吸纳贫困人口 199 人就业，占比 41.46%。

落实光伏扶贫收益分配新规。明确村级电站收益分配细则，完善光伏电站收益分配制度。2020 年全市村级光伏扶贫电站收益 810.35 万元，其中用于土地租金、运维管理等必要支出 44.01 万元，用于发放公益岗位工资 652.10 万元，用于村级公益事业建设临时务工工资 87.03 万元，扣除必要成本后合计占收益的 96.45%，超过光伏分配新规的“80%”比例要求。建立并完善光伏扶贫电站运行管护机制。通过市场化方式，委托有资质的专业公司进行维护管理。推进智能监测，完成村级光伏扶贫电站接入国家电网监测系统工作，提高光伏扶贫电站智能化运维管理水平。

培育贫困村创业致富带头人。全市遴选致富带头人 605 人，带动贫困户 4093 户 9695 人；认定安徽马郢乡村旅游农民专业合作社、合肥市牛耕天农业科技有限公司、巢湖市黄麓果业（葡萄）有限公司等 3 个单位为“合肥市致富带头人培训基地”。全年举办培训班 32 场次，培训致富带头人 1523 人次。

实施百名农业科技人员进村入户行动。产业指导员发展到 659 人，890 名基层农技员开展包村联户帮扶活动，基层科技服务能力得到提升。

推进科技特派员制度。组织科技特派员与贫困村结对帮扶，向 112 个贫困村选派 144 名科技特派员，确保每个贫困村至少有 1 名科技特派员，累计带动贫困户 2615 户。

（黄成鹏　张义飞　朱婷婷）

社会扶贫

【概况】 2020 年，合肥市采取定点帮扶和结对帮扶等形式，发动机关干部、企事业单位及县区作用，确定具体帮扶对象，根据实际情况，线上线下相结合，开展消费扶贫等行动，促进扶贫产品销售，推动贫困人口就业创业。

【消费扶贫】 2020 年，合肥市通过国家认定并公布扶贫产品 1212 个，价值总量 55.58 亿元，实现扶贫产品销售 8.61 亿元。累计建成消费扶贫地方馆 12 个、消费扶贫企业馆 22 个、消费扶贫专区 61 个，投放消费扶贫智能专柜 1164 台，并实现与社会扶贫网直连直报。开通“消费扶贫”号地铁专列，自 2020 年 7 月运营以来，累计带动销售扶贫金额约 1000 万元。

【驻村帮扶】 2020 年，合肥市持续开展定点帮扶及驻村帮扶工作。全市 267 家单位、10924 名干部参与包村到户工作。各定点帮扶单位累计投入各类帮扶资金 2009 万元，帮助引进资金 2.8 亿元。

【县域结对帮扶】 2020 年，合肥市做好县域结对帮扶工作。市辖 8 个县（市）区结对帮扶皖西、皖北 8 个贫困县（区），累计投入专项帮扶资金 1.70 亿元，同比增长 25.93%；选派 97 名干部和技术人员赴结对县（区）挂职交流，累计赴被帮扶县投资及社会采购 6.94 亿元，转移贫困人口就业 95 名，帮助贫困人口就近就地就业 699 名，全面促进县域结对帮扶工作提质增效。

（黄成鹏　张义飞　朱婷婷）

责任编辑：储茂仁

社会民生

劳动就业

【概况】 2020年，合肥市城镇新增就业12.14万人，完成省下达目标任务的129.15%，失业人员再就业3.49万人，就业困难人员帮扶就业9594人，城镇登记失业率3.06%。城镇居民人均可支配收入48283元，同比增长6.3%，较全国3.5%、全省5.1%分别高出2.8和1.2个百分点，增速位居全省第1位；总量较全国、全省分别高出4449、8841元，位居全省第2位。

2020年，合肥市人力资源和社会保障局(以下简称“市人社局”)被省政府表彰为全省就业工作先进集体，肥东县人力资源和社会保障局被中共中央、国务院授予“全国脱贫攻坚先进集体”。

【保障企业复工复产】 2020年，合肥市在全省率先发布《合肥市企业节后复工复产用工指导意见》，建议企业推行招聘用工“不见面”、复工“六必须”“五到位”“四坚持”和用工“四个禁止”等措施。发布《合肥市新型冠状病毒感染肺炎疫情防控期间就业创业线上服务指南》，开展求职招聘、就业失业登记、补贴资金申请、创业帮扶、高校毕业生就业帮扶等线上服务。成立服务企业节后复工复产工作专班，建立重点企业用工24小时调度保障机制，发放12户重点防疫物资生产企业445万元用工补助，确保复工复产安全有序。

【创新“共享用工”模式】 2020年，合肥市创新本地企业之间“共享用工”、企业集团内部异地“共享用工”、人力资源机构协调“共享用工”三种模式，发布“共享用工”岗位数6300余个，海尔、美菱等企业通过“共享员工”模式，临时接收“共享员工”2816人，缓解企业用工、员工上岗两难局面。被中央电视台一套《新闻联播》《焦点访谈》报道，并在中央电视台四套、十三套等栏目重点介绍，得到省人社厅的肯定并在全省推广。

【就业帮扶】 2020年，合肥市开发公益性岗位11605个，拨付公益性岗位补贴、社保补贴6778.58万元。在604家见习基地开发5659个就业见习岗位，组织3707名青年参加见习。落实高校毕业生新增岗位补贴、社保补贴、一次性就业补贴2368.6万元，帮助4231名高校毕业生到小微企业就业。对14944名离校未就业毕业生开展就业帮扶，帮扶就业率100%，实现就业8564人，升学2359人，应征入伍123人，出国留学75人。对902名贫困家庭高校毕业生开展帮扶，就业帮扶率100%，566名高校毕业生实现就业，升学备考入伍317人，自愿不就业19人。落实退捕渔民帮扶安置保障工作，5县市、区需转产安置总数4638人，实现转产就业4638人，转产就业率100%。退捕渔民社会保险参保率96.7%，其中纳入城镇职工养老保险55人，纳入城乡居民养老保险5399人。开展职业培训1007人次，职业介绍11010人次。

【就业扶贫】 2020年，全市人社系统走访援助困难对象家庭4079户，帮助9594名就业困难人员实现就业，开发公益性岗位11294个，完成目标任务104.57%。新建就业扶贫驿站3个、招募就业扶贫基地12家，新组建并认定就业扶贫车间2家。开展与六安、颍上等地互动合作，签订扶贫结对合作协议。通过劳务对接扶贫行动输出家政服务员1569人，其中涉及建档立卡贫困劳动力653人。

【打造就业创业品牌】 2020年，合肥市着力打造“爱在江淮、乐业合肥，才聚庐州、创业合肥”服务品牌，全年举办“2+N”专场招聘活动1055场，进场招聘单位20050家，提供岗位51.8万余个，现场达成初步就业意向2.7万余

2020 年 11 月 3 日，由人力资源和社会保障部发起的第八届大中城市联合招聘高校毕业生（秋季）合肥巡回招聘会举行（市人社局／供）

人；开展“百日千万网络招聘专项行动”，举办线上线下招聘会 178 场次，参会单位 3506 家次，提供岗位 13.75 万个；结合“四送一服”、企业（社会组织）非公党建等工作，人社部门累计组织“进校园、进企业、进园区、进社区”3076 个，开展政策宣传、招聘活动 896 场次，发放宣传材料 6.89 万份，提供就业指导 8.58 万人，达成就业意向 4.77 万人。全市公共就业人才服务机构组织进校园招聘 141 场（其中北京、西安、成都、南京等外地高校 77 场，省内 64 场），达成初步来肥就业意向 2 万余人；举办多场安徽省暨合肥市“就业起航”退役军人专场招聘会，有 168 家企业提供岗位 1.3 万余个。推进社区“三公里就业圈”智慧就业工作，打造智慧就业平台，全市参与企业 8868 家，发布岗位需求总数 79832 个，求职者登记总数 34646 人，解决就业难与招工难并存问题，实现就业与招工精准对接。

【创新创业】 2020 年，合肥市举办第十一届“挑战杯”创业项目征集大赛，征集优秀项目 106 个。新发创业担保贷款 8111 笔 15.56 亿元，人社部门创业载体减免房租 695.17 万元。支持高校毕业生创业扶持项目 102 个，补助资金 496 万元。

（许　浒）

人事人才

【概况】 2020 年，合肥市新增国务院特殊津贴专家 10 人、省政府特殊津贴专家 18 人、市政府特殊津贴专家 50 人，新增国家百千万人才 1 人，新增博士后科研工作站 18 家，其中国家级博士后科研工作站 10 家，全市新招收博士后研究人员 148 名。截至 2020 年底，全市享受国务院津贴专家 905 人、省政府特殊津贴专家 1354 人、市政府特殊津贴专家 94 人，省学术技术带头人及后备人选 1325 人、市学术技术带头人及后备人选 120 人，战略性新兴产业技术领军人才 317 人。设立博士后科研工作站 151 家，其中，国家级博士后科研工作站 49 家，在站博士后研究人员超 400 名。2020 年新引进本科以上人员为 95697 人，较 2019 年增长 21.7%。

【事业单位人事管理】 2020 年，合肥市公开招聘中小学新任教师岗位 3292 名，市人社局会同教育部门制定招聘方案，对招聘工作进行指导和监督。全市事业单位公开招聘工作人员 1032 人，其中，市直事业单位 291 人，各县（市）区事业单位公开招聘 741 人。

2020 年，市人社局规范做好事业单位岗位设置方案调整及岗位等级层级正常调整工作。10 月，由市委党校承办，分两期组织开展 2019 年度市直事业单位新进人员岗前培训，193 人参加培训。

按照事业单位申诉再申诉办理规则，组建申诉公正委员会。受理事业单位工作人员申诉再申诉案件 5 件，涉及 5 人。处理投诉举报件 1 件。

根据国家、省工作部署，在全市事业单位开展脱贫攻坚专项奖励工作。经推荐，全市拟记功 10 人，嘉奖 107 人。

审核批复合肥学院等单位绿色通道人才引进方案，其中，合肥学院计划引进 131 名高层次人才，市属学校计划引进 12 名高层次人才，巢湖风景名胜区管理委员会计划引进 2 名高层次人才，合肥市第四人民医院计划引进 3 名高层次人才。

【人事考试】 2020 年，合肥市累计组织实施 66 项考试考务工作，考生人数 692091 人次。包括：考录公务员、市直事业单位招聘工作人员等政策性考试5项，参考人数121651人次；二级建造师、执业药师等专业技术资格考试32项，考生人数525080人次；委托考试29项，考生人数45360人次，命题86科。二级建造师考试考生人数达78346人、参考科次185707科次，考试人数创历史新高。面对新冠肺炎疫情，市人社局统筹谋划人事考试工作与疫情防控任务，全年实现各类人事考试零差错、零事故。

【人才政策创新】 2020年，合肥市制定出台《加快集成电路产业人才队伍发展的若干政策》《关于进一步吸引优秀人才支持重点产业发展若干政策（试行）》及多项配套实施细则，聚焦重点产业，放宽落户条件、突出稳岗安居、注重政策实效，吸引各类人才来肥创新创业，全力打造公平公正、宜居宜业的人才发展环境。

开展第二批享受市政府特殊津贴人选选拔工作，选拔50人为享受市政府特殊津贴人选，按规定给予奖励。资助15名合肥市学术技术带头人及后备人选科研项目资助经费100万元。开展第十一批省级博士后科研工作站申报评审工作，新增博士后科研工作站18家。对197名在站博士后研究人员发放生活补助788万元，资助14家博士后工作站科研项目385万元。兑现留学回国人员创新创业扶持计划资金285万元。

全年公共服务“一网通办”高层次人才分类申报认定531人，截至2020年底，全市累计成功认定各类高层次人才1595人。围绕重点产业人才政策落实，推进新系统平台开发，为各类人才政策落实提供支持；发布2020年合肥市急需紧缺人才目录，开展专家特贴发放和学习培训工作，组织合肥市学术技术带头人、领军人才等高层次人才进行学术研修活动。

【专业技术人员管理】 2020年，市人社局开展专业技术职称评定工作。全年评审工程系列、建设工程专业、机电专业和农业系列等1817人。其中，党校（中专、技校）教师180人，工程专业502人，建设工程专业502人，农业系列77人，艺术（群文文博）系列65人，新闻系列14人。累计评审中小学教师超过3400人，其中：高级教师评定899人，一级教师评定1935人。直接认定中级职称87人，直接认定市属企业事业单位初级职称1145人。

在党校、中专、技校和中小学教师系列开展职称网上申报评审工作，完成3477人的线上职称申报、审核和评审任务。

截至2020年底，全市设有省级继续教育基地9家，市级继续教育基地34家。规范年度继续教育公需科目和专业科目学习和培训，成功举办4个专题的市级高级研修班。

【人力资源服务】 2020年，市人社局规范人力资源服务许可、备案等业务，完成全市新版人力资源服务许可证换发、备案。开展2020年度人力资源服务机构年报公示，全市467家人力资源服务机构主动进行为期一个月的公示，接受社会公众监督。完成2019年度加快人力资源服务业发展政策奖补兑现工作，累计拨付资金1052.71万元。编制合肥市人力资源发展状况白皮书。举办安徽人力资源服务业大赛合肥区选拔赛，推荐12名优秀从业人员参加省级比赛，合肥市获省人社厅颁发的“优秀组织奖”。全市16家机构被评选为安徽省“2020年度人力资源服务骨干企业”，其中10家机构获评2020年度安徽省“十强”人力资源服务机构，占比100%。2020年1－11月，全市77家规模以上人力资源行业实现营业收入120.15亿元，同上年相比增长14.6%，高于全行业7.1个百分点。全市21家亿元企业实现营收99.52亿元，占行业82.8%，营收合计增长14.9%。

搭建人力资源区域人才交流合作平台。举办第三届长三角G60科创走廊人才峰会，会上签署《九城市人才联合培训合作协议》等协议。推动九城市人才“一体化”发展。落实合肥都市圈人社合作专题框架协议，主办合肥都市圈人力资源服务创新特色产品推介活动。

全年完成高校毕业生“三支一扶”人员81人的招募、188人的岗前和素质能力提升培训工作；发放“鸿雁计划”项目资金105万元；对全市社会服务人才130多个培训班开展开班、监管等工作；统筹推进就业创业一站式服务中心工作，兑现考核和“引才”资金346.05万元。全市新增7家就业创业一站式服务中心并完成年度验收。

【技工教育】 2020年，合肥市新增1所高级技工学校，在办技工院校22所。市人社局强化“全国技工院校信息管理系统”动态管理。核准新增专业9校50个。组织技工院校参加市中职学校师生技能竞赛等活动。安排362万元职教经费切块用于技工院校发展，重点用于技工院校招生奖励、招生宣传、院校升格补助等。推进民生工程

（技能培训提升）之新技工系统培养、技能脱贫培训、企业新录用人员岗前技能培训27176人、1472人、57393人，完成目标任务的180.57%、245.3%、149.1%；2020年春季学期完成国家助学金11921人次，国家免学费和市级免学费37189人次，上报市属技工院校中职国家奖学金50人。

市人社局实施援企稳岗，支持重点企业发展，先后4次组织开展校企对接工作，为长安汽车、美的电器、格力电器，京东方、凯邦电机等重点企业输送人员5000多人。支持江汽集团、合肥高科、安徽皖维、合肥惠科金扬、长源液压、安徽神剑等企业开展企校双师带徒、工学交替培养的企业新型学徒制培训。配合做好产教融合试点城市申报工作。

【高技能人才建设】 2020年，合肥市新增技能人才87615人，完成年度目标任务130.77%。8家技工院校、3家职业院校和1家企业被认定为省级世赛训练基地，承担第46届世界技能大赛省级17个参赛项目的集训考核工作。组织参加第二届全省技工院校教师职业能力大赛、第二届全国新能源汽车关键技术技能大赛安徽省选拔赛、全国人工智能应用技术技能大赛、第九届全国数控技能大赛等省级选拔赛。举办2020年全市职业技能竞赛，参赛工种46个。新增国家级、省级、市级技能大师工作室分别为1家、8家、20家。承办15期省、市高技能人才研修班。确定40人为合肥市第3批名师带高徒人选。

【职业技能培训】 2020年，市人社局开展补贴性职业技能培训14.18万人次，完成目标任务的131.30%。企业职工岗位技能提升培训完成26001次，免费就业技能培训29383人次，企业新型学徒制开班培训2950人次。引进第三方会计师事务所对培训进行审核。

2020年4月9日，全国第三方评价机构首批职业技能等级证书颁发仪式

（市人社局／供）

【职业技能鉴定】 2020年，市人社局实施职业技能鉴定11.33万人，完成目标任务的174.04%。其中初级1.58万人、中级7.07万人、高级工以上2.36万人、专项能力0.32万人。截至2020年底，全市有106家技能人才评价机构完成备案程序。4月9日，全国首批第三方评价机构职业技能等级证书颁发仪式在合肥市举行。安徽新华教育集团作为人社部首批遴选的全国11家第三方评价机构之一，在全国率先开展试点工作，颁发全国首本第三方评价机构职业技能等级证书。6月30日，安徽省技工院校首批职业技能等级证书颁发仪式在安徽合肥技师学院举行，标志着全省暨合肥市技工院校职业技能等级认定工作正式启动。

（许 浒）

劳动用工与劳动监察

【概况】 2020年，合肥市及县（市）区全部建立协调劳动关系三方委员会。全市省级以上工业园区全面开展和谐劳动关系工业园区创建活动，创建覆盖面100%。庐阳、包河经济开发区被评为“合肥市和谐劳动关系综合示范工业园区”。市人社局开展2020年“和谐同行”培育和谐劳动关系企业共同行动，指导28户受疫情影响较为严重或劳动关系有待改进提高的单位改善劳动关系和谐程度。制定《合肥市和谐劳动关系单位评价认定办法》，完成确认合肥市和谐劳动关系示范园区5家、示范乡镇（街道）29家、示范社区（村）43家、示范企业754家。推荐97家企业获评“安徽省和谐劳动关系企业”，4家工业园区获评“安徽省和谐劳动关系工业园区”。

合肥市劳动和社会保障监察支

队被中共合肥市委、合肥市人民政府评为“合肥市先进集体”。

【规范劳动用工管理】 2020年，合肥市新签劳动合同103万人，企业劳动合同签订率98.4%。新增劳务派遣许可单位443家。市人社局开展劳务派遣单位专项检查活动，对960家劳务派遣单位2018年度经营报告进行审查，修订《合肥市劳务派遣行政许可工作办法》，2020年累计新增劳务派遣经营许可单位443家。印发《合肥市劳务派遣单位诚信评价办法》，评选出A级41家、B级66家、C级113家、D级569家，加强劳务派遣单位事中事后监管。持续开展“春季要约行动”，引导企业集体协商，订立集体合同，全市集体合同签订1.26万份，覆盖企业2.59万家、职工146万人。

【保障农民工工资支付】 2020年，合肥市各级劳动保障监察机构协调处理案件3486起，立案案件1277起。全年为6495名劳动者追讨工资3239.33万元。接受省政府农民工工资清欠工作年度目标考核，成绩为A级等次，连续三年为A级等次，并代表安徽省接受国务院农民工工资清欠年度目标任务考核。全市11个部门联合出台《合肥市工程建设领域农民工工资保证金保函实施办法》，首创“双保函”工资保证金制度。开展建设领域农民工工资社保卡发放试点工作。举办合肥市首届“十佳劳资专管员”评选活动。

【人力资源市场秩序整顿】 2020年6月，市人社局在全市范围内开展清理整顿人力资源市场秩序统一集中整治行动。专项行动出动执法人员205人次，检查人力资源服务机构及用人单位201户次，查获未经许可和登记擅自从事职业中介活动的组织或者个人4起、扣押劳动者居民身份证和其他证件或者向劳动者收取押金的人力资源服务机构2处，关闭非法职业介绍活动2件，责令退赔劳动者中介服务费、押金或其他费用2000元。

【劳动用工领域诚信体系构建】 2020年，市人社局先后向社会公布三批劳动用工领域失信“黑名单”，涉及10家用人单位和6名相关责任人，并向市信用平台推送。16家企业获评省级劳动保障诚信示范单位，37家企业获评市级劳动保障诚信示范单位。

2020年5月26日，市人社局举办就业政策宣讲会 （市人社局/供）

【劳动保障监察机制建设】 2020年，市人社局联合市司法局、总工会印发《进一步加强我市农民工法律援助维权工作的通知》，要求法律援助机构在重要“节点”（即法定节假日及“双节”“两会”期间）进驻各级维权机构。出台并实施《合肥市劳动保障监察办理补缴社会保险费案件规定》，解决在办理补交社保案件中通道不畅、规定不明、部门协调不力等问题。依据《行政处罚法》《劳动保障监察条例》等法律法规，出台《合肥市劳动保障监察执法人员错案责任追究规定》。

（许　浒）

社会保障

【概况】 2020年，合肥市城镇职工基本养老保险、失业保险、工伤保险累计参保227.56万人、195.39万人、198.31万人，分别完成省定目标任务的110.68%、109.58%、103.18%。城乡居民养老保险当年缴费170.07万人，完成目标任务的107.33%，人均缴费水平486.66元，居全省第二位，同比增长34%。

【企业职工养老保险】 截至2020年12月，合肥市本级有企业离退休人员279842人，全年累积发放基本养老金95.55亿元。享受遗属待遇约7121人，累积发放遗属补助1.74亿元，发放军转干部、1953年前参军战士、1953年底后参战参试等人群补助3.36亿元。2020年度新增退休人员14616人。

2020年，市人社局做好全市基金统收统支，收到省级拨入养老基金118亿元，拨付各市、县资金33.77亿元，上解省级基金结余167.74亿元。贯彻执行《城镇企业职工养老保险关系转移接续暂行办法》，截至12月末，合肥市本级基本养老保险关系转出人数0.89万人，转出资金2.19亿元。企业养老保险关系转入2.11万人，转入资金5.87亿元。城乡居民保险方面，市本级基金收入4.22亿元，支出2.63亿元，基金累计结余8.73亿元。按照人社部要求，开展城乡居民基本养老保险基金委托投资工作，上解市本级基金结余2.8亿元。

11月，市人社局颁发《关于我市灵活就业人员参加城镇企业职工基本养老保险有关问题的通知》，扩大合肥市灵活就业人员参加城镇企业职工养老保险的范围，由原来的合肥市户籍灵活就业人员扩大到非本市户籍在合肥市从事灵活就业人员。

合肥市全年新建企业年金方案备案18户，调整企业年金方案备案5户。鼓励科技型企业、私营企业及机关事业单位编外聘用人员建立企业年金，为建立年金的单位提供政策咨询和业务指导。

【机关事业单位养老保险】 2020年，合肥市基本险征缴收入25.75亿元，养老金支出39.49亿元。职业年金征缴收入7.10亿元，职业年金支出3090万元。参保单位2415家，在职125905人，退休67030人。市本级基本险征缴收入7.64亿元，养老金支出13.89亿元，职业年金征缴收入2.62亿元，职业年金支出904万元。参保单位416家，在职29073人，退休18059人。截至2020年12月底，合肥市机关事业单位职工退休66680人，养老金使用金融社保卡发放64190人，完成进度为96.27%。

2020年，合肥市将教护龄人员2014年至2018年津贴数额纳入缴费基数进行补收。惠及46家单位，4166名教护人员。

【城乡居民养老保险】 2020年，合肥市全年缴费人数170.07万人，完成全年目标任务的107.33%；当月待遇领取人数87.93万人，对符合领取条件的人员养老金发放率达100%。人均养老金水平159.28元，居全省第一位，累计发放养老金16.50亿元。

截至2020年末，对符合政策的建档立卡贫困人员14.7万人代缴保费3023.43万元，领取城乡居民养老保险待遇12.2万人，做到贫困人员城乡居民基本养老保险应保尽保。

【被征地农民养老保障】 2020年，合肥市区26.65万人纳入被征地农民养老保障，其中8.9万人领取养老保障金，养老金水平达686元。四县一市经审核确认有35.24万人参加保障，其中10.9万人领取养老保障金。

【失业保险】 2020年，合肥市失业保险基金收入8.94亿元，支出14.49亿元，失业保险基金累计滚存结余22.09亿元。对60392户企业发放失业保险费返还6.11亿元，惠及职工145.65万人，占企业参保职工人数的95.4%，发放企业数同比增长955%，覆盖符合发放条件企业的88.92%。

全年有14.46万名失业人员申领失业补助金，有6.17万人领取6589.04万元。1—10月，连续发放价格临时补贴4.76万人2391.48万元。对5.9万名失业人员发放失业保险金4.11亿元，代缴基本医疗保险费7631.62万元，支付生育补助金132.51万元、丧抚费119.71万元。对1885名大龄失业人员续发失业保险金1247.15万元。对7.67万人次企业职工发放技能提升补贴资金1.19亿元。

合肥市着力发挥失业保险制度促进就业创业功能，鼓励领金失业人员积极求职，鼓励企业召用领金失业人员就业，鼓励有创业意愿的失业人员自主创业。截至2020年末，对2.93万名失业人员发放求职补贴2937.9万元。对49家企业招收领金人员129人发放就业补贴50.43万元；对127名失业人员创业发放创业补贴305.63万元；对失业人员创业6个月以上的5家企业发放创业成功补贴2.5万元。

【工伤保险】 2020年，合肥市工伤保险参保133862户，参保人数198.31万人，基金收入3.15亿元，支出7.78亿元，累计滚存结余10.59亿元。全年受理工伤认定申请10241件，认定9575起。办理劳动能力鉴定7093件，其中：工伤鉴定5870件、确认项目847件，非因工（因病）376件。组织劳动能力鉴定63场次，随机抽选专家568人次，出诊鉴定10次。对疫情期间企业社保费进行阶段性减免，完成工伤保险退费50606户，退费金额1075万元。

2020年，合肥市对工伤职工的伤残津贴和工亡职工供养亲属抚恤金等待遇进行调整。调整享受待遇1858人，其中享受抚恤金1467人，伤残津贴391人。推进“互联网+政务服务”和减证便民措施，实施工伤保险业务网上办理，推行“不见面”服务。开通参保单位工伤保险账号维护和工伤保险相关业务办理，截至12月底，两个“一次性”（即一次性伤残补助金、一次性工伤医疗补助金）待遇网上完成审核486份。

【智慧人社服务】 2020年，市人社局签发电子社保卡300.19万张。开通银行即制卡服务网点399个，全市持卡人数达到730.24万，超额完成目标任务。合肥人社“便民宝”服务累计业务量达160.89万次。“掌上人社”开通41项人社自助服务，自助机业务总量756.25万次。12333电话热线咨询满意度提升，全年总来电量122.39万次，综合接通率93.41%。

（许　浒）

劳动仲裁

【概况】 2020年，市人社局开展“网上办、延期办、预约办、邮寄办”等不见面服务，实现疫情期间仲裁工作“不打烊”。联合市中院印发《关于妥善处理新冠肺炎疫情引发的劳动争议案件的规范指引（暂行）》，统一劳动争议案件审理标准。全市累计处理各类劳动人事争议案件11996件，调解结案7539件，结案率达98.6%，调解成功率达62.8%，案件上线率达92.8%。开展“互联网+调解”试点工作，实现足不出户劳动人事争议调解，全年线上受理调解案件400余起。

【融入长三角仲裁一体化进程】 2020年7月25日，合肥市劳动人事争议仲裁院与上海市黄浦区仲裁院签订战略合作协议，建立跨地区仲裁机构“横向协作、一体联动”的工作机制，在协调发展、资源共享、学习互鉴、党建交流等多方面开启对接。市人社局与上海黄浦区联合开展业务交流活动，与江浙部分城市初步达成合作意向，协作范围扩大到合肥、黄浦、扬州、舟山四地。

【便民服务质量】 2020年，市人社局举办3期人力资源管理高级研修班，为150多家企业300多名人力资源高管提供专业化培训，推进用工管理上层次。深入一线提供“用工问诊咨询”服务，与用人单位开展面对面座谈交流，规范用工行为，预防争议发生。设立法律援助机构派驻仲裁院工作站，为当事人提供专业化法律代理服务。

（许　浒）

医疗保障

【概况】 2020年，合肥市医疗保障局（以下简称“市医保局”）围绕群众“看病难”“看病贵”问题，修订完善相关医保政策，减轻群众就医负担；推进医保支付方式改革，疾病诊断相关分组（DRG）国家试点取得阶段性成果；持续加大医保电子凭证推广应用力度，在全省完成国家确定的目标任务；持续开展打击欺诈骗保行动维护基金安全；在全省率先开展未过评药品集中带量采购，推动药品降价惠民；创新医保经办服务，实现24小时服务不打烊；率先在全省开通医保服务热线，回应市民关切；紧急开发口罩预约平台，助力疫情防控；落实阶段性减费政策，助力企业复工复产。合肥市医保改革创新连续两年受到省政府表扬。

【城镇职工医保】 截至2020年末，全市职工参保235.65万人，同比增长9.3%；全年享受待遇2657.61万人次，职工医保政策范围内住院费用基金实际支付比例达到84.2%；全市城镇职工医保基金（含个人账户）总收入77.6亿元，支出72.63亿元，当期结余4.97亿元，历史滚存结余184.98亿元。

【城乡居民医保】 2020年，全市城乡居民基本医疗保险实际参保564万人，全年享受待遇873.23万人次，居民医保政策范围内住院费用基金实际支付比例达到75.6%；居民医保基金收入52.43亿元，支出49.41亿元，当期结余3.03亿元，历史滚存结余20.81亿元。

【大病保险】 2020年，全市享受城镇职工大病保险待遇9377人，城镇职工大病保险基金支付1.33亿元；全年享受城乡居民大病保险待遇18.55万人，居民大病保险基金支付6.06亿元。

【生育保险】 截至2020年末，全市生育备案4.68万人，生育保险基金支出8.41亿元，同比增长2%；住院联网结算3.38万人次，门诊联网结算 29.87万人次；异地手工核算报销0.7万人次。全年生育保险基金支出9.86亿元，同比增长7%。

【医疗救助】 2020年，全市有102.49万人次享受城乡医疗救助，支付医疗救助资金4.58亿元，其中：直接救助66.92万人次，资助困难群众参保35.58万人。

【疾病应急救助】 2020年，全市有12人次获得疾病应急救治，支付疾病应急救助资金119.43万元。

【支付方式改革】 2020年，合肥市推进国家DRG试点工作，通过国家评审进入模拟运行。探索多元复合式支付方式改革，制订县域医共体、城市医联体医保基金打包付费办法，推进特殊供养人员医保基金包干管理试点、基层医疗机构适宜日间病床收治病种付费试点、“两病”管理打包付费改革试点、城市医联体打包付费改革试点工作。

【基金市级统筹】 2020年，合肥市政府印发《合肥市基本医疗保险基金市级统筹实施方案》，同步实行居民和职工医保市级统筹，构建全市统筹、权责清晰、依法规范、运转高效的基金管理模式。完成县级基金审计并制定统收统支配套实施细则，将县（市）医保基金全部上划市级统一管理，与财政、人行、税务等部门联合建立基金征缴信息共享和风险预警机制。

【药品供应保障】 2020年，合肥市落实国家药品集中采购和使用试点扩围工作，国家第一批、第二批集采药品全部落地，年度节约支出9000万元；第三批55个品种、89个品规于11月20日落地。按照量价挂钩、以量换价的原则，与安庆市成立联盟，在全省率先开展市级药品集中带量采购，第一批14个品种全部中标，平均降幅67%，最高降幅96%，节约支出1.22亿元。

【医药服务价格】 2020年，合肥市利用降低药品价格腾出的部分空间，调整全市公立医疗机构护理监护类、麻醉类等10项医疗服务价格，体现医务人员技术和劳务价值，建立起医保部门、医疗机构、医务人员与耗材企业的“亲”“清”关系。

【医保信息化】 2020年，市医保局推进医保网上服务平台建设，上线13项医保业务功能，实现“24小时不打烊”，全年办理异地转诊备案5.6万人次、生育备案2.5万人次、慢病申请8000人次。创新开展医保电子凭证省级试点，成功举办省暨合肥市医保电子凭证上线仪式，并在全省率先完成国家目标任务。推进网上政务服务，网上办件总量达1466.72万件，占全市47个部门总量的62%，满意度100%。

【医保监督稽查】 2020年，市医保局联合省医保局开展打击欺诈骗保宣传月活动，采取线上线下相结合的方式开展宣传，线上关注度达283.3万人次，线下举行培训246场、宣传活动358场。组织开展定点医药机构违规行为大排查，实现对全市1973家定点医疗机构（不含村卫生室）现场检查全覆盖。利用大数据持续开展智能审核，借助第三方力量联合开展财务检查、病案审核。

【医保脱贫工作】 2020年，市医保局落实贫困人口分类资助参保工作，实现特困人员、受灾贫困人口医疗救助资金全额代缴参保费用，其他贫困人口参保给予定额补助。落实贫困人口住院费用“一站式”结算，全年有60103人次贫困人口实现住院费用“一站式”结算，发生医疗总费用6.1亿元，其中基本医保基金支付3.9亿元、大病保险基金支付6302.3万元、医疗救助资金支付1.1亿元，综合医保报销比例达92.9%。

【疫情防控保障】 2020年，面对新寇疫情，市医保局围绕“两个确保（即确保患者不因费用问题得不到及时救治，确保定点医疗机构不因医保总额预算管理规定影响救治）”，做好医保费用结算，预拨定点收治医院专项资金2370万元。紧急开发口罩预约系统，助力疫情防控，获得省政府办公厅通报表扬。落实阶段性减征职工医保费政策，为企业减负10亿元。创新采取“线上办、电话办、简化办、延时办、邮寄办”等不见面方式，满足群众医保业务办理需求。

（市医保局办公室）

民政事务管理

【概况】 2020年，合肥市将民政事业发展纳入全市经济社会发展中统筹谋划，获评“全国第二批居家和社区养老服务改革试点‘优秀’地区”“全国社区治理和服务创新研修基地”，连续7年位列全省民政工作综合评估优秀市；市民政局获评“全国民政系统先进集体”“第二次全国地名普查先进集体”“全国社会救助领域创新十佳案例”“第二次全国地名普查先进集体”。合肥市获批“全国第四批智慧健康养老示范基地”，市儿童福利院被确定为全国儿童福利机构标准化试点单位。组建养老服务队代表安徽省支援武汉市江汉区社会福利院，实现受援单位感染病例清零。合肥市民政局、安徽（合肥）援鄂养老服务工作队获评全国民政系统疫情防控先进集体。

【廉洁民政】 2020年，市民政局开展党风廉政建设和民政业务一体部署，落实中央脱贫攻坚专项巡视“回头看”整改和市委第六轮巡察整改，深化“三个以案”警示教育，重新梳理民政廉政风险点，新建《合肥市民政局重大事项信息发布和舆情监测工作制度》《合肥市民政局行政执法公示制度》《执法全过程记录制度》《重大执法决定法制审核制度》4项制度，填补风险漏洞，确保运行规范。选配新一届机关党委委员和机关纪委委员，完善落实局党组与驻局纪检监察组定期会商机制，开展“满意处长群众评”“社会评窗口”“千项办件看效能”3项活动，提升窗口服务质量，优化群众办事环境。

【社会救助】 2020年，合肥市城乡居民最低生活保障标准提高至户月人均686元、646元，年增速分别为6.1%、29.8%。城乡特困供养标准分别提高至每人每年16392元、10078元。孤儿集中散居供养标准分别调整至每人每月1662元、1262元。调整标准均居全省前列。全年支出社会救助资金18.21亿元，保障困难群众254.96万人次。市民政局完善“三无”、孤儿、五保、流浪乞讨人员基本生活保障制度，发放困难残疾人生活和重度残疾人护理“两类补贴”。启动“明天计划”项目，对全市289名孤儿保障对象开展全面体检。组织实施流浪乞讨人员“寒冬送温暖”“夏季送清凉”专项救助行动，全年救助身份不明人员4196人次。开展“社会救助在百街（镇）”行动，全市实施四大类服务项目159个，投入项目资金3373万元，撬动社会资金382.7万元，服务困难群众12.4万人次。发挥农村留守儿童关爱保护部门联席会议办公室工作职能，组织开展农村留守儿童“合力监护、相伴成长”专项行动，全市7531名留守儿童实现辍学儿童100%复学、无户籍儿童入户率达100%的目标。

市民政局参与新疆皮山县贫困村结对帮扶挂牌督战行动和省“百社进百村”脱贫攻坚专项行动。持续做好定点帮扶工作，通过设施改造、项目建设、以购代捐、捐赠慰问等多种方式，助推秦湖社区脱贫实践。投入200万元，协调组织40个基层公共服务领域公益创投项目参与社会救助服务。

启动社会救助和保障标准与物价上涨挂钩联动机制，累计发放价格补贴1.81亿元，惠及191.8万人次。完善临时救助体系，开展因病、因灾、因意外致贫救助工作，全年累计临时救助9163人次，支出2957万元，人均救助水平3228元，高于全省平均救助水平。在全市100个街道（乡镇）开展社会救助服务，立项四大类服务项目131个，服务困难群众8.2万人次。

【养老服务】 2020年，合肥市开展全国第二批居家和社区养老服务改革试点工作，全市基本构建一部地方法规、三个政府文件、若干部门文件组成的“1+3+X”政策体系，形成以居家为基础、社区为依托、机构为补充、医养相结合的社会养老服务体系。

2020年，全市有养老床位63198张，每千名老年人拥有床位46张。建成县（区）级居家养老服务指导中心12家、街道养老服务指导中心59家、城市社区养老服务站452家，覆盖率均达100%。建成乡镇养老服务指导中心82家，覆盖率达100%。为全市1.8万名三类困难老年人每月提供价值600元的政府居家养老服务；给予县（市）城关镇以外地区70周岁以上的低保、建档立卡贫困老年人每月50元养老服务补贴；为全市3.65万名特困供养对象购买医疗护理保险；全市20.6万名80周岁以上老年人享受高龄津贴；全市4087名农村留守老年人全部建立信息台账。

2020年，合肥市推进全国智慧健康养老服务和全省智慧养老服务示范试点，有国家级智慧健康养老服务示范企业6家、示范街道9个、合肥市入围第四批智慧健康养老示范基地名单；入围国家智慧健康养老产品推广目录5个、智慧健康养老服务推广目录5个；有省级智慧养老机构9家、省级智慧养老服务中心8家，初步形成高新技术开发区内智慧养老服务科技企业集聚区。

【基层社会治理】 2020年，合肥市将基层党建与基层治理相结合，重构市、区、街、社区、小区、网格、楼栋7个层级治理体系，形成具有合肥特色的城市基层党建和基层治理“1+8”系列文件。市民政局指导全市1189个村（农村社区）、524个城市社区制定、修订村规民约（居民公约），7篇村规民约和2篇居民公约入选全省优秀村规民约和居民公约名录。以点带面推进城乡社区协商工作，累计49个单位被评为全省城乡社区协商示范点，数量居全省前列。全年投资4140万元实施合肥市智慧

智慧社区 （市数据资源局／供）

社区建设项目，打造智慧社区“五网智治”服务模式。推进《合肥市关于通过政府购买服务支持社会组织健康有序发展的实施方案》政策落地。全年完成289家社会组织完成年检工作，对合肥市175家行业协会商会进行清理规范。开展“五社联动”基层治理试点工作，通过购买服务、微公益创投、资金奖补等形式，全年向社会组织购买服务资金2647万元，安排社会组织培育发展奖补资金733万元，惠及社会组织640家。打造“百强社区社会组织联合会”，提高社会组织参与基层治理水平。开展社会服务平台认定，全市建成1个呼叫中心、50个社会服务中心、351个社会服务站。

【志愿服务】 2020年，市民政局加强对现有慈善组织的监管，规范慈善行为，持续开展“中华慈善日”“中华慈善奖”评选等专题活动。全市持证社工人数为4578人，占全省持证社工的35%。有社会工作专业人才1.2万名，社会工作专业人才占总人口比例为1.46‰。全市在全国志愿服务信息系统中注册志愿者人数超过130万，注册志愿者占常住人口比例达到16%。

【社会事务管理】 2020年，市民政局开展婚姻登记机关等级评估，推行免费颁证与免费婚姻家庭辅导工作，全市收养登记、婚姻登记合格率均维持100%。

实现“一门办理、一门发证”，行政许可、行政确认、公共服务等41项服务事项进驻窗口，全年窗口办理各类服务事项200余件，所有办件均实行一次性告知制，按规定的时限和要求进行，无错办、拖办、漏办、被投诉和“一票否决”现象。

在全省率先完成2019年全市地名信息库更新完善工作，全市有17个千年古镇、8个千年古村落，申报和认定数皆为全省首位。完成4条县级行政区域界线联检工作任务，推进长丰县义井乡、左店乡实施撤乡设镇工作。

推行免费礼仪化安葬，开通网络祭祀渠道，推崇厚养薄葬新风。全市各经营性公墓全部开辟节地生态葬式，并列为合肥市殡葬基本公共服务惠民工程补助项目。实施殡葬便民服务进社区工作，全市减免惠民殡葬资金3978.2万元，惠及35754户。将城市公益性公墓建设纳入合肥市社会保障设施专项规划，市本级小蜀山公益性公墓列为政府公益性投资项目组织实施。

（金嵋婕）

退役军人事务

【概况】 2020年，合肥市退役军人事务局注重提高退役军人安置质量，推进退役军人就业创业，落实各项优抚政策，强化退役军人思想政治引领，主动服务防疫抗洪大局，合肥市实现创建全国双拥模范城“九连冠”。

2020年，全市接收军转干部安置117名，其中，安置到党政机关（参公）单位116名，安置到财政拨款事业单位1名。接收安置自主择业军转干部76名；接收军队复员干部10名。接收符合政府安排工作条件的退役士兵360名，其中，131名安置到事业单位，占安排工作总数的36.4%；210名安置到国有企业，占安排工作总数的58.3%；选择自谋职业等安置方式19名。安置随调随军配偶51名。发放2473名退役士兵自主就业一次性经济补助9241.56万元、自谋职业金249.69万元、待安置期间生活补助金203.57万元、患精神病5至6级退役士兵补助金11.8万元。

推进退役军人参与基层治理制度化、常态化。2020年，全市退役军人在村（社区）“两委”班子任职1142人，担任村民组长、协管员等有4597人；组建扶贫帮困、文明创建、平安建设、反电诈宣传、人居环境整治、疫情防控、抗灾救援等各类退役军人志愿服务（突击）队 1358 支。

新冠疫情防控期间，合肥市退役军人事务局成立局疫情防控工作领导小组、制定工作方案并抓好落实。选派 20 名优秀工作人员下沉到基层社区一线参与疫情防控。开展自愿捐款倡议活动，收到并上交捐款 184 万余元。从留存的党费中划拨专项资金 2 万元支援湖北省黄石市退役军人事务系统用于疫情防控工作。防汛抗洪期间，合肥市退役军人事务局发出倡议，倡导和组织退役军人参与防疫抗洪工作，全市参与疫情防控、抗洪抢险退役军人达 40000 余人次。庐江县退役军人抗洪抢险突击一分队（陈陆、王松、常青、李俊杰、李顺）先进集体获得全省和全国 2020 年度“最美退役军人”荣誉，其中，抗洪抢险中牺牲的陈陆同志、王松同志被批准为革命烈士。合肥市先后赴抗洪抢险一线慰问抗洪抢险官兵 11000 人次，送去慰问品及物资价值近 130 万元。

2020 年 7 月 31 日，合肥市举办“最美退役军人”发布仪式

（市退役军人事务局／供）

【就业创业】 2020 年，合肥市退役军人事务局运用“安徽公共招聘网退役军人专区”和“百日千万网络招聘专项行动”之“就业在安徽”平台推进退役士兵扶持就业专项岗位，通过线上采集退役军人就业意愿和需求人数 1570 人，提供各类就业岗位 13791 个。建立“666”退役军人就业信息发布机制，即：每月 6 日、16 日、26 日定时集中将优质企业、优质岗位针对退役军人的招聘信息在第一时间通过全市 1836 家退役军人服务管理中心（站）宣传发布。与省厅共同举办 2020 年“就业起航”退役军人专场招聘活动。组织规模不等的线下招聘活动 25 次，参加单位 500 家，提供就业岗位 6000 余个，累计参加退役军人 3210 人次。成功举办“建行杯”全市退役军人创业创新大赛，其中 8 家企业参加全省复赛，获得二等奖 4 个、三等奖 2 个，并获优秀组织奖。推选上报 3 大类 22 家承训机构。全年完成退役军人技能培训 1543 人。建立退役军人就业创业培训（孵化）园 32 家，其中市本级 4 家。

【优抚褒扬】 2020 年，合肥市落实优抚政策为优抚对象发放抚恤补助款 29403.9 万元，发放临时价格补贴 2745.6 万元。为 5784 名义务兵家庭发放优待金 10849 万元，其中市区优待金标准为每人 23433 元，位列全省前列。为 2841 户享受国家抚恤补助的农村优抚对象发放优待金 2191.42 万元，并针对困难、受灾等情况的优抚对象开展帮扶 8855 人次，投入帮扶资金 853 万元。在节日期间，市退役军人事务局组织走访慰问享受国家抚恤补助优抚对象和符合政策规定的各类退役军人，全市累计慰问 91643 人次，发放慰问金 8205.18 万元。开展“五个一”活动，即送一份喜报、送一张年画（一副春联）、送一张明白卡、入户走访一次、政策宣传一次。上门悬挂光荣牌 2000 余块，送立功喜报活动 393 次，发放奖励金 128 万元。

2020 年，合肥市评选陈陆、戴清、金舒长、宋巨友、王彬、汪瀚、汪志刚、魏泽银、张书生、张兴华、王松 11 位同志为“合肥市最美退役军人”。市退役军人事务局与合肥电视台财经频道合作推出“走近英雄，致敬最可爱的人”节目。开展抗美援朝 70 周年纪念章发放工作。

【弘扬英烈精神】 2020 年，市退役军人事务局创新清明祭扫方式，开展“致敬·2020 清明祭英烈”祭扫活动，以退役军人事务部门户网站、中华英烈网为主要平台，开通网上祭奠窗口，网上祭英烈。对全市境内 7 处烈士纪念设施开展祭扫活动，为 411 座烈士墓碑重点提供“四个一”祭扫服务，即每座烈士墓擦拭一遍墓碑、敬献一束鲜花、拍摄一组照片、给烈属打一通电话。完成 738 个烈士纪念设施校核，其中烈士纪念设施保护单位 11 个，烈士纪念设施保护单位内部的烈士纪念设施295个，零散烈士纪念设施432个。

【双拥创建】 2020年，合肥市累计投入资金近2.41亿元支持部队开展各项任务，完善各项保障。全年给予驻肥部队军人子女享受教育优待计384人，其中幼儿园入园80人、义务教育阶段入学250人、中考加分19人、中考同等条件优先录取35人。节日期间，市财政投入资金近1000万元，市“四大班子”领导带队慰问驻肥部队和转隶部队。疫情期间，先后为驻肥有关部队送上11000只口罩及酒精等防疫物资；协调军地领导带队慰问驻军901医院40名赴鄂医护人员家属，送去价值4万元慰问品；帮助解决抗疫一线军队人员家庭困难问题16件。对边海防官兵开展“六送（即走访慰问送关怀、爱老助老送健康、家属就业送帮扶、子女教育送关爱、保障权益送温暖、尊崇功臣送喜报）”活动，其中上门走访慰问边海防官兵家庭40户，发放慰问金慰问品约27000余元，解决边海防官兵家庭实际困难7件。全年完成31批次、7200人次军供保障任务。

（戴一茹）

民生工程

【概况】 2020年，市财政局（民生办）履行民生工程牵头职责，会同各级各部门实施，全市实施省定31项民生工程，完成年度目标任务。截至12月底，全市民生事业发展支出997亿元，占一般公共财政支出的85.6%。31项民生工程应到位资金134.3亿元（中央及省71.4亿元，市县62.9亿元），实际到位资金134.3亿元，资金到位率100%。9项工程类项目当年应完工项目点71495个，完工89140个，完工率124.68%；22项补助类项目及时足额有序发放，发放资金103.74亿元，惠及全市820万群众。

【实施措施】 2020年，市财政局（民生办）提请市政府修订《合肥市民生工程管理办法》，将绩效管理、精准调度、资金保障和民主实施等内容制度化、规范化。加强统筹协调，按照“一月一通报”“一月一排名”方式，通过民生工程云平台系统监测各项目实施进度。开展“十四五”财政民生研究。出台《2020年民生工程综合管理考评办法》，强化过程考核理念，把年终考核与日常考核进行结合，对考评主体实行多元化改革，将市政府督查办和纪检监察等部门参与进来，发挥考核的公平公正。

探索“回头看”监督检查方式。针对省民生办2020年上半年绩效评价中“智医助理”项目短板问题，在下达督办清单后，结合年终绩效考核，采取“回头看”形式对该项目再一次检视，重点对县区报送已整改落实问题一一核实，聚焦整改不力问题分析原因，杜绝敷衍整改、表面整改和虚假整改等形式主义，确保民生工程项目可持续发挥社会效益。

优化“科学性”绩效指标体系。根据财政部关于印发《项目支出绩效评价管理办法》要求，对重点评价的10个民生工程项目指标体系进行修改完善。

完善“云平台”信息化系统。2020年初，为保证民生工程数据安全性将信息系统从财政局迁移至政务云，增强平台安全性。强化市县联动，民生信息数据实现与部分县区互联互通，县区信息及资金报表报送实现一键转报。

创新“全媒体”宣传形式。联合市委宣传部印发《关于做好近期民生工程集中宣传的通知》，通过“线上”+“线下”融合，利用广播、电视、报纸等大众媒体，开展20期走进直播间，3期民生故事系列专刊，7场次民生成就新闻发布会，以及项目点集中采访活动，提高广大群众对民生工程的知晓度、满意度。

【实施成效】 助推脱贫攻坚乡村振兴。2020年，市民生办新实施资产收益扶贫项目51个，累计投入财政资金1.81亿元，产生收益1118.78万元，贫困人口户均增收645.17元。累计建成特色产业扶贫园区项目111个，新型农业经营主体带动贫困户2.60万户，开展自种自养贫困户1.85万户。全市完成新培育“三品一标”农产品带追溯二维码上市119批次，规模以上生产经营单位入驻省追溯信息平台并实现产品带追溯二维码上市98家次。推进农村电商示范镇、示范村、示范点建设，提升农村电商发展水平。

重点群体就业创业。2020年，合肥市开发公益性岗位1.16万个，组织3707名青年参加见习。组织1472人参加技能脱贫培训，组织5.72万人参加企业新录用人员技能培训；新技工系统培养完成2.72万人，稳定培养2.68万人。退役军人技能培训1543人。完成新型职业农民培训1150人，培训合格率100%。

落实社会保障兜底政策。2020

2020年合肥市31项民生工程简表

表：

序号	名称	序号	名称
1	党建引领扶贫	17	妇幼健康水平提升和职业病防治
2	资产收益扶贫	18	学前教育促进工程
3	“四好农村路”建设	19	水利薄弱环节治理
4	农村危房改造	20	农村饮水安全巩固提升工程
5	健康脱贫综合医疗保障	21	棚户区改造
6	贫困残疾人康复	22	养老服务和智慧养老
7	城乡困难群体法律援助	23	困难人员救助暨困难职工帮扶
8	就业创业促进	24	城镇老旧小区改造
9	“四带一自”产业扶贫	25	城乡居民基本医疗保险
10	水环境生态补偿	26	义务教育经费保障
11	农产品质量安全追溯工程	27	家庭经济困难学生资助
12	美丽乡村建设	28	文化惠民工程
13	农村电商提质增效	29	农村改厕及废弃物资源化利用
14	技能培训提升	30	出生缺陷防治
15	城乡居民大病保险	31	智慧健康建设
16	城乡居民基本养老保险		

年，合肥市开展出生缺陷防治，完成产前筛查5.62万人，产前筛查率67.84%。完成免费婚前医学检查7.49万人，儿童计划免疫接种225.74万针，职业病从业人员培训773人。完成“智医助理”和“智联网医院”建设，开展“安康码”应用便民工程。全市审批办理各类法律援助案件1.23万件。健康脱贫综合医疗保障项目惠及30.03万人次。为1.28万名贫困精神残疾人发放药费补贴1336.18万元；为5049名残疾儿童提供康复训练、装配矫形器及适配辅具等。城乡居民基本养老保险累计缴费170.07万人，累计发放养老金16.50亿元。城乡居民医保参保564万人，参保率99%以上，基金支付44.64亿元。城乡居民大病保险享受18.55万人次，大病保险支付6.06亿元。保障15.40万名农村低保对象基本生活，发放保障金10亿元。3.16万名农村特困人员纳入救助供养，累计发放资金3.75亿元。为6.66万名困难残疾人发放生活补贴资金5638.7万元；为8.67万名重度残疾人发放护理补贴资金6901万元。城乡医疗救助直接救助66.92万人次，支付4.58亿元。累计救助困难职工1361户，发放救助资金1316.92万元。建成县（区）级居家养老服务指导中心12家、街道养老服务指导中心59家、城市社区养老服务站452家，完成1个智慧养老试点示范工程建设。

加快教育文化事业发展。2020年，全市投入学前教育促进项目资金7.08亿元，完成新建、改扩建幼儿园项目50个，贫困幼儿资助1.27万人次，完成幼儿教师培训1557人次，构建覆盖城乡、布局合理的学前教育公共服务体系。投入义务教育经费保障资金9.19亿元，惠及学生80.96万人，完成义务教育阶段校舍维修改造面积28.77万平方米。为29.84万人次高校、中职和普通高中、技工院校家庭经济困难学生发放奖助学金和免学费补助资金4.57亿元。全市160个公共文化场馆的公共空间设施场地全部免费开放；完成“送戏进万村”演出1481场，开展体育活动1302场。

城乡基础设施建设。2020年，全市37个美丽乡村中心村项目全部开工，建设总体进度96.76%。完成改厕6.68万户，“一站两体系”完工率100%。“四好农村路”建设农村公路养护完工309.84千米。完成农村危房改造526户。完成20处农村饮水安全巩固提升工程。续建2个中小河流治理项目，全部完成主体工程建设；新开工1个中小河流治理和3座小型病险水库除险加固项目，累计完成中央投资计划的100%。持续推进水环境生态补偿机制。全市棚户区改造新开工2.56万套，基本建成2.16万套。75个城镇老旧小区改造项目全部完工。

（王中琴）

居民生活

【概况】 2020年，合肥市实施一系列惠企惠民惠农政策，为合肥民生经济发展奠定良好基础：城镇居民收入稳步回升，居民消费价格指数涨幅缩小，住宅销售价格稳中有涨，生产者价格指数小幅下跌。

【居民收入】 2020年，合肥市常住居民人均可支配收入41619元，同比增长7.2%，总量高于全国、全省9430、13516元，位居全省第2位，与上年持平。增速高于全国、全省2.5、0.8个百分点，位居全省第5位。

城乡比较。分城乡来看，城乡居民收入总量和增速均高于全国、全省平均水平。2020年，城镇常住居民人均可支配收入（以下简称城镇居民收入）48283元，比上年增长6.3%。总量比全国、全省分别高4449、8841元，位居全省第2位，在中部六省中低于长沙市和武汉市，排第3位。增速高于全国、全省2.8、1.2个百分点，位居全省第1位。农村常住居民可支配（以下简称农村居民收入）收入24282元，比上年增长8.1%，总量高于全国、全省7151、7662元，位居全省第3位；增速高于全国、全省1.2、0.3个百分点。

城乡居民收入构成。2020年，合肥市城乡居民四项收入均呈现上升态势。其中，工资性收入增速5.7%，是可支配收入的主要构成部分；经营净收入和财产净收入增速分别为1.4%和8.0%；转移净收入增速11.7%，在四项收入中增速居于首位。

合肥城镇居民人均工资性收入为30018元，比上年增长5.7%，占可支配收入的62.2%，对可支配收入增加的贡献率为56.3%，拉动可支配收入增长3.6个百分点。

合肥城镇居民人均经营净收入为5651元，比上年增速1.4%，高于全省0.8个百分点，占可支配收入的11.7%，对可支配收入增加的贡献率为2.7%，拉动可支配收入增长0.2个百分点。

合肥城镇居民人均财产净收入为4571元，比上年增长8.0%，占可支配收入比重为9.5%，对可支配收入增加的贡献率为11.8%，拉动可支配收入增长0.7个百分点。

合肥城镇居民人均转移净收入为8043元，比上年增长11.7%，占可支配收入比重为16.6%，对可支配收入增加的贡献率为29.2%，拉动可支配收入增长1.8个百分点。

农村居民收入构成。2020年，合肥农村居民人均工资性收入为9020元，比上年增长6.7%，占可支配收入比重为37.1%，对可支配收入增加的贡献率为31.1%，拉动可支配收入增长2.5个百分点，是可支配收入的主要构成部分。

合肥农村居民人均经营净收入为7597元，比上年增长4.4%，占可支配收入比重为31.3%，对可支配收入增加的贡献率为17.6%，拉动可支配收入增长1.4个百分点。

合肥农村居民人均财产净收入为586元，比上年增长6.9%，占可支配收入比重为2.4%，对可支配收入增加的贡献率为2.1%，拉动可支配收入增长0.2个百分点。

合肥农村居民人均转移净收入为7079元，比上年增长14.5%，占可支配收入比重为29.2%，在四项收入中增速居于首位。对可支配收入增加的贡献率为49.2%，拉动可支配收入增长4.0个百分点。

【流通和消费价格水平】 2020年，合肥市居民消费价格指数（CPI）累计上涨2.3%，涨幅较上年同期缩小0.6个百分点。从八大类商品累计价格指数看，2020年八大类累计指数“四涨四降”。其中，食品烟酒、教育文化和娱乐、医疗保健、其他用品和服务价格分别上涨8.0%、1.6%、0.8%、3.4%，衣着、居住、生活用品及服务、交通和通信价格分别下降0.3%、0.1%、0.2%、2.9%。从主要涨跌贡献率看，2020年食品烟酒价格累计上涨8.0%，其中，食品价格累计上涨10.1%，拉动总指数上涨1.98个百分点，影响程度达84.6%，是推动CPI上涨的主要因素。交通和通信价格累计下降2.9%，下拉总指数0.35个百分点，影响程度达15.0%。2020年，合肥市商品零售价格累计上涨1.3%。16个大类商品价格“8涨8降”。其中金银珠宝涨幅居首位，累计上涨16.3%；其次是食品，累计上涨8.9%。

【住宅销售价格水平】 2020年，合肥市住宅市场价格较上年总体呈现稳中有涨趋势。新建商品住宅和二手住宅备案量同比均有所上升。

从价格走势来看，新建商品住宅价格环比价格指数2月持平，4月和5月呈现下降趋势，其他月份均呈现上涨趋势，其中3月份涨幅最低（0.1%），6月份和12月份涨幅最高（0.7%）。二手住宅环比价格指数仅在2月持平，其余月份均处100以上，最高点为11月份和12月份，指数均为100.7。新建及二手住宅月度同比价格指数均在100以上，新建商品住宅同比涨幅1月最高（3.7%），8月最低（0.6%）；二手住宅同比涨幅12月最高（4.7%），7月最低（2.5%）。

【生产者价格水平】 2020年，合肥市工业生产者出厂价格同比下跌1.1%。在轻重工业分类中，轻工业品同比下跌0.9%，重工业品同比下跌1.3%。在生产生活资料分类中，生产资料类价格同比下跌1.6%，生活资料类下跌0.4%。合肥市34个行业大类中同比上涨的有7个，上涨面为20.6%，较上年同期减少26.5个百分点。其中，农副食品加工业同上年相比上涨11.4%，电气机械和器材制造业、汽车制造业、计算机通信电子设备制造业和非金属矿物制品业累计同上年相比分别下跌3.2%、0.6%、

5.4%和0.6%。

合肥市购进价格同上年相比下降1.3%，上年同期为下跌0.1%。九大类原材料购进价格指数同上年相比上涨的有两类：建筑材料非金属类和农副产品类，分别上涨4.5%和2.0%；下降的有七类：化工原料类、木材及纸浆类和纺织原料类分别下降3.7%、3.2%和2.0%，降幅比上年同期分别收窄0.4个百分点、1.6个百分点和1.7个百分点；燃料动力类、黑色金属材料类、有色金属材料及电线类和其他工业原材料及半成品类分别下降2.8%、2.0%、0.1%和0.4%。

合肥市工业生产者出厂价格同比价格指数比全国高0.7个百分点，比全省低0.2个百分点，购进价格指数比全国高1.0个百分点，比全省高0.2个百分点。

（沈弋淙）

消费者权益保护

【概况】 2020年，合肥市市场监管局紧盯民生实事下功夫开展以“亮品牌、提品质、守信用”为主旨的放心消费示范创建，逐步扩大放心消费创建工作覆盖面，新认定市级示范单位199家、县级2422家，超额完成省局下达的创建计划指标数。全年新建12家高标准示范性菜市场，完成三年提档升级行动计划，一大批设施齐全、功能合理、环境靓丽、具有人文情怀的菜市场投入运营，包河区康园菜市场被省委党校列为学员教学参观点。

【诉求办理】 2020年，市市场监管局建立健全12315受理、流转、反馈统一平台，全年受理各类咨询、投诉、举报276447起，同比增长83%，办理率、反馈率达100%，为消费者挽回经济损失660万元。优化调整163项“互联网+政务服务”事项，平均承诺办理时限压缩至1.73天，平均跑动次数减少至0.41次，网上办理“一次不用跑”4级深度占比提高到95%，均优于全市平均水平。在合肥高新技术产业开发区启动由省“四送一服”、合肥市政府联合主办的无理由退货承诺活动，全市培育承诺单位148家，承诺时长短则7日、最长两年。办理人大代表建议、政协委员提案工作，被市政协评定为“提案承办优秀单位”。

【服务小微企业】 2020年，市市场监管局牵头市发改委、财政局等部门出台帮扶个体工商户复工复产政策措施18条，减免税费、租金合计5800余万元；引导小微企业通过“小微企业名录系统”查询掌握国家扶持政策，助推企业创业创新。召开知识产权质押融资银企对接会，将商标权质押融资首次纳入政策范围，2020年，实现质押融资186件，总金额22亿元。

【消费者权益保护】 2020年，市市场监管局开展以“亮品牌、提品质、守信用”为主旨的放心消费示范创建，扩大放心消费创建工作覆盖面，新认定市级示范单位199家、县级2422家，超额完成省市场监管局下达的创建计划指标数；城区全年新建12家高标准示范性菜市场，完成三年提档升级行动计划。

建立健全12315受理、流转、反馈的统一平台，全年受理各类咨询、投诉、举报276447起，同比增长83%，办理率、反馈率达100%，为消费者挽回经济损失660万元。优化调整163项“互联网+政务服务”事项，平均承诺办理时限压缩至1.73天，平均跑动次数减少至0.41次，网上办理“一次不用跑”4级深度占比提高到95%，均优于全市平均水平。在合肥高新技术产业开发区启动由省“四送一服”双千工程领导小组、合肥市政府联合主办的无理由退货承诺活动，全市培育承诺单位148家，承诺时长短则7日，最长两年。办理人大代表建议、政协委员提案工作，被市政协评定为“提案承办优秀单位”。

牵头市发改委、市财政局等部门，出台帮扶个体工商户复工复产政策措施18条，减免税费、租金合计5800余万元；引导小微企业通过“小微企业名录系统”查询掌握国家扶持政策，助推企业创业创新。召开知识产权质押融资银企对接会，将商标权质押融资首次纳入政策范围，全年实现质押融资186件，总金额22亿元。

（刘　畅）

养老事业

【概况】 2020年，合肥市卫生健康委员会加强老年人照护服务体系建设。全市基本形成公立医疗机构开展医养结合服务、社会力量举办医养结合机构和社区医养结合服务相结合的服务体系。建成医养结合机构15个，开设长期医疗护理床位2147张，投资7.17亿的市二院老年护理院实现主体结构封顶。城区东、南、西、北规划建设的4个医养结合示范中心，全部纳入政府投资公益性项目，2个老年护理院示范项目启动建设，推荐智慧养老试点示范基地2个、示范企业12家、示范街道（乡镇）11个。

加强老年人健康管理。建立健康档案的65岁及以上老年人数91.88万人，接受健康管理69.68万人，健康管理率75.84%。

【医养结合】 2020年，合肥市被确定为全国医养结合试点市、省级医养结合综合示范区，3家医养结合机构和7家社区卫生服务中心获批省级医养结合示范单位，3家单位医养结合典型经验入选国家卫健委与世卫组织“医养结合在中国的最佳实践”，在全国宣传推广。22家机构获评省级医养结合示范单位。

关心下一代工作

【概况】 合肥市关心下一代工作委员会（以下简称“关工委”）主要以离退休老同志为主体、党政有关部门和群团组织负责人参加的、以关心、教育、培养青少年健康成长为目的的群众性工作组织，履行组织、协调、支持、推动各县区、各部门关工委开展工作。2020年，按照“党建带关建”总体要求，将市职业技术学院、市幼儿师专等院校纳入全市关工组织体制，全市关工组织稳定在3500个左右。

2020年，全市经常性参与关心下一代工作的“五老”人员有5万人左右，有4名“五老”获评全国关工委先进个人，有17人获评全省关工委先进个人。市关工委强化报告团等“五老”骨干队伍建设，出台《合肥市“新时代‘五老’报告团”成员进出管理办法》，推动全市关工委“五老”工作平台建设，全市各级关工委建立报告团311个，报告员人数1300余人。全市范围内有7794名“五老”以不同方式参与到抗疫阻击战中，涌现出以巢湖市梁邦定为代表的一批全省关工系统最美抗疫“五老”。

【“五教”活动】 2020年，市关工委坚持“‘五教［即思想道德教育（德教）、法治教育（法教）、科技教育（科教）、家庭教育（家教）、文化教育（文教）］’统筹、德教为先”，突出青少年思想道德教育，开展法治教育、科技教育、文化教育和家庭教育。先后组织市“新时代‘五老（即老党员、老专家、老教师、老战士、老模范）’报告团”等队伍，开展30余次主题教育活动；其中法治教育以“关爱明天，普法先行”“法治关爱，护航成长”等活动为载体。“五老”进监帮教、法治宣讲等活动受到青少年点赞；科技教育注重青少年科普实践性教育，让青少年在科普实践活动中感受科技的力量；家庭和文化教育方面，注重品牌建设，创建和培育一批特色鲜明、有一定影响的家教、文教工作载体或活动品牌，有12个基层关工委获全省关工委文化教育和家庭教育先进集体，10人获评先进个人。

【关爱帮扶】 2020年，市关工委系统加大助力脱贫力度，9月份，召开全市关工系统“脱贫攻坚，关工助力”经验交流会，总结近5年“脱贫攻坚，关工助力”工作的成果、经验，明确后续工作。市关工委分别在9月份和12月份开展“助学圆梦”“冬日送暖”专项帮扶行动，筹集资金36万元，精准帮扶180名青少年。全年全市各级关工委系统筹集资金822.97万元，帮扶青少年8396人，组织6147名“五老”与青少年开展结对帮扶活动。先后3次组织老科技专家赴庐江县、长丰县，为因疫情影响而失业的返乡青年农民工开展农业技术培训。市关工委推荐报送的“带头致富，带领群众共同致富”的“双带”农村青年人才胡盼盼、郭树生获评中国关工委“双带”先进个人。

（张俊峰）

责任编辑：鲍 甄

经济开发区

合肥国家高新技术产业开发区

【概况】 合肥国家高新技术产业开发区（以下简称“合肥高新区”）是1991年经国务院批准的首批国家级高新区，管理面积128平方公里，是合肥综合性国家科学中心的核心区、合肥滨湖科学城创新引领核、国家自主创新示范区、首批国家双创示范基地和中国（安徽）自由贸易试验区合肥片区核心区，是创新型国家建设的战略支点和合肥建设“大湖名城 创新高地”的主要载体，在全国169家国家级高新区综合排名中一直居前列，地区生产总值、战略性新兴产业、财政收入等主要经济指标连续多年保持高速增长。合肥高新区秉持“发展高科技、实现产业化”的立区宗旨，探索出一条“科学—技术—创新—产业”的内生发展之路，在新一代人工智能、量子信息等前沿技术、颠覆性技术和产业化方面取得突破，形成“中国声谷 量子中心”的园区品牌。

2020年，合肥高新区围绕“世界一流高科技园区”建设目标，统筹疫情防控和经济社会发展工作，抢抓新经济机遇，优化营商环境，提升企业服务，全区经济运行呈“低开高走，加速上扬”态势，主要目标完成好于预期。全年实现地区生产总值1323亿元（全口径），完成固定资产投资400.2亿元（全口径），实现规模以上工业产值2168亿元（全口径），实现规模以上工业增加值687亿元（全口径），战略性新兴产业产值1075.6亿元，进出口总额45.69亿美元；辖区形成的财政总收入79.76亿元，同比增长1.54%；一般公共预算收入39.9亿元，同比增长4.51%，总量和增幅均为全市开发区第一。

【招商引资】 2020年，合肥高新区完成招商引资到位资金总量232.85亿元，同比增长13.5%。其中，工业到位资金181.64亿元，外商到位资金6.05亿美元，同比分别增长12.54%、4.31%。

该区全年签约项目354个，协议总投资额621亿元。新签约重点项目主要有朗科智能研发总部及生产基地项目（15亿元）、复星国药温控枢纽及结算中心项目（7.5亿元）、瀚海博兴抗体生产基地项目（7亿元）、阳光电源成套装备制造基地二期项目（10亿元）、广东威灵汽车部品项目（10亿元）、艾可蓝环保产业园项目（10亿元）、有感科技大功率无线充电设备项目（10亿元）、中颖电子第二总部项目（4.5亿元）、科大智能安徽总部中心及研发基地项目（10亿元）等。战略性新兴产业项目和新经济项目的占比提高。举办重大项目集中开工仪式，有36个项目集中开工，总投资额238亿元，包括华云数据投资10亿元的华云数据中心项目、四维图新投资15亿元的华东总部项目、深圳富满电子投

中国声谷 （王静雅/摄）

资10亿元的封装测试工厂项目、中颖电子投资10亿元的合肥研发中心项目等。

2020年，合肥高新区连续第2年发布全国首个开发区层面的营商环境指数，当年得分较上年增长2.43%。实施《营商环境领跑计划》，围绕政务服务、要素成本、生活配套、对外开放、创新创业、法治人文六大环境，明确26类、107项具体工作，力争进入长三角园区营商环境第一梯队，成为全国高新区创新优化营商环境的引领者。全区超90%事项实现全程网办，企业登记"一日办结"率达100%。组建项目建设服务专班，为重点项目提供一站式、标准化服务，推进"拿地即开工"审批制度改革，加快招商引资项目落地。

【对外开放】 合肥高新区属于中国（安徽）自由贸易试验区合肥片区的核心区，面积31.43平方公里，约占合肥片区的50%，拥有侨梦苑、中德智能制造国际创新园、欧美同学会长三角海创中心等国际化双创基地，聚集各类海归人才1万余人。2020年，合肥高新区全面启动自贸试验区建设，发布自贸服务专窗、自贸区"科创贷"等首批改革创新举措，举行中国（安徽）自由贸易试验区合肥片区高新区块"推进科技金融示范区建设 助力科创企业高质量发展"政策发布会。招引外资项目，引入中颖电子、百胜安徽、坦能亚太生产中心等外资项目12个。举办安徽自贸试验区合肥片区高新区块首批项目签约活动，80个项目集中签约，总投资308.8亿元。对接长三角地区名校名企，引进畅移信息、麦斯杰、奥普拓等长三角重点项目。欧美同学会长三角首个海创中心正式落户，中德创新园成功申报国家引导地方资金中的国合基地项目，组织第三届侨梦苑海外创新创业大赛，引进约翰芬雷、辰视机器人等项目23个。推进匈牙利欧侨产业园合作建设，在匈牙利和合肥高新区双向挂牌"科技创新中心"。获批全国首批12个"国家数字服务出口基地"。

【产业发展】 2020年，合肥高新区落实"链长制"工作要求，实施"双百"工程，制定百亿企业、百亿产业高质量发展方案及工作推进方案，实施"十个一"专项建设，推动45家百亿潜力企业、11个重点产业加快成长，新一代信息技术产业、生物医药、节能环保、数字创意等八大战略性新兴产业产值全部实现正增长，美的、格力、科大讯飞、阳光电源等9家企业入选2020合肥企业50强。建立并购重组后备企业库，推动国祯环保、波林新材料、燕庄油脂等并购重组后新项目尽快落地。建设"链通高新"平台，牵头成立人工智能、集成电路、信息安全、区块链等9个产业联盟，组织新技术新产品对接、走进华米、智能语音等专场对接会近10场，开展"高新供应商——合肥高新区首届优质产品和服务展示活动"，为产业上下游企业提供常态化对接交流平台，加强交流互动，促进互补共赢。加快制造业转型升级。制造业高质量发展三年滚动项目库入库项目128个，涉及98家企业总投资215亿元；"转型升级贷"支持10家企业融资1.1亿元。启动智能化改造诊断行动，提供"一对一"智能制造诊断服务，帮助企业策划实施技术改造路径。美的洗衣机、晶澳太阳能厂获评2020年市智能工厂，兆科药业、智泓净化等15家企业获评市数字化车间。

培育新兴产业，增强一流园区发展动能。打造智能经济、健康经济、绿色经济、创意经济、共享经济"1+4"五大新经济形态，累计培育新经济企业1200余家，引入华云数据总部及数据中心、启明星辰区域总部、维天运通总部基地等新经济重点项目，发布"经济大脑""政务+"等新经济10大应用场景清单，协助四维图新获得合肥第一批自动驾驶牌照。9月获批合肥市数字经济产业创新试验区。举办新经济和在线教育专场路演，侨梦苑海外双创大赛和科技创业带动高质量行动安大专场等优质合创汇品牌活动80余场，路演项目超过500例，推介项目近1000例，项目累计融资约8亿元。

高新区鸟瞰 （高新区管委会/供）

推动总投资532亿元的179个新基建项目，编制发布《合肥高新区5G产业发展规划》，全年建成

2020年2月28日，高新区深蓝科技研发试剂盒助力全球抗击疫情

（高新区管委会/供）

5G基站593个。组建“稳投资”工作专班，推动亿元以上工业项目、央企项目、重点民企项目加快建设，全年省、市大新专项目169个，完成投资232.81亿元，中国电信大数据产业园一期、中安创谷科技园二期、集成电路总部基地、安徽威灵汽车部品项目等48个项目开工建设，中科装备超导质子治疗系统工程、新华三安全产品基地、圆融高性能工程塑料生产基地、芯碁微装基地等24个项目竣工投产。

2020年，中国声谷实现入驻企业1024家、营收1060亿元，实现“双千”目标，推进智能语音国家新一代人工智能开放创新平台、综合性国家科学中心人工智能研究院、国家智能语音制造业创新中心等平台建设。加快建设“中国安全谷”，获评全国首批“网络安全创新应用先进示范”、省级网络与信息安全重大新兴产业基地。加快省军民融合基地建设，组织164个项目申报2020年度经济建设国防建设融合发展专项。

全区当年新增市场主体12083户，企业新增10300户，同比分别增长34%、50%。截至年底，全区市场主体总量达5.5万户，其中企业4.19万户，同比分别增长28.13%、32.5%，是“十二五”末的3.9倍，年均增长33%。招引各类数字化经济平台、电子商务平台、科技企业孵化平台5家，平台招引企业近2500户，占全年新增企业的24.3%；新增自主培育上市企业6家，总量达27家，较“十二五”末新增11家、提升68.7%。

【科技创新】 2020年，合肥高新区新增国家高新技术企业300家、总数达1500家，约占全市1/2；培育潜在独角兽企业7家，新认定瞪羚、潜在独角兽等高成长企业614家；发掘具备爆发增长潜力的“爆品”企业3家、解决卡脖子难题的“深科技”企业100家。全年专利申请量17158件，其中发明专利申请7583件；专利授权9133件，其中发明专利授权1781件，《专利合作条约》（PCT）申请183件；有效发明专利达7963件，万人有效发明量位居全国前列，全年兑现知识产权政策补助4236.92万元。引导企业通过PCT国际专利申请进入国家、国际发明专利授权及马德里国际商标注册，引导企业注册高质量专利。合肥高新区企业当年获第二十一届中国专利奖8项，其中科大讯飞公司获中国专利银奖（全省此届最高获奖奖项）。全区累计获批国家知识产权优势、示范企业29家，中国专利奖30项，安徽省专利奖89项，贯标57家企业。

创新平台“高质化”工程取得新进展。国家实验室揭牌，中国科学技术大学新校区部分主体结构封顶，人工智能研究院正式落户，离子医学中心国产超导质子治疗系统完成集成装配，江苏智能所、中国科学院合肥自动化所等创新平台成功引入，科大讯飞、科大国创、中科美络等以企业为主体的创新平台落地，华米全球人工智能研发中心建成投用。累计聚集中科院重庆绿色智能技术研究院、武汉大学创新技术研究院、安徽大学绿色研究院等新型研发机构30余户，初步形成集聚效应。省级以上技术（工程）研究中心200余个，研究与发展（R&D）占地区生产总值（GDP）比重达11.7%。建成合肥技术转移公共服务平台，汇聚省内技术专家团队326支、科技成果689项，技术需求117项，以“挂榜揭榜”方式促进科技创新成果转移转化。强化推广“合创汇”双创品牌。

园区企业创新成果涌现。科大国盾研发的量子计算机“九章”、本源量子研发的“本源司南”量子计算机操作系统全球领先；中加健康工程研究院发布世界首台核磁兼容型脑正电子发射型计算机断层显像（PET）及新一代术中磁共振成像（iMRI）系统；科大讯飞语音技术在全球大赛中折桂，华米科技的智能可穿戴产品、阳光电源的逆变

2020年11月10日，企业家大学启动仪式在高新区管委会举办
（高新区管委会/供）

器产品全球市场占有率雄冠全球、美亚光电智能色选设备亚太市场独占鳌头，诞生全国第一家量子通信上市公司，全国首款5G滤波器芯片、全国唯一集成电路电子设计自动化（EDA）软件公司、全国首家东超科技空气成像交互技术、全国首家光刻机上市公司、全国首个重组亚单位新冠疫苗。科大讯飞、阳光电源、中建材（合肥）获“第六届中国工业大奖”，讯飞翻译机获中国红星奖金奖。2020年8月21日，习近平总书记参观考察安徽省创新馆时，合肥高新区参展企业248户，占比59%；园区参展成果971件，占全部展出成果的73%。

【人才服务】 2020年，合肥高新区依托高新人才网服务平台，开设“春风行动”网上招聘专栏和高新区企业“春季”组团线上招聘会，推进“中国声谷 量子中心”名校引才计划，举办“科技创业带动高质量就业行动”大学生招聘合肥高新区专场活动，帮助区内企业引进高校毕业生4000余人。当年园区企业员工超过30万人，本科以上占比达35%以上，聚集市级以上各类人才550余人，约占全市的40%。依托“国家双创示范基地”和“科技部创新人才培养示范基地”，打造“江淮硅谷”人才工作品牌，集聚各类领军人才和团队入区创新创业，全区新增市级以上高层次人才81人。全市首个对外配售人才公寓擢秀园人才公寓启动公开配售。实施“领航”企业家培养工程，建设全国开发区首个“企业家大学”，举办“企业家高峰论坛”，提升200名“领航”企业家综合素养。开展人才交流座谈会，上线“合肥高新人才云学院”，全方位助推人才成长。加强技能人才培养，开展“互联网+”技能培训，累计开展新员工岗前技能培训2.3万人。全年审核、发放新落户人才补贴2687万元，惠及4540人次。

推进合肥国际人才城建设。升级合肥国际人才网为2.0版本，整合各市直部门人才信息资源，提供58项人才服务事项，实现“人才政策一网通查、人才项目一网通报、人才服务一网通办”。截至年底，“合肥国际人才网”线上平台浏览量突破24万人次。打造合肥市首个人才交流活动品牌——“Si享汇”，围绕股权激励、品牌运作、人工智能行业趋势等领域开展6期交流活动，受到《安徽日报》《香港商报》等各大媒体关注，获人才的点赞和好评。依托达拉斯海外人才工作站、科技人才服务联盟等平台优势，建立“合肥高新——美国硅谷”线上线下人才创新创业联动机制，面向海内外高层次人才，针对性开展“硅谷连线”“海博汇”等科技人才交流活动。

【规划建设】 2020年，合肥高新区启动《高新区国土空间规划》编制，完成高新区空间拓展方案、一流园区规划体系中期方案，以及街道建设设计导则、工业用地建筑风貌设计导则、综合交通规划等建设领域专项规划，编制高新区“十四五”电网规划及建设计划。加快基础设施建设。全年完成建设投资74.36亿元。其中区级完成投资47.65亿元，市级重点项目轨道4号线、合安铁路、中科大新校区、量子国家实验室、江淮运河等在该区完成投资约26.71亿元。全年安排道路项目38项，总计53.77千米，其中24条建成通车。在建复建点、保障性住房、公共设施配套和学校24个项目，总建筑面积约272万平方米，建成15个项目、116万平方米，秋季9个小学及幼儿园建成投用。完成市清理处置批而未供和闲置土地“百日攻坚”行动任务，完成低效利用土地处置10宗，盘活土地逾68.53公顷。优化为企服务流程，抓好固定资产投资。出台高新区工程建设项目审批改革实施方案，制定工程建设项目“一窗受理”实施办法、6类工程建设项目流程图以及4个阶段“一张表单”。协调生物医药产业基地片区水、电、气、热管线入廊工作，保障智飞龙科马、中科离子装备、翰博瑞强、创新美兰、博诺美科等重点项目开工建设及投产试运行。抓好工程质量管理，创新国际项目首获中国建设工程“鲁班奖”，讯飞语音云、惠而浦研发中心2个项目获“国家优质工程”奖。中国（合肥）国际智能语音产业园A区工程1号楼中试厂房及地下室等9个项目获省级“黄山杯”奖，合肥离子医学中心工程等10个工程获市级“琥珀杯”奖，合肥高新区将军岭路（长江西路－习友路南）道排及附属工程等12个项目获市级“庐州杯”奖。

【生态环境建设】 2020年，合肥高新区率先在全国工业园区中编制《合肥高新技术产业开发区绿色发展规划》。在全国首设“环保鼓励奖”和“环保技改奖”，以资金补贴的方式鼓励园区企业主动对生产工艺和环保设施提标改造，累计兑现资金3000万元。率先打造环保领域名所合作平台，推动设立中国环境科学研究院合肥科技创新中心。建成全省首个区级环保大数据平台，推动节能环保产业发展，合肥环保产业园集聚重点环保企业413家。合肥高新区当年获评中西部首家“国家生态工业示范园区”。

生态环境质量改善取得成效，全年$PM_{2.5}$均值浓度为37立方米微克（μg/m³）（同比下降7.0%），PM_{10}均值浓度为57μg/m³（同比下降11.3%），空气质量优良率83%，平均浓度均值实现“七年双下降”。三个市级水质考核断面斑鸠堰河、岳小河、苦驴河污染指数（SPI）分别为37（年度目标值70）、41（年度目标值90）、53（年度目标值132），水质类别均达到地表Ⅲ类。水、大气污染防治工作在全市考核中均为优秀等次。以南淝河流域、十五里河流域、浮山路水渠水环境专项整治为重点，推进水污染防治各项工作，完成浮山路水渠排查整治、大蜀山分干渠清淤等工程。创新开展高新区河长制决策支持系统和工业企业雨水管网在线监测系统建设。全区各级河长完成巡河1100余次，巡河里程1500多千米，巡河总时长1.5万多分钟，事件上报238件（含暗访案件26件），办结率89%。完成雨污混接点整治162处，老旧小区阳台排水整治30个，海绵小区改造2个。高品质构建森林生态网络，完成绿化建设项目38项，绿化建设面积约90.39万平方米，投资7997.95万元，全区绿化覆盖率达49.8%。砂之船游园获评2020年度合肥市“五佳公园”，长宁大道获评2020年度合肥市“优秀道路”。

【民生与社会事业】 2020年，合肥高新区推动就业政策全面落实，新增就业4.1万人，就业规模呈稳步增长态势，城镇登记失业率控制在3%以内。兑现各级各类保就业政策资金2.2亿余元，公益性岗位和就业见习岗位开发工作超额完成市里下达目标任务，退役军人、高校毕业生等重点人群就业得到保障。城乡居民养老保险实现应保尽保，提高平均缴费标准。开展“和谐劳动关系示范企业”创建活动，园区科大讯飞、阳光电源等146户企业获评省、市和谐劳动关系示范企业。

加大民生投入。全年累计回迁安置群众1060户，分配房屋1360套，安置房屋面积达到近11万平方米。新改建租赁住房6076套，盘活社会闲置租赁住房并备案3300套。完成两淮海棠小区、梦园小区4部加装电梯联合审查，竣工投用3部，兑现市区奖补资金80万元。实施省定33项中的13项民生工程，投入资金2.28亿元。健全以城乡低保、临时救助、两残补贴为主，特困供养、孤儿保障为辅的多元化社会救助体系，全年累计支出各类资金1300万元，惠及群众3500人次。推进养老智慧化改造提升，基本建成15分钟居家养老服务圈，服务园区1.1万余名老年人。该园区建有16个社区级居家养老服务站、4个街道级居家养老服务站、14个社区老年助餐机构、1家特困人员集中供养机构、1家在建民营养老公寓，累计可提供日托床位135张、托养床位300余张，600名低收入老人享受每月600元的居家养老上门服务，实现居家养老服务和社区助餐服务100%覆盖。合肥高新区当年以开发区综合绩效考评第一名的成绩，获评“全市民生工程实施表现突出单位”。

全面推进“名校战略”，成功引进中科大附中举办中科大附中高新中学，与合肥市教育科学研究院签约共建梦园中学等3所基地实验校，与合肥幼教集团、安大幼教集团、创和幼教集团等合作举办13所优质公办园。开展幼儿看护点关闭工作，在全市率先实现“清零”目标。推进13所幼儿园“民转普”工作，形成“民办－普惠－公办”的学前教育格局。创新实行新进教师“导师制”，推进教师梯级培养、“三名”工程、教师定制培养。成功申报市级名师工作室6个、市级学科教师培训基地1个。教师课例获省级及以上奖项124人，其中国家级奖46项，获市级以上教科研奖660项，同比增长28%。实施文化惠民工程，完成2家城市阅读空间建设，综合性文化服务中心建设覆盖率达 95%。

（程 勇）

合肥经济技术开发区

【概况】 合肥经济技术开发区（以下简称"合肥经开区"）成立于 1993 年 4 月，2000 年晋升为国家级，设有合肥经开综保区、合肥新桥科创示范区等重要平台，是中国（安徽）自由贸易试验区合肥片区核心区。2020 年，该辖区面积 268.97 平方千米（南区建成区 83.12 平方千米，北区新桥科创示范区 185.85 平方千米），全区设六个社区（高刘、芙蓉、莲花、海恒、锦绣、临湖），与肥西县合作建立新港工业园。"大学城"聚集大专院校 19 所。

合肥经开区获评"国家新型工业化示范基地（家电）""国家生态工业示范区""国家制造业和现代服务业融合发展试点园区""国家外贸转型升级基地（消费类电子产品）""国家进口贸易创新示范区""国家级双创示范基地"等。2020 年，该开发区综合发展水平跃升至全国 218 家国家级开发区中第 11 位，成为国内家电产品种类和品牌集中度最高的园区，是全国最大的冰箱、叉车、挖掘机、轮胎、液压机床制造基地，以及最大的笔记本电脑生产基地，也是中西部地区最大的日资企业集聚地、台资企业投资首选地。

【经济发展】 2020 年，合肥经开区实现地区生产总值（GDP）同比增长 6.1%，对合肥经济总量"过万亿"贡献率达 13.6%；实现规模以上工业增加值增长 9.3%，对全市增长贡献率达 25%；固定资产投资增长 9.4%，占全市比重达 16.9%；居民人均可支配收入增长 6.5%。全年有 11 项经济指标增速高于全市平均水平，7 项增速居全市四大开发区之首。

【对外开放】 2020 年，合肥经开区实现进出口额 138 亿美元，分别占安徽省、合肥市的 18%、36%。拥有联合利华等 39 家世界 500 强投资的 76 家企业。安徽自贸区合肥片区经开区块明确"一园四区"（即明珠广场科创服务生态区、南艳湖"科技+产业"研创区、南部战略性新兴产业集聚区、合肥经开区综合保税区、派河国际综合物流园）功能定位。合肥经开综保区获批，跻身全国第一方阵，排名第 13 位。水果、冰鲜水产品、食用水生动物口岸开检运行，肉类口岸获批设立。新桥国际机场跻身长三角机场群重要区域枢纽。全年跨境电商首破 200 万单，商品销往 38 个国家，"秒级通关"提速通关时效 25%。

合肥经济技术开发区南部战新产业集聚区 （吴小黎/摄）

【招商引资】 2020 年，合肥经开区实现招商引资总量增长 12%，新签约项目 132 个，总投资额 649.4 亿元，居全市第一位；引进蔚来中国、沛顿、华侨城 3 个百亿元大项目，居全市第一位；实际利用外资 20 亿美元，居全市第一位；新建省外亿元以上项目 35 个，投资 205 亿，居全市第一位。

【科技创新】 2020 年，合肥经开区在创新驱动方面，建设"两湖"科创圈，建成 14 个科技园区，清华大学公共安全研究院巨灾科学中心成为首批综合性科学中心建设入库项目。拥有国家级高新技术企业 415 家（新增 98 家）、上市企业 9 家（新增 1 家）、国家级众创空间 3 个（新增 1 个）、国家级孵化器 2 个（新增 2 个）。每万人发明专利拥有量 163 件，同比增长 48.18%。

在产业转型方面，合肥经开区有规模以上工业企业 288 家，"千亿联宝"成为合肥首个千亿产业地标；实现战略性新兴产业产值增长 10.7%，占比 64%；实现高新技术产业增加值增长 14.1%，占比扩大至 74.7%。新能源汽车、集成电路跃升至全球前沿，新能源汽车产业增长 21.8%，实现产值 169.4 亿，交付 4.4 万辆整车，蔚来中国总部落户，大众安徽揭牌；集成电路产业增长 68.5%，实现产值 36.9 亿，首款"中国芯"8GbDDR4 内存产品正式销售。

合肥经济技术开发区创新创业园　　（经开区管委会／供）

【规划建设】 2020年，合肥经开区城市能级实现提升。大建设开工（含续建）项目171个，完成实物投资78.8亿，全年竣工项目50多个。全市首个全民健身中心——南艳湖体育公园建成运营。建成智能科技园二、三期等科创平台。

在新桥科创示范区建设方面，大建设总投资69.66亿元，完成实物投资26.6亿元，竣工项目16个，建设投入和速度创历年新高。开工建设安置房241万平方米，是历年建成安置房总和的2.37倍。重大城市功能配套加快布局，国际小镇一期5个地块全面开建；空港医院开工，填补大型综合医院空白；人才公寓建成。

【社会事业】 2020年，合肥经开区实现居民人均可支配收入4.5万元，同比增长6.5%。引进清华附中、合肥168中学等合作办学，合作优质校达13所，占中小学总数的60%。幼儿园公办率达50.6%，普惠率达82.6%。建成9家城市阅读空间，6家街道级综合文化服务站，58家村居级综合文化服务中心，形成“15分钟阅读圈”。竣工和分配棚改安置房3000多套。

【合肥经济技术开发区综合保税区】 合肥经济技术开发区综合保税区前身为合肥出口加工区，2010年7月5日经国务院批准设立，2012年8月21日正式封关运行。2019年4月23日，国务院正式批复同意合肥出口加工区整合优化为合肥经济技术开发区综合保税区（以下简称“合肥经开综保区”），2020年6月19日，合肥经开综保区通过海关总署等8部委验收审核，区域规划面积1.40平方千米。

合肥经开综保区是中国(合肥)跨境电子商务综合试验区首批试点园区。2016年7月，进口商品展示直销中心获安徽省商务厅授牌并建成运营；2018年7月，获批省级跨境电商产业园；2019年12月，获批省级电子信息产业特色园区。

2020年12月，海关总署公布2019年度全国综合保税区发展绩效评估结果，合肥经开综保区位列全国综保区第一方阵，在全国127家参与考核的综保区中位列第13位、评估结果为A类（A级），中西部地区（含东北三省）排名第4位、评估结果为A类（A级），居全国综保区第一方阵，也是安徽省唯一一家在全国和分地区评估中均为A类的综合保税区。

截至2020年底，合肥经开综保区聚集联宝科技、胜利电子、海晨仓储、新宁供应链等32家加工贸易及仓储物流配套企业，形成以联宝科技为龙头的电子信息产业集群和以考拉海购为龙头的跨境电商产业集群。

2020年，合肥经开综保区实

合肥经济技术开发区保税物流中心（B型）　　（经开区管委会／供）

现规模以上工业产值1019亿元，同比增长44.1%；完成进出口总额86.4亿美元，同比增长20.9%，占省、市、区比重分别为11%、23%、62%；完成跨境电商保税进口业务215.8万单，在线成交额3.9亿元。

（沈 燕）

合肥新站高新技术产业开发区

【概况】 2020年，合肥新站高新技术产业开发区（以下简称“合肥新站高新区”）实现地区生产总值377.6亿元，同比增长5.4%；财政收入完成27.5亿元，其中地方财政收入完成18亿元；规模以上工业增加值同比增长11.8%，增速居全市第一位；实现战略性新兴产业产值、高新技术产业增加值、固定资产投资同比分别增长15.4%、12.8%、3.2%；实现社会消费品零售总额138.7亿元，同比增长9.6%，增速居全市四大开发区第一位；规模以上服务业企业实现营业收入24.6亿元，进出口总额完成55亿美元，同比分别增长22.6%、28.8%；招商引资到位资金完成261.3亿元，其中，工业招商引资到位资金220亿元，外商直接投资3.3亿美元。城镇居民人均可支配收入完成42246元，同比增长6.4%。

【疫情防控】 2020年，合肥新站高新区按照中央和省、市委部署要求，疫情防控取得成果，2月底即实现新增确诊病例和无症状感染者零增长，3月中旬实现患者“清零”，全域降为低风险。建立健全常态化防控机制，复工复产稳妥有序，经济社会秩序全面恢复。出台新站高新区支持中小企业持续发展的若干意见，制定惠企用工服务九条措施，协调解决区内企业用工、资金、原材料等难题。

【产业发展】 2020年，合肥新站高新区聚焦“芯屏汽合”，推动产业链招商，新签约项目131个；“大新专”项目完成投资258.8亿元，新开工项目39个，竣工项目21个。京东方液晶显示屏出货面积全球第一，全省首条全柔AMOLED生产线——维信诺六代柔性显示生产线正式点亮投产，京东智联云（长三角）数字经济产业园正式开园，京东智联云（合肥）创新中心、直播服务中心和人才赋能中心等同步揭牌。晶合集成二期、康宁DPF、元琛环保新材料等项目签约落地。康宁在该区落户8个项目，总投资超30亿美元，该区成为康宁全球最大的制造基地。成功举办2020年中国半导体材料创新发展大会，“合肥半导体材料产业园”揭牌成立。

2020年，安徽首条全柔AMOLED生产线在维信诺公司点亮 （新站区/供）

【创新发展】 2020年，合肥新站高新区推进大院大所建设，合肥北航科学城主楼主体结构封顶，深化产学研合作，北航与京东方、晶合集成等区内企业达成产学研合作战略协议，全区拥有8个国家级平台、60个省级平台、78个市级平台。全年新增国家高新技术企业34家，国家科技型中小企业评价入库80家。引进高层次人才团队2个，新增孵化器众创空间3家，科大智谷、戈斯曼科技园等科创项目签约落地。

【规划建设】 2020年，合肥新站高新区建筑施工总规模1581.7万平方米，监管面积居全市首位。完善道路交通，新建、续建市政道路52条（段）、总里程64.5千米，文忠路下穿少荃湖隧道等主干道路建成通车。棚户区改造项目鹤翔园二期新开工建设1000套、基本建成2616套，提前超额完成年度目标任务。完成东元家园一期、安居苑等老旧小区综合改造工程。供水、供电、供气、供热等基础设施配套建设日臻完善。违法建设专项治理取得成效，查处违法建设5万余平方米。推进生活垃圾分类管理方式，建成垃圾分类投放点60处。

【生态环境建设】 2020年，合肥新站高新区细颗粒物（$PM_{2.5}$）均值浓度35微克/立方米，达到国家二类区标准；可吸入颗粒物（PM_{10}）平均浓度52微克/立方米，同比下降21.36%，在全市排名前列。完成少荃湖综合治理工程、二十埠河东支流改造和二十埠河生态补水工程，水污染防治局面扭亏为正，4个断面主要考核指标年度均值达标。该区当年在危险废物规范化督察考核中排名全市第一。全年新增建设绿化面积约100万平方米，少荃湖畔北岸公园轮廓初显，生态公园、天水公园实施提升改造，新海“家风家训”主题公园建成开放。

合肥综合保税区鸟瞰　　（应作平/摄）

【社会事业】 2020年，合肥新站高新区基本民生支出预算安排7.9亿元，同比增长32%。组织实施14项省定及1项区定民生工程，破解“回迁安置难”，全年新建、续建安置房11个、323万平方米、20956套，完成回迁安置8507套、71.37万平方米。破解“出行难”，集中整治城区交通乱点7处，整改道路安全隐患35处，积涝点得到整治，推进公共停车场布点建设。破解“上学难”，新开办公办幼儿园8所，学前教育公办率达54.1%，普惠率达89.6%，新创建市级特一类园1所、市级一类园4所；新组建七里塘小学教育集团，扩大优质教育覆盖面；康桥国际学校正式开学，合肥九中新校区主体结构封顶，一六八陶冲湖校区改扩建工程完成，特教中心新校区、技师学院投入使用，合肥幼专梅冲湖校区开工建设。破解“就业难”，新增城镇就业27901人，高校毕业生就业率100%、失业人员再就业率71%、就业困难人员帮扶就业率93%，超额完成市下达任务。破解“休闲娱乐难”，新建城市阅读空间3个，投资400万元建成口袋体育公园。破解“就医难”，推进市属专科医院、市中心血站分中心项目建设。全年新建智慧平安小区58个，全区社会治安秩序良好，工业企业、建筑、道路交通、消防等领域安全生产形势总体平稳，群众安全感满意度指数连续第三年整体上升。

【改革开放】 2020年，合肥新站高新区在全市率先出台创优营商环境攻坚年实施意见20条，政务服务各项指标位于全市前列。全年减税降费28.8亿元，兑现企业政策扶持资金6.23亿元，争取上级配套政策资金11.2亿元，市场主体总量持续保持20%以上高速增长，其中私营及内资企业首次突破2万户。参与设立市投促基金、市纾困基金、新站天使投资基金、新站芯屏基金，累计投放资金1.02亿元。实施安置房建设改革，在全市首创安置房开发代建模式。合肥综合保税区发展提质提效，综合评估跃升中西部地区前列，完成进出口贸易值12.5亿美元，实现进出口货运量1.49万吨，同比分别增长15.3%、12.5%。

【合肥综保区】 2020年，合肥综合保税区在全国综合评估中获中西部地区第7位。集成电路等主导产业发展壮大，推进晶合N1扩产项目投产及N2项目建设，新签约立德半导体材料、欧益化合物半导体等项目。推进保税贸易及保税服务，新签约海程邦达泛半导体跨境供应链等项目。发展跨境电商业务，新签约华利达跨境电商综合服务平台等项目，引进最淘电子商务等10余家跨境电商企业。成功获批增值税一般纳税人资格试点，实现首票货物出关。全年完成进出口贸易值13.46亿美元，实现进出口货运量1.49万吨，同比分别增长15.3%、12.5%；拥有注册企业达89家，同比增长74.5%，企业从业人员近4000人，总投资超300亿元人民币。

（孙文成）

安徽巢湖经济开发区

【概况】 2020年，安徽巢湖经济开发区（以下简称“安巢开发区”）围绕5G智能硬件、新型材料、智能制造、生命健康、绿色食品、新能源汽车、文化旅游等主导产业，新签约重点项目70个，投资总额450亿元；新引进大项目4个，其中10—20亿元工业大项目2个，现代服务业大项目2个；完成招商引资到位资金160亿元，其中工业

巢湖东站 （安巢开发区管委会/供）

到位资金102亿元，实际利用外资1.4亿美元。建立产业链“链长制”和产业集群“群主制”等制度，出台《总部经济招商政策》。

【项目建设】 2020年，安巢开发区抓住重大项目建设“压舱石”，举办合肥市第六批贯彻“六稳”“六保”暨安徽巢湖经开区重点项目集中开工动员会，建立重点项目和重点工作月调度、重点企业和重点项目包保、驻点企业帮扶制度。全年“大新专”项目累计完成投资52.3亿元，高于目标序时1个百分点。华侨城温泉小镇、金晋业（二期）、智能数控设备研发与生产等25个项目开工建设。悦真食品、航天科普基地、齐天文具产业园等13个项目竣工，融捷金属、东风总部、同光邦飞、西山雅居二期、鼓山安置小区等42个项目推进建设。西山雅居二期、汤下山三期工程获国家发改委棚改预算资金1470万元支持，战前安置小区等三个棚户区获批专项债5亿元支持。

【规划建设】 2020年，安巢开发区坚持交通基础设施先行，完善基础设施建设，开工建设半汤湖水环境综合整治、合巢产业新城映湖公园二期等33个项目，推进岠嶂山三期、亚父路、秀湖路跨高速桥、合巢产业新城滨河家园二期等38个项目，半汤大道完善工程、岠嶂山二期安置小区、合巢产业新城居巢大道等 34个项目竣工。收回中科合肥煤气、安东妙彩服饰和巢湖报业等3宗企业闲置或低效利用土地近5.9公顷。商合杭高速铁路全线开通，巢湖至上海始发高速铁路正式运行，巢湖东站日停经列车增加至142趟，日均发送旅客近万人次，成为合肥乃至全省区域性综合交通枢纽。巢马城际铁路开工建设。芜合高速“四改八”完工，巢湖新道口启用通车。巢湖A1通用机场获省发改委审批。巢湖至含山跨区域客运班线正式运营，成为合肥—马鞍山两市之间第一条跨市公交。

在产业新城建设方面，全年签约工业项目12个，总投资97亿元，其中10亿元以上项目3个。开工建设工业项目9个，总投资37.9亿元；完成房屋征迁40.8万平方米，征地约233公顷；累计实施基础设施类项目58个，完成投资约10.25亿元。合肥寿春中学正式落户产业新城。商合杭高铁柘皋站全面启用，日均发送旅客200人次。巢含区域合作实现突破，与巢湖市、含山县合作建设巢含产业合作园区，成立安徽巢含产业合作园区指挥部及其办公室，组建安徽巢含产业合作投资公司，启动起步区总体规划和控制性详细规划编制工作，开启“两地三方”跨市区域经济合作新模式。

【优化营商环境】 2020年，安巢开发区新增国家高新技术企业14家，全区国家高新技术企业总数达31家，创历史新高；拥有省企业技术中心1家、市企业技术中心3家、市工业设计中心5家、安徽工业精品1家、省高成长性小微企业4家、省专精特新冠军企业1家、市专精特新企业12家、省首批次新材料企业1个；新认定科技型中小企业54家，建成数字化车间7个。全年兑现2019年高质量发展政策资金2822.61万元，人才奖励和新增就业补贴182.4万元。申报省民营经济政策资金530万元、市先进制造业政策资金388万元、绿色发展资金200万元、稳就业补贴690.6万元，返还企业失业保险170余万元。帮助企业获税融通贷款1.31亿元，完成政银担贷款1.942亿元，过桥续贷8228万元，兑现2019年度税融通及科技创新贷贷款贴息129.56万元。累计出资3.65亿元参与设立安徽省高新投新材料产业基金，入伙安徽金通新能源汽车一期基金合伙企业，联合组建合肥联讯兴泰汽车产业基金。推进商事制度改革，加快企业开办“六个一”体系建设，优化“一网通办”政务服务模式，企业开办“一日办结”率达100%，居全市第一位。多渠道搭建企业用工平台，与巢湖市、合肥职业技术学院联合建设的安徽巢湖就业创业和人才服务中心正式投入运行。

【疫情防控】 2020年，安巢开发区在全市率先组建疫情防控工作组织领导体系，坚持与巢湖市协调联动、整体防控，实现统一领导、统一调度、联合推动的疫情防控“一盘棋”。仅用10天时间完成安徽省抗疫医疗队员半汤疗养基地改造建设工程，接待抗疫医务人员1377人。全年在全市13个县（市）区、开发区中保持零输入、零感染、零疑似。疫情防控工作总体成效得到省、市主要领导肯定，并在全市新冠肺炎疫情防控工作专项考核中获“好”等次。

【社会事业】 2020年，安巢开发区大气环境整体良好，空气质量居合肥市前列。全国“两会”期间实现“去市赴省进京零访情”，获市委平安合肥建设领导小组通报表彰，获评“2019年度全市信访工作责任目标考核优秀单位”。全年未发生重大食品安全事故。“扫黑除恶”取得成果，人民群众安全感、满意度实现“双提升”。安全生产形势总体平稳，事故发生起数与死亡人数同比与上年持平。优化教育布局，半汤实验中学、花山小学等项目开工建设，巢湖四中(高中部)、半汤实验小学争取土地指标。合肥市农村生活垃圾治理年度综合验收考核位居全市前列。“河长制”工作获2019年度省级巢湖湖（河）长制考核优秀等次。国家级旅游度假区建设提档升级，半汤湖、温泉湖公园等9处景观公园环境治理和改造提升工程全面启动。与巢湖市、含山县构建全域旅游合作新模式，全年国家级半汤温泉旅游度假区累计接待游客量超400万人次。

（王亚庆）

阜阳合肥现代产业园区

【概况】 2020年，阜阳合肥现代产业园区（以下简称“阜合园区”）实现经营收入143亿元、工业总产值73亿元、招商引资到位资金31亿元，同比分别增长4%、66%、18%，实现财政收入6亿元。新增规模以上工业企业6家，实现产值过亿元企业6家。总规划面积30平方千米，建成面积近14平方千米。当年被省人民政府授予全省首批“省际产业合作园区”。

阜合园区当年产业发展实现增长，先进交通设备、电子信息、绿色食品三大主导产业营收平均增速47%；科技创新实现突破，复旦科技园投入使用；第十届中国月季展在园区成功举办、“全国家庭教育创新实践基地”落户园区，并打造“阜阳新高地、皖北小合肥”的园区品牌。

【科技创新】 2020年，阜合园区高新技术产业实现产值53.4亿元，同比增长57%，实现专利申请量220件，专利授权量112件。拥有国家高新技术企业7家，省级高新技术培育企业4家，市企业工程（技术）研究中心1家，市企业研发中心4家，市级科技“小巨人”（培育）企业3家，省级高层次科技人才团队1家。

阜合园区当年对接中国科学技术大学先进技术研究院、复旦大学等科研院所和重点高校，建设科技创新产业的“双向平台”。中科大先研院阜阳创新基地入驻科创企业10余家，其中，云玺科技项目市值超2.5亿元，中骄智能项目形成多项知识产权，实现年产值近千万元。在合肥中科大先研院未来中心，园区设立招商中心，作为对接长三角、珠三角项目的重要窗口。复旦科技园投入使用，并设立总规模10亿元的新兴产业基金予以支持。引进中小科技企业9家，涉及新能源、智能制造等领域，由入驻企业生产的首台消毒机器人月季展期间成功实现下线使用。园区在上海设立阜阳复旦电子信息联合创新

2020年4月，阜合园区工业区一隅、正在生产的江淮汽车阜阳分公司

（邢　瑞/摄）

中心，协同复旦科技园打造园区创新基地。

【产业发展】 2020年，阜合园区完成主导产业经营收入85.5亿元，同比增长39.4%。拥有“五上”企业34家，纳入阜阳市“13581”龙头培育工程企业2家，新增规模以上工业企业6家，实现产值过亿企业6家，工业企业收入占园区总收入超50%。

以链长制为抓手，围绕主导产业“延链、补链、强链”。发挥江淮汽车中重卡的龙头带动作用，提升十余家汽车产业链配套企业，形成“江淮卡车产业园”。全年累计生产或改装车辆3万余台，实现产值50亿元。光电新材料产业平台，以欣奕华、国成光电企业生产为主，全年实现收入5亿元；欣奕华二期OLED材料项目开工建设，具有科技含量高、附加值高的特点。绿色食品产业平台传承阜阳、合肥的食品工业优势，有洽洽瓜子、麦吉食品等10余个食品项目，营业收入达8亿元。

【数字经济】 2020年，阜合园区电子信息产业实现产值28.5亿元，同比增长22.5%。该园区紧盯“物联网+”重点领域，推动云计算、大数据、物联网等新一代信息技术与传统产业融合发展。汇聚云康智能、云玺云印章、维天运通、安广网络及阜阳技师学院、阜阳师范大学信息管理学院和复旦樊果教育、安徽清联智能科技物联网等电子信息企业15家，其中，云玺与阿里巴巴达成合作协议，共同推动自主可控量子安全办公项目。建设5G基站33座，适应企业工业制造的网络需求。以大数据为基础的“智慧园区”项目建成并投入使用，打造更加精准高效的管理服务中心。

【对外开放】 2020年，阜合园区实现新签约项目32个，协议总投资93.5亿元，涵盖汽车机械、装备制造、现代医疗、新材料等领域。通过开展“四送一服”，创优营商环境。走访企业236次，政策宣讲5次，出台支持工业企业上台阶等惠企政策，帮助企业申报各类奖补资金6000余万元，企业反馈问题办结率95%，实现总投资63亿元的15个项目开工建设。

实施产业链招商。聚力汽车、智能制造、绿色食品、绿色新型建材与装配式建筑材料和新材料五个百亿产业，抢抓长三角一体化、承接产业转移集聚区等发展机遇，加强对江浙沪等重点区域招商，加大对汽车、新材料等产业强链补链，加大优质项目招引，重点突破一批投资大、科技高、带动强的产业项目。先后举办发展问计征询会、银企对接会、投资环境说明会和“抓六保、促六稳”大美阜阳实力园区经济发展座谈会等6次大型招商推介会，对接客商300余家，签约长三角区域项目23个。

【生态环保】 2020年，阜合园区改造、新建绿化项目5个、65万平方米。合肥大道绿化完成6万平方米，核心区道路绿化完成17万平方米。成功承办第十届中国月季展览会，形成月季展区近34.67公顷。延展丰富“五湖四海”生态走廊形成生态廊道4千米。发展绿色建筑，总建筑面积44万平方米，采用装配式绿色建筑工艺的第四安置区完成15%。落实“河长制”，芦桥河建成段水体质量优于地表水Ⅳ类水标准。由园区企业生产的超级电容新能源公交9月份投入运营。园区PM_{10}、$PM_{2.5}$的管控指标位居阜阳全市前列。按照创建文明城市要求，系统提升文明创建水平，助推阜阳全国文明城市创建成功。

【社会民生】 2020年，阜合园区落实常态化疫情防控各项工作，无新冠肺炎确诊病例、疑似病例。建成安置房26万平方米，安置群众3300余人，分配安置房1700余套，实现当年拆迁、隔年安置。福和家园社区睦邻中心是全省仅10所的“全国家庭教育创新实践基地”之一，安徽医科大学附属阜阳医院运营，引进省、市名校，形成优质教育体系，北城小学翡翠湖校区开学招生、实验中学南校区毕业生成绩优异，海亮元宝街、各类超市、万国农贸市场商业综合体便利生活。总投资13亿元、总长11千米双向10车道的合肥大道全线通车。安徽医科大学临床医学院及医技楼项目开工建设。

（张庆强）

责任编辑：田　文

县（市）区概览

肥东县

【概况】 肥东县位于合肥市东部，1949年2月3日建县，县域面积2181.6平方千米，县内地势北高南低，江淮分水岭东西走向横贯于县境北部，区位优越，淮南铁路、合宁高铁、合福高铁、合宁高速等公路、铁路贯穿县境。2020年，轨道交通高位推进，地铁2号线东延、6号线一期工程进场施工，全省首个有轨电车项目获批立项。全市第一个A1级通用机场开工建设，店埠河航道等级提升至Ⅲ级，码头年货物吞吐量超过2000万吨，实现公路、铁路、城轨、水运、空运全覆盖。2020年，全县辖12个镇、6个乡，有肥东经济开发区（合肥上海产业园）、合肥循环经济示范园。年末全县户籍人口108.38万人，比上年增长0.26万人，其中城镇户籍人口32.40万人，增加8.06万人。各类市场主体79322户，私营企业由2016年的7027户增加到29808户。综合实力稳居“全省前三甲、全国百强县”；财政管理连续4年在财政部县级财政管理绩效综合考核中跻身全国50强，获国务院通报表扬；《肥东年鉴2019》在第七届全国地方志优秀成果（年鉴类）评选中获全国二等奖；肥东县获评“2019年度安徽省美丽乡村建设先进县”“2020年度安徽省森林城市”“第五届安徽省文明城市”等。

【战疫战灾】 2020年1月22日，肥东县成立县新型冠状病毒肺炎疫情防控应急指挥部，启动突发公共卫生事件一级响应。全县1万余名党员干部、医护人员、社区工作者、志愿者奋战在疫情最前线，实现确诊病例19天止增、在院病例47天清零、26例患者100%治愈。4名医护人员驰援湖北战场，35万套防护服支援武汉，260万只口罩、30万件医用隔离衣紧急外调。2月27日，突发公共卫生事件响应调整为二级，全县进入疫情常态化防控。年中，面对历史极值的汛情，启动“战时”机制，发动干部群众9.8万余人次，实行24小时巡堤查险；出动工程机械2416台套，排涝除险，筑堤防守；累计撤离群众7635人，集中安置群众1355人。着眼全市城市防洪工作大局，在六联圩和十八联圩主动破圩蓄洪，为确保全市城市防洪安全作出贡献；调集612名民工奔赴长江防汛前线，完成无为大堤10.35千米防守任务。灾后，对1755户2700间倒塌受损房屋拆除重建、修缮加固，累计拨付救助补偿资金1.3亿元，让受灾群众减少经济损失，恢复正常生产生活秩序。加大对受灾贫困户的帮扶，对232户853人实行“一户一策”，坚决防止因灾返贫、因灾致贫。聚焦汛情暴露出的短板，

2020年全县生产总值（GDP）表

表1：

指　标	绝对数（亿元）
生产总值	703.45
其中：第一产业	76.40
第二产业	232.40
第三产业	394.65
其中：农林牧渔业	78.1
工业	114.1
建筑业	118.4
批发和零售业	73.6
交通运输、仓储和邮政业	47.3
住宿和餐饮业	12.5
金融业	28.5
房地产业	64.8
营利性服务业	83.8
非营利性服务业	82.3

加快城市防洪体系建设，实施18处重点防洪排涝工程，按百年一遇标准对南淝河、店埠河、巢湖大堤进行加高加固，筑牢城市安全堤坝。

【经济发展】 2020年，肥东县地区生产总值（GDP）703.45亿元，同比增长5.6%。其中，第一产业增加值76.40亿元，同比增长2.6%；第二产业增加值232.40亿元，同比增长7.3%；第三产业增加值394.65亿元，同比增长5.0%。三次产业结构为10.9∶33∶56.1。完成财政收入76.4亿元，同比增长6.2%，其中一般公共预算收入48.7亿元，同比增长6.3%；

经济运行呈现加快恢复、稳定向好态势。推进“六稳”“六保”十大专项行动，设立“稳企业、上项目、抓招商、促发展”工作专班，开展“产业项目攻坚年”活动，通过“一企一策”，实现半年经济“负转正”。疫情防控期间，发挥财政杠杆作用和政策撬动效应，支付抗疫特别国债资金2.9亿元，兑现产业发展扶持资金8.79亿元、支持中小企业发展政策奖补4419万元，发放“2020幸福肥东消费季”消费券1500万元，兑现汽车消费补贴近500万元，拉动消费7亿元。

主要经济指标运行平稳。全县规模以上服务业企业153户，增加32户，实现营业收入117.6亿元，同比增长12.9%。规模以上工业中，高新技术产业实现增加值29.1亿元，同比增长29.4%；战略性新兴产业实现产值99.4亿元，同比增长9.8%。网络零售市场规模扩大，全县14户开展网络零售业务的限额以上批发零售企业纳入统计，比上年增加1户，实现网上商品零售额7.8亿元，同比增长21.6%。实现税收收入65.4亿元，占全部财政收入的比重85.6%，同比增长1.6个百分点。新登记各类市场主体12920户。固定资产投资比上年增长8.8%。分产业看，第一产业投资增长262.4%；第二产业投资增长30%，其中工业投资增长30%；第三产业投资增长4.3%，其中基础设施投资下降10.7%、现代服务业投资增长66.1%。房地产开发投资123.4亿元，同比下降3.5%。商品房销售面积117.5万平方米，同比增长27.9%；全年社会消费品零售总额270.8亿元，同比增长4.9%。年末全县限额以上批发零售和住宿餐饮企业（单位）196户，与上年持平。全年累计零售额超亿元企业（单位）14户，比上年增加5户。进出口总额5.11亿美元，同比增长24.5%。其中，出口总额4.30亿美元，同比增长17.6%；进口总额8096万美元，同比增长80.3%。全年到位省外资金比上年增长11.2%，其中工业项目到位资金比上年增长8.1%。全年累计新成立企业数3个，实际利用外商直接投资1.45亿美元，增长3.6%。全年外派劳务人员1万人，劳务收入11亿元。

2016——2020年全县社会消费品零售总额

农业现代化取得新进展。2020年，农作物总播种面积为16.02万公顷，同比增长0.5%。全年粮食总产量62.65万吨，同比增长0.7%。年末全县生猪存栏量15.98万头，同比增长61.5%。肉类总产量7.46万吨，同比下降4.2%。禽蛋产量5.39万吨，同比增长64.5%。牛奶产量5.20万吨，同比增长11.0%。年末农业机械总动力78.47万千

2016——2020年全县粮食产量

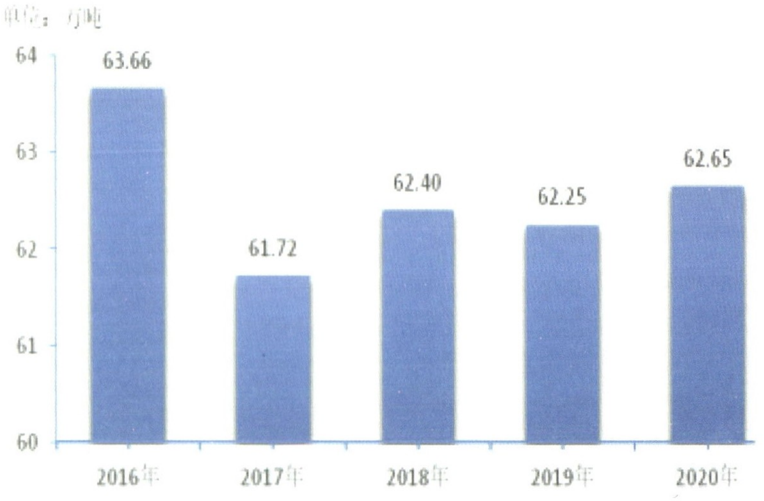

瓦，同比增长1.0%，全县实现机耕作业面积15.02万公顷；机械播种面积7.74万公顷，占农作物播种面积的48.3%，提高1.5个百分点；机械收割面积11.44万公顷，同比增长6.1%，全县水稻、油菜、小麦等八大主要农作物耕种收综合机械化水平达到83%，比上年提高1.6个百分点。全年农林牧渔业增加值78.1亿元，同比增长2.6%。新认定市级产业化龙头企业15家，新增家庭农场122家、农民专业合作社10家，“三品一标”发展到188个，牌坊杭椒获评“全国名特优新农产品”，安徽天美食品有限公司入选“农业产业化国家重点龙头企业”。

2020年6月10日，长三角G60科创走廊科技成果转移转化示范基地（合肥）揭牌暨肥东县贯彻“六稳”重点产业项目集中签约现场会在肥东县长临河科创小镇举行（肥东县/供）

工业建筑业运行稳健。2020年，全县规模以上工业企业243户，其中产值超10亿元企业6户。规模以上工业增加值同比增长6.3%，其中国有控股企业同比增长3.8%，股份制企业同比增长3.8%。全县规模以上工业涉及28个行业，有21个行业增加值同比正增长。兑现工业政策奖励资金7441万元，惠及229家企业。完成工业投资55.5亿元、同比增长30%，增幅居五县市首位；完成工业技改投资42.4亿元，同比增长30.5%。黑孚电热、华纳生物基因试剂、宇锋智能物流仓储机器人等108个工业项目开工，海源机械、徽能电力杆塔等重点项目竣工投产，肥东经济开发区（循环园片区）获批创建省级化学原料药基地，实现规模以上工业增加值82.2亿元、同比增长6.3%。建筑业增加值118.4亿元，同比增长9.1%。纳入统计范围的具有建筑业资质等级的总承包和专业承包建筑施工企业150户，新增54户。房屋建筑施工面积1850.3万平方米，同比增长14.7%。房屋竣工面积748.1万平方米，同比下降8.2%。年末建筑业从业人员8.8万人，同比增长12.8%。

现代服务业实现新增长。2020年，全县批发和零售业增加值73.6亿元，同比增长3.5%；交通运输、仓储和邮政业增加值47.3亿元，同比增长5.2%；住宿和餐饮业增加值12.5亿元，同比下降7.1%；金融业增加值28.5亿元，同比增长9.0%；房地产业增加值64.8亿元，同比增长9.7%；其他服务业增加值166.2亿元，同比增长5.1%。全年旅客运输量2580万人，同比下降20.4%；货物运输量2245万吨，同比下降16.5%。全年港口货物吞吐量1800万吨，同比下降10.0%。年末民用汽车拥有量12.28万辆，同比增长2.4%。全年电信业务总量8.1亿元，同比增长3.9%；邮政业务总量1.5亿元，同比增长 11.1%。快递业务量0.24亿件，同比增长48.3%，实现快递业务收入5701.4万元，同比增长27.4%。年末本地固定电话用户6.99万户，同比减少0.6万户。移动电话用户107.27万户，同比增长7.66万户。基础电信运营企业计算机互联网接入用户35.66万户，增加6.5万户。培育发展研发设计、信息技术服务、节能环保、电子商务、售后服务、人力资源服务等生产性服务业，正创新零售产业园、鲲鹏智慧壹号等一批重点项目顺利签约。服务外包执行金额突破1.44亿美元，总量居五县市首位。电子商务网上零售额突破30亿元、同比增长40%，中国（肥东）互联网生态产业园跻身国家电子商务示范基地。全长110.76千米的合肥唯一旅游公路长古旅游公路一期长临河镇至石塘段投入使用。

大建设项目开足马力。2020年，全县完成征迁面积162万平方米，岱河花园等12个安置房开工建设，梁湖家园等6个项目、近100万平方米新居即将建成交付，地铁2号线东延等61个项目开工，中铁新型有轨电车试验段等52个项目如期完工，大建设项目开工率、完工率均创历年新高。坚持“大招商、招大商”，全年新签约重点项目71个，协议总投资约610亿元，其中5亿元以上大项目23个，华仓量子数据产业园等6个20亿元以上重大项目成功落户。

创新驱动迈出新步伐。2020年，长三角G60科创走廊科技成果转移转化示范基地（合肥）在长临河科创小镇授牌成立，中科大光栅、合工大氢安全检测等高科技成果转化项目取得实质性进展，丰乐农化组建院士工作站实现零的突破。全县高新技术企业104家，高新技术产业增加值完成29.1亿元、同比增长29.4%。实施技术创新培育滚动计划，新增省市级企业技术中心11家、市级工业设计中心3家、省市专精特新企业35家；86家企业纳入全国科技型中小企业库，荣电实业获评“互联网+制造国家级试点示范企业”。全年实现专利申请4792件，同比增加1666件，其中专利授权2630件。全县有工程技术研究中心36家，新认定高新技术企业44家，其中，首次认定28家，再认定16家。

【文化事业】 2020年，肥东县拥有文化馆1个，公共图书馆1个（分馆 20个），博物馆6个（含民营博物馆），县级档案馆1个，乡镇综合文化站20个，村级综合文化服务中心232个。全国重点文物保护单位2处，省级重点文物保护单位8处。国家级非物质文化遗产名录1项，省级名录3项。

文化设施建设及文物保护利用。2020年，肥东县完成67处文保单位矢量数据测量工作，编制国保单位吴复墓保护规划方案。保护性修缮撮镇、桥头集镇3处日军碉堡及蔡永祥烈士纪念馆、张劲夫故居、浮槎山清浊二泉、昂氏宗祠等文保单位。对店埠镇发现的李鸿章家族水泥棺墓进行加固异地保护。完成陈集镇前后张社区7万余平方米考古勘探工作，发掘各类古墓84座，出土随葬品1000余件。县博物馆征集吴邦国题字、家谱、抗美援朝和对越自卫反击战期间用物件100余件（套）。县博物馆获评国家二级博物馆、合肥市爱国主义教育基地、第五届安徽省博物馆陈列展览十大精品奖。丁玉兰庐剧院被授予合肥市全民终身学习体验基地。渡江战役总前委旧址纪念馆实施防空洞复原展示工程和消防提升工程。

全民文化活动。2020年，肥东县常态开展文化活动1000余场，冬季旅游“搜货计”入选2019年中国农民丰收节100个乡村文化活动品牌。大型传统庐剧《包公打舅》在丁玉兰庐剧院和安徽大剧院公演。县博物馆年接待量超10万人次，组织开展“我在包公家乡等你”启动仪式，举办《温跃渊书画作品展》《合肥市四县一市书画展》《温跃渊收藏精品书画展》等展览活动。渡江战役总前委旧址纪念馆接待多级党组织党日活动和中小学生爱国主义教育，年接待量超13万人次，举办《永远的丰碑·渡江战役——渡江战役历史图片展》《“厉行节约，反对浪费”——票证图片回顾展》《渡江战役人民支前专题展》等展览。县图书馆年接待读者近11万人次，举办中华古诗词知识竞赛、新春猜谜、线上诵读、线上听书有奖答题、暑期征文、抗疫图片巡展、送书进部队等活动。4个城市阅读空间年接待读者29.21万人次，全年举办阅读推广活动近500场。当年，丁玉兰庐剧院完成政府购买文化演出100场、室内电影放映80场，承接县委县政府、乡镇多项演出、活动任务，成功举办肥东县2020年春节团拜音乐会、中国医师节庆祝大会暨肥东县抗疫典型事迹宣讲、肥东县第八届乡村学校少年宫线上才艺展演等。县文化和旅游局完成“情暖敬老院”百场文艺下基层活动216场演出任务，组织送戏进万村文艺演出300场次。县电影公司完成全年3000余场次公益电影放映任务，其中在丁玉兰庐剧院、县城社区室内放映电影200场次，开展“电信诈骗”“大国攻坚、决胜2020”“扫黄打非”等宣传电影放映900场次。

2020年1月10日，大型新编庐剧《包公打舅》在丁玉兰庐剧院首演
（肥东县文旅局/供）

文化旅游产业。2020年，肥东县利用专项产业基金对乡村民宿给予4000元每间的补贴，对资产投资超过500万的，给予最高不超

过100万的补贴。全年兑现25家文旅企业404.76万元奖补资金。复工复产期间，助企纾困12家中小微文旅企业，实现融资63万元，减免租金约70万元。荣电文化产业示范基地组织线上直播300余场，实现总营收1100万元。推动景区、民宿发展夜间夜游经济，举办音乐节、啤酒节、灯光秀等夜间活动，提供夜间餐饮、购物、演艺等服务，吸引客流超100万，实现营收超500万元。组织推荐5家文旅企业在全国参展参赛，荣电集团旅游商品连续两年获得全国旅游商品大赛铜奖。支持重点文旅项目和园区建设，推动瑶岗生态文化园、六家畈古镇和长临河老街、鲜花小院、浮槎山景区、包公文化园“五大项目”，构成肥东文旅产业发展的“集团军”阵容；建设和睦湖公园游乐世界、荣创文化产业基地等重点项目；牌坊乡观稼园二期提升项目运营正常，三期项目完成前期总体规划；撮镇镇撮街项目进入后期建设阶段，招商工作推进顺利；爱情隧道、蓝山湾等驿站启动规划设计工作；长临河房车营地完成选址。桥头集镇获评“中国诗歌小镇”，八斗镇入选全省千年古镇，白马山康养小镇入选省级特色小镇创建名单，长临河镇3个社区入选首批安徽省特色旅游名村，老湖洞度假村、四顶山居等入选首批省级休闲旅游示范点，旅游名村和旅游休闲示范点数量居全市首位。

文化宣传。2020年，肥东县在县外各级媒体发表稿件1万余篇，其中中央级媒体2800余篇，省级媒体6800余篇，安徽日报200余篇（头版11篇），在市委宣传部统计的四县一市排名中位列第一。围绕“我从包公家乡来”融媒体采访、“第四届冬季旅游年货搜货计嘉年华活动”“520爱情隧道全球云端诗会活动”“荷花节”等大型活动，新华社、人民网、《安徽日报》等40余家媒体参与宣传报道。组织“决胜全面小康、决战脱贫攻坚”重大主题宣传，推出“我的扶贫故事”主题系列报道，举办向东“瞰”第四届“魅力肥东”摄影大赛，特设“脱贫攻坚”专项奖。全县文艺工作者创作文学、文艺作品50余部，创作和改编《家乡新貌》《门歌情》等4部声乐作品，指导并修改大鼓《我为乡村振兴战略点赞》、小戏剧本《迟来的全家福》和小品剧本《助力脱贫》3部曲艺作品。年初，全县文化志愿者创作各类抗疫作品20余件。其中，创作门歌《众志成城抗疫情》、快板《为防疫模范点赞》、庐剧《守家就是守平安》、肥东方言说唱《在家待着》、诗歌《致敬白衣天使》，并联合部分民营院团创作庐剧《中国加油，全民加油》等一系列疫情防控宣传作品，得到“央媒安徽”平台、安徽电视台、合肥电视台等多家媒体专程报道。创作完成传承红色基因的庐剧小戏《英雄回家》、扫黑除恶题材小戏《收网》。

【社会民生】 2020年，肥东县一般公共预算收入48.7亿元，同比增长6.3%，其中税收收入37.8亿元，同比增长9.9%。一般公共预算支出95.7亿元，同比增长4.2%，其中教育、卫生等十三大类民生支出81.7亿元，同比增长2.4%，占一般公共预算支出的85.3%。

富民增收步伐加快。2020年，全县常住居民人均可支配收入32275元，同比增长7.9%。其中，全年城镇常住居民人均可支配收入为40854元，同比增长6.5%；农村常住居民人均可支配收入25516元，同比增长8.2%。全年举办大型用工招聘会85场，发放创业贷款1.37亿元，全县城镇新增登记就业3万人。

基本公共服务均等化水平。2020年，全县各类中等职业教育学校5所，其中普通中专5所。普通高中14所，普通初中、一贯制学校24所，小学56所。普通中小学专任教师8425人。中等职业教育在校生2.16万人，普通高中在

2016——2020年全县城乡居民人均可支配收入

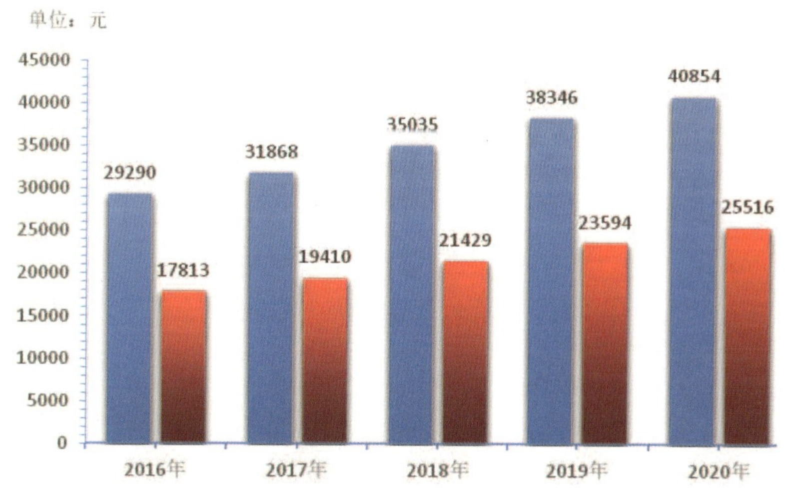

校生2.83万人，普通初中在校生3.58万人，小学在校生4.97万人，幼儿园在园幼儿2.30万人，特殊教育学校在校生212人。初中学龄人口毛入学率104.2%，小学学龄儿童毛入学率81.2%，学前教育毛入园率95.2%。肥东二中与合肥一中合作办学正式签约，建成安徽师范大学附属实验中学、实验小学祥和路校区等5所学校以及润和尚品、双桥新村、锦源春天等4所幼儿园，新增学位1.37万个。建设智慧学校35所、智慧课堂50个。在2020年合肥市普通高中教育教学质量评价中，六个维度、七个单项均获五县市第一。年末全县有医疗卫生机构（含村卫生室）406个，其中医院14个、基层医疗卫生机构386个、专业公共卫生机构5个，其他卫生机构1个。基层医疗卫生机构中，卫生院23个，社区卫生服务中心（站）6个，村卫生室243个；专业公共卫生机构中，疾病预防控制中心1个，专科疾病防治院（所、站）1个，妇幼保健院（所、站）1个，卫生监督所（中心）1个。全县卫生技术人员3711人，其中执业（助理）医师1462人，注册护士1645人。医疗卫生机构床位4287张。年末拥有各类收养性社会福利机构19个（县社会福利院1个、乡镇敬老院18个），床位3460张，收养各类人员1476人。城镇建立各种社区服务中心（站）262个，其中乡镇级社区服务中心20个。县医院接受三级医院执业登记现场评审，中医院三级医院设置申请按程序报审。100余名医疗专家下沉乡镇卫生院开展对口帮扶，基层基本公共卫生服务项目全部达标。水利兴修稳步推进，启动实施“三达标一美丽”水利建设项目。

社会保障。年末，全县参加城镇职工养老、医疗（生育）、失业、工伤保险人数分别为6.91万人、7.26万人、5.18万人和6.4万人，全年失业基金累计支出2212.3万元。全县城乡居民养老保险参（续）保人数33.2万人，发放城乡居民养老保险金3.36亿元、城镇职工养老保险金13亿元、机关事业单位养老保险金4.45亿元，领取待遇人数17.4万人。城乡居民基本医疗保险参保人数87.89万人，参保率99.01%。全年享受政府最低生活保障的居民为2.89万人次，其中享受城市居民最低生活保障为1103人次，享受农村居民最低生活保障为2.78万人次；农村五保供养7423人。全年医疗救助10.18万人次，资助参加基本医疗保险5.04万人次（含建档立卡扶贫对象）。乡村残疾人之家全面建成，开工建设棚改安置房7582套，竣工各类保障性住房1.01万套，发放公租房租赁补贴65.9万元。

社会治理。实施村（社区）调整合并，全县村（社区）数量由335个整合至242个。推进智慧平安小区建设，完成117个小区建设和数据对接，安装视频监控系统3800处。持续抓好警民联调，成功调解民事纠纷5622起，全年未发生一起“民转刑”“刑转命”案件。全面启动养犬规范化管理。加强道路交通安全源头治理，强力推进电动自行车登记上牌。全年各类生产安全事故和死亡人数同比分别下降8.6%和下降14.8%。

【生态建设】 2020年，肥东县落实中央关于生态环境保护决策部署，打赢打好污染防治攻坚战，构建山水林田湖草协调共生的开放型网络化生态格局。县生态环境优越，有四顶山、白马山、青阳山、浮槎山四大森林公园，十八联圩、管湾、龙栖地、玉带河四大湿地公园，店埠河、南淝河、和睦湖、红石咀等河湖风光。县内省控空气自动监测站点1个和市控空气自动监测站点1个，监测数据均联网共享。

城乡环卫。2020年，肥东县贯彻落实《肥东县全面推进数字化城市管理工作实施意见》《肥东县数字化城市管理考核暂行办法》，初步完成相关处置单位在责任网格内的事件、部件确权确责工作，25家单位成功接入数字化城市管理系统，同时配备信息采集员和网格管理员，及时上报、处置问题。在全县人口密集重点区域，设置废弃口罩专用收集容器3500个，每日收集生活垃圾3万余升，废弃口罩约1.5万只；对垃圾中转站、公厕和环卫车辆每天进行不少于2次的消毒杀菌；组织36名城管工作人员参与交通卡点管制、超市执勤等联防联控行动。开展路面油污清洗行动，对辖区道路进行全覆盖冲洗。全县配备8吨、3吨、1.5吨垃圾收集转运车116台、小型垃圾站6座、垃圾桶4.02万只，每天收集转运能力近1000吨，满足每天所产生的约490吨生活垃圾收集转运需求。配足配齐环卫保洁车辆与人员，建立健全综合立体式清扫保洁体系，实现农村生活垃圾治理全覆盖。全年处理全县生活垃圾10余万吨，无害化处理率100%。制定县级考核办法和细则，加强城乡环卫一体化市场化中标企业及乡镇（园区）的监管力度。全县配备户分类垃圾桶约5.66万只，设立垃圾分类超市231个，行政村生活垃圾分类试点率100%。

大气污染防治。2020年，肥东县聚焦“五控”措施（即控煤、控气、控尘、控车、控烧），细化工作举措，大气污染防治工作扎实开展。全县可吸入颗粒物（PM_{10}）浓度年均值57.7微克/立方米，同比下降12%；细颗粒物（$PM_{2.5}$）年均值34微克/立方米，同比下降17%；全年空气优良天数为303天，优良天数比例升至83%。全年取缔“散乱污”企业38家。执行二氧化硫、氮氧化物、颗粒物、挥发性有机物（VOCs）大气污染物特别排放限值，加大执法力度，推动工业污染源稳定达标排放。严禁新建每小时35蒸吨以下燃煤锅炉和非清洁能源炉窑、炉灶。制定《肥东县燃气锅炉（设施）低氮燃烧改造工作方案》，全年确定27家燃气锅炉低氮改造对象，完成24家改造，3家报停。全年燃煤炉窑改为天然气2台，炉窑采取集中供热措施1家。加强油气回收监管，检查加油站36家，油气回收系统均使用正常。县城区建筑工地涉及非道路移动机械的项目建立机械台账，宣传和督促机主申领机械环保标牌。落实《合肥市扬尘污染防治管理办法》，在建项目配备自动冲洗设备、雾炮机、洒水车降尘等扬尘污染防治措施，督促县内1万平方米及以上的建筑施工项目安装在线监测和视频监控装置并联网运行。开展施工工地扬尘治理联合督查，全年发出督办函38份。开展搅拌站、水稳站污染整治，推进标准化建设，对17家预拌商品混凝土搅拌站企业开展无组织排放整治，重点部位安装视频探头与县生态环境部门联网。制定《肥东县2020年秸秆禁烧工作方案》《肥东县秸秆禁烧工作考核实施办法》，安装火点瞭望塔98个，实行全天24小时不间断监控，利用科技手段助推禁烧工作。完善乡镇大气小型标准监测站建设20台（套），实现点位全覆盖。

石塘镇浮槎山夏日美景（罗祥勇/摄）

水环境治理。2020年，肥东县6个市级考核断面中长乐河、长临河达到Ⅳ类水质。南淝河、长乐河、二十埠河、店埠河较2019年SPI年均值分别下降46%、24%、65%、29%，污染物浓度大幅下降。对饮用水源地开展每月的水环境质量例行监测，众兴水库每季度开展1次64项指标、全年开展112项指标的全项监测，县级饮用水水源地众兴水库全年稳定达标。制定《肥东县水体稳定达标方案》，实施水环境治理项目12个。开展南淝河流域环境保护专项行动，南淝河（施口）、店埠河断面水质均值达到Ⅴ类。开展雨污管网错接漏接专项整治，排查农村污水管网141千米，完成农村污水处理设施改造25个。排查雨污管网错接漏接问题企业151家，全部整改到位。组织实施重点河流、排口及水源地水质监测。继续对全县巢湖流域和滁河流域61个断面进行每月1次的采样监测。对县内15个入河排污口进行按月监测管理。巢湖蓝藻防控出动打捞人员1.76万人次，打捞船只1368船次，打捞藻浆20.9万立方米，外运藻泥4716.19吨。构建全县水环境监测网，配合市生态环境局完成长乐河2座、二十埠河1座、南淝河1座、马桥河1座微型水质自动监测站建设，新建众兴水库饮用水源地水质自动监测标准站2座，新建南淝河、三十埠河、店埠河、定光河微型水质自动监测站10座。县域内的河道水质自动监测站点20座，水质自动监测网络安装手机app实时查看各站点水质数据；落实农村生活污水处理，安排2家专业机构对46家污水接入范围内住户管网进行全面排查设计。

生态修复。2020年，肥东县开展土壤污染状况详查，完成45家重点行业企业用地地块基本信息采集，启动开展重点行业企业用地土壤状况调查试点工作，对全县13家单位进行重点行业企业土壤污染状况调查和现场采样，建立2020年度疑似污染地块项目库清单。完成18家土壤质量重点监管单位隐患排查工作，加油站地下油罐防渗改造完成率97%，完成35个建制村环境综合整治任务并验收。聚焦“绿盾2019”专项行动20个问题点位，按规定时限，落实整改措施。推进玉带河等“六大湿地”建设，完成龙兴大道两侧绿线绿化、沿河西路绿廊景观、双庙道口绿化景观改造，建设右岸公园、山林间文化体验游园，成片造林 0.19 万公顷。开展长江流域禁捕工作，巢湖水域全面禁捕退捕，411 名渔民全部转产转业。

（丁梦云）

肥西县

【概况】 肥西县因位于合肥之西得名。1948 年 12 月底，析合肥县地置肥西县，肥西县地处安徽中部、合肥西南、巢湖之滨，东经 116° 40′ 52″ ～117° 21′ 39″、北纬 31° 30′ 22″ ～32° 00′ 21″ 。东连合肥市区，隔巢湖与巢湖市相望；西与六安市接壤；南沿丰乐河与舒城县、庐江县为邻；北抵寿县。县境西宽东窄，总面积 1695.41 平方千米。2020 年底，全县辖上派镇、三河镇、花岗镇、官亭镇、紫蓬镇、山南镇、桃花镇、丰乐镇，严店乡、高店乡、铭传乡、柿树岗乡等 12 个乡镇，肥西经济开发区、紫蓬山旅游开发区、柏堰科技园、新港工业园等 4 个园区，总人口 85.17 万。县人民政府驻上派镇。

2020 年地区生产总值 870.2 亿元，增长 5.7%；完成规模以上工业产值 1413.1 亿元，规模以上工业增加值 228.8 亿元，同比增长 8.7%，完成固定资产投资 408.3 亿元，同比增长 5.8%，比全市高 1.1 个百分点。其中，工业投资 85.6 亿元，同比增长 10.8%，比全市高 15.9 个百分点；工业技改投资 60.3 亿元，同比增长 15.2%。全县财政收入 86.8 亿元，同比增长 5.5%；地方财政收入 54.5 亿元，同比增长 7.5%。税收收入占财政收入比重为 84.6%，同比下降 0.4 个百分点。12 月末，全县金融机构人民币存款余额 803.5 亿元，同比增长 18%。其中，住户存款 439.4 亿元，增长 18.5%。全县金融机构人民币贷款余额 640.1 亿元，增长 28.1%。2020 年县域经济与县域基本竞争力跃居全国百强第 48 位。

中央脱贫攻坚专项巡视“回头看”和成效考核等反馈问题全部整改到位，159 个扶贫项目全面完工。压茬推进脱贫攻坚“四季攻势”，精准落实产业、就业、金融等帮扶措施，脱贫不稳定户和边缘户“两不愁三保障”及饮水安全底线全面筑牢。县域结对帮扶任务全面完成。脱贫攻坚连续四年获省级考核“好”的等次。

【政治建设】 2020 年，肥西县强化理论武装。抓好理论学习中心组和旁听督学，确保理论学习经常化、制度化和规范化。全面落实意识形态工作责任制，将意识形态督查纳入县委巡察内容，牢牢掌握意识形态工作领导权和主动权。

夯实基层组织建设。落实村级党组织书记县委备案管理制度。实施党支部建设提升行动，整顿后进软弱涣散党支部 18 个。推深做实“一抓双促”，推动基层党建业务工作更好地服务脱贫攻坚等重点工作。开展“擦亮提升、品牌创塑工程”，19 个示范项目全部达标验收。成功承办全省园区非公党建现场会、全市扶持壮大村级集体经济工作现场会。

干部队伍建设取得效果。坚持好干部标准，注重在防疫抗洪一线发现表现突出、敢于担当的干部，提拔重用科级干部 57 人。加大干部培训力度，举办新任职科级干部培训班、第三期年轻干部成长实训营和年轻干部经济班。开展效能建设专项整治行动，加大明察暗访频次和覆盖面，整治“庸懒散”，营造干事创业、担当尽责的氛围。

党风廉政建设和反腐败斗争常态长效。深化“三个以案”警示教育，推进警示教育取得实效。精准运用监督执纪“四种形态”处理 244 人次，持之以恒纠“四风”、树新风，严肃查处违反中央八项规定精神、群众身边的四风和腐败问题 24 起 30 人，通报曝光典型案例 19 起 21 人。保持反腐败斗争高压态势，处置问题线索 323 件，立案 134 件，给予党纪政务处分 148 人，移送司法机关 1 人。全面推进十三届县委第十轮巡察，完成全县 67 个单位党组织和 273 个村（社区）政治巡察全覆盖。

【防疫抗洪】 2020 年，肥西县疫情防控取得成效。面对新冠肺炎疫情，创新提出社区疫情防控“七个有（即人车流动有管理、排查追踪有记录、居家隔离有标准、重点人群有关爱、宣传动员有氛围、保洁消毒有常态、分类施策有预案）”工作要求和“八个起来（即口罩带起来、喇叭响起来、横幅挂起来、红袖章套起来、清洁卫生动起来、一封信发起来、重点人员管起来、大门看起来）”宣传方式，建立疫情防控最小网格，严格落实封闭管理、集中隔离、联防联控等措施，用 9 天时间实现新增确诊病例“归零”，36 天时间实现住院患者“清零”。坚持“外防输入、内防反弹”，强化常态化疫情防控，持续巩固疫情防控成果。坚持防疫、发展“两不误”，实行企业正面清单管理，分行业制定复工复市指南，率先在全市实现规模以上工业企业100%复工目标。实施重点企业“点对点”包保帮扶，出台“惠企”15条、“惠商”10条等系列扶持政策，推动企业达产增效。

防汛救灾取得胜利。面对百年不遇的洪水灾害，启动防汛抢险和灾害救助两个一级响应，组织动员部队官兵、党员干部、广大群众16.5万人次驻堤抢险、保卫家园。坚持大局为重、保主保重，主动分洪圩口6处、面积6920公顷，为打赢巢湖保卫战作出贡献。实施灾后重建十大工程，推进总投资达7.29亿元的应急水毁工程建设。做好蓄滞洪圩口群众补偿和洪涝灾害灾后补助工作，4.31亿元农户、经营主体补偿补助资金拨付到位，实施房屋恢复重建3817户，受灾群众生产生活秩序全面恢复。

【经济发展】 2020年，肥西县工业经济量质齐升。新增国家级高新技术企业79家、总数达266家，实现高新技术产业产值1038亿元、增长12%。实现战略性新兴产业产值760亿元，增长18%。新增市专精特新企业32家，新认定市级以上企业技术中心18家、工业设计中心13家，新获批省级新产品27项。新增省股权交易中心科创板挂牌企业35家，芯瑞达科技成功登陆深圳证券交易所中小板，会通新材料挂牌上海证券交易所科创板。联宝电子年产值破1000亿元，成为全市首家千亿级企业。县域工业竞争力位居中国信通院全国工业百强县榜单第58位。现代服务业提档升级。百大物流园开工建设，华南城电商产业基地启动实施。三河镇、铭传乡获评首批省特色旅游名镇，祥源花世界•星球花园获评“全国文化和旅游融合发展十大创新项目”。房地产市场平稳健康发展，商品房销售面积135.6万平方米。现代都市农业加快发展。兑现现代农业高质量发展专项资金6000万元，引进农业产业项目14个、总投资60.6亿元。建立优质绿色粮食生产基地1.81万公顷，新增设施农业面积146.67公顷、稻渔综合种养面积2000公顷。“互联网+”现代农业兴起，农产品网上销售额达7.61亿元。首次线上线下同步举办中国合肥苗交会、安徽省花博会，线上累计参访人数突破140万人次，苗交会社会影响力得到提升。

【项目建设】 2020年，肥西县新签约京东安徽智能产业园、德邦快递智慧产业园等亿元以上重大项目101个、总投资302亿元。全年到位省外资金234.6亿元，增长11.2%。境外资金2.21亿美元、增长44.3%。人民电器产业园等41个亿元以上项目开工建设，亿帆生物等40个亿元以上项目竣工投产，县“双四十”目标完成。132个省重点项目、185个市重点项目分别完成投资201.4亿元、279.9亿元，均超额完成年度任务。建立现代农业高质量发展重大项目库，入库项目55个、总投资205.1亿元，其中在建项目21个、总投资48.7亿元。花岗国家级现代农业产业园创建工作全面启动。推动肥西经济开发区“二次创业”，提升园区基础设施和公共服务配套水平。抢抓安徽自贸区建设重大机遇，推动新港工业园、柏堰科技园转型升级。

【城乡建设】 2020年，肥西县启动国土空间总体规划（2020—2035年）编制任务及生态红线评估调整、自然保护地整合优化工作，拓展发展新空间。320个大建设项目开工建设288个、竣工88个，开复工率达90%。

交通路网优化。德上高速、合六南通道开工，三河路下穿、集贤路南延、创新大道南延通车，实施翡翠路延长线、繁华大道改造等区域重大路网项目。包公路、公园路、新华街改造完成。引江济淮工程翡翠路桥、巢湖路桥、创新大道桥提前通车，淠河总干渠渡槽合龙。轨道交通3号线、4号线延长线启动，肥西高铁站正式运营，官亭通用机场获省发改委核准，合肥滨湖通用机场选址严店。

城市功能完善。合肥八水厂投

2020年12月22日，新建成的肥西高铁站迎来第一辆动车　（艾克发/摄）

产并网，中节能垃圾焚烧发电项目建成运营，推进餐厨垃圾处置项目，启动建设工人文化宫。110千伏蓬莱路变、华南城变和220千伏竹溪牵引站具备投运条件，完成7个重点小区双电源改造。

实施城市提升工程。推进主城区“十大提升工程”，实施149个小区、16条巷道、6个公园提升改造工程。拆除违法建设1.3万平方米。完成电动自行车登记上牌27.93万辆。市民文明养犬渐成习惯。实施雨污管网错漏接综合整治及老旧小区雨污分流改造，完成混接点整治768处、老旧小区改造21个。推进潭冲河以南片区路网、中央公园等项目，提升城市功能、品质和形象。

推进征迁安置。全年完成房屋征迁163.5万平方米，全县在建安置点822万平方米，芮祠三期等7个安置点移交、提供安置房7420套，1.5万群众迁入新居。高店乡房屋征迁货币化安置试点工作取得成效。

发力乡村建设。推进三庄联动等7个乡村振兴示范点，建设16个美丽乡村中心村，启动农村乱占耕地建房问题整治，完善乡村道路、水利等基础设施，新改建农村公路118.9千米、扶贫道路109千米。新建污水处理设施9座，完成改厕1.1万余户。发展村集体经济，全年集体经济强村达77个，村集体收入平均达44万元，全部消除村集体经济薄弱村。农村人居环境整治三年行动率先通过省级验收，获评“全国村庄清洁行动先进县”，乡村振兴实绩考核获全省第一。

2020年全县生产总值及增速表

表2:

指　标	绝对数	比上年增长%
生产总值	659.40	6.3
其中：第一产业	76.02	2.1
第二产业	265.71	9.3
第三产业	317.68	4.3
其中：农林牧渔业	77.54	2.1
工业	197.81	9.0
建筑业	68.17	10.0
批发和零售业	65.98	16.0
交通运输、仓储和邮政业	52.51	-2.0
住宿和餐饮业	7.98	-11.9
金融业	28.34	9.3
房地产业	58.97	1.1
营利性服务业	35.03	2.8
非营利性服务业	67.07	1.4

【生态治理】　2020年，肥西县完成造林1152.93公顷，森林抚育1266.67公顷，绿化乡村道路680千米。潭冲河湿地公园、滨河公园建成开放，三河国家湿地公园通过国家验收。推进全县水系沟通、紫蓬山林相改造等重点生态项目，全县生态环境持续改善。开展建筑工地扬尘、混凝土搅拌站扬尘、餐饮油烟污染等专项整治，空气质量持续好转。推进42项环保重点工程建设，编制农村生活污水治理专项规划，完成农村污水处理设施问题整改24个，完成5家重点企业污染隐患排查及监测工作，完成34个建制村环境整治任务。河（湖）长制、林长制常态长效，派河、丰乐河等重点河流水质稳定达标。落实长江流域重点水域禁捕退捕工作，巢湖水域442艘持证捕捞渔船全部拆解、注销，883名建档立卡退捕渔民实现应保尽保、转产就业。查处各类环境违法企业60家，其中查封扣押企业31家、停产限产企业15家，实施行政拘留4起，查处涉嫌环境犯罪案件1起。

【转型发展】　对接“新政策”。2020年，肥西县争取中央预算内投资4.49亿元、财政直达资金11.1亿元，发行政府债券13亿元。获批农发行绿色通道贷款项目3个，融资额度24.5亿元。出台推动经济高质量发展若干政策，兑现奖补资金1.95亿元。

发力“新基建”。建成智慧平安小区118个、智慧学校33所，新建充电桩181个，建成5G基站592个。发展工业互联网，建成智能工厂3个、数字化车间30个，618家企业实现“上云”。

激活“新引擎”。成立国有政策性融资担保公司，出资参与设立市产业投资促进基金、市民营企业纾困专项基金。探索推出创新券，发放专利质押贷0.68亿元、科技贷3.2亿元。启动农村闲置宅基地和闲置住宅盘活利用试点示范。开展村级集体经济组织承接社会公益性项目试点，新增经营性收入50万元以上经济强村59个。

培育“新环境”。实施“创优营商环境攻坚年”行动，开展“四送一服”专项行动，兑现减税降费政策16.6亿元。开通长三角“一网通办”综合服务窗口，推出“7×24”小时不打烊服务。推进

表 3:

2020 年主要农业产品产量及其增长速度表

产品名称	单 位	绝对数	比上年增长 %
粮 食	万吨	64.50	0.3
小 麦	万吨	15.38	3.0
水 稻	万吨	45.95	-0.9
油 料	万吨	2.02	4.6
油菜籽	万吨	1.45	5.3
棉 花	吨	742	-34.3
蔬 菜	万吨	33.74	4.1
肉 类	万吨	8.76	9.3
禽 蛋	万吨	4.7	47.4
水产品	万吨	4.43	5.4

工程建设项目审批流程再造，审批时限压缩至 80 个工作日以内。持续开展优秀企业、企业家评选表彰活动，营造尊重、激励企业家干事创业的氛围。

【社会民生】 2020 年，肥西县民生支出占财政支出 85%。城镇新增就业 1.75 万人，实现创业带动就业 8.96 万人。城乡居民基本养老保险、医疗保险和职工“五险”实现动态全覆盖。推进社会救助综合改革，“8+1”社会救助新体系基本建立。新建公办幼儿园 10 所，在园幼儿公办率、普惠率分别达 50.4%、83.1%。蓬莱路小学等 4 所学校开班招生，新增学位 8280 个。建成市级新优质学校 4 所，新组建教育集团 8 个。肥西二中与安徽师范大学教育集团合作办学正式签约。紧密型医共（联）体基本形成，慢性病精细化管理试点启动实施，探索开展日间病床医保结算。国家儿童区域医疗中心正式开工，安徽医科大学新医科中心落户。全民健身中心具备运行条件，乡镇体育设施“三个一”实现全覆盖。建成开放城市阅读空间 3 家、村级综合文化服务中心 32 个，刘铭传纪念馆建成开放，开展紫蓬诗歌节、月末大舞台等文化惠民活动。县融媒体中心建设通过省级验收，金穗数字电影放映公司获评全国基层电影服务先进集体。上派镇获评第四次全国经济普查先进集体。推进第七次人口普查。实施城市社区设置调整，创建市级达标村居 15 个。落实安全生产责任制，桃花镇在全省率先成立乡镇应急管理办公室。县级综治中心建成，280 个村（社区）“一村一警一辅”“一村一法律顾问”实现全覆盖。开展重复信访集中清理、信访积案化解专项行动，“越级访”“进京访”分别下降 55.4%、79.2%，社会大局保持和谐稳定。

（周基如）

长丰县

【概况】 2020 年，长丰县实现地区生产总值（GDP）659.4 亿元，按可比价格计算，增长 6.3%，分别快于全省和全市 2.4 和 2 个百分点，增速位居全市第一。分产业看，第一产业增加值 76.02 亿元，增长 2.1%，拉动全部增加值增长 0.3 个百分点；第二产业增加值 265.71 亿元，增长 9.3%，拉动全部增加值增长 4.2 个百分点；第三产业增加值 317.68 亿元，增长 4.3%，拉动全部增加值增长 1.8 个百分点。三次产业结构为 11.5：40.3：48.2。

【生态建设】 2020 年，长丰县执行蓝天行动计划，细颗粒物（$PM_{2.5}$）、可吸入颗粒物（PM_{10}）实现双下降，全县空气质量优良天比率为 77.4%；强化水环境综合治理，开展南淝河流域等环境保护专项行动，市级断面水质、县城饮用水源地水质达标率 100%；开展土壤污染状况详查工作，强化固体废物监管，获评全国第二次污染源普查表现突出集体。全县森林覆盖率 29.8%，全年成片造林 1493.33 公顷，森林抚育 1333.33 公顷，道路绿化 702.86 千米；整县推进畜禽养殖废弃物资源化利用，298 家养殖场畜禽养殖废弃物资源化利用项目全面完工。2020 年末，全县有空气环境监测站 2 个。PM_{10}、$PM_{2.5}$ 年均浓度分别为 66 微克／立方米、43 微克／立方米；二氧化硫、二氧化氮年均浓度分别为 8 微克／立方米、26 微克／立方米；一氧化碳日均浓度 0.5 毫克／立方米，臭氧日最大 8 小时平均浓度值 107 微克／立方米。全年全县城区空气质量优良以上天数为 287 天，优良率为 78.6%。

新增城区绿化面积 7.3 万平方米，绿化覆盖率 38.3%。建成区绿地率达 34%。生活垃圾无害化处理率 100%。全年能源消费量 188.87 万吨标准煤，同比增长 5.7%。电力消费量同比增长 9.5%。单位 GDP 能耗同比下降 0.5%。

【农业】 2020 年，长丰县创建 5 个万亩小麦示范片和 3 个 5000 亩水稻示范片，建立60个优质绿色水稻生产基地。推动建设智慧农业谷科创平台，规划“一院一园一基地”。加快特色农业规模化、产业化、品牌化发展，形成1.4万公顷草莓、1.67万公顷稻虾共养、0.53万公顷薄壳山核桃等特色农业产业，草莓品牌价值达73.66亿元，再获中国农产品地理标志。全县规模化养殖率达到75%以上。龙头企业发展壮大，全县农产品加工企业278家，其中规模以上企业40家、国家级龙头企业1家、省级龙头企业11家；“红桥经验”“金丰模式”试点推广，左店淮光、罗塘邵桥等35个村集体收入超50万元。新建0.3万公顷高标准农田，岗集青峰岭、陶楼石集、义井车王等9个田园综合体和现代农业产业园建成。吴山梨园、庄墓杨湾等14个美丽乡村通过高标准验收。造甲全市首个“楼房式”生猪养殖项目开工，杜集伊利优然牧场项目落地。农村生活垃圾无害化处理实现全覆盖，获评全国农村生活垃圾分类和资源化利用示范县。全年粮食作物播种面积11.43万公顷，同比减少406.67公顷。油料面积0.70万公顷，同比增加293.33公顷。棉花面积1167公顷。蔬菜面积1.31万公顷，同比扩大573.33公顷。草莓面积增长同比5.6%。

全年粮食总产量64.50万吨，同比增长0.3%。油料产量2.02万吨，同比增长4.6%；棉花产量742吨，同比下降34.3%；蔬菜产量33.74万吨，同比增长4.1%。草莓产量同比增长5.5%。年末全县生猪存栏35.08万头；全年生猪出栏39.33万头。全年肉类总产量8.76万吨，其中猪牛羊肉产量3.34万吨。禽蛋产量4.7万吨，同比增长47.4%。牛奶产量1.46万吨，同比下降27.1%。水产品产量4.43万吨，同比增长5.4%。

2020年规模以上工业企业主要产品产量及其增长速度表

表4：

产品名称	单位	绝对数	比上年增长%
电动机	万千瓦	31.51	389.6
服装	万件	955.73	95.1
饲料	万吨	43.88	32.0
铸铁件	万吨	12.65	28.7
工业仪表	万台（个）	22.32	28.0
电力电缆	千米	146110	22.1
钢结构	万吨	193.65	19.6
水泥	万吨	164.87	12.2
家用电冰箱	万台	5.06	9.2
橡胶轮胎外胎	万条	131.16	7.2
液体乳	万吨	42.98	-6.9
家具	万件	37.87	-14.0
家用电热水器	万台	43.44	-16.0
变压器	万千伏安	57.78	-24.2
发动机	万千瓦	39.92	-30.8

年末农业机械总动力108.44万千瓦，同比增长3.0%。农用拖拉机6.2万台，同比下降3.2%。农村用电量2.02亿千瓦时，同比增长7.7%。

全年农林牧渔业总产值115.83亿元，按可比价格计算，增长2.5%。

【工业】 2020年，长丰县获评“民营经济发展先进县”，并连续三年获评全省“制造业十强县、十快县”，工业总量和质量不断提质增效。全年规模以上工业增加值同比增长9.2%，规模以上工业总产值同比增长9.9%。实施“123+10行动”，建立14个主导产业链长制，产值10亿元以上企业达7户，80家亿元以上企业实现产值同比增长10.1%。传统产业实现转型升级，汽车零部件、装配式建筑产值均突破百亿。金龙浩光电、佳通轮胎等一批重点项目加快推进。规模以上工业企业统计的主要产品产量中，电动机同比增长389.6%，服装同比增长95.1%，饲料同比增长32.0%，电力电缆同比增长22.1%，钢结构同比增长19.6%，橡胶轮胎外胎同比增长7.2%。

【商贸服务业】 2020年，长丰县发放两轮消费券，发展夜间经济，培育市场主体，限额以上商贸流通企业达146家，新增限上企业28家；全年实现社会消费品零售总额288亿元，同比增长14.5%。引入京东、谊品生鲜等多家品牌电商企业建立农产品加工、分拣、冷链物流基地，全县农村电商企业1250家，获评全省农村电商优化升级示范县。岗集综合交通物流港、京东产业园二期等物流基地加快建设，京东农场等项目签约建设。

全年批发和零售业增加值65.98亿元，同比增长16%；交通运输、仓储和邮政业增加值52.51亿元，同比下降2%；住宿和餐饮业增加值7.98亿元，同比下降11.9%；金融业增加值28.34亿元，同比增长9.3%；房地产业增加值58.97亿元，同比增长1.1%；其他服务业增加值102.1亿元，同比增长1.9%。以信息传输、商务服务等新兴行业为代表的规模以上其他营利性服务业营业收入同比增长9.3%。

全县公路通车里程4311千米，其中高速公路通车里程115.4千米。年末民用汽车拥有量3.52万辆，同比增长5.7%，其中个人汽车2.87万辆，同比增长3.2%。民用轿车拥有量1.81万辆，同比增长4.6%，其中个人轿车1.67万辆，同比增长2.5%。

全年邮电业务收入6.68亿元，同比增长18%。其中，邮政业务收入0.92亿元，同比增长9.1%；电信业务收入5.76亿元，同比增长19.5%。本地固定电话年末用户4.44万户，比上年减少0.39万户；移动电话年末用户83.1万户，比上年增加9.4万户。年末基础电信运营企业计算机互联网宽带接入用户27.65万户，比上年增加4.07万户。

全年国内旅游人数181.62万人次，同比下降55%；国内旅游收入9.84亿元，同比下降65%。全年实现社会消费品零售总额287.75亿元，同比增长14.4%。从消费形态看，商品零售263.97亿元，同比增长18.9%；餐饮收入23.77亿元，同比下降19.3%。分企业规模看，限额以上企业零售额96.09亿元，同比增长217.6%，其中限额以上企业实现网上零售额84.67亿元，同比增长447%。

2020年8月27日，长丰县首届旅游美食大赛在北城生态庄园举行
（长丰县史志室/供）

【科技】 2020年，长丰县专利申请达2448件，其中发明专利622件；专利授权量为2293件，其中发明专利81件。全县国家级高新技术企业新增26家、总数达126家。恒大江海、华升泵阀成功申报组建省工程研究中心，荣事达太阳能、华恒生物通过省工程研究中心验收，金诚汽车装饰、汉邦希瑞等通过省级工业设计中心、企业技术中心认定。新认定战略性新兴产业企业9家。易升拖车、庆云医药获评市高成长种子企业，丽红塑胶、合凯电气获评市潜在“瞪羚”企业，瑞纳智能、舜禹水务获评市潜在“独角兽”企业，鸿路钢结构（集团）、万力轮胎入选市百强高新技术企业。

2020年全县分行业固定资产投资占比及增长速度表

表5：

	投资占比（%）	比上年增长（%）
农、林、牧、渔业	1.24	75.5
制造业	37.31	-7.7
电力、热力、燃气及水生产和供应业	2.00	9.3
批发和零售业	0.03	-97.8
交通运输、仓储和邮政业	3.44	-21.8
住宿和餐饮业	0.35	33.6
金融业	0.11	246.3
房地产业	40.09	2.2
租赁和商务服务业	0.59	-86.0
科学研究和技术服务业	0.23	-58.0
水利、环境和公共设施管理业	9.18	-16.2
居民服务、修理和其他服务业	0.10	80.6
教育	3.17	29.6
卫生和社会工作	1.83	-11.1
文化、体育和娱乐业	0.22	-40.2
公共管理、社会保障和社会组织	0.10	——

【财政金融】 2020年，长丰县财政收入67.25亿元，同比增长1.9%；其中，地方财政收入43.05亿元，同比增长3.6%。财政支出85.97亿元，同比增长9%。其中，一般公共服务支出7.53亿元，同比增长8.1%；社会保障与就业支出10.49亿元，同比增长17.7%；城乡社区事务支出7.89亿元，同比增长21.8%；医疗卫生支出10.01亿元，同比增长16.9%；教育支出14.78亿元，与去年持平。

2020 年末全县人口及构成表

表 6: 单位：万人

指　标	年末数	比重（%）
年末户籍人口	80.51	
其中：城镇	22.90	28.4
乡村	57.61	71.6
其中：0-17 岁	16.23	20.2
18-59 岁	50.27	62.4
60 周岁及以上	14.01	17.4

全年实施 28 项民生工程，累计投入 15.94 亿。年末全县金融机构各项存款余额 554.13 亿元，比上年末增加 35.9 亿元，同比增长 6.9%；其中，住户存款余额 262.84 亿元，比上年末增加 36.95 亿元，同比增长 16.4%；各项贷款余额 467.58 亿元，比上年末增加 93.07 亿元，同比增长 24.9%。金融存贷比为 84.4%，比去年提高 12.1 个百分点。

全年保险公司保费收入 4.88 亿元，同比增长 11.9%。其中，财产险保费收入 2.95 亿元，同比增长 9.3%；人身险保费收入 1.93 亿元，同比增长 16.3%。赔款和给付支出 2.24 亿元，同比增长 23.8%。其中，财产险业务赔款支出 1.92 亿元，同比增长 29.1%；人身险业务赔款支出 0.32 亿元，同比下降 3%。

【投资促进及项目】 2020 年，长丰县有 5 个建设项目获得中央预算资金支持，项目总投资 2.84 亿元，争取中央资金 5230 万元；12 个建设项目获得专项债券资金支持，项目总投资 105.5 亿元，争取专项债资金 18.38 亿元。全年列入市重点项目 165 个，完成投资 199 亿元，超额完成年度计划；投资超 10 亿元以上的露笑碳化硅产业园、合肥炭素、创和幸福庄园等大项目开工建设，鸿路产业基地、舜禹水务、金诚复合材料、信浓马达、皖能生物质发电等一批项目基本建成。建立县“十四五”重大项目库，形成项目梯次推进新格局。经县人大监督审批的政府性重大投资项目 71 个，实际完成投资额 79.87 亿元；全年 84 个亿元以上项目实现签约落户，先后引进 10 亿元以上项目 10 个，20 亿元以上项目 2 个。全年招商引资新续建项目总到位资金 230 亿元，其中：新引进项目到位资金 50 亿元；省外项目到位资金 212 亿元，外资项目到位资金 1 亿美元。全年引进长三角地区项目 12 个。

全年固定资产投资同比下降 8.2%。其中工业投资同比下降 6.9%，工业投资中的技术改造投资同比下降 6.0%。民间投资同比下降 5.0%。分产业看，第一产业投资同比增长 75.5%；第二产业投资同比下降 6.9%；第三产业投资同比下降 9.9%。分行业看，制造业投资同比下降 7.7%；房地产业投资同比增长 2.2%；教育业投资同比增长 29.6%。

【城市建设】 2020 年，长丰县建设品质北城，启动北城主次干道绿化工程，推进“九小”惠民工程和邻里中心项目建设，北城体育公园、梅冲湖沿湖公园对外开放，北城双创中心全面建成，同庆楼、恒大酒店主体封顶；提升精致县城，加快职教基地发展，建工技师学院一期竣工，轨道学院投入使用，双墩路提升改造基本完成，高铁广场改造、红莓谷、城市“绿廊”项目完成规划，体育馆、文化馆正式运营；加速下塘产业新城发展，园区污水处理厂开工，南圩家园一期、金店雅苑四期竣工验收，合水路快速通道启动改造；155 千米城市主次干道、197 千米农村道路建成通车，双凤路、濠河路铁路下穿开工建设。

2020 年 4 月 2 日，合肥市贯彻“六稳”暨长丰县 2020 年第一批重点项目投产运营、集中签约仪式在双凤经开区举行 （长丰县史志室／供）

【人口与人民生活】 2020年，长丰县出台为民办实事“30条”，实施28项民生工程，累计投入15.94亿元。城乡居民收入提高，全县城镇、农村常住居民人均可支配收入分别达到38838元、22979元，分别增长6%、6.8%。社会救助力度加大，全年发放农村、城镇低保金2.25亿元，累计救助43.5万人次，城乡最低生活保障标准提高到646元/月。社会保障水平提高，全年城镇登记失业率3.13%，当年新增就业11532人，“长丰智慧就业”成功上线；城乡居民社会养老保险参（续）保缴费人数40.79万人；全县城乡居民参加基本医疗保险人数达到65.25万人，参保率达98%，救助人员定点医疗保障纳入全省试点。保障房建设步伐加快，全年建成安置房小区10个，总建筑面积137.19万平方米，建成10026套；全年实际建成5个棚户区5758套改造项目，并完成176户省市下达危房改造任务。推进城乡公交一体化，新开通30条公交线路，投入车辆745台，线路总长1681千米，实现公交“村村通”，完成脱贫普查，“两不愁三保障一安全”和明显改善回答100%满意。全年全县常住居民人均可支配收入30086元，同比增长7.9%。按常住地分，城镇居民人均可支配收入39041元，同比增长6.6%；农村居民人均可支配收入23261元，同比增长8.1%。

年末全县参加城镇（职工）基本养老保险人数6.69万人，同比增长3.1%；参加机关事业单位基本养老保险人数1.68万人，同比增长0.8%；参加失业保险职工人数4.89万人，同比增长17%；参加城镇基本医疗保险职工人数7.58万人，同比增长7.1%；城乡居民社会养老保险参保人数40.77万人；城乡居民参加合作医疗人数65.28万人。全县城镇居民最低生活保障累计救济3.98万人次；农村居民最低生活保障累计救济39.56万人次；农村特困人员供养人数0.6万人。

年末全县户籍人口80.51万人，同比增加0.71万人，其中城镇户籍人口22.9万人。全年人口出生率12.16‰，同比下降1.59个千分点；死亡率4.53‰，同比上升0.32个千分点；自然增长率7.63‰，同比下降2.15个千分点。

2020年全县主要经济指标表

表7：

	单位	12月	增长	2020年	增长
地区生产总值	万元	—	—	4814281	2.7
#第一产业	万元	—	—	574197	-0.4
第二产业	万元	—	—	1628984	4.9
#工业	万元	—	—	933419	2.5
第三产业	万元	—	—	2611100	1.8
规模以上工业总产值	万元	228131	13.6	2148358	0.8
农产品加工产值	万元	32118	-18.1	298605	-20.4
战略性新兴产业产值	万元	75741	22.3	672600	11.0
高新技术企业产值	万元	73653	21.9	635347	32.7
规模以上工业增加值	万元	58118	20.4	557206	1.9
固定资产投资	万元	—	—	2895209	8.7
#工业投资	万元	—	—	742797	7.9
工业技改投资	万元	—	—	151849	129.3
#房地产	万元	—	—	589602	0.9
#房地产销售面积	平方米	—	—	643386	12.1
社会消费品零售总额	万元	—	—	1911845	1.5
#限上单位零售额	万元	25150	11.7	244557	4.9
招商引资	万元	—	—	1616288	—
#工业招商引资	万元	—	—	1045479	—
利用外资	万美元	—	—	8700	—
地方财政收入	万元	15748	38.4	205949	0.9
财政支出	万元	172992	164.7	823069	15.8
金融机构存款余额	万元	—	—	6487796	11.3
#住户存款余额	万元	—	—	4297360	15.2
金融机构贷款余额	万元	—	—	3996676	11.1
全社会用电量	万千瓦时	21598	-4.1	237978	1.8
#工业用电	万千瓦时	14181	-10.0	132283	-0.2
居民人均可支配收入	元	—	—	29086	7.5
#城镇居民	元	—	—	36651	6.1
农村居民	元	—	—	22672	7.9
注：△为与年初比。					

【社会事业】 2020年，长丰县推进文化惠民工程，庐剧现代戏《马郢计划》成功首演，完成“送戏进万村”文艺演出293场、农村电影放映2976场，先后举办第四届龙虾节、农民丰收节、首届县旅游美食大赛等活动；加强全民健身公共服务体系建设，“三个一”公共体育设施工程（即1个1000平方米以上小型室内健身中心、1个2000平方米以上全民健身广场、1个多

功能球类运动场或笼式足球场）基本建成；推进教育优质均衡发展，新改扩建中小学、幼儿园18所，新增学位1.3万个，成功引入合肥一六八教育集团、合肥师范附小教育集团、安徽师范大学教育集团等优质教育资源；医疗和公共卫生服务能力持续提升，实现村卫生室标准化建设全覆盖，启动县医院扩建、县中医院南区、县公共卫生服务中心建设项目，通过全国中医药基层先进示范县省级验收；获评2020年抗击新冠疫情先进集体及市对县新冠疫情考核工作第二名；实施“英才计划”，引进领军人才38名、硕博士99名；县档案馆正式获批“国家级数字档案馆”，县供销合作社获评全国百强县级社；推进社会信用体系建设，全县入驻市“信易贷”平台企业达2303家，累计授信4462万元；创优公共资源交易方式方法，获评2020年度首届全国公共资源交易“百强县”；规范食品药品市场秩序，“长丰食安”APP上线运行；完善退役军人服务体系建设，建成12个全国退役军人示范中心。年末全县有普通中学36所，在校学生3.98万人；中等职业教育学校6所，在校学生1.27万人；小学63所，在校学生5.42万人；幼儿园122所，在园幼儿2.49万人。全县小学学龄儿童入学率100%，初中毕业生升学率100%。

年末全县拥有专业剧团29个，图书馆1个，藏书23.79万册，文化广播电视站15个。

年末全县有卫生机构428个（含村卫生室和计生服务站），其中医院、卫生院32个，社区卫生服务机构21个。卫生机构床位4543张。全县专业卫生技术人员2947人，其中执业医师和职业助理医师1378人，注册护士1177人。每千人拥有卫生技术人员3.66人，拥有医院、卫生院床位数5.64张。婴儿死亡率2.32‰，产妇住院分娩率100%。城乡居民新农合参合率99%。

年末全县拥有各类收养性社会福利机构20个，床位5218张。全县建立居家养老服务站96个。慈善组织募集各类善款226.6万元。

（李　标）

庐江县

【概况】 庐江县位于北纬30°57′～31°33′，东经117°01′～117°34′，地处皖中，周边与巢湖市、无为市、枞阳县、桐城市、舒城县、肥西县毗连。合九铁路、合肥至安庆高铁、庐铜铁路、合安高速公路、合铜黄高速公路穿过县境，为南北交通要道；截至2020年底，县境高速公路2条78千米，国道2条122.27千米，省道7条314.25千米，县道455.80千米，乡道629.57千米，村道3467.07千米，公路总里程达5066.95千米，公路网密度达2.15千米/平方千米，居合肥市先进行列。水路运输通巢湖达长江。

2020年末，庐江县土地总面积234373.89公顷，其中：农用地179046.33公顷（耕地面积115261.01公顷）；建设用地37107.05公顷，未利用地18220.51公顷。全县林地面积50695.2公顷，森林面积43055.6公顷，森林覆盖率18.37%，林木绿化率35.02%，活立木总储蓄量492.4万立方米。

2020年，庐江县地区生产总值（GDP）4814281万元，同比增长2.7%。其中：第一产业574197万元，同比下降-0.4%；第二产业1628984万元，同比增长4.9%；第三产业2611100万元，同比增长1.8%。

【工矿产业】 2020年，受疫情和洪灾双重影响，庐江县工业经济发展呈现稳步复苏、稳中有进的发展态势。全县184家规模以上工业企业（含供电）实现工业总产值214.8亿元，同比增长0.8%；实现工业增加值55.7亿元，同比增长1.9%；实现工业投资74.3亿元，同比增长7.9%，新增规模以上工业企业18家，推动工业转型升级，推动制造业创新发展，当年新增省级企业技术中心1家、省级工业设计中心1家、省工业精品1件、省级新产品3个、省首台（套）1个，新增市级企业技术中心2家、市级工业设计中心2家。庐江县获评2019年安徽省“工业稳增长和转型升级成效明显县”，庐江矾矿获评国家工业遗产，成为合肥市第2家国家工业遗产项目。

2020年，全县金属非金属矿山企业28家，其中生产矿山18家（其中正常生产8家，停产10家），在建矿山10家（其中基建3家，停建7家）。全县重点矿山企业开采原矿石955.84万吨，同比增长4.25%，产品产量297.37万吨，同比增长2.56%。企业实现产值32.15亿元，同比增长32%；实现销售收入31.23亿元，同比增长29.30%；实交税金4.51亿元，同比增长18.94%。矿业经济的产量、产值、税收等各项经济指标均创历史新高。

【农业农村】 2020年，庐江县粮食播种面积13.14万公顷，总产71.82万吨，其中水稻种植面积9.22万公顷，总产55.24万吨。实施“中国好粮油”行动计划，加大稻米品牌创建力度，“海神黄酒”和“笑弯腰大米”获评中国驰名商标，涌现出“白湖大米”“放马滩虾田米”“喜洋洋富硒大米”等一批地方知名稻米品牌。指导蔬菜种植1.87万公顷，稳定生猪养殖12.8万头，组织113家农业经营主体建设合肥市2020年疫情期间蔬菜核心基地526.95公顷。核定农业救助补助资金4336.39万元，生产恢复重建补贴5397.383万元。完成18个现代农业产业标准园建设，新培育“三品一标”农产品14个，新增“一村一品”市级示范村5个。全县规模养殖场粪污处理设备设施装备率达95.17%，综合利用率91.47%，主要农作物肥料利用率达40%，农作物病虫害绿色防控覆盖率达43%，秸秆综合利用率92%以上。茶园面积0.65万公顷，茶叶企业（家庭农场）123家，茶叶总产量3870吨，茶叶总产值7.43亿元，同比增加近1亿元。

全年高标准农田建设项目总投资2274.03万元，建设高标准农田866.67公顷。农田水利建设项目总投资7224万元，建成0.40万公顷，全县农业水毁修复工程全面开展。

全县农村222个村（居）集体经济经营性总收入6921.99万元、村均31.18万元，经营性收入50万元以上村达46个、100万元以上村8个，分别比上年新增34个、8个。推进“四带一自”产业扶贫民生工程，全县24个贫困村全部建成特色种养业扶贫基地。农村人居环境得到改善，427个村庄“五清一改”通过验收，17个省市中心村总体工程类建设完成88%。实施“百村示范、千村整治”工程，开展“五清一改”村庄604个，开展“五化两改”村庄150个，完成通组达户道路145千米。当年改厕1.5万户。白山镇党海村和汤池镇三冲村获批2020年第六届“全国文明村镇”；创建并通过省级认定13个美丽乡村示范村和重点示范村（其中省级美丽乡村重点示范村4个，示范村9个）。获评全省实施乡村振兴战略实绩考核优秀县，推荐入选农村人居环境整治国务院激励县名单。

【疫情防控】 2020年1月底，新型冠状病毒感染的肺炎疫情发生后，庐江县先后停运县内公交、城乡公交，关闭29个活禽市场、208家娱乐文化场所、40家网吧、8个风景区、410个图书馆（含博物馆、阅读空间）、8家旅行社、247家培训机构、6个体育馆（含室内健身房）、70家洗浴场所（含桑拿、足浴、养生会所等）、1138个棋牌室，全县50座寺庙、82处教堂和1座道观取消所有群众性宗教活动，劝停40处广场舞集聚点；退订餐饮企业宴席1.6万余桌，对22家商场、354家旅馆、1758家餐饮单位落实限制措施；制作宣传单、宣传折页17万份，发送疫情防控短信30万条，阻断疫情传播风险。

县直机关1000余名在职党员承担社区党组织分配的疫情防控任务，医疗卫生战线党组织带领4000余医务工作者在防控疫情、医疗救治、基础预防等各环节勇挑重担，3名党员和2名入党积极分子医护人员主动请缨，驰援武汉。全县229个村（社区）的党员群众自发成立280多支“党员突击队”“志愿服务队”，协助村（社区）做好疫情防控工作。全县2100多个基层党组织、2100余名县直干部、2900余名镇村干部、4000余名医护人员、5300余名村民组长和社区网格员、1500余名群众志愿者始终冲在疫情防控第一线，用科学方式防控疫情。

疫情防控期间，全县设置小区（农村）广播点2154个、电子显示屏1085个、流动广播车辆905辆、横幅1985条、喇叭等1345个，在街道、社区、村居、公共区域和重要场所张贴发放疫情防控宣传单、倡议书、告知书、一封信、六个“必须”等，发放一封信、倡议书93

庐江山核桃成为农民脱贫“致富果” （庐江县史志室／供）

万份。2月22日以后，庐江逐步恢复交通和生产生活秩序，游园绿地、公园广场等公共空间和开放式旅游景区逐步开放，同时解除道路交通管制，保障交通网络通畅。2月24日，引江济淮工程庐江境内全线复工。3月2日，中小学全面推动线上教学。3月10日，工商企业有序复工复产。3月15日以后有序开放餐饮服务业和文化旅游场所。

【抗洪救灾】 2020年，庐江县连续遭遇9轮强降雨袭击。梅雨期间累计降雨量达1318毫米，超过常年梅雨量365%，是常年梅雨量的4.7倍，突破庐江县有气象记录以来历史极值。全县90％以上地区都达到大暴雨级别，约50％的区域达到特大暴雨级别，特别是白湖和沙溪两个站降雨量都超过1969年庐江有气象记录以来历史极值。汛期以来，西河缺口最高水位达13.06米、巢湖忠庙最高水位达13.43米，分别超百年一遇历史最高水位。据不完全统计，全县直接经济财产损失58.09亿元，淹没农田2.60万公顷，受灾农田8.06万公顷，受灾人口49.88万人，紧急转移安置11.85万人。至8月22日，庐江县漫溢、主动蓄洪圩口达116个。

期间，庐江县防汛堤上建立244个临时党支部，全县2315个基层党组织、11809名党员干部与广大群众共战洪魔。全县投入抢险的干部群众达23.96万人次，投入机械设备总计3700多台次。解放军73101部队等9支部队3920名官兵在庐江县白石天河、小南河、七联圩、九联圩、裴岗联圩等地，加固堤坝、装填沙袋、封堵管涌、构筑子堤、抢修道路、固定木桩、挖运土方，在县险情严重圩区加固堤坝63.6千米、挖运土方50731平方米、开挖导渗沟4472米，处置渗水点410处、管涌14处，转移群众1346人。

【脱贫攻坚】 2020年，庐江县安排财政扶贫资金3.42亿元，其中财政专项扶贫资金3.22亿元（中央2052万元，省级1516万元，市级21638.6万元，县级7000万元），清理回收资金2020万元，批复并备案扶贫项目102个（产业扶贫项目39个，基础设施项目59个，就业扶贫等项目4个）全部完工，专项扶贫资金支出3.11亿元，支出进度96.2%。实施“510”现代农业产业提升工程，推进“四带一自”产业扶贫模式，推进旅游+扶贫模式，推进电商扶贫和光伏扶贫运维管理。开展抗疫救灾就业帮扶。开展金融扶贫和消费扶贫，实现饮水安全问题动态清零。抓好社保兜底应保尽保，防范自然灾害风险，建立扶贫开发与防灾减灾救灾信息共享与会商机制，发展村集体经济，全县5万元以下薄弱村和2万元以下空壳村全面消除。制定出台《2020年度庐江县结对帮扶金寨县工作计划》，签订《2020年庐江金寨县域结对帮扶协议》。进行产业合作、人才交流和消费扶贫，帮助金寨县抗击疫情，为企业复工复产提供技术支持。

2020年，庐江县经省脱贫攻坚第三方监测评估，如期实现农村贫困人口全部脱贫。县建立健全防止返贫致贫监测预警和动态帮扶机制，对已脱贫户进行分类管理，科学制定“一户一方案、一人一措施”帮扶计划，动态监测，动态管理，针对性地开展帮扶。2020年全县脱贫户人均纯收入12101元，较上年增长8.61%。

2020年7月19日，庐江县阳光公益志愿者转移被洪水围困居民
（庐江县史志室／供）

【环巢湖治理】 2020年，庐江县聚焦“巢湖综合治理工程实施”，续建环巢湖项目的果园山、移湖及金汤水库水源地保护工程，黄陂湖流域水环境综合治理工程，白石天河支流金牛河、牛首河、小南河等3条河治理工程等11个项目，总投资30.22亿元，全年完成投资6亿元。新建金牛河、盛桥河生态清洁小流域建设工程，白山后街小河镇区段治理工程，白石天河、兆河、马槽河流域12个集镇污水收集处理工程等8个项目，总投资33.96

亿元，全年完成投资7亿元。

根据巢湖10年禁捕工作总体安排，完善退捕鱼船渔民建档立卡，退捕对象419艘渔船上的持证渔民258户589人，其中2017年退捕14户15艘28人，2019年退捕244户404艘561人所有信息全部整理到位；开展三无船舶专项整治，拆解三无船舶1490艘，查处并收缴沿湖3镇非法渔船111艘。

【民生保障】 2020年，庐江县城镇居民人均可支配收入达到36651元，同比增长6.1%，增速快于本地GDP增速。全县城乡居民养老保险参续保57.67万人，养老金发放率100%。全县参加被征地农民养老保险51036人，被征地农民基础养老金每人每月260元。全县参加城乡居民医保人数101.47万人，参保率（占全县常住人口的比例）103.3%；参加城镇职工医保人数7.49万人。城乡居民基本医疗保险基金当年总收入81176.32万元，总支出100854.78万元。

截至2020年底，城乡居民基本医疗保险基金总收入81176.32万元，总支出100854.78万元（其中：大病保险支付11901.55万元）；城乡医疗救助总收入7389.83万元，享受待遇149727人次，支出金额7389.83万元；城镇职工基本医疗保险基金总收入26550.48万元，支出26252.44万元。

（高天信　刘家保）

巢湖市

【概况】 巢湖市位于安徽省中部、江淮丘陵南部，地处东经117°25′～117°58′和北纬31°16′～32°。东与含山县交界，西北与肥东县接壤，南与无为县毗邻，西南隔兆河与庐江县相对，东北隔滁河与全椒县相望。巢湖市是全国唯一以湖命名的城市。巢湖市历史悠久，文字记载的历史有三千余年。古称南巢、居巢，秦时设居巢县，唐设巢县，1984年设立县级巢湖市，1999年撤市设居巢区，属地级巢湖市，2011年8月根据《国务院关于同意安徽省撤销地级巢湖市及部分行政区划调整的批复》精神，重新设立县级巢湖市，新设的巢湖市由安徽省直辖，合肥市代管。截至2020年底，全市辖11个镇、1个乡、5个街道办事处，户籍人口86.03万。面积2046.14平方千米，其中区域内巢湖水域面积463.78平方千米。森林覆盖率30.1%，城市建成区绿化覆盖率40.5%，是全国文明城市、国家园林城市、全国宜居生态示范城市、中国人居环境示范城市、全国绿色发展百强县（市）、全国投资潜力百强县（市）、全国科技创新百强县（市）、全省美丽乡村建设先进县（市），入选首批创建“国家全域旅游示范区”城市、全国农村社区治理实验区。是全国最大的渔网生产基地、全国最大的水泥建材生产基地，全国著名的温泉之乡和全国养老产业最具投资价值城市，入选首批“国家创新型县（市）”建设名单。2020年，巢湖市经济社会保持健康平稳发展态势。全年完成地区生产总值454.5亿元，同比增长2.1%；规模以上工业增加值66.9亿元，同比下降3.6%；一般公共预算收入23.2亿元，同比增长0.3%；全社会固定资产投资164.9亿元，同比增长11.4%；社会消费品零售总额192.2亿元，同比增长3.1%。农村人居环境整治获国务院通报表彰，培育发展健康养老产业、河湖长制工作获省政府表彰。位列“安徽县域综合竞争力30强榜单”第4位、“2020中国综合投资热力百佳县市”第26位。

【三大攻坚战】 2020年，巢湖市实施脱贫攻坚决战，组织“四季攻势”，开展“抗补促”专项行动，在疫情影响“四个清零”基础上，实现“两不愁三保障一安全”问题动态清零。投入2.91亿元，实施扶贫项目134个，完成“四带一自”5453户，兜底保障应保尽保，脱贫不稳定户和边缘户返贫致贫风险全面消除。拨付帮扶资金1500万元，创新完成县域结对帮扶任务。中央脱贫攻坚专项巡视“回头看”和2019年成效考核反馈问题全面完成整改。现行标准下建档立卡贫困户全部脱贫、16个贫困村全部出列，如期完成脱贫攻坚目标任务。

实施环巢湖生态保护修复二至六期45个项目，完成投资6亿元。推进林长制改革示范区先行区建设，造林绿化515.06公顷、退化林修复333.33公顷、森林抚育0.18万公顷，推进“三大湿地公园”建设。开工建设总投资20.34亿元废弃矿山修复项目。开展“三大一强”专项行动，持续打好蓝天、碧水、净土保卫战，空气质量优良天数达335天，细颗粒物（PM2.5）浓度降至33微克/立方米；城区黑臭水体基本消除，4条国控水质断面稳定达标，双桥河成为合肥市唯一省级示范河湖。长江经济带生态环境警示片、环保督察、“绿盾”行动反馈突出环境问题按要求整改销号。

落实防范重大风险“1+6+6”方案，重点领域风险有效防控。加大金融支持实体经济力度，新增中小微企业贷款40亿元，同比增长14.7%。妥善处置欠薪案件103起，为劳动者追讨工资1581万元。严防金融风险，完成政府隐性债务化解年度计划等各项任务。

2020年，欧菲光项目落户巢湖（巢湖市史志室/供）

【产业发展】 2020年，巢湖市提优升级园区平台。居巢经济开发区新签约海一重工、晨力电气等亿元以上项目17个，优泰新材料、蓝鹰智能等13个项目投产。中科智城被认定为省级小微型企业创业创新示范基地。雅荷公园、抱书河公园及南外环绿道对外开放。半岛生态科学城建成治中路、相隐路等11条道路，110千伏黄麓变和半岛供电、供水工程全面启动，韵达智慧物流产业园落地布局，欧菲光光学光电产业园落户开工，实现百亿工业项目零的突破。合巢产业新城新签约项目13个，总投资约120亿元，其中10亿元以上项目4个，苏开电气、科霖智行等13个项目开工建设。现代产业提质增效。创新实施7个重点产业“链长制”，以建链、强链、补链为导向，新井工宝钢金属大交通轻量化、云海三期、皖维新材料等亿元以上工业项目34个。实施亿元以上技改项目22个，完成技改投资21.7亿元，同比增长41.4%。推进“三重一创”，战略性新兴产业产值51.7亿元，成功创建槐林渔网省级特色小镇。新增规模以上服务业企业8家，规模以上服务业企业营业收入36.4亿元，同比增长65.4%。尖山湖逸趣园等田园综合体开放运营，全域旅游示范区通过省级验收。创建省级电子商务示范镇1个、示范村6个。合肥市级以上“一村一品”示范村67个，中埠小联圩村入选全国乡村特色产业亿元村。创新驱动提速加力。推进国家创新型县（市）建设，新增国家高新技术企业14家，入库科技型中小企业75家，高新技术产业增加值10.9亿元，同比增长48%。皖维高新等3家企业入选合肥市百强高新技术企业，工布智造等4家企业入选合肥市2020年度高成长种子企业。签订产学研合作项目16项，科技成果登记130项，技术合同成交额超6亿元。授权各项专利845件、发明专利68件。人才公寓竣工验收，面向社会引进紧缺专业人才60人。

【营商环境】 2020年，巢湖市深化改革开放释放“巢湖红利”。实施“创优营商环境攻坚年”，897项政务服务事项进驻大厅，企业开办网办率98%，新增市场主体8826户。落实减税降费政策，累计新增减税1.5亿元、降费2.33亿元。在合肥市率先施行食品经营许可（流通环节）告知承诺制。推动跨领域综合执法，17支综合行政执法大队组建运行。完成“三变”改革村（社区）145个、集体产权制度改革村（社区）173个。开展领导干部自然资源资产离任审计试点。扩大开放拓展新局。商合杭高铁投入运营，巢湖始发至上海高铁班次正式开通。明巢高速、岳武高速巢湖段、G329庙岗至夏阁段开工建设，G329夏阁至含山界、G312柘皋至滁州段、方兴大道东延、S105快速化改造工程提速推进。创新产业链招商、委托招商、基金招商、平台招商等模式，新签约亿元以上项目63个，到位资金158亿元，同比增长11%。全年进出口总额5.2亿美元，实际利用外资1亿美元。设立长三角和G60城市“通办窗口”，应用电子证照异地发证。要素保障精准有力。新增增减挂钩及工矿废弃地指标249.67公顷，耕地占补平衡指标273.73公顷。取得省政府建设用地批复8个批次352.66公顷。入库“镁基新材料产业园”等8个非标专项债项目，争取专项债券额度58.1亿元，成功发行债券2.5亿元。金融机构人民币贷款余额574亿元，同比增长10.7%。

【城乡建设】 2020年，巢湖市致力推动城乡融合，《国土空间总体规划（2020—2035年）》形成初步成果，完成旗山新区区域控规编制。新建、续建城市大建设项目

129个，完成投资36.7亿元，亚父路二期获省市政工程优质奖，凤凰山路二期等3个项目获合肥市政工程“庐州杯”。实施旗山水郡、书香苑二期棚改项目，新建121个智慧平安小区，完成83个老旧小区阳台洗衣机废水改造提升。活禽屠宰批发市场、7410工厂农贸市场建成投用。有巢氏公园、亚父祠对外开放，文昌阁顺利封顶。完成凤凰之家二期、明巢高速、土地整治等30个项目60.61万平方米房屋征收。查处违建约6.3万平方米。建成10个美丽乡村中心村，烔炀凤凰村入选2020年中国美丽休闲乡村。实施农村人居环境整治三年行动，改造农村危房174户、厕所7132户，农村环境综合整治考核连续七年合肥市第一。成功创建1个省级森林城镇和6个省级森林村庄。环湖农产品加工集中区入选省绿色农产品“158”行动重点园区。实施“352”强村行动，集体经营性收入村均达18.2万元。基础设施更趋完善。东外环工程加速推进，亚父路大桥、巢湖大桥建成通车。改造农村道路35.27千米、危桥33座。开通巢湖至合肥滨湖、含山、庐江公交线路。完成巢湖环湖防洪治理、裕溪河治理、中小河流建设任务，加快驷马山大型灌区大骆岗灌溉片节水改造。完成节水型社会达标建设。城北污水处理厂提标改造完工，岗岭污水处理厂三期开工建设。推进城乡供水一体化，完成22家乡镇水厂清产核资，其中19家成功回购。

【公共事业】 2020年，巢湖市扩大优质教育资源供给，新增合肥市特一类园1所、一类园3所，设立人民路小学湖光校区、世纪新都小学半汤校区，巢湖一中、柘皋小学等4个改扩建项目完工投用。高考一本达线率超全省平均水平16个百分点，创历史新高。推进“健康巢湖”建设，安医大附属巢湖医院内科楼顺利封顶，合肥八院、骨科医院门诊楼开工建设。2个紧密型县域医共体组建成立，建成中医馆18个，家庭医生签约服务提质扩面，县域内就诊率74.36%。省体育强县示范县（市）创建扎实推进。博物馆、图书馆新馆附属设施建设如期完工。社会保障方面，实施27项民生工程，累计投入17.14亿元。渔民退捕转产完成率100%。城镇新增就业2.09万人，登记失业率2.85%。基层社会救助工作获民政部认可。乡镇（街道）养老服务中心、城市社区居家养老服务站实现全覆盖。市殡仪馆主体完工，市级骨灰堂投入使用。社会治理扎实有效。化解上级交办“四重”信访积案78件，法治信访工作经验在合肥市推广。全国农村社区治理实验区建设纵深推进。完成第七次全国人口普查任务。常态化推进扫黑除恶，群众安全感满意度居合肥市前列，获评“全省扫黑除恶专项斗争先进领导小组”。推进安全生产专项整治三年行动，获评合肥市平安建设先进县（市）。

【疫情防控】 2020年初，巢湖市创新“六个一”机制，坚守“外防输入、内防扩散”底线，全民开展地毯式排查、网格化管控，确诊病例在合肥县（市）中最少，3月5日“清零”后保持零新增，率先进入低风险地区；随着疫情防控形势向好，精准推动复工复产复学，出台稳企业稳经济稳发展“10条”，做好市场保供稳价、困难救助、错峰开学等工作，一季度末，规模以上工业企业全面复产、限上商贸企业全面复业，71个在建工程全面复工，中小学校分批有序复学。

【防汛抗洪】 2020年汛期，巢湖市遭受百年未遇的暴雨洪水袭击，面对最大水量、最长汛期的考验，巢湖人民同步打响江防、湖防、城防、圩防四大防守战，打赢巢湖大堤等重点堤防保卫战、中埠联圩等重要圩口抢险战。开展灾后重建“四启动一建设”，部署落实“五抢一防”，降低灾害损失，恢复生产生活，夺取防汛抗洪救灾的全面胜利。

（昂朝桂）

2020年12月，巢湖市加快推进灾后水利工程水毁修复 （巢湖市史志室/供）

瑶海区

【概况】 瑶海区位于合肥市主城区东部，东接肥东县，西、南滨南淝河，北邻长丰县、合肥新站高新技术产业开发区。2020年，辖11个街道、1个镇，设龙岗综合经济开发区，所辖社区由90个优化至66个，面积64.4平方千米，常住人口100万人。获评“全国法治政府建设工作先进单位”“中国纺织服装流通转型升级特别创新奖”“2019年度全省制造业发展综合10强区”等。

【经济发展】 2020年，瑶海区统筹推进防疫抗汛和经济社会发展，实现地区生产总值（GDP）622亿元，同比增长2.3%；财政收入25.57亿元，同比增长1.08%；社会消费品零售总额428亿元，同比增长0.6%；招商引资总量156亿元，同比增长5.5%；城镇居民人均可支配收入50003元，同比增长6%。

全区列入市“大新专”项目161个，完成投资142.88亿元。新增国家级高新技术企业27家，总数达51家。全年召开政银企对接会12次，累计为中小微企业发放贷款317.57亿元。与中国科学技术大学先进技术研究院合作建设长三角科技战略前沿研究院。引导国有资本投向新兴技术和民生服务领域，国资参股的旭东一家公司产值实现6.5亿元。修订产业高质量发展政策，兑现各类奖补资金7800余万元。中国网谷，物联网科技产业园、都市科技工业园、安徽尚荣大健康产业园“一谷三基地”建设加快，猪八戒网、云海量子、中国电子等高新技术企业落地运营。盒子健康全球首发新冠病毒灭活口罩成为全省唯一量产医用N95口罩生产基地。长江180艺术街区作为安徽第一个工业改造试点项目，成为“网红”打卡新地标。全省首家短视频直播基地揭牌，首批9家数字经济和文化传媒企业入驻。开展“汽车惠购节”“品味瑶海 乐享美食”等主题促销活动；连续三年承办中国创新创业大赛安徽赛区赛事。举办合肥瑶海（重庆）信息数据产业对接会、长三角服装产业一体化高峰论坛等大型招商活动9场，签约项目64个，总投资81.1亿元，罗欣药业、泛普科技、中泽新材料等企业落户瑶海。

长江180园区 （瑶海区史志室/供）

【社会民生】 2020年，瑶海区推进“扫黑除恶”专项行动，加强对行业清源工作的统筹督导，开展殡葬行业、套路贷等专项领域整治行动，省级以上81条线索全部办结。启动“数字瑶海”工程，推动社会治理综合信息平台建设。统筹发展与安全，开展重点时段食品安全专项保障行动，检查食品生产经营单位1.4万余家。组织开展电梯维保、气瓶充装等应急演练，落实特种设备安全监管职责。安全生产事故数、亡人数降幅全市最大。开展“春季固守”“皖剑-2020”等专项打击传销行动，摧毁“48930”传销组织体系，获得市级通报表彰。开展“三无”小区物业全覆盖试点工作，启动建设智慧平安小区145个。电动自行车免费登记上牌23万辆。群众安全感和政法满意度实现“双提升”。

全年推进征迁项目33个，完成征迁面积115.96万平方米；大通路44号等项目成功清零；王大郢城中村14天完成搬迁，刷新集体土地征迁“瑶海速度”；建成交付安拖家园等复建点4个，安置回迁户4485户。实施政府投资类项目79个，完工27个、新开工14个、续建26个、竣工结算12个。建成淮南路等9条道路、安徽大市场等21处公共停车场，来安路等10条道路慢行系统完成改造。长江东路改造工程基本完成。成立区级龙岗开发区征迁安置工作领导小组，油坊新城二期居民实现回迁安置，解决长达15年的遗留问题。争取省、市资金16.67亿元，破解龚大塘城中村等项目改造资金短缺难题。朱砖井、车桥厂等7宗土地上市，出让金总额25.25亿元。龙岗开发区大彭片区土地利用总体规划调整方案获得批准，新增建设用地约73.33公顷。

全年实施民生工程17项，投入资金6.31亿元；实施为民服务大事10件，建成为民项目点78处，投入资金5.71万元。拨付巢湖市帮扶资金300万元，完成区域脱贫协作帮扶任务。发放各类社会救助和社会福利资金8200万元。建成全省首个建筑农民工创业孵化园。新增就业1.62万人，城镇登记失业率控制在3.2%以内。完成第七次全国人口普查。建设4个综合为老服务中心项目，七里站街道获评“全国智慧养老示范街道”。成立瑶海区基层治理学院，举办瑶海区首届社区微公益创投大赛。加强国企退休人员社会化管理，完成移交9218人。落实社保接续政策，补缴2675名退役士兵社会保险。建设瑶海湾等17所中小学幼儿园，成立铜陵新村等5个幼教集团。被教育部评为安徽省唯一网络学习空间应用普及活动优秀区域，三十八中（本部）获评“全国文明校园”。提升瑶海大剧院、城市阅读空间服务水平，拓展公共文化服务功能。建成11处社会化足球场地，推动群众文化、群众体育发展。全省首个紧密型城市医联体（合肥市第二人民医院城市医联体集团瑶海区大兴分院）、首家居委会公共卫生委员会（方庙街道香江佳元社区）在瑶海挂牌成立。

【生态建设】 2020年，瑶海区全面完成204件中央、省环保督察件整改。省环保督察信访投诉件主城区最少，整改完成率最高。细颗粒物（$PM_{2.5}$）、可吸入颗粒物（PM_{10}）两项管控均值实现“双下降”，全年累计优良天数308天，较2019年增加68天。实施南淝河调蓄池、二十埠河河道整治等15个水环境治理项目。整改完成140家大排水户雨污分流，567处市政道路管网混接点整改全部验收销号。四条主要河流水质状况近年来首次全面达标，生态补偿金实现由扣缴向奖励的根本性转变。推进重点地块土壤修复工作，完成10个地块场地调查备案。实施园林绿化建设项目17个。新建提升绿化面积70万平方米，建成区绿化覆盖率增至22.98%。建设垃圾分类投放点586个。查处违法建设1220处，拆除5.3万平方米。

【东部新中心建设】 合肥东部新中心横跨瑶海、包河、肥东三地，总面积34.1平方千米。其中，瑶海17.7平方千米。2020年，合肥东部新中心建设全面提级提速，完成项目征迁44.23万平方米，26个总投资179亿元的项目全面启动。合肥东部新中心规划展示馆、青年创意田园一期建成开放。裕溪路高架东延、采石路全线通车。市妇女儿童活动中心、市青少年活动中心等市级重点项目进展顺利。合肥一中东校区、市博物馆、市儿童医院等市级公服项目落户瑶海。中国宝武安徽（产业）总部项目正式动工。东部新中心土地污染治理工作移交瑶海区，加快实施马（合）钢、氯碱化工、老合钢3个地块污染治理。

【全省首家短视频直播基地揭牌】 2020年5月1日，瑶海区发挥白马电商产业园服务平台、内容平台、人才平台等优势，成立安徽首家短视频直播基地，致力于帮助全区传统商贸产业链转型升级。6月18日，瑶海区政府与央广网、安徽新媒体集团以及安徽短视频直播基地签署四方战略合作框架协议。至年底，基地营业面积1万平方米，进驻电商企业20家，入驻MCN机构3家，建造直播间32间，签约网络主播36人，开展直播3000余场次；开展直播培训25场次，培训1万人次，孵化直播间12间。联合基地举办两期短视频直播带货技能培训，近300人参训，解决企业在开展直播业务中的各种技术问题。

（肖　利）

合肥东部新中心规划展览馆　（瑶海区史志室／供）

庐阳区

【概况】 庐阳区是合肥市老城区和金融商贸服务业核心区，位于合肥市主城区及西北部。辖三十岗乡、大杨镇和三孝口、逍遥津、四里河、杏花村、杏林、海棠、亳州路、双岗、林店9个街道。设有庐阳经济开发区，临庐产业园。2020年全区面积138.82平方千米，户籍人口52.81万人。2020年地区生产总值1104.18亿元，同比增长3.2%；财政收入55.89亿元，同比增长0.3%，其中地方财政收入31.19亿元，同比增长4.0%；社会消费品零售总额795.5亿元，同比增长1.4%；进出口总额9.06亿美元，同比增长7.1%；全社会固定资产投资同比增长9%；城镇居民可支配收入55098元，同比增长6.6%。

2020年，庐阳区获评全国综合实力、投资潜力、综合发展、新型城镇化质量、科技创新和绿色发展5个“全国百强区”。

【产业发展】 2020年，庐阳区完成第一产业1.31亿元，同比减少25.6%；第二产业201.69亿元，同比增长3.7%；第三产业901.18亿元，同比增长3.1%。推进经济结构调整和产业转型升级。建信租赁、华泰证券等14个金融总部项目相继落地，长三角G60金融科技产业合作示范园挂牌成立。宜家家居开工建设、苏宁广场结构封顶、庐州意库建成运营，以华润万象汇、万科广场为核心的北部新商圈成为品质消费新高地。华力中心加快建设、安徽交建签约入驻、中铁四局一公司总部项目规划获批，全区集聚建筑企业总部219家。合肥综合性国家科学中心能源研究院、安徽理工大学高等研究院签约揭牌。安龙基因、莫尼克等大健康企业经受疫情考验实现技术产能双升级，志邦家居、长庚光学等制造企业向数字化、智能化转型，新增26家人工智能、云计算企业进驻庐阳大数据产业园。高成长企业培育计划全面启动，国家级高新技术企业增至170家。持续优化“一站式”政策服务云平台功能，落实“五减”行动方案，全年新增减税降费12亿元，兑现财政奖补资金2.67亿元，解决企业融资16亿元，新增市场主体2万户。

【招商引资】 2020年，庐阳区累计完成进出口总额9.06亿美元，同比增长7.1%，其中合肥国际陆港贡献3800万美元，直接带动全区进出口增长4.2%。对大恒能源、志邦家居等重点进出口企业开展包保服务，组织近百家企业参加中国国际进口博览会等高端展会。建立健全产业“链长制”和项目“包联制”，9名区级负责同志对接包保9个产业、97个招商项目和164个建设项目，将优质服务贯穿于项目推进中。全年完成7个市级认定大项目，包括凿壁偷光文化综合体建设项目、建信信托有限责任公司增资项目、智慧星光华东区域总部项目、花生好车全国总部基地项目、庐州意库文创园项目、白水坝文化商业街区大项目、合肥市希米科智能装备有限公司研发及生产启动项目。

【城乡建设】 2020年，庐阳区推进淮河路步行街综合工程改造，逍遥津公园、拱辰街改造，撮造山巷、鼓楼巷等老街巷改造后成为网红景点。围绕管理更新，深化城市精细化管理标准，统筹实施背街小巷、老旧小区、集贸市场等综合环境提升工程，全面完成17条道路架空线入地和11条道路合杆整治，长江中路、北一环等5条区级示范道路持续提标，临泉路以南全部纳入精细化管理标准区域。加快四河片区安置，中外运物流园完成拆迁，合钢三厂、小桥湾、铁路东等城中村启动搬迁，全年完成办证安置房1.07万套，拆除违法建设5.3万平方米。坚持空间腾退，新增搬迁企业50家，清理低效用地72公顷，大杨产业园购地企业完成搬迁。

大房郢公园 （葛传红/摄）

【生态建设】 2020年，庐阳区启动辖区“十四五”生态环境保护规划编制。完善区域综合交通体系，凤城路、永青路等30条道路建设加快，龙王路、淮王路等10条道路建成通车，五金二厂、海棠花园等12个停车场投入使用。全年征迁各类房屋面积75万平方米，拆除各类违法建筑面积5.3万平方米，科研所、舒大郢、望城、固镇路等6宗地块供应上市。实施董铺国家湿地公园、庐州公园二期等改造建设，大房郢公园建成开放，全区人均公共绿地面积达12.5平方米。建立健全环境污染有奖举报制度，开展夜查暗访行动，新建621个生活垃圾投放点，796个居民小区完成撤桶并点。持续开展建筑工地、道路扬尘、秸秆禁烧等专项整治，细颗粒物（$PM_{2.5}$）、可吸入颗粒物（PM_{10}）均值浓度同比分别下降20.4%、16.9%，市级考核全面达标。推进生态环保宣传教育，鼓励绿色生产生活，创建合肥市“第三批生态环境教育基地”4家。

【社会民生】 2020年，庐阳区民生投入31.20亿元，同比增长1.83%，占区财政总支出的88.14%。举办各类就业服务活动72场次，新增就业2.7万人，同比增长11%。完善帮困救助体系，发放各类救助保障资金6200多万元。合肥六中新校区开工建设，淮三小映月校区等5所校园投入使用，新增学位5760个。成立庐阳学前教育发展集团，拓宽公办园供给渠道，全区幼儿园公办率、普惠率分别达53.1%和83%。开展“智慧医疗”，探索建设“妇幼专科联盟”，全面兜牢医疗救助保障。应对人口老龄化趋势，完善“机构+社区+居家”养老服务布局，新建柏景湾、五河路等6个社区养老服务站，规划建设为民养老公寓等一批养老服务机构，新增床位1000张以上。推进文化惠民工程，丰富公共文化服务供给，三孝口街道被评为全省“十佳书香街道”。加快健身全民健身中心，庐阳市民中心竣工交付，“三个一”体育场地实现全覆盖，“10分钟健身圈”全面形成。开展扫黑除恶专项斗争，推进平安庐阳、法治庐阳建设，抓好安全生产工作，群众安全感、满意度持续提升。

（周　琳）

蜀山区

【概况】 2020年，蜀山区一般公共预算收入33.71亿元，同比增长2.16%；城镇居民人均可支配收入55886元，同比增长6%；战略性新兴产业产值同比增长40%；规模以上工业增加值同比增长9.5%；固定资产投资同比增长2.5%；规模以上服务业营业收入同比增长12%；社会消费品零售总额完成564亿元，进出口总额完成13.62亿美元。

【防疫抗洪】 2020年，蜀山区面对新冠肺炎疫情，启动一级响应，落实“四早”“四集中”要求，建立“1+10+N”指挥机制，全面推行封闭式管理、集中隔离和联防联控等措施，一个月实现新增确诊归零，一个半月实现患者“清零”。坚持“外防输入、内防反弹”，慎终如始抓好常态化疫情防控。截至2020年底，实现289天无新增病例。面对历史极值的汛情，干部群众连续两个多月日夜奋战一线，排除南淝河、十五里河等河渠6处较大险情，转移安置群众2182人，没有因灾造成人员伤亡，推进“四启动一建设”，恢复生产生活秩序。主动支援庐江、巢湖等县市，展现出蜀山人民的大爱情怀。

【产业经济】 2020年，蜀山区坚持把做强做优实体经济作为主攻方向，把投资作为稳增长的重中之重，在全市率先推进复工复产，地区生产总值在四城区率先实现半年“负转正”，增速连续三季度保持第一。建立经济调度、领导包联、项目推进三项机制，投资超200亿的30个项目集中签约开工，新合肥西站、安徽医科大学临床医学院及附属医院等58个重点项目开工，运河新城污水处理厂、联东U谷二期等33个重点项目竣工投产。专门出台支持中小企业发展扶持政策，开展“四送一服”和“五减”行动，获《人民日报》点赞。累计减税降费8亿元，财政拨付涉企资金7000余万元，新增市场主体36271户、增长25.8%。中国环境谷实现新突破，成功举办环境院士峰会和技术创新联盟大会，推动节能环保产业集群发展。蜀山经济开发区完成扩区赋能，四城区唯一的安徽自贸试验区合肥片区蜀山区块正式挂牌运营；南岗科技园、寿蜀产业园发展势头强劲，天鹅湖商务区获批省级金融产业集聚示范区，国家文化出口基地通过检查评估，唯品会(合肥)城市奥莱盛大开业，中皖•金大地东西街获评中国特色商业街区和中国夜间经济示范街区。新增现代农业高效设施农田8.53公顷、农民专业合作社4家，新认定家庭农场11家。

【改革开放】 2020年，蜀山区深化“放管服”和政务服务“一网一门一次”改革，8872项政务服务事项上线运行，在全市率先实现新设企业“4小时领照”，成立区优化营商环境服务中心和上市办，高效运转区中小（民营）企业服务中心。开设跨境电商国际贸易单一窗口，加快建设多层次资本市场，推进辖区企业股改上市，以全省得分第一入选2020全国营商环境百强区；深化国有资产管理改革，蜀山城投联手合肥建投成为启迪控股并列第一大股东，全面完成街道国有资产接收管理，壮大公共资源交易项目管理公司规模；深化街道体制改革，推进城市管理、市场监管执法力量下沉；深化民生领域改革，推行义务教育阶段教师“区管校聘”和校长职级制度，实行卫生健康领域“院区合作”模式，在全省率先打造慈善服务综合体，实施既有住宅加装电梯55部；深化区域协作机制改革，出台长三角一体化十大行动方案，联合长三角地区落实重点任务99项，落地项目建设81个。推进招商引资，新签中铁建华中区总部、京东电器安徽总部等亿元以上项目46个，签约数量、投资额均列四城区首位。先后获评全省县域经济高质量发展考核评价D类第一名、全省民营经济发展先进集体、全省制造业综合发展十强区。

马拉松博物馆实景图 （蜀山区史志室／供）

【城乡建设】 2020年，蜀山区优化国土空间布局，推进城区基础配套建设，打通怀宁路、煤场路等断头路，改造提升道路35条，完成堵点治理7处，新建改造街头游园8个，新增提升园林绿化面积47.9万平方米。实施天鹅湖灯饰亮化工程，再登央视《新闻联播》，成为合肥会客厅靓丽名片。完成高铁新城片区、轨道6号线、S1号线等征迁清表100万平方米，拆除违法建设8.1万平方米。开展文明创建，持续开展“七小”专项提升“1+10”等行动，为合肥蝉联“全国文明城市”称号作出贡献。建成运营垃圾分类定时定点集中投放站149座。抓好农村“三大革命”和“三大行动”，完成365个自然村“五清一改”（即清理农村黑臭水体、清理农业生产废弃物、清理无功能建筑、清理乱搭乱建乱堆乱放、清理废旧广告牌、改变影响农村人居环境的不良习惯）和910座农村改厕年度任务，新修农村公路106千米，大小岭南乡村振兴示范点建成运营。持续推进生态保护，落实河长制、林长制，推进雨污分流等工程措施，清一、二、三冲项目主体建成，南淝河、十五里河等水质得到改善。推进“五控”行动，空气质量实现提升。中央暨省环保督察、“三大一强”突出生态环境问题全部整改销号。

【社会事业】 2020年，蜀山区实施17项民生工程，一批群众直接受益、直接感受的事项得到落实。新增就业5.1万人，发放各类就业补贴1840万元。推进安居行动，探索“人房分离”危房解危试点，整治老旧小区24个，交付安置房58.7万平方米，解决房地产领域历史遗留“难办证”问题。增加教育资源供给，建成湖东小学、望江路幼儿园等中小学幼儿园11所，新增学位8754个，新招录教师600名，履行教育职责获省党政督导考核优秀等次。推进医联体建设，改扩建社区卫生服务中心3个。医疗救助困难居民8148人次、1077.4万元。实施23个群众体育设施工程，在市十二届运动会上成绩优异。全区安全生产形势总体平稳，天鹅湖实现全年“零溺亡”。全面完成“七五”普法，多元化解矛盾纠纷，信访维稳形势持续向好，开展“五好”小区建设，通过全省第三批城乡社区协商示范区验收。反恐禁毒、扫黑除恶“六清”行动等工作取得战果。开展第七次全国人口普查工作。

【效能建设】 2020年，蜀山区巩固拓展“不忘初心、牢记使命”主题教育成果，持续深化“三个以案”警示教育，开展大调研、“四送一服”双千工程和“群众出卷我们答卷”实践活动，落实意识形态工作责任制，推进法治政府建设，全年办理区人大代表议案、建议69件，区政协提案84件。加强效能建设，12345政府服务热线受理6.2万件，办结率99.6%，群众满意率达

95.6%。加强重点领域和关键环节监管，完成事业单位公车改革。强化审计监督和财政资金监管，“三公”经费下降。依法依规推进“五公开”，力戒形式主义官僚主义，持之以恒改进作风，政府治理效能和公信力得到提升。

（周 芬）

包河区

【概况】 包河区地处合肥主城东南，是全国唯一濒临五大淡水湖之一（巢湖）的省会城区，下辖9个街道、2个镇、1个省级经济开发区和2个街道级大社区，区域面积340平方千米（其中巢湖水面70平方千米）。2020年，常住人口140万，地区生产总值（GDP）1432.32亿元、增长3.5%；规模以上工业增加值增长2.6%、战略性新兴产业产值增长16.3%；财政收入96.15亿元、增长3.84%，其中地方财政收入58.67亿元、增长3.78%；社会消费品零售总额855.28亿元、增长2.1%；城镇常住居民人均可支配收入5.7万元、增长6.3%。综合实力跻身“全国百强区”第40位。

【党的建设】 2020年，包河区持续巩固“不忘初心、牢记使命”主题教育成果，推进“三个以案”警示教育走深走实，落实落细党内政治监督谈话制度，完成脱贫攻坚结对帮扶工作。推进“红色领航三年行动计划”，党组织在小区、楼栋覆盖率均超过80%。施咏康同志被追授为“全国抗击新冠肺炎疫情先进个人”“全国优秀共产党员”，滨湖明珠社区党委被授予“全国抗击新冠肺炎疫情先进集体”“全国先进基层党组织”。包河区委入选省城市基层党建领域“领航计划”示范库。

【产业发展】 2020年，包河区三次产业结构优化为0.28：27.2：72.52，三产（服务业）增加值1034.09亿元、增幅2.8%。数字经济占地区生产总值（GDP）比重超过40%，获评全省发展数字经济成效明显地区。总部经济加速集聚，新引进中石油天然气、中节能、便利蜂、苏鲜生等区域总部，全区税收亿元楼达到12栋，世界500强、中国500强企业（项目）增至60家以上，全年实现招商引资184亿元、连续五年位列全市城区第一。智能网联汽车产业取得进展，安徽首条自动驾驶汽车5G示范线启动运行，连续三年进入全省制造业发展综合十强。文化产业持续领跑，包河创意文化产业园入选国家级文化产业示范园区创建单位。金融产业增加值保持高速增长，江航装备、通源环境、同庆楼成功上市，全区上市企业达到10家，总量与增量均居全省城区第一。

【城市建设和管理】 2020年，包河区以滨湖引领、中部腾飞、老城复兴、乡村振兴为主要内容的“四大空间战略”向纵深推进，包河经济开发区入选全省首批长三角省际产业合作园区，合杭梦想小镇、金融小镇正式开园，合肥工业大学智能制造技术研究院研发中心投入使用，“圩美·磨滩”项目加快推进，合柴·1972跻身省级特色小镇。国土空间、滨湖卓越城生态公园等规划编制工作取得阶段性成果。大建设“千百万”工程（即全年征迁面积超100万平方米，谋划安置房超1000万平方米）深入实施，全年完成征迁超137.7万平方米、居全市城区首位，上市土地成交面积、金额均占全市城区50%以上。安置房建设提质提效，美丹家园二期等6个小区实现回迁，全年安置群众约1.2万人、为2019年同期近两倍。交通格局更加优化，方兴大道高架、郎溪路高架全线贯通，地铁5号线南段正式运行。城市管理水平提升，开展违法建设治理专项行动，滨湖新区功能完善和品质提升“三年行动计划”取得成效。

【重点改革】 2020年，包河区完成农村集体产权制度改革，国有企业法人治理体系得到完善，市场监管力量下沉街镇，深化政务服务改革，压缩企业简易注册登记、工程建设项目审批时限，企业开办一日办结率达100%，上千项业务实现多部门联办、“网上办”和“掌上办”。市场活力实现增强，新增市场主体3.23万户，新增上市企业4家、占全市1/3，蝉联国家级财政支持民营和小微企业金融服务综合改革试点区，连续九年被评为“全省民营经济考核一类县（市）区”。深入实施滨湖英才工程，新增人才公寓300余套，兑现人才奖补5000余万元，全区有各类人才超过16.8万人、院士工作站5个、省级博士后工作站16个，获评“安徽省人才强区”。

【生态环境】 2020年，包河区生态治理保持高压态势，中央环保督察“回头看”雨污混接整治全面完成，“三全”禁烧（即全年、全区域、全面禁烧）、“五气”共治（即燃煤烟气、工业废气、汽车尾气、城市扬尘、油烟废气协同治理）得

十五里河河口湿地　（叶玉庭／摄）

到深化，土壤、危废污染监管有力，严格落实河（湖）长制，水质断面考核稳定达标。成功应对百年不遇的汛情、多年罕见的藻情等大战大考，获评全市“防汛救灾（巢湖蓝藻防控）突出贡献集体”。劳动公园建成开放，在全市率先完成“十大公园”“十大湿地”建设任务，全年新增、提升绿地面积71.61万平方米，实施森林抚育677.2公顷。

【民生工程】 2020年，包河区投入民生资金55亿元、占财政支出85%，新增就业3.3万人、退捕渔民转产就业率达100%。新建中小学、幼儿园13所，合肥一中教育集团淝河校区启动规划、包河分校正式挂牌，与上海徐汇区建立教育战略合作关系，获评“安徽省教育强区”。淝河、烟墩社区卫生服务中心跻身全省首批社区医院，“国家级健康促进区”“全国计划生育优质服务示范区”创建成功，“三城同创”（创建国家级健康促进区、国家级慢病防控示范区和省级卫生城区）收官。万年埠街道、方兴社区获评“全国智慧健康养老示范街道”。

【社会治理】 2020年，包河区“大共治”（即以“共建共治共享”和“智慧城市治理”理念加强顶层设计，以“平台汇集大数据、综合执法大联动、网格治理大整合”为思路，以“十分钟管理全覆盖”为目标的社会治理新模式）树立全省数字化治理典范，入选2020全国创新社会治理优秀案例。党建引领下的共建共治共享治理格局得到完善，获评全省智慧社区建设试点区。维护稳定“3+X”机制建立健全，实现全国两会等重大敏感节点“零进京访”。法治包河、平安包河高质量推进，区综合警务中心正式启用，区法院获评“全国模范法院”，区检察院获评“全国检察院宣传先进单位”，烟墩街道人民调解委员会获评“全国模范人民调解委员会”。

（崔　懿）

责任编辑：赵永军

人 物

中国好人

袁庆斌 男，1966年3月生，中共党员；张平，女，1968年4月生，1988年与袁庆斌结为夫妇，两人目前均为巢湖市出租车驾驶员。夫妻俩2020年1月当选助人为乐类“中国好人”。

多年来，夫妻俩热心公益，常年参加敬老爱幼志愿服务和文明交通劝导，累计参加志愿服务500余天。夫妻俩筹捐社会爱心资金3万多元，资助近50名留守儿童；带领团队免费接送考生近4万人次，为汶川、玉树灾区和各类困难群众募集爱心资金近50万元，筹集200余件羽绒服和大量学习用品，捐赠给200多名留守儿童。

汪天平 男，1963年3月生，中共党员，安徽省血吸虫病防治研究所党总支书记、所长、主任医师。2020年2—7月当选敬业奉献类“中国好人”。

2020年1月27日，由汪天平带领的185名医护人员，飞赴武汉，不到3天时间，他就带领队员接管东西湖区人民医院3个病区81张病床和太康私立医院130张病床，并在没有隔离带和缓冲区，甚至连基本清洗、消毒设施都不具备的条件下，用2天时间新建了重症监护室。抗疫期间，他带领团队累计管理和救治新冠肺炎患者3082人，其中重型和危重患者705例，绝大部分患者都已治愈出院。

施咏康 男，汉族，1972年7月生，安徽省望江县人，中共党员。生前任安徽省合肥市包河区委常委、组织部部长、统战部部长。2020年2—7月当选敬业奉献类“中国好人”。

2020年2月9日，包河区委常委、组织部部长、统战部部长施咏康，在防疫一线连续奋战15天，因劳累过度，突发心肌梗死，不幸殉职，在47岁的盛年，以战斗的姿态，倒在了为新时代组织工作砥砺前行的奋斗征程中。

张成元 男，汉族，1977年8月生，中共党员，肥东县人民医院呼吸内科副主任。2020年2—7月当选敬业奉献类“中国好人”。

当新冠疫情袭来，张成元报名加入安徽省第三批援鄂抗疫医疗队，并于2月9日下午奔赴武汉，结束培训后立即投身新冠肺炎病患救治一线，休舱后又转战武汉协和医院救治重症患者。

韦 彪 男，1987年7月生，中共预备党员，安徽省中西医结合医院重症医学科主治医师；代冰雪，女，1990年1月生，中共预备党员，安徽省中西医结合医院重症监护室护士；许孝姗，女，1991年3月生，中共预备党员，安徽省中西医结合医院脑病二科护士。三人2020年8—9月当选见义勇为类“中国好人”。

2020年3月9日中午，在武汉市洪山区铂顿国际公寓门口，一中年男子从4.5米高天桥坠落，伤势严重。韦彪、代冰雪、许孝姗三人目睹后，立即施救，代冰雪脱下自己的外套，覆盖在伤者身上以保暖，为伤者赢得了宝贵救治时机。120到达现场后，三人又向随车医生讲述了伤者受伤经过、生命体征、初步判断等情况；韦彪还向陆军总院急诊外科介绍了患者受伤经过及现场施救情况，从而为精准救治提供了帮助。

钟 宇 男，1976年7月生，合肥市第六批选派干部，马郢社区协调委员会主任。2020年8—9月当选敬业奉献类“中国好人”

2014年11月，合肥市公共资源交易监督管理局选派干部钟宇到长丰县杨庙镇马郢社区担任第一书记兼扶贫工作队队长。在任职期间，钟宇提出并实施公益项目“马郢计划”，把“助学”“助村”“助农”三部分有机融合，让长丰县马郢村发生了翻天覆地的变化，入选了合肥市志愿服务工作十大优秀创新案例。

陈　陆　男，汉族，1984年2月生，中共党员，生前系合肥市消防救援支队庐江县大队党委书记、政治教导员（大队级正职），一级指挥员消防救援衔。2020年8—9月当选敬业奉献类“中国好人”。

陈陆在消防救援支队工作期间，累计参加灭火救援战斗1100余次，成功救出被困群众百余人。2020年7月18—21日，合肥市普降暴雨，庐江县遭受百年一遇的洪灾，多条河流水位超过历史峰值。22日，在合肥市庐江县同大镇执行抗洪抢险任务中壮烈牺牲，后被应急管理部评定为烈士、追记一等功，被应急管理部消防救援局党委追授“全国消防救援队伍优秀共产党员”，被共青团安徽省委、安徽省青联追授“安徽青年五四奖章”，被安徽省总工会追授“安徽省五一劳动奖章”，被合肥市劳动竞赛委员会、市总工会追授“合肥市五一劳动奖章”。

丁伦保　男，1959年1月生，中共党员，现任合肥经济技术开发区和祥食用菌种植协会名誉会长。2020年10月当选助人为乐类“中国好人”。

丁伦保38年来一直扎根农村一线，助残济困，支农助农，是令人钦佩的安徽省助残扶贫带头人。2010年，因车祸他从一个健全人变成了残疾人，但他不忘初心，坚守在助残扶贫路上。先后给10900位农民、贫困户、残疾人送去农业科技知识帮助他们创业增收，为281名建档立卡贫困人口实现脱贫，安置20名残疾人和8个建档立卡贫困户就业，增收脱贫。丁伦保响应党的号召，技术援疆两年，先后去新疆12次，在新疆住10个多月，免费为维吾尔族农民开展20期食用菌栽培技术培训班，培训1150人次，发放技术资料2000多份，相继在泽普、皮山建立500亩食用菌生产基地，带动200户贫困户发展，增收脱贫。

王　松　男，1982年2月生，中共党员，生前系庐江县同大镇连河村党委副书记。2020年11月当选助人为乐类“中国好人”。

2020年7月，受罕见强降雨影响，庐江大地遭受了百年一遇的洪水灾害。22日，连续奋战几昼夜的王松在救援受困群众过程中被洪水冲走，不幸牺牲。

张礼刚　男，汉族，1989年8月生，中共党员，安徽医科大学第一附属医院医生。2020年12月当选见义勇为类“中国好人”。

2020年10月6日，张礼刚和妻子正在妻子老家举办回门婚礼宴会，突然听到呼救声，他立刻冲出去救人，最终以精湛医术使得溺水男孩转危为安。

（葛守松）

安徽好人

段玉华　男，1960年5月生，中共党员，生前系合肥市看守所综合大队一级警长，一级警督警衔。2020年1—2月当选敬业奉献类“安徽好人”。

2020年，在抗击疫情的特殊时期，离退休仅3个多月的段玉华同志连续值守岗位15天，于2020年2月16日凌晨，在值班岗位上突发疾病，以身殉职，终年59岁。

余国健　男，1969年4月生，合肥市蜀山区人，中共党员；祁卫红，女，1969年11月生，夫妻俩在安徽省合肥市蜀山区三里庵街道辖区经营一家宾馆。两人2020年1—2月当选助人为乐类“安徽好人”。

夫妻俩在合肥市蜀山区三里庵街道辖区经营一家宾馆，他们宾馆对面就是安徽医科大学第一附属医院。新冠肺炎疫情发生后，余国健和爱人祁卫红主动与街道和医院联系，腾出60多个房间免费为抗疫一线医护人员提供住宿，为他们打造了一个温暖港湾。

吴尔斌　男，1965年5月生，中共党员，合肥市瑶海区人；李红霞，女，1970年9月生，中共党员，合肥市瑶海区人；吴润宇，男，1994年3月生，中共预备党员，合肥市瑶海区人；王华玥，女，1994年12月生，中共党员，合肥市瑶海区人，中铁四局市政分公司员工。四人2020年1—2月当选助人为乐类“安徽好人”。

2020年，面对严峻的疫情形势，吴尔斌带上妻子、儿子、儿媳妇一家四口主动联系不认识的药械厂，一家四口成为义工，每天加班加点打包装箱、搬货装车，送往一线，贡献自己的力量，缓解了抗疫物资紧缺难题。

元运竹　男，1970年12月生，中共党员，肥东县翠竹家庭农场负责人。2020年3月当选助人为乐类“安徽好人”。

10多年来，元运竹组建劳模志愿队伍，多次捐款捐物，并从精神上鼓励摔伤瘫痪在床的胡家炎；长期资助20名贫困儿童；和肥东县妇联共同创办了“乡村振兴巾帼行动”田间学校，开展农村留守创业培训；与县扶贫办等单位主动对接，为14个贫困村开展义务爱心义购，采购10万元扶贫产品。面对特大洪水，元运竹连续多日在抗洪一线参与抗洪抢险，发动组织近百位企业家捐赠400件救生衣、600件反光背心等；疫情期间，他和志愿团队运送蔬菜达1000多吨，送往县城50多个小区、单位食堂。

吴秋瑾 女，1969年9月生，省女子监狱狱警。2020年4月当选敬业奉献类“安徽好人”。

2020年，发生新冠肺炎疫情期间，吴秋瑾带领一支由20名监狱女民警组成的“援鄂抗疫工作队”奔赴湖北，对口援助武汉女子监狱，在抗击疫情第一线书写了当代“秋瑾”的忠诚与担当！

张　浩 男，1970年8月生，中共党员，中铁四局中心医院内三科主任、副主任医师。2020年4月当选敬业奉献类“安徽好人”。

2020年，面临来势汹汹的疫情，张浩主动请战担任中铁四局集团医院救治队队长，带领队员奔赴武汉参加抗疫。他作为武汉市中心医院后湖院区医疗组第五组组长，连续值班，埋头奋战于发热病区的诊疗和专家组讨论中，和队员们一起为遏制疫情做出了贡献，成为这场“疫”情阻击战中“勇敢的逆行者”。

徐　勇 男，1972年6月生，安徽省机关事务管理局公共机构节能处处长。2020年4月当选助人为乐类“安徽好人”。

十八年来，徐勇把献血作为一种义务、一种责任，主动参与无偿献血，累计献血量超过5000毫升，相当于一个成年人身体的总血量，被国家卫健委、中国红十字总会、中央军委后勤保障部卫生局联合授予“2017—2018年度全国无偿献血奉献奖铜奖”。

赵　红 女，1975年7月生，中共党员，现任安徽中医药大学第一附属医院（安徽省中医院）感染管理科科长。2020年4月当选敬业奉献类“安徽好人”。

2020年，当新冠肺炎疫情来临时，赵红一刻没有闲着，她组织医院医护人员学习新冠肺炎防护知识，指导全院各病区完善发热门诊，1月23日前往蚌埠参与疫情防控督导，1月25日赴马鞍山市参与疫情防控督导，1月27日，赵红跟随安徽省首批医疗队前往武汉，为前线的战友们保驾护航。

万　磊 男，1988年6月11日生，安徽医科大学第一附属医院高新院区重症医学科护师。霍佳佳，女，1984年10月26日生，安徽医科大学第一附属医院神经内科主管护师。陈红，女，1973年11月18日生，安徽医科大学第一附属医院副主任护士、心脏大血管外科ICU护士长。刘钢，男，1987年4月6日生，安徽医科大学第一附属医院重症监护室主管护师。金长雨，男，1985年9月13日生，安徽医科大学第一附属医院急诊重症监护室护师。五人2020年4月当选敬业奉献类“安徽好人”。

2020年1月27日，安徽医科大学第一附属医院迅速响应国家号召，连夜组建由重症护理专家组成的安徽省第一批（医院第二批）抗疫医疗队，驰援武汉金银潭医院。在安医大一附院陈红队长带领下，用专业技术、饱满热情和无限忠诚，唱响了最美的逆行之歌，展现了安徽医疗队勇往直前、不辱使命的战“疫”风采。2月10日，安徽省卫健委授予安徽援武汉抗疫医疗队驻武汉金银潭医院护士团队先进集体称号。

谢少清 女，1964年11月生，安徽省首批支援湖北医疗队医疗救治组临时党支部书记、中国科学技术大学附属第一医院（安徽省立医院）感染管理办公室副主任护师。2020年4月当选敬业奉献类“安徽好人”。

2020年，56岁的谢少清在得知武汉疫情需要医护人员时，毫不犹豫地报了名。她是安徽首批医疗队中年龄最大的队员，有着24年党龄，她和另外4名院感专家一起，承担着安徽省支援湖北医疗队医院感染防控工作。20多天防疫期间，谢少清一直奔走在安徽医疗队3个方舱、4个医院的支援点间，做好上岗前的强化培训、核验医护人员防护物资、制定医院相关防控制度及流程、核查医院感染防控措施落实情况等工作。

俞　霞 女，1984年11月生，呼吸与危重症医学科ICU主管护师；费君，女，1984年11月生，安徽医科大学第二附属医院呼吸与危重症医学科主治医师；闫君丽，女，1985年6月生，重症医学科二病区主管护师；黄兵，男，1985年1月生，重症医学科一病区主管护师；臧清华，男，1990年3月生，急诊重症医学科护师。五人2020年4月当选敬业奉献类“安徽好人”。

2020年，五名医护人员在新型冠状肺炎疫情肆虐武汉之时，主动要求参加安徽省第一批援鄂医疗队，他们有着丰富的临床诊疗、护理经验，更有着当代医务工作者"敬佑生命、救死扶伤、甘于奉献、大爱无疆"的高尚品质。他们舍小家、保大家，在人民生命受到威胁时冲锋在前，用真诚的爱去抚平同胞身体和心灵的创伤，用火一样的热情去点燃战胜病魔的勇气。

周国红 女，1981年10月生，中共预备党员，合肥京东方医院主管护师。2020年5月当选敬业奉献类"安徽好人"。

2020年2月9日，周国红出征武汉，担任病人中心主任，解决患者心理、思想、生活等各类问题，对患者进行情绪抚慰和心理护理。援鄂抗疫期间，她两次晕倒再请战。回合肥后，周国红被确诊为淋巴癌扩散，相信她在抗癌路上一定能赢。

孙 永 男，1981年5月生，安徽省疾病预防控制中心微生物检验室副主任（主持工作）、副主任技师。2020年5月当选敬业奉献类"安徽好人"。

2020年，刚刚结束"援非"任务的孙永临危受命，担任安徽省新型冠状病毒肺炎疫情工作实验室检测组组长。春节期间，孙永24小时驻守实验室，并带领团队投入科研攻关工作中，完成了病毒全基因组测序，成功分离两株新型冠状病毒毒株，并将结果上传国际权威公共数据库，使得安徽省疾控中心成为我省首个上传新冠病毒毒株信息的机构，为全球疫情防控发出了安徽声音。

杨才宽 男，1966年6月生，安徽中医药大学马克思主义学院教师。2020年5月当选助人为乐类"安徽好人"。

20年无偿献血119次，以身示范带动学生加入献血队伍。

耿志超 男，1963年11月生，安徽省地质矿产勘查局327地质队职工。2020年6月当选助人为乐类"安徽好人"。

20年来耿志超坚持无偿献血，14次全血、55次成分血的捐献经历，让32000cc的血液从他的身体中流出，相当于8个成年人的全身血量！

刘冬冬 男，1989年11月生，江淮汽车技术中心职员。2020年6月当选助人为乐类"安徽好人"。

2013年，刘冬冬登记成为造血干细胞捐献志愿者，并在2016年后每年坚持两次无偿献血。2019年11月，刘冬冬接到了合肥市红十字会的电话，说他和一位患者配型成功了，他欣然同意捐赠，并顺利进行了血液高分辨检测和体检，最终在5月25日实现了干细胞捐赠，为温州8岁女孩点燃了生命希望。

薛中兵 男，汉族，1980年1月生，中共党员，现任肥东县张集乡水利站代理站长。2020年7月当选敬业奉献类"安徽好人"。

2020年7月18日，受连续暴雨影响，张集乡部分地势低洼地区内涝严重，乡党委政府开展防汛救灾工作，退伍军人薛中兵被安排前往地势低洼、受灾严重的薛桥社区。19—20日，薛中兵同志连续奋战几个昼夜，转移被困群众、挽救群众财产。

罗进斌 男，1972年4月生，合肥市庐江县同大镇永安村工作人员、退伍军人。2020年9月当选敬业奉献类"安徽好人"。

2020年8月11日清晨8时20分，连续奋战一个多月的罗进斌突发脑出血，倒在了抗洪抢险一线，经及时抢救，目前仍在康复中。

徐国康 男，1977年3月生，中共党员，安徽日报社视觉新闻中心首席记者。2020年10月当选敬业奉献类"安徽好人"。

2020年春节，因为疫情，自大年三十开始，徐国康取消回老家过年的行程安排，扛着"长枪短炮"在医院发热门诊、隔离病房、高速公路出入口等每一个抗疫"战场"，记录现场、捕捉感动、传递力量，用手中的相机书写"新闻人"的使命和担当。

樊远侠 女，1978年8月生，长丰县罗塘乡邵集社区村民。2020年11月当选助人为乐类"安徽好人"。

2020年9月1日凌晨，樊远侠丈夫邵礼景从淮南大市场拉菜返程途中，不幸撞上路边石墩，经抢救无效身亡。在痛失丈夫后，樊远侠强忍悲痛，捐出丈夫双肾和两个角膜，挽救了4位病人，让丈夫的生命得到延续。

方雅青 女，1968年2月生，汉族，中共党员，生前系杏林派出所教导员、一级警长，一级警督。2020年12月当选敬业奉献类"安徽好人"。

2020年，新冠肺炎疫情来袭时，为缓解前方警力，方雅青第一时间发出"请战书"要求参战，带领39名民警、65名辅警加入巡逻、宣传和维稳工作。11月12日，方雅青积劳成疾不幸离世，终年52岁。

（葛守松）

见义勇为先进个人

安徽省2020年度见义勇为弘扬正气奖合肥市获奖人员名单

三等奖（4名）

赵志飞 男，1991年3月生，安徽大风车文旅发展有限公司综合部副部长；董光耀，男，1987年2月生，安徽大风车文旅发展有限公司综管队队员。

2020年4月27日下午4时，一辆黑色轿车由于驾驶不慎落入合肥市包河区烟墩街道牛角大圩1号岗对面河里。岗亭值班人员发现后立即赶赴事发点，看到落水车辆在迅速下沉，综管队员董光耀一头扎入水中营救被困车主。董光耀迅速向车子落水的河中央游去，将车门打开，救出车主，连忙带着车主一起朝岸边游去。刚游离车旁，车主紧紧抓住董光耀，董光耀虽会游泳，因在水中救人消耗了大量体力，失去平衡连连呛水，形势非常危急。综管队负责人赵志飞见到情况危急，义无反顾地跳入水中救人。他看准两人位置，把带在身上的绳子先抛向了车主，救起车主后，又赶紧把绳子抛给队友董光耀，奋力把他拉回岸边。董光耀因呛水加上体力透支，上岸后倒地不起，感觉非常危险，然后被紧急送往医院，一路上频频呕吐，后经诊治已无大碍。

李　雪 男，1990年7月生，萧县万邦物流有限责任公司合肥部经理，家住包河区同安街道卫岗社区。

2020年2月27日下午5时许，同安街道卫岗社区日月明邸小区内发生惊险一幕，一名5岁左右的小女孩睡醒后发现家里没人，大门也被反锁，女孩为了找妈妈，便通过开着的防盗窗往下爬。该小区楼栋6层及以上都安有防盗窗，当她爬到5楼时，发现没有防盗窗，便困在了两层楼之间。此时，李雪从小区门口拿完快递准备回家，听到楼下有人呼救，二话没说就冲进了小女孩所在的楼栋，小女孩当时身处6楼，李雪敲开五楼邻居家的门进了房间，在没有防护措施的情况下徒手攀爬防护栏将孩子成功救下。

陈宗保 男，1972年6月生，安徽省肥西县官亭镇南新村人，现就职于肥西县公交公司，任公交车驾驶员。

2019年10月19日中午12:35分左右，陈宗保驾驶697路公交车行驶至312国道官亭林海红绿灯路口处，发现前方有一辆双排微货车冒起了白烟。陈宗保赶紧按喇叭、打双闪灯提醒前方货车。此时，车内货物迅速燃烧，货车司机完全没意识到险情正在逼近。货车行至前方路口时，红灯亮了便停下来。陈宗保随即靠边停车安顿好乘客后，拿起车上的灭火器冲到货车旁对准火苗喷射，帮助货车司机及时将明火扑灭，避免了车主的财产损失。待货车险情排除后，陈宗保又回到了车内继续运送乘客。

（尚新宇）

抗击新冠肺炎疫情先进个人

全国抗击新冠肺炎疫情先进个人

施咏康　合肥市包河区原区委常委、组织部部长、统战部部长

王　鹏　合肥市第三人民医院主治医师

安徽省抗击新冠肺炎疫情先进个人一览表

表1：

姓　名	单　位	职　务
高向东	合肥市肥东县店埠镇疫情防控指挥部	信息核查小组组长
王　飞	合肥市肥东县人民医院	肾脏内分泌科副主任
胡晓先	合肥市肥西县疾病预防控制中心	党支部书记、主任
解宾启	合肥市肥西县市场监督管理局	党组书记、局长
任佰玲	合肥市长丰县人民医院	院长
钱大伟	合肥市长丰县中医院	内二科副主任
詹银川	合肥市庐江县矾山镇	党委委员、副镇长

姓 名	单 位	职 务
王春剑	合肥市庐江县人民医院	感染性疾病科副主任
何 琼	合肥市巢湖市凤凰山街道社区卫生服务中心	主任
周 洋	合肥市巢湖市市场监督管理局	副局长
方其花	合肥市瑶海区疾病预防控制中心	检验科科长
董明强	合肥市瑶海区应急管理局	副局长
袁 静	合肥市庐阳区妇幼保健计划生育服务中心	孕前优生科科长
陶 源	合肥市公安局庐阳分局	治安大队教导员
赵 明	合肥市蜀山区荷叶地街道办事处	党工委委员、副主任
王儒翊	合肥市蜀山区疾病预防控制中心	检验科副科长
胡 洁	合肥市包河区淝河镇社区卫生服务中心	护士
梁盈盈	合肥市包河区淝河镇社区卫生服务中心	护士
吴张亮	合肥高新技术产业开发区长宁社区卫生服务中心	检验科主任
张 乐	合肥经济技术开发区高刘社区卫生服务中心	主任
李秀梅	合肥新站高新技术产业开发区七里塘社区卫生服务中心	副主任
李跃国	合肥市巢湖市半汤街道社区卫生服务中心	主任
张晓峰	合肥市卫生健康委员会	党委副书记、副主任
沈永明	合肥市公安局交警支队	副支队长
徐 飞	合肥市卫生健康委员会卫生	应急办副主任
阮 瑶	合肥市应急管理局	工作人员
蔡朝阳	合肥市第二人民医院	院感处处长
朱代峰	合肥市第三人民医院	呼吸内科副主任医师
郜见亮	合肥市第四人民医院	医务科科长、副主任医师
黄忠锁	合肥市口腔医院	党委委员、副院长
王要明	合肥市第八人民医院	儿科主任
靳成程	合肥市骨科医院	关节外科护师
姚登攀	安徽省半汤温泉疗养院	党委副书记、副院长
庞 霄	合肥市中心血站	党委委员、业务主管
王 琢	合肥急救中心	副主任
钟荐华	合肥市卫生健康委员会办公室（国际合作处）	主任（处长）
孙全会	合肥市应急管理局	救灾减灾处处长
段玉华	合肥市看守所综合大队	原一级警长
申定好	合肥市教育局	基础教育处四级主任科员
王开荣	合肥市交通运输管理处客运管理所	所长
娄 伟	合肥市市场监督管理局	医疗器械监督管理处处长

姓 名	单 位	职 务
肖让见	合肥市人民政府外事办公室	党组成员、副主任
金 川	合肥市委办公室	秘书二室副主任
陈 杰	合肥市人民政府办公室	四级主任科员
张开元	合肥市纪律检查委员会	申诉复查复核处四级主任科员
童敬芬	合肥市委组织部	城市组织处副处长
邢 旻	合肥市广播电视台	记者
严德正	合肥普尔德医疗用品有限公司	总经理
史 伟	璞文建设有限公司	职员
李 杰	合肥市医疗保障局	信息法规处处长
杨庆凤	合肥市庐阳区林店街道社区卫生服务中心	护师
王 俊	合肥高新心血管病医院	神经内科主治医师
许尔芳	合肥瑶海静安养亲护养院	业务院长

（朱璐璐）

防汛救灾先进个人

安徽省防汛救灾先进个人一览表

表 2:

姓 名	单 位	职 务
王忠贤	肥东县水务局	副局长、一级主任科员
高自奎	肥东县应急管理局	党委委员、防汛抗旱科科长
韩 斌	肥西县人民政府	副县长、三级调研员
周永建	肥西县水务局	党组成员、总工程师
李志国	肥西县三河镇	党委副书记、三级主任科员
翟应东	肥西县柿树岗乡	党委委员、武装部部长
杨 军	长丰县水务局	党委书记、局长
马青林	庐江县公安局交通管理大队	大队长
王 松	庐江县同大镇连河村	原党委副书记
鲍中元	庐江县重点工程建管中心	党组成员、副主任
王本荣	庐江县同大镇施丰村	党总支书记、村委会主任
赵 莉	合肥市人民政府办公室	三级主任科员
袁 浩	巢湖市水务局	党组书记、局长
孙其国	巢湖市栏杆集镇	党委书记、一级主任科员

姓　名	单　位	职　务
陈大栓	巢湖市苏湾镇	党委副书记、镇长
赵　庆	巢湖市公安局卧牛派出所	所长
江　军	巢湖市天河街道	党工委书记
王　瑞	合肥市包河区重点工程建设管理中心	房建二科项目负责人
王大明	合肥市包河区烟墩街道牛角（横城）工作站	党支部书记
赵明录	合肥市委宣传部	对外宣传办公室主任
梁建文	合肥市总工会	党组成员、副主席
虞胜军	合肥市财政局	农业农村处处长
李敦勇	合肥市公安局水上分局治安巡逻大队	一级警长
徐　浩	合肥市交通运输局	副局长
贾　安	合肥市水务局	水旱灾害防御处副处长
杨　成	合肥市应急管理局	防汛抗旱处副处长
徐倩倩	合肥市气象局	工作人员
王海玉	安徽省合肥水文水资源局	水情通讯科科长
赵德平	合肥市排水管理办公室	党委委员、副主任、总工程师
周　翔	安徽省巢湖管理局	巢湖闸管理处副主任
郑抗震	国网庐江县供电公司	党委副书记、总经理
李道鹏	国网巢湖市供电公司	党委委员、副总经理
刘晓冬	合肥市蓝天救援队	党支部书记
陈　陆	庐江县消防救援大队	原政治教导员
刘家松	合肥市消防救援支队特勤大队三站	消防员
沈　飞	合肥市蜀山区五里墩消防救援站	消防员
苏　琴	合肥市蓝天救援队	队长

（朱璐璐）

优秀共产党员

全国优秀共产党员

施咏康　合肥市包河区原区委常委、组织部部长、统战部部长

安徽省优秀共产党员

陈振飞　合肥市第二人民医院党委委员、副院长，副主任医师

王　鹏　合肥市第三人民医院重症医学科主治医师

杨庆凤（女）合肥市庐阳区林店街道社区卫生服务中心计免科护士、护师

王儒翊（女）　合肥市蜀山区疾病预防控制中心检验科副科长、主管检验师

邢　旻　合肥市广播电视台（文广集团）电视时政新闻部记者

詹银川　庐江县庐城镇移湖社区党委书记

合肥市优秀共产党员一览表

表 3:

姓 名	单 位	职 务
谈小伟	肥东县疾病预防控制中心	副主任
张修稳	肥东县人民医院	医务科科长
余守林	肥西县严店乡大丰村	党支部书记
解 宁	安徽安恒纸塑制品有限公司	党支部书记、董事长
蒋 苗	长丰县人民医院	神经内科副主任
刘 爽	安徽长丰（双凤）经济开发区峰宁社区	党支部副书记
许 杨	庐江县人民医院	胸外科主治医师
孔玉龙	庐江县中医院质量控制办公室	副主任
周恩才	巢湖市凤凰山街道巢湖北路社区	党委书记、居委会主任
王 平	巢湖市自然资源和规划局银屏所	副所长
孟 林	瑶海区大兴镇社区卫生服务中心	党支部书记、主任
靳庆梅	瑶海区城东街道	社会事务部主任
陶海冬	庐阳区疾病预防控制中心	应急办主任
贺 锋	庐阳区城管局行政执法大队	副大队长
刘 玲	蜀山区稻香村街道	党工委书记
方河兵	包河区滨湖世纪社区	党建工作部部长
马祺志	合肥高新技术产业开发区林溪社区	党支部书记
张宝荣	合肥经济技术开发区长岗卫生院	公共卫生科主任
陈文川	合肥市公安局经开分局	治安警察大队二级警长
黎章胜	合肥新站高新技术产业开发区七里塘社区卫生服务中心	党支部书记、主任
张忠志	合肥市公安局交警支队包河大队	三中队指导员
郑洪涛	合肥市政协专委会	工作七处处长
郭 梅	合肥市经济和信息化局	医药产业处处长
鲁长虹	合肥市文化和旅游局	市场管理处副处长
李邦灯	合肥市教育局	法规安全处处长
陈 华	合肥市卫生健康委员会	医政医管处处长
郑吉顺	合肥市第一人民医院	感染性疾病科主任医师
鹿伦山	合肥市传染病医院	门诊部副主任
张 蕖	合肥市妇幼保健院东区（合肥市儿童医院）	副院长、护理部主任
唐水兵	合肥公交集团城建医院	院长、党支部书记

2020年抗洪抢险“合肥市优秀共产党员“一览表

表4：

姓 名	单 位	职 务
何玉荣	合肥循环经济示范园仙临社区	党委书记
牛 林	肥东县长临河镇施口社区	党委书记
张长佐	肥东县交通运输局	建设管理科科长
张 标	肥西县三河镇	党委委员、武装部长
王玉林	肥西县严店乡	政协联络组组长
周经好	肥西县人大农村与农业委员会	副主任
马海林	肥西县应急管理局	党组成员、副局长
王 芳	肥西县上派镇紫蓬社区	党委书记
严先庆	长丰县城市管理局北城分局	副局长
董 林	庐江县卫生健康委员会	党委书记、主任
马青林	庐江县公安局交通管理大队	党总支书记、大队长
顾达明	庐江县水务局	原党组成员、总工程师
郑抗震	国网庐江县供电公司	党委副书记、总经理
孔德才	庐江县同大镇	党委委员、统战委员
张业平	庐江县泥河镇柴埠村	党总支书记
王灵华	巢湖市住建局	党组成员、城防站站长
王向华	巢湖市凤凰山街道	工作人员
朱堂宗	巢湖市公安局教育训练大队	大队长
舒 华	巢湖市夏阁镇	建设办主任
许 虎	巢湖市柘皋镇双泉村	党委书记、村委会主任
陈 浩	瑶海区园林绿化管理中心	党组书记、主任
王 艳	庐阳区双岗街道小桥湾社区	党委书记
刘 友	蜀山区小蜀山分干渠管理所	党支部副书记、所长
葛 军	包河区丙子电力排灌站	党支部副书记、站长
黄建虎	包河区大圩镇慈云村党	总支书记、村委会主任
董家祥	合肥印象滨湖旅游投资发展有限公司	综合部部长
蔡兴明	合肥新站高新技术产业开发区磨店社区王圩社居	党支部委员、居委委员
赵 华	安徽巢湖经济开发区城管局景区中队	中队长
杨 成	合肥市应急管理局	防汛抗旱处副处长
华新红	合肥日报	经济部记者

（朱璐璐）

劳动模范

2020年全国劳动模范

王开库　安徽送变电工程有限公司变电分公司主任工程师、高级工程师

夏　力　合肥公交集团有限公司驾驶员

戴建军　中国铁路上海局集团有限公司合肥机务段动车组司机、高级技师

杨　华　合肥市庐阳区亳州路街道社区卫生服务中心医生，主治医师

田　峰　合肥莓福园农业专业合作社理事长

张　羽　京东方科技集团股份有限公司合肥区域总经理，工程师

刘庆峰　科大讯飞股份有限公司董事长，高级工程师

姚和平　安徽安利材料科技股份有限公司党委书记、董事长、总经理，正高级工程师

2020年全国先进工作者

张迎宾　合肥市公安局瑶海分局副局长

2020年安徽省五一劳动奖状

合肥海源机械有限公司

安徽省富光实业股份有限公司

2020年安徽省劳动竞赛先进集体

合肥海源机械有限公司

合肥文广集团有限公司

安徽长丰科源村镇银行股份有限公司

安徽省庐江县中医院

安徽省富光实业股份有限公司

合肥市瑶海区疾病预防控制中心

2020年安徽省劳动竞赛先进个人（省五一劳动奖章获得者）

王　刚　合肥海尔电冰箱有限公司

李广军　巢湖市金盾保安服务有限公司

杜逊甫　国家税务总局肥东县税务局

朱　林　合肥市公安局交通警察支队高速公路二大队

费广海　合肥市南门小学

姚金健　合肥国轩高科动力能源有限公司

杨世龙　安徽智飞龙科马生物制药有限公司

王培东　合肥市公安局刑警支队三大队

林　清（女）合肥安心家政服务有限公司

任萍萍（女）科大讯飞股份有限公司

陈巨安　合肥燃气集团有限公司

田　锋　合肥泰沃达智能装备有限公司

高　川　合肥燃气集团有限公司

梁　军　合肥公交集团有限公司

2020年安徽省工人先锋号

巢湖管理局防汛抗旱物资储备中心综合科

合肥学院工会

安徽省合肥市中级人民法院民事审判第四庭

华润雪花啤酒（安徽）有限公司合肥分公司酿造部

安徽尚德科技有限公司桥梁支座设计室

安徽创源物业管理有限公司安徽中医药大学第一附属医院物业项目部

中科美菱低温科技股份有限公司制造中心整机制造厂

合肥瑞星机械制造有限公司技术开发部

御邦文化发展集团有限公司研发中心

2020年安徽省脱贫攻坚十大工程先锋

集体（省五一劳动奖状）

长丰县扶贫开发工作办公室信息中心

个人（省五一劳动奖章获得者）

韩　斌　肥西县人民政府副县长

2020年新冠肺炎疫情防控工作“双百”省五一劳动奖章

沈　琼（女）　合肥市第二人民医院

陈兆玉　安徽省肥东县交通运输局

田余红（女）　合肥市蜀山区疾病预防控制中心

韦玉军　安徽安龙基因科技有

限公司

夏俊瑞　合肥市包河区疾病预防控制中心

许海燕（女）　合肥市瑶海区卫生健康委员会

钟建成　合肥顺昌物业管理有限公司

2020年安徽省五一劳动奖章获得者（追授）

陈　陆　原庐江县消防救援大队党委书记、政治教导员

王　松　原庐江县同大镇连河村党委副书记

（谷康霞）

技能大赛获奖人员

2020年中华人民共和国第一届全国技能大赛

第一届全国技能大赛铜牌获得者

珠宝加工（国赛）项目

吕平平　合肥市包河区广艺首饰店

第一届全国技能大赛优胜奖获得者

轨道车辆技术项目

王日童　合肥市轨道交通集团有限公司职工

周顺顺　合肥市轨道交通集团有限公司职工

砌筑项目

张冬阳　安徽建工技师学院学生

印刷媒体技术项目

王展鹏　安徽新闻出版职业技术学院学生

云计算项目

张秀全　安徽国防科技职业学院学生

花艺项目

侯一凡　安徽工商职业学院学生

珠宝加工项目

李　麟　安徽工业经济职业技术学院学生

烘焙项目

徐春辉　安徽新东方烹饪高级技工学校有限公司学生

糖艺／西点制作项目

刘鑫雨　安徽新东方烹饪高级技工学校有限公司学生

烹饪（西餐）项目

尹显瑞　安徽新东方烹饪高级技工学校有限公司学生

健康和社会照护项目

叶雨晨　合肥工贸高级技工学校职工

餐厅服务项目

郭雨欣　安徽工业经济职业技术学院学生

新能源汽车智能化技术项目

乔　俊　安徽万通高级技工学校有限公司职工

孙邦军　安徽万通高级技工学校有限公司职工

砌筑（国赛）项目

代振豪　安徽建工技师学院学生

室内装饰设计项目

马兴星　安徽建工技师学院学生

2020年被评选为国家级技能大师工作室领衔人

邹怀江　安徽青松食品有限公司

2020年被评选为省级技能大师工作室领衔人

王业飞　合肥供水集团有限公司

尹亲林　北京徽珍源餐饮管理有限公司

卓建华　合肥市轨道交通集团有限公司

鹿　伟　安徽江淮汽车集团股份有限公司

左迎春　安徽汽车工业技师学院

李厚富　安徽神剑科技股份有限公司

姜家保　安徽皖维集团有限责任公司

王怀祥　中国能源建设集团安徽电力建设第一工程有限公司

（许　浒）

责任编辑：徐仙春

附　录

政府工作报告

——2021年1月18日在合肥市第十六届人民代表大会第四次会议上

市　长　凌　云

各位代表：

现在，我代表市人民政府向大会报告工作，请予审议，并请政协委员和其他列席人员提出意见。

2020年和"十三五"工作回顾

2020年是合肥发展历程中极不平凡的一年，突如其来的新冠疫情、历史极值的洪涝灾害、世界百年未有的大变局对经济社会发展带来前所未有的冲击和挑战。全市上下坚持以习近平新时代中国特色社会主义思想为指导，深入贯彻落实习近平总书记考察安徽重要讲话指示精神，在省委省政府和市委的坚强领导下，保持战略定力，精心谋划部署，果断采取行动，奋力攻坚克难，全面做好"六稳"工作，落实"六保"任务，在大战大考中交出了一份高质量发展的优异答卷。实现地区生产总值10045.7亿元、增长4.3%，一般公共预算收入增长2.3%，规模以上工业增加值增长8.3%，固定资产投资增长4.7%，社会消费品零售总额增长3.1%，进出口总额增长16.4%，城镇登记失业率3.06%，城乡居民人均可支配收入增长7.2%。

（一）疫情防控取得重大战略成果。新冠疫情来势汹汹，我们坚持人民至上、生命至上，快速响应、闻令而动、严密防控，用三个月时间取得重大战略成果，至今无新增确诊病例。在这场同疫情较量的殊死搏斗中，数百名援鄂勇士舍生忘死、逆行出征，5.1万医护人员义无反顾、冲锋在前，广大科研人员争分夺秒、全力攻关，各行各业劳动者夜以继日、连续作战，21万社区工作者、党员干部、志愿者坚守岗位、默默奉献，全体合肥儿女和衷共济、守望相助，个个都了不起，在庐州大地汇聚磅礴伟力，筑起了坚不可摧的钢铁长城。

（二）抗洪抢险夺取全面胜利。面对巢湖流域百年未遇的汛情，我们科学预警、精准调度，迅速启动一级响应，果断启用9个万亩大圩分洪，153万干部群众、部队官兵、公安干警、应急救援人员顾全大局、坚守一线，加固加高堤坝135公里，排除重大险情317处，紧急转移群众24万人。全力开展生产自救和灾后恢复重建，拨付资金52.8亿元，抢种补种农作物56万亩，修复重建房屋1.7万间，受灾群众安心重返家园，生产生活迅速步入正轨。在这场洪灾中，没有发生重大人员伤亡，重要堤防没有出现损毁，国家重要基础设施没有受到冲击，经济社会发展没有受到重大影响，巢湖保卫战取得了重大胜利。全市上下风雨同舟、艰苦奋战，用汗水乃至生命谱写了一曲新时代抗洪抢险的英雄赞歌。

（三）脱贫攻坚取得重大胜利。坚持精准脱贫方略，聚焦"两不愁三保障"，实施产业、就业、教育、健康扶贫等"十大工程"，累计投入扶贫资金75亿元，112个工作队驻村入户，4万多名党员干部结对帮扶。突出产业扶贫，开展光伏扶贫，设置扶贫专柜，开通地铁扶贫专号，实施消费扶贫行动，贫困户人均纯收入实现翻两番，21.56万建档立卡贫困人口全部脱贫，112个贫困村全部出列，67个贫困村成为经济强村。健全防范返贫机制，脱贫质量成色更足，广大脱贫群众在全面小康路上走出一片新天地。

（四）科技创新实现重大突破。国家实验室建设工作取得决定性进展，能源、环境、大健康、人工智能研究院组建运行，聚变堆主机关键系统、未来网络实验设施等大科学装置加快建设，26个协同创新平台集聚效应持续增强。新增国家高新技术企业789户、累计突破3300户，每万人发明专利拥有量超过34件。中国（合肥）知识产权保护中心正式成立，“抓抗促”科技成果交易会成功举办。综合性国家科学中心重大创新成果不断涌现，嫦娥奔月、天问探火、九章计算处处闪耀合肥元素，量子显微、托珠单抗等科技成果加速从实验室跑向应用场。

（五）战新产业发展势头强劲。创新实施重点产业“链长制”，战新产业增加值增长16.4%，占规上工业比重达到51.6%。京东方面板出货全球领先，长鑫存储实现量产，维信诺柔性显示产线点亮，联宝科技率先跨越千亿，联合利华成为全球“灯塔工厂”，中国声谷实现“双千”目标。蔚来中国、欧菲光产业园、神州数码等项目落户合肥。新增3个国家制造业单项冠军、15户国家专精特新“小巨人”企业，2家企业获中国工业大奖。数字化智能化改造提速，万家企业登云。新增上市公司12家，其中科创板上市7家、位居省会第一。世界制造业大会江淮线上经济论坛、世界显示产业大会、国际新能源汽车展在肥成功举办。

（六）改革开放释放强大活力。105项年度重点改革任务全面完成。实施创优营商环境攻坚，“最多跑一次”、一日办结率、全程网办率实现100%，服务窗口7×24小时不打烊，政务环境位列全国第三。全年减税降费220亿元，新增市场主体20万户。出台人才新政10条、重点产业人才7条、高校毕业生就业创业9条，连续三年成为“外籍人才眼中最具吸引力的中国城市”。完成6.1万国企退休人员社会化管理。医联体、医共体医保基金付费改革惠及565万市民。农村土地“三权分置”“三变”改革顺利推进，经营性收入50万元以上的村达318个。长三角一体化加速推进，共建G60科创走廊生物医药、金融科技等5个合作园区，实现41个城市、65个事项“一网通办”。合肥都市圈引领区域发展，皖北结对共建园区目标考核蝉联全省第一。安徽自贸试验区合肥片区正式运行，投资贸易便利化不断提升，新签约项目200余个，开局工作稳步推进。服务贸易试点市、跨境电商综试区、进口贸易示范区有序推进。中欧班列开行568列、净增200列，位居全国第八，成为“合肥制造”走向世界的“钢铁骆驼”。

（七）城市建设谱写崭新篇章。大建设完成工程投资621亿元、增长8.8%，创近十年新高。立体交通网络加快构建，商合杭、合安高铁全线通车，新建续建国省干线公路259公里，引江济淮累计完成投资433亿元，启动新桥机场改扩建。轨道交通完成投资170亿元，5号线南段开通运营，实现4线联运、9线在建，单日最高客运量突破123万人次。繁华大道集贤路立交、郎溪路高架、裕溪路高架、长江东路改造竣工通车，天鹅湖、少荃湖隧道下穿贯通，畅通二环工程加快建设。整改较大积涝点10处，治理拥堵点8处，打通断头路20条。新增5G基站、充电设施、公共停车位均超过8000个，新改建公交站亭2000余座，“国家公交都市”创建成功。重拳治理违法建设。依法管理养犬行为、推行生活垃圾分类。合柴1972、长江180等城市更新项目展示工业足迹，传承历史记忆。

（八）乡村振兴迈出坚实步伐。建设高标准农田17.8万亩，粮食产量289万吨，虾稻种养面积突破80万亩，新增“三品一标”83个。生猪存栏64万头、出栏126万头，均超省下达任务。大力实施土地整治，新增耕地4.6万亩。全面实施巢湖十年禁捕，退捕渔民全部妥善安置。农村生活垃圾分类覆盖806个村，环湖75个中心村污水处理设施投入使用。建成省级美丽乡村中心村169个，新建改建农村道路1200公里，农村人居环境显著改善。青峰岭、将军岭、尖山湖、马郢计划、云里安凹等乡村振兴项目掩映在山水之间，寄托美丽与乡愁。

（九）生态建设取得显著进展。深入实施蓝天碧水净土保卫战。纵深推进巢湖综合治理，15个国考断面水质全部达标，南淝河、白石天河、兆河水质稳定改善，十五里河水质达到Ⅲ类，巢湖水质稳定在Ⅳ类以上。PM2.5、PM10浓度分别为36、58微克／立方米，空气质量优良率85%、提高14.6个百分点。工业地块土壤修复加快推进。中央环保督察、省“回头看”反馈问题按期销号，长江经济带警示片披露问题积极整改。成功申办第十四届中国国际园博会，启动建设骆岗生态公园，建成生态湿地 6.2 万亩、城市公园5个、小公园小游园63个，植树造林 10 万多亩，新增绿化面积 1000 多万平方米，生态园林成为城市最美底色。

（十）民生福祉得到全面提升。持续推进 31 项民生工程、20 项为民办实事事项，着力解决群众身边的“急难愁盼”。新增城镇就业 12.1 万人，超额完成省下达任务。建成幼儿园 63 个、中小学 53 个，新增学位 2.4 万个、7.5 万个。组建 4 个普通高中教育集团，扩大优质教育覆盖面。六中、九中新校区加快建设，一六八陶冲湖校区改扩建顺利完成，特教中心新校区、技师学院投入使用，合肥幼专梅冲湖校区开工建设。智慧教育助力 120 余万中小学生疫情期间停课不停学。市一院门诊综合楼、滨湖医院感染病院区开诊，市公共卫生中心、空港医院、中医院、三院新区等顺利推进。村级文化服务中心建成率达 96%，五县（市）融媒体中心通过省级验收，成功举办牡丹奖曲艺大赛、市十二届运动会，第五届全国智力运动会花落合肥，建成南艳湖等体育公园 5 个、公共健身场所 176 个，跻身国家首批文旅、体育消费试点城市。新建 43 个“幸福驿站”，为环卫工人、快递小哥、交通警察等户外劳动者遮风避雨、驱寒送暖。市老年大学新校区投入使用，创成 6 个国家级智慧健康养老街道，城市社区养老服务设施实现全覆盖。既有住宅加装电梯 174 部、棚改安置房建成 2.15 万套、老旧小区改造 103 个，惠及 10.8 万人。扫黑除恶工作位居全国第一方阵，信访维稳、安全生产形势总体向好。第七次全国人口普查扎实开展。国防动员和退役军人工作取得新进展。民族宗教、外事侨务、对台事务、人防民防、防震减灾、科普、气象、档案、保密等工作取得新成绩，工会、共青团、妇联、红十字会、残疾人和关心下一代等工作实现新进步。

过去一年，我们坚持党的全面领导，巩固拓展“不忘初心、牢记使命”主题教育成果，扎实开展大调研活动，深化“三个以案”警示教育。强化依法行政，深入学习宣传《民法典》，圆满完成“七五”普法任务，法治政府建设连续 11 年全省第一。自觉接受人大监督，全面执行人大及其常委会的决议决定，主动接受政协民主监督、社会监督和舆论监督，全年办理人大代表议案和建议 246 件、政协提案 462 件。大力整治形式主义官僚主义，巩固精文减会成果，压减一般性预算支出，加强审计监督，政府治理效能和公信力进一步提升。

各位代表！

经过全市上下团结拼搏、砥砺奋进，“十三五”规划圆满收官，全面建成小康社会胜利在望，合肥经济社会发展取得历史性成就。

过去五年，我们全面提高发展质量，综合实力实现历史性跨越。地区生产总值连跨四个千亿台阶，财政收入连跨四个百亿台阶，人均生产总值突破 11 万元，经济总量在全国大中城市及省会城市中的位次不断前移。战新产业培育等 14 项工作获国务院通报激励，高新区综合实力位居全国第六、经开区位居全国第十三、新站高新区位居全国新型显示十大园区第二；肥西、肥东、长丰稳居全国百强，五县(市)综合竞争力全部进入全省前六；瑶海、庐阳、蜀山、包河发展质量显著提升，城市治理能力持续增强。五年来，我们始终以追赶者的勇气追逐城市梦想，擎起高质量发展大旗，凝聚全市人民力量，合肥跨越赶超的步伐更加矫健。

过去五年，我们全面塑造创新优势，发展势能实现历史性跃升。坚持“科创 + 产业”和弦共振，一手抓科技创新策源，一手抓新兴产业集聚。综合性国家科学中心获批建设，大科学装置数量位居全国前列，墨子传信、悟空探秘、热核聚变、铁基超导等一批具有国际领先水平的科技成果相继问世，31 项成果获国家科技奖。合肥滨湖科学城实质运行，安徽创新馆建成使用。集成电路、新型显示、人工智能入列首批国家战新产业集群，“芯屏器合”“集终生智”成为现象级产业地标。主要创新指标稳居省会城市前十，跻身世界区域创新集群百强。五年来，我们始终以久久为功的韧劲涵养城市底蕴，创新驱动心无旁骛，转型升级聚精会神，合肥犹如风华少年，创新气场更加强大。

过去五年，我们全面激发内生动力，改革开放取得历史性成果。改革的脚步从不停歇，“全创改”“放管服”、投融资、住房租赁等改革取得重大成果，国有资本引领战新产业发展、全面预算绩效管理、公共资源交易、土地节约集约利用等改革领跑全国，成为全国“网上政务服务能力非常高”的城市之一。安徽自贸试验区合肥片区获批建设，世界制造业大会永久落户。与 220 多个国家和地区开展经贸合作，48 家境外世界 500 强企业在肥投资。长三角一体化深入推进，合肥都市圈扩容升级，长江中游四省会深化合作，合肥在国家区域发展格局中的地位显著提升。五年来，我们始终以改革开放天地宽的气魄激发城市活力，革故鼎新破除藩篱，海纳百川广交朋友，合肥大气卓越的蓬勃力量更加昂扬。

*过去五年，我们全面统筹城乡发展，城市品质实现历史性提升。*全国性综合交通枢纽地位更加巩固，“米字型”高铁网、“一环八射多联”高速路网基本形成，新桥国际机场旅客年吞吐量突破1200万人次。轨道交通从无到有，迈入“网络时代”，运营里程达115公里，“高快一体”城市路网进一步完善。现代化都市区框架全面拉开，东部新中心等五大片区加速建设，常住人口城镇化率超过76%。乡村振兴取得重要进展，建成606个美丽乡村中心村，农村生活污水治理工作成为全国先进典型。五年来，我们始终以内外兼修的追求塑造城市形象，大建设高歌猛进，抓统筹城乡一体，合肥包容开放的现代气质更加鲜明。

*过去五年，我们全面推进系统治理，环境改善实现历史性突破。*深入践行习近平生态文明思想，蓝天碧水净土三大保卫战取得标志性成果，PM2.5、PM10浓度连续七年“双下降”。环巢湖生态文明示范区建设全面提速，投资百亿建设“十大湿地”，巢湖水质创1979年有监测记录以来最好水平，出湖入江水质持续保持优良。率先推行林长制，建成区绿化覆盖率、森林覆盖率分别达46%、28.3%，新增森林43.9万亩、绿化6000万平方米。单位GDP能耗降低目标超额完成，绿色生产、绿色生活逐步成为新时尚。五年来，我们始终以环境就是民生的理念构建城市生态，治理污染攻坚克难，绿色发展行稳致远，合肥绿水青山的画卷更加壮美。

*过去五年，我们全面加强民生保障，社会事业实现历史性进步。*发展依靠人民，发展为了人民，发展成果让人民共享。脱贫攻坚任务如期完成，民生投入超过4300亿元，占财政支出85%。居民收入增长跑赢经济增长，新增城镇就业超过110万人，城乡低保、特困保障、高龄津贴标准稳步提高，覆盖城乡的社会保障体系全面建成。致力打造15分钟生活圈，一批百姓家门口的教育、卫生、文化、体育等公共设施投入使用。新建扩建幼儿园346所，公办率和普惠率分别达到51%、84%，提高29、28个百分点。新建扩建中小学243所，新增学位28万个。入选首批国家产教融合型试点城市。110个城市阅读空间建成使用，成为广大市民流连忘返的“悦书房”，多次荣膺中国最爱阅读城市。实施城区菜市场改造提升三年行动，新建升级134家菜市场，街坊邻里的生活味更浓。公共卫生服务体系不断完善，城市社区卫生机构覆盖率达98%以上。建成50个警务站、1267个智慧平安小区，守卫一方平安，护佑万家灯火。法治合肥建设全国先进，实现全国文明城市“三连冠”、全国双拥模范城“九连冠”。五年来，我们始终以民生福祉的改善托起城市幸福，勤勤恳恳书写答卷，点点滴滴汇聚温暖，合肥美好生活的图景更加灿烂。

各位代表！

五年发展备受瞩目，五年成就令人鼓舞。这是习近平新时代中国特色社会主义思想科学指引的结果，是省委省政府和市委坚强领导的结果，是市人大、市政协和社会各界大力支持的结果，是全市人民团结奋斗的结果。在此，我代表市人民政府，向辛勤奋战在各个领域、各个岗位的全市人民，向给予政府工作大力支持的人大代表和政协委员，向各民主党派、工商联、无党派人士、各人民团体和社会各界人士，向驻肥解放军指战员、武警官兵、公安干警、消防救援队伍和中央、省驻肥单位，向所有关心支持合肥现代化建设的海内外朋友，表示衷心的感谢和崇高的敬意！

在肯定成绩的同时，我们也清醒看到，发展中还存在短板弱项，不平衡不充分问题依然突出。城市综合实力不够强，县域经济发展不够充分；重点领域改革需要系统推进，科技成果转化水平仍需提升，创优营商环境仍需加力；巢湖综合治理、资源节约和环境保护任务艰巨；教育、医疗、养老等公共服务优质供给仍然不足；大城市精细化管理水平亟待提升，交通拥堵、停车难等问题仍较突出；个别领域不正之风时有发生，力戒形式主义官僚主义仍然在路上；政务服务与群众期盼还有差距，推动高质量发展的能力水平有待提高。对这些问题，我们将以对人民高度负责的精神，采取切实有效措施，倾心尽力，认真履职，决不辜负全市人民的期望和重托。

“十四五”时期奋斗目标和主要任务

“十四五”时期是开启全面建设社会主义现代化国家新征程的第一个五年，是合肥加快高质量发展、实现争先进位的关键五年。政府工作总体要求是：高举习近平新时代中国特色社会主义思想伟大旗帜，深入贯彻党的十九大和十九届二中、三中、四中、五中全会精神，认真贯彻习近平总书记考察安徽重要讲话指示精神，全面贯彻党的基本理论、基本路线、基本方略，统筹推进“五位一体”总体布局，协调推进“四个全面”战略布局，坚持党的全面领导，坚持以人民为中心，坚持新发展理念，坚持深化改革开放，坚持系统观念，坚持稳中求进工作总基调，以推动高质量发展为主题，以深化供给侧结构性改革为主线，以改革创新为根本动力，以满足人民日益增长的美好生活需要为根本目的，统筹发展和安全，聚焦“五高地一示范”，加快建设现代化经济体系，加快探索构建新发展格局有效路径，加快实现经济社会全面绿色转型，加快实现治理体系和治理能力现代化，加快推动全市人民走向共同富裕，全面提升人民群众获得感幸福感安全感，实现更高质量、更有效率、更加公平、更可持续、更为安全的发展，在“两个坚持”“两个更大”中勇当先锋、勇创佳绩，为开启合肥现代化建设新征程开好局、起好步。

“十四五”时期经济社会发展主要目标是：到2025年，GDP总量力争达到1.6万亿元，在全省首位度稳步提升，人均生产总值进入长三角城市前十，综合实力迈入全国城市二十强并力争前移。

展望2035年，我们将建设全球科创新枢纽、区域发展新引擎、美丽中国新样板、城市治理新标杆、美好生活新天地，奋力高水平基本实现社会主义现代化，奋力成为全面塑造创新驱动发展新优势的全国示范城市，奋力迈向具有竞争力的国家中心城市。

今后五年的主要任务是：

（一）坚持创新驱动发展，打造具有国际影响力的创新高地。坚持创新在现代化建设全局中的核心地位，深入实施创新驱动、人才强市战略，助力国家科技自立自强。加快建设合肥综合性国家科学中心，推动建设国家实验室，争取国家布局基础学科研究中心，力争建设高水平新型研发机构50个。高标准建设大科学装置集中区，布局建设环科大知识经济创新带，打造“科大硅谷”“量子中心”。加强前瞻性基础研究和关键核心技术攻关，在量子科学、磁约束核聚变、类脑科学、生命科学、生物育种、空天科技等前沿基础领域形成更多引领性原创成果。国家高新技术企业突破8000户，主要创新指标稳居全国前列。构建更加开放、便利、精准的人才政策体系，打造人才“强磁场”，吸引天下英才汇聚合肥、共创未来。

（二）构建现代产业体系，打造全国重要的先进制造业高地。坚定不移实施制造强市战略，做实做强做优实体经济，争创国家产业创新中心、制造业创新中心、技术创新中心。深入实施“2833”产业集群培育工程，发展壮大集成电路、新型显示、人工智能、新能源汽车等战新产业，推进智能家电、装备制造等优势产业迭代升级。加快发展现代服务业，形成2—3个优势明显的服务业集群，建设国家检验检测高技术服务业集聚区，争创特色型中国软件名城。大力发展数字经济，实现5G网络和物联感知体系全覆盖，建设合肥先进计算中心和全国重要的数据存储中心，“大智移云”产业集群综合实力稳步提升，打造具有国内比较优势的数字经济高地。

（三）服务构建新发展格局，打造国内国际双循环重要链接。坚持扩大内需这个战略基点，以高质量供给引领新需求。增强消费对经济发展的基础性作用，打造一批国内知名商圈、特色商业街区、新兴消费场景，积极申建国际消费中心城市。发挥投资对优化供给结构的关键性作用，保持投资合理增长，建设一批强基础、增功能、利长远的重大项目，补齐基础设施、公共服务、民生保障等领域短板。健全现代流通体系，构建“公铁水空”多式联运交通运输体系，创建国家级临空经济示范区，打造国家中欧班列集结中心、国际航空货运集散中心。

（四）增强综合承载能力，打造宜居宜业人民城市。加快构建“中心引领、两翼齐飞、多极支撑、岭湖辉映、六带协同”空间新格局。高品质建设中心城区，高起点规划建设骆岗生态公园、东部新中心，加快提升老城区、滨湖片区、天鹅湖片区功能品质。做强以高新区、经开区为引擎的西部增长翼，做大以新站高新区、东部新中心为引擎的东部发展翼。打造巢湖城区、长丰县城、庐江县城三大市域副中心和一批特色城镇。构建以巢湖为核心、江淮分水岭为屏障的全域生态格局。提速建设合六、合淮蚌、合滁、合芜马、合安、合铜六大发展带。增强全国性综合交通枢纽功能，实施“1155”行动计划，基本形成“时钟型”高铁网、“两环十三射多联”快速交通网。实施新桥机场改扩建、引江济淮二期等重点工程，打造区域航空枢纽和江淮联运中心。实施新一轮城市大建设，深入开展城市更新行动，全面提升水电气热供应保障能力，高水平建设“城市大脑”，打造新型智慧城市。

（五）全面推进乡村振兴，打

造城乡融合发展典范。坚持农业农村优先发展，促进农业高质高效、乡村宜居宜业、农民富裕富足。围绕争创“千亿县”目标，全面增强县域经济综合实力和竞争力。坚决扛稳粮食安全责任，实施高标准农田建设工程，提升现代种业发展水平，打造“种业之都”。优化“环湖、近城、岭上、多极”农业发展布局，加快蔬菜、草莓、龙虾等12条产业链建设，丰富乡村经济业态，打造百亿级龙头企业。全域推进美丽乡村建设，深化农村环境“三大革命”“三大行动”，增加农村公共服务供给。实现巩固拓展脱贫攻坚成果与乡村振兴有效衔接，力争所有村集体经济年收入超过50万元。培育向上向善新风尚，提升乡村治理能力，建设美丽家园、绿色田园、幸福乐园。

（六）激发创新创造活力，打造改革开放新高地。促进有效市场和有为政府更好结合，增创体制机制新优势。加强改革系统集成，推动国资国企、财税金融、科技管理、农业农村、医药卫生等重点领域更深层次改革。推进要素市场化配置改革，引导土地、资本、人才、数据等向先进生产力集聚。深化“放管服”改革，提升政务服务水平，把服务绩效交给企业和群众来评价。推动开发区向战新产业和高技术服务业迈进，打造高质量发展新引擎。高新区建设世界一流，经开区跻身全国十强，新站高新区争创国家级。紧扣一体化和高质量，推动科技创新、产业协同、基础设施、生态环境和公共服务等重点领域加速融合，争当长三角一体化发展“优等生”。引领带动合肥都市圈做强做优，打造全省发展核心增长极。高质量建设安徽自贸试验区合肥片区，高标准推进服务贸易试点、进口贸易示范区、跨境电商综试区建设，加强外贸外资外经联动，全面提升城市国际化水平，扩大合肥的“朋友圈”。

（七）加快全面绿色转型，打造美丽中国合肥样板。坚持“两山”理念，坚决守住生态保护红线、环境质量底线、资源利用上线，统筹山水林田湖草，构建岭湖辉映、田园楔入、多片多廊的绿色生态系统。深入实施巢湖碧水、安澜、富民“三大工程”，开展点源、线源、面源、内源“四源同治”，建设巢湖生态文明示范区，把巢湖打造成合肥最好名片。坚决打好污染防治攻坚战，强化“五控”措施，空气质量优良率稳定提升，基本消除重污染天气。推深做实河湖长制，推进城镇污水处理提质增效，实现国考断面稳定达标。加快重点地块土壤污染治理，创建国家“无废城市”。做好碳达峰、碳中和工作，制定碳达峰行动方案，推进重点领域节能减碳，强化能耗总量和强度“双控”，倡导绿色低碳生活方式。实施国土绿化提升行动，争创国家生态园林城市、国际湿地城市，加快建设优质优良宜居宜业的生态高地。

（八）改善人民生活品质，打造共建共治共享美好家园。坚持人民至上，有效扩大优质公共服务供给，扎实推动共同富裕。实现更加充分更高质量就业，保持城乡居民收入增长快于经济增长。加快完善居家社区机构相协调、医养结合多元化的养老保障体系，建设老年友好型社会。推进托幼一体。创建儿童友好型城市。办好人民满意的教育，擦亮“学在合肥”品牌。实现学前教育普及普惠，促进义务教育优质均衡，推动高中教育特色多样。深化产教融合试点，支持合肥学院、安大江淮学院、合肥职院、合肥幼专建设高水平应用型、技能型大学，打造全国职教名城。支持中科大、合工大、安大等在肥高校建设。坚持以社会主义核心价值观引领文化建设，守护文化精神家园，保护文化遗产、历史街区和名镇古村，强化非遗保护，推进全民阅读，打造文化强市。加快完善公共卫生体系，健全重大疾病防控机制，大力引进优质医疗资源，三甲医院数、每千人医师数和床位数显著增加，建设国家区域医疗中心，争创国家卫生城市，打造更高水平的“健康合肥”。深化医疗保障制度改革，持续实施全民参保计划，构建覆盖全民、统筹城乡、公平统一、可持续的多层次社会保障体系。完善公共体育设施，开展全民健身活动，提高竞技体育水平，建设体育强市。坚持“房住不炒”，建立多主体供给、多渠道保障、租购并举的住房制度，促进房地产市场平稳健康发展。统筹发展和安全，加强安全体系和能力建设，提高城市治理科学化精细化智能化水平，创建国家安全发展示范城市，让人民群众同在蓝天下、共享新生活。

今后五年，是合肥乘势而上、厚积薄发的重要战略机遇期，机遇与挑战并存，希望和困难同在。通过多年努力，我们积累了创新发展的领先优势，夯实了现代产业的厚实根基，只要我们保持战略定力，把握大局大势，努力拼搏奋斗，善于化危为机，就一定能战胜前进道路上的一切艰难险阻，不断开创合肥高质量发展的新局面。

2021年重点工作

今年是实施“十四五”规划的开局之年，是开启全面建设社会主义现代化国家新征程、向第二个百年奋斗目标进军的第一年。我们必须把握新阶段、抢抓新机遇，准确识变、科学应变、主动求变，在危机中育先机，于变局中开新局。我们必须践行新理念、找准新路径，坚持以改革突破制约，以创新塑造优势，在践行新发展理念中开辟新境界。我们必须融入新格局、展现新作为，在服务构建新发展格局中赢得战略主动，在强化区域联动中提升城市能级。今年经济社会发展的预期目标是：地区生产总值增长8%；一般公共预算收入增长5%；规模以上工业增加值增长8.5%；固定资产投资增长9%；社会消费品零售总额增长9%；居民人均可支配收入增长快于经济增长；居民消费价格涨幅3%左右；城镇新增就业13万人，城镇调查失业率低于全省平均水平；节能减排完成省控目标。

重点做好八个方面工作：

（一）推动科技创新再绘新蓝图。

加强国家战略科技力量建设。落实省科创攻坚力量体系建设任务，服务保障国家实验室建设，建成运行量子创新院一期。全面推进能源、环境、大健康、人工智能研究院建设，组建运行未来技术研究院。建成中科大高新园区、北航创新院、合肥先进计算中心一期，开工建设中科院临床研究医院、中科院创新院二期、清华公共安全院二期，推动北师大合肥研究院项目尽快落地。开工建设高精度地基授时系统，基本建成聚变堆园区工程，力争合肥先进光源等四个装置纳入国家重大科技基础设施规划，在国家创新版图上刻下更多合肥烙印。

完善机制增强企业创新能力。支持领军企业组建创新联合体，实行“揭榜挂帅”“定向委托”，聚焦集成电路、人工智能、量子信息等重点领域，集中攻克“卡脖子”核心技术，形成竞争新优势。实施高新技术企业三年倍增行动、科技型企业梯度培育计划，新增国家高新技术企业900户，高新技术产业增加值、全社会研发投入增长10%以上。推动创新要素向企业汇聚，鼓励企业加大研发投入，创造更多“独门绝技”。

提质增效完善创新生态体系。健全科技成果转化政策，大力发展科技服务型企业。提升安徽创新馆枢纽平台功能和服务企业能力，建设科技大市场，办好科技成果转化交易会，促进科技成果就地交易、就地转化、就地应用。提升孵化器和众创空间专业化、精细化水平，持续激发大众创业、万众创新活力。建成中国（合肥）知识产权保护中心，构建知识产权运营保护服务体系。广聚海内外英才，引进高层次人才团队20个以上。设立“合肥科学家日”，以城市的名义向科学家致敬。

（二）提升产业能级再上新台阶。

实施产业链强基固链工程。完善“链长制”，分行业做好供应链战略设计和精准施策，提升产业链稳定性和竞争力。聚焦核心环节，实施一批标识性重点项目，建成欧菲光、四创电子产业园，加快长鑫存储、晶合二期、沛顿封测、康宁过滤器等项目建设。聚焦关键技术，实施产业基础再造，新增省级“三首”产品100项以上，巩固家电、汽车、装备制造、新能源等产业优势。聚焦数字赋能，实施数字化、网络化、智能化升级，推广使用工业机器人3000台，打造3～5个全国行业标杆智能工厂。

实施产业集群工程。提升集成电路、新型显示、人工智能三大国家战新产业集群能级，巩固IC芯片、显示面板、智能穿戴产品领先地位，推进智能语音国家先进制造业集群试点。加快建设7个省级战新产业基地，推动生物医药、新能源汽车、网络安全跻身国家级战新产业集群。培育大数据、区块链、物联网等新产业新业态，推进中国声谷扩园增量提质，实施“人工智能+”应用示范工程，争创国家数字经济创新发展试验区。加快华云、中国电信等数据中心建设，实现5G网络城区及重点乡镇深度覆盖，打造教育、医疗、城市治理等领域典型应用场景，催生新赛道、落地新技术、培育新经济。

实施服务业提升工程。完善现代物流体系，加快建设国家物流枢纽布局承载城市、国家骨干冷链物流基地。深化制造业服务业融合发展，做大做强研发设计、软件信息服务等生产性服务业，提速建设国家检验检测高技术服务业集聚区、国家两业融合试点园区。促进智慧养老、旅游休闲、家政服务、体育健身等生活性服务业提档升级，加快顺丰基地、宜家广场、华侨城半汤温泉小镇等重点项目建设。

（三）融入新发展格局再做新贡献。

精准施策激发市场活力。持续减税降费，落实常态化财政资金直达机制，让企业轻装前行。修订高质量发展政策，精准高效助力市场主体发展，新增市场主体24万户。引导金融机构扩大制造业、小微企业、科创企业信贷规模，新增贷款、制造业中长期贷款增长15%以上。

加大上市企业培育力度，支持更多企业登陆科创板，展现合肥板块在资本市场的科技力量。

广辟渠道扩大有效投入。用足用好中央投资、地方政府专项债券等政策，加大“两新一重”、先进制造业、民生保障等领域投资，新开工亿元以上项目500个、竣工300个。实施300项重点技术改造项目，技改投资增长7%以上。发挥政府投资撬动作用，引导社会资本扩大投资。围绕重点产业链、科技创新链、城市功能链，招大引强、招才引智，新签约项目投资增长10%。

丰富业态释放消费潜力。高品质建设国家级淮河路步行街，提档升级天鹅湖中央商务区，加快白马服装城等传统商城转型升级，积极引进国际国内知名品牌，打造时尚消费新地标。发展新零售、线上服务、社区生活服务，推动“老字号”开发新品种，促进线上线下融合消费。建设改造特色商业街区、夜间消费街区，打造夜间消费新商圈，让城市街巷更有烟火气。

（四）建设人民城市再上新水平。

科学规划建设重点片区。加快编制国土空间规划，优化重点区域、重要节点城市设计。东部新中心，重点实施老合钢片区综合改造，建设市博物馆、市儿童医院、宝武（安徽）总部、工业遗址公园，加快“工业锈带”变身“生活秀带”。骆岗生态公园，加快建设园博园、滨湖国际科学交流中心等五大工程，打造城市会客厅，塑造优美天际线，提升城市建筑美学水平。临空片区，重点建设集成电路产业园，加快布局国际化教育、医疗、文化等公共设施，建成国际小镇一期。运河新城，全面启动路网体系建设，加快建设环境科技小镇，打造现代产业新平台、文化休闲新天地。大科学装置集中区，突出“生态+科技”理念，高标准建设配套设施，打造最美科研圣地，让科学家仰望星空、探索未来。

加大力度完善城市功能。推进沿江高铁、新合肥西站、合新高铁、巢马城际建设，加快明巢、德上、岳武高速建设，开工建设新桥机场二期，完成白龙通用机场主体工程。加快建设南二环畅通工程，建成北二环东段，实施西二环、金寨路快速化改造。开通运营轨道交通4号线。加快1号线三期、2、3、4号延长线、5号线北段、6、7、8号线一期建设，推进S1号线前期工作。治理拥堵点15处，打通断头路30条，新增公共停车位5000个、充电桩8000个。完成四里河滨水生态公园等景观亮化。启动拱辰街、大铺头、姚公庙、义城老街等改造项目，在城市更新中传承历史文脉、留住城市记忆。

精雕细琢提升管理水平。以绣花功夫管理城市，建设“城市大脑”，推进“一网统管”，智能管理交通出行、公共安全、政务服务，提高大城市治理水平。全面推进既有住宅加装电梯，改造老旧小区265个。大力整治城市积涝点，增强城市防洪排涝能力，建设海绵城市、韧性城市。巩固提升文明城市创建成果，深入开展违法建设治理专项行动，整治背街小巷环境，依法规范养犬行为，全面推进生活垃圾分类，着力解决停车难、交通拥堵、意杨飞絮，把服务触角延伸到城市的每一个角落，用精细管理传递城市温度。

（五）推进乡村振兴再谱新篇章。

提速壮大县域经济规模。坚持工业强县战略，优化工业布局，提升县域开发区经济密度和投入产出强度。实施特色产业集群培育工程，加快肥东高端装备、肥西电气机械、长丰汽车零部件、庐江动力电池、巢湖光学光电等产业发展，每个县（市）集中培育1-2个战新产业集群。加大县域发展支持力度，加快城区优质资源向县域延伸覆盖，促进四大开发区与县域开发园区对接合作。推进以县城为重要载体的城镇化建设，提升县城综合发展能力，培育发展一批重点镇和特色小镇。

巩固拓展脱贫攻坚成果。制定巩固拓展脱贫攻坚成果与乡村振兴有效衔接实施方案，保持现有帮扶政策、资金支持、帮扶力量总体稳定，确保工作不留空当、政策不留空白。常态化监测预警出列村、脱贫不稳定户、边缘易致贫户，及时帮扶、动态清零。推动乡村产业向广度深度拓展，优化特色种养、乡村旅游等产业扶贫政策，补上技术、设施、营销等短板，促进产业提档升级，让农民更多分享产业增值收益。深入开展乡村建设行动，推进“三达标一美丽”工程，新改建农村道路500公里，升级改造农村规模化供水工程，加快建设包河圩美·磨滩等重点项目，整体提升农村人居环境，打造新时代幸福新农村。

大力发展都市现代农业。落实最严格的耕地保护制度，建成高标准农田10万亩，粮食产量稳定在300万吨以上。实施现代种业提升工程，扩大生物育种产业化规模。深入落实“菜篮子”市长负责制，蔬菜瓜果生产面积达180万亩，稳定生猪出栏水平。推进地标品牌建设，建成绿色农产品示范基地60

个，新增“三品一标”认证70个。推动农业科技与应用深度融合，打造“智慧农业谷”，建设10个规模化农业智慧设施、培育15家农业物联网主体。建设现代农业气象示范基地和预警科研中心。精心办好全国都市现代农业现场交流会。

（六）深化改革开放再添新活力。

携手共进推动长三角一体化。深化合肥与上海张江“两心同创”，共建长三角国家技术创新中心。推进G60科创走廊建设，提速发展蜀山环境科学、庐阳金融科技、瑶海物联网、肥西生物医药等合作园区，高水平打造包河合杭梦想小镇、肥东长临河科创小镇。推进县（市）区、开发区与长三角城市结对，加强创新发展、产业协同、公共服务等领域合作，引进高端创新资源、优质公共服务。提升政务服务“一网通办”、居民服务“一卡通”水平，推进基础设施、社会事业、生态治理同频共振。

敢闯敢试建设自贸试验区。全面提升综合保税区、保税物流中心、跨境电商综试区、进境指定监管场地功能，形成一批特色化差异化制度成果。高质量推进服务贸易试点、进口贸易示范区建设，做大信息技术等高附加值离岸服务外包规模，扩大优势产品出口。高水平办好世界制造业大会、世界显示产业大会。高标准建设开放大通道，推进中欧班列提质提效，航空货物吞吐量超过10万吨，合肥港集装箱吞吐量40万标箱以上。深化与“一带一路”国家和地区务实合作，推进海峡两岸集成电路产业合作试验区建设。

蹄疾步稳深化重点领域改革。深入实施国企改革三年行动，稳妥推进市属国有企业混合所有制改革。巩固拓展全面预算绩效管理成果，推进财政事权和支出责任划分改革。深化土地管理制度改革，推动不同产业用地类型合理转换，实行“标准地”制度和“亩均效益”评价，全面提高工业用地利用效率。稳慎推进农村宅基地制度改革试点。深化要素市场化配置改革，建设人力资源服务大市场，推进政府数据有序共享开放，让数据流变成价值流。

自我革命持续优化营商环境。对标国际先进规则，开展营商环境迭代优化专项行动。深化“证照分离”，推进工程建设项目区域评估、多审合一改革，降低企业制度性交易成本。拓展“双随机、一公开”监管范围，强化“互联网+”系统应用，推进跨部门协同和信用监管，实现更多事项“一网通办”。完善府院联动协调机制，提升办理破产和执行合同工作质效。实施民营企业梯度培育工程，弘扬新时代企业家精神，构建亲清政商关系，打造惠企政策“直通车”，依法保护民营企业和企业家权益。

（七）建设美丽合肥再展新形象。

精心打造最好名片。开展新一轮巢湖综合治理，深入推进河湖长制，巩固拓展重污染河流整治和生态修复成果。稳步提升南淝河等重要河流水质，加大清水河流保护，确保国考断面稳定达标。持续推进环湖截污系统工程，提高城镇污水处理能力。加快畜禽养殖规模化无害化，实现环湖一公里农药化肥“零增长”。建立蓝藻预警防控体系，削减湖体污染存量。巩固巢湖禁捕退捕成果。持续推进十八联圩湿地建设，完成玉带河等7个湿地修复任务，初步构建环湖湿地生态屏障，创建国际湿地城市。坚决守护一湖碧水，呵护好安徽人民的宝贝，让巢湖真正成为合肥最美丽动人的地方。

重拳出击治理环境。强化大气污染防治“五控”并举，空气质量优良率保持稳定。推进土壤污染防治，加快红四方、马合钢地块土壤污染治理。推进固体废弃物减量和资源化利用，建成龙泉山垃圾焚烧发电项目和肥西、蜀山厨余垃圾处理项目。加强环境风险管理，完成省级以上工业园区、化工园区和企业环境风险排查。搭建“数智环保”平台，建设95个微型水质自动监测站。全面实施“三线一单”，大力推行排污许可“一证式”监管，落实环境损害赔偿制度。保持高压态势，持续攻坚环保督察、长江经济带、“绿盾”核查等反馈问题整改，坚决守护好我们的美丽家园。

提质建设公园城市。开展国土绿化提升行动，加快建设林长制重点项目，新增造林2万亩，创建省级森林城市1个、森林城镇5个、森林村庄49个。提升庐州公园、学林公园、新安江公园品质，加快凤凰湖公园、三十岗郊野公园建设，建成小公园小游园40个、城区绿道100公里，打造“园在城中，人在景中”的美丽景象。

（八）增进民生福祉再交新答卷。

毫不放松抓好常态化疫情防控。始终绷紧疫情防控这根弦，坚持“外防输入、内防反弹”，进一步压实“四方责任”，健全及时反应、快速处置、精准管控、有效救治的防控机制。落实落细重点人员、重点地区、重点场所防控措施，加强入境人员闭环管理、进口冷链食品和物品风险管控，守好农村地区和社区两个重要关口。加强防疫物资保障，做好流调排查、核酸检测、疫苗接种等工作，确保疫情不出现反弹。

多措并举提升就业和社保水平。就业是最大民生。实施精准就业政策，加大就业创业指导服务，推动高校毕业生、下岗失业人员、农民工、退役军人、残疾人等重点群体就业。推进医疗保障监管和执法体系建设，加强医疗救助市级统筹。深化社会救助制度改革，健全分层分类社会救助体系。优化养老服务供给，创建智慧养老示范街道、社区和企业。加强房地产市场供需双向调节，深化住房租赁三项试点，增加保障性租赁住房供给，让各类人才在合肥安居乐业、愉快创业。

优化布局构建高质量教育体系。坚持教育优先优质发展，办好家门口的每一所学校。落实立德树人根本任务，深化思政课改革创新，加强青少年身心健康教育，提升教师教书育人能力素质。新建中小学28所、幼儿园52所，建成九中新校区，加快一中东校区、一中淝河校区、六中新校区、八中运河校区建设。提升集团化办学规模和水平，引进优质教育资源，实现智慧教育全覆盖。办好特殊教育，扩大开放教育。推动安大江淮学院转设，创成合肥大学。深入推进国家产教融合试点，高水平建设中德教育合作示范基地，提升安徽汽车职业技术学院办学水平，努力培养一批高素质工程师、高技能人才。继续推动黄麓师范二期建设，打造巢湖岸边璀璨的教育明珠。

守护精神家园打造文化合肥。厚植文化之根，凝聚城市之魂。以社会主义核心价值观引领社会风尚，广泛开展群众性精神文明创建活动，汇聚向上向善强大力量。弘扬渡江战役等红色文化，保护庐剧、巢湖民歌等非遗文化，传承包公文化，挖掘三国文化、淮军文化。加大历史文化建筑、古街古村保护力度，让城市文脉传承延绵、历久弥新。实施文艺精品创作工程，推进新时代文明实践中心建设。建成开放市工人文化宫新馆，加快建设市科技馆新馆、中心图书馆、妇儿活动中心、青少年活动中心，启动建设市美术馆。举办2021年中国图书馆年会，推进国家文旅消费试点市建设，争创国家全域旅游示范区、国家旅游度假区，培育智慧文旅、数字文旅等新业态，打造市民度假休闲新乐园，让乡音乡愁可闻可触、田园山水可望可及。

提高医疗水平护航健康合肥。推进名医名科名院建设，建成市公共卫生管理中心、二院老年护理院，加快国家区域健康医疗大数据中心、市公共卫生临床医疗中心、空港医院、三院新区建设，开工建设公共卫生体系补短板项目11个、基本建成6个。加强市属医院与国内高水平医疗机构合作，引进优质医疗资源。推动中医药传承创新，加快市中医院建设，打造中医药科研高地、医疗服务高地。做强县级医院，发挥社区卫生服务中心、家庭医生作用，当好健康“守护人”。大力发展托幼服务。深入开展爱国卫生运动，持续提升居民健康素养。推进全国体育消费试点市建设，新建体育公园等设施150处以上，精心办好合肥国际马拉松赛、全民健身运动会，持续提高人民群众健康水平。

创新体制机制加强社会治理。启动智慧社区二期建设，村级社区服务中心全部达标，完善家门口的服务体系。新建“幸福驿站”50个以上。坚持底线思维，有效防范化解重大风险。坚持畅通渠道、综合治理、关口前移，初访信访90%以上化解在基层。争创全国社会治安防控体系建设示范城市，机制化开展扫黑除恶斗争，严厉打击防范电信网络诈骗。智慧平安小区建设覆盖率达60%以上。扎实开展安全生产三年整治行动，提升应急管理能力。争创“七五”普法全国先进城市，全面启动“八五”普法工作。强化药品疫苗安全监管，深入推进国家食品安全示范城市创建，保障“舌尖上的安全”。加强退役军人和双拥工作，支持工会、共青团、妇联、红十字会等人民团体广泛参与社会治理和公共服务，扎实做好民族宗教、人防民防、防震减灾、气象、新闻、档案、保密、残疾人等工作。

加强政府自身建设

恰是百年风华，奋斗正当其时。立足新发展阶段，贯彻新发展理念，构建新发展格局，推动高质量发展，必须提高政府治理能力，打造人民满意政府。

*以政治建设引领前行航向。坚定信仰，忠诚于党。*我们要学深悟透做实习近平新时代中国特色社会主义思想，认真落实习近平总书记考察安徽重要讲话指示精神，增强“四个意识”，坚定“四个自信”，做到“两个维护”。对国之大者心中有数，善于用政治眼光观察和分析经济社会问题，不断提高政治判断力、政治领悟力、政治执行力，确保党中央国务院、省委省政府和市委各项决策部署落到实处。

*以敬畏之心树牢法治信仰。良法善治，法律至上。*我们要坚决贯彻习近平法治思想，依宪行政，依

法行政，推进法治政府建设示范创建，制定实施法治政府建设规划，让政府规章制定有准度、权力运行有法度、严格执法有力度。认真执行市人大及其常委会的决议决定，依法接受人大的法律监督和工作监督，自觉接受政协民主监督，主动接受社会舆论监督，提升政务公开标准化水平，让阳光政府更加透明，让法治成为根植于内心深处坚不可摧的信仰。

*以过硬作风提升服务效能。政府效能，营商之要。*我们要以敬民之心行简政之道，深入基层聆听最深处的声音，关注群众和企业的痛点难点，俯下身子躬身为民。审批事项能减则减、能放则放，出台政策更加精准，服务监管更加高效。以勤勉之心履职尽责，知责于心、担责于身、履责于行，深入推进“大创新、大产业、大建设、大提升”攻坚行动，汇聚主动作为、善于作为的向上力量。以忠诚之心勇毅担当，勇挑最重的担子，敢啃最硬的骨头，树牢干事创业正确导向，让广大干部胸中有志气、脚下有底气。

*以坚决态度建设清廉政府。政府清廉，百姓之福。*我们要坚决落实党风廉政建设主体责任，完善廉政风险防控机制，进一步扎紧制度篱笆。严格落实中央八项规定精神及省市委实施细则，锲而不舍纠治“四风”，力戒形式主义官僚主义，持续为基层减负松绑。从严从紧抓好预算执行，扎紧政府花钱的口子，放宽助企惠民的路子，以政府紧日子换取百姓好日子。持续推进审计监督全覆盖。政府工作人员要自觉接受法律、监察和人民监督，真正把纪律规矩转化为日常习惯和自觉遵循，让清风正气温润政治生态的绿水青山。

*以人民情怀扛起使命担当。最美合肥，百姓是天。*我们要始终把人民放在心中最高位置，恪守人民情怀，群众盼什么，我们就干什么，把依靠人民、造福人民、植根人民化为切实行动，真正让政府服务走上门、群众幸福来敲门。持续开展“四送一服”双千工程，高质量实施民生工程、为民办实事事项，一件接着一件办，一茬接着一茬干，一张蓝图绘到底，奏响城市和顺致祥的幸福华章，让市民的笑容成为城市最美的风景。

各位代表！

征途漫漫，唯有奋斗！站在“两个一百年”的历史交汇点，我们使命在肩、心潮澎湃。让我们更加紧密地团结在以习近平同志为核心的党中央周围，在省委省政府和市委的坚强领导下，永葆初心、牢记使命，风雨兼程、勇往直前，为实现人民群众对美好生活新向往接续奋斗，为绘就合肥现代化建设新画卷破浪前行，在加快建设新阶段现代化美好安徽、夺取全面建设社会主义现代化国家新胜利中作出更大贡献，以优异成绩向建党100周年献礼！

（市政府办公室）

合肥市2020年国民经济和社会发展统计公报[1]

合肥市统计局　国家统计局合肥调查队

2021年3月31日

2020年，面对大疫情、大汛情、大变局叠加对经济社会发展带来的前所未有冲击和挑战，全市上下在市委市政府的坚强领导下，坚持以习近平新时代中国特色社会主义思想为指导，全面贯彻党的十九大和十九届二中、三中、四中、五中全会精神，认真落实习近平总书记考察安徽重要讲话指示精神，统筹推进疫情防控、防汛救灾和经济社会发展，抓"六稳"促"六保"，经济发展加快恢复、稳定向好，"十三五"规划圆满收官，高质量发展和"五高地一示范"取得重要成果，为开启全面建设社会主义现代化新征程奠定坚实基础。

2016——2020年全市生产总值（GDP）[4]

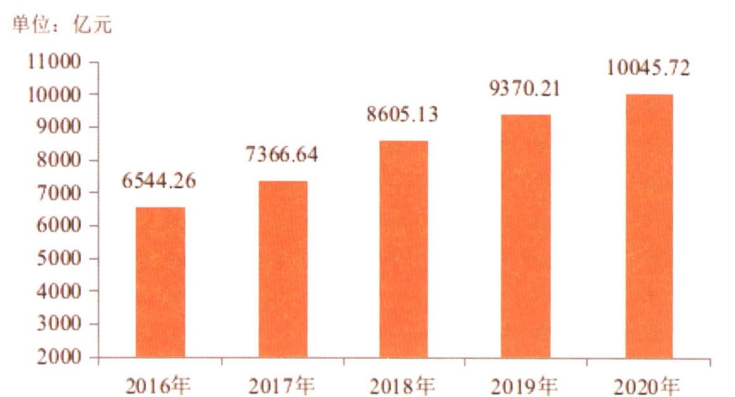

2020年全市居民消费价格比上年涨跌幅度

表1：

指　标	涨跌幅度%
居民消费价格	102.3
其中：食品烟酒	108.0
衣着	99.7
居住	99.9
生活用品及服务	99.8
交通和通信	97.1
教育文化和娱乐	101.6
医疗保健	100.8
其他用品和服务	103.4

一、综合[2]

初步核算，全年生产总值(GDP)[3] 10045.72亿元，按可比价格计算，比上年增长4.3%。其中，第一产业增加值332.32亿元，增长1.2%；第二产业增加值3579.51亿元，增长6.4%，其中工业增加值2072.32亿元，增长7.5%；第三产业增加值6133.89亿元，增长3.0%。三次产业结构为3.3：35.6：61.1。

全年城镇新增就业12.14万人，失业人员再就业3.5万人，新增农民工就业5.3万人。年末城镇登记失业率为3.06%。

全年居民消费价格比上年上涨2.3%，其中食品烟酒价格上涨8.0%。工业生产者出厂价格下降1.1%，工业生产者购进价格下降

2020 年全市主要农产品产量及增速

表 2:

产品名称	绝对数（万吨）	比上年增长 %
粮食	288.95	-4.1
油料	15.71	4.1
其中：油菜籽	10.75	4.5
棉花	0.51	-35.2
蔬菜	231.23	6.4
瓜果	25.49	4.2
肉类	32.79	-6.8
其中：猪牛羊肉	10.79	-26.8
牛奶	6.66	2.5
蛋类	23.52	15.5

2016——2020 年全市粮食产量

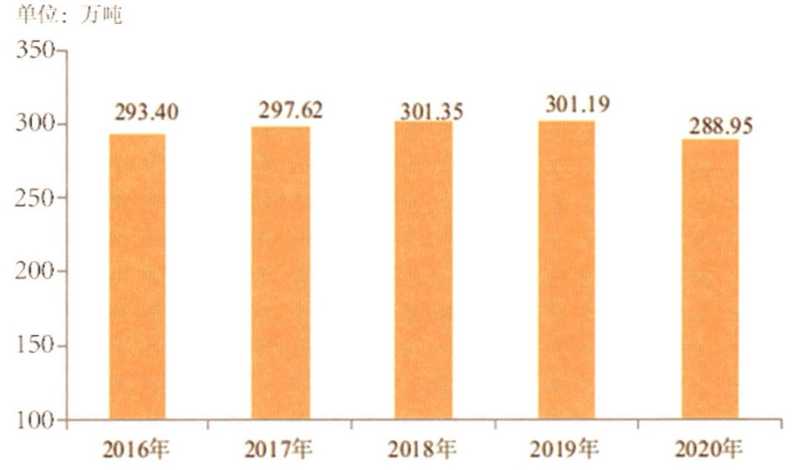

1.3%。

新兴动能显著增强。新产业加速壮大，规模以上工业[5]中，战略性新兴产业增加值增长16.4%，其中新一代信息技术、高端装备制造、新能源汽车、新能源产业分别增长27.9%、10.1%、20.3%和38.6%。新经济投资持续加力，新基建投资增长83.6%，高技术产业投资增长23.1%。新消费加快崛起，限额以上批发零售企业实现网上零售额313.82亿元，增长45.9%。新主体快速增长，全年新登记各类市场主体23.05万户，日均新登记918户，年末市场主体总数达113.89万户，增长13.7%。

二、农 业

全年农作物总播种面积68.91万公顷，比上年增长1.3%。其中，粮食作物52.34万公顷，持平略增；棉花0.76万公顷，下降25.1%；蔬菜9.07万公顷，增长7.4%；瓜果0.98万公顷，增长4.5%；油料5.34万公顷，增长4.9%。

全年粮食总产量288.95万吨，下降4.1%；其中稻谷219.16万吨，下降6.4%。油料产量15.71万吨，增长4.1%。棉花产量0.51万吨，下降35.2%。蔬菜产量231.23万吨，增长6.4%。瓜果产量25.49万吨，增长4.2%。

年末全市生猪存栏量64.70万头，比上年增长30.6%；出栏量126.50万头，下降28.5%。肉类总产量32.79万吨，下降6.8%，其中猪牛羊肉产量10.79万吨，下降26.8%。禽蛋产量23.52万吨，增长15.5%。牛奶产量6.66万吨，增长2.5%。

年末农业机械总动力503.78万千瓦，比上年增长1.7%。农用拖拉机20.8万台，下降1.5%，其中大、中型拖拉机1.63万台，增长5.4%；联合收割机1.48万台，增长2.5%；排灌动力机械18.16万台，增长1.4%。全市水稻、油菜、小麦等八大主要农作物耕种收综合机械化水平达到83.8%，比上年提高1个百分点。农村用电量19.57亿千瓦时，增长8.4%。

全年农林牧渔业总产值524.26亿元，按可比价格计算，比上年增长1.5%。

三、工业和建筑业

年末全市规模以上工业企业2088户。其中，产值超亿元企业766户，比上年增加18户；超百亿元企业13户，增加4户，联宝电子成为首个产值超千亿企业。全年规模以上工业增加值比上年增长8.3%，其中国有企业增长0.9%、股份制企业增长4.7%、外商及港澳台商投资企业增长25.9%。

规模以上工业中，37个工业大类行业有22个增加值保持增长。六大主导产业增加值比上年增长12.0%，占规模以上工业的67.7%，比上年提高2.2个百分点，其中光伏及新能源产业增长29.4%、平板显示及电子信息产业增长25.9%、汽车及零部件产业增长25.1%。规

表 3:

2020 年全市六大主导产业增加值增速

指 标	比上年增长 %
六大主导产业	12.0
汽车及零部件	25.1
装备制造	5.9
家用电器	-11.5
食品及农副产品加工	2.0
平板显示及电子信息	25.9
光伏及新能源	29.4

表 4:

2020 年全市规模以上工业企业主要产品产量及增速

产品名称	单 位	绝对数	比上年增长 %
卷烟	亿支	293.77	2.5
农用化肥（折纯）	万吨	25.03	-12.9
合成洗涤剂	万吨	53.57	6.6
橡胶轮胎外胎	万条	2353.82	-7.7
塑料制品	万吨	70.02	-19.9
钢材	万吨	162.77	10.0
发电量	亿千瓦时	237.22	-3.2
水泥	万吨	1551.46	-7.5
汽车	万辆	58.63	30.5
其中：轿车	万辆	28.28	77.3
SUV	万辆	4.49	-14.7
其中：新能源汽车	万辆	5.27	-15.2
叉车	万辆	13.74	34.2
挖掘机	万台	0.58	35.9
变压器	万千伏安	1787.96	1.4
太阳能电池	万千瓦	1851.71	73.0
彩色电视机	万台	1110.47	-19.3
家用洗衣机	万台	2095.45	-1.2
家用电冰箱	万台	1846.82	-6.0
房间空气调节器	万台	929.82	-23.5
微型计算机设备	万台	3097.13	37.4
液晶显示屏	万片	22803.03	-5.3
工业机器人	套	1320	-13.6
集成电路	万块	73077.70	11.7
智能手环	万台	3157.86	-11.0

模以上工业出口交货值比上年增长24.4%。

规模以上工业统计的主要产品产量中，汽车产量比上年增长30.5%，太阳能电池增长73.0%，微型计算机设备增长37.4%，集成电路增长11.7%。

规模以上工业企业实现利润403.44亿元，比上年增长24.0%，创近九年来年度新高。企业亏损面16.9%，比上年末收窄1.7个百分点；亏损企业亏损额55.89亿元，下降36.6%。每百元营业收入中的成本为85.65元，比上年增加0.63元。

全年建筑业增加值1510.35亿元，按可比价格计算，比上年增长4.7%。纳入统计范围的具有建筑业资质等级的总承包和专业承包建筑施工企业1622户，比上年净增199户。房屋建筑施工面积24904.09万平方米，比上年增长1.8%，房屋竣工面积5592.05万平方米，比上年下降10.6%。年末建筑业从业人员84.21万人，比上年下降0.1%。

四、服务业

全年批发和零售业增加值1013.34亿元，比上年增长2.2%；交通运输、仓储和邮政业增加值516.56亿元，增长0.6%；住宿和餐饮业增加值181.04亿元，下降9.4%；金融业增加值970.26亿元，增长7.7%；房地产业增加值993.74亿元，增长4.5%；其他服务业增加值2448.11亿元，增长2.9%。全年规上服务业[6]营业收入增长7.7%，以互联网信息技术、科学研究技术等新兴行业为代表的规模以上其他营利性服务业营业收入增长7.6%，其中互联网和相关服务业、软件和信息技术服务业、专业技术服务业、科技推广和应用

2020 年全市各种运输方式旅客和货物运输量及增速

表 5:

指　标	单 位	绝对数	比上年增长 %
旅客运输量	万人次	6953.17	-42.0
其中：公路	万人次	3355.00	-49.6
铁路	万人次	3105.47	-32.9
民航（含过港）	万人次	458.70	-30.7
水运	万人次	34.00	-12.8
货物运输量	万吨	46907.79	10.8
其中：公路	万吨	39203.00	9.3
铁路	万吨	263.99	14.5
民航	万吨	8.80	0.5
水运	万吨	7432.00	19.3

服务业营业收入分别增长 21.3%、10.3%、14.6% 和 15.4%。

全年旅客运输量 0.70 亿人次，下降 42.0%；货物运输量 4.69 亿吨，增长 10.8%。全年港口货物吞吐量 3611.49 万吨，下降 31.8%，其中外贸货物吞吐量 47.62 万吨，下降 6.4%。合肥新桥机场旅客吞吐量 859.40 万人次，下降 30.0%。

年末民用汽车拥有量 234.10 万辆，比上年增长 7.6%，其中私人汽车 202.72 万辆，增长 8.5%。民用轿车拥有量 146.91 万辆，增长 5.9%，其中私人轿车 136.40 万辆，增长 6.3%。

全年电信业务总量 997.05 亿元，比上年增长 24.2%；邮政业务总量 207.80 亿元，增长 38.7%。快递业务量 8.85 亿件，增长 35.8%，实现快递业务收入 73.27 亿元，增长 22.7%。年末本地固定电话用户 125.70 万户，比上年减少 2.09 万户。移动电话用户 1063.02 万户，增加 18.02 万户。基础电信运营企业计算机互联网接入用户 390.99 万户，增加 42.50 万户。

全年国内游客 8107.88 万人次，比上年下降 44.5%；国内旅游收入 975.97 亿元，下降 52.1%。年末全市有星级饭店 46 家，其中五星级 10 家、四星级 19 家；A 级及以上旅游景点（区）60 处。

五、固定资产投资

全年固定资产投资比上年增长 4.7%。分产业看，第一产业投资增长 33.1%；第二产业投资下降 5.0%，其中工业投资下降 5.1%；第三产业投资增长 8.0%，其中基础设施投资增长 18.9%、现代服务业投资增长 6.8%。

全年计划总投资 5000 万元及以上施工项目数创历史最高水平，达到 1993 个，投资额比上年增长 8.5%，占全部投资的 57.2%，比上年提高 2.0 个百分点。其中，十亿元以上项目 238 个，投资额增长 16.8%，总量占全部投资的 31.6%，比上年提高 3.3 个百分点；轨道交通“九线共建”，5 号线南段开通运行，长鑫存储、晶合集成设备购置集中到位，维信诺第六代柔性 AMOLED 生产线顺利点亮，带动百亿元以上项目增长 29.0%，比上年加快 11.1 个百分点。

全年房地产开发投资 1546.99 亿元，比上年下降 0.6%，其中住宅投资 1237.37 亿元，下降 0.4%。新建商品房销售面积 1486.11 万平方米，增长 12.4%；商品房销售额 2128.29 亿元，增长 20.5%；年末商品房待售面积 273.73 万平方米，增长 21.0%。

2020 年全市房地产开发和销售主要指标完成情况

表 6:

指　标	单 位	绝对数	比上年增长 %
投资额	亿元	1546.99	-0.6
其中：住宅	亿元	1237.37	-0.4
房屋施工面积	万平方米	7998.95	1.6
其中：新开工	万平方米	1732.18	6.9
房屋竣工面积	万平方米	1613.70	8.9
商品房销售面积	万平方米	1486.11	12.4
其中：住宅	万平方米	1297.40	12.3
商品房待售面积	万平方米	273.73	21.0
其中：住宅	万平方米	50.72	7.5
商品房销售额	亿元	2128.29	20.5
其中：住宅	亿元	1980.43	21.6

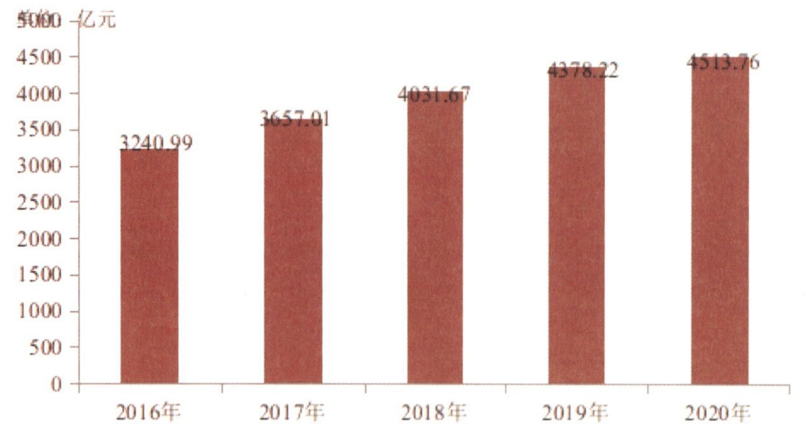

六、国内贸易

全年社会消费品零售总额4513.76亿元，比上年增长3.1%。按经营地统计，城镇消费品零售额4209.59亿元，增长3.0%；乡村消费品零售额304.17亿元，增长4.5%。按消费类型统计，商品零售额4085.79亿元，增长3.6%；餐饮收入427.97亿元，下降1.6%。

年末全市限额以上批发零售和住宿餐饮企业（单位）[7] 3870户，比上年增加307户。限额以上商品零售额中，化妆品类增长7.4%，家用电器和音像器材类增长9.9%，体育、娱乐用品类增长15.1%，文化办公用品类增长39.5%，智能手机增长33.4%，新能源汽车增长73.0%。

七、对外经济

全年进出口总额374.87亿美元，比上年增长16.4%。其中，出口227.96亿美元，增长12.8%；进口146.91亿美元，增长22.4%。

全年新成立外商投资企业167户，比上年增长31.5%。实际利用外商直接投资35.95亿美元，比上年增长6.0%；其中服务业投资29.25亿美元，增长34.3%。劳务合作年末在外人员7041人，下降13.4%。年末49家境外世界500强企业在合肥投资设立外资企业67家，新增1家。

八、财政、金融、证券和保险

全年一般公共预算收入762.90亿元，比上年增长2.3%。财政支出1164.80亿元，增长3.8%，其中民生支出997.35亿元，增长3.8%，占全部支出的85.6%。从重点支出项目看，科学技术支出增长25.3%，卫生健康支出增长14.3%，社会保障和就业支出增长15.1%。

全年社会融资规模增量2605.65亿元。年末全市金融机构本外币各项存款余额18675.31亿元，比上年末增加2258.06亿元，增长13.8%。其中，住户存款5636.86亿元，增长19.6%；非金融企业存款6923.54亿元，增长8.0%；机关团体存款4076.98亿元，下降0.1%；财政性存款532.25亿元，下降11.8%。年末金融机构本外币各项贷款余额18166.57亿元，比上年末增加2311.74亿元，增长14.6%。其中，住户贷款6868.56亿元，增长18.6%；企（事）业单位贷款11081.84亿元，增长12.8%。

全年新增上市公司12家、居省会城市第二，融资65.58亿元，其中科创板上市7家、居省会第一，至年末全市共有境内外上市公司63家，其中境内上市公司58家、居省会第七。全年债券融资1169.71亿元。

全年保险公司保费收入393.09亿元，比上年增长11.8%。其中，财产险保费收入140.02亿元，增长6.9%；人身险保费收入253.07亿元，增长14.7%。赔款和给付117.94亿元，增长23.0%。其中，财产险赔款与给付75.49亿元，增长15.6%；人身险赔款与给

2016——2020年全市一般公共预算收入

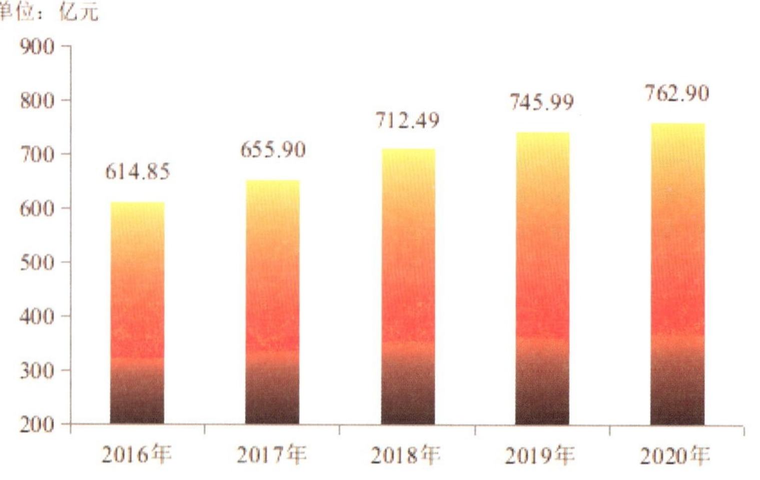

2020年末全市金融机构本外币存贷款余额及增速

表7:

指 标	年末数（亿元）	比上年末增长%
各项存款余额	18675.31	13.8
其中：住户存款	5636.86	19.6
非金融企业存款	6923.54	8.0
机关团体存款 财政性存款 非银行业金融机构存款	4076.98	-0.1 -11.8 148.2
财政性存款	532.25	-11.8
非银行业金融机构存款	1479.69	148.2
各项贷款余额	18166.57	14.6
其中：住户贷款	6868.56	18.6
企（事）业单位贷款	11081.84	12.8

付42.44亿元，增长38.6%。

九、人民生活和社会保障

全年常住居民人均可支配收入41619元，比上年增长7.2%；人均消费支出24168元，比上年增长3.1%。

全年城镇常住居民人均可支配收入48283元，比上年增长6.3%；人均消费支出28002元，增长2.5%，其中食品烟酒支出增长2.3%、衣着下降5.6%、居住增长16.1%、生活用品及服务增长4.6%、医疗保健下降1.8%、交通通信下降4.7%、教育文化娱乐下降8.6%。城镇居民恩格尔系数[8]为28.9%，与上年持平。年末城镇居民人均住房建筑面积34.9平方米，比上年增加0.2平方米。

全年农村常住居民人均可支配收入24282元，比上年增长8.1%；人均消费支出14191元，增长2.8%，其中食品烟酒支出增长2.7%、衣着增长2.6%、居住增长8.3%、生活用品及服务增长7.6%、医疗保健增长6.5%、交通通信增长1.2%、教育文化娱乐下降9.3%。农村居民恩格尔系数为33.8%，比上年下降0.1个百分点。年末农村居民人均住房建筑面积46.6平方米，比上年增加1.5平方米。

2016——2020年全市城乡居民人均可支配收入

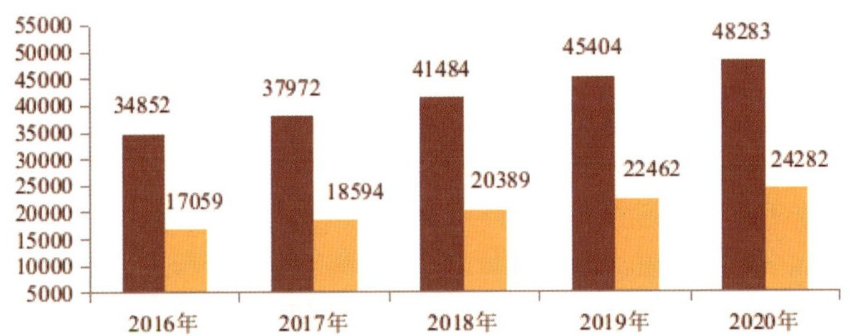

市区最低月工资标准为1550元。年末参加城镇职工养老、医疗（生育）、失业、工伤保险人数分别为268.31万人、235.65万人、195.39万人、198.31万人。城乡居民养老保险参（续）保人数296.26万人。城乡居民基本医疗保险参保人数564.25万人，参保率达99.8%。

全年享受政府最低生活保障的居民为213.1万人次，其中城市30.2万人次、农村182.9万人次；累计发放低保金11.9亿元，其中城市1.9亿元、农村10亿元。全市特困供养人员集中供养率达61.0%，城市“三无”人员全部纳入特困供养范围。全年临时救助9163人次，支出救助金2958万元。全年实施城乡医疗救助资助参保35.58万人，直接救助66.9万人次；支出医疗救助资金4.58亿元，其中资助参保支出0.47亿元；直接救助支出4.11亿元。

十、教育、科学技术和文化

年末全市各类高等院校60所（含成人高校），其中研究生培养院校9所。全年研究生教育招生2.36万人，在校研究生6.02万人，毕业生1.30万人。普通本专科招生19.90万人，在校生58.62万人，毕业生14.47万人。中等职业教育学校（不含技工学校）52所，在校生11.59万人。普通高中100所，在校生16.44万人，高中阶段毛入学率132.78%。普通初中240所，在校生26.52万人，初中阶段毛入学率112.10%。小学481所，在校生57.28万人，小学毛入学率109.65%。幼儿园1266所，在园幼儿32.48万人。全市义务教育经费保障机制改革惠及学生83.99万人，其中城市33.94万人、农村50.05万人。

表 8:

2020 年全市各类教育发展情况

指　标	招生数（人）	在校生数（人）	毕业生数（人）
研究生	23562	60242	12999
普通本专科	198951	586170	144656
中等职业教育（不含技工学校）	42585	115919	36975
普通高中	55922	164443	53081
普通初中	87671	265184	80392
小学	104430	572838	84749
学前教育	131078	324760	102292
特殊教育	269	1832	236

全市有院士工作站 68 个，在肥服务两院院士 135 人。国家实验室建设工作取得决定性进展。国家级（重点）实验室 10 个，部属（重点）实验室 36 个，省级（重点）实验室 130 个；省级以上工程技术研究中心 139 个，其中国家级（含分中心）7 个；省级以上工程研究中心 88 个，其中国地联合 17 个；省级以上工程实验室 70 个，其中国家级 3 个、国地联合 4 个。省级以上企业技术中心 384 个，其中国家级 54 个。国家高新技术企业 3328 户，比上年增加 789 户。市级以上科技企业孵化器 80 个，其中国家级 18 个。市级以上众创空间 98 个，其中国家级 20 个。

全年受理专利申请 76651 件、比上年增长 25.2%，其中发明专利 27818 件、增长 9.3%；授权专利 41054 件、比上年增长 35.7%，其中发明专利 7593 件、增长 27.0%。全年签订输出技术合同 11910 项，成交金额 230.69 亿元，增长 3.7%；签订吸纳技术合同 9170 项，成交金额 341.44 亿元，增长 35.2%。全年共登记科技成果 2940 项，增长 81.9%，其中应用技术类成果 2879 项，实现产业化应用 1125 项。

年末全市有文化馆 11 个，公共图书馆 9 个，博物馆 40 个（其中国有博物馆 15 个、非国有博物馆 25 个），各级国家综合档案馆 10 个，专业档案馆（城建馆）1 个。乡镇街道综合文化站 132 个。全国重点文物保护单位 10 处，省级重点文物保护单位 41 处，市级重点文物保护单位 82 处。国家级非物质文化遗产项目 7 项，省级非物质文化遗产项目 48 项，市级非物质文化遗产项目 193 项。各级国家档案馆馆藏档案资料 555.33 万卷（件、册），专业档案馆（城建馆）馆藏档案 33.23 万卷。电影院 107 家，比上年增加 2 家；全年票房收入 2.4 亿元。全年共举办各类展览活动 71 场。年末广播综合人口覆盖率 99.88%，电视综合人口覆盖率 99.83%。

十一、卫生、体育和社会服务

年末拥有医疗卫生机构（含村卫生室）3498 个，其中医院 213 个、卫生院 98 个、妇幼保健院（所、站）13 个、疾控中心和专科疾病防治机构 18 个、社区卫生服务中心（站）189 个。卫生机构床位数 6.79 万张，其中医院、卫生院床位 6.44 万张。卫生技术人员 7.58 万人，其中执业（助理）医师 2.92 万人、注册护士 3.64 万人。婴儿死亡率 2.71‰，孕产妇死亡率 8.02/10 万。

全年成功组织 2 项大型赛事和 266 项市级体育赛事。成功举办元旦越野赛、“云跑合马健康战疫”2020 合肥马拉松线上赛、合肥市第十二届运动会等一系列赛事活动。全市完成 2 个体育特色小镇、3 个体育公园、153 个全民健身苑工程、16 个笼式多功能健身场和 7 个乡镇全民健身广场、20 个街道或社区体育俱乐部、200 个示范晨晚练点、10 个三人制篮球场等建设。全年共举办全民健身活动 268 次，参加活动总人数 12.15 万人次。全年销售体育彩票 19.75 亿元，比上年下降 22.5%。

年末全市有各类提供住宿的社会工作机构 183 个，床位 3.4 万张，收养各类人员 1.6 万人；不提供住宿的社会工作机构和设施总数 2508 个，其中社区服务中心 94 个，社区服务站 1793 个。全年销售社会福利彩票 12.47 亿元，筹集公益金 3.8 亿元，全市慈善组织共接收社会捐款 0.86 亿元、捐赠物资价值 0.05 亿元。

十二、生态环境和应急管理

年末全市共有市、县（区）级环境监测站 6 个。区域噪声等效声级 57.9 分贝，道路交通噪声等效声级 69.1 分贝。可吸入颗粒物（PM10）、细颗粒物（PM2.5）年均浓度分别为 58 微克 / 立方米和 36 微克 / 立方米，分别比上年下降 14.7% 和 18.2%，均完成年度目标任务。二氧化硫、二氧化氮年均浓度分别为 7 微克 / 立方米、39 微克 / 立方米，一氧化碳日均浓度 0.8 毫克 / 立方米，臭氧日最大 8 小时平均浓度值 90 微克 / 立方米。全年空气质量达到优的天数为 96 天，良好 214 天，优良率 85.0%。巢湖湖区整体水质有所改善。饮用水源地水质达标率100%。辐射环境质量良好。

新增城区绿化面积400.43万平方米，绿化覆盖率46.0%。建成区绿地率达40.3%。生活垃圾无害化处理率100%。

全年能源消费量2464.29万吨标煤，比上年增长2.3%，电力消费增长1.9%，单位GDP能耗比上年下降1.97%。

全年亿元GDP生产安全事故死亡人数为0.036人，比上年下降7.9%；道路交通万车死亡人数为1.753人，下降4.2%。全年发生一般程序道路交通事故1695起，造成455人死亡，2021人受伤。

注释：

[1]本公报数据为初步统计数。

[2]2020年开展第七次全国人口普查，相关数据拟于2021年5月份左右发布，公报中不再单独发布人口和就业人员相关数据。

[3][4]生产总值及各产业、行业增加值绝对数按现价计算，增长速度按可比价格计算。2016～2018年生产总值根据四经普结果进行了修订，2019年生产总值为最终核实数。

[5]规模以上工业统计范围为年主营业务收入2000万元及以上的工业企业。

[6]规模以上服务业统计范围包括年营业收入2000万元及以上的交通运输、仓储和邮政业，信息传输、软件和信息技术服务业，水利、环境和公共设施管理业三个门类和卫生行业大类；年营业收入1000万元及以上的租赁和商务服务业，科学研究和技术服务业，教育三个门类，以及物业管理、房地产中介服务、房地产租赁经营和其他房地产业四个行业小类；年营业收入500万元及以上的居民服务、修理和其他服务业，文化、体育和娱乐业两个门类，以及社会工作行业大类。

[7]限额以上批发零售和住宿餐饮企业（单位）统计范围为年主营业务收入2000万元及以上的批发企业（单位）、年主营业务收入500万元及以上的零售企业（单位）和年主营业务收入200万元及以上的住宿、餐饮企业（单位）。

[8]恩格尔系数是指居民食品消费支出占全部消费性支出的比重。

（任凤娟）

责任编辑：徐仙春

索 引

本索引采取主题分析索引法，按索引词首字汉语拼音字母顺序排列，同声同韵字按声调、同音字按笔画顺序排列，若首字相同则按第二字音序排列，依次类推。索引词后的阿拉伯数字表示该词所在页码，数字后的英文字母 a、b、c 分别表示该页文字的左、中、右栏。

A

B

C

D

G

H

J

K

M

N

T

W

X

Z